ORGANISATION
DES
COLONIES FRANÇAISES

ET DES PAYS DE PROTECTORAT

PAR

ÉDOUARD PETIT

S.-CHEF DE BUREAU AU MINISTÈRE DES COLONIES
PROFESSEUR A L'ÉCOLE COLONIALE

TOME SECOND

Services pénitentiaires. Domanialité. Travaux publics. Moyens de communication.
Justice. Instruction publique. Cultes. Régime commercial, etc.

AVEC LE CONCOURS DE MM. BLONDEL ET YOU

S.-CHEFS DE BUREAU AU MINISTÈRE DES COLONIES

---

*Ouvrage honoré de souscriptions des Ministères des Colonies, de la Marine, de la Guerre, etc.
Publié avec l'autorisation du Ministre des Colonies*

BERGER-LEVRAULT ET Cⁱᵉ, LIBRAIRES-ÉDITEURS

PARIS	NANCY
5, RUE DES BEAUX-ARTS	18, RUE DES GLACIS

1895

Tous droits réservés

LIBRAIRIE ADMINISTRATIVE BERGER-LE
Paris, 5, rue des Beaux-Arts. — Nancy, 18, rue d

Bibliothèque du Marin.

Théorie du Navire, par E. Guyou, capitaine de frégate,
Suivie d'un Traité des évolutions et allures, par le c
(*Ouvrage couronné par l'Académie des Sciences.*) 2ᵉ édit
in-8° de 440 pages, avec 150 figures . . . .

Cours élémentaire d'Astronomie, par E. Guyou, capitain
de l'Institut, et Willotte, ingénieur des ponts et ch
in-8°, avec 170 figures dans le texte et deux planches.

Éléments de Navigation et de Calcul nautique, précéd
nomie, par J.-B. Guilhaumon, ancien officier de vaisseau
graphie. 1ʳᵉ partie : *Astronomie et navigation*, in-8° ;
calculs nautiques, in-4°. Ensemble 2 vol. avec 145 grav

Traité d'Artillerie, à l'usage des officiers de marine,
nant de vaisseau. Un volume in-8° de 366 pages, avec

Éléments de Météorologie nautique, par J. de Sugny
seau, membre de la Société météorologique de Fran
de 500 pages avec 57 figures et planches. . . . .

Précis du Droit maritime international et de diplom
cuments les plus récents, par A. Le Moine, capitaine
en droit. Un vol. in-8° de 360 pages . . . .

Histoire des Flottes militaires, par Ch. Chabaud-Arnau
gate de réserve. (*Ouvrage adopté pour l'École navale.*)
avec 10 plans de batailles . . . .

Cours élémentaire d'Électricité pratique, par H.
d'électricité à l'École des officiers torpilleurs. 1894.
455 pages, avec 164 figures, broché. . . . .

Électricité expérimentale et pratique. Cours professé
torpilleurs, par H. Leblond, agrégé des sciences physiq
l'École normale supérieure. (*Ouvrage couronné par l'Ac*
2ᵉ édition. 1894. 4 volumes in-8°, 1320 pages, avec 330
ches . . . .
  Tome I. — Étude générale des phénomènes électrique
      régissent. 293 pages, avec 84 figures et 3
  Tome II. — Mesures électriques. 273 pages, avec 95 fi
  Tome III. — Description et emploi du matériel élec
      navires. 1ᵉʳ fascicule : 300 pages, avec 1
      — 2ᵉ fascicule : 468 pages, avec 112 figu

Les Moteurs électriques à courant continu, par le
in-8° de 500 pages, avec 120 figures . . . .

Torpilles et Torpilleurs des nations étrangères, su
flottes étrangères, par H Buchard, lieutenant de vaisse
de 254 pages et 114 planches . . . .

Marines étrangères. Situation. Budget. Organisation.
Troupes. Défenses sous-marines. Armement. Défense
marchande (*Allemagne, Angleterre, République Argentin
Brésil, Bulgarie, Chili, Chine, Danemark, Espagne, Etc
lande, Italie, Japon, Norvège, Portugal, Roumanie, Rus*
par H. Buchard. Ouvrage contenant 30 planches d'unif
Un volume in-8° de 636 pages . . . .

Service administratif à bord des navires de l'État.
dant-comptable et de l'officier d'administration, par C.
commissaires de la marine. 2ᵉ édition, mise à jour jusqu
officiel de 1894. Un volume grand in-8° de 600 pages .
Relié en percaline. . . . .
(*Ouvrage rendu réglementaire à bord des navires de l'
les bibliothèques des divisions.*)

ORGANISATION

DES

COLONIES FRANÇAISES

ET DES

PAYS DE PROTECTORAT

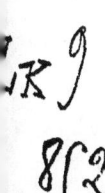

NANCY, IMPRIMERIE BERGER-LEVRAULT ET Cie.

ORGANISATION

DES

COLONIES FRANÇAISES

ET DES PAYS DE PROTECTORAT

PAR

ÉDOUARD PETIT

S.-CHEF DE BUREAU AU MINISTÈRE DES COLONIES
PROFESSEUR A L'ÉCOLE COLONIALE

TOME SECOND

Services pénitentiaires. Domanialité. Travaux publics. Moyens de communication.
Justice. Instruction publique. Cultes. Régime commercial, etc.

AVEC LE CONCOURS DE MM. BLONDEL ET YOU

S.-CHEFS DE BUREAU AU MINISTÈRE DES COLONIES

---

*Ouvrage honoré de souscriptions des Ministères des Colonies, de la Marine, de la Guerre, etc.
Publié avec l'autorisation du Ministre des Colonies*

BERGER-LEVRAULT ET Cⁱᵉ, LIBRAIRES-ÉDITEURS

PARIS | NANCY
5, RUE DES BEAUX-ARTS | 18, RUE DES GLACIS

1895

Tous droits réservés

AVERTISSEMENT

Le Ministère des Colonies, dont nous souhaitions la création dans la note préliminaire du tome Ier de cet ouvrage, a été constitué par la loi du 20 mars 1894, quelques jours après sa publication. Nous avions prévu cet événement; — notre travail, présenté dans un ordre d'idées consacré depuis par l'organisation du nouveau ministère, n'a donc pas eu à souffrir, dans son ensemble, des modifications qui en ont été la conséquence. Les changements survenus dans les diverses branches de l'Administration coloniale depuis la publication du premier volume ou pendant l'impression du second se trouvent d'ailleurs indiqués, avec les textes à l'appui, dans l'*Appendice n° 1* placé à la fin du présent tome. Un *Appendice n° 2* renferme quelques renseignements bibliographiques.

Ce second tome comprend l'étude des services pénitentiaires (transportation, relégation, prisons locales); de la législation domaniale et du régime des terres; de l'organisation de la police; de l'assistance publique; des caisses d'épargne; du service sanitaire; des postes et télégraphes; des travaux publics; de l'organisation de la justice, de l'instruction publique et des cultes; du régime commercial pour toutes nos possessions.

L'organisation de la justice et de l'instruction publique, qui ne comporte que quatre ou cinq conférences dans le programme de notre cours de l'*École coloniale*, nous ayant paru susceptible d'un développement plus considérable, nous nous sommes adressé, pour compléter les données de ces leçons, à notre collègue de l'Administration centrale, M. You, lequel nous a largement prêté le concours de son expérience en ces questions si complexes.

D'autre part, M. Blondel a bien voulu se charger d'exposer les principes de la législation commerciale des colonies dans le titre IX du présent tome; il devait également traiter le régime du travail et présenter les règles qui président à la colonisation libre, mais l'abondance des matières ne nous a pas permis de comprendre dans ce volume l'étude de ces dernières questions, qui feront l'objet d'une publication spéciale.

ÉDOUARD PETIT.

# TABLE ANALYTIQUE DES MATIÈRES

CONTENUES DANS LE TOME II

	Pages.
AVERTISSEMENT.	V
TABLE ANALYTIQUE DES MATIÈRES CONTENUES DANS LE TOME II	VII

TITRE Ier

RÉGIME PÉNITENTIAIRE

CHAPITRE Ier

DE LA TRANSPORTATION

But de la transportation.	1
Historique de la transportation anglaise en Australie	2
Transportation dans les colonies françaises et déportation	4
Décret-loi du 8 décembre 1851 et loi du 30 mai 1854.	6
Transportation à la Guyane	8
— à la Nouvelle-Calédonie	11
— à Obock	13
— au Gabon	14
Organisation de la transportation; main-d'œuvre pénale	15
Éléments de la transportation. — Régime des transportés	18
Dispositions pénales relatives aux condamnés aux travaux forcés.	24
Concessions de terres aux condamnés.	27
Régime des libérés.	29

CHAPITRE II

DE LA RELÉGATION

Origines de la loi sur la récidive.	32
Loi du 27 mai 1885; décret du 26 novembre 1885	34
Distinction entre les deux modes de relégation.	35
Organisation de la relégation collective	36
— de la relégation individuelle	39

VIII   TABLE ANALYTIQUE DES MATIÈRES.

Pages.

Remise de la relégation. 39
Commission de classement des récidivistes. 41
Régime militaire des transportés et relégués. 44

CHAPITRE III

RÉGIME DES PRISONS LOCALES

Direction et surveillance des prisons aux colonies 46
Organisation des prisons civiles à la Réunion. 47
—   —   à la Martinique. 48
—   —   à la Guadeloupe 49
—   —   à la Guyane 50
—   —   dans les établissements de l'Inde . . . 51
—   —   dans les autres colonies. 53

TITRE II

LÉGISLATION DOMANIALE

CHAPITRE Ier

CONSTITUTION DU DOMAINE AUX COLONIES. — CONCESSIONS DE TERES, DE MINES, ETC.

Division de la question 57
Le domaine dans les vieilles colonies 58
Effets de l'ordonnance du 17 août 1825 59
Concessions de terres à la Martinique. 61
Concessions de mines dans les établissements de l'Inde 62
Gestion du domaine colonial et du domaine de l'État 62
Les cinquante pas géométriques 63
Concessions de terres et de mines à la Guyane. 73
Législation domaniale de la Nouvelle-Calédonie 75
Concessions de terres aux Îles Wallis. 84
Régime domanial à Saint-Pierre et Miquelon 85
—   au Soudan 87
—   au Dahomey 89
—   au Congo français. 90
—   à Obock 93
—   à Diégo-Suarez 94
—   dans les établissements d'Océanie 99
—   en Cochinchine 107
—   au Cambodge. 109
—   en Annam et au Tonkin 110

CHAPITRE II

RÉGIME LÉGAL DES TERRES

	Pages.
Insuffisance de la législation métropolitaine pour les colonies.	114
Examen du système de Richard Torrens	116
Application de ce système en Australie	117
— — en Tunisie	119
Loi du 1ᵉʳ juillet 1885	119

TITRE III

POLICE. — ASSISTANCE PUBLIQUE. — ÉTABLISSEMENTS DE BIENFAISANCE. — SERVICE SANITAIRE

CHAPITRE Iᵉʳ

ORGANISATION DE LA POLICE

De la police générale; rôle du Directeur de l'Intérieur.	125
Police municipale	126
Vieilles colonies	126
Colonies régies par décrets sauf la Guyane et la Nouvelle-Calédonie	130
Colonies pénitentiaires	133
Indo-Chine	136

CHAPITRE II

ASSISTANCE PUBLIQUE. — ÉTABLISSEMENTS DE BIENFAISANCE. — SERVICE SANITAIRE

Surveillance des établissements de bienfaisance.	139
Service de l'assistance publique; hôpitaux, hospices, léproseries, asiles, etc., à la Réunion	140
—— à la Martinique.	141
—— à la Guadeloupe	142
—— à la Guyane.	143
—— au Sénégal	144
—— dans l'Inde française	144
—— à Mayotte.	145
—— dans les autres colonies.	145
Bureaux de bienfaisance	147
Généralités sur les caisses d'épargne	149

X   TABLE ANALYTIQUE DES MATIÈRES.

                                                                    Pages.
Caisses d'épargne de la Guadeloupe.   150
    —   de la Guyane.   153
    —   de Saint-Pierre et Miquelon.   155
    —   de la Martinique   156
    —   de la Réunion   157
    —   de Diégo-Suarez   158
    —   de la Nouvelle-Calédonie.   158
Sociétés de secours mutuels.   161
Service sanitaire.   162

TITRE IV

POSTES ET TÉLÉGRAPHES

Annexion des colonies à l'Union postale universelle.   171
Rôle du pouvoir central dans le service des postes   172
Tarifs des correspondances intérieures aux colonies.   172
Fabrication des timbres-poste coloniaux   173
Vente des timbres coloniaux aux collectionneurs   175
Correspondances militaires   175
Franchises postales.   176
Recommandations   177
Lettres de valeurs déclarées   177
Boîtes de valeurs déclarées   177
Cartes postales; échantillons.   178
Colis postaux   178
Mandats-poste coloniaux   180
Paquebots postaux.   181
Télégraphes. — Câbles coloniaux.   183
Services téléphoniques   187

TITRE V

TRAVAUX PUBLICS

Expropriation pour cause d'utilité publique aux colonies.   189
Travaux publics. Travaux militaires. Éclairage des côtes.   196
Ports maritimes   197
Grandes voies de communication   198
Rôle de l'État aux colonies en matière de travaux publics   199
Chemin de fer et port de la Réunion   200
Chemin de fer de Dakar à Saint-Louis   206
Chemin de fer du Sénégal au Niger.   217
Autres travaux publics aux colonies.   218

TITRE VI

ORGANISATION JUDICIAIRE

CHAPITRE Ier

DISPOSITIONS GÉNÉRALES. — COURS ET TRIBUNAUX DES ANTILLES ET DE LA RÉUNION

	Pages.
Régime législatif	219
Division des colonies pour l'organisation judiciaire	220
Dispositions générales à toutes les colonies	221
Chefs du service judiciaire	222
Pouvoirs des gouverneurs en matière judiciaire	223
Tribunaux à juge unique	224
Justices de paix à compétence étendue	225
Assistance judiciaire	225
Organisation judiciaire des vieilles colonies	226
Justices de paix ordinaires	228
Tribunaux de première instance	230
Justices de paix à compétence étendue des dépendances de la Guadeloupe	234
Cours d'appel	240
Cours d'assises	251
Avocats et avoués	260
Huissiers	262
Commissaires-priseurs. Notaires	263

CHAPITRE II

ORGANISATION JUDICIAIRE DES COLONIES RÉGIES PAR DÉCRETS. JURIDICTIONS D'EXCEPTION

Organisation judiciaire de la Guyane		268
—	des Îles Saint-Pierre et Miquelon	280
—	du Sénégal	290
—	du Soudan	301
—	du Congo français	302
—	de la Guinée française et de la côte d'Ivoire	304
—	du Dahomey	307
—	de Mayotte et des Comores	308
—	de Diégo-Suarez	311
—	de Nossi-Bé	320
—	de Sainte-Marie de Madagascar	322
—	d'Obock	323

XII   TABLE ANALYTIQUE DES MATIÈRES.

Pages.

Organisation judiciaire de la côte des Somalis 324
— des établissements de l'Inde. 324
— de la Nouvelle-Calédonie 338
— des établissements de l'Océanie 349
— de la Cochinchine 359
— du Cambodge 383
— de l'Annam et du Tonkin 387
Juridictions d'exception. — Conseils de guerre. 394
— Conseils de revision 397
— Tribunaux maritimes 399
— Tribunaux maritimes spéciaux 399
— Tribunaux maritimes commerciaux 401

TITRE VII

INSTRUCTION PUBLIQUE

Notions générales. — Organisation générale 404
Régime législatif. 405
Comité supérieur de l'instruction publique aux colonies 406
Inspection générale de l'instruction publique aux colonies 408
Rôle des vice-recteurs et des directeurs de l'Intérieur. 409
Conseils coloniaux de l'enseignement secondaire 412
Comités centraux de l'Instruction publique. 413
Subventions et bourses. 415
Enseignement supérieur. 416
Enseignement secondaire; généralités. 419
— à la Martinique. 421
— à la Guadeloupe 422
— à la Réunion. 424
— à Saint-Pierre et Miquelon 425
— au Sénégal. 425
— à la Guyane 426
— en Nouvelle-Calédonie 426
— dans l'Inde française. 426
— en Indo-Chine. 427
Enseignement primaire; généralités. 427
— à la Martinique. 431
— à la Guadeloupe 431
— à la Réunion 433
— à Saint-Pierre et Miquelon 436
— à la Guyane 437
— au Sénégal et au Soudan. 439
— en Guinée, à la côte d'Ivoire, au Dahomey . . 440
— au Congo français. 441
— à Mayotte et dépendances 442
— à Diégo-Suarez et dépendances 442
— à Obock 443

	Pages.
Enseignement primaire dans l'Inde française	443
— en Nouvelle-Calédonie	446
— dans les établissements français d'Océanie	448
— en Cochinchine	450
— au Cambodge	452
— en Annam et au Tonkin	452

TITRE VIII

ORGANISATION DES CULTES AUX COLONIES

Historique	455
Culte catholique	461
Culte protestant	468
Culte musulman	475
Cultes brahmanique et bouddhiste	476
Fabrique des églises et cimetières	482

TITRE IX

RÉGIME COMMERCIAL DES COLONIES

Les compagnies privilégiées	487
Pacte colonial	492
Liberté commerciale	528
Loi du 11 janvier 1892 ; règles générales	535
Régime commercial des Antilles et de la Réunion	553
— des îles Saint-Pierre et Miquelon	554
— de la Guyane	556
— du Sénégal	559
— du golfe de Bénin	565
— de la Guinée française	566
— du Congo français	566
— des colonies de l'Océan Indien	569
— de l'Indo-Chine	571
— de la Nouvelle-Calédonie	574
— des établissements français d'Océanie	575
Octroi de mer	577
Chambres de commerce	598

APPENDICE N° 1

Contenant les modifications survenues dans l'organisation coloniale depuis la publication du Tome Ier de cet ouvrage, et pendant l'impression du Tome II.

TOME Ier

Géographie politique	603
Organisation complète du nouveau Ministère des Colonies	612
Attributions des bureaux du ministère	630
Service des renseignements commerciaux	637
Modifications dans l'administration aux colonies	645
Nouvelle organisation du Dahomey	646
Nouvelle organisation dans l'Oubanghi	649
Conseil de protectorat de l'Annam et du Tonkin	652
Conseil consultatif de Diégo-Suarez	654
Conseil privé du Congo français	655
Modifications au régime politique	657
Modifications dans l'organisation du personnel colonial	658
Garde et défense des colonies	661

TOME II

Modifications au régime pénitentiaire	670
Organisation de la justice au Dahomey	673
Organisation de la justice sur la côte des Somalis	680
Compétence des tribunaux de résidence au Tonkin	681
Notariat aux Iles Saint-Pierre et Miquelon	685

APPENDICE N° 2

Renseignements bibliographiques pour les tomes I et II	687

ORGANISATION DES COLONIES

TITRE Ier

RÉGIME PENITENTIAIRE

CHAPITRE Ier

DE LA TRANSPORTATION

But de la transportation. — Historique de la transportation anglaise en Australie. — Transportation dans les colonies françaises. — Déportation. — Décret-loi du 8 décembre 1851. — Loi du 30 mai 1854. — Histoire de la transportation à la Guyane et à la Nouvelle-Calédonie. — Établissements pénitentiaires d'Obock et du Gabon. — Organisation de la transportation. — La main-d'œuvre pénale. — Éléments de la transportation. — Régime des transportés en cours de peine ; décret du 4 septembre 1891. — Décret du 5 octobre 1889 sur les peines à appliquer aux condamnés aux travaux forcés. — Tribunaux maritimes spéciaux. — Concessions. — Régime des libérés.

But de la transportation. — En créant le régime de la transportation, le législateur de 1854 a eu un double objectif : éloigner de France des criminels dangereux et tenter leur moralisation par le travail.

A l'idée de châtier le coupable, qui dominait dans l'ancien droit pénal, sont venus s'adjoindre la pensée de son amendement, puis l'espoir de son utilisation dans l'œuvre de la colonisation.

Historique. — C'est l'Angleterre qui a eu l'initiative pratique de ce régime pénitentiaire spécial, bien avant que nous ne pensions à y recourir réellement, car les essais entrepris sous le règne de François Ier, et la singulière tentative de Law qui voulait peupler les territoires du Mississipi et de la Nouvelle-Orléans en y envoyant quelques centaines de bandits et d'émules de Manon Lescaut n'eurent aucun résultat.

Au Royaume-Uni la transportation remonte au règne d'Élisabeth; elle devint une institution dès Jacques Ier. Le Parlement décréta, en 1718, que les condamnés à trois ans de *prison au moins* subiraient la déportation dans l'Amérique septentrionale. Ces premiers transportés étaient vendus au Maryland comme travailleurs et subissaient une sorte d'esclavage *à temps*. Mais l'Amérique du Nord devint indépendante et la transportation anglaise cessa jusqu'à ce que le gouvernement britannique, profitant des préoccupations qui troublaient l'Europe à la veille de la Révolution française, mit la main sur l'Australie. L'Australie, devenue la patrie d'un des peuples les plus riches du monde, d'une des races les plus vivaces, est née de la transportation.

Les premiers établissements de la Nouvelle-Galles du Sud datent de 1788. Onze navires furent chargés, en Angleterre, de huit cents *convicts*, hommes et femmes, et de quelques vivres et instruments aratoires. Après huit mois de traversée, le débarquement eut lieu à Botany-Bay, le 18 janvier 1788.

L'aridité de cette baie lui fit préférer Port-Jackson, où fut fondée la ville de Sydney, le 26 janvier 1788. Le pays était immense, la population indigène assez douce pour n'être pas gênante; les convicts s'adonnèrent en toute liberté aux premiers travaux de culture. Faute d'envoi de farine en temps voulu, la colonie faillit bientôt mourir de faim, les cultures vivrières étant insuffisantes, mais ces épreuves n'eurent qu'un temps.

A partir de 1821, l'émigration libre anglaise fut attirée vers l'Australie par la fertilité des terres et par les facilités qu'offre ce pays pour l'élevage. De grands centres de population se formèrent très rapidement ; le voisinage des convicts importuna bientôt les colons, et le Gouvernement, harcelé de pétitions, fut sur le point de supprimer la transportation dès 1837. C'eût été une erreur, car l'Australie devait sa prospérité au travail des convicts, dont la plupart devenaient, après libération, de riches propriétaires et de bons chefs de famille.

Les réclamations des Australiens amenèrent cependant une réforme en 1837. Désormais les condamnés durent subir une épreuve en Angleterre, sur des pontons où ils étaient employés à des travaux publics. Après ce temps d'épreuve ou *probation,* le convict partait pour l'Australie et là, s'il le méritait, on lui délivrait à son arrivée un *billet de liberté* « ticket of leave » lui permettant de s'engager chez les planteurs moyennant salaire. L'ancienne *assignation* ou demi-esclavage du convict chez le planteur faisait place à un contrat entre eux. Le porteur du ticket était d'ailleurs constamment surveillé par la police jusqu'à sa pleine libération.

Cependant, en 1840, la Nouvelle-Galles du Sud repoussa absolument les convicts et la transportation fut abolie *sur ce point* de l'Australie. Le bill de 1847 divisa la pénalité anglaise en quatre périodes :

1° Emprisonnement cellulaire en Angleterre durant quelques mois ;

2° *Probation,* en Angleterre, dans un établissement de travaux publics ;

3° Transportation en Australie avec *ticket* ou promesse de *ticket of leave* ;

4° *Rachat de liberté conditionnelle* contre le pécule formé avec certaines retenues sur les salaires gagnés sous le régime du ticket.

Dès 1825 on avait renoncé à transporter les convicts condamnés à moins de sept ans de peine. Le bill de 1853 alla plus loin ; la transportation ne s'appliqua plus qu'aux condamnés à quatorze ans de travaux forcés au moins ; les autres subissaient leur peine dans une prison ou dans un port du Royaume-Uni. C'était une concession faite aux Australiens qui ne voulaient plus de forçats.

Malgré cette opposition tenace de l'Australie, le système de la transportation avait tant de partisans dans la métropole qu'il fut rétabli avec des tempéraments par le bill de 1857, dont les auteurs s'efforcèrent de concilier tous les intérêts en jeu.

L'exportation devint pour le condamné la récompense de sa bonne conduite après une période d'épreuve subie dans les prisons de l'Angleterre.

Déconcerté par les menaces des Australiens, le gouvernement britannique n'envoya plus de convicts, à partir de 1868, sur ce continent océanien dont la domination lui échappait de plus en plus par suite des effets de la liberté coloniale anglaise. Il ne reste pas moins établi que l'Australie, un des pays aujourd'hui les plus prospères du monde, a d'abord été mise en valeur par les convicts.

En France, la question de la création d'établissements pénitentiaires à l'extérieur a été étudiée à diverses époques, mais surtout en 1848, à un moment où le Gouvernement cherchait à éloigner les hommes dont les idées lui étaient le plus hostiles.

La loi du 8 juin 1850 n'eut pas d'autre but en désignant, dans l'archipel des Marquises, les îles Nuka-Hiva et Tahuata comme sièges de la déportation à deux degrés.

Les premiers exportés furent donc des condamnés politiques. La vallée de Vahitahu, à Tahuata, devait servir de centre aux condamnés désignés pour la déportation dans une enceinte fortifiée, peine substituée, en 1850, à la peine de mort en matière politique ; l'île Nuka-Hiva était, d'autre part, utilisée pour la déportation simple.

Une loi du 23 mars 1872 a remplacé la vallée de Vahitahu

par la presqu'île Ducos, en Nouvelle-Calédonie, et l'île Nuka-Hiva par l'île des Pins, et, en cas d'insuffisance, par l'île Maré, terres dépendant de la Nouvelle-Calédonie.

Mais la *déportation*, peine d'ordre politique et perpétuelle, ne soumettant pas le condamné à un travail obligatoire, ne doit pas être confondue avec la *transportation*, peine de *droit commun*, tantôt perpétuelle, tantôt temporaire, astreignant le condamné à des travaux d'utilité publique.

La transportation, peine de droit commun, a son origine dans un décret-loi du 8 décembre 1851, qui donna la faculté au Gouvernement de transporter, soit à Cayenne, soit en Algérie, pour cinq ans au moins, pour dix au plus, les individus placés sous la surveillance de la haute police, reconnus coupables de rupture de ban ou d'avoir fait partie d'une société secrète. Cette transportation avait pour conséquence l'obligation au travail sur un établissement pénitentiaire, la privation des droits civils et politiques, et l'assujétissement à la juridiction militaire.

D'après la loi de 1851, les repris de justice étaient confondus avec les condamnés politiques. Le ministre de la marine, chargé alors de diriger l'administration pénitentiaire dans les colonies, comprit ce que cette confusion avait de choquant pour le sentiment public, et il décida que l'exportation à Cayenne serait exclusivement réservée aux repris de justice en même temps qu'aux individus limitativement signalés par les commissions militaires comme étant très dangereux.

Ainsi fut tracée la démarcation entre le criminel ordinaire et le déporté politique.

Le 20 février 1852, le Gouvernement offrit la transportation comme une faveur *aux forçats* en cours de peine dans les bagnes, avec des adoucissements au régime pénal, la suppression de la chaîne notamment, et cela dans le but d'employer ces forçats à la colonisation en les moralisant par un travail utile. Trois mille forçats demandèrent à partir, dans ces conditions, pour la Guyane désignée comme centre de transportation par le décret du 27 mars 1852.

Nous trouvons la synthèse de ce décret, dont les dispositions essentielles ont été reproduites par la loi du 30 mai 1854, dans une *Notice sur la transportation* publiée en 1888 par l'Administration des colonies ; cette notice définit d'ailleurs fort bien l'esprit même des réformes de 1854 :

> Les condamnés sont employés aux travaux de la terre et aux travaux d'utilité publique : c'est l'accomplissement de la peine ; après deux ans de bonne conduite, ils peuvent travailler comme engagés hors des pénitenciers ou contracter un mariage et obtenir une concession de terrain : ici, la réhabilitation commence ; — après dix ans la concession peut devenir définitive ; là finit l'épreuve, et le forçat devient colon.
>
> Le même décret ouvre aux familles que les condamnés ont laissées en France la faculté d'aller les rejoindre.
>
> Mais la disposition qui doit être particulièrement signalée, est celle qui astreint tous les libérés à rester dans la colonie, savoir : ceux qui ont été condamnés à moins de huit ans de travaux forcés, pour un temps égal à la durée de leur peine ; ceux qui ont été condamnés à huit ans et au delà, pour toute leur vie. Cette disposition est d'une importance capitale, elle résume l'esprit de l'acte, elle en détermine le caractère ; c'est sur elle, en réalité, que repose la réforme pénale. Le double projet d'écarter du sein de la société métropolitaine ces existences qui ne pouvaient plus se fondre en elle, et de les placer en même temps dans un milieu où elles devaient retrouver les éléments d'une vie normale, n'était réalisable qu'à la condition de river pour ainsi dire l'homme à sa nouvelle patrie.
>
> Le décret du 27 mars 1852 offrait, en outre, aux condamnés libérés en France, un asile à la Guyane contre la misère et les sollicitations dangereuses qui les attendent à la sortie des bagnes. Il créait la transportation volontaire.
>
> Il modifiait en même temps, par nécessité, les effets civils de la loi pénale en autorisant la remise totale ou partielle des droits civils à des condamnés en cours de peine. L'idée de colonisation implique nécessairement l'exercice de certains droits. En replaçant l'homme sous la loi générale de responsabilité, on doit lui rendre ses moyens d'action, ses moyens de défense. Cette sorte d'émancipation partielle et conditionnelle était d'ailleurs réservée par le décret à ceux qui auraient pu la mériter par un retour sérieux aux idées du bien.
>
> Après avoir édicté des peines sévères contre les transportés de toute catégorie, qui tenteraient de se soustraire à l'obligation de résidence, le décret plaçait toute la colonie pénale sous la juridiction militaire.

Peu de temps après, le 31 mai 1852, un second décret, rendu à la suite d'actes insurrectionnels commis à Lambessa, ordonnait le transférement à la Guyane des transportés de 1848 et de 1852, condamnés à une peine afflictive ou infamante ou qui se refusaient au travail et à l'obéissance.

Le 20 août 1853, un décret rendu sur la proposition du ministre de la marine autorisait les colonies à transférer à la Guyane les individus d'origine asiatique ou africaine, condamnés aux travaux forcés ou à la réclusion. Les colonies ne possédant pas les établissements nécessaires pour faire subir chez elles ces deux sortes de peines, envoyaient jusque-là leurs condamnés en France. Mais pour les hommes de couleur ce changement de climat avait des conséquences funestes ; la création des établissements de la Guyane offrait naturellement le moyen de rendre à ces malheureux les conditions climatériques essentielles à leur existence, et de fournir en même temps à la transportation un contingent de travailleurs précieux pour les défrichements.

Enfin la loi du 30 mai 1854 vint compléter les conditions de la réforme pénitentiaire et donner à la pensée du Gouvernement sa forme définitive.

Cette loi qui reproduit la plupart des dispositions du décret du 27 mars 1852, y apporte toutefois quelques modifications qu'il est utile de signaler. Elle ne limite plus au seul territoire de la Guyane la faculté de créer des établissements pénitentiaires, laissant à cet égard au Gouvernement toute latitude pour concilier les nécessités de la répression avec les devoirs d'humanité. Elle supprime la peine des travaux forcés pour les individus âgés de soixante ans ; elle maintient expressément, à l'égard des forçats, les pénalités du bagne.

En matière de concession de terrains, la limite du temps d'épreuve disparaît ; l'administration reste maîtresse d'en mesurer la durée d'après la gravité de la peine et d'après les efforts du condamné vers sa réhabilitation ; toutefois, la loi aggrave les dispositions du décret de 1852 en ce sens qu'elle ne permet de rendre la concession définitive qu'après la libération du condamné.

Le Gouvernement, usant de la faculté que lui laissait la loi de 1854, quant au choix des territoires pour la transportation, a successivement établi ce régime à la Guyane, à la Nouvelle-Calédonie, puis au Gabon et à Obock ; ces dernières colonies sont réservées à certaines catégories de condamnés, hommes de couleur.

Examinons rapidement les principales phases de l'histoire de ces établissements pénitentiaires :

Transportation à la Guyane. — C'est à la Guyane qu'eurent lieu les premiers essais, en 1852. Pour faire comprendre aux condamnés ce qu'on attendait d'eux, on adoucit beaucoup leur situation. On changea même le corps des surveillants des bagnes, recruté très médiocrement, en créant un corps de surveillants militaires pris parmi les anciens sous-officiers.

Les condamnés furent embarqués sur divers transports de l'État et affluèrent bientôt aux îles du Salut, première étape de l'émigration pénale. M. Sarda Gariga, qui s'était fait apprécier comme administrateur à la Réunion, fut alors nommé gouverneur de la Guyane. Il encouragea les transportés et essaya de relever leur niveau moral ; son administration fut, à l'égard de ces misérables, toute paternelle.

Il ne réussit pas ; — il s'adressait à des natures trop perverses. On avait envoyé en Guyane les plus mauvais sujets du bagne. Il y eut, sous ses successeurs, une réaction très accentuée dans le système pénitentiaire.

L'ordre fut alors rétabli dans la colonie et le service pénitentiaire s'adonna à l'œuvre de la colonisation. Les hommes les mieux notés furent réunis sur le continent et formèrent des camps pour le défrichement des terres ; d'autres se livrèrent à l'exploitation des bois des forêts, et d'autres à l'élevage du bétail.

Le dépôt de la transportation se trouvait à 12 lieues de Cayenne, dans les îles du Salut ; les condamnés aux travaux forcés occupaient la plus grande île de l'archipel, les repris de justice l'île Saint-Joseph, et les condamnés politiques l'île du Diable. Le peu d'étendue de ces terres ne permettait pas aux condamnés de s'y livrer à la culture ; ceux qui avaient un métier purent aller l'exercer au chef-lieu.

En 1853, la Transportation s'installa à la Montagne-d'Argent on y planta des caféiers, mais la mortalité qui s'éleva jusqu'à 63 p. 100 fit abandonner ce point.

On tenta plusieurs autres fondations successives, notamment à Saint-Georges sur la rive gauche du haut Oyapock, où les condamnés furent groupés à l'entrée de la forêt vierge, mais les miasmes paludéens qui s'échappaient de ces terres d'alluvion quand on essayait de les remuer firent renoncer à la situation.

En 1854, au moment où arrivèrent les grands envois de transportés, par suite de la loi nouvelle, on dut créer des pénitenciers-pontons placés en rade de Cayenne, puis à l'embouchure du Kourou pour relier les pénitenciers des îles du Salut avec le chantier forestier des Trois-Carbets. Une épidémie ravagea les pontons en 1855, à Cayenne.

Après divers autres essais, l'Administration pénitentiaire s'établit en 1857 au Maroni; dès ce moment, le siège de la transportation à la Guyane était désigné. C'est de la création de Saint-Laurent du Maroni que date réellement, dans cette colonie, l'expérience du nouveau régime pénitentiaire. Quelques années plus tard on fit une tentative de colonisation à Kourou, en pleines terres basses. La mortalité y fut effrayante.

Le Gouvernement s'est ému, à la longue, des difficultés éprouvées à la Guyane par suite de l'insalubrité du pays et il prescrivit, en 1867, de ne transporter à la Guyane que des Arabes ou des noirs, moins sensibles à ce climat tropical que les Européens. Ces derniers devaient être, dans la suite, uniquement envoyés à la Nouvelle-Calédonie[1].

La loi du 27 mai 1885 sur la relégation a renvoyé des Européens à la Guyane que l'on avait trouvée trop malsaine en 1867 pour les transportés.

---

1. En 1887 la désignation de la colonie pénale s'effectuait en vertu d'une décision ministérielle du 15 avril, d'après la seule constatation de la durée de la peine prononcée; au-dessus de sept années c'était la Guyane, au-dessous, la Nouvelle-Calédonie... En vertu du décret du 4 septembre 1891 cette désignation est faite après avis d'une commission permanente instituée auprès du ministre de la justice. On envoie plus particulièrement à la Nouvelle-Calédonie les condamnés *primaires* et ceux dont on peut encore espérer le relèvement. Les condamnés dangereux et les incorrigibles sont dirigés sur la Guyane.

La dernière notice sur la transportation nous indique comme pénitenciers principaux à la Guyane : Cayenne, Kourou, les îles du Salut et le Maroni. Les divers points occupés par le service de la transportation au Maroni sont Saint-Laurent, Saint-Maurice où se trouve une usine à sucre, Saint-Louis, l'île Paréthy, Saint-Pierre, le Nouveau-Chantier, les Hattes et Iracoubo.

Les notices sur la transportation de 1885 contiennent une curieuse remarque, relativement à l'établissement de Saint-Louis et aux *transportés annamites,* remarque relevée dans une lettre du gouverneur de la Guyane du 17 janvier 1885 :

C'est à Saint-Louis qu'avait été installé le camp primitivement destiné à l'internement des individus condamnés à la relégation en vertu des dispositions de la loi du 27 mai 1885. Ce camp a été complètement terminé au moyen de la main-d'œuvre des 132 Annamites arrivés dans la colonie au mois d'avril 1885 à bord du transport *l'Orne*.

En ce qui concerne les condamnés annamites auxquels je viens de faire allusion, il est intéressant de noter que cette catégorie de condamnés peut être utilisée d'une manière fort avantageuse pour les travaux de culture et d'assèchement.

De même qu'à Kourou, il existe à Saint-Laurent du Maroni un autre groupe de 15 Annamites, installé à proximité du pénitencier, sur des terrains qui s'étendent entre la route de Saint-Maurice et les bords du fleuve. Leur installation ne laisse rien à désirer ; le village a un air de prospérité qui frappe ; les plantations de manioc et les plantes vivrières qui entourent leurs habitations sont bien entretenues. Les Annamites ont des filets et des pirogues de pêche qui leur servent à approvisionner de poisson le personnel libre, l'hôpital, les écoles et le camp. Ils vendent également à l'ordinaire de la troupe et aux concessionnaires et, comme ils travaillent pour leur compte, ils exonèrent l'État.

Par les résultats obtenus, on peut préjuger de ceux que l'on s'assurera dans l'avenir si l'on suit les mêmes errements. Pour cela il suffira de multiplier ces groupes et de leur trouver à chacun un travail qui, en même temps qu'il sera avantageux à l'administration, sera approprié à leurs goûts, à leurs aptitudes et à leurs connaissances spéciales.

Transportation à la Nouvelle-Calédonie. — Le Gouvernement décida de créer des centres de transportation à la Nouvelle-Calédonie pour obvier aux graves inconvénients du climat de la Guyane, si meurtrier en ses effets sur la constitution débilitée des condamnés déjà usés par tous les excès.

Un premier convoi composé de 250 condamnés aux travaux forcés, astreints à la résidence perpétuelle, arriva le 9 mars 1864 à Nouméa pour être employé aux installations des pénitenciers.

On prit les mêmes dispositions qu'à la Guyane. On forma un dépôt à l'île Nou, en face de Nouméa, pour le classement et l'acclimatation des condamnés. Le système de classement adopté devait servir de point de départ à l'œuvre de moralisation et de réhabilitation. Les transportés furent divisés en quatre catégories : la première, comprenant les meilleurs sujets destinés à devenir chefs d'ateliers et ouvriers d'élite, et à former plus tard le premier noyau de la colonisation ; la deuxième, composée d'individus qui avaient donné moins de garanties de retour au bien, et dont les dispositions ne pouvaient être appréciées qu'après un temps d'épreuve ; la troisième, où étaient versés tous ceux qui n'étaient pas jugés incorrigibles, mais dont la conduite laissait à désirer ; et enfin la quatrième, où étaient relégués les criminels endurcis, ceux contre lesquels tous les efforts de l'administration devaient fatalement échouer. Ainsi, dès l'abord, il avait été facile de séparer les bons éléments des mauvais, et de couper court, pour ainsi dire, à la contagion du mal. Ceux de la quatrième catégorie étaient condamnés aux travaux d'utilité publique les plus pénibles et privés des prestations que l'on accordait alors pour encourager les hommes de bonne volonté.

Les hommes de bonne conduite furent autorisés à travailler pour les particuliers. — Dans un but de moralisation et pour intéresser les condamnés à leurs travaux de culture, on songea en outre à constituer la famille dans la transportation à la Nouvelle-Calédonie comme à la Guyane, en plaçant cette famille sous la surveillance des missionnaires et des sœurs de Saint-Joseph de Cluny. On envoya à la Nouvelle-Calédonie des femmes des maisons centrales, mais les unions contractées entre forçats et condamnées *venues volontairement* en Océanie ne donnent pas, il faut l'avouer, les résultats que pouvaient attendre les philanthropes ; la morale n'y a pas gagné à la Nouvelle-Calédonie, au contraire.

Des efforts incessants ont été faits pour soustraire les enfants des condamnés au contact dangereux auquel ils sont trop souvent exposés. Dans l'intérêt même de la colonisation pénale, on a compris qu'il fallait donner à ces futurs colons une éducation morale et pratique qui pût en faire des hommes honnêtes, des ouvriers laborieux, et ces enfants, garçons et filles, sont répartis entre plusieurs écoles pénitentiaires où l'instruction leur est donnée en même temps qu'une éducation saine.

Les principaux établissements et centres pénitentiaires à la Nouvelle-Calédonie sont : l'île Nou ou pénitencier-dépôt (avec son annexe, la Ferme-Nord, située à 1,500 mètres du dépôt). — Le pénitencier de la presqu'île Ducos, occupant une superficie de 925 hectares. — Montravel, où se trouvent la plupart des condamnés qui travaillent à Nouméa et à l'atelier des presses autographiques où sont imprimées les circulaires de l'administration pénitentiaire et diverses brochures. — Fonwhary, centre agricole de plus de 5,505 hectares. — *Bourail,* pénitencier agricole remontant à 1867, le plus important de tous (17,363 hectares environ) et ayant pour annexes : le camp des Arabes où l'on fabrique de la chaux et du charbon de bois, la Ferme-École et le camp de Néra, la maison de détention où sont internées, en attendant leur mariage, les détenues venant des maisons centrales de la métropole pour être unies avec des condamnés concessionnaires, enfin l'usine à sucre de Bacouya. — Les pénitenciers de Pouembout-Koniambo, qui comprennent des ateliers et des plaines cultivées. — L'établissement agricole de Koé, d'une étendue de 3,358 hectares, avec diverses cultures, du bétail et une usine à sucre. — Le domaine pénitentiaire de la baie de Prony, comprenant 20,000 hectares. — L'île des Pins, où ont été internés, en 1872, les condamnés à la déportation simple après la Commune. On y conduit actuellement les libérés condamnés à l'emprisonnement et les transportés impotents.

Nous devons compléter ces notions sur l'historique des établissements pénitentiaires en rappelant les actes qui ont fondé la transportation à Obock et au Gabon.

Transportation à Obock. — Un décret du 3 mars 1886 a créé à Obock des établissements pour l'exécution de la peine des travaux forcés, affectés spécialement aux *Arabes*. Le décret du 3 octobre suivant a étendu l'application de ces dispositions à tous les forçats d'origine *africaine* ou *indienne*.

Obock ne contient plus aujourd'hui que des transportés de cette dernière race, les inconvénients résultant de l'internement des condamnés arabes dans un pays musulman ayant nécessité promptement le retrait des forçats arabes internés sur l'établissement.

Il convient d'ajouter qu'à la suite des observations présentées par le gouverneur, le Département décida en principe le transférement à la Guyane des individus sur le point d'arriver à l'expiration de leur peine principale, en raison des difficultés que présentait leur maintien dans notre possession de la mer Rouge durant la période de résidence obligatoire à laquelle ils demeurent soumis en exécution de la loi du 30 mai 1854.

D'autre part, un décret du 22 octobre 1887 a prévu l'introduction à Obock de transportés d'origine annamite ou chinoise, mais les circonstances n'ont pas permis, jusqu'à présent, et malgré les demandes réitérées du gouverneur, de diriger des détenus de cette provenance sur notre possession de la mer Rouge.

La police du dépôt, qui comprend aujourd'hui un détachement de 100 détenus, est assurée par huit surveillants militaires des établissements pénitentiaires coloniaux secondés par des agents indigènes. L'installation du pénitencier a été faite, dès le principe, dans une ancienne factorerie achetée par le département et qui, après l'exécution de quelques réparations et certaines constructions supplémentaires, a paru présenter des garanties suffisantes pour la destination qu'on entendait lui donner.

Des travaux assez importants ont déjà été effectués à Obock au moyen de la main-d'œuvre pénale; il convient de mentionner, notamment, la construction d'une digue, d'un quai, de l'hôtel du gouvernement et la création de jardins.

Transportation au Gabon. — Un décret du 1ᵉʳ décembre 1887 a créé au Gabon des établissements pour l'exécution de la peine des travaux forcés, spéciaux *aux individus d'origine annamite ou chinoise*.

Un convoi, composé de 100 condamnés annamites (94 hommes et 6 femmes), accompagnés par 6 surveillants militaires, débarqua à Libreville le 15 mars 1888. A leur arrivée, ces condamnés ont été logés dans une petite construction dépendant de l'ancien hôpital et servant de magasin, jusqu'à l'achèvement des travaux entrepris pour leur installation définitive. Les femmes occupaient les locaux de la prison civile, alors sans affectation; elles avaient été placées sous la surveillance de religieuses. — Quelques indigènes ont été adjoints aux agents chargés de la garde des transportés, pour assurer le service de la surveillance sur certains chantiers de terrassement où le personnel européen aurait eu trop à souffrir.

Dès le début, de nombreuses tentatives d'évasion se produisirent dans le détachement des détenus; d'autre part, sous l'influence d'une sorte de dépérissement nostalgique, ces individus furent décimés par une mortalité très considérable : 42 condamnés moururent pendant le deuxième semestre de l'année 1888. Il convient d'ajouter que, depuis lors, une amélioration marquée semble s'être produite dans l'état sanitaire; en effet, pendant toute l'année 1889, 8 hommes et 3 femmes seulement ont succombé et les années suivantes, grâce aux modifications que l'expérience a fait introduire dans l'hygiène et la manière de vivre des condamnés, les décès sont devenus encore plus rares. Tout porte donc à croire que de nouveaux effectifs trouveraient dans les installations actuelles toutes les conditions voulues pour résister au climat des côtes africaines.

Il reste aujourd'hui au Gabon 23 condamnés annamites du premier convoi. Un autre convoi de 100 Annamites a été dirigé sur Libreville, dans les premiers mois de 1894, conformément à la demande expresse du gouvernement local.

Ces transportés sont employés aux travaux d'utilité publique (déboisements, desséchement des marais, travaux de culture); ils ont créé des jardins potagers dont les produits permettent d'améliorer d'une façon sensible la situation hygiénique du personnel. Le régime des concessions, mis récemment en vigueur sur l'établissement, semble devoir donner de bons résultats.

La difficulté que l'on éprouve à recruter un nombre suffisant de travailleurs parmi les indigènes pour les entreprises de colonisation dans l'Ouest africain, a fait souvent penser aux avantages que présenterait l'immigration des Annamites ou des Chinois dans ces régions tropicales. Un convoi de 540 Chinois est arrivé, à la fin de 1891, à Matadi, station de l'*État libre,* sur le bas Congo; ils ont été immédiatement affectés aux travaux du chemin de fer.

Il est intéressant de remarquer que l'introduction des condamnés annamites au Gabon a été le premier essai d'utilisation du travail des immigrants de race jaune sur la côte occidentale d'Afrique.

Organisation de la transportation. — Les attributions du directeur de l'administration pénitentiaire, tant à la Guyane qu'en Nouvelle-Calédonie, sont si étendues qu'elles en font un des premiers fonctionnaires de la colonie : sa responsabilité morale est considérable, car il dispose comme ordonnateur de crédits très importants. M. le député Jamais, alors sous-secrétaire d'État aux colonies, a fait ressortir l'importance de ces dépenses du budget pénitentiaire dans une lettre adressée le 10 octobre 1892 aux membres de la *Commission permanente du régime pénitentiaire :*

Nos deux colonies pénitentiaires comptent environ 17,500 condamnés. Pour estimer exactement les charges qui en proviennent, il faut déduire de ce chiffre les diverses catégories de condamnés qui ne coûtent rien au budget pénitentiaire, c'est-à-dire les condamnés concessionnaires, les condamnés engagés chez l'habitant et les relégués individuels. C'est un total de 2,000.

Le chiffre des condamnés entretenus sur le budget s'élève donc à environ 15,500. Encore convient-il de remarquer que ce chiffre comprend 4,200 libérés et que si ces libérés, dans certains cas assez rares, sont à la charge du budget, on ne saurait à beaucoup près, pour l'estimation des dépenses, les placer sur la même ligne que les transportés et les relégués. En réalité, le chiffre des condamnés vivant sur le budget pénitentiaire peut être évalué à environ 11,300.

Or, quelle est la dépense totale inscrite au budget de l'État? D'après le budget pour 1892 actuellement en cours, cette dépense atteint le chiffre de 10,646,000 fr.[1]. Même en tenant compte de la somme de 615,000 fr. à laquelle le ministère des finances évalue le produit du travail des condamnés, d'après les résultats définitifs du dernier exercice connu, le chiffre total du budget pénitentiaire dépasse 10 millions pour l'entretien de 11,300 condamnés. Chacun d'eux lui coûte 900 fr. par an...

Comment remédier à cet état de choses? — M. Jamais a émis l'opinion, dans cette même lettre, qu'on le modifierait surtout en employant la main-d'œuvre pénale aux travaux d'utilité publique ou de défense à effectuer dans les diverses colonies, et au défrichement des terres encore vierges où pourront ensuite s'installer les colons libres dont l'État doit favoriser l'établissement.

Un grand nombre d'émigrants français, disait l'honorable sous-secrétaire d'État, sont souvent disposés à porter au loin, dans des pays étrangers, leur travail ou leurs capitaux : il faut en diriger le courant vers le sol de nos colonies. En un mot, la main-d'œuvre pénale, exclusivement

---

1. Les crédits alloués, pour l'exercice 1893, aux services de la transportation et de la relégation se sont élevés à 9,834,000 fr. ainsi répartis : Personnel 2,596,000 fr. — Hôpitaux, vivres, habillement et couchage 4,348,000 fr. — Frais de transport 1,226,000 fr. — Matériel 1,664,000 fr. — Le *budget sur ressources spéciales* a été incorporé cette même année au *Budget général*, aussi ne croyons-nous pas devoir en parler. Désormais le budget des recettes bénéficiera seul des produits de la main-d'œuvre pénale.

employée pour le compte de l'État ou des colonies, peut devenir la préparation et l'avant-garde de la colonisation libre et de l'émigration. C'est par là que la question pénitentiaire se rattache à l'œuvre générale d'organisation que nous devons poursuivre avec autant d'activité que de méthode, si nous voulons consolider et organiser notre domaine colonial. Rien ne s'oppose à ce que nous parvenions à d'heureux résultats par cet emploi de la main-d'œuvre, à l'exemple de ce qu'ont fait d'autres peuples colonisateurs.

M. Jamais estimait, en outre, que le système de la concession de la main-d'œuvre pénale à l'entreprise privée ne s'accorde pas avec les principes du droit criminel, et voici comment il s'exprimait sur ce point pour demander que les contrats de main-d'œuvre conclus par l'administration avec divers entrepreneurs à la Nouvelle-Calédonie et à la Guyane ne soient pas renouvelés :

En considérant les points que je viens d'indiquer comme la base d'un système nouveau pour l'emploi de la main-d'œuvre, on doit se demander sur quelles raisons repose ce système et quels en sont les avantages.
C'est tout d'abord une raison tirée de notre droit pénal. Les criminalistes ont admis de tout temps, comme un principe essentiel, que la peine doit être égale et que la société, exerçant le droit de punir au nom des intérêts supérieurs dont elle a la garde, doit apporter, dans l'application de ce droit, l'esprit de justice et d'impartialité qui en est non seulement la conséquence, mais la source et la justification.
Or, la cession de la main-d'œuvre à des intérêts privés est en contradiction avec ce principe. Si des condamnés frappés pour la même faute, soumis à la même peine, sont cependant placés sous un régime plus ou moins dur suivant les conditions du contrat en vertu duquel leur travail est livré à un particulier, suivant le traitement et le genre de surveillance que ce particulier leur impose, en chargeant d'ailleurs de ce soin un subordonné ; si on peut constater et redouter, pour le condamné, tantôt une rigueur excessive et tantôt des faveurs qui annihilent la peine, il est permis de dire que celle-ci n'est plus égale. Elle est faussée dans son application ; l'œuvre de la justice ne se poursuit pas avec le caractère et les garanties qui s'attachent à elle : la fermeté qui en est la sanction, le sentiment de justice et d'humanité qui ouvrira peut-être, même au condamné le plus endurci, la voie du relèvement.

Dans ce domaine où s'exercent les droits les plus élevés de l'État, où s'agitent les intérêts les plus graves de la société, rien ne doit s'interposer entre elle et le condamné. La peine se trouve atteinte dans son caractère et dans son but lorsqu'elle peut dépendre de l'intérêt privé.

L'emploi aux colonies de la main-d'œuvre pénale a été réglé par un décret du 15 septembre 1891, suivant lequel le travail des condamnés peut être utilisé au profit des services locaux, des municipalités ou des particuliers. Sont admis à l'assignation individuelle, sur le rapport du directeur de l'administration et après décision du gouverneur, les condamnés de 1re classe ayant un certain temps de résidence. Un habitant ne peut obtenir plus de 15 condamnés ; encore est-il responsable de ces assignés et doit-il prévenir immédiatement l'administration pénitentiaire en cas de décès, d'évasion, etc. (*Voir l'Appendice n° 1.*)

On a pensé à préparer l'œuvre de la colonisation libre dans diverses colonies, en même temps qu'à y effectuer des travaux d'utilité publique, au moyen d'escouades mobiles de condamnés, mais ce projet n'a pas encore été mis à exécution.

Éléments de la transportation. — Au point de vue pénal, les condamnés se divisent en trois catégories, dans les colonies où ils subissent leur châtiment: les transportés en cours de peine ; les libérés astreints à la résidence ; les relégués.

1° *Régime des transportés*. — Le régime d'après lequel la peine des travaux forcés doit être subie a été établi par un décret du 4 septembre 1891 annulant toutes les réglementations antérieures, notamment celle tracée par le décret du 18 juin 1880 qui n'envisageait que le côté moralisateur de la peine et faisait une part trop large à l'indulgence.

Le nouveau régime pénitentiaire est bien caractérisé dans le rapport qui précède le décret de 1891 ; rien ne peut donner une idée plus exacte des intentions du Gouvernement, de la ferme volonté qu'a l'Administration des colonies de rendre enfin à la transportation « son véritable caractère d'intimidation et d'exemplarité ». Les malfaiteurs qui pourront connaître les termes du décret du 4 septembre 1891 ne seront plus portés à croire que les établissements pénitentiaires coloniaux forment comme une sorte d'Eldorado « où le transporté, assuré de la satisfaction de tous ses besoins, est soumis à un régime sensiblement moins dur que celui des maisons centrales ».

Les règlements disciplinaires concernant les condamnés aux travaux forcés, *dit le rapport du 4 septembre 1891,* doivent être à la fois coercitifs et moralisateurs, car le but principal de la peine est non seulement l'expiation du crime, mais aussi l'amendement du coupable ; et ceux qui n'ont pas perdu toute notion du bien doivent être mis à même de s'amender et de se créer, par le travail, une existence nouvelle ; d'autre part, l'Administration doit puiser dans ces mêmes règlements les moyens de contenir ceux des transportés qui, réfractaires à tout sentiment de repentir, s'exposent volontairement aux rigueurs de la loi pénale.

C'est dans cet ordre d'idées qu'a été préparé le décret. Divisé en quatre titres, il comprend deux parties distinctes. La première a trait aux différentes mesures qui ont pour objet la moralisation de l'homme, son classement et les encouragements à donner à ceux qui tiennent une bonne conduite. La seconde est relative au système répressif.

Sans entrer dans l'examen détaillé du décret, il m'a paru nécessaire d'en tracer ici les grandes lignes.

Le décret du 18 juin 1880 répartissait les condamnés en cinq classes. Le décret actuel n'en admet que trois. Cette division répond mieux aux nécessités de la répression et à l'organisation du travail dans nos colonies pénitentiaires.

La première classe comprend les concessionnaires, les hommes admis au bénéfice de l'assignation et les condamnés qui n'ont pu être ni assignés ni mis en concession et qui sont employés, soit par l'Administration, soit par des particuliers comme chefs d'ateliers ou de chantiers ; c'est l'application stricte de l'article 11 de la loi de 1854.

Les hommes compris dans la première classe pourront seuls, désormais, être recommandés, chaque année, à la clémence du chef de l'État ou être admis au bénéfice de la libération conditionnelle. Il n'est fait d'exception à cette règle qu'en faveur des condamnés de deuxième et troisième classes qui auraient accompli des actes de courage et de dévouement.

La deuxième classe comprend les condamnés qui n'ont pas d'antécédents judiciaires et ceux qui n'ont pas été jugés dignes de passer à la première classe.

La troisième classe est celle des malfaiteurs signalés comme dangereux et des récidivistes contre lesquels a été prononcée, non seulement la peine des travaux forcés, mais encore celle de la relégation. La troisième classe comprendra, de plus, les transportés de première et deuxième classes qui seraient rétrogradés, soit par inconduite, soit à la suite d'une nouvelle condamnation.

Enfin, les incorrigibles de la troisième classe forment une section à part, dont le régime, plus particulièrement rigoureux, est prévu au titre IV.

En outre, l'accession à la première classe a été rendue plus difficile, afin que le condamné aux travaux forcés ne puisse, par des faveurs anticipées, échapper aux conséquences de la condamnation qui l'a frappé.

Le projet de décret supprime la nomenclature des infractions que peuvent commettre les transportés telle qu'elle figurait au décret de 1880 et qui était de nature à entraver, dans certains cas, l'action disciplinaire de l'Administration. Trois punitions ont été prévues : la prison de nuit, la cellule et le cachot.

Le décret prévoit, par contre, la création d'une commission disciplinaire, afin d'entourer de toutes les garanties nécessaires la répression des fautes commises par les transportés et de rendre cette répression immédiate.

Après avoir indiqué le classement des condamnés, le décret détermine le régime qui doit leur être appliqué. Sous l'empire de l'ancien règlement, les condamnés recevaient une ration normale, suivant la classe à laquelle ils appartenaient, et un salaire, sauf ceux de la quatrième et de la cinquième classe.

Il est hors de doute que le principe qui domine l'exécution de la peine des travaux forcés, c'est l'obligation du travail, obligation puisant sa source et ses sanctions dans la loi qui l'impose comme une expiation et aussi comme un moyen de moralisation. Le transporté qui se refuse au travail est donc un rebelle qu'il faut punir. La conséquence de ce principe est qu'à l'inverse de la société civile, où le travail accompli exige un salaire, afin de reconnaître à l'artisan l'effort qu'il a donné, le travail du bagne ne doit pas être rémunéré, puisqu'il est obligatoire et qu'il est la raison même de la peine. On ne saurait admettre, en effet, que la société paie au transporté le prix d'un travail qui constitue sa peine.

Mais il était nécessaire de trouver un moyen de contraindre à une tâche journalière les condamnés qui voudraient opposer à l'Administration la force d'inertie et sur lesquels les punitions disciplinaires n'auraient plus d'effet.

Dans l'ancien droit et jusqu'en 1854, le refus de travail était réprimé par des châtiments corporels. A cette époque, le forçat, marqué du sceau de l'infamie, repoussé de la société, n'était, pour ainsi dire, plus un homme aux yeux de la loi, qui ne voyait en lui qu'un instrument de travail.

La transformation du système pénal, en modifiant la situation des condamnés, a fait disparaître ces châtiments. Il ne pouvait être question de revenir sur cette mesure, mais on devait rechercher une sanction efficace à l'obligation du travail, sans avoir recours à cet expédient des salaires, qui dénature la peine en énervant son application. L'article 13 du projet de décret résout cette grave question.

Après avoir admis, en principe, que l'homme condamné au travail forcé ne doit recevoir aucun salaire, mais seulement des gratifications en nature, l'article 13 décide que le condamné valide n'a droit qu'au pain et à l'eau ; au transporté, il appartiendra de mériter, par son travail, les compléments de rations qui lui sont nécessaires pour améliorer sa ration normale. Celui qui n'aura pas accompli la tâche qui lui est imposée sera donc réduit au pain sec et à l'eau, jusqu'au jour où il se sera plié aux exigences de sa situation.

Il ressort de cet exposé que les principales réformes apportées par le décret du 4 septembre 1891 au régime des travaux forcés, portent sur cinq points : le classement des condamnés en trois catégories ; les punitions disciplinaires ; l'institution de la *commission disciplinaire* pour chaque pénitencier ; la formation de quartiers et camps disciplinaires pour l'internement des *incorrigibles* ; *la suppression des salaires* et *l'abolition de l'ancienne ration* qui cesse d'être un droit pour devenir une récompense.

D'après l'article 1er du décret de 1891, chaque condamné doit avoir une notice individuelle faisant connaître son état civil, son signalement, sa situation de famille et sur laquelle est reproduit l'extrait de son casier judiciaire. L'administration pénitentiaire tient à jour, mensuellement, la notice du condamné en y inscrivant ses notes sur le travail, la conduite, les récompenses ou punitions de ce dernier.

Les articles 7, 8, 9, 10, 11 et 12 contiennent des dispositions intéressantes relativement à l'affectation et au groupement par classes des condamnés, ainsi qu'au nouveau régime alimentaire, lequel entraîne implicitement l'abolition du système abusif des salaires :

Art. 7. — L'affectation des condamnés aux différentes colonies pénitentiaires est faite par le ministre chargé des colonies et leur répartition dans la deuxième ou la troisième classe par le ministre de la justice, avant le départ de chaque convoi, sur la proposition d'une commission composée de représentants des départements intéressés.

Art. 8. — Le groupement des condamnés, d'après leurs antécédents judiciaires et leurs aptitudes, est effectué, à leur arrivée dans la colonie, par le directeur de l'administration pénitentiaire.

Art. 9. — Le passage d'un condamné à la classe supérieure a lieu par décision du directeur de l'administration pénitentiaire, sur l'avis de la commission disciplinaire instituée au titre III du présent décret.

Les condamnés de la troisième classe ne peuvent être proposés pour la deuxième classe s'ils n'ont été effectivement employés pendant deux ans aux travaux de leur classe dans la colonie.

Aucun condamné à temps de la deuxième classe ne peut être proposé pour la première classe s'il n'a accompli la moitié de sa peine. Pour le condamné à perpétuité ou à plus de vingt ans de travaux forcés, le délai minimum est de dix ans. Toutefois, en cas de circonstances exceptionnelles, le passage à la première classe pourra être accordé, par décision spéciale du ministre chargé des colonies, aux condamnés de la 2ᵉ classe qui auront accompli soit le quart de la peine, en cas de condamnation temporaire, soit au moins cinq ans, si la peine dépasse vingt ans.

Art. 10. — Le renvoi d'un condamné à une classe inférieure peut être prononcé par le directeur de l'administration pénitentiaire, après avis de la commission disciplinaire, pour toute punition de cellule ou de cachot.

Art. 11. — Tout transporté qui est condamné dans la colonie à la réclusion cellulaire ou à l'emprisonnement, pour crimes ou délits, est placé à la troisième classe à l'expiration de cette nouvelle peine et y est maintenu pendant une période au moins égale à la durée de la peine prononcée, sans qu'elle puisse être inférieure à deux ans.

Si le condamné à la peine de la réclusion cellulaire ou de l'emprisonnement bénéficie des dispositions de la loi du 14 août 1885, sur la libération conditionnelle, il est également, lors de sa réintégration sur un établissement de transportation, placé à la troisième classe et y est maintenu au moins pendant un an.

Tout transporté à temps condamné à une nouvelle peine des travaux forcés, par application des dispositions de l'article 7 de la loi du 30 mai 1854, sur l'exécution de la peine des travaux forcés, est placé à la troisième classe et y est maintenu pendant une durée au moins égale à celle de la nouvelle condamnation prononcée contre lui, sans qu'elle puisse être inférieure à deux ans.

Tout transporté à perpétuité condamné à la double chaîne, par application des dispositions de l'article et de la loi relatés au paragraphe précédent, est placé dans un des quartiers ou camps disciplinaires prévus au titre IV du présent décret et y est maintenu pendant au moins un an. En outre, il est maintenu à la troisième classe au moins pendant toute la durée de sa peine de double chaîne.

Art. 12. — Le condamné valide qui n'a pas accompli le travail qui lui est imposé n'a droit qu'au pain et à l'eau.

Tout condamné ayant effectué le travail qui lui est imposé obtient, pour la journée du lendemain, un bon de cantine donnant droit à la ration normale déterminée par un arrêté du ministre chargé des colonies.

Tout condamné qui aura obtenu, dans la semaine, quatre fois la ration normale, aura droit, le dimanche, à la ration normale.

Les condamnés peuvent, par leur travail et leur conduite, obtenir un ou plusieurs bons supplémentaires dont la valeur est fixée par arrêté ministériel. Si ces bons ne sont pas consommés le jour même, la valeur en est versée au pécule.

Le pécule peut être employé soit en menus achats, autorisés par arrêtés locaux, soit en envois de fonds aux familles.

Les *incorrigibles* de la 3° classe forment une section à part et sont internés, pour six mois au moins, dans des camps disciplinaires où ils se trouvent absolument isolés des autres transportés et soumis à un régime spécial, comportant au besoin comme punition la salle de discipline, la cellule ou le cachot et, comme nourriture, le pain et l'eau. Une commission disciplinaire siégeant dans chacun de ces camps donne, trimestriellement, des notes sur les incorrigibles qui y sont retenus, et demande leur renvoi du quartier s'ils le méritent. Cette commission disciplinaire est composée du commandant de l'établissement, président, et de deux fonctionnaires de l'administration pénitentiaire désignés par le directeur; elle est chargée de l'application des peines à infliger aux condamnés, elle reçoit les réclamations que les condamnés peuvent avoir à formuler et les transmet avec avis au directeur de l'administration pénitentiaire, examine également les propositions du commandant du pénitencier pour le changement de classe des condamnés, le classement et le déclassement dans la catégorie des incorrigibles, pèse enfin toutes les mesures relatives à la discipline des transportés.

Telle est l'économie du décret du 4 septembre 1891 qui a réglé, comme on le voit, un certain nombre de questions jusque-là mal définies.

Régime pénal des condamnés aux travaux forcés. — Le législateur de 1854 avait décidé que les lois anciennes relatives à la répression des crimes et délits commis par les forçats continueraient à être exécutées, mais les peines prévues par les règlements sur la police des chiourmes devinrent bientôt incompatibles avec nos idées modernes, car elles ne consistaient que dans la mort, la *bastonnade* et les *mutilations corporelles*. Pour remédier à cette incompatibilité, on a, par voie de jurisprudence, ramené peu à peu les transportés dans le droit commun, mais on s'est rendu compte de l'insuffisance des peines ordinaires en ce qui concerne cette catégorie de justiciables, et il a fallu créer des dispositions pénales spéciales pour les transportés ; tel est l'objet du décret du 5 octobre 1889 dont la nécessité se faisait sentir depuis longtemps comme en témoigne ce passage du rapport de même date au Président de la République :

...Qu'importent quelques années de travaux forcés de plus ou de moins à un individu déjà condamné à vingt, trente et quarante ans de la même peine ? Que lui importe une pénalité quelconque, s'il est déjà condamné à perpétuité ? Et si la crainte du châtiment ne le retient plus, quelle sécurité reste-t-il à ceux qui vivent à ses côtés ? Aussi les crimes commis par les transportés se sont progressivement multipliés d'une façon inquiétante en face de l'administration pénitentiaire désarmée, et l'œuvre de 1854 se trouve compromise.

Contre ces hommes il n'existe, à proprement parler, que deux moyens de répression : la mort et l'incarcération, cette dernière pouvant elle-même comporter des différences de régime. Toute autre peine est inefficace. C'est ce qu'avaient parfaitement compris les rédacteurs de la loi de 1854 qui, au cours des travaux préparatoires, ont pris soin d'indiquer que, dans leur pensée, l'isolement cellulaire du condamné devait être combiné avec la transportation pour assurer au besoin l'amendement du coupable et corriger, s'il y avait lieu, les insuffisances répressives du régime nouveau. Le rapporteur de la loi a même exprimé cet avis : que le Gouvernement trouverait, dans cette combinaison, l'occasion d'expérimenter sur les grands criminels l'efficacité du régime cellulaire...

Les peines édictées contre les condamnés aux travaux forcés sont : la mort, la réclusion cellulaire pendant six mois au moins et cinq ans au plus, ou l'emprisonnement dans les mêmes conditions.

Les condamnés à la prison cellulaire sont toujours détenus isolément et astreints au travail ; les condamnés à l'emprisonnement sont séparés les uns des autres *pendant la nuit,* mais réunis pendant le jour pour travailler en commun avec l'obligation du silence. Les autres dispositions saillantes du décret du 5 octobre 1889 sont contenues dans ses articles 5, 6, 7 et 8 :

Art. 5. — Les condamnés à la réclusion cellulaire et à l'emprisonnement peuvent obtenir la faveur de la libération conditionnelle, dans les conditions déterminées par la loi du 14 août 1885.

Dans ce cas, ils sont réintégrés sur les chantiers et ateliers de la transportation.

Les uns et les autres restent soumis à la même juridiction et aux mêmes pénalités que les condamnés aux travaux forcés.

Art. 6. — Est puni de mort tout condamné aux travaux forcés en cours de peine ou subissant la réclusion cellulaire ou l'emprisonnement qui se rend coupable de voies de fait sur la personne d'un fonctionnaire, employé, agent ou surveillant de l'administration pénitentiaire.

Toutefois, si les circonstances paraissent atténuantes, les juges peuvent appliquer la réclusion cellulaire pour une durée de deux ans au moins et de cinq ans au plus.

Art. 7. — Est puni de la réclusion cellulaire pour une durée de six mois à deux ans tout condamné aux travaux forcés à perpétuité qui, après sommation, se refuse au travail.

La même peine est appliquée au condamné à temps subissant déjà l'emprisonnement et qui se rend coupable du même fait.

La peine est de six mois à deux ans d'emprisonnement pour le condamné à temps en cours de peine.

Art. 8. — Lorsque les condamnés aux travaux forcés auront commis des faits passibles, aux termes des lois pénales ordinaires, des peines autres que la mort, celles-ci seront remplacées ainsi qu'il suit :

Les peines afflictives et infamantes, par la réclusion cellulaire de six mois à cinq ans ;

Le bannissement, la dégradation civique, en tant que peine principale, et les peines correctionnelles, par l'emprisonnement de six mois à cinq ans ;

Les peines accessoires ne seront pas prononcées, à l'exception de la confiscation spéciale dans les cas où elle est édictée et des amendes encourues en vertu d'une loi fiscale.

L'application des peines prévues par le décret du 5 octobre 1889[1] est faite par les *tribunaux maritimes spéciaux* créés par un décret du 4 octobre 1889 pour connaître des crimes et délits commis par les transportés, en conformité de l'article 10 de la loi du 30 mai 1854, lequel dispose que « les infractions prévues par les articles 7 et 8 et tous crimes ou délits commis par les condamnés seront jugés par un tribunal maritime spécial établi dans la colonie ». Cette prescription était toujours jusque-là restée sans exécution.

Les tribunaux maritimes spéciaux sont composés d'un officier supérieur, président ; d'un magistrat de première instance, d'un officier (capitaine ou lieutenant), d'un fonctionnaire de l'administration pénitentiaire du grade de sous-chef de bureau au

---

[1]. Ce décret a été complété sur un point important par un autre décret du 22 septembre 1893 qui a organisé dans la colonie pénitentiaire de la Guyane une surveillance spéciale à la sortie des navires en vue d'empêcher les évasions des transportés, relégués et réclusionnaires coloniaux. Les navires qui se trouvent sur les côtes de la Guyane sont maintenant soumis aux visites des surveillants militaires de l'administration pénitentiaire ; le décret du 22 septembre 1893 édicte, en outre, des pénalités en cas d'infractions à ses dispositions. (Amendes de 5 fr. à 100 fr., sans préjudice, s'il y a lieu, des peines prévues à l'article 4 du décret du 19 mars 1852 sur le rôle d'équipage et de celles relatives à la complicité d'évasion.)

moins, et d'un sous-officier. Un agent de l'administration est commissaire-rapporteur et représente le ministère public.

Un commis ou surveillant militaire remplit les fonctions de greffier.

Par suite d'une décision présidentielle du 4 octobre 1889, les gouverneurs des colonies pénitentiaires ont le droit d'ordonner l'exécution immédiate des condamnés aux travaux forcés qui ont mérité la peine de mort, à moins que deux voix ne se soient prononcées dans le conseil privé pour le sursis. Cette décision a abrogé la circulaire ministérielle du 1er avril 1880 qui entravait l'action du gouverneur en l'obligeant, dans tous les cas, à envoyer en France le dossier du transporté condamné à la peine capitale, pour laisser le soin au Président de la République de décider si la justice pouvait suivre son cours. L'accomplissement de cette formalité entraînait de tels retards dans l'exécution de la peine que le châtiment devenait le plus souvent illusoire, la grâce intervenant presque toujours par suite du long temps qu'on avait mis à statuer. L'expiation, pour produire l'effet voulu sur la population pénale, doit être prompte ; le droit laissé au conseil privé de demander le sursis à l'exécution suffit pour limiter comme il convient le pouvoir du chef de la colonie en matière d'exécution.

Concessions. — Le législateur, tout en se préoccupant de rendre effective la peine des travaux forcés, s'est attaché à favoriser l'amendement du condamné en prenant les mesures nécessaires pour lui permettre de se faire une famille, de se créer une propriété, de se constituer une épargne.

Un décret du 16 mars 1866, relatif au mariage des condamnés, dispose que les publications faites dans la colonie seront suffisantes même dans le cas où les parties n'y seraient pas domiciliées depuis six mois ; d'autre part le condamné, possesseur d'un pécule, a à sa disposition une caisse d'épargne pénitentiaire lui donnant toutes les garanties nécessaires pour la conservation de son avoir.

Mais, parmi ces mesures bienveillantes, il importe de citer avant tout le bénéfice des concessions de terre qui remonte à la loi du 30 mai 1854. — L'article 11 de cette loi prévoit ces concessions pour les condamnés en cours de peine qui s'en seront rendus dignes par leur conduite, par leurs efforts vers la réhabilitation.

Le législateur de 1854 a voulu assurer ainsi le développement industriel et agricole des colonies pénitentiaires et donner aux transportés les mieux notés le moyen de se créer des ressources pour le moment de leur libération ; malheureusement les trente mois de vivres accordés aux condamnés mis en concession de terre n'ont généralement servi jusqu'à présent qu'à favoriser leur paresse. En outre, ils se sont toujours laissés circonvenir par des commerçants peu scrupuleux qui prennent leurs dispositions de manière à les endetter afin de les expulser de leur propriété dès qu'ils en sont devenus maîtres définitivement. Le but de la loi de 1854, développé par le décret du 31 août 1878 réglant l'obtention des concessions de terres, est donc manqué... La commission permanente du régime pénitentiaire a préparé un projet de décret qui réforme le régime des concessions aux condamnés, mais ce décret, adopté par le Conseil d'État, n'a pas encore été promulgué[1].

Actuellement, les concessions de terres aux condamnés sont donc toujours réglées par l'acte du 31 août 1878 ; les clauses de ces concessions sont, en outre, déterminées par une décision ministérielle du 16 janvier 1882.

Après un certain temps d'épreuve, les condamnés de bonne conduite peuvent être mis en concession, *mais à titre provisoire*, car ces concessions ne deviennent définitives qu'*après libération* et quand il s'est écoulé au moins cinq ans depuis le moment où elles ont été accordées.

La décision ministérielle du 16 janvier 1882 accorde aux

---

1. Nous donnerons, *à la fin du volume*, le texte de ce nouveau décret s'il vient à être promulgué pendant l'impression. (*Voir l'Appendice n° 1.*)

condamnés des concessions rurales ou urbaines, suivant leurs aptitudes. Les premières donnent droit à la ration pendant trente mois et à certains avantages spéciaux ; l'administration fournit notamment aux condamnés qui exploitent des concessions rurales, certains outils et instruments aratoires. Le transporté concessionnaire bénéficie, d'ailleurs, de la remise des droits civils qui lui sont indispensables pour mener à bien l'administration et l'exploitation de sa concession. Il peut ester en justice.

Le concessionnaire peut être déchu de sa propriété à la suite de condamnation pour évasion ou tentative d'évasion, et pour absence illégale. La concession fait alors retour à l'État ; elle peut être laissée à la femme du concessionnaire ou à ses enfants ; mais dans l'un et l'autre cas, les droits hypothécaires acquis par des tiers sont réservés.

Régime des libérés[1]. — L'article 6 de la loi du 30 mai 1854 a défini ainsi ce régime : « Tout individu condamné à moins de huit années de travaux forcés sera tenu, à l'expiration de sa peine, de résider dans la colonie pendant *un temps égal à la durée de sa condamnation*. Si la peine est de *huit années,* il sera tenu d'y résider *pendant toute sa vie.* »

Les libérés astreints à un temps de résidence obligatoire dans la colonie pénale ont donné lieu de tout temps à des plaintes nombreuses de la part des autorités coloniales et surtout des colons libres qui ont constamment regardé la libération comme une des conséquences les plus défectueuses de la transportation.

Comme l'a dit M. le député Chautemps dans le discours qu'il a prononcé à la Chambre le 4 février 1893, à propos du budget des colonies, la Nouvelle-Calédonie surtout souffre d'une plaie profonde et hideuse que nous lui avons faite nous-mêmes, et

---

1. Les dispositions du décret du 30 juin 1891 fixant les éléments constitutifs du délit d'évasion commis par les réclusionnaires coloniaux dans les colonies pénitentiaires et complétant l'article 255 du Code pénal, ont été appliquées par un décret du 25 avril 1893 aux transportés libérés des travaux forcés ayant à subir des peines de réclusion et d'emprisonnement.

que nous entretenons à grands frais. La loi de 1854, en obligeant le libéré à vivre là où il a subi sa peine, a voué à un échec irrémédiable toute colonie systématiquement affectée à la transportation.

« L'agglomération des libérés, auxquels sont venus se joindre depuis quelques années les relégués, voilà le vice capital de la loi. Pour le libéré, c'est l'impossibilité de se créer d'autres relations que celles nouées au bagne ; c'est, par conséquent, l'impossibilité du relèvement. Pour le colon libre, c'est une horrible et répugnante promiscuité. Pour la colonie, c'est le discrédit et l'obstacle à son développement. »

Pour remédier, autant que possible, aux conséquences si fâcheuses de la résidence, soit perpétuelle, soit temporaire, la *commission permanente du régime pénitentiaire* a complété un premier décret du 13 janvier 1888, lequel soumettait les libérés à des contrôles de l'administration au moyen d'appels périodiques, en rédigeant le décret qui a été promulgué le 29 septembre 1890.

D'après ce règlement, le libéré doit justifier de moyens d'existence soit par la possession légitime de biens suffisants, soit par la mise en valeur de l'exploitation réelle d'une concession régulière, soit par l'exercice d'une profession ou d'un commerce non interdit aux libérés, soit enfin par un engagement de travail d'une certaine durée. Les moyens d'existence du libéré sont consignés sur un livret qu'il doit présenter aux autorités administratives chargées de faire des appels périodiques. Le libéré ne peut changer de résidence sans en faire la déclaration à l'administrateur de la localité qu'il quitte et à celui de la localité où il va se fixer.

Les infractions aux règles du décret du 29 septembre 1890 sont punies de la prison ou d'une amende, suivant le cas. Sont également punissables les individus qui consigneraient sur les livrets des libérés des engagements de travail fictifs.

En somme, le décret de 1890 a eu pour but de revenir aux principes de la loi de 1854 qu'on avait négligés par suite d'une philanthropie bien mal placée. Faute de pouvoir justifier d'une des ressources fixées par ledit décret, le libéré est considéré comme vagabond et puni en conséquence, sauf à ajouter, quand il y a lieu, la peine de la relégation à cette punition.

Le libéré est maintenant soumis à une surveillance étroite en ce qui concerne sa conduite et ses moyens d'existence ; on l'oblige à travailler, on le met tout au moins hors d'état de nuire. D'aucuns prétendent cependant que les dispositions pénales du décret de 1890 sont insuffisantes pour enrayer les maux dont souffrent les colonies pénitentiaires par le fait de la libération ; une loi nouvelle serait seule capable de remédier aux graves inconvénients de cette mesure telle que l'a comprise le législateur de 1854.

Le décret de 1890 a été complété pour la Guyane par un décret du 4 avril 1892 et pour la Nouvelle-Calédonie par un décret du 27 février 1893, tous deux portant approbation des pénalités prévues par des arrêtés des gouverneurs de ces colonies pénitentiaires afin de mettre en application la réglementation nouvelle concernant les libérés. Ces arrêtés fixent les localités et les conditions dans lesquelles doit être opérée la constatation de la présence des libérés et désignent les fonctionnaires chargés de faire cette constatation périodiquement ; déterminent les engagements de travail des libérés, la forme de leurs livrets ; énoncent les professions qui leur sont interdites, et édictent les pénalités auxquelles les libérés peuvent être soumis, conformément aux articles 471 et 474 du Code pénal.

CHAPITRE II

DE LA RELÉGATION[1]

Origines de la loi sur la récidive. — Loi du 27 mai 1885. — Décret du 26 novembre 1885. — Distinction entre la relégation collective et la relégation individuelle. — Organisation de la relégation collective. — Régime disciplinaire. — Dépôts des relégués collectifs; décret du 5 septembre 1887. — Organisation de la relégation individuelle; décret du 25 novembre 1887. — Remise de la peine de la relégation; décret du 9 juillet 1892. — Commission de classement des récidivistes. — Régime militaire des transportés et des relégués.

Origines de la loi sur la récidive. — Les premiers travaux parlementaires relatifs à la relégation datent de la séance de la Chambre du 1er décembre 1881 où 17 députés déposèrent une proposition de loi tendant à faire déporter, dans une colonie spéciale, pour une période de temps variant entre 5 et 20 ans, et par suite du jugement correctionnel qui le frapperait, tout individu condamné trois fois pour vol, escroquerie, abus de confiance, vagabondage ou rupture de ban.

Cette proposition était incomplète, car elle ne parlait pas de la durée des condamnations encourues et frappait ainsi indistinctement près de 30,000 récidivistes. Le projet était, par suite, trop coûteux et devenait irréalisable.

Le 16 février 1882, MM. Waldeck-Rousseau et Martin-Feuillée, députés, s'inspirant de la première proposition faite en 1881 par plusieurs de leurs collègues, déposèrent un nouveau projet plus complet que le précédent.

Prenant pour base la législation prévoyante du Code pénal de 1791, dont l'article 1er, titre II, était ainsi conçu : « Quiconque

---

[1]. Voir l'*Appendice* n° *1* relativement à l'application de la peine de la relégation par suite de la loi du 28 juillet 1894 sur la *répression des menées anarchistes*.

ayant été repris de justice pour crime, viendrait à être convaincu d'un nouvel attentat, sera, après avoir subi sa peine, transféré pour le reste de sa vie dans le lieu de déportation des malfaiteurs », ces députés proposèrent de transporter à la Nouvelle-Calédonie :

1° Tout individu qui, ayant été condamné pour crime à la réclusion ou à plus d'un an de prison, serait de nouveau condamné dans un intervalle de dix ans à compter de son élargissement à l'une des mêmes peines pour un fait qualifié crime ;

2° Tout individu qui, ayant subi une des condamnations du paragraphe précédent, encourrait également dans un intervalle de dix ans, deux condamnations à trois mois de prison pour l'un des délits suivants :

Vol ;
Abus de confiance ;
Outrage public à la pudeur ;
Excitation habituelle des mineurs à la débauche ;
Coups et blessures ;

3° Tout individu ayant encouru dans un intervalle de dix ans cinq condamnations à la prison pour les délits et dans les conditions ci-dessus spécifiés ;

4° Tout individu qui, dans le même intervalle, aura encouru deux condamnations à trois mois de prison pour l'un des délits ci-dessus spécifiés et une condamnation pour fait qualifié crime à plus d'un an d'emprisonnement ou à la réclusion.

En outre, et c'était une des dispositions nouvelles du projet, MM. Waldeck-Rousseau et Martin-Feuillée, en vue d'atteindre « cette phalange de déclassés volontaires, chevaliers d'industrie inavouables, émigrant chaque nuit de garni en garni, vivant du vice, aujourd'hui du jeu clandestinement organisé dans quelque carrefour, demain de la débauche qu'ils encouragent et dont ils perçoivent les profits... », proposèrent de modifier comme suit l'article 270 du Code pénal :

« Les vagabonds ou gens sans aveu sont ceux qui n'ont ni domicile certain, ni moyen de subsistance, soit qu'ils n'exercent habituellement aucune profession, soit qu'ils vivent du jeu ou de la prostitution sur la voie publique. »

La première proposition de loi n'admettait que la relégation à temps ; *celle-ci au contraire la prévoyait perpétuelle,* avec cette atténuation cependant *qu'au bout de cinq ans de bonne conduite,* le condamné pourrait être autorisé à rentrer en France.

La proposition de MM. Waldeck-Rousseau et Martin-Feuillée fut prise en considération et examinée par deux commissions en même temps qu'un projet supplémentaire émanant du gouvernement, lequel précisait certains points.

Suivant les supputations des commissions parlementaires, quatre à cinq mille récidivistes devaient être frappés par la relégation pendant l'année qui suivrait la promulgation de la loi ; cette proportion devait ensuite diminuer d'année en année.

Les dépenses restaient fortes, mais le projet était cependant réalisable ; la Chambre l'adopta une première fois le 29 juin 1883. Le Sénat fit subir à ce projet quelques modifications utiles et le vota en février 1885.

La Chambre se conforma aux observations du Sénat ; la loi sur les récidivistes fut promulguée le 27 mai 1885.

Application de la loi sur la récidive. — Les idées émises par le Sénat ont été appliquées dans le décret du 26 novembre 1885 rendu en exécution de la loi du 27 mai ; leur mise en vigueur était indispensable pour donner à la loi sur les récidivistes son véritable caractère répressif. — Le Sénat avait jugé utile : 1° *de laisser à l'initiative gouvernementale le choix des colonies* où devraient se rendre les relégués, et 2° d'obliger ces relégués *à un travail* en rapport avec leur profession ou leurs aptitudes, *à défaut de moyens d'existence* dûment constatés.

Rien ne peut donner plus exactement une idée d'ensemble de la relégation, telle qu'elle a été établie par le règlement d'administration publique du 26 novembre 1885, que le rapport même du rapporteur du Sénat, M. de Verninac, concernant la loi sur la récidive :

La relégation ne doit, en principe, dit M. de Verninac, avoir lieu *qu'à l'expiration de la peine principale.*

Pendant l'exécution de la peine et dans les pénitenciers agricoles, organisés à cet effet, où les relégués attendront le départ du vaisseau qui les emportera, l'administration pénitentiaire aura le devoir de les étudier et de se rendre compte de leurs aptitudes, des chances de relèvement moral qu'ils peuvent présenter et de faire ainsi une sorte de classement.

Les meilleurs, les moins nombreux, sans doute, ouvriers d'art pour la plupart, seront envoyés dans les colonies où leur présence pourra être utile. L'administration devra leur indiquer les points où ils pourront trouver du travail et leur faciliter les moyens de s'en procurer.

Des concessions urbaines pourront leur être données dans les centres de colonisation où les artisans font défaut.

Ce sera la relégation individuelle.

Les autres, la plus grosse part, seront transportés collectivement dans une colonie où ils seront internés. C'est là, on ne saurait se le dissimuler, que commenceront les difficultés, et ce n'est qu'à force de patience, de fermeté, d'esprit de suite, ce n'est que par une étude approfondie de la science pénitentiaire qu'elles pourront être résolues. Que faire, en effet, de tous ces repris de justice ainsi débarqués sur une terre inconnue pour eux, sous un climat qui n'est pas le leur? Le premier soin de l'administration sera de leur chercher du travail; mais les colons pourront-ils, voudront-ils les occuper tous? il ne faut pas l'espérer. L'État devra donc fournir à leurs besoins.

Et comme il ne saurait entrer dans l'esprit de personne que l'on dût pourvoir à leur entretien, à leur nourriture, sans rien exiger d'eux en échange, il sera nécessaire d'ouvrir des chantiers, d'établir des usines pour les occuper, et dans ces chantiers, dans ces usines, ils devront se soumettre au règlement qui leur sera imposé.

Distinctions entre les deux modes de relégation. — L'application de la loi sur la récidive a été réglée par le décret du 26 novembre 1885.

La relégation a deux formes : elle est ou *individuelle* ou *collective.*

La relégation individuelle peut être subie dans les diverses colonies ou possessions françaises ;

La relégation collective devait s'exécuter tout d'abord à la Guyane et à la Nouvelle-Calédonie, et ultérieurement dans d'autres colonies à désigner par des règlements d'administration publique.

La relégation individuelle consiste dans l'internement, sur le territoire d'une possession française, des relégués qui justifient de moyens honorables d'existence, soit par l'exercice de professions ou de métiers, soit par des engagements de travail ou de service pour le compte de l'État, des colonies ou des particuliers.

La relégation collective, au contraire, consiste dans l'internement des relégués sur un lieu bien déterminé et dans des établissements spéciaux où l'État pourvoit à leur subsistance.

La différence de régime entre ces deux catégories est bien tranchée.

Les relégués individuels sont libres dans la colonie où ils sont internés, sous réserve de certaines mesures d'ordre et de surveillance. Leur situation est à peu près la même que celle des libérés de la peine des travaux forcés.

Les relégués collectifs, au contraire, sont soumis à l'obligation du travail et à un régime disciplinaire qui permet à l'administration de les avoir *in manu*. C'est à peu près la transportation avec ticket ou promesse de ticket *of leave* telle qu'elle avait été organisée en Australie par le bill de 1847 et précédant le *rachat de liberté conditionnelle* contre un pécule formé de retenues sur les salaires gagnés sous le régime du ticket. Le rachat de liberté conditionnelle est devenu chez nous, conformément au décret du 25 novembre 1887, la relégation individuelle.

L'application de la loi du 27 mai 1885 a nécessité la promulgation d'un certain nombre de règlements d'administration publique pour définir la condition et le régime des relégués; nous ne pouvons que signaler les principaux de ces actes.

Organisation de la relégation collective. — Au point de vue de la fixation des territoires coloniaux à désigner pour l'établissement des relégués, un décret du 26 novembre 1885 a déterminé les conditions de leur envoi à la Guyane; un autre décret du 20 août 1886 a désigné l'île des Pins, dépendance de la Nouvelle-Calédonie, pour recevoir des relégués collectifs ; un troisième décret du 2 mai 1889, concernant également les relégués collectifs, leur abandonne la baie de Prony, en Nouvelle-Calédonie.

Le régime disciplinaire des relégués collectifs aux colonies fait l'objet du décret du 22 août 1887 ; les punitions disciplinaires leur infliger sont les suivantes : interdiction de supplément de nourriture à la cantine ; — privation d'une partie du salaire n'excédant pas le tiers du produit du travail ; — prison de nuit ; — cellule ; — cachot.

Toutes les punitions infligées aux relégués sont inscrites sur leur *notice*.

Une commission disciplinaire fonctionne dans chaque dépôt de relégués collectifs ; cette commission est composée du commandant supérieur, assisté de deux fonctionnaires de l'administration pénitentiaire désignés par le directeur.

Chaque colonie destinée à recevoir des relégués collectifs possède un *quartier de punition* où sont envoyés les incorrigibles, par décision de la commission disciplinaire. — Les relégués peuvent être maintenus dans ce quartier de punition pour une durée de quatre mois au maximum ; ils y sont astreints au travail et au silence de jour et de nuit, pendant les heures de travail comme pendant les heures de repos.

La loi sur la récidive avait laissé à un règlement d'administration publique le soin de fixer les conditions dans lesquelles il serait pourvu à la subsistance des relégués avec obligation du travail, à défaut de moyens d'existence dûment constatés.

Le décret du 5 septembre 1887 a comblé cette lacune en organisant les dépôts des relégués collectifs aux colonies.

Voici les principales dispositions de ce décret important (art. 2, 4 et 13) :

A l'arrivée d'un convoi de relégués, il est procédé à la revue de tout le personnel, par le chef du dépôt et par le médecin.

Les relégués sont immatriculés, par ordre alphabétique, sur les contrôles du dépôt.

A cet effet, chaque condamné doit être accompagné, dans la colonie, de l'extrait authentique du jugement qui a prononcé la relégation et d'une notice individuelle indiquant:

1° Son état civil;

2° Son signalement;

3° Sa situation de famille;

4° Le relevé des condamnations encourues et les conditions dans lesquelles elles ont été exécutées;

5° La conduite du relégué dans les différents établissements pénitentiaires où il a subi ses condamnations;

6° Les avis de la commission médicale, du parquet, du directeur de la circonscription pénitentiaire et du préfet;

7° Les avis de la commission qui classe les relégués par catégories avant leur départ de France.

L'État supporte les dépenses de logement, d'habillement, de nourriture et d'hospitalisation.

Le travail des relégués est rétribué au moyen de salaires dont le taux est déterminé par des arrêtés du gouverneur, rendus en conseil privé, et soumis à l'approbation du ministre des colonies. Ces arrêtés fixent également la proportion de la retenue revenant à l'État pour frais d'entretien.

La moitié du produit du travail, déduction faite de ladite retenue, constitue le pécule disponible; l'autre moitié constitue un pécule réservé pour être mis à la disposition du relégué quand il quitte la relégation collective.

L'habillement des relégués collectifs est uniforme.

La ration normale des relégués valides ne comprend ni vin, ni tafia, ni sucre, ni café.

Les relégués peuvent améliorer leur ration sur le produit de leur travail, au moyen de bons de cantine.

Outre le décret du 5 septembre 1887, nous devons citer encore, comme mesures générales, le décret du 11 novembre 1887 réglant les formalités à remplir pour le mariage des condamnés à la relégation transférés dans les colonies françaises et simplifiant autant que possible les conditions légales, et le décret du

11 juillet 1887 concernant la curatelle d'office des successions et biens vacants des relégués.

Organisation de la relégation individuelle. — Le décret du 25 novembre 1887 a fixé cette organisation. Le relégué individuel *a un livret spécial,* qu'il doit présenter à toute réquisition de l'autorité administrative ou judiciaire de la colonie.

Il doit faire viser ce livret en janvier et juillet de chaque année par les autorités pénitentiaires désignées par le gouverneur et informer ces autorités de ses changements de résidence ; ce livret mentionne les endroits où il est défendu au relégué de paraître.

Dans les cas d'inconduite, de nouvelle condamnation, de rupture de son engagement, d'abandon de sa concession ou d'infraction aux mesures d'ordre auxquelles il est soumis, le relégué individuel sort de sa catégorie pour entrer dans un dépôt de relégation collective, où il perd la liberté qu'il possédait, en étant désormais soumis aux règlements disciplinaires de ces établissements.

Le relégué individuel doit constituer un fonds de réserve pour faire face aux dépenses qu'occasionnerait son traitement à l'hôpital ; cette réserve reste, bien entendu, *la propriété du relégué.*

La loi du 27 mai 1885 sur la relégation des récidivistes a permis au relégué, à partir de la 6e année de son temps de relégation, d'introduire devant le tribunal de la localité une demande tendant à le faire relever de la relégation en vertu de sa bonne conduite, des services rendus à la colonisation et aussi en considération de ses moyens d'existence.

Remise de la relégation. — Cette disposition de la loi de 1885 a fait l'objet d'un décret du 9 juillet 1892 qui détermine les mesures nécessaires pour la remise de la peine de la relégation aux récidivistes et dont voici la teneur :

Art. 1er. — Le relégué qui sollicite son relèvement de la relégation adresse sa demande au procureur de la République près le tribunal de première instance de sa résidence.

Cette demande fait connaître le lieu où le relégué a l'intention de se fixer et les moyens d'existence dont il peut disposer.

Elle est accompagnée de la justification du paiement des frais de justice dont il n'est pas libéré et qui sont relatifs à la condamnation à la suite de laquelle la relégation a été prononcée.

Dans le cas où le demandeur serait hors d'état de se libérer en tout ou en partie de ces frais, il devra en justifier par un avis de la commission de classement prévue à l'article 8 du décret du 26 novembre 1885.

Si le relégué doit quitter la colonie, au cas d'admission de sa demande, il justifiera, en outre, de ses moyens de faire face aux dépenses de voyage, aucuns frais de passage, de route ou autres ne pouvant être supportés par le budget de l'État ou par celui de la colonie.

Art. 2. — La demande est immédiatement transmise par le procureur de la République au directeur de l'administration pénitentiaire ou, dans les colonies non pénitentiaires, au directeur de l'intérieur, qui la renvoie au chef du parquet, dans le plus court délai possible, avec son avis et après y avoir annexé :

1° Le dossier du relégué, ainsi que l'extrait d'arrêt ou de jugement qui a prononcé la relégation ;

2° Un extrait certifié exact du folio de punition et un relevé des condamnations que le relégué aurait pu encourir dans la colonie ;

3° Un acte constatant que le relégué ne se trouve pas soumis à l'interdiction de séjour ou, dans le cas contraire, qu'il a reçu notification des lieux où il lui est fait défense de paraître ;

4° Les certificats et avis prévus aux articles 3 et 4 ;

5° L'avis du ministre de l'intérieur et celui du ministre chargé des colonies.

Art. 3. — La justification de bonne conduite, de moyens d'existence et de services rendus à la colonisation se fait au moyen d'un certificat délivré par la commission de classement prévue à l'article 8 du décret du 26 novembre 1885.

Art. 4. — Si le demandeur est en état de relégation individuelle, un avis du directeur de l'intérieur doit toujours être joint aux pièces énoncées aux articles 2 et 3...

Dans le cas où le relégué individuel aura été interné dans plusieurs colonies, l'avis du directeur de l'intérieur de ces colonies sera annexé au dossier.

Art. 5. — Le tribunal réuni en la chambre du conseil, après avoir vérifié si toutes les conditions prévues par le présent décret ont été remplies et si la justification prescrite par l'article 3 a été faite, décide sur la demande.

Le procureur de la République et le chef du service judiciaire de la colonie agissant d'office ou à la requête de l'administration pénitentiaire, peuvent former opposition à la décision du tribunal, soit qu'elle accueille la demande, soit qu'elle la rejette.

L'opposition doit être formée dans le délai d'un mois. Elle est portée devant la cour d'appel ou le tribunal supérieur, qui décide dans le mois.

La procédure a lieu sans frais.

Art. 6. — En cas de rejet, une nouvelle demande en relèvement de la relégation ne peut être formée avant l'expiration d'un délai de trois années.

Il nous reste encore, pour donner un aperçu à peu près complet du régime de la relégation, à exposer la manière de procéder de la commission dite de *classement des récidivistes* qui joue un rôle important dans l'exécution de la loi du 27 mai 1885.

Commission de classement des récidivistes. — Pendant que le récidiviste condamné à la relégation subit sa peine principale dans un établissement pénitentiaire de la métropole (au dépôt de Landerneau notamment), le ministère de l'intérieur prépare son dossier qui doit être soumis à la commission de classement instituée auprès de ce département par le règlement d'administration publique du 26 novembre 1885.

Cette commission est composée de 7 membres, savoir :

Un conseiller d'État en service ordinaire, élu par ses collègues, président, et deux représentants de chacun des trois départements de la justice, de l'intérieur et des colonies nommés par décret sur la proposition du ministre de l'intérieur[1].

Les dossiers établis avec beaucoup de soin permettent à la commission de contrôler la situation pénale des relégués et leurs

---

[1]. Pour les condamnés dont la peine principale a été subie *dans une colonie*, la commission locale de classement est composée d'un magistrat, président, et de deux membres chargés de représenter, l'un la direction de l'intérieur, l'autre le service pénitentiaire. Le ministre des colonies statue définitivement sur les propositions de cette commission, après avis du gouverneur et du conseil de santé. (Décret réglement. du 26 novembre 1885, art. 8.)

antécédents judiciaires. En outre, ils contiennent des indications générales sur les ressources du relégué, sa famille, sa santé, ses aptitudes physiques, sa profession, son utilisation possible dans les colonies, son état moral, sa conduite en prison et dans la vie libre.

D'après ces renseignements, la commission examine d'abord si l'état de santé du relégué permet son transférement aux colonies ; et dans l'affirmative, s'il doit être classé à la *relégation individuelle* ou à la *relégation collective*.

Les avis motivés de la commission portent donc sur les points suivants :

1° Dispense provisoire de départ lorsque le relégable se trouve dans un état de santé qui ne permet pas son transférement immédiat. (Art. 11 du décret du 26 novembre 1885.)

2° *Dispense définitive lorsqu'il peut être considéré comme incurable.* (Art. 6 et 11 du même décret.)

3° Admission au bénéfice de la relégation individuelle lorsque le relégué a des moyens d'existence suffisants, soit par suite de ressources personnelles, soit par l'exercice d'une profession et d'un métier, et lorsque, en outre, il mérite cette faveur par son attitude en prison, les sentiments de repentir qu'il semble manifester, et si ses antécédents judiciaires permettent de croire qu'il n'est pas complètement gangrené. (Art. 6 du même décret et décret du 25 novembre 1887.)

4° Admission du relégué dans un groupe ou détachement employé sur des chantiers de travaux publics. (Art. 4 du décret du 26 novembre 1885 et décret du 18 février 1888.)

Dans la pensée du département, les sections mobiles sont une étape entre la relégation collective et la relégation individuelle.

Enfin, le classement à la relégation collective comprend :

1° Les individus envoyés à l'île des Pins (Nouvelle-Calédonie, décret du 20 août 1886) et à la baie de Prony, sur la Grande-Terre (décret du 2 mai 1889) lorsqu'ils sont âgés, lorsque leur état de santé est moins favorable ou quand ils ne sont pas considérés comme des malfaiteurs dangereux ;

2° Les individus envoyés à Saint-Jean-du-Maroni (Guyane) [décret du 24 mars 1887] lorsqu'ils sont vigoureux et lorsque leurs antécédents judiciaires, leur conduite en prison, leurs habitudes d'indiscipline, les signalent plus particulièrement à l'attention de l'administration comme devant être soumis à une surveillance plus étroite et plus sévère.

La commission de classement des récidivistes a présenté au ministre de l'intérieur conformément à l'article 22 de la loi du 27 mai 1885, un rapport des plus intéressants sur l'application de cette loi pendant l'année 1892. Il résulte dudit rapport que le nombre des condamnations à la relégation diminue d'année en année, les tribunaux semblant de plus en plus répugner à l'application de cette peine. Le maximum des condamnations avait été atteint en 1887, où le nombre des condamnés à la relégation s'était élevé à 1,934; il n'est plus que de 925 en 1892, inférieur de 40 au chiffre de 1891.

La commission a eu à examiner 662 dossiers pour 1892, dont 604 dossiers de condamnés hommes et 58 de femmes. Les propositions de la commission se sont ainsi réparties : *un condamné seulement* a été jugé apte à bénéficier de la faveur de la relégation individuelle tout en étant affecté au corps des disciplinaires coloniaux pour y faire son service militaire conformément à la loi du 15 juillet 1889 (deux condamnés avaient été admis à ce titre dans le corps des disciplinaires à Diégo-Suarez en 1891); — 543 condamnés (dont 51 femmes) ont été classés dans la relégation collective ordinaire et 48 dans les sections mobiles de relégués collectifs; — 17 condamnés ont obtenu la dispense définitive de la relégation pour état d'incurabilité dûment reconnu. Les autres ont été placés en situation de dispense provisoire ou ont fait l'objet d'une proposition au ministre de la justice en vue de la grâce.

La commission, dans les desiderata qu'elle formule au cours de son rapport en date du 27 juillet 1893 (*J. O.* 1894, 7 février), regrette l'obstination dont ont fait preuve les colonies en se refusant jusqu'ici à utiliser le travail des relégués collectifs désignés pour faire partie des *sections mobiles*. Les colonies pénitentiaires sont encore seules à recevoir ces relégués.

En résumé, depuis le 27 novembre 1885, date de la promulgation de la loi du 27 mai 1885, au 31 décembre 1892, le nombre des individus condamnés à la relégation s'est élevé à 9,459. Sur ce nombre, 5,508 condamnés ont été expédiés sur les lieux de relégation; les autres ont été tranférés sur les lieux de transportation ayant à purger une condamnation aux travaux forcés, ou ont été l'objet soit de mesures gracieuses (grâce; — sursis à la relégation avec libération conditionnelle), soit de dispenses provisoires ou définitives pour raison de santé, ou bien sont en cours de peine en France.

Régime militaire des transportés et relégués. — Ce régime a été fixé par la loi du 15 juillet 1889 (art. 4) et par le décret du 11 janvier 1892 (*B. O. C.* 1892, p. 160).

Les condamnés aux travaux forcés, à la déportation et à la relégation *collective* font partie des *exclus de l'armée* et sont « à la disposition de l'autorité coloniale » pendant la durée du service actif ou, en cas de rappel, pour être affectés à des travaux d'intérêt militaire.

Les relégués *individuels* sont incorporés dans les corps de disciplinaires coloniaux; le ministre dont ces corps dépendent désigne celui auquel chacun d'eux est affecté en cas de mobilisation.

Les transportés, déportés et relégués collectifs, groupés en sections spéciales dites *sections d'exclus*, sont placés sous l'autorité supérieure du chef militaire qui les emploie et sous la direction immédiate de surveillants empruntés au corps des surveillants militaires des pénitenciers. Ces surveillants sont placés hors cadre. — Chaque section d'exclus comporte au moins un *surveillant chef de travaux* et un surveillant ordinaire par 25 hommes.

Les exclus, assimilés aux marins et militaires, *sont justiciables des juridictions militaires pour crime ou délit,* conformément au décret réglementaire du 4 octobre 1889, portant application aux colonies du Code de justice militaire pour l'armée de mer. Le conseil de guerre, quand il s'agit de juger un *exclu*, est composé comme pour un soldat ou un apprenti-marin.

Les surveillants et tous les militaires gradés sont considérés, dans le sens du Code de justice militaire, comme les supérieurs des *exclus*; ces derniers, en cas *d'insoumission*, sont passibles des peines édictées par la loi du 15 juillet 1889.

Les exclus sont traités comme les *fusiliers disciplinaires* au point de vue de la discipline en général. *Ils ne sont point armés.*

En cas de mobilisation, les exclus sont utilisés sur place, dans la colonie où ils se trouvent.

CHAPITRE III

RÉGIME DES PRISONS LOCALES

Direction et surveillance des prisons locales. — Organisation des prisons civiles à la Réunion ; — à la Martinique ; — à la Guadeloupe ; — à la Guyane ; — dans les établissements français de l'Inde ; — au Sénégal ; — en Nouvelle-Calédonie ; — dans les établissements français de l'Océanie ; — en Cochinchine (Arrêté du gouverneur général du 10 janvier 1893).

Le service des prisons aux colonies est placé dans les attributions du directeur de l'intérieur et plus spécialement sous le contrôle de commissions administratives composées de magistrats, du maire de la commune, de conseillers généraux et municipaux ou de notables habitants et de l'aumônier. Ces commissions de surveillance intérieure des prisons s'occupent de tout ce qui a trait à la salubrité, à la discipline, au régime alimentaire, au personnel, à la tenue des registres d'écrou ainsi qu'à celle des registres des dépôts d'argent et de bijoux des détenus, au travail, à l'instruction morale ; elles inspectent périodiquement les prisons et adressent à la suite de ces visites des rapports au directeur de l'intérieur ; elles remettent en fin d'année, dans la plupart des colonies, des notes sur le personnel des établissements dont elles ont la surveillance et présentent à l'administration l'état des condamnés qui, par leur repentir et leur bonne conduite, sont reconnus dignes d'être recommandés à la clémence du Président de la République pour des grâces ou commutations de peines[1]. Les registres d'écrou, dont la tenue

---

1. Les états des détenus proposés pour une commutation de peine ou pour la grâce sont transmis par le directeur de l'intérieur au procureur général, chef du

est prescrite par le Code d'instruction criminelle, sont vérifiés et arrêtés à époques fixes par le procureur général ou le procureur de la République, chef du service judiciaire.

Les régisseurs et gardiens-chefs des prisons sont nommés par le gouverneur sur la proposition du directeur de l'intérieur qui nomme lui-même aux emplois subalternes. Toutes les dépenses de personnel comme celles de matériel des prisons locales sont à la charge de la colonie.

Nous ne pouvons entrer ici dans tous les détails d'organisation des prisons locales ; ces établissements devraient, dans chaque colonie, répondre comme en France, à l'importance et à la durée des peines infligées, mais les prescriptions de la loi, communes depuis 1877 à nos possessions d'outre-mer et à la métropole, n'ont pas encore été suivies partout, surtout en ce qui concerne la division des prisons en maisons centrales et en maisons de correction. Les prévenus sont généralement séparés des condamnés, et des mesures ont été prises également pour assurer le groupement des prisonniers de même sexe dans des lieux de détention distincts, mais là se borne l'application des règles imposées par les codes dans la plus grande partie de nos colonies.

L'organisation des prisons locales dépend des gouverneurs qui la fixent par voie d'arrêté.

A la Réunion, les établissements pénitentiaires sont au nombre de quatre, savoir : à Saint-Denis, une maison d'arrêt, de justice et de correction pour hommes ; une maison d'arrêt, de justice et de correction pour femmes, et une maison de détention pour les jeunes détenus du sexe masculin. Les jeunes filles détenues en exécution des articles 66, 67 et 69 du Code pénal subissent leur détention dans un local annexe de l'hôpital colonial de Saint-Denis. A Saint-Pierre, se trouve une maison d'arrêt, de justice et de correction pour hommes et femmes, avec quar-

---

service de la justice, qui les présente au gouverneur en conseil privé, dans la première quinzaine de novembre. Les listes sont envoyées par le gouverneur au ministre après avoir été arrêtées en conseil privé et le Président de la République statue définitivement.

tiers distincts. — Dans aucune de ces prisons, faute de locaux, il n'a été possible de séparer les prévenus des accusés et les récidivistes des individus subissant une première condamnation. Un arrêté portant règlement général sur les prisons de la colonie, rendu le 7 août 1876, a déterminé le régime auquel sont soumis les détenus quant au travail, aux salaires, à l'alimentation, à l'habillement, au service d'infirmerie, à la composition du personnel de surveillance et à sa solde, à la tenue des registres d'écrou et de la comptabilité intérieure de la prison. Cette réglementation a été calquée sur celle des prisons de la métropole. Le personnel à la Réunion comprend un directeur des prisons, fonctionnaire spécial, ayant autorité sur tous les agents des établissements pénitentiaires de la colonie, un commis-greffier pour la tenue des écritures, deux gardiens-chefs, l'un à Saint-Denis, l'autre à Saint-Pierre, des gardiens, brigadiers et sous-brigadiers des chiourmes, des gardes-chiourmes, des surveillantes (pénitencier des jeunes détenus) et des surveillants, des aumôniers, des sœurs de la Congrégation des filles de Marie et des médecins qui visitent tous les jours les lieux de détention.

Parmi les nombreux registres de la comptabilité intérieure des prisons de la Réunion, nous remarquons celui concernant les *marins du commerce* qui sont l'objet d'un compte particulier, les frais de leur détention étant, aux termes de la dépêche ministérielle du 26 avril 1881, imputés sur le budget de la marine. Cette comptabilité spéciale s'impose à toutes les prisons locales où sont admis les marins du commerce ; il doit être tenu également un compte à part pour les militaires et marins de l'État qui, dans certaines colonies non encore pourvues de prisons *ad hoc* vu le peu d'importance de leur garnison, sont incarcérés dans des établissements de détention du service local, mais avec le régime des prisons militaires quant à la discipline, aux vivres, etc.

A la Martinique, le fonctionnement des prisons est régi par des arrêtés locaux en date du 23 juin 1876 (constituant deux commissions de surveillance pour les prisons des arrondissements de la colonie), du 17 juillet 1873 portant règlement sur le travail intérieur, du 15 février 1877 qui a fixé le régime intérieur et la comptabilité en codifiant tous les anciens textes, du 6 septembre 1881 qui a réglé le cadre et le traitement des employés, du 28 décembre 1882 qui a déterminé le régime alimentaire des détenus. L'administration pénitentiaire est confiée à un inspecteur spécial qui a sous ses ordres, pour la *prison centrale* de Fort-de-France (où se trouvent incarcérés dans des quartiers distincts les prévenus et les condamnés), un directeur, trois commis et huit gardiens ; — pour la *maison d'arrêt* de Saint-Pierre (prévenus et condamnés à un mois de prison au maximum), un régisseur, deux commis et des gardiens, enfin le personnel du pénitencier destiné aux jeunes correctionnaires et établi au Jardin des Plantes à Saint-Pierre.

Les commissions de surveillance des prisons de la Martinique sont chargées de veiller au bien-être physique et moral des détenus et à l'exécution des règlements ; elles se bornent à signaler à l'administration les résultats de leurs remarques et ne décident rien.

La réglementation du service des prisons à la Guadeloupe est déterminée par l'arrêté du 26 décembre 1868. Les prisons locales y sont au nombre de cinq, en y comprenant la maison d'éducation correctionnelle pour les enfants du sexe masculin, laquelle a été transférée à la commune des Abymes, à la Basse-Terre.

Les quatre prisons coloniales proprement dites sont établies à la Basse-Terre, à la Pointe-à-Pître, au Grand-Bourg (Marie-Galante) et aux Saintes (Ilet-à-Cabris). Chaque commune est, en outre, pourvue d'une maison de police municipale où les individus condamnés à l'emprisonnement par les tribunaux de simple police peuvent, sur la demande des maires et en vertu d'une autorisation du gouverneur, être admis à subir leur peine. Les gardiens de ces maisons tiennent à cet effet le registre d'écrou réglementaire ; le service local rembourse simplement au fournisseur de la prison communale le montant des rations par lui délivrées soit aux condamnés, soit aux détenus de passage. Le gardien de la maison de police municipale qui sert également de prison coloniale à Saint-Barthélemy reçoit une indemnité spéciale du service local.

Les prisons de la Basse-Terre, de la Pointe-à-Pître et du Grand-Bourg sont affectées comme maisons d'arrêt aux hommes, aux femmes et aux enfants en état de prévention ; celles de la Basse-Terre et de la Pointe-à-Pître sont, en outre, affectées comme *maisons de justice* aux hommes, femmes et enfants mis en accusation pour être traduits devant les assises. Après jugement, les hommes condamnés à un emprisonnement d'un mois à un an sont dirigés ou maintenus dans un des trois établissements ; la prison du chef-lieu sert seule de lieu de détention pour les femmes condamnées à plus d'un mois, et pour les filles au-dessous de seize ans comme maison d'éducation correctionnelle. La prison des Saintes est maison centrale de force et de correction ; on y envoie les hommes condamnés à plus d'un an d'emprisonnement, ainsi que les condamnés aux travaux forcés, à la déportation ou à la réclusion, en attendant leur transférement à la Guyane ou dans tout autre établissement pénitentiaire.

Les condamnés à la réclusion pour les colonies de la Réunion, de la Martinique, de la Guyane, comme pour la Guadeloupe, peuvent encore être envoyés sur leur demande, mais avec un régime spécial, à la Guyane, quoique d'après la loi du 8 janvier 1877 chacune de ces colonies doive être pourvue d'une maison centrale pour les réclusionnaires ; le transfert de ces condamnés à la Guyane avait été prescrit par un décret de 1853. On peut encore les diriger sur la France où ils sont enfermés dans des maisons centrales. Les condamnés aux travaux forcés de la Martinique, de la Guadeloupe et de la Guyane subissent leur peine à la Guyane ; ceux de la Réunion, soit en Nouvelle-Calédonie, soit en Guyane.

A la Guyane, le service de la prison de Cayenne, confié à un régisseur soumis au contrôle de la direction de l'intérieur, a été réglementé par l'arrêté local du 20 janvier 1890. Le directeur de l'intérieur est président de la commission de surveillance. Il y a également une prison locale à Saint-Pierre et Miquelon, mais qui ne reçoit que des correctionnaires, outre les prévenus. Les condamnés à la réclusion subissent leur peine dans les maisons centrales de France.

Dans l'Inde, les établissements pénitentiaires sont au nombre de six dont deux au chef-lieu et un dans chaque dépendance. Pondichéry a une prison générale et une maison dite *colonie agricole* pour les jeunes détenus auxquels il est fait application de l'article 66 du Code pénal et pour ceux condamnés à l'emprisonnement en vertu des articles 67 et suivants du même code. A défaut de maisons distinctes d'arrêt, de justice et de correction, les prévenus, les accusés et les condamnés renfermés dans la même maison y occupent des locaux séparés.

Les arrêtés qui régissent le service des prisons dans les établissements français de l'Inde ont pris leur inspiration dans l'esprit de la loi, mais sont néanmoins adaptés aux coutumes du pays. Le commissaire de police spécialement chargé, dans chaque établissement secondaire, de la surveillance de la prison, remplit les fonctions de directeur et a sous ses ordres le personnel subalterne. Au chef-lieu, la haute surveillance de la prison générale et de la colonie agricole est dévolue au secrétaire général de la direction de l'intérieur et au chef du bureau des approvisionnements de la même direction qui s'en occupe au point de vue du service des vivres et de la comptabilité-matières. L'inspection des prisons est exercée conformément aux articles 611 et suivants du Code d'instruction criminelle et par une commission de surveillance établie par l'arrêté du 13 août 1879 dans chaque établissement.

Le service de chacune des prisons de l'Inde française est régi par des arrêtés spéciaux : A Pondichéry par un arrêté du 1ᵉʳ mars 1867, modifié, pour des dispositions de détails, par des arrêtés du 2 mai 1874, 13 mars, 4 et 30 juin, 13 août 1879 et 8 janvier 1880 ; à Chandernagor, par une décision du chef du service de la dépendance en date du 18 juin 1868, modifiée les 25 novembre 1878 et 2 septembre 1881; à Karikal par une décision du chef du service du 16 janvier 1879, approuvée le 31 janvier par le gouverneur; à Mahé par une décision du chef du service du 26 juillet 1852, approuvée par le gouverneur le 10 août 1852. A Yanaon on suit les prescriptions de l'arrêté du 1er mars 1867, applicable à la prison de Pondichéry.

La *colonie agricole* des jeunes détenus à Pondichéry est réglementée par un arrêté du 26 octobre 1866 et, pour le service intérieur, par un autre arrêté du 10 février 1869; ces deux actes ont été légèrement modifiés le 8 janvier 1880.

Le travail auquel sont astreints les condamnés dans l'Inde se divise en travail à l'extérieur et travail à l'intérieur. Le travail à l'extérieur fut organisé par un arrêté en date du 12 décembre 1865 rendu en exécution du décret du 29 mars 1865, autorisant la conversion des amendes et frais de justice en journées de travail. Cet acte, qui ne concernait qu'une catégorie de détenus, celle des débiteurs d'amendes, fut rendu applicable, par arrêté du 13 décembre 1865, aux condamnés à la peine de la réclusion et à celle de l'emprisonnement. Mais on ne tarda pas à reconnaître les dangers que présentait cette dernière mesure et on s'occupa, pour y remédier, d'organiser à la prison générale de Pondichéry des ateliers de tissage, de cordonnerie, etc. Le travail à l'extérieur n'est plus effectué aujourd'hui que par les condamnés à l'amende, employés par le service des ponts et chaussées. Le travail à l'intérieur de la prison est obligatoire pour les autres condamnés; les accusés et prévenus peuvent être également employés dans les ateliers, mais sur leur demande.

Les jeunes détenus de la colonie agricole de Pondichéry sont affectés aux travaux de l'agriculture ainsi qu'aux principales industries qui s'y rattachent. Ils reçoivent en même temps un enseignement théorique professionnel et une instruction primaire. Ils étudient au jardin d'acclimatation de Pondichéry les différentes méthodes de culture et entretiennent le parc colonial dans l'enceinte duquel est établi le pénitencier.

Les diverses colonies de la côte occidentale d'Afrique et celle d'Obock sur la côte orientale n'ont que des maisons de détention de peu d'importance, ou plutôt des maisons de police, les condamnés à l'emprisonnement étant envoyés dans les prisons de la métropole. Au Sénégal cependant, les prisons de Saint-Louis et de Dakar reçoivent les condamnés à des peines correctionnelles ; elles servent également de maisons d'arrêt ; elles sont dirigées par la direction de l'intérieur assistée de commissions de surveillance.

En Nouvelle-Calédonie, l'administration locale a à sa charge la prison civile de Nouméa dont le service intérieur a été réglementé par l'arrêté du 1er mars 1869, et qui reçoit les condamnés à l'emprisonnement. La direction de l'intérieur a la haute main sur cet établissement dont la surveillance est placée spécialement sous l'autorité du commissaire central de police. Il existe dans la colonie un comité de patronage pour les libérés, mais ce comité s'occupe surtout des libérés des travaux forcés.

A Tahiti, la prison civile de Papeete sert de maison de correction et de maison centrale. Les principaux districts ont des maisons de détention provisoire ; il existe aussi des prisons à Taiohaë et à Atuana (îles Nuka-Hiva et Ivaoa), aux Tuamotu et aux Gambier. La prison de Papeete dépend de la direction de l'intérieur, celles des autres établissements sont surveillées par les *administrateurs* qui cumulent tous les pouvoirs.

En Cochinchine, le service des prisons a été réglementé en dernier lieu par un arrêté du gouverneur général en date du 10 janvier 1893 qui modifie ou complète les arrêtés locaux du 1er février 1862 (créant un établissement pénitentiaire à Poulo-Condore), du 14 juillet 1869 (portant qualification et destination de la prison centrale de Saïgon), et du 23 février 1880, réglementant le régime intérieur et financier des prisons de l'intérieur dans les arrondissements. Voici le texte de l'arrêté du

10 janvier 1893 qui donne l'exposé du régime pénitentiaire actuel de la colonie :

« A l'avenir, le pénitencier de Poulo-Condore servira à la détention des correctionnels des deux sexes condamnés à plus de deux années d'emprisonnement, des réclusionnaires des deux sexes, des forçats âgés de soixante ans ou dont l'état de santé n'aura pas permis la transportation, des femmes condamnées aux travaux forcés, et enfin des condamnés pour délits politiques dont la déportation n'aura pas été jugée nécessaire.

« La prison centrale de Saïgon recevra en dépôt tous les délinquants arrêtés dans le ressort du tribunal de Saïgon et les prévenus pour délits politiques provenant du même ressort ou d'autres arrondissements et sur le compte desquels il n'aura pu être statué sur l'heure. Elle recevra également les inculpés résidant ou arrêtés dans le ressort du tribunal ou de la cour de Saïgon et contre lesquels des mandats de dépôt auront été décernés par l'autorité judiciaire, et les accusés qui doivent être soumis à ces juridictions en raison des faits ou crimes commis dans leur ressort.

« Enfin, elle servira pour les indigènes et Asiatiques à la détention de tous les correctionnels condamnés par les tribunaux de l'intérieur à plus d'un an et un jour d'emprisonnement, et de ceux condamnés à la même peine par le tribunal ou la cour d'appel de Saïgon, mais dont la durée n'excédera pas deux ans, enfin des condamnés aux travaux forcés ou à la relégation et des condamnés politiques dangereux en attendant, si l'administration le juge utile, leur transfert en France.

« Les prisons des arrondissements serviront à la détention des prévenus pour crimes ou délits commis dans leur ressort jusqu'au jour de leur jugement, des condamnés à moins d'un an et un jour d'emprisonnement. Elles serviront également de lieux de dépôt aux prévenus pour délits politiques, relevant de l'autorité administrative, jusqu'au jour où ils pourront être dirigés sur la prison centrale. »

Le régime des prisons dans les protectorats de l'Indo-Chine

n'a pas encore été réglementé d'une manière définitive ; au Cambodge, il existe à Pnom-Penh une *prison du protectorat* que dirige le sous-brigadier de police assisté par un gardien-chef et des gardiens indigènes, et une *prison cambodgienne* dirigée par un gardien-chef indigène qui n'a pas moins de 50 gardiens sous ses ordres.

TITRE II

LÉGISLATION DOMANIALE

CHAPITRE Ier

CONSTITUTION DU DOMAINE AUX COLONIES. — CONCESSIONS DE TERRES, DE MINES, ETC.

Le domaine dans les vieilles colonies. — Effets de l'ordonnance du 17 août 1825 à la Martinique, à la Guadeloupe, à la Réunion, dans l'Inde, au Sénégal, à la Guyane. — Mayotte et Nossi-Bé. — Concessions minières dans l'Inde française. — Les cinquante pas géométriques. — Décrets du 21 mars 1882 et du 4 juin 1887 applicables aux Antilles. — Régime domanial dans les colonies pénitentiaires : Guyane et Nouvelle-Calédonie ; — concessions de terres et de mines. — Les îles Wallis. — Réglementations locales concernant les diverses concessions à Saint-Pierre et Miquelon, au Soudan, au Bénin, au Congo français, à Obock, à Diégo-Suarez, dans les établissements français de l'Océanie, en Cochinchine, au Cambodge, en Annam et au Tonkin.

Nous exposerons dans ce chapitre la situation actuelle du domaine pour chaque colonie ; nous examinerons, en même temps, les conditions imposées aux particuliers en matière de concessions de terres de culture et de concessions minières.

Dans la métropole, le domaine national, qui se compose de choses corporelles et incorporelles, mobilières et immobilières, se divise en domaine public et en domaine privé de l'État ; le premier, imprescriptible et inaliénable, le second, au contraire, sujet à prescriptions et susceptible de concessions suivant certaines formes déterminées. On distingue aussi, en France, le domaine départemental et le domaine communal, subdivisés comme le domaine national en domaine public et en domaine privé.

Aux colonies, le domaine public de l'État est établi sur les mêmes bases que dans la métropole, mais le domaine privé de l'État a été absorbé par le domaine colonial, sauf dans les colonies pénitentiaires où subsistent certaines réserves destinées aux concessions de terres prévues par la loi de 1854 en faveur de la colonisation pénale. Le domaine colonial est réglementé par un grand nombre d'arrêtés locaux; le domaine communal ne se trouve régulièrement constitué qu'en Nouvelle-Calédonie où il est défini dans un arrêté du 11 septembre 1875.

Il est indispensable, pour se rendre compte de la législation domaniale dans notre empire d'outre-mer et des formes multiples des concessions de terres ou de mines, de passer en revue successivement les diverses possessions qui le constituent. Nous classerons les colonies en trois groupes pour faciliter notre étude : nous placerons dans une première catégorie celles où le domaine de l'État a existé autrefois, mais où il s'est continuellement appauvri depuis l'ordonnance du 17 août 1825, point de départ des accroissements continus du domaine colonial; nous étudierons ensuite le régime spécial des colonies pénitentiaires dans lesquelles l'État dispose de territoires qu'il répartit entre les condamnés admis au bénéfice des concessions, en nous étendant particulièrement sur l'histoire du domaine en Nouvelle-Calédonie; nous donnerons enfin un exposé des systèmes de concessions dans les autres colonies et protectorats où la réglementation est très variée.

PREMIER GROUPE. — Les colonies que nous classerons dans le premier groupe sont : la Martinique, la Guadeloupe, la Réunion, le Sénégal, Mayotte, Nossi-Bé, la Guyane (sauf en ce qui concerne la réserve pénitentiaire) et les établissements français de l'Inde.

Les six premières de ces colonies sont régies, au point de vue domanial, par l'ordonnance du 17 août 1825, dont l'article 3 donne *en toute propriété à la colonie,* à charge de les réparer et de les entretenir, les établissements publics de toute nature et *propriétés domaniales,* à l'exception : 1° des bâtiments militaires ; 2° des ouvrages de défense : fortifications, forts et batteries.

L'article 3 ne contient qu'une restriction à cette remise faite aux colonies ; elles ne peuvent *disposer* des établissements publics et propriétés domaniales sans l'autorisation du Gouvernement de la métropole. Il est vrai qu'il faut ajouter aux bâtiments militaires et ouvrages de défense la réserve des *cinquante pas géométriques* ménagée sur le littoral de nos possessions.

Nous reviendrons plus loin sur cette intéressante question des *cinquante pas du roi ;* rendons-nous compte, d'abord, d'une manière générale, de la portée de l'ordonnance du 17 août 1825.

Cette ordonnance, qui n'avait d'autre but que d'alléger les charges du budget métropolitain en mettant au passif des budgets locaux les dépenses d'entretien d'immeubles dont la conservation avait incombé jusqu'alors à l'État, a permis aux colonies de prendre possession des diverses parties de son domaine. A vrai dire, dans nos trois vieilles colonies ainsi que dans l'Inde et au Sénégal (sauf les exceptions précitées qui ne concernent, d'ailleurs, que des biens faisant partie du domaine *public* de l'État), le domaine colonial s'est substitué partout, depuis 1825, au domaine privé de l'État.

On a fait remarquer que l'expression *propriété domaniale* employée dans le texte de l'article 3 de l'ordonnance royale de 1825 constatant l'abandon de ces immeubles aux colonies, ne devrait réellement concerner, d'après l'esprit même de l'acte, que les domaines *ruraux* appartenant à l'État, les propriétés ou terres en culture et de rapport, en prenant le mot propriété dans son sens le plus vulgaire, et non pas toutes les dépendances ordinaires du domaine privé de l'État, lais et relais de la mer, îles formées dans le lit des rivières navigables, terrains des places fortes ou routes déclassées, biens vacants et sans maîtres, forêts..., mais cette opinion est en contradiction avec les faits. En réalité, dans les trois vieilles colonies et les autres possessions soumises au régime créé par l'ordonnance de 1825, le budget général ne bénéficie pas des produits des concessions allouées sur les diverses parties de l'ancien domaine privé de l'État; ces produits reviennent au budget local. Si le domaine colonial s'est agrandi de tous les terrains, quels qu'ils soient, formant, antérieurement à l'ordonnance précitée, la réserve de l'État, la faute en est surtout au pouvoir métropolitain qui a fait l'abandon volontaire de ses droits. Il est à remarquer que cette source de revenus n'est même pas citée, dans le décret du 20 novembre 1882 sur le régime financier des colonies, parmi les recettes de l'État aux colonies; si, d'autre part, nous consultons[1] le budget général de l'exercice 1893, nous ne trouvons indiqué, comme produit domanial revenant à l'État aux colonies, qu'une somme de 10,000 fr. perçue annuellement en Nouvelle-Calédonie et dont nous expliquerons l'origine en parlant de cette possession.

Les îles Mayotte et Nossi-Bé ne contribuent pas davantage actuellement aux ressources du budget général que les colonies où a été appliquée l'ordonnance de 1825; nous croyons devoir les comprendre parmi les possessions de ce premier groupe parce que, dans le principe, les droits de l'État y étaient effectifs. Les traités donnant ces pays à la France avaient, en effet, réservé à l'État les mines et les forêts ainsi que la propriété et la libre disposition des terres non reconnues propriétés particulières au moment de la prise de possession.

Le régime domanial de Mayotte et de Nossi-Bé a fait l'objet d'une ordonnance du 21 octobre 1845 et de deux décrets en date du 5 mars 1856 et du 29 mars 1865. Aux termes de l'ordonnance de 1845, la sanction du chef de l'État est nécessaire pour valider toute concession de terre supérieure à cent hectares; les

---

1. Voir le rapport fait au nom de la commission du budget (Exercice 1893), par M. Chautemps, député; page 71. (Imprimerie Motteroz, 1892.)

concessions de moindre importance doivent être approuvées par le ministre chargé de l'administration des colonies. Ces concessions sont soumises à une taxe spéciale par le décret du 5 mars 1856, et depuis la promulgation du décret de 1865, qui contient une disposition formelle à cet égard, elles ne peuvent même avoir lieu que par ventes.

Les colonies de Mayotte et de Nossi-Bé ne sont pas les seules parmi celles que nous avons réunies dans un premier groupe qui aient, en matière de concessions, des règles particulières. La Guyane, dont nous parlerons en nous occupant du second groupe, les Antilles, l'Inde française, ont des réglementations qui découlent de décrets ou d'arrêtés locaux; nous citerons le texte de l'arrêté local du 18 avril 1877 relatif aux concessions de terres domaniales aux particuliers à la Martinique :

Les concessions de terre domaniale à la Martinique, autorisées par la délibération du conseil général du 9 novembre 1876, ne pourront comprendre des lots individuels de plus de six hectares. Elles porteront exclusivement sur des terres déboisées et devront être affectées, pour les cinq sixièmes au moins, à la culture des produits secondaires, tels que : café, cacao, vanille, ramie, roucou, etc., à l'exclusion de la canne à sucre et des légumes ou racines du pays.

Chaque concession sera faite gratuitement, pendant dix années. Au cours de cette période, l'administration aura la faculté de faire visiter la propriété par des agents à son choix et, sur leur rapport, de prononcer s'il y a lieu, le retrait de la concession, sans aucune indemnité pour les occupants, qui auront seulement un délai moral pour enlever leurs constructions et leurs plantations.

A l'expiration de la dixième année, le concessionnaire maintenu en jouissance aura, par préférence à tous autres, la faculté de prendre en location les terres qu'il aura mises en culture.

Les conditions et le prix de cet affermage seront réglés à l'amiable entre l'administration des domaines et l'intéressé.

Les concessions sont faites aux risques et périls des concessionnaires, dans les cas d'éviction et sous toute réserve de droits des tiers.

Ces concessions sont consenties aux personnes qui en font la demande, en produisant les pièces suivantes : 1° un certificat du maire de la commune constatant que l'impétrant est de bonne vie et mœurs, et qu'il possède les facultés nécessaires pour exploiter fructueusement la concession qu'il sollicite; 2° un plan et un procès-verbal dressés, soit par un arpenteur juré, soit par un agent des ponts et chaussées, dûment timbrés et enregistrés, et faisant connaître l'étendue, la situation topographique, les abornements et l'origine de la propriété des terres à concéder.

Dans les établissements de l'Inde, les concessions de mines ont fait l'objet d'un décret du 7 novembre 1884. Le permis de recherche peut servir pendant deux ans et être renouvelé; les concessionnaires paient une redevance fixe annuelle à la colonie (10 fr. par hectare) et une redevance proportionnelle qui ne peut être supérieure au vingtième du produit. Le concessionnaire qui suspend l'exploitation d'une mine sert à la colonie une redevance fixe de 10 fr. par kilomètre carré. En matière de concession *minière*, le droit de statuer sur les demandes de concession est absolument réservé au Gouverneur, dans l'Inde comme dans les autres colonies, et la décision est prise en conseil privé; pour les concessions de terres ordinaires, le conseil général peut être appelé à donner son avis.

Le service de l'enregistrement et du domaine a, dans chaque colonie, la gestion du domaine colonial et le directeur de l'intérieur est chargé, en cas de litige, de représenter la colonie en justice. Tandis que l'administration du domaine de l'État relève du chef du service administratif, celle du domaine colonial est placée sous la surveillance du directeur de l'intérieur; ce dernier doit signaler au gouverneur les concessionnaires qui ne remplissent pas leurs obligations.

Le régime domanial dans les colonies classées dans le premier groupe, notamment aux Antilles et à la Réunion, comporte une législation toute spéciale en ce qui concerne les *cinquante pas géométriques*, question peu connue et sur laquelle nous allons donner quelques détails.

Les cinquante pas géométriques. — En énumérant les divers éléments du domaine *public* de l'État dans les colonies du premier groupe, nous avons fait allusion aux cinquante pas géométriques, en disant que cette réserve ne pouvait être échangée ni aliénée *en principe*, vu la législation à laquelle elle se trouvait soumise. Mais cette législation a subi des modifications depuis 1882 ; elle varie, d'ailleurs, suivant la nature des concessions ; il nous paraît donc indispensable d'entrer ici dans les détails.

Nous esquisserons d'abord l'historique de la question ; nous montrerons ensuite les différences relevées entre la jurisprudence admise à la Martinique et celle suivie dans les deux autres vieilles colonies, différences qui ont, du reste, *pour les Antilles*, complètement disparu depuis un décret du 21 mars 1882 applicable à la Guadeloupe.

En quoi consistent les cinquante pas géométriques autrefois appelés les *cinquante pas du roi* ?

On désigne ainsi un espace de terrain formant, depuis nos premiers établissements dans les anciennes colonies, une réserve spéciale sur le pourtour des côtes, réserve commençant, du côté de la mer, *au bord de la terre franche*, c'est-à-dire à l'endroit où les herbes et arbrisseaux succèdent à la végétation marine, où le jet de la mer et le flot n'arrivent plus, où finissent par conséquent les rivages, les lais et relais de la mer.

Les cinquante pas géométriques, ou anciens *pas du roi*, sont comptés à raison de $1^m,62$, soit cinq pieds, et ont une largeur totale de 81 mètres. Ils sont bornés, d'une part, par le domaine public maritime et, d'autre part, par les propriétés privées situées sur les côtes, échelonnées, dans les vieilles colonies de formation volcanique, au bas de la montagne.

Les cinquante pas géométriques ont toujours eu les caractères qui distinguent les diverses parties du *domaine public* de l'État. D'après Dessalles (*Annales du conseil souverain de la Martinique*, tome Ier, p. 145), l'utilité générale de cette réserve était si grande que les seigneurs, lors de la première occupation de l'île, l'attribuèrent au roi, « gardien du domaine public et des droits de tous », pour la mettre sous sa protection et la conserver à la « communauté », en la garantissant contre les envahissements des propriétaires voisins.

M. le commissaire Rougon, dans un mémoire paru à la Martinique en 1866, cite une lettre du gouverneur général des îles d'Amérique au ministre, remontant au 8 février 1674, et où se trouve nettement indiquée la destination des cinquante pas réservés le long du littoral, aux Antilles. Cet espace de terrain, partout où ne s'élevaient pas de constructions et sauf les passages ménagés pour parvenir de la montagne jusqu'aux embarcadères, devait, à l'origine, être *planté en raquettes,* formant comme des murs d'épines, afin de permettre aux colons de repousser plus aisément les attaques des ennemis venant par mer ; le premier but de la réserve a donc été d'établir le long des côtes une ligne de défenses naturelles. A mesure que les ressources des premiers occupants augmentèrent, ces simples obstacles opposés aux descentes de l'ennemi se transformèrent en véritables fortifications sur les points stratégiques.

Mais la zone privilégiée n'avait pas seulement pour objet de rendre les abords des îles impraticables, elle offrait aussi un passage le long de la mer, elle donnait aux équipages des navires l'occasion de faire gratuitement du bois sur des terres non défrichées, *elle laissait surtout un espace libre pour la fondation des paroisses et des bourgs* dont plusieurs devinrent des villes importantes.

Les cinquante pas géométriques qui existent, d'après les ordonnances organiques, tant à la Martinique qu'à la Guadeloupe, à la Guyane, à la Réunion, au Sénégal, dans l'Inde et à Mayotte, n'ont rien d'analogue en France. La législation applicable à cette zone toute coloniale découle de vieilles ordonnances, de lettres royales, de décrets, d'arrêtés locaux et ne doit pas être confondue avec celle de la *zone frontière* dans la métropole.

Nous examinerons les caractères de la réserve des cinquante pas au double point de vue des droits de simple jouissance et des droits de propriété.

Cette réserve des cinquante pas, affectée jusqu'en 1790 à l'édification des ouvrages publics, fortifications, bourgs ou villages, appartenait alors au grand domaine de la couronne qui était le domaine de tous, et *ne pouvait être aliénée* aux termes de l'édit de Moulins de 1566. Le grand domaine de la couronne devint, en 1790, domaine de la nation ou domaine *public* de l'État, non susceptible de propriété privée. Les *cinquante pas du roi*, vu leur but d'utilité générale, furent compris aux colonies parmi les dépendances du domaine public.

Ces cinquante pas constituent, dans le domaine public aux colonies, un élément permanent et non une simple servitude défensive. Si des fortifications, couvrant partie de la réserve des cinquante pas, viennent à être déclassées, — cas où, en France, elles passeraient dans le domaine privé de l'État, — la portion de terrain qui formait leur emplacement fait retour à la réserve ou plutôt y demeure attachée. La jurisprudence a été fixée, en cette matière, par un jugement du tribunal de première instance de Saint-Pierre du 16 décembre 1873, confirmé par un arrêt de la cour d'appel de la Martinique du 14 août 1874.

A la Martinique, les propriétaires qui avaient leurs habitations placées au-dessus de la zone réservée, généralement sur la montagne, obtinrent, *à titre gracieux,* pour l'exploitation de leurs propriétés, certains *droits de jouissance,* droits de passage et autres, sur les cinquante pas, mais cette latitude qui leur était laissée n'a jamais impliqué aucune idée de renoncement de la part de l'État chargé de la conservation du domaine de tous, et la prescription a toujours été impossible dans les limites de la réserve. La *jouissance* de ces terrains, situés à la Martinique, sur la zone des cinquante pas, *en dehors* de l'enceinte des bourgs et des villes, est essentiellement précaire ; elle s'éteint dès que l'administration juge à propos de la faire cesser, vu les besoins du public. Les propriétaires dont les terres confinent aux cinquante pas et qui usent de la réserve ont, d'ailleurs, tous les devoirs ordinaires de l'usufruitier ; ils ne jouissent de certains droits sur ces cinquante pas qu'à charge d'en « conserver la substance », de faire les frais d'entretien nécessaires, et sans avoir droit, à la cessation du privilège, à aucune compensation, même si le sol de la réserve a augmenté de valeur par suite de leur intervention.

A la Réunion, la concession de la *jouissance* des cinquante pas en dehors des villes donne lieu à redevance ; cette question a été réglée par le décret colonial du 3 août 1839. — Les *permis d'établir* sont octroyés par le gouverneur quand les terrains peuvent être ainsi concédés sans inconvénient pour l'intérêt public. Le gouverneur peut retirer le *permis d'établir* après un avis entraînant le départ immédiat de l'usufruitier, *sans aucune indemnité,* en cas de guerre, et son départ après un mois dans tous autres cas.

Tels sont les principes établis à la Martinique et à la Réunion quant aux autorisations données aux propriétaires riverains et aux concessions de *droits de jouissance* sur les cinquante pas *en dehors des bourgs et villes,* mais il convient aussi d'étudier le régime des concessions *dans l'intérieur des villes* situées sur la zone réservée, concessions qui doivent, par exception, avoir un *caractère définitif,* s'appliquant à des constructions durables.

La cour royale de la Martinique a rendu, le 11 mai 1846, en appel d'un jugement du tribunal de Saint-Pierre du 16 juillet 1843, un arrêt qui définit parfaitement la situation de ces concessions accordées pour élever des constructions sur la réserve des cinquante pas, dans l'intérieur des villes, bourgs ou villages.

« Attendu, dit cet arrêt, que l'ensemble des lettres-patentes, déclarations du roi et dépêches ministérielles sainement interprétées, et notamment de la lettre ministérielle du 3 décembre 1757, il résulte que la réserve des cinquante pas du roi avait pour objet l'établissement, dans le contour des îles, des bourgs, paroisses, forts, retranchements et autres ouvrages publics et nécessaires, tant pour leur décoration que pour leur défense ; qu'il suit de là que lorsqu'une ville ou un bourg a été établi sur le terrain, il a reçu la destination que le gouvernement avait en vue et que le but de la réserve a été atteint ; — Attendu que les constructions qui se sont élevées dans l'enceinte des villes et bourgs et les terrains qui en dépendent, sont *devenus ainsi propriétés privées* et qu'à moins de clauses contraires résultant des actes de concession, l'expropriation pour cause d'utilité publique n'a pu être prononcée qu'à la charge d'une juste et préalable indemnité, etc... »

La question nous paraît bien nettement tranchée : les concessions accordées sur les cinquante pas *dans l'intérieur des villes et bourgs,* à la Martinique, devenaient *irrévocables* dès que les conditions nécessaires de la mise en concession avaient été remplies dans les délais déterminés ; dès que la maison avait été construite et le terrain d'alentour convenablement clôturé. Ces concessions étaient faites, à la Martinique, à titre gratuit, mais les maisons ainsi édifiées sur les cinquante pas étaient soumises aux mêmes impôts que celles bâties en dehors de la réserve ; elles donnaient même lieu, à Saint-Pierre, à des charges spéciales. Les ordonnances du 7 octobre 1764 et du 20 décembre 1781 obligeaient notamment les propriétaires des maisons situées près du rivage à construire des quais et au besoin des brise-lames pour les protéger.

On doit surtout, en ce qui concerne ces concessions autrefois données à la Martinique dans les limites de la zone réservée *pour des constructions,* bien distinguer leur caractère *d'irrévocabilité.* Le gouverneur de cette colonie accordait parfois des concessions *révocables* sur les cinquante pas, pour l'édification de constructions légères, établissements dont l'utilité pouvait se faire sentir *pour les divers services de la marine,* mais le caractère provisoire de ces constructions *spéciales* expliquait le retrait possible et subit des concessions, à première réquisition et sans indemnités. Il s'agissait généralement de simples baraquements d'un coût minime, faciles à démonter et qu'on avait élevés pour des causes passagères. Ces concessions ne pouvaient être confondues avec celles accordées à la Martinique, *dans l'intérieur des villes,* sur les cinquante pas, à des particuliers qui avaient la propriété incommutable des terrains concédés.

A la Guadeloupe, en matière de concessions urbaines sur les

cinquante pas, la législation n'était pas la même qu'à la Martinique, quoique la réserve, d'après une lettre ministérielle du 3 décembre 1757, fût également destinée dans cette colonie à la création de bourgs et villes en même temps qu'à l'établissement de travaux de défense. Ces concessions, données à la Guadeloupe contre redevances *versées à la caisse coloniale, n'étaient point, malgré leur destination, considérées comme définitives*, et l'État se réservait le droit de les reprendre *sans indemnité d'expropriation* si elles devenaient nécessaires à la communauté.

La situation était la même à la Réunion qu'à la Guadeloupe pour ces concessions urbaines.

La législation concernant les cinquante pas géométriques à la Réunion découle d'un arrêté du capitaine général Decaen, gouverneur, arrêté en date du 5 mai 1807, enregistré au greffe de la cour d'appel de Maurice le 9 et à celui de la cour de la Réunion le 21 du même mois.

« Considérant qu'une grande partie des réserves des bords de la mer dites des cinquante pas géométriques était occupée aux îles de France et de Bonaparte par divers particuliers ; que les uns n'avaient pas de titre, que les autres n'avaient que ceux d'une jouissance temporaire et sujette à révocation, que d'autres prétendaient à la propriété de cette réserve parce que leur titre désignait les bords de la mer ; considérant que cette réserve n'avait été constituée que pour la *défense de ces îles et l'utilité publique*, le gouverneur Decaen déclarait absolument *inaliénables* les cinquante pas géométriques, tout en les définissant complètement. Il n'est pas fait allusion dans l'arrêté de 1807 aux concessions à accorder sur les cinquante pas ; cet acte, article 8, laisse à des « arrêtés subséquents le soin de régler la question ».

L'article 33 de l'ordonnance organique du 21 août 1825 a rappelé le principe de l'inaliénabilité des pas géométriques à la Réunion, mais sans être plus explicite. Le décret colonial du 5 août 1839, *concernant les échanges, aliénations et concessions des biens domaniaux* à la Réunion confirme, en ce qui a trait aux cinquante pas, le principe posé formellement par l'arrêté du gouverneur Decaen en 1807. Il est à remarquer que toutes les concessions qui peuvent être accordées sur les cinquante pas sont, d'après ce décret colonial de 1839 (sanctionné par le roi le 25 avril 1841), essentiellement révocables comme *autrefois* à la Guadeloupe ; aucun acte n'est encore venu modifier cette législation.

Ainsi, à la Réunion, si l'on s'en tient aux termes du décret de 1839, le gouverneur peut accorder sur la réserve des cinquante pas, dans l'intérieur des centres habités comme à l'extérieur, des permis d'établir avec redevance quand les terrains ne sont pas nécessaires aux services publics, mais ces permis, *quel que soit leur objet,* sont délivrés *sous les conditions expresses de déguerpissement, sans indemnité,* à la première réquisition de l'autorité en cas de guerre, et un mois après l'avertissement en temps ordinaire.

La question des cinquante pas géométriques n'offre plus guère qu'un intérêt théorique à la Réunion, pour une grande partie de la zone réservée tout au moins, car cette zone est maintenant occupée par le chemin de fer circulaire de l'île. On peut même dire que la création du chemin de fer eût été impossible sans cette réserve qui a permis son établissement, comme *entreprise* utile au public, sur des terrains dont l'État avait seul la disposition [1].

Il nous a paru intéressant de résumer l'historique des *cinquante pas du roi* dans les trois vieilles colonies, mais nous ne pouvons nous y arrêter davantage ; deux actes émanant du pouvoir métropolitain ont établi de nouvelles règles pour deux d'entre elles, relativement à cette zone réservée qui est maintenant aliénable, dans les mêmes conditions, à la Martinique et à la Guadeloupe.

En effet, un décret du 21 mars 1882 concernant les concessions urbaines dans cette dernière colonie et rendu applicable en ses diverses dispositions, à la Martinique, par celui du 4 juin

---

[1]. M. Jacob de Cordemoy a publié une intéressante étude sur les cinquante pas à la Réunion dans le *Moniteur de la Réunion* du 12 avril 1879.

1887, a unifié les principes qui différaient pour nos deux vieilles possessions des Antilles ; mais ce décret ne vise pas seulement les concessions allouées sur les cinquante pas dans les villes, bourgs et villages, pour y établir des constructions closes, il concerne également (art. 7) les concessions de terrains *non bâtis*, dans ces mêmes centres habités. Le but primitif des concessions urbaines accordées pour le développement des cités situées sur les côtes, « pour augmenter le nombre de leurs maisons », disparaît donc. En outre, le décret de 1882, en déclarant que ces concessions peuvent être faites à titre gratuit ou onéreux, suivant les circonstances laissées à l'appréciation de l'administration, dit que le produit des redevances, quand il en sera stipulé, devra être versé dans la caisse de l'État, au profit du budget général et non dans la caisse coloniale comme autrefois.

Cette réforme a été assez vivement critiquée aux Antilles. On a prétendu qu'en remontant à l'origine des *cinquante pas,* il était facile de voir que l'intérêt de la *réserve* était absolument local, qu'elle avait avant tout pour objet de favoriser le développement des villes et bourgs de la colonie, que si le gouvernement voulait affranchir le budget de l'État d'une partie des subventions qu'il fournit aux colonies, il lui fallait d'abord leur laisser les moyens, les sources de revenus nécessaires pour se passer de ces secours... Nous devons reconnaître que ces critiques ne manquent pas d'une certaine logique ; quoi qu'il en soit, le décret du 21 mars 1882, applicable aux Antilles, n'ayant encore subi aucun amendement, nous devons nous incliner devant ses termes qui sont formels et chercher à l'analyser, car il vise plusieurs cas.

Ce décret de 1882 abolit les dispositions antérieures contenues dans les décrets organiques de la Guadeloupe et posant en principe qu'aucune portion des cinquante pas géométriques ne peut être échangée ou aliénée ; il établit, au contraire, que des titres de propriété définitifs et incommutables peuvent être délivrés aux détenteurs de terrains bâtis (bâtiments et terrains clos y attenant), dans les villes, bourgs et villages situés sur la réserve :

1° pour ceux desdits terrains occupés antérieurement au 9 février 1827, date de l'ordonnance organique de la Guadeloupe, et détenus publiquement et paisiblement depuis cette époque ;
2° pour ceux desdits terrains occupés antérieurement au 9 février 1827, en vertu de permissions administratives dont les conditions auront été remplies.

Ces concessions *définitives* sont soumises à certaines servitudes nécessaires à l'exploitation des propriétés situées dans la montagne, au-dessus de la zone des cinquante pas. Ces servitudes sont déterminées après enquête *de commodo et incommodo,* comme le sont, d'ailleurs, les limites mêmes des villes, bourgs et villages situés sur la réserve, après publicité par voie d'affiches et avis des services publics intéressés, génie militaire, marine, douanes, ponts et chaussées.

Les détenteurs de terrains bâtis sur les cinquante pas, qui ne pourraient invoquer une possession paisible et publique antérieurement au 9 février 1827, ou tout au moins arguer d'une permission administrative pour les concessions moins importantes, qu'il s'agisse de terrains bâtis situés dans les limites des villes ou de terrains bâtis se trouvant en dehors de ces limites, sont également autorisés à demander des titres de propriété, délivrés comme dans les autres cas, par le gouverneur en conseil privé, avec un plan des lieux dûment homologué ; mais la demande de concession définitive doit être suivie d'une enquête administrative et recevoir l'approbation des services publics intéressés, comme pour l'établissement des servitudes.

Enfin, d'après l'article 7 du décret de 1882, comme nous l'avons déjà fait ressortir, des concessions *irrévocables* peuvent être également accordées dans l'intérieur des villes, bourgs et villages, sur des terrains non bâtis, par voie de décrets réglementaires et non plus par arrêtés du gouverneur en conseil privé, concessions donnant lieu à des redevances ou accordées à titre gratuit. Les redevances, *s'il en est spécifié,* reviennent au Trésor public et non pas au budget local.

Sans nous étendre davantage sur l'article 7 du décret du 31

mars 1882, nous résumerons l'esprit de cet acte en disant que les concessions urbaines qui, à la Guadeloupe, pouvaient autrefois être reprises par l'État à première réquisition et sans indemnité, sont devenues définitives dans cette colonie comme elles l'étaient déjà à la Martinique. Les régimes des deux colonies sont, d'ailleurs, maintenant absolument semblables en leurs moindres détails, le décret de 1882 ayant été purement et simplement appliqué à la Martinique par le décret du 4 juin 1887.

Nous ne pouvons entrer ici dans l'étude du domaine public maritime aux colonies, mais il nous paraît opportun, en terminant cet exposé de la législation relative aux cinquante pas géométriques, de reproduire une remarque formulée par M. le commissaire général Charvein, dans une des leçons qu'il a faites aux élèves du cours du commissariat, à l'école coloniale. En France, dit M. Charvein, les relais de la mer (terrains que la mer abandonne là où finit le rivage) entrent dans le *domaine privé de l'État* ; aux colonies, par suite de la situation des cinquante pas, ils entrent dans le domaine public. Ces relais, dès qu'ils deviennent *terre franche,* dès que les herbes et arbrisseaux succèdent en leur sol aux végétations marines, reculent d'autant le point de départ de la réserve des cinquante pas et sont incorporés à cette réserve. L'agrandissement de la zone réservée, du côté de la mer, profite naturellement aux propriétés privées de l'autre côté des cinquante pas[1].

2º GROUPE. — Nous avons, en divisant le sujet au commencement de ce chapitre, compris dans un même groupe les colonies pénitentiaires ; l'affectation d'une portion du domaine aux pénitenciers de l'État, à la Guyane et en Nouvelle-Calédonie,

---

[1]. C'est à dessein que nous n'abordons pas, dans l'étude du régime domanial des colonies du 1ᵉʳ groupe, la question de la législation forestière à la Réunion. Cette législation a fait l'objet d'une proposition de loi de MM. Louis Brunet et de Mahy, qui doit être prochainement soumise au Parlement et modifiera sans doute sensiblement le régime actuel. Nous donnerons, s'il y a lieu, le texte de la loi nouvelle à la fin du volume. (Voir dans le journal *la Politique coloniale* du 23 décembre 1893 un article très intéressant sur ce sujet.)

donne en effet au régime domanial de ces possessions un caractère spécial et exige une étude particulière pour la Nouvelle-Calédonie surtout.

Guyane. — Il faut distinguer à la Guyane les concessions de terres de cultures et les concessions de mines : des concessions de terre peuvent être consenties aux colons libres, d'autres sont faites aux condamnés sur la réserve pénitentiaire ; les premières sont accordées par le service local sur des terrains appartenant à la colonie, les secondes sont prises sur des terrains appartenant à l'État ; — les *concessions minières*, qui profitent au service local, sont régies par des règles toutes spéciales.

En ce qui concerne les concessions de terre aux condamnés, un décret du 30 mai 1860 avait affecté une partie du territoire de la Guyane aux besoins de la transportation, mais les limites de ce territoire ont été singulièrement restreintes, au profit du domaine local, par le décret du 5 décembre 1882, portant délimitation du territoire pénitentiaire de la commune du Maroni. D'après l'article 1er de ce décret de 1882, la partie du sol de la Guyane française exclusivement réservée pour les besoins de la transportation est bornée au nord par la mer ; à l'ouest par le Maroni jusqu'au saut Hermina ; à l'est par une ligne tracée dans la direction nord-est, en partant d'un point situé sur la côte à égale distance de l'embouchure du Maroni et de celle de la Mana ; au sud, par une ligne est et ouest, partant du saut Hermina. Tout le terrain compris dans ces limites peut être distribué en concessions parcellaires aux transportés.

Les colons libres peuvent obtenir à la Guyane des concessions de terres de culture moyennant le paiement d'une redevance au service local (25 fr. par hectare), mais ces concessions sont peu demandées dans le pays, car les Européens ne pensent qu'à s'y enrichir le plus vite possible en trouvant et en exploitant des mines d'or, c'est même le principal motif de l'état stationnaire de cette colonie pourtant si belle.

La loi de 1810 sur les concessions minières a été promulguée à la Guyane par décret du 1er avril 1868.

Les attributions dévolues au Ministre, en France, sont données par ce décret au gouverneur; celles dévolues au préfet reviennent au directeur de l'intérieur; enfin le conseil privé statue comme conseil du contentieux administratif dans le cas de réclamations des intéressés contre les redevances imposées par l'administration ou encore quand il s'agit de fixer une indemnité en faveur du propriétaire de la superficie, pour cause de travaux ou de recherches antérieurs à la concession.

Un décret du 18 mars 1881 réglemente spécialement la recherche et l'exploitation des gisements ou filons aurifères à la Guyane. Ce décret ne s'applique absolument qu'aux mines d'or.

Le permis de recherche, pour la prospection des terrains, est accordé par le directeur de l'intérieur, s'il s'agit de recherches sur un terrain appartenant déjà au chercheur d'or ou sur un terrain du domaine de la colonie. Il faut, en outre, le consentement du propriétaire quand les prospections doivent être effectuées sur le terrain d'autrui ; donc, à la Guyane, le propriétaire du terrain est maître, en principe, de la mine.

Le *permis de recherche* est délivré par le directeur de l'intérieur au premier demandeur, après dépôt du plan des lieux et après publicité dans le *Journal officiel* de la colonie. Les intéressés ont trente jours pour formuler leurs oppositions qui sont appréciées par le gouverneur en conseil privé.

Le permis de recherche ne peut porter que sur 4,000 hectares au plus. Il est valable pour un an *à titre gratuit*, et peut être renouvelé, mais pour une seconde année seulement, moyennant une redevance de 10 centimes par hectare. Si, au bout de la deuxième année, le *permis de recherche* n'est pas transformé en permis d'exploitation, la concession fait retour au domaine.

Le permis d'exploitation est délivré par le gouverneur en conseil privé pour une durée de neuf années consécutives et indéfiniment renouvelables. Le droit au permis d'exploitation peut être cédé.

Ce droit comporte, quand le terrain exploité appartient à la colonie : 1° une redevance fixe et annuelle par hectare (3 p. 100) ; 2° une taxe à l'entrée en ville sur l'or natif (5 fr. par kilogr. d'or); 3° un droit proportionnel sur la valeur de l'or extrait. Ces deux dernières taxes sont réglées, chaque année, par le conseil général de la Guyane.

Les règles appliquées aux mines, à la Guyane, sont également applicables aux gisements d'or dans le lit des rivières navigables.

La législation, quant aux concessions aurifères, en vigueur à la Guyane, a été souvent critiquée et sera certainement revisée. On augmentera sans doute les droits sur la sortie de l'or en faisant profiter directement l'agriculture de l'élévation de l'impôt, sans nuire beaucoup aux sociétés aurifères dont les bénéfices nets atteignent, en moyenne, 50 p. 100 des dépenses. En revanche, le droit qui frappe l'or à son entrée à Cayenne pourrait être supprimé ; cet impôt est aussi improductif qu'inexplicable ; il est, d'ailleurs, sans efficacité pour aider au contrôle de l'or à la sortie. En effet, quoique l'or soit emporté en lingots, après la fonte qui lui fait perdre 5 p. 100 de son poids, on constate cependant que la quantité déclarée à la sortie de Cayenne est toujours supérieure à celle déclarée à l'entrée...

Nouvelle-Calédonie. — Il faut distinguer, dans l'histoire de la législation domaniale de la Nouvelle-Calédonie, trois périodes pendant lesquelles les tendances sont bien différentes : de 1855 à 1862 ; de 1862 à 1884 ; de 1884 jusqu'à ce jour.

A l'origine, lors de notre arrivée dans l'île, le *domaine de l'État* se trouva fortement constitué. Il comprenait, en toute propriété, les terres non occupées par les indigènes et, seul, pouvait s'augmenter par voie d'achat des terres déjà occupées par eux. En somme, l'État était alors *unique propriétaire du domaine néo-calédonien* ; ce principe ressort nettement du libellé de la déclaration de prise de possession des terres, acte en date du 20 janvier 1855, et des divers arrêtés locaux pris par les gouverneurs de la colonie, de 1855 à 1859, relativement aux aliénations foncières.

De 1862 à 1882, la colonie n'a pas cessé d'empiéter sur les droits de l'État ; c'est la théorie de l'ordonnance de 1825, appliquée dans les vieilles colonies, qui s'établit et semble prévaloir là aussi.

Par suite d'une erreur dans la rédaction de l'article 40 du décret organique du 12 décembre 1874, chargeant le gouverneur d'exercer les poursuites pour obtenir la révocation des concessions « *et leur retour au domaine local* » quand le concessionnaire ne remplit pas ses engagements, la colonie se crut libre de tout prendre, d'arrondir sans aucune restriction son propre domaine.

L'arrêté local du 11 septembre 1875 sur la législation domaniale en Nouvelle-Calédonie n'admet, en effet, que deux sortes de domaine : le domaine *national,* qu'il subdivise en domaine public et en *domaine colonial,* et le domaine communal ; le domaine *privé* de l'État n'est même pas mentionné. Bien plus, après avoir énuméré les biens non susceptibles de propriété privée, les travaux d'irrigation effectués dans un but d'utilité publique, la zone des cinquante pas géométriques, les étangs, marais salants, etc., interrompant la largeur de cette zone et augmentés sur leur contour d'une nouvelle zone de cinquante pas ($81^m,20$), les chemins de halage de 10 mètres, les cours d'eau et sources ayant le caractère d'utilité publique, toutes choses appartenant légalement au domaine public, l'arrêté, passant à l'énumération des biens du *domaine colonial,* dit, en toutes lettres, qu'il se compose : 1° des biens sans maîtres dévolus à l'État en France ; 2° des biens et droits mobiliers et immobiliers provenant de l'occupation de la Nouvelle-Calédonie et de ses dépendances, déterminés notamment par la déclaration du 20 janvier 1855 ; 3° des biens séquestrés ; 4° des *bois* et *forêts,* sous la réserve des droits de propriété et d'usage acquis antérieurement à l'arrêté ; 5° des mines et minières.

Cet arrêté du 11 septembre 1875 établit donc catégoriquement l'absorption complète du domaine privé de l'État par le domaine colonial en Nouvelle-Calédonie. Les biens de ce domaine colonial, constitué si arbitrairement, peuvent, d'après les diverses règles posées dans le même arrêté, être aliénés, échangés, concédés, donnés à bail ou affectés à des services de la colonie ; les empiétements de la colonie ne pouvaient pas être affirmés plus nettement, en dépit du Code civil lui-même, qui attribue, entre autres, les *biens sans maîtres* à l'État...

L'arrêté local du 11 septembre 1875 définit ensuite, dans un deuxième chapitre, le domaine *communal* de la colonie, lequel se compose :

1° Des édifices et bâtiments domaniaux qui sont ou seront affectés aux services de l'administration communale ;

2° Des biens ou dotations qui sont ou pourront être attribués aux communes.

Après l'arrêté de 1875, vint un autre arrêté local du 11 mai 1880 sur la législation domaniale en Nouvelle-Calédonie, conçu dans le même esprit que le premier; nous remarquons seulement qu'au § 2 de son article 2, cet arrêté de 1880 comprend dans le *domaine de l'État proprement dit* tous les bâtiments, terrains et immeubles par destination (affectés à un service public à la charge de l'État) qui ne peuvent être acquis, aliénés ou échangés que sur une autorisation du gouvernement métropolitain, lorsque leur valeur excède 10,000 fr.

Cette concession, faite au principe du domaine de l'État, parut absolument insuffisante. Le comité consultatif du contentieux du département de la marine, dans sa séance du 10 mars 1884, a formellement déclaré, sous forme d'un avis annexé à l'arrêté du 27 octobre de la même année portant délimitation du domaine pénitentiaire en Nouvelle-Calédonie, que les arrêtés locaux de 1875 et de 1880 étaient nuls et de nul effet, en tant qu'ils ont arbitrairement attribué à la colonie une partie du domaine de l'État.

Cette situation devait, d'ailleurs, cesser par suite de la nécessité de déterminer l'étendue et les limites du domaine pénitentiaire, fraction du domaine de l'État, affecté au service de la transportation et destiné aux condamnés concessionnaires. Le décret du 16 août 1884 régla la question : sans avoir d'effets rétroactifs, sans détruire ceux des arrêtés locaux antérieurs, il délimite le territoire des pénitenciers (soit environ 110,000 hectares répartis entre les cinq arrondissements de l'île), et réserve exclusivement à l'État les terres occupées par les indigènes et qui pourraient, dans l'avenir, devenir libres et vacantes, par extinction.

Par suite du décret du 16 août 1884, on était donc revenu en Nouvelle-Calédonie à l'ancien régime, à la législation domaniale adoptée dans les premiers temps de l'occupation. Le droit de propriété de l'État s'affirma si bien dès 1884, dans la colonie, que cette année même la mission, pour rendre ses propres droits inattaquables, renonça formellement à des terrains très importants qu'elle occupait sans titre valable, en échange d'une concession *en bonne forme* de 1,151 hectares et de quelques avantages spéciaux.

Le régime établi par le décret de 1884 ne tarda pas à soulever de vives protestations de la part des colons libres, le territoire réservé au service pénitentiaire comprenant la presque totalité des terres cultivables de l'île. Il fallut apporter des tempéraments successifs à la mesure radicale prise le 16 août 1884.

Dans une dépêche ministérielle adressée au gouverneur de la Nouvelle-Calédonie le 25 octobre 1887, le sous-secrétaire d'État des colonies a nettement fait connaître l'intention du département. Tout en maintenant formellement le principe que les terres de la Nouvelle-Calédonie *sont la propriété de l'État* et en déclarant la nullité des arrêtés locaux du 11 septembre 1875 et du 11 mai 1880, qui avaient attribué une partie du domaine de l'État à la colonie, cette dépêche ministérielle ménage les intérêts de la colonie, attendu « qu'il conviendrait d'adopter un *modus vivendi* permettant à l'administration locale de faire face aux dépenses intérieures de la colonie en lui donnant la faculté d'aliéner au profit de son budget une partie du domaine encore disponible ».

En prenant ce moyen terme, le Département a voulu, dans la mesure du possible, donner satisfaction aux réclamations du conseil général de la Nouvelle-Calédonie, qui s'élevait contre les conséquences du décret du 16 août 1884, lequel tendait à la suppression *absolue* du domaine local, en vertu de l'avis du comité du contentieux de la marine. — L'Administration des colonies était déjà entrée dans cette voie par une dépêche du 8 février 1886 autorisant la Nouvelle-Calédonie à compter dans ses ressources, comme produit du domaine, tous les revenus provenant des aliénations faites *antérieurement* à la promulgation du décret du 16 août 1884. — Par une autre dépêche du 16 juillet 1887, le sous-secrétaire d'État des colonies avait également consenti à faire bénéficier le budget local du produit des *locations* conclues avant la même époque. Une dépêche du 25 octobre de la même année complète cet ensemble de dispositions bienveillantes en autorisant l'administration locale en Nouvelle-Calédonie à disposer à titre onéreux, sous le contrôle de l'État, des terrains alors disponibles, le produit de ces aliénations devant être encaissé par le budget local. Le sous-secrétaire d'État des colonies autorisait en outre, dans la même dépêche, le gouverneur de la Nouvelle-Calédonie à faire délimiter autour des villages de l'intérieur une certaine étendue de pâturages et de forêts à prendre sur les réserves pénitentiaires, pour constituer des biens *communaux*.

Une dépêche ministérielle du 13 octobre 1889 a enfin informé le gouverneur de la Nouvelle-Calédonie que la Commission du budget de l'exercice 1890 avait consenti à réduire à 10,000 fr. la prévision de 100,000 fr. qui avait été inscrite en 1889 au budget des recettes pour prix de ventes ou de locations de terrains dans la colonie. Par suite, la colonie peut bénéficier de toutes les ventes de terrains et de toutes les locations, sous réserve du versement annuel au Trésor de la somme de 10,000 fr.

Sous le régime consacré par les dépêches ministérielles du 25 octobre 1887 et du 13 octobre 1889, le budget général ne perçoit plus, comme *produits domaniaux* en Nouvelle-Calédonie, que les revenus du domaine pénitentiaire. La moyenne annuelle de ces revenus s'élève actuellement (1893) à 35,000 fr. ; ils sont perçus par le *chef du service du domaine de l'État*, qui suit la rentrée des redevances au moyen d'une table des baux et de sommiers de décomptes. C'est ce fonctionnaire qui invite, s'il y a lieu, le receveur à faire des poursuites.

Le produit du travail des transportés qui, en 1889, atteignait près de 150,000 fr., vient bien en atténuation des dépenses des chapitres du service pénitentiaire compris au budget de l'État, mais ces *recettes en atténuation* ne constituent pas un produit domanial.

Concessions aux colons libres. — Les terres qui dépendent du domaine colonial en Nouvelle-Calédonie peuvent être *concédées gratuitement* sous certaines conditions imposées aux concessionnaires. Ces concessions sont faites :

1° Aux immigrants ;

2° Aux officiers et fonctionnaires, aux sous-officiers et agents assimilés, aux militaires et marins congédiés ou retraités dans la colonie ;

3° Aux enfants nés dans la colonie.

Le prix des terres du domaine, *concédées à titre onéreux*, est fixé à 24 fr. par hectare. Ce prix est payable en douze ans de la façon suivante :

Il est versé :

```
0f 50 par hectare et par an pendant les 3 premières années.
1  »        —              —        4e, 5e et 6e      —
2  50       —              —        7e, 8e et 9e      —
4  »        —              —        3 dernières       —
```

En dehors de ces conditions, les terres dépendant du domaine colonial sont acquises de gré à gré aux enchères publiques ou par voie d'échange.

Préalablement à toute aliénation, il est procédé par un géomètre à la délimitation des terrains.

Les demandeurs ou leurs représentants doivent toujours assister à cette opération.

Dans les terrains vendus ou concédés à titre soit gratuit, soit onéreux, il est fait réserve par l'État des mines, sources et cours d'eau déclarés d'utilité publique.

Un arrêté du 29 mai 1884 règle les conditions dans lesquelles sont faites les concessions gratuites.

En voici les principales dispositions :

Les immigrants qui viennent en Nouvelle-Calédonie pour se livrer au travail de la terre, et par suite sont mis en concession, sont l'objet des divers avantages suivants : Passage gratuit de Nouméa au lieu de la concession ; délivrance des outils et des graines nécessaires pour une valeur totale de 150 fr.; délivrance de vivres : la ration entière de vivres est accordée à l'immigrant et à sa femme *pendant six mois,* et chaque enfant au-dessous de 14 ans reçoit la demi-ration; concession gratuite d'un lot de village de 10 ares et d'une concession rurale de 24 hectares, dont 4 ares de terres à culture et 20 hectares de terre à pâturage. Chaque enfant, né dans la colonie d'immigrants concessionnaires, a droit à 2 hectares de bonnes terres. La concession est provisoire pendant quatre années pour les immigrants mariés, six années pour les célibataires, à l'expiration desquelles elle devient définitive. Pendant cette période, la concession ne peut être vendue ; le concessionnaire est tenu d'habiter sur sa terre et de la cultiver ; il doit la clôturer, la mettre en rapport et construire une maison soit sur le lot de village, soit sur la concession. La concession fait retour au domaine si le concessionnaire ne remplit pas ces obligations. Quant aux immigrants possédant un métier, qui veulent s'établir dans les centres de l'intérieur pour l'y exercer, ils ont droit gratuitement à un lot de village de 20 ares. Ce lot devient leur propriété au bout de 5 ans ou dès qu'une construction habitable a été élevée sur le terrain provisoirement concédé.

Enfin, l'administration construit une case sur chaque lot de village pour abriter provisoirement l'immigrant dès son arrivée.

Les militaires et marins qui veulent prendre leur congé dans la colonie obtiennent des concessions gratuites ; ils reçoivent, en outre, une prime de 250 fr. représentant le prix du voyage de Nouvelle-Calédonie en France. Ils sont tenus aux mêmes obligations que les autres concessionnaires gratuits.

Régime des mines en Nouvelle-Calédonie. — Après avoir parlé de la situation du domaine et des concessions de terres en Nouvelle-Calédonie, il nous reste à donner un aperçu du régime des mines dans cette même colonie. Depuis quelques années, les exploitations minières ont pris dans notre belle possession océanienne un développement considérable ; les exportations de minerais qui s'élevaient à 822,183 fr. en 1888 ont atteint en 1892 le chiffre de 7,558,000 fr. Cette augmentation croissante doit être attribuée principalement à l'ouverture de nouvelles mines de nickel, la grande richesse de l'île. On y trouve partout ce métal précieux, à Thio, à Nakety, à Canala, à Houailou, etc., sur la côte est ; à la Dumbéa, à Bouloupari, à Bourail, à Koé, à Pouembout, sur la côte ouest. A Thio, s'est élevée en quelques années une ville qu'on peut appeler la « cité du nickel ».

Actuellement le minerai ayant une teneur en nickel-métal de 7.50 à 8.50 p. 100 vaut 105 fr. la tonne au port d'embarquement, et 125 fr. pour une teneur variant de 9.50 à 10.50 p. 100.

A côté du nickel se trouvent des mines de cobalt et de chrome qui sont aussi l'objet d'exploitations prospères. On trouve encore en Nouvelle-Calédonie l'or, l'argent, le plomb argentifère, le cuivre, l'antimoine, la houille et le fer qui existe dans l'île en amas considérables formant le relief même du sol.

Le régime des mines en Nouvelle-Calédonie est réglementé par les deux décrets du 22 juillet 1883 et du 15 octobre 1892 modifiés par le décret du 24 juin 1893.

L'exploitation des mines d'or est donnée au *premier occupant*; la propriété de la mine est distincte de celle de la surface du terrain.

Sont placées sous le même régime que les mines d'or, celles

de cuivre, de nickel, d'anthracite et autres gîtes naturels de substances minérales ou fossiles utilisables, sauf les matériaux de construction et les engrais.

Le décret du 22 juillet 1883 a établi une redevance de 5 fr. par hectare pour les concessions exploitées et de 10 fr. pour les concessions non exploitées, et a fixé à 3 p. 100, au maximum, de la valeur du produit extrait, la redevance à laquelle pourrait être assujettie l'exploitation. Peu de temps après la promulgation de cet acte, l'industrie minière subit une crise en Nouvelle-Calédonie et le décret du 30 juin 1885 déclara les mines de la colonie en état de chômage, suspendant l'application des articles 28 et 29 du décret de 1883 qui édictaient les taxes.

L'exploitation des mines ayant repris son activité, il a paru équitable de faire de nouveau contribuer cette industrie aux charges de la Nouvelle-Calédonie, d'abroger le décret de 1885 et de rétablir sous une autre forme les articles 28 et 29 du décret du 22 juillet 1883, en modifiant le système de redevance. Tandis que le décret de 1883 ne frappait les mines que d'une redevance fixe, le décret du 15 octobre 1892 qui vint le rectifier édicta à la fois une redevance fixe de 50 centimes par hectare ou fraction d'hectare et une redevance proportionnelle de 1/2 p. 100 de la valeur au port d'exportation des produits extraits, déduction faite des frais de transport de la mine au port. Les produits extraits, consommés ou transformés dans la colonie, sont exempts du droit proportionnel.

Ce dégrèvement est acquis de droit à tout exploitant qui justifie que la somme des deux redevances dont il est frappé excède 5 p. 100 du produit net de son exploitation ; la demande en dégrèvement est adressée au gouverneur qui statue en conseil privé, sur le rapport du directeur de l'Intérieur, sauf recours au Ministre.

D'après le même décret du 15 octobre 1892 une mine peut toujours suspendre son exploitation sans autorisation ni excuse. Toute concession non exploitée est assujettie au paiement d'une redevance annuelle fixe de 2 fr. par hectare ou fraction d'hectare. Une concession minière est considérée comme inexploitée lorsqu'elle occupe moins de quatre ouvriers par 100 hectares ou fraction de 100 hectares.

Le Gouvernement a pris l'initiative de l'établissement des tarifs en matière d'exploitation minière à la Nouvelle-Calédonie, quoique ces produits profitent au budget local et non au budget de l'État, au lieu de les laisser voter par le Conseil général comme les autres contributions, afin d'éviter les fluctuations de taxes pouvant compromettre les entreprises des particuliers ou des sociétés qui ont en main un des instruments d'avenir de la colonie.

La perception des redevances fixées par le décret du 15 octobre 1892 a été ajournée par un décret du 24 juin 1893 jusqu'au 1er janvier 1894. Ce décret a eu, en outre, pour but de faire disparaître une inégalité devant l'impôt entre les mines placées sous le régime fiscal du décret du 22 juillet 1883 et les gisements déjà concédés à cette date qui continuaient à payer la redevance fixe annuelle de 10 fr. au maximum, d'après d'anciennes dispositions. — Maintenant toutes les concessions, qu'elles résultent de prise de possession ou d'acte de concession sont soumises aux mêmes droits et obligations.

Iles Wallis[1]. — Ces îles soumises à notre protectorat et dépendant administrativement du gouvernement de la Nouvelle-Calédonie ont un régime spécial quant aux concessions de terres. La terre aux Wallis est inaliénable; les étrangers peuvent en avoir la jouissance pour une durée de 10 ans mais moyennant un droit de 100 piastres, quelle que soit l'étendue de la concession. Ce droit revient à la reine et est seul exigé quand la concession est accordée par cette dernière sur les biens de son propre domaine; les fermiers de terrains faisant partie de propriétés particulières doivent, en outre, payer aux indigènes

---

1. Voir ma notice sur les *îles Wallis* dans le *Bulletin de la Société des études coloniales et maritimes*. (Onzième année. Nos 9 et 10. Septembre et octobre 1887). E. P.

propriétaires une redevance annuelle qui varie entre 25 et 30 piastres.

3° Groupe. — Nous étudierons dans ce troisième groupe, surtout au point de vue des concessions, le régime domanial des colonies suivantes : Saint-Pierre et Miquelon ; Soudan ; Bénin ; Congo français ; Obock ; Diégo-Suarez ; Établissements français de l'Océanie ; Cochinchine, Annam et Tonkin.

Saint-Pierre et Miquelon. — A Saint-Pierre et Miquelon la question du domaine et des concessions de terres faisait l'objet d'une ordonnance du 26 juillet 1833 qui a été abrogée par le décret du 7 novembre 1861 encore en vigueur et réglant la constitution de la propriété des grèves et terrains dans les diverses îles du petit archipel. Ce décret du 7 novembre 1861 a été promulgué dans la colonie par arrêté du commandant des îles en date du 14 janvier 1862, bientôt suivi, le 17 avril de la même année, d'un autre arrêté local annulant toutes les concessions faites à titre provisoire, à n'importe quelle époque, et prononçant leur retour au domaine, sauf aux concessionnaires à adresser une requête à l'administration avec titres à l'appui, pour demander à devenir propriétaires définitifs.

La vente et les concessions gratuites de terrains dans la colonie ont encore donné lieu à un arrêté du commandant du 18 août 1862 ; le 6 septembre de la même année a été pris un autre arrêté relatif au droit de consolidation des grèves et à l'établissement de l'impôt foncier dans la colonie. Ces différents actes, approuvés par une dépêche ministérielle du 22 novembre 1862, constituent toute la réglementation domaniale aux îles Saint-Pierre et Miquelon[1].

Les concessions de grèves ont un intérêt particulier dans cette petite colonie qui tire toutes ses ressources de la pêche de la morue laquelle exige de vastes sécheries sur le rivage ; les con-

---

[1]. Un arrêté local du 13 juin 1876 a fixé le prix d'expédition et de délivrance des titres de concession.

ditions de leur obtention sont nettement formulées par le décret du 7 novembre 1861. Les grèves ne peuvent servir qu'à la préparation des produits de la pêche et la décision accordant la concession doit toujours rappeler cette affectation. Les concessionnaires de grèves peuvent y élever les constructions nécessaires à l'exercice de l'industrie de la pêche, magasins et saleries, mais ces établissements ne doivent pas occuper plus du quart de la superficie de la plage. L'administration locale ne peut aliéner les lais et relais de la mer, ni y autoriser la création d'aucun établissement.

Les formalités à remplir pour l'obtention des concessions de grèves et de terrains aux îles Saint-Pierre et Miquelon sont détaillées dans l'arrêté local du 18 août 1862.

Il est procédé dans les premiers jours des mois de janvier, avril, juillet et octobre de chaque année à la vente par *adjudication publique* et par voie d'enchères sur les mises à prix fixées par l'administration, des grèves et terrains appartenant au domaine qui ont été demandés au gouverneur de la colonie dans les deux premiers mois du trimestre précédent. Les adjudications effectuées sous la réserve des obligations prescrites par le décret du 7 novembre 1861 ne sont définitives qu'après approbation du gouverneur en conseil privé. Le paiement du prix de vente doit être effectué entre les mains du trésorier de la colonie, dans le courant du mois d'octobre qui suit la vente. La surveillance de ces concessions au point de vue de l'accomplissement des obligations imposées aux concessionnaires est confiée à l'ingénieur colonial qui doit rendre compte à l'administration du degré d'aménagement et de l'appropriation des terrains concédés, dans les limites de temps indiquées par l'acte de concession.

Les habitants des îles Saint-Pierre et Miquelon peuvent aussi solliciter du gouverneur des concessions gratuites, en joignant à leurs demandes des plans levés par leurs soins. Les concessions gratuites sont d'abord délivrées à *titre provisoire*, sous certaines conditions ; les arrêtés du gouverneur accordant ces concessions spécifient toujours, quand il s'agit de concessions urbaines, que le terrain doit être enclos et bâti dans un certain délai, sous peine de déchéance ; les concessions de grèves impliquant l'exercice de l'industrie de la pêche, les concessionnaires sont également obligés de les utiliser à des sécheries ou autres établissements concernant la préparation ou la conservation des produits de pêche.

Si à l'expiration du délai fixé, les conditions prescrites ont été remplies, le titre provisoire est remplacé par un titre définitif ; dans le cas contraire, la concession est révoquée, sauf le droit réservé au gouverneur de proroger le délai.

L'arrêté local du 18 août 1862 a modifié le système établi par le décret du 7 novembre 1861 quant aux concessions à titre onéreux, en soumettant ces concessions au principe de la vente aux enchères ; l'article 7 du décret précité indique, en effet, suivant diverses catégories, le droit à payer pour les grèves, avant que l'administration puisse faire la remise aux détenteurs de leur titre définitif de propriété ; cette fixation est établie, non seulement pour les grèves déjà concédées à la date du décret, mais pour celles à concéder dans l'avenir.

Le Ministre de la marine et des colonies, M. de Chasseloup-Laubat, approuva l'initiative prise par le gouverneur des îles Saint-Pierre et Miquelon : « Je considère, dit-il, dans sa dépêche du 22 novembre 1862 à ce dernier, cette modification comme utile en elle-même. Il est clair qu'elle est imposée par la nécessité puisque l'administration, avec un tarif fixe, se trouverait dans l'embarras en présence de demandes qui se produiraient concurremment, et c'est aller sagement au-devant de la difficulté que de poser le principe de la concurrence[1]. »

Soudan. — Le régime des concessions de terre au Soudan français a été, en dernier lieu, fixé par un *ordre général* du com-

---

[1]. On consultera utilement, en ce qui concerne le régime domanial à Saint-Pierre et Miquelon, deux jugements rendus par les tribunaux de la colonie et confirmés par la Cour de cassation. Voir le *B. O.* de Saint-Pierre et Miquelon. Vol. de 1881, p. 71 à 79 et 126 à 130.

mandant supérieur relatif à la vente des terrains à Kayes, en date du 30 janvier 1893, qui a substitué le système des concessions à titre onéreux à celui des concessions gratuites lequel n'aurait pas, aux termes de cet acte, donné les bons résultats qu'on en attendait. Les propriétaires à titre provisoire ne remplissaient pas les conditions imposées pour devenir définitivement propriétaires, ils abandonnaient leurs terrains aux vagabonds sans en avertir l'autorité française et sans prendre aucune mesure de gardiennage, ils trafiquaient sans aucun droit des avantages qui leur avaient été faits personnellement, soit à cause de leurs fonctions, soit à cause des intentions qu'ils avaient déclaré avoir, bref l'observation des règlements de police et de voirie et le bon ordre à Kayes se ressentaient fortement de cette situation. Le colonel Archinard crut devoir remédier à un aussi fâcheux état de choses, d'où l'*ordre général* en question qui a pour épigraphe cette phrase de M. Leroy-Beaulieu : « Tous les colons sérieux, intelligents et munis de ressources aiment mieux acheter la terre de seconde main à des spéculateurs qui la leur vendent à haut prix que de la tenir gratuitement de l'autorité. »

Depuis le 30 janvier 1893 il n'est donc plus délivré à Kayes de concessions de terrain à titre gratuit. Les terrains concédés précédemment et dont les propriétaires à titre provisoire n'avaient pas encore à cette date rempli les conditions exigées pour devenir propriétaires définitifs firent retour à la colonie ; les possesseurs actuels purent cependant continuer à occuper jusqu'à ce qu'une demande d'achat fût faite pour leurs terrains. Toute demande d'achat par un tiers donne lieu à un avis adressé par l'administration à l'occupant et à un affichage pour porter l'affaire à la connaissance du public. Quinze jours après l'affichage, il est procédé à la vente aux enchères, sur le terrain même, et la concession est adjugée au plus offrant, sans que l'occupant soit d'ailleurs privé d'aucun des droits communs d'acheteur. Toutes les formalités relatives aux indemnités à payer au premier occupant pour les constructions qu'il aurait édifiées sur le terrain, à la délivrance des titres de propriété, à l'enregistrement, à la transmission du titre de propriété (par simple endossement) sont prévues dans l'ordre du colonel Archinard inséré au *Journal officiel du Sénégal* du 4 mars 1893.

Bénin. — Un arrêté du général Dodds, commandant supérieur au Bénin, pris à Porto-Novo le 23 décembre 1892 pour organiser la propriété foncière dans ce pays et au Dahomey, déclare que *tout immeuble non réclamé* dans les six mois qui suivront la publication *fera partie du domaine de la colonie*. — Des concessions de terrains peuvent être accordées, dans les territoires annexés, aux Européens ou indigènes qui en feront la demande, dans les conditions stipulées par un autre arrêté local du 18 février 1890.

L'arrêté pris le 23 décembre 1892 par le général Dodds, au lendemain de la conquête, dans un pays absolument neuf, est particulièrement intéressant ; en voici les principales dispositions relativement à la constitution de la propriété :

Art. 1er. — Dans les six mois qui suivront la publication du présent arrêté, les Européens ou Indigènes qui se prétendent propriétaires d'immeubles dans les territoires annexés, devront déposer leurs titres ou faire valoir leurs droits entre les mains des autorités locales.

Art. 2. — Les ventes ou autres actes translatifs d'immeubles, passés sous seing privé et consentis à des particuliers, au nom des rois de Dahomey ou d'indigènes se prétendant propriétaires, seront examinés par une commission *ad hoc* dont la composition sera déterminée ultérieurement.

Art. 3. — La commission pourra déclarer réguliers en la forme les titres remontant, avec date certaine, à une époque antérieure au 3 décembre 1892 et constatant le droit de propriété, la situation précise, la contenance et les limites de l'immeuble.

Art. 4. — La preuve testimoniale pourra être admise pour la validation des droits sur les propriétés actuellement occupées, si elle est justifiée par une possession continue et non interrompue, paisible, publique, non équivoque.

Art. 5. — Toute action en nullité ou en rescision de ventes antérieures au présent arrêté, ou en revendication d'immeubles compris dans ces ventes, *devra, sous peine de déchéance,* être intentée dans l'année qui suivra la publication du présent arrêté.

Les ventes qui auront lieu à l'avenir demeurent soumises aux dispositions du Code civil.

Art. 6. — Tous nouveaux titres de propriété ou actes de validation délivrés par la commission sont soumis à la formalité de l'enregistrement.

Art. 7. — Tout immeuble non réclamé fait partie du domaine de la colonie.

Congo français. — Le régime domanial, la réglementation en ce qui touche aux ventes et concessions de terrains, ont fait l'objet d'un arrêté du Commissaire général du gouvernement au Congo français, en date du 26 septembre 1891, qui complète des arrêtés des 28 août 1863 et 20 novembre 1864, en les unifiant.

D'après l'arrêté local du 26 septembre 1891, les territoires composant la colonie du Congo français et soumis à la souveraineté du gouvernement français, comprennent :

1° Les terrains domaniaux non susceptibles d'une aliénation définitive ;

2° Les terrains domaniaux susceptibles d'être aliénés ou concédés à titre onéreux ou à titre gratuit ;

3° Les terrains possédés par les indigènes et susceptibles d'être aliénés ou échangés, sauf ratification de l'administration supérieure ;

4° Les terrains vagues.

Les terrains inaliénables sont compris dans une zone réservée qui commence à la ligne formée sur le rivage par la plus haute marée annuelle et qui mesure 25 mètres de largeur. Cette zone appartient au *domaine colonial*, et ne peut être ni échangée, ni aliénée. Le chef de la colonie peut accorder sur cette réserve des *permis d'établir*, avec redevance, mais ces autorisations sont essentiellement révocables, sans que l'administration soit jamais tenue à indemnité en cas de déguerpissement. Les demandes de permis sont adressées au directeur de l'intérieur qui est chargé de l'administration du domaine colonial, au Congo, comme dans toutes nos autres possessions, et qui soumet ces demandes au Commissaire général du Gouvernement, en conseil d'administration.

Les terrains domaniaux qui peuvent être aliénés ou concédés, avec ou sans redevance, donnent lieu à des concessions urbaines ou rurales, pour fondations d'établissements privés, commerciaux, industriels ou agricoles. L'acquisition des propriétés privées peut, d'ailleurs, être faite au Congo par achat, cession régulière ou héritage dans les termes des contrats définis par le Code civil, pourvu que l'acquéreur soit Français ou admis à résider dans la colonie.

Les demandes de concessions sur les terrains appartenant au domaine sont adressées, avec plans à l'appui, au directeur de l'intérieur, examinées par une commission spéciale et appréciées enfin par le chef de la colonie qui prononce en conseil d'administration leur admission ou leur rejet.

Les concessions urbaines, soit à titre de propriété définitive, soit à titre locatif, sont soumises aux conditions ordinaires de construction et de clôture, dans un délai déterminé, sauf déchéance. En cas de déchéance du concessionnaire *à titre onéreux*, une indemnité de reprise peut lui être allouée. Ces concessions, dites *urbaines*, sont données sur les terrains compris entre la pointe Olumie et la pointe de Louis.

En dehors de ces limites, l'administration locale peut accorder à toute personne « qui en fera la demande et offrira les garanties jugées nécessaires » des concessions d'une superficie à déterminer suivant les besoins, pour des établissements d'utilité publique, des exploitations industrielles, agricoles, commerciales ou forestières et pour l'élevage du bétail. Ces concessions *rurales* sont accordées gratuitement ou à titre onéreux, suivant les cas ; les personnes qui en bénéficient sont tenues, dans le délai d'une année, de construire des bâtiments d'exploitation ; elles doivent, en outre, mettre en valeur dans une proportion de un dixième par année d'occupation, les terres qui leur ont été concédées et il ne leur sera donné un titre de propriété définitif que pour les terrains mis en valeur.

L'aliénation totale des terrains concédés dans ces conditions ne peut avoir lieu qu'après que la moitié au moins de ces terrains a été mise en exploitation et l'acquéreur doit supporter toutes les charges et les risques de déchéance qui pesaient sur le vendeur au moment de la passation du contrat. Il ne peut être consenti d'aliénation partielle que pour les concessions dont la propriété définitive a été régulièrement prononcée.

Quant aux *terrains appartenant aux indigènes,* l'arrêté du 26 septembre 1891 dispose que ces derniers peuvent vendre ou échanger leurs propriétés, mais à condition que l'acquéreur soumette l'acte de vente ou d'échange à l'approbation de l'administration dans un délai de six mois à compter du jour de la signature de l'acte. L'acte ne peut faire foi sans l'approbation de l'administration qui seule est admise à constater la valeur du droit de propriété des indigènes et à délivrer le titre définitif à l'acquéreur.

Les *terres vagues* et terres abandonnées, *res nullius,* sont considérées comme appartenant à l'État et faisant partie du domaine colonial; elles peuvent être aliénées ou concédées à ce titre.

Tout concessionnaire, à quelque titre que ce soit, qui ne sera pas entré en jouissance effective du terrain concédé dans le délai d'un an pourra être considéré comme déchu de ses droits.

L'administration locale se réserve le droit d'établir sur les concessions qu'elle accorde, dans les conditions ordinaires d'expropriation pour cause d'utilité publique, toute servitude utile au développement et à l'assainissement de la colonie.

Le décret du 26 septembre 1891 prévoit le cas de *concession minière,* en déclarant qu'au Congo français la propriété des mines est soumise aux règles de la législation métropolitaine, à moins de conventions spéciales introduites dans l'acte de concession.

Obock. — Le régime des concessions de terres, dans cette colonie, fait l'objet d'un arrêté local du 1ᵉʳ décembre 1885, modifié en 1891 par suite d'une dépêche ministérielle du 24 janvier de la même année.

Les concessions de terrains, destinées primitivement à certains de nos nationaux peu fortunés habitant Aden ou l'Égypte, sont accordées à Obock sans aucune redevance, mais leur étendue est très limitée ; elles ne sont aliénables qu'après autorisation formelle de l'administration. Elles doivent être mises en valeur, suivant leur objet, dans le délai d'un an.

L'arrêté du 1ᵉʳ décembre 1885 avait fixé à trente années renouvelables la durée de ces concessions. Sur la demande de l'administration locale, le Ministre a autorisé le gouverneur à accorder soit des concessions *perpétuelles,* quand il s'agit d'entreprises importantes, soit des concessions pour une période dépassant trente années, mais en dehors des terrains dont la propriété est réservée à la colonie.

Le gouverneur d'Obock avait proposé, afin de garantir les intérêts de l'État, d'instituer sur le littoral de notre possession de la mer Rouge une zone de cinquante pas géométriques, mais le département a jugé qu'il n'y avait pas lieu de priver le commerce et l'industrie de la *totalité* des terrains les mieux placés de la colonie. L'initiative laissée au chef de la colonie dans l'attribution des concessions particulières lui permet, en effet, de ménager les terrains qui peuvent devenir utiles aux services civils et militaires pour la construction de bâtiments et de batteries.

Des réserves ont, d'ailleurs, été constituées dans ce but sur divers points du territoire d'Obock, dès 1885, mais elles ne présentent pas le caractère des cinquante pas géométriques, zone essentiellement côtière.

Concession de salines. — Un décret de 1892 a favorisé le budget local d'Obock, en concédant à son profit l'exploitation des salines du lac Assal, situées sur le territoire du Gubbet-Kharab.

La concession est valable pour une période de cinquante ans, sous les réserves indiquées dans un cahier des charges qui oblige le concessionnaire à verser chaque année, par trimestre et à terme échu, dans la caisse du trésorier-payeur d'Obock, une redevance fixe de 50,000 fr.

Dès que l'exportation du sel aura dépassé 50,000 tonnes par an, le concessionnaire devra, en outre, payer pour l'excédent un droit de 1 fr. par tonne. Les quantités de sel exportées sont constatées par des agents de l'administration locale qui ont le droit de prendre connaissance, sur place, des écritures tenues par le concessionnaire. Le concessionnaire s'est engagé à respecter le commerce des indigènes, ne pouvant, en aucun cas, s'opposer à l'exploitation du sel pour les besoins des pays limitrophes et de l'Abyssinie.

Les limites de la partie du lac où les indigènes peuvent continuer à prendre le sel *sans aucune taxe ni redevance* sont fixées par une décision du gouverneur d'Obock. D'après le cahier des charges, le concessionnaire s'est engagé, à peine de déchéance, à constituer une société d'exploitation sous la forme anonyme au capital de un million versé[1].

Diégo-Suarez. — Un arrêté local du 16 novembre 1887 a fixé le régime des concessions de terres à Diégo-Suarez.

Le gouverneur peut accorder, sans l'intervention du département, des concessions à titre gratuit, soit provisoires, soit définitives, pourvu que les demandeurs présentent les garanties de moralité nécessaires et soient aptes à tirer parti de ces concessions.

Les concessions urbaines ne peuvent excéder en superficie 200 mètres carrés et les concessions rurales 25 hectares. Un plan du terrain est remis au concessionnaire; l'administration

---

1. Nous avons tenu à citer cette concession d'un caractère tout spécial, mais elle n'est pas la seule qui sorte du cadre ordinaire des concessions de terres ou de mines. C'est ainsi qu'un décret du 12 avril 1893 (*B. O. C.* 1893, p. 309) a accordé la concession à M. Paul Mingaud de l'exploitation des îles Saint-Paul et Amsterdam, pour cinquante ans, en vue d'y créer des établissements de pêche et de commerce, des dépôts de charbon et d'approvisionnements pour les navires.

en garde un duplicata. Les concessionnaires, s'il s'agit de concessions urbaines, ont un délai d'un mois pour « enclore et bâtir » ; les constructions rurales doivent être habitées et mises en exploitation dans le délai de quatre mois.

Ces concessions sont soumises à diverses charges : le concessionnaire doit maintenir en bon état de propreté les voies sur lesquelles donne sa concession. Il est tenu de laisser, à titre de servitude, à la population environnante, l'usage des eaux courantes qui passent sur la concession. Il n'est fondé à élever aucune réclamation si le service de la voirie croit devoir percer un chemin à travers les concessions rurales.

Le concessionnaire ne peut aliéner ni hypothéquer son terrain avant de l'avoir enclos et d'avoir construit une habitation si la concession est urbaine ou avant d'avoir mis la terre en valeur si elle est rurale. Cette dernière mesure a été prise afin d'éviter que les concessionnaires n'essayassent de vendre leurs terres sans y avoir travaillé.

Un arrêté local du 27 août 1887, réglant le droit de reprise de l'État sur les concessions rurales, a décidé que pendant dix ans, à compter de sa date, les concessionnaires n'auront droit à aucune indemnité pour les reprises nécessaires aux travaux publics, établissements ou ouvrages de défense dont les plans seront approuvés et l'exécution ordonnée par le ministre ou par le gouverneur. Si la reprise porte sur plus du vingtième de la concession, le concessionnaire pourra être indemnisé en terres, dans une partie quelconque de la colonie. Il importait que les travaux à entreprendre pour l'État, fortifications ou constructions civiles, ne fussent pas entravés par l'octroi gratuit du terrain aux particuliers ; d'autre part, les terres concédées ne pouvaient, sans qu'il fût porté atteinte au droit général de propriété, demeurer indéfiniment soumises à l'*aléa* d'une reprise par le Gouvernement sans indemnité.

Le gouverneur de Diégo-Suarez croyant devoir, en vertu des instructions générales qui lui avaient été données, étendre à notre possession nouvelle la législation de la Réunion en matière domaniale, avait créé sur le littoral une réserve de cinquante pas, par arrêté du 4 juillet 1888. Une dépêche ministérielle du 12 février 1889 lui enjoignit de rapporter cet arrêté, rappelant qu'il appartenait au chef de la colonie de n'allouer de concessions aux particuliers que là où elles ne sauraient devenir une cause de gêne pour l'administration.

Nous n'avons pas à développer ici la question du régime des terres dans la grande île de Madagascar, pays de protectorat, dépendant administrativement du département des affaires étrangères. On sait quelle est la triste situation de l'agriculture dans ce royaume par suite des obstacles qu'oppose à son développement la législation malgache. A Madagascar toutes les terres appartiennent à l'État, c'est-à-dire à la reine. Le particulier n'est jamais qu'un usufruitier à titre provisoire. Il tient sa terre de la faveur du gouvernement, du bon plaisir de la reine, qui gardent toujours le droit de le déposséder. Ce droit, paraît-il, n'est exercé que rarement, mais il n'en existe pas moins, d'après la loi du pays, et la menace qu'il suspend sur tous les détenteurs des terrains cultivables est telle qu'aucun d'eux ne prend à cœur de les mettre sérieusement en valeur. Là où la propriété individuelle n'existe pas, l'agriculture ne peut prospérer. Le système des baux emphytéotiques à long terme ne peut remédier à cette insuffisance de la législation des Hovas.

Eaux et forêts. — Le Code forestier n'avait pas été promulgué à Diégo-Suarez et le régime des eaux et forêts dépendait de quelques arrêtés locaux devenus insuffisants pour prévenir les dangers du déboisement.

Un décret du 18 janvier 1894 a rendu le Code forestier métropolitain applicable à cette colonie, sous la réserve de certaines modifications.

Le secrétaire général de la colonie a la garde et la conservation des bois et forêts du domaine, ainsi que la surveillance des cours d'eau ; la gendarmerie, les agents des travaux publics, des affaires indigènes et de la police ou, dans les propriétés, des gardes particuliers assermentés, sont chargés de veiller à l'exécution des prescriptions légales et dressent des procès-verbaux contre les délinquants. Les commissaires de police et agents des affaires indigènes sont investis des attributions dévolues aux juges de paix et maires en vertu des articles 161, 163 et 165 du Code forestier métropolitain. Tout procès-verbal, dressé par un agent compétent, fait foi, jusqu'à preuve du contraire, des faits matériels relatifs aux délits et contraventions qu'il constate et doit être adressé au secrétaire général qui le transmet, dans le mois de sa date, au ministère public. Le secrétaire général peut transiger avant jugement définitif sur les poursuites des délits et contraventions intéressant le régime des eaux et forêts ; après le jugement, la transaction, qui doit dans tous les cas être approuvée par le gouverneur, ne peut porter que sur les peines et réparations pécuniaires. Toutes les actions en réparation des délits et contraventions en matière d'eaux et forêts sont portées devant le tribunal jugeant en matière correctionnelle.

Il est interdit, sous peine d'amende de 100 à 200 fr. par chaque hectare de terrain déboisé et d'un emprisonnement de 5 à 15 jours, de déboiser les versants des rivières, ruisseaux ou ravins présentant un angle de 35° et au-dessus, les versants des montagnes dans les mêmes conditions, ainsi que les bords des rivières et ruisseaux sur une étendue de 15 mètres sur chaque rive. Il est également défendu de défricher au moyen du feu et de porter ou d'allumer du feu à l'intérieur et à une distance de 100 mètres des bois et forêts ; une autorisation est nécessaire pour établir un fourneau à charbon ou un four à chaux ; toute infraction à ces règles entraîne une amende et parfois l'emprisonnement.

Aucun propriétaire ne peut, en principe, sous peine d'amende, se livrer à un défrichement dans les bois et forêts sans en avoir fait la demande au chef du service de l'intérieur un mois au moins avant toute opération. La demande ne peut être rejetée que dans l'intérêt de la salubrité publique, de la conservation des eaux ou du maintien des terres sur les pentes. Le propriétaire peut se pourvoir par la voie contentieuse contre la décision de rejet. Si la décision statuant sur la demande n'est pas intervenue dans le délai de 3 mois à partir de l'inscription, le déboisement pourra être effectué.

La coupe d'arbres ou d'arbustes faite sur les terrains du domaine sans autorisation du gouverneur, sauf pour les palétuviers dont la coupe est abandonnée aux marchands de bois patentés sous condition d'une déclaration au service de l'intérieur, entraîne une amende et même un emprisonnement de 5 jours à 1 mois quand le délit a été commis dans un semis exécuté de main d'homme ; l'emploi de la scie pour ces coupes faites en délit entraîne l'application du double de la peine. La peine peut aller jusqu'à un an d'emprisonnement, vu cette majoration, quand il s'agit de coupe ou de mutilation sur les terres d'autrui ou du domaine, sans autorisation régulière, d'arbres ou d'arbustes de plus de 2 ans.

La vente des madriers, planches, etc., et du charbon de bois est réservée exclusivement aux propriétaires de terrains autorisés à les exploiter ou aux détenteurs de leurs droits et aux marchands de bois patentés.

Quant au régime des eaux, le décret du 18 janvier 1894 spécifie que *tous* les ruisseaux et rivières de la colonie *restent dans le domaine public* et ne peuvent être concédés, qu'en conséquence il est interdit de détourner de leurs cours les rivières, ruisseaux ou canaux publics ; les barrages ne sont autorisés, provisoirement, que dans les canaux destinés à l'irrigation des rizières et ces opérations doivent être effectuées sous la surveillance des agents des affaires indigènes, sauf amende de 100 à 500 fr. et emprisonnement de 15 jours à 6 mois, plus la remise en état des choses. Il est possible aux propriétaires riverains d'établir une canalisation sur leur propriété, mais l'usager doit toujours rendre les eaux à leur cours naturel au sortir de sa propriété, et cette opération nécessite une autorisation spéciale du gouverneur accordée après enquête. En cas de refus, le propriétaire peut se pourvoir par la voie contentieuse. Le décret édicte des pénalités en cas de souillure des eaux des rivières servant à l'alimentation des habitants.

Le gouverneur peut autoriser les transactions consistant en prestations en nature dans le cas prévu par l'article 210 du Code forestier métropolitain.

Les dispositions du dernier § de l'article 365 du Code d'instruction criminelle qui dit qu'en cas de conviction de plusieurs crimes ou délits, la peine la plus forte sera seule prononcée, ne sont pas applicables aux infractions prévues au décret du 18 janvier 1894, relatif au régime des eaux et forêts à Diégo-Suarez, non plus qu'aux crimes et délits commis en concours avec elles.

Établissements français de l'Océanie. — La question du domaine, si intéressante en Nouvelle-Calédonie, n'appelle pas moins l'attention à Tahiti dont le climat salubre attirerait certainement des colons de la métropole si la transmission de la propriété y devenait plus facile.

Au lieu de reposer sur des titres analogues aux nôtres, la propriété foncière, dans les *Établissements français de l'Océanie*, ne s'appuie guère que sur la tradition, comme dans la plupart des colonies neuves. Cette tradition est si vague, le plus souvent, qu'elle donne matière à des procès continuels entre les indigènes, procès auxquels le Département des colonies a cru pouvoir mettre un terme en s'inspirant, sur certains points du moins, d'un travail élaboré par le Conseil colonial de Tahiti en 1883 ; sa théorie, fort simple en elle-même, nous paraît cependant d'une réalisation bien difficile, vu le caractère personnel des Mahoris qui n'acceptent pas facilement, en matière de propriété surtout, les réformes contraires à leurs coutumes.

Le décret du 24 août 1887 n'a eu, en effet, jusqu'à présent, pour résultat, que de soulever des réclamations sans nombre de la part des habitants de Tahiti ; on a, d'ailleurs, tenu compte de ces difficultés, et un second décret du 29 septembre 1892 est venu prolonger de 3 ans le délai de 5 années prévu en 1887 pour l'établissement de la preuve de la propriété foncière.

Quoi qu'il en soit, il est intéressant d'étudier les bases du décret du 24 août 1887, rendu dans le but de réglementer la propriété foncière et d'établir la transcription hypothécaire sur ce sol tahitien devenu français depuis le traité de 1880.

D'après le décret de 1887, l'administration supérieure à Tahiti doit opérer comme si le service du domaine avait pris pleine et entière possession du territoire de la colonie, et faire rétrocéder par ce service, à chaque indigène, sa propriété sur une simple déclaration de l'intéressé. Cette déclaration est exigée de tout *Français indigène* ou *de toute personne issue d'indigène*, se prétendant propriétaire d'une terre non encore inscrite en conformité des lois tahitiennes et des arrêtés antérieurs, ou ne reposant sur aucun titre authentique ou sous seing privé. La déclaration de la situation de la terre, dûment établie, est faite au conseil de district réuni en séance publique, signée par le déclarant, du nom porté sur son acte de naissance ou de notoriété, et par les membres du conseil. Un des originaux de la déclaration est remis à l'intéressé, l'autre est adressé au receveur des Domaines à Papeete. Ce fonctionnaire doit donner la publicité nécessaire à ces déclarations en les faisant insérer sans retard dans le *Journal officiel* de la colonie. Les tiers ont un délai d'un mois à Tahiti, de 2 mois à Moorea, de 6 mois dans les autres îles formant les Établissements français, pour frapper d'opposition ces déclarations quand ils le jugent utile. S'il ne se produit pas d'opposition, le déclarant reçoit un *certificat de propriété* de l'administration du Domaine ; cette pièce est dressée en deux originaux, dont l'un reste au Domaine et l'autre est remis à l'ayant droit après enregistrement. Les porteurs de titres provenant d'inscriptions antérieures ont la faculté de profiter de ces dispositions en faisant annuler par l'administration du Domaine leurs anciens titres qui sont remplacés par de nouveaux, dressés suivant le modèle adopté.

Quand, avant l'expiration des délais fixés par le décret de 1887, il vient à se produire une opposition, le receveur du Domaine fait statuer immédiatement et d'office sur cette opposition par le conseil de district compétent. Le rôle des oppositions, préparé par les soins du receveur, visé pour exécution par le procureur de la République à Papeete, est inséré dans le *Journal officiel des établissements français*.

L'arrêt devenu définitif, contradictoirement, par défaut ou par homologation, devra être revêtu de la formalité de la transcription à la requête de la partie intéressée et lui tiendra lieu de certificat de propriété. La période de prescription quinquennale commencera du jour de cette inscription.

Aux termes de l'article 10 du décret de 1887, la preuve de la propriété pour les terres d'apanage dites *Faru-hau*, constituées d'après la loi tahitienne du 24 mars 1852, doit être faite dans les mêmes formes que pour les autres terres, mais les portions de ces terrains où sont construits des bâtiments publics, chefferies, temples, écoles, etc., restent la propriété de la colonie ou des districts. On réserve même autour de ces bâtiments une zone égale au double de leur superficie et qui leur reste attachée.

Notons enfin, et c'est là une de ses dispositions les plus importantes, que le décret de 1887 attribue au *domaine des districts* les terres non réclamées ou dont la possession n'est pas justifiée. En supposant que le décret du 29 septembre 1892 soit la dernière mesure dilatoire obtenue par les Tahitiens en matière de réglementation de la propriété, la constitution du domaine dans les établissements français d'Océanie serait donc chose faite à la fin de l'année 1895 ; la propriété individuelle serait établie et le domaine des districts, sorte de domaine communal, serait créé ; le § 2 de l'article 11 du décret de 1887 déclare nettement que tout le territoire non revendiqué dans les délais fixés par le gouvernement sera réputé *domaine du district* (*Faufaa matacinaa*).

Mais la mise en pratique des solutions indiquées par le décret du 24 août 1887 exige beaucoup de bonne volonté de la part des indigènes et de la part des conseils de district ; elle nécessite, en outre, un lever cadastral de la colonie ; c'est même par ce lever cadastral qu'il eût été utile de débuter pour réformer le régime des terres à Tahiti. Il est essentiel, avant de créer la propriété dans un pays neuf, de bien se rendre compte de la topographie des lieux ; on arrive autrement à des complications inextricables dans la pratique, par suite des déclarations contradictoires des possesseurs de terrains. La question présente d'autant plus d'intérêt à Tahiti et dans les archipels qui en dépendent, que la propriété indigène est plus morcelée, avec des origines extrêmement vagues.

Aux îles Marquises, la portée du décret du 24 août 1887 ne sera jamais comprise des indigènes qui sont attachés plus que partout ailleurs à leurs vieux usages, et son application nous paraît bien difficile. Dans ces îles, les chefs des diverses tribus sont propriétaires de toutes les terres par droit d'hérédité ou de conquête; autour d'eux se sont groupées les familles des guerriers qui jadis répondaient à leur appel dans des conflits continuels, et les parcelles de terres qui étaient ainsi allouées à ces tenanciers ont toujours été considérées comme inaliénables.

Les Océaniens loueront facilement partie de leurs terres aux Français qui voudront s'y établir, mais ils ne s'expliqueront jamais pourquoi un décret vient les forcer à des formalités de déclaration de propriété ou autres pour qu'ils aient le droit de garder le patrimoine de leurs ancêtres.

Veut-on avoir une idée des vieilles lois tahitiennes quant au régime des terres ? — Nous pouvons citer, à ce propos, quelques articles du *Livre des lois pour la conduite du gouvernement de Pomaré-Vahine à Tahiti, Moorea et dans toutes les terres de son royaume,* code tahitien publié en langue maorie en 1842.

Titre XII. — *Concernant l'interdiction de la vente des terres.*

Art. 1er. — Qu'aucune terre ne soit vendue à Tahiti non plus qu'à Moorea; qu'on laisse la terre; qu'on ne la vende point, et qu'elle passe de génération en génération entre les mains de ceux qui en sont les vrais propriétaires. L'homme qui s'obstinera à vendre sa terre à une autre personne, sera jugé et condamné à creuser cinquante brasses de route; on prendra cette terre qu'il voulait vendre, et il sera banni sur une autre terre pour y demeurer. — Si cet homme a des parents, on leur remettra la terre *confisquée*, et s'il ne reste personne de sa famille que lui seulement, on remettra la terre entre les mains de la reine et du gouvernement pour qu'elle y reste...

Art. 3. — L'homme qui aura tenté de vendre réellement sa propre terre, — sa famille ayant eu positivement connaissance de son contrat de vente et ne l'ayant point empêché, — cet homme *vendeur de terre* sera jugé et condamné à défricher cinquante brasses de route, et on le privera de sa terre ainsi que ses parents, ceux-ci pour n'avoir pas dit aux officiers publics : « Voilà un tel qui s'accorde en marché pour vendre sa terre » ; lui, pour ne pas les avoir écoutés. — La terre sera remise entre les mains de la reine et du gouverneur pour y rester. — On chassera celui qui produit le trouble par son obstination à vendre sa terre : dix brasses de travail lui seront infligées, qu'il accomplira lorsqu'il se sera rendu sur la nouvelle terre de sa résidence. *Cette peine lui sera imposée à cause de son obstination à vendre la terre, laquelle faute est absolument interdite par la présente loi.*

Titre XIII. — *Concernant l'interdiction de louer la terre à toute personne venue des autres contrées à Tahiti et Moorea, ainsi que dans toutes les terres de ce royaume.*

Art. 1er. — Que jamais aucune personne ne loue de nouveau sa terre à un étranger, non plus qu'à qui que ce soit...

Si un homme s'obstine à conclure de nouveaux contrats dans le but de louer sa terre à une autre personne, pour que cette personne en fasse un lieu de culture, c'est là une faute suivant la loi, on jugera et condamnera *celui qui s'en rendra coupable* à défricher cent brasses de chemin ; on lui retirera la terre qu'il voulait louer à quelqu'un autre, elle sera donnée à sa famille, et, s'il n'a point de parents, on la remettra entre les mains de la reine et du gouverneur, afin qu'elle y demeure. — Son contrat de location sera tout à fait annulé : on devra le rompre entièrement.

Art. 2. — Chaque homme devra cultiver sa propre terre, ainsi qu'il est dit dans la loi concernant la culture, et si quelqu'un conclut en secret un contrat de location de terre, ce contrat devra être annulé. — Il a été établi en logique que de tels contrats ne devront en aucune façon se produire à Tahiti. — On jugera l'homme qui aura conclu en secret ce contrat qui viole la loi ; sa peine devra être de cent brasses de route à défricher ; on donnera sa terre à un propriétaire différent *choisi* par les membres de sa famille, et, s'il n'a point de parents, cette terre sera remise entre les mains de la reine et du gouverneur pour y demeurer.

Art. 3. — Que les amis étrangers ne soient point conduits en tout endroit pour que la terre soit remise entre leurs mains, qu'ils restent à Papeete; c'est là qu'on devra les visiter et leur fournir des provisions, si on désire leur en porter. — Cette loi ne regarde point les maisons qui sont en location au lieu où les navires viennent au mouillage; — elle annule seulement les contrats par lesquels la terre serait louée à une autre personne, et défend absolument aussi les dons de terre conçus de façon qu'elle passe en toute propriété aux mains d'une autre personne que le propriétaire originaire [1]...

A côté de la question des concessions de terre et de la constitution du domaine proprement dit, nous devons, pour ne rien omettre d'important dans cet ouvrage, exposer brièvement la réglementation particulière aux concessions pour établissements huîtriers dans les possessions françaises de l'Océanie. Sans entrer dans l'étude de la *domanialité maritime,* dont les grandes lignes sont les mêmes aux colonies qu'en France, nous donnerons quelques explications sur les règles spéciales à l'exploitation des pintadines dont nous avons pu apprécier l'importance sur place pendant un long séjour en Polynésie.

Les *pintadines* ou grandes huîtres perlières, que les naturalistes ont nommées *Meleagrinæ margaritiferæ,* dont le diamètre atteint parfois $0^m,30$ et le poids de 9 à 10 kilogr., constituent la principale richesse de notre colonie des établissements français d'Océanie, et se trouvent surtout au fond des lagunes des îles Tuamotu et Gambier, vastes archipels de formation madréporique.

La nacre des pintadines s'emploie dans la tabletterie, la marqueterie, l'ébénisterie, l'éventail, et surtout dans la fabrication

---

[1]. J'ai trouvé ce curieux document dans les papiers laissés par mon parent le capitaine de vaisseau Dutaillis, qui commanda la corvette *l'Ariane,* de la station locale de Tahiti, de 1842 à 1846. Cet opuscule, imprimé en 1845 à Papeete, offre une traduction naïve, mais très sincère, du texte tahitien; il est devenu très rare. — Je ne cite, d'ailleurs, ces textes qu'à titre de souvenir historique, car l'esprit des coutumes tahitiennes a bien changé depuis. — E. P.

du bouton ; le luxe de nos ameublements de fantaisie en exige des quantités considérables.

D'autre part, les perles que l'on trouve dans ces huîtres, dites *perles de Tahiti,* sont fort en vogue ; leur orient magnifique les fait préférer à celles de Ceylan, des golfes de Panama et de Californie. On trouve aux Tuamotu et aux Gambier des nacres irisées, des perles blanches et noires, poires, boutons ou paragonnes ; leur recherche, des plus difficiles, est confiée par les Européens aux indigènes de ces archipels, qui sont les premiers plongeurs du monde.

La pêche des huîtres à nacre n'avait été réglementée à Tahiti que par des arrêtés locaux, insuffisants pour empêcher le dépeuplement des lagons et pour réprimer les abus provenant des engagements de pêcheurs indigènes par les capitaines étrangers.

A la suite d'une mission de M. Bouchon-Brandely, inspecteur général des pêches maritimes, en 1884, le gouvernement s'est ému de l'appauvrissement des lagons océaniens, et un décret a été pris le 31 mai 1890 dans le but de remédier à cette situation en déterminant les conditions dans lesquelles les établissements ostréicoles pourraient être créés pour la reproduction artificielle, en édictant certaines règles de police pour la pêche des huîtres à nacre et en fixant des pénalités en cas de contravention [1].

Voici les principales dispositions du décret du 31 mai 1890 :

La pêche de la nacre est libre pour les citoyens et sujets français et interdite aux étrangers dans toute l'étendue de la mer territoriale, sous réserves des droits résultant des traités internationaux.

Quoique la pêche soit libre en principe pour les Français, le gouverneur peut, par arrêtés en conseil privé, déterminer les portions de mer ou lagons destinés à des établissements ostréicoles ou au repeuplement des bancs épuisés ; dans ces portions réservées, la pêche est *interdite.*

---

[1]. La pêche des huîtres en Nouvelle-Calédonie a été également réglementée par un décret en date du 30 mars 1893. (Voir *B. O. C.* 1893, p. 252.)

Les îles de l'archipel sont classées en 5 groupes :

1° Iles sans nacre. — 2° Iles très peu productives. — 3° Iles épuisées. — 4° Iles en décroissance. — 5° Iles productives. — Le classement est fait annuellement par arrêté du gouverneur en conseil privé.

Dans les trois premiers groupes, les concessions pour établissements ostréicoles peuvent être faites :

1° A titre gratuit à la colonie ou à l'un ou plusieurs des districts riverains syndiqués ;

2° A titre gratuit et onéreux à des particuliers français ou naturalisés français. La préférence doit être donnée, en cas de pluralité de demandes, aux propriétaires des terres faisant face aux parties des lagons demandées en concession.

Les concessions sont personnelles, temporaires (c'est-à-dire accordées pour une période de dix années deux fois renouvelable sur la demande de l'intéressé) et cessibles à des tiers avec l'autorisation du gouverneur.

Les concessions à titre onéreux ne donnent lieu à taxes qu'à partir de la sixième année ; *la taxe revient au service local.* — L'exploitation devra être commencée dans les deux ans de l'obtention de la concession ; cette concession est limitée de tous côtés, aux frais du concessionnaire, par des poteaux.

La demande de concession est adressée à Tahiti, au chef du service administratif, et dans les dépendances à l'administrateur ou à son représentant ; elle doit spécifier bien nettement la situation de l'établissement à créer.

La demande de concession est introduite par le chef du service administratif à Tahiti, qui, après avoir pris l'avis du directeur de l'intérieur, soumet la décision portant concession au gouverneur, en conseil privé.

Les concessions sont révocables par le gouverneur pour motif d'utilité publique, quand il s'agit de la sûreté de la navigation, par exemple, ou pour non-exécution par le concessionnaire de ses divers engagements. — Le conseil privé, statuant au contentieux, règle en ce cas les contestations, s'il y a lieu.

Les lagons du 4ᵉ groupe (îles en décroissance) peuvent faire l'objet d'interdictions de pêches de trois, quatre ou cinq ans prononcées par le gouverneur. On pêche sans réserve dans les lagons du 5ᵉ groupe (îles productives).

Les établissements ostréicoles fondés par l'État ou par la colonie peuvent être cédés aux enchères publiques ou à l'amiable ; le prix est alors, dans le premier cas, proposé par le chef du service administratif et fixé par le gouverneur en conseil privé. — Dans le deuxième cas, le conseil général fixe la valeur de la cession.

Les contrats d'engagement entre patrons et plongeurs sont maintenant réglementés par arrêtés du gouverneur en conseil privé.

Les diverses contraventions en matière d'établissements ostréicoles, telles que les fondations non autorisées, sont constatées par les chefs de district chargés de l'inspection des parcs, et donnent matière à des amendes ou confiscations prononcées par le tribunal correctionnel, à la diligence, soit du ministère public ou de la partie lésée, soit du commissaire de l'inscription maritime.

La pêche, la culture et le commerce des huîtres à nacre font l'objet de rapports annuels du chef du service administratif et du directeur de l'intérieur, rapports transmis au ministre des colonies par le gouverneur.

Cochinchine. — Nous n'avons pas encore eu l'occasion de parler de la Cochinchine qui n'est pas régie, au point de vue domanial, par l'ordonnance de 1825, mais bien par un décret spécial du 10 janvier 1863, relatif à l'organisation financière de cette colonie. Il ressort très clairement de l'article 1ᵉʳ de ce décret que le *produit de la location, de la vente ou de la concession des biens du domaine* est compris aux recettes du budget local pour balancer, avec les recettes des contributions directes et indirectes, droits d'enregistrement, droits à l'entrée et à la sortie des marchandises, droits d'entrepôt, taxes de navigation et droits de phares, taxes postales et produits des amendes, les charges multiples imposées à la Cochinchine le 10 janvier 1863. Donc, en Cochinchine, il n'existe pas de *domaine privé de l'État*.

Un arrêté du 15 octobre 1890 a décidé que les frais de délimitation des terrains domaniaux sont, en Cochinchine, à la charge des concessionnaires ; un second arrêté local du 28 octobre 1892 dit que ces frais doivent être calculés par chaque lot ou parcelle, à raison de 50 cents par hectare pour les 20 premiers hectares, et de 15 cents par hectare pour le surplus de la superficie. Dans aucun cas, les frais de délimitation ne pourront être inférieurs à 2 piastres 50 cents, par chaque lot ou parcelle. Le percepteur de l'arrondissement, sur l'ordre de recette émis par l'administrateur, encaisse ces produits de délimitation sous le titre : *Produits du cadastre*.

En cas de retard dans le paiement des frais de délimitation, ajoute l'arrêté de 1892, le recouvrement en sera poursuivi contre les concessionnaires, par voie de simple contrainte, *comme en matière de revenus domaniaux,* sans préjudice, pour les Asiatiques, des peines prévues par le décret du 31 mai 1892 sur l'indigénat. Lorsque le levé d'un terrain domanial demandé en concession entraîne la délimitation des propriétés privées contiguës, les frais de cette opération restent à la charge de la colonie.

Aucune aliénation ou location de biens domaniaux ne peut être consentie en Cochinchine sans l'assentiment du Conseil colonial (décret du 8 février 1880), qui en détermine les conditions. Un arrêté du 19 mars 1888, pris par le lieutenant-gouverneur de la Cochinchine, conformément aux délibérations du Conseil colonial du 7 décembre 1886 et 11 janvier 1888, a décidé que les terrains situés dans les villes de Saïgon et de Cholon et dans la banlieue de Saïgon ne pourront plus être aliénés que par la voie de l'adjudication aux enchères publiques ; cet arrêté, pris « en présence de l'épuisement presque complet des ressources domaniales », a mis fin dans une zone donnée à toute concession gratuite ou vente de gré à gré. Le Conseil colonial a autorisé l'administration à concéder gratuitement les *immeubles ruraux incultes*, d'une contenance de 10 hectares et au-dessous, sauf ceux du 20ᵉ arrondissement.

Les arrêtés locaux du 22 août 1882 et du 15 octobre 1890, ainsi que la délibération du Conseil colonial du 15 décembre 1885, réglementent les aliénations ou locations de biens domaniaux en Cochinchine. (*Journal officiel de la Cochinchine* des 30 août 1882 et 3 novembre 1890.)

Les produits des forêts entrent comme les produits de concessions dans la caisse du budget local. Nul ne peut abattre du bois dans les forêts de l'État en Cochinchine s'il ne s'est, au préalable, muni d'un permis de coupe dont le prix est de 100 $. Ce permis tient en outre lieu de patente pour la vente des bois non débités (arrêté du 16 septembre 1875), excepté dans les forêts de l'Ouest où le commerce des bois donne lieu à la délivrance d'une patente (décision du 2 août 1880). Les droits à payer pour les bois abattus sont fixés par un arrêté du 12 décembre 1881. — Le droit d'exploitation des huiles et résines, du miel, de la cire, est mis en location.

Cambodge. — L'aliénation des terrains au Cambodge a donné lieu à une convention du 27 juin 1887 qui porte à la fois sur les terrains urbains situés dans le périmètre de la ville de Pnom-Penh et sur les biens ruraux incultes et inoccupés. Les premiers sont mis en vente aux enchères publiques, les autres donnent lieu à des concessions à titre onéreux ou gratuit. *Le produit de la vente des terrains est affecté aux travaux publics du protectorat* par les soins du résident supérieur.

Les demandes de concessions rurales à titre onéreux faites par les Français et Européens doivent être adressées au résident, avec les indications nécessaires à la reconnaissance des terrains et un levé du plan. Ces concessions sont accordées au prix de 10 fr. l'hectare, moitié comptant et le surplus en deux termes égaux d'année, à compter de la date de la vente. L'administration reprend ses droits sur le terrain, à défaut de paiement régulier, six mois après l'échéance.

Les concessions à titre gratuit peuvent être accordées dans le but de créer des exploitations agricoles ou de faire de l'élevage.

Le demandeur prend l'engagement de défricher ou de mettre en culture au moins un dixième de la concession par an, de façon qu'au bout de 10 années toute la concession soit cultivée, à l'exception des terres non susceptibles d'être mises en culture et des terres de pâturages.

Les terrains concédés au Cambodge à titre gratuit ne peuvent être aliénés qu'après l'accomplissement par le concessionnaire de tous ses engagements ou après un délai de 12 ans à partir de l'aliénation. En cas de force majeure, le concessionnaire peut être autorisé par le Protectorat à céder son exploitation avant cette époque, mais à condition que ses engagements soient repris par le cessionnaire.

L'administration peut prononcer l'éviction du concessionnaire si, dans un délai de cinq ans après l'entrée en jouissance, un tiers au moins de la concesssion n'a pas été défriché ou cultivé.

L'aliénation des terrains, soit par voie d'adjudication, soit par voie de concession, ne devient définitive qu'après l'approbation du roi du Cambodge. Les droits d'enregistrement, frais d'actes, frais de mise en possession et de levés de plans sont à la charge de l'acquéreur ou concessionnaire.

Annam et Tonkin. — Les concessions de terrains ruraux aux Français font l'objet d'un arrêté du 5 septembre 1888 qui a été modifié, le 11 mai 1891, par un second arrêté du gouverneur général. A l'expiration de la troisième année qui suit la date de la décision accordant la concession, le concessionnaire, d'après cette dernière disposition, est tenu d'avoir mis en état de culture ou d'exploitation le tiers au moins de la surface dont il a été déclaré propriétaire, à peine d'encourir la déchéance. Le concessionnaire est soumis au paiement de l'impôt foncier de toutes les parties mises en culture ou en exploitation, un an après la première récolte. Les pâturages concédés exclusivement pour l'élevage des bestiaux sont dispensés de l'impôt foncier pendant les cinq premières années de la concession.

Régime des mines. — Le régime minier est réglementé dans les protectorats du Tonkin et de l'Annam par un décret du 13 octobre 1888. La recherche des mines est libre dans les terrains du domaine ; dans les propriétés privées, elle demande une entente à l'amiable entre le prospecteur et le propriétaire. A défaut de cette entente, le résident fixe une indemnité. Le droit exclusif de recherche dans un périmètre réservé est acquis par la priorité d'exploration.

D'après le décret de 1888, les terrains miniers en Annam et au Tonkin sont divisés en deux catégories : la première comprend les régions de Quang-Yen, Haï-Duong et Bac-Ninh (art. 19 du décret), lesquelles ne peuvent être l'objet de concessions que par voie d'adjudication ; dans les autres provinces, la concession s'obtient par la prise de possession et en se conformant aux prescriptions du titre II du décret précité (art. 4 à 17, *Des recherches de mines*).

Les terrains les plus riches en houille se trouvant dans les provinces de Quang-Yen, Haï-Duong et Bac-Ninh, les premières demandes de concessions devaient se diriger de ce côté ; malheureusement, les dispositions du décret en vigueur constituent de telles entraves que les demandes sont très rares. On critique beaucoup le dépôt de garantie exigé pour prendre part à toute adjudication minière dans les trois provinces en question, dépôt dont le montant est de 20 fr. par hectare ; on trouve également trop élevée la redevance qui ne peut être inférieure à 10 fr. par hectare dès la concession obtenue. On désirerait au Tonkin que les redevances actuelles fussent remplacées par une taxe *ad valorem* qui ne serait appliquée qu'après quelques années à compter de la date de la concession.

Les sujets ou protégés français et les sociétés *françaises* peuvent seuls être propriétaires ou exploitants de mines. Les fonctionnaires français et agents indigènes de l'administration française en Indo-Chine ne peuvent ni posséder ni exploiter des mines, ni en acquérir la propriété autrement que par succession *ab intestat*.

Quand il s'agit d'une prise de possession, la demande de l'individu ou de la société, accompagnée d'un plan indiquant les limites du périmètre réservé dans lequel s'est effectuée la recherche, doit être adressée au *résident* qui représente l'autorité française dans la province. Le plan est dressé ou tout au moins vérifié par l'administration aux frais du demandeur qui doit, en outre, verser au Trésor une somme, par hectare contenu dans le périmètre, de 20 fr. pour les mines de combustible, 40 fr. pour celles d'alluvion et 30 fr. pour les autres. La demande est rendue publique par insertion dans le *Journal officiel* du protectorat et par affichage sur la mine et au chef-lieu de la province pendant deux mois. Les oppositions sont portées devant les tribunaux; elles doivent être, d'ailleurs, formulées et remises au résident qui en donne acte. Le titre de propriété est délivré, s'il y a lieu, au demandeur par le résident général avec un plan certifié. Ce titre est inscrit sur le *registre des mines*.

La propriété d'une mine au Tonkin et en Annam constitue une propriété distincte de la surface immobilière, disponible et transmissible comme les autres biens immeubles ; cependant, cette mine ne peut être vendue par lots, ni partagée sans l'autorisation du résident général qui délivre aux intéressés de nouveaux titres inscrits au *registre des mines*, après annulation de l'ancien titre. La transmission de la propriété de la mine n'est effective qu'après une déclaration faite par l'un des intéressés au résident de la province. Il faut l'autorisation du résident général pour la réunion, dans les mains d'une même personne ou d'une même société, de plusieurs mines ; il peut s'y opposer et prononcer le retrait de toutes les propriétés minières réunies, si la réunion de ces mines est maintenue malgré sa défense. Les actions ou intérêts dans une société minière sont réputés meubles ; l'exploitation des mines n'est pas un commerce.

Les mines de l'Annam et du Tonkin sont soumises, par hectare, à une taxe annuelle qui varie suivant la nature de la mine quand la propriété résulte d'une prise de possession, et qui est consentie par l'adjudicataire lui-même quand il y a eu adjudication. La taxe s'élève à 10 fr. pour les mines de combustible et de fer, à 20 fr. pour les mines d'alluvion, à 15 fr. pour les mines de toutes autres substances. Ces taxes sont exigibles par semestre ; trois mois après un avertissement resté sans résultat, le propriétaire d'une mine qui n'a pas payé la taxe est déclaré déchu de ses droits. La mine ainsi retirée ou délaissée est adjugée dans les six mois qui suivent. Si l'adjudication n'aboutit pas, la propriété minière *revient à l'État* libre de toute charge et ne peut plus être acquise dorénavant par prise de possession.

La douane du protectorat perçoit un droit de sortie *ad valorem* sur les produits des mines ou sur les métaux bruts, d'après la valeur au port d'embarquement ; 3 p. 100 sur les combustibles et minerais de fer, 5 p. 100 sur les autres substances et sur les métaux bruts.

Les relations de l'exploitant de mines avec le propriétaire de la surface et celles entre les exploitants de mines voisines et contiguës sont réglées par les articles 53 et 64 du décret du 13 octobre 1888. La surveillance des mines s'exerce par les fonctionnaires et agents du service des mines sous l'autorité des résidents.

Le titre V du décret établit des pénalités, amendes variant, suivant les cas, de 16 à 1,000 fr., contre les individus qui font, sans autorisation de l'administration, des travaux de recherche ou d'exploitation, qui auront frauduleusement enlevé ou déplacé les poteaux de recherche, etc. Les contraventions sont constatées par les agents du service des mines et les amendes appliquées, sauf un seul cas, par les tribunaux. (Art. 46 et 73 du décret du 13 octobre 1888.)

CHAPITRE II

RÉGIME LÉGAL DES TERRES[1]

Insuffisance de la législation métropolitaine quant aux mutations de la propriété foncière aux colonies. — Examen du système de sir Richard Torrens ; son application en Australie et en Tunisie. — Loi du 1er juillet 1885.

Nous avons, dans la première partie de ce titre, cherché à déterminer suivant quels procédés on pouvait faire entrer le domaine colonial, territoire de colonisation, entre les mains des colons. Nous avons vu que la question variait suivant les colonies, suivant les usages de la population et la nature du sol ; il nous reste à examiner un second point, celui de savoir quel est le régime qu'il conviendrait de donner à la terre entrée dans le domaine des particuliers, pour le meilleur développement de la colonisation.

En France, la propriété foncière ne compte plus seule comme instrument de production, elle a même pris un caractère de stabilité tout spécial et on n'éprouve guère le besoin d'en faciliter la mutation. Dans les colonies, les conditions de cette propriété sont tout autres, car la terre y joue un rôle prépondérant comme instrument de production. Chez elles, il est indispensable de favoriser le mouvement d'échange de la terre, si on vise au développement de la colonisation ; il faut, avant tout, y faciliter les transactions immobilières et, dans ce but, assurer toute sécurité à la possession. Les capitaux de la métropole sont nécessaires à

---

1. Voir pour l'étude de cette question que nous ne pouvons qu'effleurer ici, et au seul point de vue colonial, l'*Appendice* n° 2 contenant les *renseignements bibliographiques*. — E. P.

la mise en valeur du sol colonial et pour que la colonie puisse attirer vers elle ces capitaux, le crédit hypothécaire doit y être organisé avec soin ; de la sûreté du gage dépendent les avances de fonds.

Le premier objectif d'un gouvernement qui a l'intention sincère de coloniser, d'utiliser ses possessions lointaines, consistera donc à favoriser la circulation des terres, en donnant toute la puissance désirable au crédit hypothécaire.

La loi métropolitaine, actuellement encore appliquée à nos colonies, ne répond pas à leurs besoins en la matière. Elle est insuffisante en France même, à plus forte raison dans notre empire d'outre-mer où les exigences sont plus accentuées : « Dans l'état actuel de notre législation, disait le procureur général Dupin, en achetant on n'est jamais sûr d'être propriétaire ; en payant on n'est jamais sûr d'être libéré ; en prêtant, on n'est jamais sûr d'être remboursé. »

Pour rendre, aux colonies, les transactions immobilières faciles et sûres, il faut asseoir la propriété foncière sur des bases solides et établir un système de publicité qui permette à chacun de pouvoir se rendre compte immédiatement de la situation juridique d'un immeuble. La loi du 23 mars 1855 ne donne pas cette garantie essentielle aux transactions, en matière de propriété, aux colonies ; la sécurité de ces transactions immobilières dépend de l'établissement de livres fonciers bien compris. Les registres des conservateurs des hypothèques n'offrent pas assez de renseignements utiles et ils sont mal disposés. Les actes ayant trait aux mutations de propriété y sont inscrits à la suite les uns des autres, tandis qu'il faudrait qu'autour de la description de chaque immeuble on puisse voir tous les actes se rapportant à l'état civil de cet immeuble.

On a fait aussi remarquer, avec beaucoup de justesse, que les inscriptions d'hypothèque sont prises contre une personne dénommée ; que pour connaître la situation légale d'un immeuble il faut d'abord pouvoir dire quel en est le propriétaire afin de trouver la dernière inscription relative à ses biens fonciers. Or, bien des noms sont fort communs, dans l'extrême-Orient surtout où beaucoup d'indigènes ont la même appellation patronymique, ne se distinguant entre eux que par leurs prénoms ; les erreurs sont donc forcément très nombreuses.

Le régime métropolitain appliqué aux colonies où les titres sont obscurs et souvent falsifiés, ne peut, en un mot, donner aucune sécurité aux mutations de propriété et aucune force au gage ; ainsi, dans nos diverses possessions, surtout dans les nouvelles où la colonisation peut prendre de plus vastes développements, un propriétaire désirant, pour mener à bien une affaire commerciale ou autre, contracter sur son immeuble un prêt hypothécaire, se trouvera toujours gêné, sinon empêché, par les défauts et les lenteurs de notre législation actuelle.

On a pensé remédier à cette insuffisance absolue de la loi métropolitaine, en appliquant aux colonies de culture le système adopté en Australie et depuis importé en Tunisie grâce à l'active campagne menée par M. Yves Guyot en faveur du *Torrens act*.

C'est en 1858 que S\ Richard Torrens, ancien directeur de l'enregistrement, fit une première tentative de publicité des transactions immobilières en appliquant dans l'Australie méridionale la *Real property law*, qui prit plus tard son nom et s'est peu à peu étendue à tous les États australiens. Des livres fonciers étaient déjà en usage dans plusieurs principautés allemandes, mais le fonctionnement n'en a été réglé complètement, dans le royaume de Prusse, que par une loi du 5 mai 1872. Le *Torrens act* est en vigueur sous sa dernière forme dans la Nouvelle-Galles du sud et dans la province de Victoria depuis 1862, apportant une solution aux embarras qui résultent de l'enregistrement.

En imaginant son système, S\ Robert Torrens a voulu réaliser un triple *desideratum* :

1° Constituer à la propriété foncière un point de départ inattaquable ;

2° Organiser une publicité aussi complète que possible ;

3° Faciliter la circulation de la propriété foncière.

Pour établir le droit du propriétaire sur sa terre, Robert Torrens a d'abord songé à constituer l'état civil de cette terre. D'après son système, pour arriver à ce but, le propriétaire doit faire dresser un plan du terrain ; il se procure aux bureaux de l'enregistrement une formule *ad hoc* qu'il remplit en y inscrivant les droits et charges de l'immeuble et il adresse ces pièces avec ses titres de propriété au *directeur de la propriété foncière*, pour les présenter à une vérification légale. La demande est examinée et si les droits du propriétaire ne paraissent pas suffisamment établis, cette demande est rejetée ; le propriétaire peut cependant avoir recours aux tribunaux contre cette décision.

Si la demande d'enregistrement est fondée, les publications nécessaires sont faites par les soins de l'administration dans les journaux pour avertir les intéressés qui pourraient avoir à formuler des réclamations ; elle est même notifiée directement aux propriétaires voisins du demandeur. Les droits des opposants doivent être signalés par eux dans un délai déterminé ; passé ce délai, les oppositions cessent d'être valables et le titre est enregistré sous la forme d'un certificat accompagné d'un plan et relatant toutes les charges qui frappent l'immeuble. Ce certificat est dressé en deux originaux ; l'un est remis au propriétaire, l'autre reste entre les mains du directeur de la propriété foncière. Une fois le certificat délivré, le droit de propriété devient inattaquable ; l'administration n'accepte plus de demandes en revendication, à moins de fraude prouvée. Les opposants n'ont plus, sauf dans ce cas spécial, qu'un recours en dommages-intérêts.

Les tiers qui voudraient acheter l'immeuble ainsi enregistré peuvent donc, dès que l'enregistrement est effectué, traiter avec le propriétaire sans avoir rien à craindre ; ils sont sûrs que ce dernier leur vendra une terre dont il est bien seul maître.

La transmission de cette terre, immatriculée suivant les règles du *Torrens act*, s'effectue très aisément. Pour vendre l'immeuble, le propriétaire remplit une mention de transfert qui se trouve au dos du certificat dont il est détenteur, la signe, fait signer deux témoins et envoie la pièce ainsi établie à l'acheteur. Le directeur de la propriété foncière s'assure de la validité du contrat, mentionne la vente ainsi que le nom de l'acheteur sur son registre, annule le certificat constatant les titres du vendeur et en établit un nouveau pour l'acquéreur. Dans certaines provinces, dans la Nouvelle-Galles du sud notamment, la rédaction d'un second certificat n'est pas nécessaire ; on y supplée par un endossement sur le premier certificat.

Les droits réels sont constitués par une inscription au dos du certificat et au registre. Pour hypothéquer sa terre, le propriétaire dresse une convention d'hypothèque en double original et l'envoie à l'enregistrement. Un des originaux est remis au créancier, l'autre reste au bureau de l'enregistrement. Ce titre est cessible par voie d'endossement.

Dans ce système de Richard Torrens, tous les actes intéressant l'immeuble sont publics et apparents. Si l'on veut traiter avec le propriétaire on n'a pour connaître la situation exacte de sa propriété qu'à demander la production du certificat du titre qui la donne exactement.

En dehors de l'hypothèque, une forme assez fréquente et plus discrète de la garantie, surtout pour les prêts à court terme, consiste à donner le certificat en nantissement au prêteur ; l'emprunteur ne pouvant plus inscrire aucune charge nouvelle sur ce certificat ne peut, par conséquent, diminuer sa solvabilité. Les banques australiennes pratiquent beaucoup ce prêt ; grâce à un système aussi simple, le propriétaire n'a pas besoin d'intermédiaire pour emprunter sur son bien.

Le *Torrens act* est facultatif en Australie, sauf pour les cessions domaniales accordées depuis sa promulgation et qui y sont uniformément soumises. Pour juger de la faveur dont jouit ce régime foncier, il suffit de citer quelques chiffres :

Dans la Nouvelle-Galles du sud, à la fin de 1875, alors que la loi n'était en vigueur que depuis treize ans, les colons y avaient soumis treize cent mille hectares de terre, évalués à plus de cent soixante millions de francs. Pour la colonie de Victoria, les chiffres s'élevaient, en 1887, à 5,900,000 hectares.

Les ventes de terrains montent annuellement, en Australie, à 180 millions de francs. Les États tirent de ces ventes la majeure partie de leurs ressources budgétaires. Il serait donc à souhaiter que le *Torrens act* puisse être appliqué à nos colonies de culture, à la Nouvelle-Calédonie entre autres, et des études sont entreprises en ce sens ; le gouvernement général de l'Algérie s'occupe aussi de son adaptation à ce beau pays. L'exemple de la Tunisie est assez remarquable pour encourager tous ces efforts.

La loi du 1er juillet 1885, en appliquant le *Torrens act* aux cessions d'immeubles, a produit dans la régence de Tunis une véritable révolution économique des plus salutaires et qui fait grand honneur à notre protectorat. Cette application dépend, d'ailleurs, de la volonté des parties ; elle est essentiellement facultative.

La loi du 1er juillet 1885, comme le *Torrens act* lui-même, a pour base la publicité de toutes les modifications que peut subir la propriété foncière. Au moyen de ce système, la propriété devient une valeur mobilière dont l'existence est garantie par l'État qui en a délivré le titre, titre nominatif et négociable comme tout titre nominatif ordinaire.

Tandis que dans notre législation on enregistre le transfert de la propriété, sous le régime du *Torrens act* c'est le titre même de propriété qui est enregistré et auquel l'enregistrement donne une personnalité.

Quand nous avons placé la Tunisie sous notre protectorat, la clandestinité des droits de propriété rendait très difficiles et très dangereux les contrats entre Européens et indigènes ; il existait plusieurs titres réguliers de propriété aux mains de personnes différentes, et le colon acquéreur se trouvait continuellement inquiété dans la possession du bien foncier qu'il avait acquis. La loi du 1er juillet 1885 est basée sur la *publicité* de toutes les modifications que peut subir la propriété foncière. Chaque immeuble que l'acquéreur tient, dans son intérêt, à soumettre à la *Conservation de la propriété foncière* (chargée de la rédaction des actes d'immatriculation, de la conservation et de la tenue du livre foncier), est garanti par un titre qui contient une description et un plan de la terre, le nom du propriétaire actuel, l'énonciation des droits ou charges, etc., titre dont la teneur fait foi par elle-même. L'immatriculation donne lieu à des droits perçus par l'administration, mais qu'on tend à réduire de plus en plus ; un service spécial rattaché aux travaux publics, le *Service topographique,* s'occupe en Tunisie des opérations de triangulation et de lever de plans que comporte l'immatriculation des immeubles d'après la loi de 1885 ; ces opérations coûtent cher à l'État et il est juste qu'il rentre dans ses débours en exigeant des droits de timbre et d'enregistrement. Ces droits ont été, jusqu'à ces derniers temps, perçus avant l'immatriculation, *in limine litis,* et beaucoup de colons hésitaient à faire à l'avance cette dépense ; mais ce système a été condamné par une commission chargée d'examiner les réformes à apporter à la loi de 1885. Dorénavant, l'État paiera directement les frais d'immatriculation et exigera ensuite le remboursement d'une partie de ces frais d'après un barème, soit 25 p. 100 pour les petites propriétés, 50 p. 100 pour les moyennes, 75 p. 100 pour les grandes.

On peut dire, d'une manière générale, que la question de la propriété a fait en Tunisie plus que partout ailleurs l'objet de très sérieuses études depuis quelque temps et que les immigrants y trouvent toutes garanties dans leurs acquisitions de terres.

L'immigration serait même beaucoup plus sensible en Tunisie si le public était mieux au courant de *l'organisation du domaine* dans ce beau pays de culture, lequel vaut assurément les États de l'Amérique du sud où se porte la majeure partie des agriculteurs, d'origine basque pour la plupart, qui chaque année quittent la France pour aller chercher fortune au loin. Nous achèverons ce chapitre en donnant quelques notions sur le régime domanial en Tunisie.

M. Yves Guyot, qui s'est beaucoup occupé de la question,

définit ainsi les trois éléments de la propriété indigène en Tunisie :

« Il y a des terres *habbous,* biens de mainmorte et qui sont de deux sortes, les uns qui sont des biens de mosquées, des biens de fondations religieuses complètement immobilisés, et les autres qui appartiennent à la famille ou à une partie de la famille du donateur et qui sont également immobilisés. Puis il y a des baux perpétuels, nommés *enzels,* qui sont superposés à ces terres *habbous.* Ces baux perpétuels dont l'intérêt est souvent très modique sont transmissibles. Il y a, en outre, la propriété *melk ;* c'est une propriété individuelle qui appartient soit à un individu, soit à une famille. Enfin, il y a la propriété beylicale qui équivaut au domaine public, au domaine de l'État en France. »

En d'autres termes, depuis un décret du 24 septembre 1885, le régime domanial de la Régence a pris forme et comporte des divisions bien marquées. Le *domaine public* qui était autrefois indéterminé est maintenant bien défini, inaliénable et imprescriptible comme en France, délimité suivant des règles fixées par un décret du 26 septembre 1887, et administré par le directeur des travaux publics. Le *domaine de l'État* qui avait donné lieu à des concessions abusives, vu le désordre régnant dans l'administration des biens beylicaux avant notre arrivée en Tunisie, est maintenant soumis à l'administration des finances et confié aux soins d'un directeur spécial. Une commission financière est chargée de l'examen des concessions de terres sur ce *domaine de l'État* et a déjà annulé bon nombre de concessions clandestines.

Au-dessous du *domaine public* et du *domaine de l'État,* qui ont maintenant en Tunisie les mêmes caractères que chez nous, le gouvernement tunisien a la surveillance de la gestion des nombreux biens de mainmorte ou *habbous* affectés à des fondations pieuses. Ces *habbous* sont ou *publics,* c'est-à-dire affectés sans restriction, *en pleine propriété,* à des fondations d'un but religieux, ou *particuliers,* c'est-à-dire dont la jouissance est réservée aux héritiers directs du donateur. Les **habbous** particuliers font retour aux habbous publics en cas d'extinction de la descendance directe de ces donateurs. Tous ces *habbous* sont inaliénables ; ils occupent le quart de la Tunisie.

L'*inaliénabilité* des habbous ne porte que sur la nue propriété, car la *jouissance* peut en être concédée *à titre perpétuel* suivant *contrat d'enzel,* moyennant une rente foncière. Depuis 1885, les cessions de ce genre ne s'effectuent plus que par enchères publiques, excellente réforme qui a mis fin aux concessions de faveur et ne peut qu'encourager beaucoup le développement de la colonisation française. — En somme, les colons peuvent acquérir la jouissance des biens habbous en faisant l'*achat à enzel* de ces terres qui n'exigent pas de leur part les gros débours d'une acquisition définitive de terrains, les obligeant seulement à payer une rente annuelle à l'administration des habbous ou *Djemaïa des habbous*.

En conseillant aux petits colons d'acheter surtout des terres domaniales, nous avons pour but de leur épargner les formalités des *acquisitions à enzel* et de leur ménager, à leur arrivée dans la Régence, les appuis de l'administration française qui s'occupe des ventes de terres domaniales et non des biens religieux soumis à la juridiction de la Djemaïa, mais il ne s'ensuit pas que nous soyons hostiles à l'acquisition des terres habbous. — Nous devons faire remarquer pourtant qu'avant de prendre une concession de biens *habbous,* le colon devra se renseigner parfaitement sur le pays où se trouve le bien, sur les moyens de communication qui lui permettront de le mettre en valeur, sur les ressources locales au point de vue de la main-d'œuvre, de la vie matérielle, etc. En s'adressant à la direction de l'agriculture du Protectorat pour acheter des terres *domaniales,* le colon n'aura pas à se préoccuper autant de ces questions ; il sera renseigné immédiatement et en toute sincérité par une administration désintéressée, il aura la certitude que la terre qu'on lui procurera réunira bien les conditions d'une exploitation fructueuse.

Nous n'avons rien à dire de particulier sur la propriété *melk,* signalée par M. Yves Guyot comme un des éléments du régime des terres en Tunisie ; c'est la propriété foncière privée. Pour acheter des terres faisant partie des biens *melk,* les colons doivent s'adresser aux indigènes propriétaires, et l'administration n'a pas à intervenir, *obligatoirement* du moins, l'application de la loi du 1ᵉʳ juillet 1885 dépendant de la volonté des parties.

TITRE III

POLICE. — ASSISTANCE PUBLIQUE
ÉTABLISSEMENTS DE BIENFAISANCE
SERVICE SANITAIRE

CHAPITRE Ier

ORGANISATION DE LA POLICE

De la police générale. — Rôle du directeur de l'intérieur. — Police municipale. — Vieilles colonies où la loi du 5 avril 1884 est intégralement appliquée. — Colonies régies par décrets, sauf la Guyane et la Nouvelle-Calédonie. — Colonies pénitentiaires. — Indo-Chine.

La police générale relève, dans les colonies, du directeur de l'intérieur qui a dans ses attributions ou sous sa surveillance : la police des églises, temples et lieux de sépulture ; des auberges, cafés, maisons de jeux, spectacles et autres lieux publics ; — la proposition et l'exécution des mesures relatives à la sûreté générale de la colonie ; — l'administration des prisons civiles ; — les mesures d'ordre à l'occasion des fêtes et des cérémonies publiques ; — toutes les mesures concernant la santé publique ; — l'approvisionnement des boulangers et bouchers ; — le colportage ; — la grande et la petite voirie ; — la police des ports de commerce ; enfin, tout ce qui a trait à la police administrative générale.

La police judiciaire est dans les attributions du chef du service judiciaire et nous n'avons pas à en faire ici l'objet d'une étude particulière.

La police municipale qui a pour but de faire régner l'ordre dans la cité et doit entrer dans tous les détails intéressant la tranquillité des personnes, la salubrité de la rue, etc., est réglée comme en France, au point de vue des attributions des maires, dans les trois vieilles colonies où la loi du 5 avril 1884 est intégralement appliquée, mais dépend le plus souvent des actes constitutifs des communes et d'arrêtés locaux dans les colonies régies par décrets. D'autre part, il est utile de faire une distinction pour les colonies pénitentiaires où le régime de la police administrative et municipale est spécial, et d'étudier séparément aussi l'organisation des mêmes services en Indo-Chine. Quatre divisions s'imposent donc dans cette étude de l'organisation de la police aux colonies :

1° Les vieilles colonies régies par la loi du 5 avril 1884 ;

2° Les colonies régies par décrets, sauf la Guyane et la Nouvelle-Calédonie ;

3° La Guyane et la Nouvelle-Calédonie ;

4° L'Indo-Chine dont l'organisation a toujours sa place à part dans cet ouvrage.

1° VIEILLES COLONIES

Un arrêté local du 8 novembre 1848 institua à la Réunion un commissaire central de police, des commissaires d'arrondissement, de districts et de communes. Le commissaire central avait la haute direction de tous les services de police de la colonie ; il était officier de police judiciaire, auxiliaire du procureur de la République ; il surveillait les maisons de détention et prisons, délivrait les passeports ; ses tournées d'inspection devaient avoir lieu au moins une fois par an, et chaque semaine il adressait des rapports au directeur de l'intérieur et au procureur général.

Les communes pouvaient établir une police municipale payée

par elles, mais après autorisation du directeur de l'intérieur. Cette police devait aide à la police générale ; son chef avait les attributions d'officier de police judiciaire et les règlements qui lui étaient applicables étaient soumis à l'approbation du Commissaire général de la République.

Un autre arrêté local du 23 mars 1872 mit à la charge de la colonie la solde et les accessoires de solde des commissaires de police, l'impression de leurs documents et les dépenses de la police secrète ; les communes eurent à pourvoir à toutes les autres dépenses.

Le commissaire central fut supprimé par arrêté local du 28 décembre 1871 et, à partir du 1er avril 1872, les polices municipale, générale et judiciaire ne formèrent plus qu'un *seul* service, relevant à la fois du directeur de l'intérieur, du procureur général et des maires ; les communes conservèrent le droit d'entretenir des gardes champêtres assermentés.

A la Martinique, la police administrative fut, par arrêté local du 7 février 1865, placée sous l'autorité du directeur de l'intérieur. Les commissaires, en tant qu'officiers de police judiciaire, relèvent du procureur général ; comme chargés de la police municipale, ils relèvent aussi des maires.

Deux arrêtés locaux du 10 mars 1877 et du 26 octobre 1878 organisèrent la police municipale ; le premier créa dans chaque commune un corps d'agents de police (adjudants, brigadiers et gardes de trois classes) ; le second accorda un agent pour 2,000 habitants et un garde de première classe aux communes de plus de 7,000 habitants.

A la Guadeloupe, l'organisation première de la police remonte à un arrêté local de 1859 qui créa un commissaire de police par canton.

Dans les trois vieilles colonies, à partir de la loi du 5 avril 1884, le maire, comme magistrat municipal délégué du pouvoir central, est chargé : 1° de la police municipale ; 2° de la police rurale ; 3° de la police de la voirie.

1° Police municipale. — Elle a pour but d'assurer le bon ordre, la sûreté et la salubrité publiques au sein de la commune. Nous ne croyons pas devoir entrer ici dans le commentaire des attributions du maire en matière de police municipale qui font l'objet de l'article 97 de la loi de 1884.

Cet article est, en effet, suffisamment détaillé pour montrer toute l'étendue de ces attributions :

« La police municipale comprend : 1° tout ce qui intéresse la sûreté et la commodité du passage dans les rues, quais, places et voies publiques, ce qui concerne le nettoiement, l'éclairage, l'enlèvement des encombrements, la démolition ou la réparation des édifices menaçant ruine, l'interdiction de rien exposer aux fenêtres ou autres parties des édifices qui puisse nuire par sa chute, ou celle de rien jeter qui puisse endommager les passants ou causer des exhalaisons nuisibles ; — 2° le soin de réprimer les atteintes à la tranquillité publique, telles que les rixes et disputes accompagnées d'ameutements dans les rues, le tumulte excité dans les lieux d'assemblée publique, les attroupements, les bruits et rassemblements nocturnes qui troublent le repos des habitants et tous actes de nature à compromettre la tranquillité publique ; — 3° le maintien du bon ordre où il se fait de grands rassemblements d'hommes, tels que les foires, marchés, réjouissances et cérémonies publiques, spectacles, jeux, cafés, églises et autres lieux publics ; — 4° le mode de transport des personnes décédées, les inhumations et exhumations, le maintien du bon ordre et de la décence dans les cimetières, sans qu'il soit permis d'établir des distinctions ou des prescriptions particulières à raison des croyances ou du culte du défunt ou des circonstances qui ont accompagné sa mort ; — 5° l'inspection sur la fidélité du débit des denrées qui se vendent au poids ou à la mesure et sur la salubrité des comestibles exposés en vente ; — 6° le soin de prévenir par des précautions convenables et celui de faire cesser par la distribution des secours nécessaires, les accidents et les fléaux calamiteux, tels que les incendies, les inondations, les maladies épidémiques ou contagieuses, les épizooties, en provoquant, s'il y a lieu, l'intervention de l'administration supérieure ; — 7° le soin de prendre provisoirement les mesures nécessaires contre les aliénés, dont l'état pourrait compromettre la morale publique, la sécurité des personnes ou la conservation des propriétés ; — 8° le soin d'obvier ou de remédier aux événements fâcheux qui pourraient être occasionnés par la divagation des animaux malfaisants ou féroces. »

Cette énumération des attributions du maire en matière de

police municipale, donnée par l'article 97 de la loi de 1884, est la reproduction de l'article 3, titre 11, de la loi des 16-23 août 1790.

2° *Police rurale.* — Elle a pour but d'assurer le bon ordre, la sûreté et la salubrité publiques dans les campagnes. Chaque commune *peut* (et non pas *doit*) avoir un ou plusieurs gardes champêtres qui sont nommés par le maire, agréés et commissionnés par le directeur de l'intérieur ; le maire a le droit de les suspendre pour un mois au maximum, mais le directeur de l'intérieur seul peut les révoquer.

Outre la police rurale, les gardes champêtres sont chargés, dans l'étendue du territoire dont ils ont la surveillance, de rechercher les contraventions aux règlements et aux arrêtés de police municipale et de dresser les procès-verbaux qui les constatent.

3° *Police de la voirie.* — Il faut distinguer, suivant qu'il s'agit de la grande voirie, de la voirie urbaine ou de la voirie vicinale.

Grande voirie. — Le maire a seulement la police de la circulation. Il peut, par exemple, accorder des permis de stationnement ou de dépôt sur la voie publique moyennant le paiement des droits fixés par le tarif.

Il donne *son avis* pour les alignements individuels, les autorisations de bâtir, la démolition des constructions qui menacent ruine, toutes choses rentrant dans les attributions du directeur de l'intérieur.

Voirie urbaine. — Le maire peut délivrer des alignements individuels, accorder l'autorisation de bâtir, enfin, octroyer toutes les permissions relatives à la voirie.

Voirie vicinale. — Les chemins vicinaux de première et de deuxième classe sont assimilés à la grande voirie, ceux de troisième classe à la voirie urbaine, en tout ce qui concerne les pouvoirs de police des maires.

Sonnerie des cloches. — Le maire possède une clef du clocher et peut faire sonner en cas de péril commun et dans les circonstances prévues par les lois, règlements et usages locaux.

Organisation du personnel de la police. — La loi distingue entre les communes ayant plus de 40,000 habitants et celles qui en ont moins.

Dans les premières, l'organisation du personnel est réglée, sur l'avis du conseil municipal, par décret du président de la République. Dans les autres communes, l'organisation est réglée par le maire.

Les dépenses relatives à la police sont *obligatoires*; en cas d'absence ou d'insuffisance de crédits, l'allocation nécessaire serait inscrite d'office au budget municipal par arrêté du gouverneur.

Les inspecteurs de police, brigadiers, sous-brigadiers et agents sont nommés et peuvent être suspendus par le maire; ils sont agréés et ne peuvent être révoqués que par le directeur de l'intérieur.

Les commissaires de police, *dans toutes les colonies,* sont nommés par le gouverneur, sauf en Nouvelle-Calédonie où leur nomination est faite par le ministre.

2° COLONIES RÉGIES PAR DÉCRETS

Ne pouvant étudier l'organisation locale de la police dans toutes les colonies de cette catégorie, nous nous occuperons, à titre d'exemple, de Tahiti et de l'Inde dont le régime nous semble particulièrement intéressant.

Tahiti. — Un arrêté local du 10 décembre 1861[1] chargea d'abord de la police urbaine la brigade de gendarmerie de Papeete, sous la surveillance du directeur des affaires européennes; le maréchal des logis remplit les fonctions de commissaire auprès du tribunal de simple police.

La police indigène fut organisée par l'arrêté local du 12 jan-

---

1. Autres textes : dépêche ministérielle du 9 mars 1860; arrêtés locaux des 18 novembre 1861; 29 décembre 1866; 31 décembre 1886; 29 novembre 1889.

vier 1867 ; elle veille à la sécurité publique, à l'exécution des lois, règlements locaux, arrêtés, et assure le maintien de l'ordre. Elle comprend un chef inspecteur, des sergents, caporaux, *mutoï* à cheval et à pied, recrutés par enrôlements volontaires et placés sous l'autorité immédiate du directeur de l'intérieur, qui prononce les punitions.

Les agents de la police indigène doivent obtempérer aux réquisitions verbales ou écrites émanant des autorités françaises ou municipales des districts; ils sont tenus de prêter main forte sur leur réquisition ; ils notifient et exécutent les mandements de justice. Ils doivent faire des tournées sur les routes, chemins, dans les villages, fermes et bois, s'enquérir des crimes et délits commis et, en cas d'incendie, naufrage, inondation, organiser les secours. Ils ne peuvent procéder à une arrestation qu'en cas de flagrant délit. Dans ce cas même ils ne peuvent s'introduire dans les maisons, sauf mandat spécial. Ils sont chargés de protéger l'agriculture, ils surveillent la chasse, les rassemblements, les vagabonds et gens sans aveu.

Chaque agent prête serment avant d'entrer en fonctions.

Un arrêté local du 3 février 1887 créa à Papeete, Taravao, Mooréa, des commissaires de police qui centralisent, sous les ordres du directeur de l'intérieur et du procureur de la République, la police administrative et judiciaire.

Enfin, les attributions du maire de Papeete, relativement à la police municipale, ont été déterminées par l'arrêté local du 29 novembre 1890. Il est chargé, sous la surveillance de l'autorité supérieure, de la police rurale et urbaine et de l'exécution des actes qui y sont relatifs en ce qui concerne les mesures de sûreté générale. Le même arrêté définit la police municipale et reproduit les dispositions de l'article 97 de la loi du 5 avril 1884.

Inde. — L'arrêté local du 26 avril 1876, qui organisa la police à Pondichéry, en centralisait les services dans les mains d'un directeur de la police, placé sous les ordres du directeur de l'intérieur. Il était chargé de l'exécution des lois, arrêtés, règlements de la police rurale ; il était aussi officier d'état civil en chef, officier de police judiciaire et, en cette dernière qualité, recevait les ordres du procureur général et du procureur de la République.

Le *naïnard* qui résidait à Pondichéry était officier de police judiciaire, surveillait particulièrement la population native et instruisait les demandes pour célébrer les cérémonies religieuses indiennes. Il relevait, ainsi que les fonctionnaires ci-dessous, du directeur de l'intérieur.

Le *poléagar* avait pour mission d'assurer l'arrivage des grains sur les marchés et de surveiller les courtiers et accapareurs.

Le *chef shabédar* assistait les commissaires de police de semaine.

Les *cotivals* étaient chargés de la police des bazars et marchés, de surveiller la vente et la qualité des denrées, de constater les quantités consommées et de procurer aux voyageurs les voitures qu'ils demandaient.

Des commissaires de police, des commissaires adjoints, des thalawages, shanadars et agents secondaient le directeur de la police.

Ce poste fut supprimé par arrêté local du 2 mai 1877 et le service de la police fut centralisé dans les bureaux du directeur de l'intérieur. Les fonctions de maire et d'officier d'état civil furent désormais remplies par le chef du service des contributions.

Un arrêté local du 21 janvier 1884[1] décida qu'à partir du 1ᵉʳ mars 1885 les polices administrative, judiciaire et municipale seraient exercées par un seul et même service du secrétariat général de la direction de l'intérieur, relevant à la fois du directeur de l'intérieur, du procureur général et des maires.

L'arrêt local du 1ᵉʳ mars 1889 consacre ce principe : le service de la police est assuré par 1 commissaire central, 1 com-

---

1. Autres textes : 9 février 1884, 19 mai 1884, 1ᵉʳ février 1886, 4 août 1887, 3 juillet 1888.

missaire à Pondichéry et 1 commissaire adjoint à Bahour, 1 inspecteur, 2 sous-inspecteurs, 15 agents et une brigade municipale. Le commissaire central (arrêté du 18 mars 1888) est sous les ordres directs du directeur de l'intérieur; il est officier de police judiciaire, auxiliaire du parquet et, comme tel, reçoit les ordres du procureur général de la République ; en ce qui concerne la police municipale, il est sous les ordres du maire du chef-lieu. Il a la surveillance des prisons, il exerce la police des cultes, délivre les passeports; son action s'étend à tout ce qui touche l'ordre public.

Le commissaire de police de Pondichéry est plus spécialement chargé des informations judiciaires ; le commissaire adjoint, chef de la police municipale, doit être en mesure de donner chaque jour la quantité de grains existant au chef-lieu[1].

3° COLONIES PÉNITENTIAIRES

Nouvelle-Calédonie. — Le service de la police en Nouvelle-Calédonie a fait l'objet de plusieurs arrêtés des gouverneurs, notamment d'un arrêté du 12 juillet 1881 qui a subi, depuis, quelques modifications en ce qui concerne le cadre du personnel de la police. Ce cadre comprend actuellement un commissaire de police, chef du service à Nouméa, des brigadiers et sous-brigadiers, un secrétaire, des agents de trois classes et agents auxiliaires, plus des gardes indigènes employés dans l'intérieur de la colonie.

Des adjudants ou agents de police sont détachés à Ouvéa, à Koné, à Lifou et à Méré.

Le commissaire de police à Nouméa, exceptionnellement nommé par le ministre des colonies, est chargé de la police administrative et *municipale,* en même temps que des fonctions

---

1. Pour les autres colonies on pourra consulter les arrêtés locaux suivants : Sénégal, 15 mai 1878, 14 mai 1887; Saint-Pierre et Miquelon, 21 décembre 1872, 10 juillet 1888 ; Nossi-Bé, 23 avril 1880, 24 septembre 1880, 17 décembre 1883 ; Gabon, 5 août 1880.

d'officier de police judiciaire et de la surveillance spéciale des libérés et des condamnés admis à travailler chez les habitants. Ce fonctionnaire a aussi la direction et la surveillance des prisons civiles et des ateliers de discipline ; il ne relève hiérarchiquement que du directeur de l'intérieur. Quoique le directeur de l'administration pénitentiaire ait la haute main sur les condamnés placés chez les habitants, il ne compte pas le commissaire de police de Nouméa parmi ses subordonnés directs et ne peut lui donner d'instructions dans cette branche spéciale du service que par l'intermédiaire du directeur de l'intérieur. L'attribution, faite au directeur de l'intérieur, des pouvoirs de *police municipale* est une des particularités du régime municipal de la Nouvelle-Calédonie et a son origine dans les difficultés occasionnées par la présence du grand nombre de condamnés et de libérés résidant à Nouméa. La police, dans cette colonie, ne doit obéir aux réquisitions du maire, hors des cas prévus par l'arrêté de 1881, que lorsqu'elles sont revêtues du visa du directeur de l'intérieur ; elle prête son concours directement à la municipalité pour faire exécuter les règlements de petite voirie ainsi que les arrêtés municipaux sur la tenue des marchés publics et sur les animaux errants.

L'organisation de la police indigène en Nouvelle-Calédonie a été réglementée en dernier lieu par l'arrêté du 11 avril 1888, approuvé par la dépêche ministérielle du 17 novembre. L'engagement des gardes indigènes est passé directement dans l'intérieur par les commandants de pénitentiers, chefs de centres ou de camps devant l'administrateur d'arrondissement. Ces brigades sont placées sous les ordres directs des commandants de pénitentiers, chefs de centres ou de camps.

La police indigène est exclusivement chargée de la recherche des évadés ; néanmoins, selon les besoins du service, des gardes indigènes peuvent être adjoints aux surveillants militaires pour la surveillance des transportés. La répartition des gardes et le placement des brigades sont laissés aux soins du directeur de l'intérieur qui en rend compte au gouverneur.

Par dépêche ministérielle du 3 juillet 1888, le service de la police indigène a été rattaché au commissariat spécial de la transportation.

Guyane. — En ce qui concerne la police *générale*, le rôle du directeur de l'intérieur est le même dans cette colonie que dans les autres, mais il n'est pas chargé de la police municipale comme à Nouméa. Le directeur de l'administration pénitentiaire a la haute surveillance des libérés et des condamnés employés chez les habitants.

Le décret du 15 octobre 1879, qui créa la commune de Cayenne, définit les attributions du maire en tant que chef de la *police municipale*.

Il est chargé :

1° De l'exécution des mesures de santé publique, de tout ce qui concerne l'établissement, l'entretien, la conservation des édifices communaux, cimetières, promenades, places, rues et voies publiques ne dépendant pas de la grande voirie, l'établissement et réparation des fontaines, aqueducs, pompes et égouts ;

2° De la police municipale en tout ce qui a rapport à la sûreté et liberté du passage sur la voie publique, à l'éclairage, au balayage, aux arrosements, à la solidité et salubrité des constructions privées ;

3° Des mesures propres à prévenir les accidents et fléaux calamiteux, tels que incendies, épidémies, épizooties, débordements ;

4° Des secours à donner aux noyés ;

5° De l'inspection de la salubrité des denrées, boissons et autres comestibles mis en vente et de la fidélité de leur débit.

Le maire prend des arrêtés à cet effet ; ils sont immédiatement soumis à l'approbation du gouverneur qui peut les annuler ou en suspendre l'exécution. Ceux de ces arrêtés qui portent règlement permanent ne sont exécutoires qu'un mois après la remise de l'ampliation constatée par les récépissés donnés par le directeur de l'intérieur.

Le chef du service de la police de Cayenne a sous ses ordres deux commissaires de police adjoints dont un chargé de la *sûreté*, et la garde urbaine qui comprend des brigadiers, gardes et agents de la *police de sûreté*.

INDO-CHINE

Cochinchine[1]. — Par arrêté local du 23 janvier 1888, la police administrative et judiciaire de la Cochinchine est confiée au secrétaire général et au procureur général. Le service est dirigé par un commissaire central à Saïgon et Cholon, mais il peut exceptionnellement exercer son action dans toute la colonie ; il dirige la police municipale sous l'autorité des maires. Les dépenses de police sont obligatoirement supportées par les communes.

Un arrêté du 19 novembre 1884 a organisé le service de la police à Phnom-Penh (Cambodge).

Annam et Tonkin[2]. — Une décision du 10 octobre 1883 institua à Hanoï un service de renseignements politiques et militaires.

Une autre décision du 31 janvier 1884 attribua au directeur des affaires civiles et politiques la police des Européens et des Asiatiques sujets européens; dans chaque province elle est exercée, sous l'autorité des résidents, par des commissaires. Ces commissaires sont officiers de police judiciaire et auxiliaires du résident de France (chargé de la justice) dans les conditions prévues par le Code d'instruction criminelle ; ils ont également la police administrative.

Dans une circulaire adressée le 4 mai 1891 aux résidents et

---

1. Autres textes : arrêté local du 16 décembre 1874, du 25 novembre 1879 ; décision du 23 janvier 1888 ; arrêté local du 22 septembre 1889, du 29 septembre 1889.
2. Autres textes : décisions des 18 février 1884, 29 mars 1884, 12 mars 1885, 25 août 1885 ; arrêtés locaux des 4 juin 1886, 7 juin 1886, 5 mai 1887, 17 juillet 1887, 10 novembre 1888, 1er janvier 1890, 3 septembre 1890, 22 avril 1892.

vice-résidents, le résident supérieur du Tonkin se plaint du manque d'énergie et d'activité des fonctionnaires indigènes. Il faudrait, dit-il en substance, assurer à chaque phu et à chaque huyen un certain nombre de miliciens. Il serait encore nécessaire de créer et d'armer des polices cantonales et rurales placées sous l'autorité des Cai Tong, mais commandées par un agent responsable de ses hommes, de leur instruction et de la conservation de leurs armes. On restituerait ainsi aux Cai Tong (chefs de canton) leur rôle de défenseur naturel des citoyens. Peut-être conviendrait-il aussi de faire donner à ces polices, par les villages, des soldes régulières.

La police municipale des communes d'Hanoï et d'Haï-Phong a été réglée par l'arrêté du gouverneur général de l'Indo-Chine en date du 31 décembre 1891 qui applique, dans la mesure du possible, la loi municipale du 5 avril 1884. L'arrêté déclare (art. 62 et 63) que le maire est chargé, sous la surveillance de l'administration supérieure, de la police municipale et de l'exécution des actes qui y sont relatifs, ainsi que de l'exécution des mesures de sûreté générale. D'après l'article 64, le maire prend des arrêtés à l'effet d'ordonner les mesures locales sur les objets confiés par les lois à sa vigilance et à son autorité, de publier de nouveau les lois et les règlements de police et de rappeler les citoyens à leur observation.

Les arrêtés pris par le maire sont immédiatement adressés au résident supérieur qui peut les annuler ou en suspendre l'exécution. Ceux de ces arrêtés qui portent règlement permanent ne seront exécutoires qu'un mois après la remise de l'ampliation. Le résident supérieur peut abréger ce délai.

Les arrêtés du maire ne sont obligatoires qu'après avoir été portés à la connaissance des intéressés par voie de publication et d'affiches en français et en chinois, toutes les fois qu'ils contiennent des dispositions générales et, dans les autres cas, par voie de notification individuelle. La publication est constatée par une déclaration certifiée par le maire. La notification est établie par le récépissé de la partie intéressée ou, à son défaut, par l'original de la notification conservé dans les archives de la mairie. Les arrêtés, actes de publication et de notification sont inscrits à leur date sur le registre de la mairie.

Les articles 57 et 58 sont la reproduction des articles 97 et suivants de la loi du 5 avril 1884.

Les pouvoirs qui appartiennent au maire, en vertu de l'article 64 de l'arrêté, ne font pas obstacle au droit du résident supérieur de prendre, dans tous les cas où il n'y aurait pas été pourvu par les autorités municipales, et après invitation au maire restée sans résultat, toutes les mesures relatives au maintien de la salubrité, de la sûreté et de la tranquillité publiques.

L'organisation du personnel chargé du service de la police est réglée, après avis du conseil municipal, par le gouverneur général sur la proposition du résident supérieur. Si le conseil municipal n'allouait pas les fonds exigés pour les dépenses de police ou n'allouait qu'une somme insuffisante, le crédit nécessaire serait inscrit au budget par arrêté du résident supérieur. Les inspecteurs de police, brigadiers et sous-brigadiers et les agents de police nommés par le maire doivent être agréés par le résident supérieur.

Un arrêté du 5 décembre 1892 a réglementé la police des Chinois au Tonkin. Ils sont tenus d'avoir un permis de séjour et de justifier du paiement de la taxe de capitation. Pour pénétrer par la voie de terre ils doivent être munis d'un passeport; s'ils débarquent dans un port, ils font, à défaut de passeport, une déclaration. Cet arrêté a été notifié aux résidents par une circulaire du 5 décembre 1892.

Un arrêté du 28 décembre 1892 a fixé les cadres européen et indigène de la police d'Haï-Phong.

CHAPITRE II

ASSISTANCE PUBLIQUE. — ÉTABLISSEMENTS DE BIENFAISANCE SERVICE SANITAIRE

De l'assistance publique aux colonies. — Surveillance des établissements de bienfaisance. — Hôpitaux, hospices, asiles, ouvroirs, léproseries, dépendant dans chaque colonie du service local. — Organisation des bureaux de bienfaisance. — Régime des caisses d'épargne : caisses d'épargne bénéficiant des principaux avantages des caisses d'épargne postales, à la Guadeloupe et à la Guyane ; — Caisses d'épargne ordinaires dans les diverses colonies ; caisse d'épargne pénitentiaire à la Nouvelle-Calédonie. — Sociétés de secours mutuels. — Service sanitaire : personnel affecté à la police sanitaire, ses attributions. Patentes de santé.

Nous exposerons dans ce chapitre la situation des hospices, hôpitaux, asiles, léproseries, ainsi que celle des bureaux de bienfaisance qui constituent, aux colonies comme en France, des *établissements publics* ; nous examinerons ensuite la constitution des caisses d'épargne et des sociétés de secours mutuels, qui forment ou peuvent former[1] des *établissements d'utilité publique*.

L'ASSISTANCE PUBLIQUE AUX COLONIES

Le service de l'assistance publique est généralement surveillé dans les colonies par des commissions qui comprennent de hauts fonctionnaires représentant l'autorité administrative, et

---

[1]. Les sociétés de secours mutuels aux colonies ont été jusqu'à présent l'objet d'une simple approbation des gouverneurs, mais rien ne s'oppose à la création d'institutions de ce genre après approbation par voie de décret, leur donnant le caractère d'établissements d'utilité publique, comme il arrive pour certaines sociétés de mutualité en France.

des membres des assemblées élues, conseils généraux ou conseils municipaux ; ces commissions vérifient, notamment, les comptes des agents préposés à la gestion des établissements divers, hôpitaux, hospices, asiles de vieillards et d'aliénés, orphelinats, léproseries, agents dont les écritures doivent être tenues conformément aux principes que nous avons indiqués dans le premier volume de cet ouvrage, au titre du *Régime financier* (service des hospices et des établissements de bienfaisance, p. 547 à 550).

Les établissements dépendant de l'assistance publique locale peuvent être comparés à ceux de la métropole, pour leur installation et le confort qu'ils présentent, dans les anciennes colonies où les conseils généraux et municipaux les ont depuis longtemps dotés de subventions qui sont venues s'ajouter au produit des legs et donations des particuliers. Dans les colonies nouvelles, au contraire, les malades sont rarement recueillis dans des hospices civils ; la plupart sont redevables des soins qu'ils reçoivent aux seuls médecins du corps de santé militaire des colonies, placés à la tête des hôpitaux ou ambulances entretenus aux frais du budget de l'État. Les budgets locaux de la Guinée française et du Congo français, sur la côte occidentale d'Afrique, supportent cependant des frais de ce genre, des dépenses d'achat de médicaments et d'instruments de chirurgie, mais les services hospitaliers de ces colonies sont encore à l'état embryonnaire.

Nous n'avons pas à revenir ici sur les questions touchant à l'administration des divers établissements de bienfaisance aux colonies ; notre but consiste simplement à donner l'exposé des ressources dont disposent ces colonies au point de vue du service hospitalier en les passant en revue successivement.

Réunion. — Outre l'hôpital militaire de Saint-Denis et l'hôpital thermal de Salazie dirigé par un médecin de 1re classe des colonies, la Réunion possède un hôpital civil, entretenu par le budget local à Saint-Denis (arrêtés des 29 mars 1862 et 7 avril 1883) et soumis au contrôle d'une commission de surveillance (arrêtés des 30 décembre 1872 et 1ᵉʳ février 1887). L'hôpital colonial et asile des aliénés de Saint-Paul, également à la charge du service local, et la *léproserie* (arrêtés des 25 février 1852, 16 février 1876 et 7 avril 1883) ont des directeurs-comptables dont la gestion est vérifiée aussi par des commissions spéciales (Saint-Paul, arrêté du 30 juillet 1872. — Léproserie : arrêtés des 31 décembre 1872 et 1ᵉʳ février 1887).

Des conseils d'hygiène et de salubrité publique (arrêté du 18 avril 1874) fonctionnent à Saint-Denis et à Saint-Pierre.

Les eaux minérales que l'on trouve à la Réunion fournissent de précieuses ressources à la thérapeutique. La source thermale de Salazie, située à 872 mètres d'altitude, a une température de 32 degrés centigrades. La source de Cilaos, à 1,114 mètres, est à 38 degrés de température. Ces eaux conviennent particulièrement aux affections de l'estomac, du foie, de l'intestin, de la vessie et aux personnes affaiblies par les fièvres de Madagascar et des îles voisines. Une troisième source minérale, celle de Mafate, dans la rivière des Galets, à 682 mètres d'altitude et d'une température de 30 degrés, guérit les affections cutanées, rhumatismales et catarrhales. La Réunion possède encore de nombreuses sources ferrugineuses.

La Martinique[1]. — Cette colonie compte six hospices civils à Fort-de-France, à Saint-Pierre, à la Trinité, à Saint-Esprit, au Marin et au Lorrain. Chacun de ces hospices a son conseil d'administration dont les maires des diverses communes de leur circonscription et le desservant de la paroisse sont membres de droit. Le conseil de surveillance de l'assistance publique exerce également son contrôle sur tous ces hôpitaux civils dont la fondation remonte à 1859 et la dernière réorganisation au 31 juillet 1887. Ils sont institués pour recevoir les indigents malades, les infirmes, les vieillards indigents, les enfants trou-

---

1. Le service des hôpitaux militaires (*Budget de l'État*) est réparti à la Martinique entre l'hôpital militaire de Fort-de-France (300 lits) et celui de Saint-Pierre (100 lits).

vés et abandonnés ; — les prisonniers malades (soit condamnés, soit prévenus) et les aliénés en état d'observation ; — enfin, les personnes qui demanderaient à y être traitées à leurs frais et les officiers, soldats et assimilés, fonctionnaires de l'État, dans les localités où il n'existe pas d'hôpital militaire. Des dames hospitalières de Saint-Paul sont attachées aux hospices civils de la Martinique.

La *maison coloniale de santé*, fondée en 1837 à Saint-Pierre, est spécialement affectée aux aliénés [1] et peut rivaliser avec les établissements de ce genre les mieux organisés de la métropole.

On y admet les personnes traitées à la charge de la colonie, ainsi que des pensionnaires aux frais de leur famille et *au compte de la Guyane française*.

La ville de Fort-de-France possède un établissement de bienfaisance spécial, un ouvroir pour les jeunes filles, pour les orphelines notamment, qui a été reconnu comme établissement d'utilité publique par un décret du 4 juillet 1872 ; il est placé sous la surveillance du directeur de l'intérieur.

La Guadeloupe[2]. — Cette colonie a des établissements d'assistance publique à la charge du budget local (l'hospice des lépreux à la Désirade, l'hospice des aliénés à Saint-Claude, l'hospice Sainte-Élisabeth, aux Abymes) et des hôpitaux entretenus

---

1. M. Dislère, dans son *Traité de législation coloniale* (tome I, p. 503), expose la doctrine du département quant au domicile de secours des aliénés ; elle n'a pas changé depuis 1886. Ce domicile est situé au lieu de leur dernière résidence quand leur internement a lieu dans l'année de leur arrivée en France ou aux colonies ; après un an c'est la localité où habitait l'aliéné quand la maladie est survenue. — Pour les frais de rapatriement des indigents, les règles posées par M. Dislère sont également toujours observées ; les créoles indigents résidant en France sont rapatriés aux frais de leur colonie, comme passagers d'entrepont, sur la production d'un certificat d'indigence et d'un certificat d'origine. Les métropolitains indigents sont rapatriés, de la colonie où ils se trouvent dans la métropole, aux frais du département de l'intérieur ou à ceux de la colonie, selon qu'ils ont moins d'un an ou plus d'un an de séjour. Dans le second cas le gouverneur et même le conseil général sont appelés à apprécier l'opportunité du rapatriement mis à la charge du budget local.

2. Le service des hôpitaux militaires de l'État à la Guadeloupe compte trois établissements à la Basse-Terre, au camp Jacob et à la Pointe-à-Pitre, comprenant ensemble 228 lits.

par les municipalités. La léproserie de la Désirade a été créée en 1728. Le directeur de l'intérieur est chargé de l'administration de cet établissement dont la direction est aux mains des sœurs hospitalières de Saint-Paul de Chartres pour tout ce qui est relatif à l'exécution des règlements et au maintien de l'ordre en même temps que pour les soins à donner aux malades.

L'hospice des aliénés de Saint-Claude (camp Jacob) a été transféré de la Basse-Terre, sur la montagne, en 1852. Les hospices à la charge des communes sont : l'hospice Saint-Hyacinthe, à la Basse-Terre (1849) ; l'Hôtel-Dieu, à la Pointe-à-Pitre, dont la création remonte à l'année 1843, après le tremblement de terre qui détruisit complètement cette ville ; l'hospice de la Capesterre, datant de 1855 ; l'hospice du Grand-Bourg (1855) et l'établissement hospitalier de Saint-Martin. Les sœurs de Saint-Paul de Chartres dirigent tous ces hôpitaux communaux ainsi que la crèche de Sainte-Anatilde (arrêté du 10 novembre 1860) et l'orphelinat de la Pointe-à-Pitre, inauguré en 1885. Le personnel administratif (régisseurs) et médical de ces établissements est soumis au contrôle de commissions de surveillance pour tous les détails du service.

La Guyane. — On compte à la Guyane, outre l'hôpital militaire de Cayenne, deux établissements hospitaliers civils dont le premier a pris, pendant ces dernières années, une grande extension : l'hôpital-hospice du camp Saint-Denis, à Cayenne, et la léproserie de l'Acarouany.

D'après l'arrêté du 22 juin 1850, l'hôpital civil du camp Saint-Denis ne devait être qu'un simple asile pour les vieillards, les infirmes et les indigents ; il est devenu, depuis, un établissement hospitalier important et a été doté, par arrêté du 29 janvier 1890, d'une nouvelle salle destinée aux agents de l'administration locale et aux particuliers qui désireraient y être soignés en remboursant le montant de la journée de traitement. La léproserie de l'Acarouany a été réorganisée par un arrêté du gouverneur en date du 21 avril 1892.

Sénégal. — En plus des hôpitaux militaires de Saint-Louis, Gorée et Dakar, la colonie du Sénégal possède des hospices civils ou infirmeries dans ces mêmes grands centres et un dispensaire à Rufisque. Des sœurs de l'ordre de Saint-Joseph de Cluny sont attachées au service de ces hôpitaux.

Des conseils d'hygiène publique et de salubrité siègent à Saint-Louis, à Gorée, à Dakar, à Rufisque, et sont présidés de droit par le maire de chacune de ces localités. La composition de ces conseils (arrêtés des 25 octobre 1867, 2 avril 1873, 15 août 1881 et 10 janvier 1883) varie suivant la localité. A Saint-Louis, par exemple, le conseil d'hygiène comprend le maire, président, le médecin en chef de la colonie, le président de la chambre de commerce, le directeur des travaux publics, le pharmacien principal, le chef du bureau de l'intérieur chargé du service sanitaire, un médecin civil, un vétérinaire, un habitant notable nommé par le gouverneur.

Ces conseils sont chargés de l'examen des questions relatives à l'hygiène publique de l'arrondissement, qui leur sont renvoyées par le directeur de l'intérieur.

Ils peuvent être spécialement consultés sur les objets suivants :

1° L'assainissement des localités et habitations ;

2° Les mesures à prendre pour prévenir et combattre les maladies endémiques, épidémiques et transmissibles ;

3° Les épizooties et les maladies des animaux ;

4° La propagation de la vaccine ;

5° La salubrité des établissements publics, écoles, hôpitaux, prisons, etc. ;

6° Les demandes en autorisation, translation ou révocation des établissements dangereux, insalubres ou incommodes.

Les conseils d'hygiène de toutes les colonies connaissent, d'ailleurs, de ces diverses questions à titre consultatif.

Établissements de l'Inde. — Pondichéry possède, depuis 1853, un hôpital colonial qui contient une centaine de lits, y compris les salles de la maternité, du dispensaire et des indigents, la salle des condamnés et celle des aliénés. Les officiers, marins et assimilés, les fonctionnaires, voire même les particuliers qui veulent s'y faire traiter, en un mot tous les malades de la colonie sont reçus dans cet hôpital. Le budget de l'État supporte les dépenses afférentes à la solde et aux frais de voyage des officiers du corps de santé des colonies qui forment le personnel médical de l'établissement (décision ministérielle du 25 avril 1876), mais, en retour, le service local prend à sa charge toutes les autres dépenses (matériel, médicaments, etc.).

L'hôpital colonial de Pondichéry compte, parmi son personnel, des religieuses de la congrégation des dames de Saint-Joseph de Cluny, une maîtresse sage-femme, des infirmiers; la direction de l'intérieur a la haute main sur l'administration de l'établissement confiée à un agent comptable spécial.

Mayotte. — L'hôpital civil de Mayotte reçoit tous les malades de la colonie. Il est administré par un commis du service de l'intérieur; les soins sont donnés aux malades par deux docteurs en médecine assistés d'infirmiers et de sœurs hospitalières.

Autres colonies. — Les colonies de Saint-Pierre et Miquelon, de Tahiti, de la Nouvelle-Calédonie, d'Obock, de la Côte-d'Ivoire, du Bénin, de Diégo-Suarez, de Nossi-Bé, ne possèdent pas d'hospices civils, mais des hôpitaux ou ambulances militaires à la charge du budget de l'État, où sont reçus les divers malades, militaires ou fonctionnaires assimilés, et même les colons ou habitants du pays qui demandent à y être traités en remboursant la journée d'hôpital au taux fixé par les règlements.

La lèpre, qui fait de grands ravages dans les populations indigènes, surtout en Océanie, est soignée dans un établissement spécial, à la Nouvelle-Calédonie, celui de Ouala (îles Bélep). Un décret du 22 septembre 1893 a édicté toute une série de mesures pour enrayer les progrès de la maladie dans cette colonie ; ce décret reproduit les dispositions générales du décret du 11 mai 1881, relatives à la prophylaxie de la lèpre à la Guyane.

Il a été question d'établir une léproserie aux îles Marquises, où le fléau sévit avec plus d'intensité que partout ailleurs, affectant les formes les plus hideuses. Nous souhaitons fort la réalisation de ce projet qui n'a pas encore été mis à exécution ; les plateaux de Tovii, à Nuka-Hiwa, que nous avons visités, paraissent plus particulièrement propres à la création d'un établissement hospitalier de ce genre. Presque toutes nos colonies ont besoin de léproseries ; ce sont là des institutions indispensables, et l'État, qui a le devoir de protéger les populations indigènes quand les services locaux ne peuvent le faire, donnera la preuve d'une excellente initiative quand il s'occupera de les multiplier ; la situation sanitaire des établissements français d'Océanie mérite d'attirer spécialement l'attention du ministre des colonies.

Dans quelques années, si on n'apporte pas de remèdes à leurs maux, les derniers habitants des îles Marquises et des Gambier auront disparu, emportés, comme sous le coup d'une étrange fatalité, par ces maladies qui ont amené la dégénérescence de leur race, si belle et si vaillante avant l'arrivée des Européens en Polynésie.

En Indo-Chine, les services hospitaliers sont surtout aux mains des officiers du corps de santé militaire des colonies chargés des hôpitaux du Tonkin et de l'Annam, lesquels forment deux hôpitaux centraux (Hanoï et Quang-Yen), cinq hôpitaux secondaires (Haïphong, Lang-Son, Thuan-An, Tourane, Ti-Cau) et 16 infirmeries-ambulances, soit en tout 1,833 lits. Au Cambodge, l'hôpital mixte de Phnom-Penh est dirigé par un médecin de 1re classe des colonies ; les hôpitaux indigènes de Culao-Gieng, de Phnom-Penh et de Foc-Trang sont confiés par la mission aux sœurs de l'ordre de la Providence de Portieux, qui dirigent également des orphelinats de garçons et de filles.

En Cochinchine, outre les hôpitaux militaires, il existe un

hôpital civil dépendant de la municipalité à Cholon, un hôpital indigène à Choquan dans lequel le service médical est assuré par le corps de santé militaire des colonies ; des hôpitaux indigènes à Thi-nghe, à Vinhlong, à Mytho et à Bienhoa, ainsi que des orphelinats où sont uniquement employées des sœurs de Saint-Paul de Chartres.

BUREAUX DE BIENFAISANCE

Il existe de nombreux bureaux de bienfaisance à la Réunion, à la Martinique, à la Guadeloupe, à la Guyane ; ces bureaux sont composés des maires des communes intéressées, de membres du clergé et de notables formant des commissions administratives analogues à celles qui surveillent la gestion des hôpitaux et hospices ; ces bureaux ont le caractère de la *personne civile* et tirent la majeure partie de leurs ressources des dons qui leur sont faits par les particuliers. Tandis que les hôpitaux fournissent le logement en même temps que des soins spéciaux aux indigents, les bureaux de bienfaisance ont pour but d'assister les pauvres *à domicile*.

L'organisation des bureaux de bienfaisance dans les colonies découle d'arrêtés locaux et de décrets tous inspirés par la législation métropolitaine qui remonte à une loi du 7 frimaire an V complétée par des actes postérieurs. Un arrêté du 27 mai 1856 pour la Martinique, des décrets du 25 février 1873 pour la Réunion, du 27 avril 1876 pour la Guadeloupe et du 26 août 1881 pour la Guyane ont donné aux bureaux de bienfaisance des colonies les mêmes attributions et prérogatives que celles dont jouissent les établissements similaires de la mère-patrie dirigés par des administrations collectives exerçant leurs fonctions à titre gratuit et n'ayant pas à intervenir dans le maniement des deniers dont est chargé un receveur rétribué. Le percepteur de la localité cumule d'ordinaire la perception et la gestion des revenus des établissements de bienfaisance avec la perception des taxes publiques établies au profit de la colonie et des communes. Les actes organiques des colonies donnent aux gouverneurs le pouvoir d'accepter les dons et legs faits en faveur de l'assistance publique pourvu qu'ils soient inférieurs à la somme de 3,000 fr. ; un décret est nécessaire pour l'acceptation des dons et legs s'élevant à 3,000 fr. et au-dessus.

Dans l'Inde, l'organisation de l'assistance publique remonte à d'anciens actes locaux qui ont été fondus en un arrêté du 1er octobre 1879 ; on trouve dans la composition du bureau de bienfaisance de Pondichéry l'élément indigène représenté dans la proportion d'un tiers. L'assistance publique a été également réglementée en Cochinchine par un arrêté du gouverneur du 11 décembre 1878.

Nous reproduisons ci-dessous, à titre d'exemple, le texte du décret du 26 août 1881 portant création d'un bureau de bienfaisance à la Guyane [1].

Art. 1er. — Il est établi un bureau de bienfaisance dans la commune de Cayenne, et il pourra en être établi un dans chacune des autres communes de la colonie.

Art. 2. — La commission administrative du bureau de bienfaisance de Cayenne est composée du maire, du curé de la paroisse et de cinq autres membres nommés par le gouverneur, sur la proposition du directeur de l'intérieur. Trois de ces membres seront choisis parmi les conseillers généraux.

Elle sera composée, dans les autres communes, du maire, du curé et de trois membres nommés comme les précédents. Ils pourront être choisis parmi les conseillers municipaux.

Art. 3. — La présidence appartient au maire ou à l'adjoint ou au conseiller municipal remplissant les fonctions de maire. Le président a voix prépondérante en cas de partage.

En cas d'absence au moment des réunions, la présidence appartient au plus ancien des membres présents, et, à défaut d'ancienneté, au plus âgé.

Les délibérations ne sont valables que si la moitié, plus un, des membres de la commission assistent à la séance.

---

1. Ces notions sur les établissements de bienfaisance sont à compléter par la lecture du chapitre que nous avons déjà consacré, dans le tome Ier de cet ouvrage, aux mêmes institutions relativement à leur gestion (p. 547 à 550, tome Ier).

Les fonctions de membre des commissions sont gratuites.

Art. 4. — Les membres des commissions administratives nommés par le gouverneur sont renouvelables chaque année par cinquième ou par tiers, selon que le nombre de ces membres est de cinq ou de trois.

Le renouvellement est déterminé par le sort pendant les quatre ou les deux premières années, et ensuite par l'ancienneté. Les membres sortants peuvent être renommés.

En cas de remplacement dans le cours d'une année, les fonctions du nouveau membre expirent à l'époque où auraient cessé celles du membre qu'il a remplacé.

Ne peuvent être nommés ou cessent de faire partie des commissions les membres qui se trouveraient dans un des cas d'incapacité prévus par les lois électorales.

Art. 5. — Les commissions administratives peuvent être dissoutes par le gouverneur, en conseil privé. Les membres de ces commissions peuvent être individuellement révoqués dans la même forme.

En cas de dissolution ou de révocation, la commission est remplacée ou complétée dans le délai d'un mois.

Les membres révoqués ne peuvent être renommés dans l'année qui suit leur révocation.

Art. 6. — Toutes les dispositions relatives au fonctionnement des bureaux de bienfaisance ainsi qu'aux attributions de leurs commissions administratives sont réglées par des arrêtés du gouverneur rendus en conseil privé, les conseils municipaux et le conseil général préalablement consultés.

CAISSES D'ÉPARGNE

Les caisses d'épargne aux colonies sont organisées par décrets; celles de la Pointe-à-Pitre (Guadeloupe) et de Cayenne (Guyane) bénéficient du régime de la *caisse nationale d'épargne* créée en France par la loi du 9 avril 1881, mais avec certaines restrictions communes aux deux caisses; les caisses de la Basse-Terre (Guadeloupe), de la Martinique, de Saint-Pierre et Miquelon, de la Réunion et de Diégo-Suarez sont soumises aux règles générales qui régissent les *caisses d'épargne ordinaires*, institutions privées, ayant pour objet, comme les caisses d'épargne postales, de recueillir et de faire fructifier les petites économies, mais établies soit sur la demande des particuliers, soit et le plus souvent sur la demande des conseils municipaux, conformément aux principes fixés par la loi organique du 5 juin 1835 et autres actes subséquents. La Nouvelle-Calédonie possède enfin une *caisse d'épargne pénitentiaire* dont la constitution est spéciale. Nous examinerons l'organisation de ces diverses caisses d'épargne colonie par colonie.

La Guadeloupe. — La caisse d'épargne de la Pointe-à-Pitre à la Guadeloupe a été créée par un décret du 14 décembre 1880 modifié par celui du 9 novembre 1885 qui rend applicable à cette caisse les articles 3, § 2 et 3 ; 6, § 4 et 5 ; 8, 9, 12, 13, 14, paragraphe final, et 20 de la loi du 9 avril 1881 sur les caisses nationales d'épargne en France.

A la Basse-Terre, la caisse d'épargne ordinaire a été fondée en vertu d'un décret en Conseil d'État du 27 juin 1890 auquel sont annexés des statuts reproduisant les principales dispositions relatives aux établissements de cette nature dans la métropole. Les conditions dans lesquelles cette caisse était appelée à fonctionner présentaient des garanties sérieuses, le conseil municipal et le conseil général ayant voté respectivement des subventions pour son installation.

L'autorisation donnée à la ville de la Basse-Terre d'établir une caisse d'épargne est révocable en cas de violation ou de non-exécution des statuts approuvés, sans préjudice des droits des tiers. Cette caisse d'épargne est tenue de remettre au commencement de chaque année au gouverneur de la Guadeloupe un extrait en double expédition de son état de situation arrêté au 31 décembre précédent et destiné au département. La mission de surveillance attribuée par l'article 31 du décret du 15 avril 1852 aux inspecteurs et receveurs des finances est exercée à l'égard de la caisse d'épargne de la Basse-Terre par le trésorier-payeur et par l'inspection des colonies.

Nous croyons utile de donner ci-après le texte complet des statuts de cette caisse d'épargne de la Basse-Terre, l'administration des établissements similaires dans les colonies qui en sont dotées étant organisée d'une manière analogue, sauf quelques exceptions que nous signalerons ultérieurement.

Art. 1er. — Il est établi à la Basse-Terre (Guadeloupe) une caisse d'épargne et de prévoyance destinée à recevoir et à faire fructifier les sommes qui lui sont confiées.

Art. 2. — Il sera fait appel aux personnes bienfaisantes pour les inviter à concourir à cette institution philanthropique.

Les souscriptions, dons et legs recueillis en faveur de l'établissement sont employés à lui constituer un fonds de dotation.

Le fonds de dotation s'accroît de l'excédent annuel des recettes sur les dépenses, conformément au paragraphe 3 de l'article 3 ci-après.

Le capital du fonds de dotation est placé soit en immeubles, soit en rentes sur l'État et ne peut être aliéné sans l'autorisation du Gouvernement.

Art. 3. — L'excédent annuel des recettes sur les dépenses est employé à constituer à l'établissement un fonds de réserve.

Le maximum de ce fonds est fixé à la somme moyenne des dépenses annuelles d'administration ; il est déterminé au mois de janvier de chaque année, par une délibération du conseil des directeurs, qui établit la somme moyenne des dépenses annuelles, d'après les dépenses acquittées pendant les trois dernières années.

Lorsque le fonds de réserve a atteint son maximum, l'excédent de recettes est porté au fonds de dotation.

Art. 4. — La caisse pourvoit à ses dépenses annuelles au moyen de ses recettes ordinaires qui se composent :

1° Des bonifications accordées à l'établissement sur les dépôts;

2° Des intérêts des fonds de dotation et de réserve ;

3° Des subventions éventuelles du service local et des communes.

Jusqu'à ce que les bonifications, réunies aux intérêts du fonds de dotation, suffisent aux frais d'administration, le conseil municipal sera tenu de voter, chaque année, sur la demande des directeurs, les sommes nécessaires pour couvrir les dépenses.

En cas d'insuffisance des recettes ordinaires, la caisse est autorisée de plein droit à imputer l'excédent de ses dépenses sur le capital de réserve.

Une salle de la mairie de la Basse-Terre sera affectée, sur la demande des directeurs, à l'administration de la caisse.

Art. 5. — La caisse est administrée gratuitement par un conseil composé du maire de la ville et de quinze directeurs, dont les fonction durent trois ans et qui sont renouvelés par tiers, chaque année.

Les directeurs sortants sont indiqués par le sort pour les deux premières années, et ensuite par l'ancienneté.

Ils sont indéfiniment rééligibles.

Art. 6. — Les quinze directeurs sont choisis, savoir : cinq au moins dans le conseil municipal, et les autres parmi les citoyens les plus recommandables de la ville et particulièrement parmi les souscripteurs. Ils sont à la nomination du conseil.

Art. 7. — Le conseil des directeurs se réunit au moins une fois par mois.

Le maire le préside toutes les fois qu'il assiste aux séances. Il peut se faire remplacer par un adjoint.

Les délibérations du conseil sont prises à la majorité des membres présents. La présence de la majorité des membres qui composent ce conseil est nécessaire pour constituer les réunions.

En cas de partage, la voix du président est prépondérante.

Art. 8. — Le conseil des directeurs nomme, parmi ses membres, au scrutin secret et à la majorité des suffrages, un vice-président et un secrétaire. La durée de leurs fonctions est d'une année. Ils peuvent être réélus.

Art. 9. — Le conseil règle la composition des bureaux, nomme et révoque les employés et fixe leurs traitements.

Art. 10. — Le conseil arrête, pour l'administration intérieure de la caisse, un règlement qui est soumis à l'approbation du ministre chargé des colonies.

Il statue sur toutes les mesures à prendre dans l'intérêt de la caisse et pour l'exécution des lois, statuts, règlements, instructions, etc.; il agit en son nom et la représente, il assure la gestion de l'établissement, en vérifie les écritures et en arrête les comptes.

Art. 11. — Le conseil peut établir un bureau d'administration composé de cinq membres, dont au moins un conseiller municipal, lesquels sont choisis parmi les directeurs pour régir la caisse et en surveiller le service.

Art. 12. — La caisse ne reçoit pas moins de un franc par versement du même déposant.

Art. 13. — L'intérêt est alloué par la caisse sur toute somme ronde de un franc.

Le taux de la retenue à prélever, conformément à la loi, sur cet intérêt, sera déterminé au mois de décembre de chaque année pour l'année suivante par le conseil des directeurs.

L'intérêt est réglé à la fin de chaque année ; il est capitalisé et produit des intérêts pour l'année suivante.

Art. 14. — Le livret remis à chaque déposant, conformément à la loi et aux règlements, est numéroté et contresigné par un directeur et le secrétaire.

On y reproduit textuellement les dispositions de la législation en vigueur sur la quotité des versements, le maximum des dépôts, les achats d'inscriptions de rentes, officieux et volontaires, et la conservation, par la caisse, de ces inscriptions. On y transcrit une instruction sommaire sur les règles auxquelles sont soumis les versements et les remboursements, et notamment sur les conditions essentielles pour la validité des uns et des autres. Le livret est retenu lors du remboursement intégral.

Art. 15. — La dissolution de la caisse, arrivant pour quelque cause que ce soit, les valeurs qui resteront libres après le remboursement de tous les dépôts et le paiement de toutes les dettes, demeureront destinées à la prolongation et au renouvellement de l'établissement, s'il y a lieu, sinon elles seront, d'après une délibération du conseil, employées à des œuvres de bienfaisance ou d'utilité publique.

Art. 16. — Les modifications aux présents statuts seront délibérées par le conseil des directeurs et ne pourront être mises à exécution qu'après avoir été adoptées par le conseil municipal et approuvées par le Gouvernement.

Ces statuts ont été adoptés par le conseil municipal dans sa séance du 28 novembre 1889.

La Guyane. — Les statuts de la caisse d'épargne ordinaire de Cayenne, approuvés par un décret du 7 décembre 1867[1], ont été complétés, sur la demande du gouverneur de la colonie, d'accord avec le conseil des directeurs de cette caisse, par le décret du 2 octobre 1892 qui a octroyé audit établissement les bénéfices de la loi du 9 avril 1881, dans les mêmes conditions que le décret du 9 novembre 1885 relatif à la Guadeloupe. La caisse d'épargne de Cayenne jouit donc de l'organisation des

---

1. Conformément à l'article 2 du décret du 7 décembre 1867 la caisse d'épargne et de prévoyance de Cayenne a été constituée à l'aide de souscriptions, dons et legs formant un *fonds de dotation* pouvant s'accroître de l'excédent annuel des recettes sur les dépenses après prélèvement d'un *fonds de réserve* dont le maximum a été fixé à la somme moyenne des dépenses d'administration. Les directeurs, au nombre de neuf, sont choisis, savoir : un parmi les membres du conseil privé et désigné par lui ; cinq en dehors du conseil, mais nommés par cette assemblée ; trois nommés par le conseil municipal, tant dans son sein que parmi les citoyens les plus recommandables de la ville, et particulièrement parmi les souscripteurs.

caisses nationales d'épargne en France dans les limites des dispositions des §§ 2 et 3 de l'article 3; 4 et 5 de l'article 6 ; des articles 8, 9, 12 et 13, du dernier paragraphe de l'article 14 et de l'article 20 de la loi du 9 avril 1881. Cet établissement reçoit, en conséquence, du même déposant jusqu'à 2,000 fr. versés en une ou plusieurs fois, sans qu'aucun versement puisse être moindre de 1 fr. ni comprendre des fractions de franc. Les sociétés peuvent verser jusqu'à 8,000 fr. Il est délivré gratuitement à tout déposant qui verse pour la première fois un livret portant les noms et prénoms du titulaire et destiné à l'inscription de toutes les sommes qui sont versées, retirées ou employées en achats de rentes pour son compte.

La femme mariée, quel que soit le régime de son contrat de mariage, peut se faire ouvrir un livret avec ou sans le concours de son mari. Quand elle agit avec le concours de son mari, celui-ci doit signer avec elle ; quand elle déclare agir seule, sa signature suffit. — Le premier versement au nom d'un mineur peut être effectué soit par le représentant légal du mineur, soit par le mineur lui-même sans l'intervention de son représentant légal.

A Cayenne, comme à la Pointe-à-Pitre, toutes les sommes reçues sont immédiatement versées à la caisse des dépôts et consignations en compte courant, pour être restituées en capital et intérêts à la caisse d'épargne sur sa demande.

Les remboursements, *dans le cas de force majeure,* et en vertu de l'article 12 de la loi du 9 avril 1881, pourront n'être opérés que par acomptes de 50 fr. au minimum et par quinzaine, mais la caisse d'épargne a besoin, pour être autorisée à agir de la sorte, d'un décret en Conseil d'État.

Lorsque, par suite du règlement annuel des intérêts, un compte excède le maximum de 2,000 fr., si le déposant, dans les trois mois de l'avis qui lui est donné, n'a pas réduit son crédit au-dessous de cette limite, l'administration de la caisse d'épargne achète à son nom, *d'office* mais sans frais, 20 fr. de rente de la dette inscrite.

Lorsque le compte d'une société de secours mutuels, de coopération, de bienfaisance, etc., dépasse le maximum de 8,000 fr., la société doit également réduire son crédit au-dessous de cette limite, dans les trois mois de l'avis qui lui est adressé ; passé ce délai, l'administration de la caisse d'épargne achète d'office et sans frais une rente de 100 fr.

Tout déposant dont le crédit monte à une somme suffisante pour acheter 10 fr. de rentes au moins peut obtenir, sur sa demande, par l'intermédiaire de la caisse d'épargne et sans frais, une inscription de rente sur le Grand-Livre de la dette publique. La demande, qui doit être accompagnée de la production du livret, est reçue les jours d'ouverture de la caisse.

La caisse d'épargne sert d'intermédiaire à tout déposant qui veut disposer d'une partie quelconque de son avoir afin d'en faire passer le montant à la *caisse des retraites pour la vieillesse*.

Telles sont les dispositions générales, tirées de la loi de 1881 sur la caisse nationale d'épargne, qui nous paraissent plus particulièrement intéressantes en ce qui concerne la caisse de la Guyane ; elles sont également appliquées à la Pointe-à-Pitre dont la caisse d'épargne fonctionne sur les mêmes bases que celle de Cayenne.

Saint-Pierre et Miquelon. — Une caisse d'épargne a été établie à Saint-Pierre (îles Saint-Pierre et Miquelon) par suite d'une délibération du conseil municipal de la ville en date du 19 août 1873 et d'une délibération du conseil d'administration de la colonie du 6 septembre suivant, en vertu d'un décret du 9 février 1874.

Les statuts annexés à ce décret ne présentent rien de particulier ; le service de la caisse de Saint-Pierre est soumis aux formes d'administration et de comptabilité adoptées en France pour les mêmes établissements, mais le conseil des directeurs ne comprend que neuf membres, un choisi par le conseil d'administration de la colonie parmi ses propres membres, cinq en dehors dudit conseil mais nommés par lui, trois nommés par le conseil municipal, tant dans son sein que parmi les citoyens recommandables et les souscripteurs.

Le minimum des versements à la caisse est de un franc pour chaque déposant.

Martinique. — La caisse d'épargne de Saint-Pierre a été organisée par le décret du 23 juin 1873, et celle de Fort-de-France par le décret du 25 juin 1883 ; un troisième décret du 21 décembre 1885 a rapporté l'article 4 du décret du 23 juin 1873 qui déclarait exécutoire à la Martinique l'article 1er de la loi du 30 juin 1851, et a fixé à 2,000 fr. le chiffre maximum du compte ouvert de chaque déposant pour les deux caisses d'épargne de la colonie, avec les intérêts capitalisés.

Le décret du 23 juin 1873 relatif à la caisse de Saint-Pierre contient les mêmes dispositions de principe que le décret concernant la caisse de la Basse-Terre dont nous avons donné le texte plus haut, en tout ce qui a trait à la formation du fonds de dotation et du fonds de réserve, aux dépenses et aux recettes ordinaires, aux directeurs, à la gratuité de leurs fonctions et à leurs attributions, aux réunions mensuelles du comité des directeurs présidées de droit par le maire quand il assiste à la séance, ou par son adjoint, mais le nombre des directeurs est réduit à neuf comme à la Guyane. Trois au moins de ces directeurs sont choisis dans le conseil général et les autres parmi les citoyens les plus recommandables de la colonie, de préférence parmi les souscripteurs ; ils sont à la nomination du conseil municipal.

Le trésorier des finances à Saint-Pierre est particulièrement chargé de la surveillance de la caisse d'épargne et doit rendre compte au gouverneur de ses vérifications. Les inspecteurs des colonies exercent, d'ailleurs, leur contrôle sur cet établissement comme sur les divers services financiers de la colonie.

La caisse d'épargne de la ville de *Fort-de-France*, d'après les statuts annexés au décret du 25 juin 1883, a été constituée sur les mêmes bases que celle de Saint-Pierre ; le conseil des directeurs est composé du maire de la ville et de neuf directeurs dont les fonctions durent trois ans et qui sont, chaque année, renouvelés par tiers. Les directeurs sortants sont indiqués par la voie du sort pour les deux premières années et ensuite par l'ancienneté ; ils sont indéfiniment rééligibles. Tous les directeurs sont choisis par le conseil municipal, pour un tiers parmi les membres de ce conseil et pour les deux autres tiers parmi les citoyens les plus recommandables, particulièrement les souscripteurs.

Le décret du 25 juin 1883 (art. 12) déclare qu'il ne sera pas imposé de chiffre *minimum* pour les dépôts ; le *maximum* est de 2,000 fr. depuis le décret du 21 décembre 1885.

Réunion. — Des caisses d'épargne ont été établies à la Réunion suivant décrets sous forme de règlement d'administration publique du 20 avril 1882 pour Saint-Pierre et Saint-Benoît, et du 20 décembre 1884 pour Saint-Joseph.

Les conseils municipaux de Saint-Pierre (*délibération du 3 mai 1881*) et de Saint-Benoît (*9 avril 1881*) ont voté les statuts des caisses d'épargne de leurs communes respectives, assurant leur concours financier à ces fondations, mais en demandant deux modifications aux règles métropolitaines observées, quant au reste, dans ces statuts : 1° la simplification du régime administratif des caisses par la réduction du nombre des directeurs porté à six, plus le maire, pour Saint-Benoît, et à neuf, plus le maire, pour Saint-Pierre ; 2° l'abolition de toute fixation restrictive de minimum pour la quotité des versements.

Les statuts de la caisse d'épargne de Saint-Joseph ne présentent aucune particularité saillante. Le conseil municipal, d'après l'article 4 a été astreint à voter annuellement les sommes nécessaires pour couvrir les dépenses jusqu'à ce que les bonifications accordées à l'établissement sur les dépôts, réunies aux intérêts du fonds de dotation, puissent suffire aux frais d'administration. Le nombre des directeurs est de six. Il n'est pas fixé de chiffre minimum pour les dépôts.

Diégo-Suarez. — Le décret du 2 octobre 1892, qui a institué une caisse d'épargne à Antsirane (Diégo-Suarez), a eu pour but d'aider les ouvriers et cultivateurs domiciliés dans cette colonie nouvelle à constituer de petits capitaux qu'ils pourront employer à la mise en valeur du pays. Les Malgaches eux-mêmes, entraînés par l'exemple des Européens, sont peu à peu amenés à y déposer leurs économies, au lieu de les enterrer, comme ils en avaient l'habitude.

La caisse d'épargne de Diégo-Suarez est soumise aux formes d'administration et de comptabilité qui régissent les caisses d'épargne ordinaires de la métropole. Comme dans les autres colonies, les attributions dévolues en France aux ministres de l'intérieur, du commerce et des finances sont exercées par le gouverneur, et celles dévolues au préfet sont exercées, à défaut de directeur de l'intérieur, par le secrétaire général. Le trésorier-payeur est chargé de la surveillance attribuée en France, par le décret du 15 avril 1852, aux inspecteurs et receveurs des finances.

Le nombre des directeurs est de neuf : trois membres de droit, le juge-président, le receveur de l'enregistrement et le chef du secrétariat du gouvernement, et six membres, élus pour trois ans, renouvelables par tiers chaque année. Le conseil des directeurs doit être présidé par le juge-président du tribunal de première instance ou, à son défaut, par le secrétaire général.

La caisse ne reçoit pas moins de un franc par versement du même déposant.

Nouvelle-Calédonie. — Jusqu'en 1878, les fonds de pécule des condamnés à la transportation et à la déportation étaient versés dans deux caisses spéciales à titre de dépôt simple sans produire d'intérêts. L'administration pensa qu'il serait utile de faire rapporter à ces dépôts un intérêt assez élevé pour inciter les condamnés au travail et à l'épargne ; de là la transformation des deux caisses pénitentiaires en une caisse d'épargne ayant sa constitution propre et réservée exclusivement au personnel des services pénitentiaires, libre ou condamné. Le décret du 4 janvier 1878, qui institua la caisse d'épargne pénitentiaire de la Nouvelle-Calédonie, décida qu'une subvention de 12,000 fr. par an serait allouée à cette caisse sur les fonds du budget pénitentiaire jusqu'à ce que le fonds de réserve ait atteint un chiffre de 260,000 fr. ; la caisse fut, d'ailleurs, soumise aux règles d'administration qui régissent les caisses d'épargne en France sauf quelques dispositions motivées par l'organisation même des établissements pénitentiaires.

Un décret du 13 juin 1887 a modifié celui du 4 janvier 1878 en combinant ses principales dispositions avec quelques-unes des innovations prévues par la loi du 9 avril 1881 relative à la caisse nationale d'épargne en France. — Par suite des nouvelles règles adoptées dans le décret du 13 juin 1887, la caisse d'épargne pénitentiaire de la Nouvelle-Calédonie destinée à recevoir et à faire fructifier les pécules ainsi que les dépôts volontaires des condamnés ou libérés appartenant à la déportation, à la transportation et à la relégation, et admise à recevoir par extension les épargnes du personnel libre entretenu au compte du service pénitentiaire, a été autorisée à accepter les versements faits par les sociétés de secours mutuels, les institutions de coopération, de bienfaisance et autres de même nature, établies parmi la population pénale, mais après autorisation du gouverneur.

Les femmes et enfants du personnel libre et de la population pénale furent, en outre, autorisés à effectuer des versements dans les conditions déterminées par les §§ 5 et 6 de la loi du 9 avril 1881 portant création de la caisse d'épargne postale.

Le décret de 1887 a prévu, à défaut du fonds de dotation, une subvention de l'État dont le montant doit être déterminé annuellement par la loi de finances. Les recettes normales de la caisse se composent de cette subvention et de la différence entre les intérêts servis par la caisse et le produit de ses placements. L'excédent normal des recettes sur les dépenses doit être employé à la formation d'un fonds de réserve pour suppléer au fonds de dotation.

La caisse est dirigée par le directeur de l'administration pénitentiaire qui a sous ses ordres un caissier et un sous-caissier pris dans le personnel de son administration. Le caissier est personnellement responsable et soumis au contrôle d'une commission de surveillance composée du directeur de l'intérieur président ; du trésorier-payeur de la colonie, vice-président ; du sous-directeur de l'administration pénitentiaire ; du chef du bureau des fonds du service administratif et d'un conseiller privé désigné par le gouverneur. La commission de surveillance vérifie trimestriellement les opérations de la caisse et rend compte annuellement au gouverneur des résultats de ses vérifications ; elle peut procéder à des vérifications inopinées.

Il n'y a pas de minimum ni de maximum fixé pour les versements à la caisse d'épargne pénitentiaire de la Nouvelle-Calédonie, mais lorsqu'un dépôt individuel excède 2,000 fr., la caisse achète la somme de rente nécessaire pour réduire le dépôt au-dessous de 2,000 fr. dans les conditions déterminées par les lois des 21 mai, 18 et 30 juin 1851. L'achat de rentes a lieu pour les *sociétés* quand leurs versements atteignent 6,000 fr.

La totalité des *pécules* (pécules disponibles ou de réserve) est versée d'office dans la caisse d'épargne pénitentiaire.

Il ne peut être opéré de retrait sur ces dépôts, par les condamnés, que jusqu'à concurrence du pécule disponible, sauf au moment de leur libération ou de leur mise en concession. Au décès du déposant le pécule peut être retiré de la caisse d'épargne par les ayants droit après justification de leur qualité. Le taux de l'intérêt à servir par la caisse ne peut être inférieur à 3 p. 100.

La caisse d'épargne pénitentiaire garde pour ses besoins courants une somme dont le montant est déterminé par le gouverneur, en conseil privé, sur la proposition du directeur de la caisse ; l'excédent est remis au trésorier-payeur qui en prend charge au titre de la Caisse des dépôts et consignations. Des achats de rentes peuvent être effectués, pour l'emploi de cet excédent, par les soins de la Caisse des dépôts et consignations, sur la demande de la caisse d'épargne pénitentiaire et l'ordre du trésorier-payeur.

Le gouverneur a la faculté, mais par mesure exceptionnelle, prise en conseil privé et soumise à l'approbation ministérielle, d'autoriser la caisse d'épargne pénitentiaire à n'opérer les remboursements que par acomptes de 50 fr. au minimum et par quinzaine; cette disposition a été inscrite dans le décret du 13 juin 1887 afin d'éviter les embarras qui pourraient résulter à un moment donné d'un concours de demandes de retrait excédant les fonds disponibles de la caisse.

En cas de dissolution de la caisse d'épargne pénitentiaire, les sommes qui resteraient libres, après l'acquittement des dettes de l'établissement, feraient retour au Trésor public.

SOCIÉTÉS DE SECOURS MUTUELS

Les sociétés de secours mutuels ont pour but, aux colonies comme en France, de venir en aide aux sociétaires malades, blessés ou infirmes, de servir des pensions de retraite quand les ressources de l'association sont assez élevées pour le permettre et de couvrir les frais des obsèques des membres décédés. Ces sociétés sont fort nombreuses aux colonies et, pour la plupart, approuvées par le gouverneur qui prend, à cet effet, des arrêtés. Beaucoup affectent un caractère religieux : c'est ainsi que la société de Saint-François-Xavier, à Saint-Denis (Réunion), autorisée par arrêté local du 22 janvier 1870, n'admet dans son sein que des catholiques et est dirigée par le curé de la paroisse, tandis que les frères de la doctrine chrétienne en sont les administrateurs. On peut encore citer, dans cet ordre d'idées, la société de secours mutuels approuvée par arrêté du gouverneur des établissements français de l'Inde le 20 mai 1890 et dans laquelle ne peuvent entrer que des musulmans.

Les statuts de ces sociétés d'initiative privée ne diffèrent guère de ceux des associations similaires de France. Pour citer un exemple, nous constaterons que la société de secours mutuels de Saint-Louis (Sénégal), créée par arrêté local du 8 mars 1886, a pour objet « de réunir dans un but d'assistance mutuelle tous ceux qui en font partie, de fonder une caisse de secours pour venir en aide aux besogneux, ainsi qu'à leurs veuves et à leurs orphelins ». Cette société est administrée par un conseil dont les membres sont nommés partie par le président seul, partie par le président sur la présentation du bureau. Les fonctions du président et des membres du conseil sont gratuites; le bureau se compose, outre le président, de deux vice-présidents, de quatre secrétaires et d'un trésorier. Des assemblées générales ordinaires se tiennent au siège de la société au moins une fois par mois; chaque année, à l'anniversaire de sa fondation, le bureau rend ses comptes dans une assemblée générale extraordinaire. Les procès-verbaux des séances sont inscrits *ne varietur* sur un registre spécial. Les sociétaires ne doivent, dans leurs réunions, s'occuper ni de politique, ni de religion; la violation d'un article du règlement peut entraîner l'exclusion. La société accorde des secours aux sociétaires blessés, malades, invalides; elle paie les frais de leurs obsèques en cas de décès. Tout sociétaire peut faire admettre dans la société sa femme et ses enfants au-dessus de 18 ans, mais le père de famille reste personnellement tenu du paiement des cotisations; après sa mort, la veuve et les enfants peuvent continuer à faire partie de la société.

La société reçoit aussi des membres honoraires astreints au paiement d'une cotisation.

SERVICE SANITAIRE

Le service sanitaire constitue, dans chaque colonie, un organe de protection tout spécial dont le directeur de l'intérieur a la surveillance comme étant chargé de l'exécution des arrêtés pris par le gouverneur pour éviter l'invasion des maladies épidémiques ou contagieuses, à moins que la direction n'en soit confiée au médecin en chef du corps de santé des colonies, chef de service, ce qui arrive au Sénégal (décret du 29 août 1884), à la

Guyane (décret du 31 octobre 1885[1]), à la Martinique (décret du 15 février 1890) et à la Guadeloupe (décret du 28 mars 1894).

Sauf pour ces quatre colonies qui ont été ravagées par de fréquentes et terribles épidémies et dans l'intérêt desquelles le pouvoir central a cru devoir intervenir lui-même pour fixer les bases de leur réglementation au point de vue sanitaire, ce sont des arrêtés locaux qui ont organisé le service sanitaire dans les diverses possessions d'outre-mer d'après les prescriptions générales de la loi du 3 mars 1822 régissant la matière dans la métropole.

Le service sanitaire a pour but l'observation des mesures prises pour empêcher l'importation des maladies considérées comme étant contagieuses ou comme pouvant être transportées d'un pays dans un autre par l'intermédiaire des navires où se forment des foyers d'infection. Dans l'origine, le régime sanitaire visait surtout trois maladies : la peste, la fièvre jaune et le choléra-morbus asiatique.

Il nous serait facile de donner ici le dispositif de chacun des décrets ou arrêtés locaux relatifs à l'organisation du service sanitaire dans nos diverses possessions, mais nous croyons inutile d'entrer dans un examen aussi détaillé de la question car les principes de cette organisation sont les mêmes pour toutes ; cette observation résulte de la comparaison que nous avons faite des différents textes qui peuvent ainsi se résumer :

Le service sanitaire, là où il n'est pas dirigé par le chef du service militaire de santé de la colonie, n'est pas moins toujours entre les mains d'un médecin qui a sous ses ordres un personnel spécial composé d'agents sanitaires (médecins arraisonneurs, agents et gardes sanitaires, médecin du lazaret, gardiens du lazaret) et prend le titre de *directeur de la santé*. La police sanitaire est exercée, en outre, par des commissions sanitaires composées de gens « pouvant concourir à émettre un jugement

---

1. Le décret du 31 octobre 1885 relatif au régime sanitaire de la Guyane a été modifié par un autre décret du 11 juin 1892. (*B. O. C.* 1892, p. 457.)

éclairé dans les questions maritimes se rapportant à la santé publique ».

La loi de 1822, base de toutes les réglementations locales en cette matière, a établi que les *provenances* des pays qui ne sont pas habituellement sains ou qui se trouvent accidentellement infectés, doivent être classées dans l'une des catégories suivantes ; nous respectons les termes de la loi :

1° Les *provenances* sont rangées sous le régime de la *patente brute* si elles sont ou ont été, depuis leur départ, infectées d'une maladie réputée pestilentielle, si elles viennent de pays qui en sont infectés ou si elles ont communiqué avec des lieux, des personnes ou des choses qui ont pu leur transmettre la contagion.

2° Les *provenances* sont sous le régime de la patente suspecte si elles viennent de pays où règne une maladie soupçonnée d'être pestilentielle ou qui sont en communication avec d'autres pays dont l'état sanitaire est suspect.

3° Les *provenances* se trouvent sous le régime de la *patente nette* si aucun soupçon de maladie pestilentielle n'existait dans les pays d'où elles viennent ou dans les pays adjacents.

Le régime de la patente suspecte, qui manquait de précision et causait de grands embarras, entravant souvent sans motif suffisant les relations commerciales, a été abandonné. Il n'existe plus que deux sortes de patentes en fait, la patente brute et la patente nette et tout navire doit être muni de cet acte qui rentre dans les papiers de bord indispensables et dont le capitaine a la garde.

D'après la loi de 1822, il appartient au chef de l'État de désigner dans des actes spéciaux les pays dont les provenances doivent être habituellement ou temporairement soumises aux exigences du régime sanitaire ; de fixer les mesures extraordinaires que l'invasion ou la crainte de l'invasion d'une maladie rendrait nécessaires sur les frontières de terre (création de *cordons sanitaires*) ou dans l'intérieur ; de régler le bon fonctionnement de la police sanitaire sur les côtes, dans les ports, dans les lazarets et autres lieux réservés. Ces pouvoirs sont confiés, dans les colonies, aux gouverneurs qui représentent le chef de l'État.

Dans la pratique, les mesures sanitaires se divisent en précautions à prendre avant le départ du navire, pendant la traversée et à l'arrivée.

Avant le départ du bâtiment, ces mesures consistent en visites des autorités sanitaires suivies de la délivrance de la patente de santé qui est *brute* si elle notifie l'existence d'une des maladies prévues par la loi de 1822, ou *nette* dans le cas contraire. S'il y a doute, l'interprétation de la patente au lieu d'arrivée a toujours lieu dans le sens le plus prudent; on la considère alors comme *brute*.

Pendant la traversée, le navire est soumis à des mesures d'hygiène qui consistent dans son bon entretien au point de vue de la propreté et de l'aération. En cas de décès en mer par suite de maladie suspecte, les effets ayant servi aux malades sont immergés si le navire est en route ou incinérés s'il est au mouillage. Une circulaire du ministre de la marine en date du 8 août 1884 (*B. O. M.* 1884, p. 256) décrit toutes les opérations nécessitées par le décès, à bord des bâtiments de l'État, des malades atteints de maladies contagieuses; les prescriptions de cette circulaire, quant à la destruction ou à la purification des objets ayant appartenu au malade et à la désinfection des locaux où il a reçu des soins à bord, sont suivis en principe sur les paquebots et autres navires où doit être réglementairement embarqué un médecin, mais nous ne pouvons les détailler ici, pas plus que les diverses règles afférentes à la police de la navigation. (Visites des commissions sanitaires avant le départ. — Embarquement du coffre de médicaments et de la caisse d'instruments de chirurgie. — Tenue des journaux de clinique à bord. — Étamage des ustensiles de cuisine et de table. — Conditions d'aérage et d'alimentation, etc.)

A son arrivée au port de relâche ou de destination, le navire est soumis à la formalité de la reconnaissance et de l'arraisonnement. La reconnaissance est effectuée par l'autorité sanitaire ou un agent du port délégué à cet effet à l'aide d'un questionnaire qui a pour objet de permettre à cet agent de connaître la provenance du navire et les conditions sanitaires dans lesquelles il se présente ; elle suffit pour les bâtiments ayant une patente nette, provenant directement soit d'un des ports de la France, soit d'un des ports de la colonie non signalé comme suspect. Dans les autres cas, l'arraisonnement, qui comporte des investigations très complètes, est nécessaire ; il est effectué par un médecin arraisonneur ou par un agent sanitaire qui a le droit de poser au capitaine du navire toutes les interrogations utiles ; l'arraisonnement peut motiver une inspection médicale.

Tout capitaine arrivant dans un port de nos colonies est tenu de se conformer aux règles de la police sanitaire de la colonie ; aucune communication n'est autorisée entre le bord et la terre avant la production aux autorités sanitaires du lieu des papiers de bord et l'interrogatoire auquel le capitaine doit répondre sous la foi du serment. Le navire au mouillage doit tenir arboré le pavillon jaune jusqu'à ce qu'il ait obtenu la libre pratique.

Le navire est *mis en libre pratique* et le capitaine peut opérer tout débarquement de personnes ou tout déchargement de matériel qu'il jugera nécessaire quand la patente a été reconnue *nette*.

Quand la patente est brute, le navire est soumis à certaines mesures de désinfection et placé soit en *quarantaine d'observation*, soit en *quarantaine de rigueur*.

La quarantaine est une sorte de séquestration portant sur le navire, sur l'équipage et les passagers, ainsi que sur les marchandises qui peuvent avoir véhiculé le germe de la maladie redoutée, germe qu'il s'agit de détruire.

La quarantaine est dite d'*observation* quand le navire a une patente brute ou jugée en état brut (en cas de doute) et que, d'autre part, aucune maladie ne s'est déclarée pendant la traversée, *réputée importable ou de nature suspecte* ; cette observation dure un temps déterminé par l'autorité sanitaire; le navire est simplement tenu à l'écart des autres et soumis parfois à des opérations de désinfection, mais sans que les marchandises soient débarquées pour être enfermées dans les magasins du lazaret ; l'équipage et les passagers restent à bord ou vont au lazaret selon leurs convenances.

La quarantaine est dite *de rigueur* quand le navire a eu à bord, soit au port de provenance, soit en cours de traversée, soit depuis son arrivée, des accidents certains ou seulement suspects d'une maladie réputée importable ; cette quarantaine ne peut être purgée que dans un port à lazaret, elle entraîne des mesures de désinfection générale et souvent le débarquement des marchandises au lazaret. Les hommes de l'équipage et les passagers sont internés comme quarantenaires au lazaret où ils sont visités par un médecin attaché à l'établissement et soumis à la surveillance des gardes de la santé, ne pouvant communiquer avec l'extérieur avant la levée de la quarantaine. Le navire en quarantaine de rigueur est surveillé lui-même par des gardes de santé ; il peut reprendre la mer, mais dans ce cas la patente de santé est rendue au capitaine par l'autorité sanitaire avec un visa mentionnant les conditions dans lesquelles il part.

Les quarantenaires sont traités, pour la nourriture et le logement, suivant des tarifs établis par l'administration ; les questions relatives au régime intérieur du lazaret ainsi qu'au navire en quarantaine sont portées, quand il y a lieu, devant la *commission sanitaire* de la circonscription. Ces commissions sanitaires éclairent le directeur de la santé sur toutes les difficultés qui se présentent, lui donnent des avis sur les mesures à prendre en cas d'invasion ou de menace d'une maladie réputée importable, veillent à l'exécution de tous les règlements relatifs à la police sanitaire et signalent au gouverneur les infractions à ces règles ; quand il y a lieu de changer ou de modifier les arrêtés concernant le service, ces commissions font des propositions en ce sens au directeur de la santé qui en réfère au gouverneur.

Les marchandises déposées au lazaret sont vendues aux enchères publiques si elles ne sont pas réclamées dans le délai de deux ans. Elles peuvent être vendues avant, si elles sont *périssables*, en vertu d'une ordonnance du président du tribunal de commerce ou, à défaut, du juge de paix. Le montant de la vente est acquis à l'État par prescription si les ayants droit ne le touchent pas dans le délai de cinq années. (Loi du 3 mars 1822, titre IV, art. 20.)

Les taxes sanitaires et tarifs de lazaret qui ont pour but de couvrir les dépenses du service sanitaire dans la colonie sont fixés par le conseil général et, à défaut, par le conseil d'administration et approuvés par décret.

Les patentes de santé sont visées gratuitement par les autorités sanitaires des colonies quand des navires viennent à relâcher dans leurs ports ; elles sont également délivrées sans frais aux navires qui partent de ces ports pour aller faire un voyage, quand ils ont été armés dans la colonie. La patente de santé délivrée aux colonies est conforme au modèle en usage en France, elle n'est valable que si elle a été remise au capitaine dans les quarante-huit heures qui ont précédé le départ du navire.

Les crimes, délits et contraventions en matière sanitaire font l'objet du titre II (art. 7 à 16) de la loi du 3 mars 1822. Cette loi édicte les peines les plus sévères, voire même la peine de mort dans certains cas. Le titre III (art. 17 à 19) fixe les attributions des autorités sanitaires en matière de police judiciaire et de l'état civil. D'après l'article 17, les autorités sanitaires exercent les fonctions d'officiers de police judiciaire exclusivement et pour tous crimes, délits et contraventions, dans l'enceinte et les parloirs des lazarets et autres lieux réservés ; elles y connaissent des contraventions de simple police sans appel ni recours en cassation. Les directeurs et agents du service sanitaire sont également officiers de l'état civil dans les mêmes lieux. Les actes de naissance et de décès sont dressés en présence de deux témoins et les testaments conformément aux articles 985, 986 et 987 du Code civil ; une expédition de ces actes est transmise dans les vingt-quatre heures à l'officier ordinaire de l'état civil de la commune où est situé le lazaret, lequel en fait immédiatement la transcription. Le directeur de la santé, les agents sanitaires et le directeur du lazaret ont le droit de requérir au besoin la force publique pour faire exécuter les règlements sanitaires ; les décrets relatifs à la Guyane, au Sénégal et à la Martinique leur donnent aussi tous pouvoirs pour requérir momentanément et dans les cas d'urgence la coopération des officiers et employés de la marine, des employés des douanes et des contributions, des officiers de port, des commissaires de police et des simples citoyens. Les fonctionnaires et agents du service sanitaire appelés à dresser des procès-verbaux à l'effet de constater les contraventions aux règles de la police spéciale dont ils ont le soin doivent prêter serment devant le tribunal de première instance.

TITRE IV

POSTES ET TÉLÉGRAPHES

Annexion des colonies françaises à l'Union postale universelle. — Fabrication des timbres-poste coloniaux. — Envoi des figurines aux colonies. — Surcharges. — Correspondances militaires. — Franchises postales. — Recommandations. — Lettres et boîtes de valeurs déclarées. — Cartes postales. — Échantillons. — Colis postaux. — Abonnements aux journaux. — Mandats-poste coloniaux. — Câbles coloniaux : Colonies reliées directement à la métropole. — Communications télégraphiques indirectes. — Services téléphoniques. — Paquebots postaux.

§ 1er. — SERVICE DES POSTES

La loi du 3 mai 1853 a attribué au Trésor public le produit des taxes perçues en France sur les lettres affranchies ou non affranchies destinées aux colonies, en abandonnant aux budgets locaux le montant des mêmes recettes en ce qui concerne les lettres envoyées des colonies.

Les colonies font partie de l'*Union postale universelle* depuis le 25 janvier 1876. Deux décrets, des 4 et 13 mai de la même année, fixèrent, l'un les taxes à percevoir sur les correspondances coloniales, l'autre, les règles à appliquer aux possessions françaises d'après celles de l'Union postale. Un décret du 27 mars 1879 a, de nouveau, déterminé les taxes coloniales du service postal en exécution de la loi du 19 décembre 1878 qui n'est, elle-même, qu'une application des principes posés par la convention du 1ᵉʳ juin 1878. Cette convention a établi notamment la taxe de 0 fr. 25 c. pour tous les pays faisant partie de l'Union postale.

Cette annexion des colonies françaises à l'Union générale des postes eut pour résultat d'en faire comme un même pays supportant toutes les dépenses communes et n'ayant qu'une représentation dans les congrès postaux.

Le ministre des colonies centralise les affaires des administrations locales des postes, placées sous l'autorité des directeurs de l'intérieur, en répartissant entre les diverses colonies, proportionnellement à leurs revenus, le montant des dépenses communes et en se faisant leur interprète auprès du bureau central de Berne. De son côté, le directeur de l'Union postale universelle, à Berne, ne peut s'adresser qu'au ministère des colonies pour obtenir les renseignements dont il a besoin. C'est ainsi qu'à diverses reprises les colonies ont eu à fournir des explications au bureau de Berne par l'intermédiaire du département touchant le fonctionnement interne et les règlements du service des postes sur leurs territoires respectifs.

Les tarifs des correspondances *intérieures* dans chaque colonie sont fixés *par les assemblées locales,* comme tous les tarifs des différentes taxes dont le produit revient aux budgets locaux. Le pouvoir central ne peut exercer d'action directe sur cette partie du service des postes aux colonies.

Fabrication des timbres-poste coloniaux. — Les timbres coloniaux sont fabriqués à l'atelier de fabrication de la direction générale des postes, 36, rue d'Hauteville, à Paris, et cédés par cette administration au ministère des colonies au prix de revient des matières et de la main-d'œuvre. La dépense de fabrication est répartie entre les divers services locaux au prorata du nombre de timbres qui leur est fourni.

Le ministère des colonies possède un certain stock de ces timbres et effectue les expéditions d'après les demandes des services locaux. Ce stock est pris en charge par un comptable qui en tient écritures et surveille les envois aux colonies faits à titre d'expéditions de valeurs déclarées. Le même fonctionnaire a la responsabilité d'un dépôt de chiffres-taxes, de cartes-lettres, d'enveloppes timbrées et de cartes-postales qui sont également fournis par l'administration des postes pour satisfaire aux besoins du service postal dans chaque colonie.

Les chiffres-taxes employés aux colonies ne diffèrent pas de ceux de France, mais les timbres-poste et timbres imprimés sur les enveloppes, cartes-lettres et cartes-postales sont maintenant spéciaux pour chaque colonie. Au lieu du timbre unique pour toutes les colonies qui représentait la République assise, entourée des attributs du commerce et de la navigation, il a été créé en 1892 une figurine, la même pour tous nos établissements d'outre-mer mais comportant un cartouche où se trouve inscrit le nom de la colonie. Le type du nouveau timbre colonial représente deux personnages assis sur la proue d'un navire et tenant un drapeau dont la hampe divise le timbre en deux. A gauche, c'est la navigation et à droite le commerce sous les traits de Mercure.

Ces timbres sont imprimés, d'après leur valeur, en mêmes couleurs que les timbres français, mais un cartouche vide est laissé dans le bas pour recevoir, en seconde impression de couleur rose ou bleue, le nom de la colonie.

Les nouveaux timbres forment actuellement vingt-deux séries ainsi réparties :

Afrique : Sénégal et dépendances, Soudan français, Guinée française, côte d'Ivoire, Bénin, Congo français, Obock, Protectorat de la côte des Somalis, Mayotte, Nossi-Bé, Diégo-Suarez, Sainte-Marie de Madagascar, sultanat d'Anjouan, Réunion.

Amérique : Guadeloupe et dépendances, Martinique, Guyane, Saint-Pierre et Miquelon.

Asie : Établissements de l'Inde, Indo-Chine.

Océanie : Établissements de l'Océanie, Nouvelle-Calédonie et dépendances.

Il a déjà été question de remplacer le type uniforme à nom

variant avec la colonie, par des timbres à effigie spéciale pour chaque colonie comme en Angleterre. Le premier changement effectué en 1892 a eu un double but : 1° mettre fin à une opération financière qui consistait, d'après les variations du cours du change, à envoyer d'une colonie à l'autre des valeurs représentées par des séries de timbres-poste ; 2° développer la vente des timbres-poste au profit des budgets locaux, en provoquant chez les philatélistes, si nombreux, le désir de se procurer des timbres nouveaux. Si l'on vient encore à changer le timbre existant, l'opération n'aura pas d'autre objet que de fournir un bénéfice très appréciable aux colonies auxquelles revient le produit de la vente des timbres.

Déjà Obock et Djibouti (protectorat de la côte des Somalis) ont des timbres particuliers, différant complètement des timbres à même effigie en usage dans les autres colonies, et qui sont très en vogue.

La passion des collectionneurs, leur empressement à se procurer non seulement des timbres nouveaux et entrant peu dans la circulation, mais encore des *raretés*, ont donné lieu à des opérations basées sur les *surcharges* et qui, plusieurs fois, ont motivé l'intervention de l'administration centrale des colonies.

Une surcharge, opérée à l'aide d'un composteur, donnera à la figurine une valeur différente de celle portée sur le timbre ; un timbre de 5 fr., par exemple, pourra être ainsi transformé en timbre de 0 fr. 05 c. ou réciproquement. Cette transformation, effectuée sous prétexte de pénurie dans le stock des timbres de 0 fr. 05 c. existant dans la colonie, et après autorisation du gouverneur, porte sur un nombre limité de figurines et constitue par conséquent une émission spéciale extrêmement recherchée. Réglementairement, les surcharges en valeur doivent être restreintes aux cas d'absolue nécessité quand les bureaux d'une colonie sont *complètement* démunis de timbres de circulation courante [1].

---

1. Régulièrement, les timbres des émissions antérieures à celles de 1892 ne de-

Dans le but de faciliter aux collectionneurs l'achat des timbres coloniaux en France, le sous-secrétaire d'État aux colonies a autorisé, par une décision du 1er avril 1892, la cession aux particuliers des diverses figurines en usage dans nos possessions d'outre-mer, par les soins du caissier de l'Administration centrale. L'importance prise par ce service depuis 1892 va motiver la création d'un comptable spécial qui sera chargé à la fois de l'expédition des figurines aux colonies et de leur cession aux philatélistes. (Voir l'*Appendice n° 1.*)

Correspondances militaires. — Le montant du port des lettres adressées de France aux colonies et réciproquement est de 0 fr. 25 c., comme pour tous les territoires de l'Union postale, mais la taxe n'est que de 0 fr. 15 c. pour les *correspondances militaires*.

Le régime applicable aux correspondances émanant des militaires et marins ou envoyées à leur adresse a été exposé dans le décret du 20 mars 1888. Ce décret étend le bénéfice de la taxe intérieure métropolitaine (timbre de 0 fr. 15 c.) aux lettres que les militaires ou marins d'origine coloniale, présents sous les drapeaux ou à bord des bâtiments de l'État, reçoivent des colonies françaises ou expédient à destination des colonies.

D'après ce même décret, les lettres adressées aux *militaires et marins* doivent, pour jouir du régime de faveur, être affranchies préalablement à raison de 0 fr. 15 c. ; les lettres de l'espèce *expédiées sans affranchissement* sont passibles du régime de droit commun au point de vue des taxes supplémentaires. Quant aux lettres émanant des militaires et marins, l'affranchissement préalable n'est pas une condition de leur admission au tarif réduit ; même non affranchies, elles ne sont soumises qu'au tarif intérieur métropolitain.

---

vraient plus donner lieu à surcharges, une circulaire ministérielle du 18 janvier 1894 ayant prescrit aux gouverneurs de réexpédier en France tous ces anciens timbres qui doivent être pris en charge par le comptable chargé de la vente aux particuliers.

Pour les lettres adressées aux militaires et marins en station à l'étranger et aux colonies, le droit au tarif intérieur métropolitain résulte de la qualité même du destinataire, énoncée dans la suscription. Les lettres provenant des mêmes militaires et marins doivent être frappées d'un timbre spécial : « *Correspondance des armées* », apposé par le service expéditeur.

Le décret du 20 mars 1888 ne subordonnant pas le bénéfice de la taxe réduite à *l'emploi de la voie française,* les restrictions qui pesaient à cet égard, d'après d'autres règlements, sur les lettres *des* ou *pour* les militaires et marins se trouvent donc abrogées. Ces lettres peuvent être expédiées par les voies étrangères, à condition cependant d'être déposées dans un bureau de poste français et d'être remises aux destinataires par un office également français.

Corps expéditionnaires du Tonkin, du Dahomey et du Haut-Oubanghi. — Cette correspondance jouit de la *franchise postale* prévue par la loi du 30 mai 1871 pour les lettres adressées aux militaires et marins en cours de campagne ou provenant d'eux ; mais, seules, les *lettres simples,* c'est-à-dire ne pesant pas plus de 15 grammes et transportées par service français, sont admises à bénéficier de cet avantage.

En règle générale, les taxes de faveur ou, dans le dernier cas énoncé, la *franchise postale,* ne s'appliquent qu'aux militaires, marins et assimilés ; les fonctionnaires coloniaux sont donc mis au rang des simples particuliers en cette matière. Ceci soit dit pour dissiper une erreur souvent commise ; la même remarque s'applique à la correspondance des transportés et des relégués, en cours de peine dans les colonies pénitentiaires.

Franchises postales. — Les franchises postales ont été déterminées par l'ordonnance du 17 novembre 1844.

On appelle franchise, nous dit M. Adrien Frault dans son *Manuel postal,* l'exemption de taxe accordée par la loi à certaines correspondances transportées par la poste, échangées *entre fonctionnaires publics* et exclusivement relatives au *service de l'État*. La franchise résulte soit de la qualité de l'envoyeur, soit de la qualité seule du destinataire, soit enfin des qualités réunies du destinataire et de l'envoyeur.

La qualité de l'envoyeur se connaît par l'énoncé de ses fonctions, suivi de sa signature dans la suscription de la dépêche : c'est le contreseing. La qualité du destinataire se connaît par le simple énoncé de l'adresse.

Les fonctionnaires ayant droit à la franchise postale sont limitativement désignés dans une publication officielle, le *Manuel des franchises postales*.

Dans l'intérieur même des colonies, en ce qui concerne les correspondances entre fonctionnaires locaux, les franchises sont déterminées par arrêtés du gouverneur.

Recommandations. — Les lettres et les objets admis par la poste à destination des colonies françaises peuvent être recommandés. Les conditions de fermeture, de réception, etc., sont les mêmes qu'en France.

Lettres de valeurs déclarées. — Les conditions de la déclaration, de la réception, etc., sont également les mêmes qu'en France. Le maximum de la déclaration par lettre est de 10,000 fr. Les droits à percevoir au moment de l'expédition comprennent *une taxe de 0 fr. 25 c. progressive* par 15 grammes ou fraction de 15 grammes, plus *un droit fixe de 0 fr. 25 c.* et un droit de 0 fr. 20 c. par chaque somme de 100 fr. ou fraction de 100 fr. déclarée. Toutes les colonies (sauf Saint-Pierre et Miquelon et Tahiti) participent au service des lettres de valeurs déclarées et des boîtes de valeurs déclarées.

Boîtes de valeurs déclarées. — La transmission, par voie postale, des boîtes avec valeurs déclarées a été autorisée entre la France et les colonies par un décret du 29 mars 1889. Ces boîtes ne peuvent être transportées que par des paquebots français ayant à bord des agents des postes. Le maximum de déclaration est fixé à 10,000 fr., mais aucun *minimum* de déclaration n'est assigné dans ces rapports franco-coloniaux. Les agents des postes prennent pour base de la perception des droits postaux, l'estimation des expéditeurs résultant de leur déclaration écrite en toutes lettres à côté de l'adresse, sur la boîte scellée.

La taxe applicable aux boîtes de valeurs déclarées comprend un droit fixe de 0 fr. 25 c. par envoi, puis un droit de 2 fr. jusqu'à 100 fr. et au delà des 100 premiers francs, de 1 fr. par 100 fr. ou fraction de 100 fr. Ces droits sont représentés par des timbres mis sur la boîte. Pour les lettres comme pour les boîtes de valeurs déclarées, on peut demander à la poste qu'il soit donné avis de la remise de l'envoi. On paie alors une taxe supplémentaire de 0 fr. 10 c.

Cartes postales, échantillons, etc. — Le prix des cartes postales pour les correspondances entre la France et les colonies est de 0 fr. 10 c. comme en France. Il existe aussi pour les colonies des cartes avec réponse payée à 0 fr. 20 c.

Les imprimés, papiers d'affaires, échantillons sont également admis par la poste pour les colonies.

Les échantillons ne doivent pas dépasser 350 grammes, ni 30 centimètres sur chaque face. Le tarif est de 10 centimes jusqu'à 100 grammes et, au delà, de 5 centimes pour 50 grammes ou fraction de 50 grammes.

Colis postaux. — Le service des colis postaux a été appliqué aux diverses colonies (sauf aux îles Saint-Pierre et Miquélon), par autant de décrets spéciaux et suivant les règles posées par la loi du 3 mars 1881 pour le service extérieur.

La distribution des colis postaux à l'intérieur des colonies laisse encore beaucoup à désirer ; les administrations locales expliquent ces imperfections du service par la difficulté des communications ; mais il est à souhaiter que les gouverneurs y remédient en prenant des arrêtés qui soumettent à un contrôle plus sévère les agents de transmission. Les correspondances ordinaires parviennent régulièrement, aussi bien aux bureaux de poste de l'intérieur qu'à ceux placés au bord de la mer ; il devrait en être de même pour les colis postaux.

Le service des colis postaux est exécuté au nom et sous le contrôle de l'administration des postes par les compagnies de chemins de fer en France, par les compagnies maritimes subventionnées de France aux colonies, et par les soins du service local de la poste dans chaque colonie.

Le poids des colis postaux coloniaux ne peut dépasser 3 kilogr., leur volume 20 décimètres cubes et leur dimension sur une face quelconque 60 centimètres.

Les colis postaux destinés aux colonies sont admis aux mêmes conditions que ceux destinés à l'intérieur de la France ; les prohibitions relatives aux matières dangereuses, aux correspondances écrites, aux objets précieux sont les mêmes. Ces colis sont accompagnés d'un bulletin d'expédition et d'une déclaration de douane.

L'adresse exacte du destinataire doit figurer sur le colis, et les expéditeurs sont invités à insérer dans chaque colis un duplicata de la suscription afin qu'en cas de perte de l'adresse elle-même le colis puisse être dirigé sur sa destination. L'emballage doit répondre à la durée du transport et le paquet être scellé, soit avec un cachet à la cire, soit par un plomb ou par tout autre moyen, avec empreinte ou marque spéciale de l'expéditeur.

Les colis postaux sont livrables, à la volonté de l'expéditeur, à l'agence maritime du port d'arrivée, ou à domicile quand la localité est pourvue d'un service de factage.

L'indemnité pour perte ou avarie d'un colis postal (sauf le cas de force majeure) donne lieu au remboursement d'une somme qui ne peut dépasser 15 fr., après réclamation faite dans le délai maximum d'un an à partir du dépôt du colis et sur la présentation du récépissé remis au départ à l'expéditeur. Le paiement de cette indemnité a lieu dans le délai d'un an *au plus*, pour les colis coloniaux, à partir du jour de la réclamation.

Mandats-poste coloniaux. — Les conventions relatives aux mandats-poste sont en principe applicables aux colonies, mais ce service n'y est pas encore établi et les envois de fonds faits sur France sont effectués par les agents du Trésor et non par ceux des postes, sauf à Gorée où, exceptionnellement, le receveur des postes est chargé de l'échange des mandats.

Le maximum des mandats coloniaux est de 500 fr. ; il est interdit aux comptables du Trésor aux colonies de délivrer, *le même jour,* plusieurs mandats de 500 fr. au profit du même destinataire.

Le droit à percevoir pour les mandats coloniaux comme pour les mandats français ordinaires est de 1 p. 100 sur le montant de chaque mandat, conformément à la loi du 20 décembre 1873, mais le droit ne peut être inférieur à 0 fr. 25 c. par mandat. Ce n'est donc en réalité qu'à partir de 25 fr. que le droit est *effectivement* calculé à raison de 1 p. 100.

Les mandats adressés à des militaires ou marins appartenant à un corps expéditionnaire sont exempts du droit jusqu'à 50 fr.; au delà de cette somme le droit de 1 p. 100 est perçu.

Le délai de validité des mandats coloniaux est de 9 mois.

Les *receveurs des postes,* dans certaines colonies françaises, délivrent, sur formules spéciales, des mandats qui ne sont valables que pour *l'intérieur de la colonie seulement.*

Un décret du 21 août 1892 a organisé, entre la France et les colonies, un service postal *d'abonnement aux journaux et revues.* Les receveurs des postes aux colonies sont chargés de ce service. Signalons encore, parmi les derniers actes du pouvoir métropolitain relatifs au service postal des colonies un décret du 20 mai 1893 relatif au transport en Indo-Chine des imprimés, échantillons, etc. (*B. O. C.* 1893, p. 381.)

Paquebots postaux. — Les diverses compagnies maritimes françaises qui sont chargées du service postal entre la métropole et les colonies reçoivent des subventions de l'État ; elles effectuent aussi les transports de passagers.

Ces compagnies sont les suivantes :

1° La *Compagnie générale transatlantique* qui dessert la Martinique, la Guadeloupe, et par correspondance la Guyane, ayant des départs mensuels le 9 de Saint-Nazaire, et le 22 du Havre avec escale à Bordeaux. Les lettres destinées à la Guyane partent le 9 de Saint-Nazaire.

2° Les *Messageries maritimes* qui desservent, d'une part, le Sénégal (ligne du Brésil), avec départs de Bordeaux le 5 et le 20 de chaque mois; d'autre part, Obock, Mayotte, Nossi-Bé, Diégo-Suarez, Sainte-Marie-de-Madagascar, La Réunion (ligne de Maurice) avec départ mensuel, le 12 de chaque mois, de Marseille. La même compagnie fait le service postal entre Marseille et la Nouvelle-Calédonie (par l'Australie, départ le 3 de chaque mois) et entre Marseille, l'Inde, la Cochinchine et le Tonkin (ligne du Japon), avec deux départs par mois pour Saïgon (correspondance avec la ligne du Tonkin) et un seul par mois pour Pondichéry (par transbordement, de Colombo).

La *Compagnie Fraissinet* et celle des *Chargeurs-Réunis* portent les courriers de France à nos diverses possessions de la côte occidentale d'Afrique en faisant escale à Dakar, Konakry, Grand-Bassam, Kotonou, Libreville et Loango. Les paquebots des *Chargeurs-Réunis* partent tous les deux mois, le 5 du Havre et le 10 de Bordeaux ; les paquebots de la Compagnie Fraissinet partent de Marseille, tous les mois, le 25.

Les lettres parviennent de France à Saint-Pierre et Miquelon par la voie d'Halifax (*ligne bimensuelle de Queenstown à Halifax*, sauf pendant le service d'hiver, en janvier, février et mars ; les correspondances, pendant cette période, sont acheminées par la voie de New-York). Une fois arrivées à Halifax, les correspondances sont prises par un bâtiment colonial qui exécute un service bimensuel entre Saint-Pierre et Halifax, sauf en février et en mars où le service n'a lieu qu'une fois par mois à cause de la rigueur de la saison. Les correspondances pour les bâtiments de la division navale sont dirigées sur Saint-Jean-de-Terre-Neuve, par la voie anglaise, aux soins du consul de

France, qui les fait suivre d'après les indications du commandant de la division, au moyen de deux vapeurs du commerce, lesquels, à l'arrivée du courrier d'Europe, partent de Saint-Jean pour les havres des côtes nord et sud fréquentés par les pêcheurs. Les passagers de l'État se rendent à Saint-Pierre et Miquelon par les paquebots de la ligne du Havre à New-York.

Les correspondances de France à Tahiti passent par New-York, puis arrivent à San-Francisco où une goélette à voile les reçoit pour les transporter à Papeete, le 1er de chaque mois. Ce bâtiment touche aux îles Marquises (dans le voyage d'aller) et arrive assez régulièrement à Tahiti, dans les premiers jours du mois suivant. (Durée totale du trajet : 45 à 55 jours.)

La correspondance de Tahiti pour la France est expédiée de New-York par le premier paquebot français ou anglais en partance pour l'Europe.

Les passagers de l'État pour Tahiti rejoignent ordinairement leur poste en passant par la Nouvelle-Calédonie, au moyen d'un transport de guerre qui fait les voyages entre Nouméa et Papeete ; la voie de New-York et San-Francisco n'est employée pour eux qu'exceptionnellement.

Dans chaque colonie, le fonctionnement du service de la poste, entre le chef-lieu et les diverses localités, est réglé par des arrêtés locaux et s'opère, soit par voie de mer (Martinique, Guadeloupe, Guyane, Cochinchine et Tonkin, Nouvelle-Calédonie et Loyalty), au moyen de vapeurs, soit par voie fluviale (Cochinchine) ou par route quand il n'y a pas de chemins de fer. Les archipels composant les établissements français d'Océanie ne sont mis en relation postale avec Papeete que par des bâtiments à voile ; seule, l'île de Mooréa est desservie, chaque semaine, par un vapeur. Les communications entre Tahiti et les îles Sous-le-Vent sont assez fréquentes, le commerce entre ces îles étant assez actif, mais elles n'ont rien de régulier.

§ 2. — TÉLÉGRAPHES

Câbles coloniaux. — La question des câbles télégraphiques[1] est étroitement unie à celle de l'expansion de notre domaine colonial ; comme on le verra, en lisant le simple exposé qui suit, le gouvernement français s'est adressé à des sociétés anglaises, largement subventionnées, pour mettre en communication avec la métropole la plupart de nos colonies dotées de lignes télégraphiques. Mais un courant d'opinion se forme qui tend à faire établir des *câbles français* pour remplacer les intermédiaires, coûteux en temps de paix, impossibles en cas de guerre avec l'Angleterre, auxquels nous avons eu recours jusqu'à présent ; le *télégraphe de Paris à New-York* ou câble *Pouyer-Quertier,* du nom de son fondateur, n'est plus aujourd'hui, comme il l'a été longtemps, la seule grande ligne transatlantique française. La *Société française des télégraphes sous-marins* dessert maintenant, dans la mer des Antilles, la Martinique, la Guadeloupe, la Guyane française ; c'est encore elle qui exploite le câble situé entre la Nouvelle-Calédonie et l'Australie, mettant ainsi notre colonie océanienne en contact avec le réseau des lignes européennes.

Nous passerons en revue les diverses colonies qui sont en relation télégraphique avec la métropole, en indiquant les sociétés subventionnées dans ce but, et le prix du mot par la voie directe. Les correspondances officielles paient généralement demi-taxe.

Sénégal. — Un câble sous-marin part de Dakar, touche à Saint-Louis et atterrit à Ténériffe, continué par le câble espagnol de Ténériffe à Cadix et la ligne de terre de Cadix à la frontière française. Il est exploité par la compagnie anglaise : *The*

---

[1]. La longueur des câbles sous-marins actuellement en service dans le monde entier est de 76,000 kilomètres et cependant le câble du Pacifique n'est pas encore posé. Le plus ancien de ces câbles n'a que 23 ans de date.

Spanish national submarine Telegraph, qui reçoit une subvention du gouvernement français.

Le prix du mot par la voie directe est de 1 fr. 50 c.

Les autres colonies de la côte occidentale d'Afrique, Guinée française, Côte d'Ivoire, Golfe de Bénin et Congo français, sont reliées au Sénégal par un câble qui appartient à la compagnie *The West African submarine Telegraph,* subventionnée par le gouvernement français. Ce câble part de Dakar, touche à Conakry, Grand-Bassam, Kotonou (Porto-Novo) et à Libreville (Congo français).

Prix du mot : Conakry, 5 fr. 51 c. — Grand-Bassam, 6 fr. 11 c. — Kotonou, 7 fr. 61 c. — Libreville, 8 fr. 21 c.

Martinique et Guadeloupe. — Nos colonies des Antilles sont réunies au réseau international par les câbles de la compagnie *West India and Panama Telegraph* et ceux de la *Société française des télégraphes sous-marins*.

Le prix du mot de France à la Guadeloupe ou à la Martinique est de 11 fr. 25 c. ou de 15 fr. 65 c., suivant la voie employée, *Key-West* ou Galveston.

Guyane. — La Guyane française est desservie par la *Société française des télégraphes sous-marins*. Les télégrammes doivent être dirigés directement sur Cayenne. Le prix du mot de France à Cayenne est de 13 fr. 35 c. par la voie de Key-West (Haïti).

Saint-Pierre et Miquelon. — Les îles de Saint-Pierre et Miquelon sont reliées à la France par le câble français Pouyer-Quertier, de Brest en Amérique. Trois câbles anglais atterrissent, en outre, dans la colonie.

Le prix du mot est de 1 fr. 25 c. par toutes les voies.

Obock. — La colonie française d'Obock est reliée au réseau international par un câble qui va atterrir à Perim. Le prix du mot par Marseille-Malte est de 4 fr. 40 c.

Inde française. — Le service du télégraphe est dirigé à Pondichéry par un agent du gouvernement anglais. Le prix du mot est de 4 fr. 50 c. de France à Pondichéry par la voie directe (Italie-Turquie-Fao).

Cochinchine et Cambodge. — Le prix du mot varie selon la voie employée : 5 fr. 83 c. par la voie de Turquie-Moulmein ; — 6 fr. 075 par la voie de Russie ou de Malte-Moulmein ; — 6 fr. 10 c. par la voie de Turquie-Singapore ; — 6 fr. 35 c. par la voie de Russie-Singapore ou de Malte-Singapore. Les correspondances officielles sont envoyées par Malte-Singapore à raison de 4 fr. 83 c. le mot ou par la voie de Wladiwostock, à raison de 4 fr. 68 c. le mot.

Annam et Tonkin. — L'Annam et le Tonkin sont reliés au réseau international par un câble français qui part du cap Saint-Jacques en Cochinchine, touche à Thuan-An (rivière de Hué) et atterrit à Haï-Phong (Tonkin). Ce câble est exploité par la compagnie *Eastern Extension Australasia and China Telegraph*, qui reçoit une subvention du gouvernement français, et se continue jusqu'à Hong-Kong au moyen d'un câble appartenant à la même compagnie.

La taxe par mot, de *France en Annam*, est fixée à 6 fr. 73 c. par la voie de Moulmein (Italie, Turquie et Fao).

De *France au Tonkin*, le prix du mot est de 7 fr. 23 c. par la même voie.

Pour les correspondances officielles, le mot est à 3 fr. 80 c. (Annam et Tonkin) par la voie de Wladiwostock et à 4 fr. 825 par la voie de Singapore.

Nouvelle-Calédonie. — Grâce au nouveau câble allant de Ouaco à Bundaberg, concédé à la *Société française des télégraphes sous-marins* en vertu d'une loi du 23 mars 1893, la Nouvelle-Calédonie est maintenant reliée à l'Australie (Queensland) par une ligne française. La *Société des téléphones* chargée de la construction de ce câble mesurant *230 milles* de longueur a mis seulement 70 jours pour effectuer le travail, ce qui prouve que l'industrie de la fabrication des câbles télégraphiques est maintenant en état chez nous de lutter victorieusement avec l'industrie anglaise.

La concession du câble de la Nouvelle-Calédonie a été faite à la Société française des télégraphes sous-marins pour une durée de 30 années moyennant la garantie pour les deux tiers, soit 200,000 fr., d'un produit annuel de 300,000 fr. Le troisième tiers a été assuré par les gouvernements australiens. Les dépêches du gouvernement français seront transmises gratuitement jusqu'à concurrence du montant de la garantie accordée par l'État.

La taxe par mot de France en Nouvelle-Calédonie est de 12 fr. 35 c., voie de Turquie-Singapore, par l'Italie ou par la Suisse et l'Autriche.

Les colonies, autres que celles dont nous venons de parler, n'ont pas encore de communications directes avec la métropole. Les télégrammes pour Tahiti sont dirigés sur San-Francisco et de là, par la voie *d'une goélette postale,* sur notre possession océanienne. Ce bâtiment à voile mettant de 30 à 35 jours pour accomplir sa traversée, on peut juger du temps nécessaire pour qu'une nouvelle parvienne de France aux établissements d'Océanie. Cette colonie lointaine n'est pas la seule qui soit aussi déshéritée ; une des plus vieilles et des plus importantes, la Réunion, n'est pas mieux partagée jusqu'à présent.

Les télégrammes à destination de la Réunion, de Nossi-Bé, de Mayotte, de Sainte-Marie de Madagascar, de Diégo-Suarez, passent par Zanzibar ou par Aden. Les consuls de France, dans ces deux localités, les font parvenir à destination, le premier par l'intermédiaire des paquebots de la côte orientale d'Afrique, le second par les paquebots de la ligne de la Nouvelle-Calédonie (*Messageries maritimes*) et de la ligne annexe de Mahé à Maurice. Cette situation est regrettable et on doit y remédier. Il est de toute nécessité, vu la grande importance de nos colonies de l'Océan Indien, qu'elles soient reliées directement à la métropole par des câbles spéciaux ; une autre raison, tout humanitaire, milite en faveur de cette création. Avec les données que possède aujourd'hui la science, on préviendrait les désastres occasionnés à notre marine à des périodes presque régulières par les terribles cyclones de ces parages, si on avait les moyens de les signaler à l'aide d'une ligne télégraphique reliant entre elles nos diverses colonies de la côte orientale d'Afrique et les rattachant par Mozambique ou Zanzibar au réseau européen. L'absence d'un câble dans ces mers coûte assurément beaucoup plus cher en existences précieuses, en pertes matérielles, qu'une garantie d'intérêt... L'État aura donc certainement recours à une compagnie, tôt ou tard, pour l'établissement de ce câble, mais dans l'Océan Indien, comme partout ailleurs, nos colonies doivent résister aux prétentions de leurs voisines anglaises ; le fil par lequel passeront toutes nos informations politiques et autres ne peut être que français.

Les tarifs télégraphiques dont nous avons donné les prix sont fixés par des traités avec les pays intéressés après approbation du Parlement quand il y a lieu à subvention de l'État. Les lignes télégraphiques locales sont établies en vertu d'arrêtés des gouverneurs. Les tarifs de ces lignes particulières sont réglés par les assemblées locales.

La Guadeloupe, la Martinique, la Guyane, le Sénégal et le Soudan, la Réunion, la Cochinchine, le Cambodge, l'Annam, le Tonkin sont pourvus de lignes télégraphiques intérieures. La Nouvelle-Calédonie possède un câble reliant Nouméa à la presqu'île Ducos.

Des *services téléphoniques* ont été établis dans plusieurs colonies ou doivent prochainement fonctionner dans d'autres. A la Guadeloupe une ligne téléphonique relie la ville de la Pointe-à-Pître à celle du Moule en passant par les bourgs des Abymes, de Bordeaux-bourg, du Coural et du Port-Louis, avec station dans chacune de ces localités (*Convention du 15 février 1884*). — A la Martinique un réseau de lignes téléphoniques met en communication 34 localités de Fort-de-France à Case-Navire. Ce réseau a été établi, après appel à la concurrence et par traité de gré à gré passé entre M. La Peyre et le directeur de l'intérieur, stipulant au nom de la colonie, le 20 juin 1889. Le concessionnaire de ce service jouit d'un monopole, ayant seul le droit d'établir et d'exploiter toutes autres lignes électriques qui pourraient être autorisées *pour les correspondances du public*, entre les diverses localités de la colonie et dans une même ville ou commune.

Mais la colonie a gardé la faculté de pouvoir établir des lignes *pour son service*; d'autre part, les droits de l'État, au point de vue de l'établissement des lignes que les services militaires pourraient réclamer, sont aussi entièrement réservés (*art. 2 du traité de gré à gré du 20 juin 1889*).

Par acte additionnel du 4 mars 1890, M. Louis Lacroix a été substitué à M. La Peyre comme concessionnaire de l'entreprise de ce service subventionné qui comprend toutes les correspondances électriques dans l'intérieur de la colonie de la Martinique.

TITRE V

TRAVAUX PUBLICS

Règles de l'expropriation pour cause d'utilité publique aux colonies. — Travaux à la charge du budget de l'État; travaux à la charge des budgets locaux. — Principaux travaux accomplis aux colonies : Chemin de fer et port de la Réunion; — chemins de fer de Dakar à Saint-Louis et du Sénégal au Niger.

De l'expropriation. — L'exécution des grands travaux publics tels que les chemins de fer et les ports motive, aux colonies comme en France, des expropriations pour cause d'utilité publique. Avant d'examiner les principaux travaux accomplis par l'État dans nos possessions d'outre-mer, nous devons donc étudier la question de l'expropriation, surtout au point de vue des *quelques* règles spéciales au régime colonial, car les *principes* en cette matière sont les mêmes que dans la métropole où elle est encore régie par la loi du 3 mai 1841.

L'expropriation pour cause d'utilité publique a fait l'objet, pour les vieilles colonies, d'un sénatus-consulte spécial du 3 mai 1856, dont les dispositions se rapprochent sensiblement de celles de la loi de 1841, sauf pour la procédure qui a été simplifiée et mise en harmonie avec les pouvoirs qui remplacent au loin ceux existant en France.

L'expropriation publique, ou aliénation forcée d'un immeuble pour cause d'utilité publique, est une restriction au droit de propriété et exige une indemnité préalable. L'intérêt des particuliers comme celui du Trésor sont engagés par ces actes d'expropriation ; dans la métropole le législateur doit intervenir pour déclarer *l'utilité publique* qui est leur seule raison d'être. Tous les grands travaux publics, chemins de fer, canaux, bassins, donnent lieu en France à des enquêtes administratives suivies d'une loi qui établit l'*utilité* générale de ces travaux. Les œuvres d'importance secondaire, les rectifications de routes, les embranchements de chemins de fer de moins de 20 kilomètres, etc., peuvent être autorisées par des décrets réglementaires, le chef du pouvoir exécutif agissant alors par délégation du pouvoir législatif.

Aux colonies, l'*utilité publique* est déclarée, après enquête administrative, par décret en Conseil d'État ou par arrêté du gouverneur en conseil privé, selon que les travaux sont à la charge de l'État ou à la charge du budget local. Telle est la règle adoptée, d'après le sénatus-consulte du 3 mai 1856, non seulement à la Martinique, à la Guadeloupe et à la Réunion, mais encore dans toutes nos possessions, sauf à Mayotte, à Nossi-Bé et en Nouvelle-Calédonie où l'expropriation pour cause d'utilité publique n'est pas encore réglementée. Les derniers décrets relatifs à l'organisation de l'expropriation aux colonies s'appliquent aux établissements français de l'Océanie (où la législation sur ce point est analogue à celle établie en Cochinchine et au Sénégal par les décrets des 16 février 1878 et 15 février 1889) et à l'Indo-Chine.

Le décret du 14 juin 1893 concernant l'expropriation *pour cause d'utilité publique* en Annam et au Tonkin abroge un arrêté du résident général du 22 juin et une ordonnance royale du 10 juin 1866 qui ne répondent plus aux besoins actuels du pays, de grandes modifications ayant été apportées au régime de la propriété des Européens et particulièrement des citoyens et protégés français. Sauf quelques dispositions spéciales au pays, le décret du 14 juin 1893 n'est que la copie des actes antérieurs réglementant la même matière dans les autres possessions françaises. Nous nous appuierons surtout sur les dispositions du décret du 18 août 1890 relatif aux établissements français de l'Océanie pour expliquer dans ses grandes lignes le système de l'expropriation aux colonies.

Une fois la déclaration d'utilité publique faite par le pouvoir compétent, l'autorité administrative doit intervenir pour désigner les immeubles à exproprier. C'est au gouverneur, agissant alors en vertu de ses attributions administratives, que revient ce soin ; dans un arrêté pris en conseil privé il désigne les territoires sur lesquels les travaux sont à effectuer et, dans un arrêté ultérieur, il détermine les propriétés particulières auxquelles l'expropriation est applicable. Cette application ne peut être faite à aucune propriété particulière qu'après que les parties intéressées ont été mises en état de fournir leurs *contredits*.

Le plan parcellaire des terrains ou immeubles bâtis dont la cession paraît nécessaire est levé par le chef des travaux, ingénieur ou conducteur des ponts et chaussées de la colonie avec mention des noms des propriétaires des terrains ou édifices. Ce plan est déposé pendant quinze jours dans les bureaux du maire de la localité où les travaux doivent être faits.

Les parties intéressées sont averties qu'elles ont à prendre communication du plan au moyen d'affiches et d'une insertion de l'avis dans le journal officiel de la colonie. Le maire ou l'administrateur consigne toutes les réclamations qui lui sont faites dans un procès-verbal qu'il ouvre à cet effet. A l'expiration des quinze jours, une commission présidée par un représentant du directeur de l'intérieur et composée de membres comptant parmi les propriétaires de la colonie choisis par le gouverneur, du maire ou de l'administrateur dans la circonscription duquel se trouvent les propriétés à exproprier, et de l'un des ingénieurs chargés de l'exécution des travaux, se réunit dans la maison commune ou à la résidence de l'administrateur et y siège pendant huit jours pour recevoir les observations des propriétaires. Le président de la commission adresse son procès-verbal au directeur de l'intérieur. Si la commission a opéré quelque modification au tracé des ingénieurs, les propriétaires en sont avisés par des affiches et par le journal officiel de la colonie.

Pendant huit jours, à dater de cet avertissement, le procès-verbal et les pièces annexes restent à la disposition des parties intéressées ou leur sont communiqués. Sur le vu du dossier, le gouverneur détermine, par un arrêté motivé, les propriétés qui doivent être cédées et l'époque de la prise de possession. Quand l'expropriation est demandée par une ville dans un intérêt purement communal ou en matière de petite voirie, le procès-verbal de la commission d'enquête administrative est adressé au directeur de l'intérieur par le maire avec l'avis du cônseil municipal.

A défaut de conventions amiables soit avec les propriétaires intéressés, soit avec leurs représentants (tuteurs, curateurs...), le directeur de l'intérieur transmet au procureur de la République l'arrêté du gouverneur qui autorise l'exécution des travaux et celui qui détermine les propriétés à exproprier. Dans les trois jours et sur la production des arrêtés constatant la *déclaration d'utilité publique* et désignant les localités sur lesquelles les travaux doivent avoir lieu, ainsi que des procès-verbaux de la commission d'enquête administrative, le procureur de la République requiert et le tribunal prononce *l'expropriation pour cause d'utilité publique* des terrains ou bâtiments indiqués par le gouverneur.

Si, dans l'année de l'arrêté du gouverneur, l'administration n'a pas poursuivi l'expropriation, tout propriétaire dont les terrains sont compris audit arrêté peut présenter requête au tribunal. Cette requête sera communiquée par le procureur de la République au directeur de l'intérieur qui devra, dans le plus bref délai, renvoyer les pièces, et le tribunal statuera dans les trois jours.

Dans le cas où les propriétaires à exproprier consentiraient à la cession, mais où il n'y aurait point accord sur le prix, le tribunal donnera acte de ce consentement, sans qu'il soit besoin de rendre le jugement d'expropriation, ni de s'assurer que les formalités de l'enquête administrative ont été remplies.

Le jugement qui prononce l'expropriation ou qui donne acte aux propriétaires de leur consentement est publié et affiché, par extrait, dans la commune ou le district de la situation des biens. Il est en outre inséré au journal officiel de la colonie.

Cet extrait, contenant les noms des propriétaires, les motifs et dispositif du jugement, leur est notifié au domicile qu'ils auront élu dans l'arrondissement de la situation des biens par une déclaration faite au chef-lieu de la commune ou du district, ou dans les bureaux de l'administrateur duquel ressort la localité où se trouvent lesdits biens ; dans le cas où cette élection de domicile n'aurait pas eu lieu, la notification de l'extrait sera faite, en double copie, au maire ou à l'administrateur, suivant les circonstances, et au fermier, locataire, gardien ou régisseur de la propriété.

Le jugement prononçant l'expropriation ne peut être attaqué que par la voie du *recours en annulation* devant la cour ou le tribunal supérieur de la colonie et seulement pour incompétence, excès de pouvoir ou vice de forme. On supprime, aux colonies, le pourvoi en cassation en matière d'expropriation publique pour éviter les retards de procédure.

Après un délai de huit jours, le jugement étant rendu, l'administration de la colonie notifie aux propriétaires et autres intéressés (usufruitiers, usagers, etc., qui ont dû faire valoir leurs droits dans ce laps de temps) le montant de la somme qu'elle offre à titre d'indemnité.

Les ayants droit ont quinze jours pour accepter les offres qui leur sont faites ou, s'ils les refusent, pour faire connaître leurs prétentions.

Les gouverneurs qui peuvent consentir à l'aliénation des biens de l'État s'ils y sont autorisés par le pouvoir central, peuvent aussi accepter les offres d'indemnités pour expropriation de ces biens ; de même pour les biens de la colonie, après délibération du conseil général.

Les maires des communes et administrateurs des établissements publics qui ont la faculté d'aliéner les biens de la commune ou desdits établissements après délibération du conseil municipal ou avis du conseil d'administration de l'établissement approuvé par le gouverneur peuvent également, sous les mêmes garanties, accepter les offres d'indemnités pour expropriation.

Quand les offres de l'administration ne sont pas acceptées dans les délais réglementaires par les propriétaires ou leurs créanciers, le règlement de l'indemnité est confié à un jury spécial composé de notables ayant leur domicile réel dans la colonie, y possédant des propriétés ou y payant patente, inscrits sur une liste dressée annuellement par une commission que préside le directeur de l'intérieur et comprenant deux conseillers privés choisis par le gouverneur et deux membres de la Chambre de commerce élus par cette chambre.

S'il y a lieu de recourir à ce jury spécial, la cour ou le tribunal dans les arrondissements qui n'ont pas de cour (ou le tribunal supérieur à Tahiti) désigne le magistrat *directeur du jury* et choisit sur la liste annuelle cinq notables pour former le jury, ainsi que deux jurés supplémentaires. Les jurés ne doivent se trouver dans aucun des cas d'incapacité prévus par la loi et n'avoir aucun intérêt dans l'affaire pour siéger valablement.

L'indemnité allouée par le jury ne peut en aucun cas être inférieure aux offres de l'administration ou supérieure à la demande de la partie intéressée.

La décision du jury, signée des membres qui y ont concouru, est remise par le président au magistrat directeur qui la déclare exécutoire, statue sur les dépens et envoie l'administration en possession de la propriété, à charge par elle d'acquitter préalablement entre les mains des ayants droit les indemnités réglées par le jury. Si les intéressés se refusent à recevoir l'indemnité, la prise de possession aura lieu après offres réelles et consignations.

En cas d'urgence, quand il s'agit de travaux publics ordinaires, un arrêté du gouverneur déclare l'urgence et les délais de procédure sont diminués ; dès que le jugement d'expropriation et l'acte déclarant l'urgence ont été signifiés aux propriétaires des terrains ceux-ci doivent faire connaître le montant de leurs prétentions ou on procède en leur absence. Le tribunal fixe le montant de la somme à consigner en faveur des propriétaires ; il peut ordonner une expertise préalablement, mais cette opération doit être terminée dans les cinq jours. Sur le vu du procès-verbal de consignation et sur une assignation à deux jours de délai au moins, le président du tribunal ordonne la prise de possession. Il est procédé à la fixation définitive de l'indemnité dans les formes ordinaires, après la prise de possession. Si la fixation est supérieure au montant de la consignation, le supplément doit être consigné dans les quinze jours qui suivent la notification de la décision du jury ; si elle est inférieure, le magistrat directeur du jury ordonne le remboursement de l'excédent à l'administration.

Quand il s'agit d'expropriations pour travaux militaires urgents, toute formalité préliminaire est supprimée, des arrêtés du gouverneur déclarent spécialement l'urgence, autorisent les travaux, déclarent l'utilité publique et désignent les propriétés bâties ou non bâties auxquelles l'expropriation est applicable. Il y a lieu à indemnité provisionnelle, puis à indemnité définitive réglée par le jury comme dans le cas de travaux ordinaires urgents.

Il peut y avoir lieu, en cas de travaux militaires urgents, à occupation temporaire de terrains *non bâtis*.

L'indemnité annuelle représentative de la valeur locative de ces propriétés et du dommage résultant du fait de la dépossession est réglée à l'amiable ou par autorité de justice.

Lors de la remise de terrains qui n'ont été occupés que temporairement, l'indemnité due pour les détériorations causées par les travaux ou par la différence entre l'état des lieux au moment de leur remise et l'état constaté par le procès-verbal descriptif est payée sur règlement amiable ou judiciaire.

Si, dans le cours du premier trimestre de la troisième année d'occupation provisoire, le propriétaire n'est pas remis en possession, il peut exiger et l'État devra payer l'indemnité pour la cession de l'immeuble qui deviendra dès lors propriété publique.

Dans ce cas, l'indemnité foncière sera réglée d'après l'état de la propriété *au moment où elle a été occupée*, état fixé par un procès-verbal descriptif.

Les travaux publics aux colonies[1]. — Les travaux publics se divisent naturellement en deux grandes catégories. La première comprend les travaux d'utilité générale ; la seconde, tous les travaux ayant un caractère essentiellement local.

Les travaux d'utilité générale sont une des charges de l'État qui doit les exécuter avec ou sans le concours des budgets locaux. Les travaux d'intérêt local incombent aux administrations locales qui en assurent l'exécution par leurs propres moyens, avec ou sans le concours pécuniaire de l'État, mais sous son contrôle.

Les travaux d'utilité générale peuvent être répartis dans les quatre groupes principaux suivants, et il est aisé de voir dans quelle mesure peut y intervenir l'intérêt colonial proprement dit :

1° *Les travaux militaires* nécessaires non seulement pour assurer la sécurité du territoire colonial, mais encore pour les grandes combinaisons des guerres modernes. Ces travaux sont exclusivement à la charge de l'État qui ne peut évidemment déléguer à personne le soin de les exécuter et de les entretenir.

2° *L'éclairage des côtes,* un des devoirs les plus étroits de toute nation civilisée. Il est difficile, dans certains cas, d'attribuer à ces travaux le moindre intérêt local et, par conséquent, de réclamer le concours pécuniaire des pouvoirs locaux ; mais le plus souvent l'éclairage, au lieu de signaler simplement un écueil à éviter, sert à indiquer le point d'atterrissage et à rendre facile et sûre cette opération délicate. C'est alors un élément indispensable dans les relations des colonies avec l'extérieur et il

---

1. Ces notions techniques sur les travaux publics aux colonies nous ont été très obligeamment fournies par M. Sunis, ingénieur en chef des colonies, adjoint à l'inspecteur général des travaux coloniaux, auquel nous tenons à témoigner ici toute notre gratitude. — E. P.

n'est que juste, dans ces conditions, qu'elles participent largement aux dépenses d'un service dont elles profitent.

3° *Les ports maritimes* classés en France en ports de guerre ou arsenaux maritimes et en ports de commerce. Les premiers sont réservés à la marine de l'État. Ce sont, en effet, de véritables forteresses, d'un genre spécial sans doute, dont les installations ne sauraient convenir aux besoins du commerce qui, pour d'autres raisons, d'ailleurs, en est absolument exclu. Les ports de commerce sont non seulement distincts des ports de guerre, mais encore, le plus souvent, fort éloignés d'eux, parce que leur situation géographique est déterminée par des considérations tout autres que celles dont on s'est préoccupé pour choisir l'emplacement des arsenaux maritimes. Les établissements commerciaux sont naturellement ouverts aux navires de guerre; ils sont même armés pour servir au besoin de refuge à ces navires et pour défendre le littoral, principalement l'accès des grands cours d'eau à l'embouchure desquels ils se trouvent.

Dans les colonies, la distinction entre les ports de guerre et les ports de commerce n'est que rarement aussi complète. Les points stratégiques les plus importants sont évidemment destinés à recevoir tôt ou tard des installations militaires semblables à celles des ports de guerre en France, et les établissements commerciaux devront alors nécessairement être séparés de ceux de la marine de l'État, mais, au début des entreprises de colonisation, on procède plus simplement : les ports sont communs jusqu'à ce que les intérêts grandissants se groupent naturellement sur les points qui leur sont le plus favorables, rarement les mêmes. En effet, le commerce a surtout besoin de débouchés faciles et économiques dans l'intérieur du pays, et les ports ne sont, à proprement parler, que des lieux de transit pour les marchandises.

Les fleuves qui offrent les moyens de transport les meilleurs à tous égards, vitesse exceptée, présentent, dans la partie maritime de leur cours où les navires de mer aussi bien que les bateaux de rivière peuvent accéder, les conditions les plus avantageuses pour la fondation des grands centres commerciaux. La marine de guerre ne peut utiliser les fleuves pour les opérations militaires que dans des circonstances très exceptionnelles qui se rencontrent, il est vrai, plutôt dans les colonies que dans les pays d'Europe. Ce cas s'est présenté, par exemple, à Saïgon, en Cochinchine. Cette ville, située à une grande distance dans l'intérieur des terres, peut communiquer avec la mer par plusieurs branches du Mé-Kong, ce qui constitue pour une flotte de guerre un abri très sûr pour effectuer son ravitaillement et préparer ses opérations offensives. D'autre part, la facilité de prendre la mer par plusieurs points différents de la côte oblige, si l'on veut bloquer le port, d'entretenir une croisière à chacune de ces issues et d'immobiliser ainsi une force navale considérable. Il a bien fallu, dans ces conditions, que les intérêts du commerce et ceux de la marine de l'État se développassent dans le même endroit. Toutefois, les exigences spéciales des règlements des places de guerre et la gêne qui en résulte pour le commerce qui a besoin d'une grande liberté ont amené, là encore, la séparation des ports qui sont contigus, mais parfaitement distincts.

4° Le dernier groupe de travaux où l'action de l'État doit être prépondérante, est celui qui comprend les *grandes voies de communication* terrestres et fluviales. Le service de construction, d'aménagement et d'entretien des principales artères qui relient les territoires de pays éloignés, souvent fort différents sinon opposés d'intérêts, ne peut être qu'un service d'État. L'intérêt général est, en effet, le seul qui puisse assurer l'établissement rationnel et la conservation des grandes voies artificielles de communication.

L'histoire des voies de communication en France montre, en effet, que toutes les tentatives qui ont été faites pour remettre le soin de l'entretien des routes à longs parcours aux autorités locales ont abouti à la rapide décadence du système tout entier.

Ainsi, les travaux militaires, l'éclairage des côtes, la construction des ports de guerre, la construction et l'entretien des grandes voies de communication sont d'intérêt général et, au premier chef, des travaux d'État, lequel peut, dans certains cas, faire appel au concours des colonies qui en profitent directement, mais non se soustraire à l'obligation de les entreprendre et de les exécuter.

La diversité des travaux locaux rend plus difficile leur groupement. Cependant, on peut citer au nombre des principaux, les ports secondaires, les alimentations d'eau, les travaux de petite voirie, les édifices publics.

Pour la plupart de ces travaux, dont l'importance est mesurée au nombre des habitants et à l'activité commerciale du pays, les ressources locales suffisent. Les colonies ont, d'ailleurs, le droit de contracter des emprunts pour leurs travaux extraordinaires, et un certain nombre d'entreprises coloniales ont été réalisées par ce moyen. Mais si la faculté d'emprunter existe toujours, en fait, la possibilité de l'emprunt n'est acquise que lorsque les budgets sont parfaitement assis et présentent toutes les garanties pour la régularité du service de la dette. Les colonies, à leur origine, ne sont pas dans ce cas, et elles ne peuvent s'adresser qu'à l'État, à la libéralité duquel sont dues la plupart des installations essentielles à la vie publique coloniale.

Enfin, l'État intervient, d'une manière permanente, en faveur de plusieurs colonies par la concession gratuite de la main-d'œuvre pénale pour l'exécution de leurs travaux, notamment des travaux de routes.

Le rôle de l'État aux colonies, en matière de travaux publics, est donc bien défini en principe. Son action, jusqu'à présent, a été très réelle et très suivie, mais elle s'est surtout manifestée sous la forme d'aide dans les débuts des colonies, d'assistance généreuse, jamais refusée, pour la réparation des désastres dont elles ont pu être atteintes. Le nombre des grands travaux exécutés et entretenus par l'État en vertu du principe d'utilité générale est encore assez restreint dans nos possessions extérieures, sauf, toutefois, en Algérie dont l'organisation est, du reste, aujourd'hui à peu près la même que celle de la France.

Dans nos anciennes colonies, l'Inde française, les Antilles, la Guyane, tous les travaux, sauf l'éclairage des côtes, ont un caractère exclusivement local. Le port de Fort-de-France à la Martinique est cependant considéré comme un des points d'appui et de ravitaillement les plus importants pour la flotte ; à ce titre, l'État a contribué pour un quart environ dans la dépense de construction d'une forme de radoub que la colonie a cru nécessaire d'établir pour attirer et retenir les nombreux navires de commerce qui trafiquent dans les Antilles.

A la Réunion et au Sénégal, l'État a exceptionnellement entrepris des travaux de port et de chemins de fer considérables.

En ce qui concerne les nouvelles acquisitions coloniales de la France en Asie et en Afrique, leur étendue immense, leurs relations de voisinage soit avec des pays de civilisation ancienne, habités par des populations denses, industrieuses et bien administrées comme en Indo-Chine, soit avec des pays eux-mêmes en voie d'organisation comme dans l'Afrique occidentale ; les richesses de toute nature qu'elles contiennent ; les exigences politiques des relations intérieures et internationales, etc., y rendent nécessaire l'exécution de programmes de travaux publics bien conçus, satisfaisant dans une juste mesure tous les intérêts et dont l'application doit se faire graduellement en procédant d'une façon rationnelle du plus urgent au moins pressé. Mais la date de ces acquisitions est encore trop récente, la prise de possession pour quelques-uns de ces territoires est encore trop imparfaite, pour que l'on ait pu sortir de la période d'étude, sauf sur quelques points spéciaux, et passer à l'exécurion.

Chemin de fer et port de la Réunion. — Les ports que la France possède dans ses colonies sont assez nombreux, mais la plupart sont simplement des mouillages plus ou moins bien abrités naturellement et complétés par des installations à terre. Dans quelques-uns on a construit des quais ou des appontements pour l'usage des navires de petite dimension seulement.

Un seul établissement maritime important ayant des quais

où peuvent aborder les grands navires, et pourvu de l'outillage nécessaire à leurs promptes opérations ainsi qu'aux réparations dont ils peuvent avoir besoin, sauf celles qui exigent la mise à sec, a été construit à la Réunion, à l'extrémité N.-O. de l'île désignée sous le nom de « Pointe des Galets ». Un chemin de fer à voie de 1 mètre enserrant l'île sur les trois cinquièmes environ de son pourtour (de Saint-Pierre à Saint-Benoît en passant par Saint-Denis) et longeant le littoral, vient se rattacher au port de la Pointe des Galets qui se trouve situé à peu près au milieu de cette ligne ferrée dont le développement total est de 126 kilomètres, dont 14 kilomètres d'ouvrages d'art.

La construction et l'exploitation du port et du chemin de fer de la Réunion ont été concédées en 1877 par une loi approuvant une convention passée par le ministre de la marine à une compagnie qui ne put tenir les engagements qu'elle avait pris. Des imprévisions considérables en cours de construction du port, notamment la présence, non reconnue par les sondages insuffisants pratiqués au moment des études, d'un banc de galets agglomérés, augmentèrent dans de très fortes proportions les dépenses et obligèrent la compagnie à interrompre son œuvre. L'État dut prononcer la déchéance et reprendre l'entreprise à son compte au mois de décembre 1887. Les dépenses effectuées par la compagnie s'élevaient à 61,300,000 fr. provenant d'emprunts réalisés avec la garantie de l'État, du capital social et d'avances de l'État.

L'intérêt annuel garanti par l'État est de 2,495,000 fr. s'appliquant exclusivement aux obligations.

La succession était particulièrement mauvaise. Le chemin de fer, en exploitation depuis le 14 février 1882, donnait des résultats satisfaisants au point de vue des recettes ; mais un entretien complètement négligé s'ajoutant à une exécution hâtive et peu soignée rendait indispensables et urgents des travaux de réfection d'une importance exceptionnelle. Quant au port, bien qu'ouvert à l'exploitation depuis le 1ᵉʳ février 1886 à titre provisoire et depuis le 1ᵉʳ septembre de la même année à titre définitif, il était loin d'être achevé. De plus, les mécomptes éprouvés en cours d'exécution n'étaient pas les seuls que dût rencontrer l'exécution du projet.

Les considérations techniques qui, indépendamment des raisons d'ordre économique, avaient décidé du choix de la plaine des Galets pour le creusement des bassins, étaient tirées de la situation de cet emplacement sur la côte la mieux abritée de l'île permettant au port, en cas de cyclone, d'offrir un refuge sûr, accessible aux navires longtemps après que tous les autres points du littoral de l'île ont été atteints. D'autre part, la côte très saine, à pentes fortes et régulières, présentait les caractères les plus favorables pour la conservation de l'entrée. Malheureusement, les observations et les déductions qui avaient conduit les promoteurs du projet à envisager la plage comme arrivée à une stabilité parfaite manquaient d'exactitude, et le port à peine achevé, on eut à lutter contre l'obstruction de l'entrée par les galets poussés incessamment en quantités considérables par les raz de marée très fréquents et très violents pendant plusieurs mois chaque année. L'entretien du port se trouve, de ce fait, grevé de frais de dragage très élevés qui pèsent encore et continueront de peser lourdement sur l'exploitation jusqu'à ce qu'on ait trouvé le moyen de supprimer ou d'enrayer ce travail d'alluvionnement marin ou, plutôt, de mettre l'entrée du port à l'abri de ses effets.

L'État eut donc, après le prononcé de la déchéance de la compagnie, à faire face à une situation très grave à tous les points de vue. L'administration des colonies s'est acquittée de cette tâche d'une façon très remarquable. Aujourd'hui, le port et le chemin de fer sont en bon état. Avec des ressources très restreintes provenant presque entièrement de l'exploitation, on a pu parachever les installations du port, conserver au chenal les dimensions suffisantes pour assurer l'entrée des navires, refaire en partie les ouvrages d'art du chemin de fer, rectifier même les principales défectuosités du tracé et abaisser par suite les dépenses de traction et d'entretien. Enfin, l'exploitation elle-même, organisée avec beaucoup de soin et d'économie, donne, avec la régie de l'État, des résultats aussi satisfaisants que possible, et l'administration, en présence de l'augmentation régulière des recettes, a cru devoir procéder déjà à une réduction des tarifs. Pour l'ensemble des opérations du chemin de fer et du port, les recettes réalisées par l'État sont :

En 1888 . . . . 1,125,975ᶠ63
— 1889 . . . . 1,359,788 58
— 1890 . . . . 1,504,653 92
— 1891 . . . . 1,665,105 96
— 1892 . . . . 1,801,462 16

Il est permis d'espérer que cette marche ascendante continuera encore et que les recettes totales dépasseront prochainement deux millions de francs. Quand le maximum sera atteint et que l'exploitation aura pris une allure normale, c'est-à-dire n'aura plus à supporter les dépenses des travaux de réfection et de parachèvement qui ne sont encore qu'incomplètement exécutés, mais seulement les dépenses d'un entretien ordinaire, les excédents de recettes sur les dépenses atteindront certainement un chiffre assez considérable. Néanmoins, cette prospérité, vers laquelle l'entreprise s'achemine rapidement, ne sera jamais que relative ; l'État aura toujours à sa charge la plus grosse partie de l'annuité nécessaire au service de l'intérêt et de l'amortissement des emprunts contractés, avec sa garantie, par la compagnie pour la construction.

On a donc pu dire avec une apparence de vérité que le chemin de fer et le port de la Réunion constituaient une opération très mauvaise pour l'État et qu'il est regrettable qu'elle ait été entreprise avec sa participation. Cette appréciation n'est pas seulement inexacte, elle manque aussi d'équité. Si les prévisions du projet ne se sont pas toutes réalisées, il en est au moins une, et des plus importantes, qui n'a donné lieu à aucun mécompte ; c'est la sécurité que trouvent les navires dans le port de la

Pointe des Galets pendant les cyclones. A cet égard, cet établissement maritime constitue un véritable bienfait pour la colonie qui n'a pas, dans toute l'étendue de ses côtes, un seul abri où les marins puissent se réfugier au moment de ces ouragans. Ce n'est pas que la plaine des Galets soit à l'abri des cyclones, mais grâce à sa position, elle ne peut être atteinte que longtemps après tous les autres points du littoral de l'île, ce qui donne aux navires le temps de venir se garer dans le port. Sans doute, les grands bâtiments à vapeur qui fréquentent la colonie de la Réunion courent assez peu de risques pendant ces tempêtes, quand ils sont en pleine mer; mais les bateaux de petit tonnage, ceux à voiles principalement, qui circulent autour de l'île ou font le cabotage avec Maurice et Madagascar sont exposés à se perdre entièrement. Ces catastrophes étaient malheureusement très communes et le port de la Pointe des Galets a certainement diminué dans une grande mesure le nombre des naufrages que l'on avait à enregistrer après chaque cyclone. Cette considération seule justifie les sacrifices pécuniaires nécessités par sa construction.

D'ailleurs, le coût très élevé, trop élevé même, des travaux d'établissement comparés au revenu net de l'exploitation ne suffit pas pour apprécier l'intérêt financier que peut avoir l'État dans une entreprise telle que celle du chemin de fer et du port de la Réunion. Les sommes consacrées par l'État aux travaux publics ne sont pas, en effet, productives de la même façon que les placements de fonds des particuliers. Outre les revenus directs provenant d'une exploitation de chemin de fer, l'État a encore une part de bénéfice plus ou moins directe, sous forme d'impôts, dans les transactions commerciales, et cette part augmente naturellement si les transactions devenues plus faciles sont, par suite, plus nombreuses et plus importantes.

Quoi qu'il en soit, la France possède à la Réunion un port bien outillé, auquel il ne manque qu'un bassin de radoub. Les navires, dans la mer des Indes, ne trouvent la possibilité de nettoyer leur coque, de la réparer extérieurement, de changer d'hélice, etc., qu'à l'île Maurice, appartenant à l'Angleterre[1]. Encore, les bâtiments dont la longueur atteint 120 mètres ne peuvent-ils y trouver place Les difficultés qui peuvent naître, pour nos navires, de l'usage d'un port anglais, peu hospitalier aux marines étrangères, l'insuffisance, d'ailleurs, du bassin de Maurice rendent très désirable l'exécution d'une cale sèche en terre française. A l'origine des travaux du port de la Pointe des Galets, il entrait dans les vues d'avenir d'y construire cet ouvrage annexe ; depuis lors, les intérêts de la France dans la mer des Indes se sont beaucoup modifiés, ses possessions se sont étendues et l'utilité de grands ateliers de réparation comprenant un bassin de radoub est devenue encore plus urgente. Mais, pour de semblables établissements qui intéressent au plus haut point la marine de guerre, la situation très exposée de la Pointe des Galets ne saurait convenir, et la réalisation de ce projet aura vraisemblablement lieu sur un autre emplacement mieux choisi de nos possessions de la mer des Indes.

Le port de la Pointe des Galets se compose d'un avant-port qui communique d'une part avec la mer au moyen d'une entrée directe protégée par deux jetées en maçonnerie et, d'autre part, avec un bassin intérieur au moyen d'un canal de jonction. Le bassin intérieur ou port proprement dit se compose de deux rues principales séparées par un terre-plein sur lequel s'élèvent des magasins-entrepôts. Tous les quais de ce bassin et des rues sont pourvus de voies ferrées reliées au chemin de fer.

Le port de la Pointe des Galets, ouvert à la navigation le 1er septembre 1886, occupe une surface au plan d'eau de 16 hectares et a une profondeur de 8 à 9 mètres. Les travaux ont coûté plus de 57 millions[2].

---

[1]. Il existe bien un bassin de radoub dans le port de Saint-Pierre (Réunion), mais ce bassin, de petites dimensions (90 mètres de longueur), ne peut servir aux grands navires. — Le port de Saint-Pierre commencé en 1854 a été exécuté aux frais de l'État et de la colonie après bien des difficultés; il n'a été ouvert à la navigation qu'en 1883.

[2]. La police du port de la Pointe des Galets a fait l'objet d'un décret du 17 juillet 1893. (*J. O.* du 31 août 1893.)

Les magasins sont suffisants pour recevoir de grandes quantités de marchandises, principalement les sucres, qui forment la partie la plus importante des productions et du commerce de l'île. En outre, un atelier où peuvent se faire toutes les réparations de machines est installé à proximité du port dont il est une dépendance.

Voici les résultats détaillés de l'exploitation du chemin de fer et du port de la Réunion pour l'exercice 1892 :

1° Chemin de fer :

Recettes de grande vitesse	483,479f	50
— de petite vitesse	291,465	79
— diverses	53,524	47
	828,469f	76

2° Port :

Droits de tonnage	85,651f	25
— de quai	95,863	55
Produits du magasinage	11,108	51
Droits de remorquage	6,663	25
Manutentions facultatives	58,626	10
Recettes diverses	83,293	69
	341,206	55
3° Recettes communes au chemin de fer et au port	631,785	85
Total	1,801,462f	16

Chemins de fer de Dakar à Saint-Louis et du Sénégal au Niger. — L'une des voies d'accès les plus importantes à l'intérieur de l'Afrique et la plus anciennement pratiquée sur la côte occidentale de ce continent est le fleuve Sénégal, que les navires d'un fort tonnage peuvent remonter, pendant une saison de l'année, sur une longueur de près de mille kilomètres. Malheureusement, l'irrégularité du régime de ce beau cours d'eau ne permet de l'utiliser, sur ce long parcours, que pendant le temps assez court des plus hautes eaux, environ deux mois, de mi-juillet à mi-septembre. Après cette période, la hauteur de l'eau devient de plus en plus faible ; le fleuve se vide graduellement et le point extrême de la navigation se rapproche chaque jour de l'embouchure.

Avant d'arriver à la mer, le Sénégal se divise en un grand nombre de branches ; puis, les eaux éparses se réunissent et coulent parallèlement à la côte en formant une presqu'île de sable très régulière, nommée « Langue de Barbarie », dont la largeur mesure seulement quelques centaines de mètres. Sous l'influence de diverses causes, des brèches se produisent dans cette barrière de sable par où le Sénégal verse ses eaux dans l'Océan.

L'entrée et la sortie du fleuve présentent de grandes difficultés tant en raison du peu de profondeur de l'eau sur la barre, ce qui oblige les navires d'un certain tonnage à attendre les marées de pleine lune, qu'à cause du violent ressac qui rend souvent le passage de cette barre dangereux, sinon impossible.

L'importance du Sénégal est évidemment diminuée par le manque d'eau qui arrête la navigation fluviale pendant une partie de l'année et par la barre sous-marine qui obstrue son embouchure. Mais, même avec ces imperfections, on ne peut opposer une route meilleure à cette voie naturelle de pénétration de mille kilomètres qui permet d'accéder si avant dans l'intérieur de l'Afrique avec le bas prix des transports par eau. On a renoncé, en effet, à l'idée d'établir une route terrestre concurrente qui aurait dû traverser des pays déserts, insalubres et difficiles en raison des marais, des rivières et des plaines de sable à franchir et sur laquelle, en outre, le prix des transports eût été toujours élevé. On peut seulement espérer que l'étude du fleuve permettra de l'améliorer et que, plus tard, la navigation pourra y être assurée, sinon pendant toute l'année, au moins pendant de plus longues périodes qu'actuellement.

En résumé, du 15 juillet au 15 septembre, des navires de 2,000 tonneaux peuvent remonter le Sénégal jusqu'à Kayes ; jusqu'au 15 octobre, des navires de 400 tonneaux avec un tirant d'eau de $2^m,50$ peuvent atteindre le même point ; enfin, jusqu'au 15 novembre, les bateaux de 50 tonneaux calant 80 centimètres peuvent encore faire le même voyage. On a donc la possibilité, pendant quatre ou cinq mois environ, de faire les transports à plein parcours ; dans ces conditions, la capacité de trafic du fleuve Sénégal est considérable et sera certainement suffisante pendant longtemps pour desservir tous les besoins du Soudan français.

La ville de Saint-Louis est bâtie sur une île située dans la partie du fleuve qui longe la « Langue de Barbarie ». Cette position devait naturellement convenir pour les installations des premiers traitants au Sénégal ; ils trouvaient là, en effet, pour leurs entrepôts, une certaine sécurité, tout au moins de grandes facilités pour les défendre contre les attaques des peuplades belliqueuses du pays et principalement des Maures, dont les rapines s'étendent du Soudan à la côte. L'importance de Saint-Louis s'est rapidement accrue, et l'occupation régulière ayant succédé bientôt à celle des aventuriers qui ont exploité les premiers le pays, la ville s'est étendue sur la « Langue de Barbarie » où se trouve le village de N'Dar-Toul, ainsi que sur la rive opposée où s'est formé le faubourg de Sor. Sur les deux bras du Sénégal qui entourent l'île de Saint-Louis des ponts de bateaux ont été jetés. L'un de ces ponts va être prochainement remplacé par un ouvrage fixe en métal comportant une travée tournante pour le passage des navires.

Toute la côte du Sénégal, au nord et au sud de l'embouchure du fleuve, est plate et très difficilement abordable. Un phénomène sous-marin auquel on a assez improprement donné le nom de barre et qui consiste en un soulèvement de l'eau dû à une cause mal définie, forme une série de lames très fortes, déferlant au large, qui défendent l'accès de la plage aux embarcations légères, infailliblement chavirées et roulées. Les indigènes seuls peuvent affronter dans leurs pirogues les dangers d'un voyage entre la côte et un navire au large. Ainsi, l'accès du fleuve, souvent impossible aux navires pendant des périodes dépassant un et même deux mois, empêchaient Saint-Louis de profiter complètement de tous les avantages de sa position fluviale : il ne pouvait y avoir aucune régularité pour les arrivages et les expéditions de marchandises; le service des voyageurs et même des correspondances était des plus mal assurés.

A environ 250 kilomètres dans le sud se trouve le cap Vert qui forme une belle et vaste baie en eaux profondes : une île, Gorée, située à très petite distance, au large, sert à l'abriter et interrompt le phénomène marin de la barre, si gênant pour les opérations des navires avec la terre. Le village de Dakar, situé au fond de cette baie, lui a donné son nom : baie de Dakar. L'île de Gorée, en face d'un point de la côte facilement abordable, a été, comme Saint-Louis, une des premières stations commerciales du Sénégal et, quand la côte ferme fut cédée à la France par le souverain indigène à qui elle appartenait, cette admirable position de Dakar qui se trouve sur la ligne droite que suivent les paquebots allant de l'Europe à l'Amérique du Sud, donna immédiatement naissance à une ville qui, depuis, n'a cessé de grandir. Malheureusement, Dakar n'a pas, comme Saint-Louis, d'accès naturel à l'intérieur du pays : au point de vue commercial c'est, en quelque sorte, une île en terre ferme.

La question d'un chemin de fer entre Dakar et Saint-Louis, donnant à chacune de ces villes ce qui lui manquait, s'est posée dès 1856, immédiatement après l'accord qui a attribué à la France la possession des territoires du cap Vert. Ajourné pour diverses causes et repris seulement en 1873, ce projet fut enfin l'objet d'études très complètes en 1878 et 1879.

A la suite de ces études, la construction et l'exploitation de la ligne de Dakar à Saint-Louis, sur les projets dressés par le service des ponts et chaussées de la colonie et sur un cahier des charges rédigé par l'administration de la marine, furent mises en adjudication le 3 septembre 1880. Trois concurrents déposèrent des offres : MM. Lavalley, Joret et Cie, et la société de construction des Batignolles.

L'adjudication portait sur un prix forfaitaire kilométrique pour la construction et sur un revenu annuel kilométrique représentant l'intérêt du capital d'établissement.

Les conditions de l'exploitation devaient être ultérieurement arrêtées, après une période de régie, d'accord avec le concessionnaire.

Les soumissionnaires firent les propositions suivantes :

MM. Lavalley, Molinos et Cie demandaient 83,790 fr. par kilomètre pour la construction et 3,980 fr. de revenu garanti, c'est-à-dire 4 fr. 75 c. p. 100 du capital engagé.

MM. Joret et Cie demandaient 73,000 fr. et 3,796 fr. de revenu, soit 5 fr. 20 p. 100 du capital ;

La société des Batignolles proposait enfin de se charger de la construction moyennant 68,000 fr. par kilomètre et un revenu de 3,400 fr. représentant l'intérêt du capital à 5 p. 100.

La société des Batignolles ayant été déclarée adjudicataire le 30 octobre 1880, sous réserve de l'approbation législative, la convention fut soumise à l'approbation du Parlement à la fin de l'année 1880 et donna lieu à de longues discussions tant à la Chambre des députés qu'au Sénat. Ces discussions portèrent moins sur le principe, c'est-à-dire l'utilité du chemin de fer de Dakar à Saint-Louis, reconnue à peu près sans contestation, que sur les voies et moyens à employer pour la réalisation de cette entreprise.

Le conseil général des ponts et chaussées, consulté sur la demande de la commission des finances du Sénat au commencement de l'année 1881, fit connaître son avis sous la forme suivante :

« L'on se trouve en présence d'une entreprise très difficile et
« des plus aléatoires. Les travaux doivent être exécutés dans un
« pays malsain où tout est à créer. On ne peut pas compter sur
« les ouvriers indigènes et il faudra recruter un personnel spé-
« cial et l'expédier chaque année au Sénégal pour une campagne
« de quelque mois et le rapatrier, après cette campagne, en atten-
« dant la reprise des travaux.

« L'exploitation présentera les mêmes difficultés que la cons-
« truction. »

Le conseil général des ponts et chaussées émettait aussi l'avis que le prix de 68,000 fr. par kilomètre devait être considéré comme un minimum. Cette réserve s'explique si l'on songe aux difficultés de toute nature que présentait une semblable entreprise dans un pays comme le Sénégal où les ouvriers européens ne peuvent travailler que de décembre à juillet et doivent être rapatriés dans l'intervalle de deux campagnes.

La convention passée entre le ministre de la marine et l'adjudicataire obligeait ce dernier à réaliser le capital nécessaire au paiement des travaux pour un quart au moins en actions et le reste en obligations au taux moyen de 5 p. 100.

Dans ces conditions, avec la rente de 3,400 fr. que lui allouait l'État, l'adjudicataire aurait pu réaliser 68,421 fr. en plaçant les actions à 6 p. 100 et les obligations à 4 3/4 p. 100.

Le conseil général des ponts et chaussées proposa à la commission de finances de modifier ce système et de remplacer l'émission d'obligations par une subvention équivalente aux trois quarts du forfait que l'État se procurerait en 3 p. 100 amortissable, l'annuité de garantie se trouvant réduite en proportion. D'après cette nouvelle combinaison, adoptée par le Parlement, la rente de 3,400 fr. par kilomètre fixée par l'adjudication, fut réduite à 1,154 fr. seulement, l'État fournissant une subvention en argent de 12,680,000 fr. pour 260 kilomètres, soit 48,770 fr. par kilomètre. L'État a trouvé une économie dans cette combinaison, car il a réduit la rente de 2,246 fr. et, pour payer 48,770 fr. de subvention kilométrique en argent, il a pu réaliser du 3 p. 100 amortissable au taux de 84 fr. (cours du 1er semestre 1882) correspondant à une rente de 1,742 fr., plus l'amortissement correspondant à 176 fr. par an, soit au total 1,918 fr. L'État a donc bénéficié, en définitive, d'une réduction de rente de 328 fr. par kilomètre. Toutefois, il y a lieu de considérer que le système des obligations aurait donné lieu à la perception de divers impôts : impôts de timbre, de transfert et de revenu dont il faut tenir compte dans la comparaison des deux systèmes et qui réduisent dans une certaine mesure l'écart de 328 fr.

La loi de concession fut promulguée le 29 juin 1882.

Les travaux entrepris du côté de Saint-Louis à la fin de 1882 et du côté de Dakar au commencement de 1883, ont été conduits avec une grande activité. Dès le mois de juillet 1883 la section de Dakar à Rufisque, d'une longueur de 30 kilomètres, était livrée à l'exploitation. Le dernier rail fut posé le 12 mai 1885, moins de trois ans après le point de départ de la concession et la ligne, d'une longueur totale de 264^{kil},202^m, fut inaugurée par le gouverneur du Sénégal et ouverte à l'exploitation le 6 juillet 1885.

Ainsi se trouva réalisée, dans les limites d'un prix à forfait très modique, et dans un délai remarquablement court, une entreprise dont l'exécution était évidemment des plus difficiles, étant donné le climat dur et dangereux du Sénégal.

Si, dans une certaine mesure, il était possible d'établir un prix à forfait pour la construction de la ligne, il était d'autre part impossible de prévoir à l'avance les dépenses de l'exploitation. Dans ces conditions on résolut d'attendre les résultats de quelques années d'expérience pour arrêter une formule d'exploitation et on se borna, en conséquence, dans la convention de concession, aux stipulations suivantes :

Pour assurer à la compagnie le revenu minimum annuel dont le montant est fixé à forfait à la somme de 1,154 fr. par kilomètre, on ajoutera à cette somme le montant des frais d'entretien et d'exploitation, puis on déduira du total de ces deux sommes, le montant du revenu brut ; la différence représentera le montant de la somme à allouer à la compagnie pour couvrir l'insuffisance des produits du chemin de fer....

Un arrêté ministériel déterminera, la compagnie entendue, les formes suivant lesquelles le concessionnaire sera tenu de justifier, vis-à-vis de l'État et sous le contrôle de l'administration supérieure, des recettes brutes du chemin de fer concédé, ainsi que des frais d'entretien et d'exploitation.

Il est entendu qu'un tarif à forfait des frais d'entretien et d'exploitation sera établi dès que les conditions de l'exploitation seront suffisamment définies. Ce tarif pourra d'ailleurs être renouvelé et modifié à toute époque pendant la durée de la concession.

A défaut d'accord entre les parties, le règlement sera fait par deux arbitres, dont l'un nommé par l'État, le second par la compagnie concessionnaire; un troisième arbitre sera désigné, s'il y a lieu, par les deux premiers. En cas de désaccord, le tiers arbitre sera nommé par le président du tribunal de Saint-Louis.

Conformément à ces stipulations, une commission de vérification des comptes[1] fut nommée pour exercer le contrôle des recettes et des dépenses de la compagnie dans tous leurs détails. Cette commission peut se faire présenter les registres, pièces comptables, correspondances et tous autres documents, tant au siège social que dans la colonie.

En outre, un commissaire spécial du gouvernement est chargé de surveiller à Paris et au Sénégal, dans l'intérêt de l'État, les divers actes de la gestion financière de la compagnie qui doit lui communiquer toutes ses écritures, comptes ou autres documents quelconques.

Enfin, la comptabilité de la compagnie est soumise, dans la métropole, aux vérifications de l'inspection générale des finances et, dans la colonie, aux vérifications de l'inspection des services administratifs des colonies.

Les premières années de l'exploitation ayant permis de connaître d'une manière suffisante les éléments nécessaires pour l'établissement d'un forfait, des négociations furent ouvertes entre l'État et la compagnie concessionnaire. Mais, les parties n'ayant pu s'entendre, elles durent recourir à l'arbitrage prévu par la convention. L'État désigna un ingénieur en chef des mines et la compagnie un ingénieur en chef des ponts et chaussées. Ces deux arbitres reconnurent la nécessité d'en désigner un troisième et se mirent d'accord pour choisir un ingénieur civil, membre du comité de l'exploitation technique des chemins de fer.

---

1. Cette commission est composée : d'un conseiller d'État, président; d'un inspecteur général des mines, d'un conseiller maître à la Cour des comptes, d'un inspecteur général des finances, d'un directeur du ministère des colonies, de l'inspecteur général des travaux coloniaux, de l'inspecteur général des travaux maritimes, du directeur du mouvement général des fonds, d'un directeur du ministère des finances, d'un inspecteur des finances, rapporteur, d'un chef de bureau des colonies, secrétaire, et d'un rédacteur des colonies, secrétaire adjoint.

Les principales dispositions de la sentence rendue par ce tribunal arbitral sont les suivantes :

Art. 1er. — Les dépenses d'exploitation du chemin de fer de Dakar à Saint-Louis seront, chaque année, à partir du 1er janvier 1891, évaluées à forfait dans les conditions ci-dessous indiquées, d'après les deux formules qui suivent :

Formule n° 1. — Une somme, par kilomètre exploité, de 4,500 fr., plus la moitié de la recette brute $\left(f_1 = 4,500 + \dfrac{R}{2}\right)$, la recette, impôts déduits, étant déterminée conformément aux dispositions de l'arrêté ministériel du 31 décembre 1883.

Formule n° 2. — Une somme, par kilomètre exploité, de 1,650 fr. ($f_2 = 1,650$).

Étant entendu que ces formules s'appliqueront sans modification, nonobstant les accroissements ultérieurs du capital de premier établissement explicitement prévus ou non dans la présente sentence,

Et que l'exploitation se fera en tenant compte des dispositions convenues entre les parties par le compromis...

Art. 2. — Seront imputées sur le barème n° 1, toutes les dépenses auxquelles peut donner lieu l'exploitation et qui ne rentreraient pas dans celles à imputer au barème n° 2, comme il est indiqué dans l'article suivant.

Art. 3. — Seront imputées sur le barème n° 2, conformément au compromis, les dépenses pour renouvellement et réfections, à raison d'usure normale ou d'accidents fortuits, des bâtiments et du matériel fixe et roulant, y compris les traverses.

Art. 4. — Il sera attribué à la compagnie, avec autorisation de la distribuer, une part des économies annuelles réalisées sur le montant des dépenses résultant de la formule forfaitaire n° 1 (f_1).

Cette part fixée à deux pour cent (2 p. 100) desdites économies pour l'année 1891, s'accroîtra de deux pour cent, pour chacune des années suivantes, jusqu'au chiffre de dix pour cent (10 p. 100), auquel elle restera fixée à partir de l'exercice 1895.

Art. 5. — Chacun des deux barèmes donnera lieu à un décompte annuel distinct, afin d'établir les différences entre les dépenses forfaitaires correspondant à chacune des formules et les dépenses réelles.

On portera à un fonds de réserve commun et unique le solde résultant de ce double décompte, sous déduction toutefois de la part abandonnée à la compagnie, comme il vient d'être dit à l'article 4, jusqu'à ce que ce fonds de réserve atteigne deux millions de francs (2,000,000 fr).

Ces réserves pourront être employées, sous le contrôle de l'Administration, à parfaire les insuffisances provenant de mauvaises récoltes, d'avaries causées par les intempéries, d'épidémies, d'accidents, etc., comme aussi les insuffisances qui pourraient affecter, dans certaines années, le compte spécial des renouvellements et réfections.

Si, à un moment quelconque, le fonds de réserve ne permet pas de faire face aux insuffisances provenant, comme il vient d'être dit, de mauvaises récoltes, d'avaries causées par les intempéries, d'épidémies, d'accidents, etc., la compagnie devra faire les avances nécessaires, sauf à les recouvrer ultérieurement sur le fonds de réserve, avec les intérêts simples à 4 p. 100.

Les réserves pourront également être employées à exécuter des dépenses de premier établissement, avec l'autorisation ou sur la demande de l'Administration...

Les recettes de l'exploitation de la ligne de Dakar à Saint-Louis, depuis l'origine, sont les suivantes :

EXERCICE.	RECETTE TOTALE.	RECETTE kilométrique.
1886	707,009ᶠ24	2,678ᶠ
1887	792,403 50	3,001
1888	1,118,713 61	4,237
1889	968,308 93	3,667
1890	903,074 68	3,420
1891	948,333 28	3,592
1892	1,319,702 72	4,999

Soit une augmentation de recette de 88 p. 100 en sept ans.

Les recettes de l'exercice 1892 se décomposent de la manière suivante :

Recettes des voyageurs.	617,536ᶠ45
— des marchandises G. V.. . . .	82,441 61
— — P. V.. . . .	615,788 68
Magasinages	1,450 60
Recettes en dehors du trafic.	2,485 38
Total	1,319,702ᶠ72

Le commerce des arachides forme le principal élément du trafic du chemin de fer. La statistique donne, en effet, pour l'année 1892, les chiffres suivants des matières transportées :

Arachides	37,305ᵗ9
Mil	1,793 1
Autres marchandises.	12,967 1
En totalité.	52,066ᵗ1

Ces résultats sont évidemment très remarquables et justifient entièrement l'exécution du chemin de fer de Dakar à Saint-Louis. On peut espérer, d'ailleurs, que la progression des recettes continuera ; cependant, il faut aussi prévoir des arrêts et même des reculs momentanés à cette prospérité croissante. Depuis l'ouverture de la ligne, le Sénégal, en effet, n'a eu à subir aucune de ces terribles épidémies de fièvre jaune auxquelles il est exposé, et il est certain que les effets d'un retour de cette redoutable maladie seraient désastreux pour l'exploitation.

L'application du barême arrêté par la sentence arbitrale a donné les résultats suivants pour 1892 :

Formule n° 1 : 4,500 fr. par kilomètre	1,118,911ᶠ43
Plus la moitié de la recette brute. . .	659,851 36
	1,848,762ᶠ79
Formule n° 2 : 1,650 fr. par kilomètre.	435,934 19
Total du forfait.	2,284,696ᶠ98
Dont il faut déduire les recettes de l'exploitation encaissées par la compagnie	1,319,702 72
Reste dû	964,994ᶠ26
A cette somme il faut ajouter le revenu net kilométrique garanti par l'acte de concession, soit pour l'ensemble de la ligne	304,889 75
Ce qui donne la charge totale de l'État .	1,269,884ᶠ01

D'autre part, l'application de la formule n° 1 donne .	1,848,762ᶠ79
Et les dépenses de l'exploitation auxquelles cette formule est applicable ne s'élèvent qu'à.	1,478,762 79
Laissant une économie de. . . .	370,625ᶠ02
Sur laquelle la compagnie prélève, d'après la sentence arbitrale, 4 p. 100 dont elle a la libre disposition, soit.	14,825 »
Reste.	355,800ᶠ02
L'application de la formule n° 2 donne. 435,934ᶠ19	
Et les dépenses qui y sont applicables ne se sont élevées qu'à 128,817 49	
Laissant une économie de. 307,116ᶠ70	307,116 70
Ce qui donne en totalité pour le compte de réserve générale	662,916ᶠ72
Le chiffre atteint par la réserve en 1891 était de. . .	417,167 67
Fin 1892, la réserve se trouve donc être de	1,080,084ᶠ39

Le chemin de fer de Dakar à Saint-Louis et le fleuve Sénégal, l'un faisant suite à l'autre, permettent d'arriver facilement à une grande distance dans l'intérieur, à plus de mille kilomètres de la côte, où la navigation est arrêtée définitivement par les rochers du Félon, le Sénégal présentant là une chute infranchissable de 17 mètres de hauteur. C'est à cet endroit que se trouve le point d'origine d'une nouvelle route commerciale dont le point d'arrivée est naturellement sur le Niger navigable qui coule à environ 500 kilomètres plus loin dans le sud. La construction d'une voie ferrée unissant ces deux cours d'eau fut, en conséquence, décidée en même temps que celle reliant Dakar à Saint-Louis. Mais, les conditions beaucoup plus incertaines de l'exécution ne permettant pas de s'adresser à l'industrie privée, l'État dut procéder directement, en régie, à la construction de ce chemin de fer du haut-fleuve. Les difficultés furent, en effet, nombreuses; le recrutement du personnel, les transports sur le fleuve, encore mal connu, ne permirent pas de pousser les travaux avec la même rapidité que pour ceux du chemin de fer de Dakar à Saint-Louis. On dut même les suspendre après avoir construit 130 kilomètres de ligne, par suite des expéditions nécessitées par les agressions dont étaient l'objet nos possessions soudanaises. Cet état de guerre persistant pendant plusieurs années eut aussi pour conséquence, outre l'ajournement de la continuation des travaux, de conserver au tronçon achevé un caractère exclusivement stratégique et de l'utiliser seulement pour les transports militaires. Cette période paraît toucher à sa fin, et l'on se préoccupe actuellement de poursuivre l'achèvement de l'œuvre entreprise. Le premier tronçon terminé, de Kayes à Bafoulabé, sur une longueur de 130 kilomètres, a été livré à l'exploitation commerciale le 1er juin 1893 ; la partie comprise entre Bafoulabé et le Niger a été étudiée, comme avant-projet, pour permettre à l'administration d'apprécier toute l'importance de l'entreprise avant de prendre une décision définitive.

Autres travaux publics aux colonies. — Nous ne croyons pas devoir nous étendre davantage sur la question des travaux publics aux colonies ; nous avons parlé des plus utiles, des plus considérables, et l'avenir nous apprendra comment il convient d'apprécier d'autres entreprises déjà effectuées ou en voie d'exécution, en Indo-Chine notamment. Le chemin de fer de Pondichéry, qui relie cette ville depuis 1879 à la ligne anglaise de Belpur, artère principale du réseau de l'Inde méridionale (*South India railway*) et le chemin de fer de Saïgon à Mytho, en Cochinchine (1880), sont les seuls qui puissent être cités sans que l'on soit obligé, pour en parler, d'entrer dans l'examen de critiques purement techniques qui sortent du cadre de cet ouvrage. Il est à souhaiter que la main-d'œuvre pénale soit enfin utilisée d'une manière effective à tous ces travaux d'intérêt public aux colonies ; c'est à elle qu'est due déjà la majeure partie des améliorations apportées aux ports d'Obock et de Nouméa, et la construction des quais et des magasins de Diégo-Suarez.

TITRE VI

ORGANISATION JUDICIAIRE

CHAPITRE Ier

DISPOSITIONS GÉNÉRALES
COURS ET TRIBUNAUX DES ANTILLES ET DE LA RÉUNION

Section I. — Régime législatif. — Division des colonies au point de vue de l'organisation judiciaire : 1° Antilles et Réunion ; 2° autres colonies. — Règles générales à toutes les colonies. — Chefs du service judiciaire. — Pouvoirs des gouverneurs en matière judiciaire. — Tribunaux à juge unique et justices de paix à compétence étendue. — Assistance judiciaire.

Section II. — Organisation judiciaire de la Guadeloupe, de la Martinique et de la Réunion. — Justices de paix ordinaires. — Tribunaux de première instance. — Justices de paix à compétence étendue des dépendances de la Guadeloupe : 1° Saint-Martin et Saint-Barthélemy ; 2° Marie-Galante. — Cours d'appel. — Critiques sur l'organisation des cours d'appel ; examen de quelques propositions de réformes. — Cours d'assises. — Avocats, avoués, huissiers, commissaires-priseurs, notaires.

SECTION I

DISPOSITIONS GÉNÉRALES

Régime législatif. — Le mode de légiférer en matière judiciaire aux colonies a été fixé par le sénatus-consulte du 3 mai 1854, réglant la constitution des colonies de la Martinique, de la Guadeloupe et de la Réunion.

L'article 6 de ce sénatus-consulte porte en effet que : « des décrets rendus dans la forme des règlements d'administration publique statuent..., sur l'organisation judiciaire, sur le notariat, les officiers ministériels et les tarifs judiciaires ». D'autre part, l'article 18 du même acte dispose que « les colonies autres que la Martinique, la Guadeloupe et la Réunion seront régies par décrets jusqu'à ce qu'il ait été statué à leur égard par un sénatus-consulte ».

Aucun sénatus-consulte n'étant venu postérieurement modifier cette législation, il en résulte qu'en matière d'organisation judiciaire, les Antilles et la Réunion doivent être régies par des décrets en Conseil d'État et les autres colonies par des décrets simples. Il y a cependant des dérogations à cette règle : des lois seules peuvent modifier l'institution du jury et une loi du 15 avril 1890 a fixé la composition des cours et tribunaux de la Guadeloupe, de la Martinique et de la Réunion. Ainsi qu'on le verra plus loin cet acte ne semble pas applicable aux dépendances de la première de ces colonies. D'autre part, la Chambre des députés avait exprimé, en 1889, le désir de voir fixer par une loi spéciale l'organisation judiciaire de l'Indo-Chine. Cette loi n'ayant jamais été discutée par le Parlement, notre grande colonie d'Extrême-Orient est toujours régie par des décrets ordinaires.

Division des colonies au point de vue de l'organisation judiciaire. — La communauté de régime législatif des trois anciennes colonies, leur degré d'assimilation à des départements métropolitains et les nombreuses ressemblances de leur organisation administrative, conséquence de leur égal développement moral et matériel, ont amené le législateur à leur appliquer les mêmes dispositions réglementaires en ce qui concerne le service judiciaire.

C'est pour cette raison que, contrairement à l'ordre adopté pour les autres possessions, dont le système judiciaire varie suivant l'établissement et doit être étudié séparément, il y a avantage à examiner simultanément l'organisation et le fonctionnement de la justice à la Guadeloupe, à la Martinique et à la Réunion, malgré l'éloignement géographique de cette dernière colonie par rapport aux deux autres. Seules, elles ont en effet une organisation judiciaire à peu près semblable à celle de la métropole, avec des tribunaux composés de plusieurs magistrats au lieu de juridictions de première instance à juge unique. Cette différence fondamentale doit naturellement servir à distinguer en deux groupes nos colonies au point de vue judiciaire : 1° colonies à législature ; 2° colonies régies par décrets.

Toutefois, en dehors des questions de recrutement, de préséance, de traitement, de discipline et de retraite du personnel des cours et tribunaux qui ont été exposées dans le premier volume de ce traité[1], il existe un certain nombre de règles qui sont particulières à l'organisation coloniale et qui concernent l'administration de la justice dans tous nos établissements d'outre-mer.

Dispositions générales à toutes les colonies. — La justice de droit commun est rendue aux colonies par des cours d'appel, des tribunaux supérieurs et de première instance, des justices de paix à compétence étendue et des justices de paix ordinaires.

Les dépenses du personnel judiciaire sont payées, sauf pour l'Indo-Chine, sur le budget colonial. Les frais de justice incombent en général aux budgets locaux.

Dans chaque colonie où ont été établis des tribunaux régulièrement constitués, un magistrat porte le titre et exerce les fonctions de *chef du service judiciaire*. Ces fonctions sont attribuées aux procureurs généraux près les cours d'appel, aux procureurs de la République près les tribunaux supérieurs ou le conseil d'appel et, dans les colonies où il n'y a pas de juridiction du second degré, comme au Congo, à Diégo-Suarez et à Mayotte, au juge président du tribunal de première instance.

---

1. Voir t. I, p. 392 et suivantes, et l'*Appendice n° 1* du présent tome.

Chefs du service judiciaire. — Le chef du service judiciaire, titulaire ou par intérim, est membre du conseil privé ; il y présente et défend des rapports ou des projets d'arrêtés sur toutes les questions importantes qui intéressent son administration.

En dehors des attributions qui lui appartiennent comme membre du conseil privé, il doit exercer sa surveillance et son pouvoir disciplinaire à l'égard de tous les magistrats de la colonie, ainsi que des officiers publics qui ne relèvent pas, comme en France, de chambres de discipline.

L'utilité reconnue de faire siéger un magistrat au conseil privé pour y discuter toutes les affaires de l'administration locale a porté à investir des fonctions de chef du service judiciaire le premier officier du parquet, qui dispose de l'action publique, de préférence aux membres de la magistrature assise. C'est pour cette raison que dans les colonies où fonctionnent des cours d'appel, même en Cochinchine, où cette juridiction comprend deux chambres, il n'y a pas de premier président ayant les prérogatives attribuées en France à cette haute fonction ; le magistrat chargé de la direction des travaux de la cour d'appel porte aux colonies le simple titre de « président » ; en Cochinchine, un vice-président, placé à la tête de la deuxième chambre, le supplée.

Bien que choisi généralement parmi les officiers du ministère public, le chef du service judiciaire a une situation à peu près indépendante vis-à-vis du gouverneur ; il ne peut recevoir d'ordre de celui-ci que pour les affaires qui intéressent directement l'administration générale de la colonie ; pour toutes les autres, il doit conserver son entière liberté d'action sous sa responsabilité et possède seul le droit de statuer sur l'opportunité des poursuites ; il est tenu cependant de rendre compte au gouverneur, des incidents de quelque gravité qui se produisent dans son service et de lui adresser des rapports périodiques qui sont ensuite transmis au ministre.

Pouvoirs des gouverneurs en matière judiciaire.
— Les pouvoirs des gouverneurs relativement à l'administration de la justice ont été d'ailleurs expressément limités par la loi ; les décrets et ordonnances organiques du gouvernement des colonies renferment tous la défense formelle aux gouverneurs de s'immiscer dans les affaires qui sont de la compétence des tribunaux et, par suite, d'ordonner au ministère public d'exercer des poursuites qu'il ne juge pas opportunes ; il est en outre expressément interdit aux gouverneurs par les mêmes textes législatifs de s'opposer à aucune procédure civile ou criminelle.

Il leur est cependant permis d'assister aux séances de rentrée des cours et tribunaux, mais ils usent fort rarement de cette faculté.

La rivalité des pouvoirs des gouverneurs et des chefs du service judiciaire a donné lieu à des conflits que les ministres chargés des colonies, d'accord avec le ministre de la justice, ont été appelés à trancher ; la jurisprudence adoptée par les deux départements a été fixée par une circulaire du 15 octobre 1883 dont la conclusion est ainsi conçue : « Les ordonnances disposent que, dans les affaires qui intéressent le gouvernement, le procureur général est tenu, lorsqu'il en est requis par le gouverneur, de faire, conformément aux instructions qu'il en reçoit, les actes nécessaires pour saisir les tribunaux. Mais cette exception est la seule qui soit prévue et, dans tous les autres cas, c'est au procureur général seul qu'appartient le droit de statuer sur l'opportunité des poursuites. »

Si les gouverneurs n'ont pas d'action sur l'administration de la justice, ils ont, en matière criminelle, le pouvoir d'ordonner en conseil privé l'exécution des décisions de condamnation ou d'accorder des sursis lorsqu'il y a lieu, à leur avis, de recourir à la clémence du chef de l'État. Ils exercent en ce cas une prérogative afférente à leur situation de représentants du pouvoir central plutôt qu'une attribution judiciaire.

En effet, un arrêt de condamnation qui se trouve revêtu de la formule exécutoire est, de par la loi elle-même, exécutoire de plein droit ; l'intervention du gouverneur n'y peut ajouter, dès lors, une force quelconque ; aussi, pourrait-elle être supprimée sans inconvénient ; elle ne se comprend que lorsqu'il y a lieu de surseoir à l'exécution de l'arrêt.

Les gouverneurs centralisent et adressent au ministre les doubles minutes des arrêts, jugements et actes destinés aux archives coloniales.

Toute la correspondance avec le ministre au sujet du service de la justice, à l'exception des transmissions des significations d'actes judiciaires, qui sont faites directement par le chef de service, est préparée sous la surveillance de ce dernier et soumise à la signature du gouverneur [1].

Tribunaux à juge unique. — Une des particularités les plus remarquables de l'organisation judiciaire des colonies autres que les Antilles et la Réunion est l'application à tous les tribunaux de première instance du système de l'*unicité de juge*. Ce système a été l'objet de beaucoup d'attaques auxquelles il a résisté jusqu'à ce jour ; les services qu'il a permis de rendre particulièrement dans les pays où l'institution des tribunaux à plusieurs juges entraînerait des dépenses hors de proportion avec les besoins des justiciables, l'ont emporté sur les critiques de ses adversaires qui sont obligés de reconnaître que mieux vaut encore une juridiction imparfaite composée d'un seul magistrat que l'absence de toute justice.

Les résultats relativement satisfaisants obtenus avec les tribunaux à juge unique dans nos nouveaux établissements avaient un instant donné l'idée à l'un des sous-secrétaires d'État qui ont dirigé l'administration des colonies, d'étendre aux Antilles et à la Réunion le système de l'unicité, ce qui permettait de réaliser

---

1. Voir les attributions des gouverneurs en matière d'administration de la justice t. I, p. 215, et les pouvoirs administratifs du chef du service judiciaire, même tome, p. 223.

quelques économies sur le budget. On a renoncé à ce projet mal accueilli par les populations intéressées qui ont, à juste titre, fait valoir leur degré d'assimilation aux « Français d'Europe » pour demander à conserver les mêmes garanties que les justiciables de la métropole.

Justices de paix à compétence étendue. — Outre les tribunaux de première instance se trouvent aux colonies quelques justices de paix à compétence étendue. L'avantage de cette juridiction, qui a été adoptée également pour l'Algérie, réside principalement dans la simplification notable de la procédure pour toutes les affaires qui dépassent la compétence ordinaire des tribunaux de paix.

Nos anciennes colonies n'ont pas de justices de paix à compétence étendue, sauf dans les trois dépendances de la Guadeloupe : Marie-Galante, Saint-Martin et Saint-Barthélemy. Tous les autres tribunaux de même ordre se trouvent dans nos nouvelles possessions ; plusieurs ne sont même pas occupés par des magistrats de carrière, ainsi qu'on le verra en étudiant en détail l'organisation judiciaire de ces établissements.

Assistance judiciaire. — Les indigents bénéficient, dans la plupart des colonies comme en France, de l'assistance judiciaire. Un décret du 16 janvier 1854 a réglementé cette matière pour les Antilles et la Réunion ; ses dispositions ont été en majeure partie reproduites dans des arrêtés locaux pour les autres possessions. (Saint-Pierre et Miquelon, arrêté du 3 mai 1854. — Guyane, 15 avril 1854. — Inde, 1er mai 1854. — Sénégal, 15 juin 1855 et 4 janvier 1886. — Nouvelle-Calédonie, 5 septembre 1864. — Cochinchine, 26 novembre 1867. — Tonkin, 12 novembre 1889. — Tahiti, 8 octobre 1873.)

D'après le décret de 1854, l'admission à l'assistance judiciaire est prononcée par un bureau siégeant au chef-lieu judiciaire de chaque arrondissement et composé du chef du service de l'enregistrement, du délégué du directeur de l'intérieur et de trois membres, anciens magistrats ou officiers ministériels, annuellement choisis par le chef du service judiciaire. Les bureaux d'assistance judiciaire procèdent à une enquête tant sur la situation du demandeur que sur le fond de l'affaire et ne statuent sur la requête qu'après essai de conciliation entre les parties. Les effets de l'assistance judiciaire aux colonies sont les mêmes qu'en France.

En matière correctionnelle, le prévenu indigent qui en fait la demande peut obtenir un défenseur d'office. En matière criminelle la désignation du défenseur d'office est faite dans les conditions indiquées par l'article 294 du Code d'instruction criminelle.

SECTION II

ORGANISATION JUDICIAIRE DE LA GUADELOUPE, DE LA MARTINIQUE ET DE LA RÉUNION [1]

Dans un rapport adressé en 1851 au ministre de la marine et des colonies, à l'appui d'un projet de loi sur l'organisation judiciaire, M. Barbaroux, membre de la commission coloniale, s'exprimait ainsi : « On a bien souvent remarqué que le désir pro-
« fond d'assimilation qui tourmente les colonies, le besoin de
« donner au citoyen de la France les mêmes institutions et les
« mêmes garanties, partout où flotte devant lui le pavillon natio-
« nal, obligeaient à constituer les administrations coloniales à
« l'image de celles de France et à y organiser les services pu-
« blics sur des bases plus larges que ne le comporteraient d'ail-
« leurs leur population et leur territoire restreint. Cette obser-
« vation est particulièrement applicable à l'organisation de la

---

1. L'historique de l'organisation judiciaire des Antilles antérieurement à l'ordonnance du 24 septembre 1828 et de la Réunion antérieurement à l'ordonnance du 30 septembre 1827 est exposé dans le *Traité de législation coloniale* de MM. Dislère, Dalmas et Devillers auquel le lecteur pourra se référer. Nous ne nous occuperons que de l'organisation actuelle.

« justice, qui exige un concours de tribunaux relevant les uns
« des autres. Il n'est plus possible maintenant de songer à res-
« serrer la justice dans un cadre plus étroit sans s'éloigner en-
« core davantage de l'assimilation si instamment réclamée de-
« puis plusieurs années par les assemblées coloniales et par
« l'opinion publique en France. »

La considération exposée en 1851 par M. Barbaroux n'a pas perdu de son actualité, bien qu'elle ait contribué pour une grande part à faire adopter les modifications profondes apportées par le décret du 16 août 1854 et par l'institution du jury à l'organisation judiciaire dans les colonies des Antilles et de la Réunion, qu'elle concernait d'ailleurs presque exclusivement.

Cette organisation est analogue à celle qui existe en France, mais non encore absolument semblable.

Elle a été fixée par les ordonnances des 30 septembre 1827 et 24 septembre 1828, et par le décret du 16 août 1854; modifiés par quelques autres décrets pris en Conseil d'État, conformément aux dispositions de l'article 6 du sénatus-consulte du 3 mai 1854.

Ces décrets avaient le plus souvent pour objet de régulariser des mesures budgétaires adoptées lors du vote par le Parlement de la loi de finances annuelle.

En effet, presque chaque année, au cours de la discussion du budget, des critiques étaient formulées contre l'organisation judiciaire et des amendements étaient présentés dans le but d'y apporter des modifications et de réaliser des économies.

Les représentants au Parlement des pays intéressés, craignant de voir diminuer les garanties accordées à leurs mandants et justement alarmés de l'instabilité résultant de cette situation pour le corps judiciaire, présentèrent une proposition de loi fixant définitivement la composition des tribunaux et des cours d'appel de nos vieilles colonies.

Cette proposition, dont le texte primitif fut quelque peu modifié par la commission du Sénat appelée à l'examiner, devint la loi du 15 avril 1890, qui reproduisit les principales dispositions du décret du 16 août 1854.

Elle dispose que la justice est rendue dans nos trois anciennes colonies par des justices de paix, par des tribunaux de première instance, par des cours d'appel, et elle supprime la conversion en journées de travail des amendes prononcées, qui était autorisée par le décret précité.

Des cours d'assises statuent sur les affaires criminelles.

Justices de paix ordinaires. — Les justices de paix ordinaires sont au nombre de huit à la Guadeloupe, neuf à la Martinique et neuf à la Réunion, savoir :

A) *Guadeloupe* :

JUSTICES DE PAIX.	COMMUNES COMPRISES DANS LE RESSORT de la justice de paix.
Basse-Terre	La Basse-Terre, Saint-Claude, Gourbeyre, le Vieux-Fort, le Baillif et les Vieux-Habitants.
Capesterre	La Capesterre, les Trois Rivières, Goyave, les Saintes.
Pointe-Noire	La Pointe-Noire, Deshaies et Bouillante.
Pointe-à-Pitre	La Pointe-à-Pitre, les Abymes, le Gosier et le Morne-à-l'Eau.
Lamentin	Lamentin, Baie Mahault, Petit-Bourg, Sainte-Rose.
Port-Louis	Port-Louis, Petit-Canal et Anse-Bertrand.
Moule	Le Moule et Sainte-Anne.
Saint-François	Saint-François et la Désirade.

Dans les dépendances de Marie-Galante et Saint-Barthélemy, les justices de paix à compétence étendue, dont il sera parlé plus loin, tiennent lieu de tribunaux de paix ordinaires et de première instance.

B) *Martinique* :

Fort-de-France	Fort-de-France et Schœlcher.
Lamentin	Lamentin et Saint-Joseph.
Saint-Esprit	Saint-Esprit, Ducos, François et Rivière-Salée.
Diamant	Diamant, Trois-Ilets, Anse d'Arlets et Sainte-Luce.
Marin	Le Marin, le Vauclin, Sainte-Anne et la Rivière-Pilote.
Saint-Pierre-Mouillage	Le Carbet, Fonds Saint-Denis, Case-Pilote et banlieue du Mouillage.

JUSTICES DE PAIX.	COMMUNES COMPRISES DANS LE RESSORT de la justice de paix.
Fort-Saint-Pierre.	Prêcheur, Morne-Rouge et banlieue du Fort.
Basse-Pointe.	Macouba, Grand-Rivière, Basse-Pointe et Lorrain.
Trinité.	Trinité, Sainte-Marie, Robert et Gros-Morne.

C. *Réunion* :

Saint-Denis.	Canton de Saint-Denis.
Sainte-Suzanne.	Sainte-Marie et Sainte-Suzanne.
Saint-André.	Saint-André et Salazie.
Saint-Benoît.	Saint-Benoît, Bras-Panon, Plaine des Palmistes, Sainte-Rose.
Saint-Paul.	Saint-Paul, la Possession.
Saint-Pierre.	Saint-Pierre et Entre-Deux.
Saint-Joseph.	Saint-Joseph et Saint-Philippe.
Saint-Louis.	Canton de Saint-Louis.
Saint-Leu.	Canton de Saint-Leu.

Chacun de ces tribunaux est composé d'un juge de paix, d'un suppléant et d'un greffier ; les fonctions du ministère public y sont remplies par le commissaire de police du chef-lieu du canton, chaque fois qu'il y a lieu de statuer sur des contraventions.

En dehors des attributions conférées aux tribunaux de paix par les articles 11 à 18 de l'ordonnance du 30 septembre 1827 et 14 à 21 de l'ordonnance du 24 septembre 1828, les décrets du 16 août 1854 et du 2 juillet 1862 ont conféré aux tribunaux de paix des Antilles et de la Réunion la compétence fixée par les lois du 25 mai 1838 et du 2 mai 1855.

Toutefois les juges de paix connaissent en dernier ressort jusqu'à la valeur de 250 fr. et en premier ressort jusqu'à 500 fr. des actions indiquées dans l'article 1er de la loi de 1838 ; ils connaissent aussi en dernier ressort jusqu'à la valeur de 250 fr. des actions indiquées dans les articles 2, 3, 4 et 5 de la même loi, modifiée par celle du 2 mai 1855.

Comme tribunaux de police, ils connaissent des contraventions telles qu'elles sont définies par le Code pénal et le Code d'instruction criminelle. — Des peines de police jusqu'à 5 jours de prison et 15 fr. d'amende peuvent, en exécution des dispositions du Code d'instruction criminelle colonial et de la loi du 8 janvier 1877, appliquant aux Antilles et à la Réunion le Code pénal métropolitain, être fixées par le gouverneur comme sanction des arrêtés qu'il prend; ces peines peuvent même être élevées jusqu'à 15 jours de prison et 100 fr. d'amende, mais, dans ce cas, les arrêtés doivent, dans un délai de quatre mois, passé lequel ils deviennent caducs, être convertis en décrets rendus après avis du Conseil d'État.

De plus, l'article 5 de la loi précitée du 8 janvier 1877 attribue à la juridiction des tribunaux de paix la connaissance des infractions aux décrets, règlements et arrêtés relatifs à la police du travail et à la répression du vagabondage, pourvu que les peines qui les sanctionnent ne dépassent pas 15 jours de prison et 100 fr. d'amende au maximum.

Enfin, dans les matières civiles qui excèdent leur compétence les juges de paix remplissent les fonctions de conciliateurs, dans les conditions réglées par le Code de procédure civile.

Le recours en cassation pour incompétence, excès de pouvoir, ou violation de la loi n'est pas ouvert aux parties contre les jugements rendus en dernier ressort par les juges de paix des Antilles et de la Réunion; il est remplacé par *le recours en annulation* devant la cour d'appel dans le ressort de laquelle est situé le tribunal de paix. En cas d'annulation, l'affaire est renvoyée devant l'un des juges de paix des cantons limitrophes, qui statue définitivement; si l'annulation est prononcée pour cause d'incompétence, la cour d'appel renvoie, s'il y a lieu, l'affaire devant le tribunal qui est habile à en connaître.

Tribunaux de première instance. — Dans chacune des colonies de la Guadeloupe, de la Martinique et de la Réunion existent deux tribunaux de première instance dont les sièges sont à :

La Pointe-à-Pitre (Guadeloupe) ;
La Basse-Terre (Guadeloupe) ;
Saint-Pierre (Martinique) ;
Fort-de-France (Martinique) ;
Saint-Denis (Réunion) ;
Saint-Pierre (Réunion).

Les tribunaux de première instance anciennement institués dans les dépendances de la Guadeloupe : Marie-Galante, Saint-Martin et Saint-Barthélemy ont été remplacés par des justices de paix à compétence étendue, dont il sera traité ci-après.

L'ordonnance du 30 septembre 1827 n'avait établi primitivement qu'un seul tribunal de première instance à la Réunion, celui de Saint-Denis, et avait fixé le siège de la cour d'appel à Saint-Paul. Une ordonnance du 10 juillet 1831 institua le deuxième tribunal dans cette ville et transféra la cour à Saint-Denis. Le décret du 16 août 1854 ne modifia pas cette répartition des cours et tribunaux de la Réunion, mais un second décret, en date du 6 janvier 1857, transféra à Saint-Pierre le tribunal de Saint-Paul et rattacha le territoire de ladite ville et de sa banlieue à l'arrondissement judiciaire de Saint-Denis.

Les circonscriptions des tribunaux de la Guadeloupe et de la Martinique sont encore aujourd'hui, à peu près, telles qu'elles avaient été fixées par l'ordonnance du 24 septembre 1828.

Les ordonnances de 1827, de 1828 et de 1831 avaient institué les tribunaux de première instance des Antilles et de la Réunion en leur appliquant le système de l'unicité de juge et les avaient composés d'un juge royal, d'un lieutenant de juge, de deux juges auditeurs, d'un procureur du roi, d'un substitut, d'un greffier et d'un commis-greffier.

Ces tribunaux se constituaient en tribunal civil pour le jugement des affaires civiles et commerciales de leur compétence, et en tribunal correctionnel pour connaître des contraventions aux lois, ordonnances, arrêtés et règlements sur le commerce étranger et sur les douanes. Les affaires correctionnelles ordinaires étaient directement jugées par la cour d'appel.

Le décret du 16 août 1854 donna aux juridictions de première instance la connaissance de toutes les affaires correctionnelles et substitua dans les tribunaux des Antilles et de la Réunion au système du juge unique, peu estimé des justiciables, celui de la pluralité des magistrats ; il fixa comme suit leur composition :

Pour les tribunaux de Saint-Pierre (Martinique), de la Pointe-à-Pitre (Guadeloupe) et de Saint-Denis (Réunion) : un président, trois juges, dont l'un était chargé du service de l'instruction, un procureur impérial assisté d'un ou deux substituts, un greffier et des commis-greffiers. Les autres tribunaux de première instance avaient un juge en moins et ne comportaient qu'un substitut.

Cette organisation dura jusqu'au décret du 22 avril 1886, qui supprima le deuxième substitut du procureur de la République et remplaça le troisième juge par un juge suppléant dans les trois tribunaux de première classe.

Le chiffre des dépenses affectées au service de la justice aux colonies paraissant encore trop élevé à quelques membres du Parlement, il fut question en 1887, 1888 et même 1889, d'appliquer à nouveau dans les Antilles et à la Réunion le régime du juge unique en première instance.

Les propositions présentées à cet effet ayant alarmé les populations intéressées et leurs représentants à la Chambre des députés et au Sénat, ceux-ci provoquèrent le vote de la loi du 15 avril 1890, qui maintint l'organisation fixée par les décrets de 1854 et de 1886 dans leurs dispositions essentielles.

La loi du 15 avril 1890 stipule que, dans chaque arrondissement judiciaire, le tribunal de première instance rend ses jugements à la pluralité des voix et qu'il se compose : d'un président et de deux juges au moins ; d'un procureur de la République et, s'il y a lieu, suivant l'importance du siège, d'un substitut ; d'un greffier et de commis greffiers.

Un ou deux juges suppléants rétribués ou non rétribués peuvent être attachés à chaque tribunal dont un des membres remplit les fonctions de juge d'instruction.

En exécution de cette loi, les tribunaux furent constitués, en 1891, avec le strict minimum de personnel nécessaire pour assurer le service de la justice, c'est-à-dire : un président, un juge d'instruction, un juge, un procureur de la République, un greffier et un commis assermenté.

Près les tribunaux de Saint-Pierre (Martinique), de la Pointe-à-Pitre (Guadeloupe) et de Saint-Denis et de Saint-Pierre (Réunion), un substitut est adjoint au procureur de la République, qui est également assisté par un secrétaire de parquet payé sur le budget colonial.

Le nombre restreint des magistrats affectés à chaque tribunal a, dès la première année, donné lieu à des réclamations et l'on a été obligé, pour que le service de la justice fût assuré dans l'arrondissement de Saint-Pierre (Martinique), d'y nommer un troisième juge[1]. Pareille nécessité s'est imposée récemment pour le tribunal de la Pointe-à-Pitre, qui a un rôle très chargé et qui se trouvait dans l'impossibilité de se réunir lorsque le juge d'instruction était retenu par sa fonction et ne pouvait pas se rendre à l'audience. Il y a lieu d'espérer que la désignation d'un juge suppléant rétribué, aux tribunaux de Saint-Pierre et de la Pointe-à-Pitre, pour y remplir l'office de troisième juge, permettra d'assurer régulièrement le service de la justice dans ces deux arrondissements.

Les tribunaux de première instance des Antilles et de la Réunion se constituent en tribunaux civils et en tribunaux correctionnels.

Ils connaissent de l'appel des jugements rendus en premier ressort par les juges de paix en matière civile et commerciale et de toutes actions civiles et commerciales, en premier et dernier ressort, jusqu'à concurrence de deux mille francs en principal ou de deux cents francs de revenu déterminé soit en rente, soit par prix de bail et, à charge d'appel, au-dessus de ces sommes. En matière correctionnelle, ils prononcent sur l'appel des juge-

---

1. Pour mettre les deux tribunaux de la Pointe-à-Pitre et de Saint-Pierre sur le même pied, sans augmenter les dépenses du personnel, le troisième juge à Saint-Pierre a été récemment remplacé par un juge suppléant rétribué, ce qui a permis de nommer un magistrat de même ordre à la Pointe-à-Pitre. Le juge avait un traitement de 6,000 fr. Les juges suppléants touchent chacun 3,000 fr.

ments des tribunaux de police, et connaissent, en premier ressort, de tous les délits et de toutes les infractions aux lois dont la peine excède la compétence des juges de paix; ils procèdent comme les tribunaux correctionnels de France.

Ils connaissent, en outre, en premier ressort seulement, des contraventions aux lois, ordonnances, règlements et arrêtés sur le commerce étranger, le régime des étrangers, les douanes et les contributions diverses.

Il n'a pas été institué jusqu'à ce jour de tribunaux de commerce à la Réunion et aux Antilles. La création de ces juridictions de première instance en matière commerciale avait été agitée en 1864, mais elle fut ajournée, le conseil général de la Réunion ne s'étant pas montré favorable au projet, les chambres de commerce de la Martinique n'ayant pas été d'accord sur l'utilité de l'institution et celles de la Guadeloupe s'étant prononcées en faveur d'une institution mixte composée de magistrats et de négociants.

Justices de paix à compétence étendue des dépendances de la Guadeloupe. — Indépendamment des juridictions instituées à la Guadeloupe en vertu de la loi du 15 avril 1890, il y a dans les dépendances trois justices de paix à compétence étendue à Saint-Martin, à Saint-Barthélemy et à Grand-Bourg (Marie-Galante), qui possèdent à la fois les attributions de justice de paix et de tribunal de première instance.

Elles ont été établies dans les circonstances suivantes :

1° *Saint-Martin et Saint-Barthélemy.* — L'ordonnance royale du 24 septembre 1828, « concernant l'organisation de l'ordre judiciaire et l'administration de la justice à l'île de la Martinique et à l'île de la Guadeloupe et ses dépendances » porte dans son article 10 que la commune du Marigot de l'île de Saint-Martin et tout le territoire de la partie française de cette île forment un canton de justice de paix.

La compétence de ce tribunal et sa composition furent fixées par une seconde ordonnance en date du 26 octobre 1828.

Cette organisation subsista jusqu'au décret du 8 mai 1879, qui institua à Saint-Martin, en remplacement de la justice de paix à compétence étendue, un tribunal de première instance, semblable à celui qui venait d'être créé à Saint-Barthélemy, dont la rétrocession avait été récemment consentie à la France par le gouvernement suédois.

En effet, un décret en Conseil d'État du 31 août 1878 avait créé au chef-lieu de cette nouvelle dépendance, Gustavia, un tribunal de première instance, composé d'un juge, un juge suppléant, un commissaire du Gouvernement et un greffier.

La procédure suivie devant cette juridiction était celle des justices de paix en France; le ministère des avoués n'était pas nécessaire pour les affaires de première instance. Les attributions de magistrat de paix étaient dévolues au juge président.

Ce système, étendu à Saint-Martin par le règlement d'administration publique du 8 mai 1879, ne fonctionna que cinq ans dans les deux dépendances de la Guadeloupe; un décret, rendu le 17 avril 1884 après avis du Conseil d'État, supprima les tribunaux de première instance du Marigot et de Gustavia et les remplaça par des justices de paix à compétence étendue ayant une juridiction semblable.

Cette modification était occasionnée par les difficultés de recrutement du personnel des deux tribunaux, dont le traitement n'était pas assez élevé. D'autre part, les faibles émoluments affectés aux titulaires des emplois obligeait à confier à de jeunes magistrats, encore peu expérimentés, les fonctions de juge unique et la direction d'un parquet.

La transformation des tribunaux de Saint-Martin et de Saint-Barthélemy en justices de paix à compétence étendue a permis de supprimer les postes rétribués de commissaire du Gouvernement, et d'affecter l'économie provenant de cette suppression à l'amélioration des soldes du juge de paix et du greffier, dont les fonctions ont été depuis confiées à des praticiens rompus aux affaires.

Le système établi par le décret du 17 avril 1884 paraît donner satisfaction aux intérêts de la population, qui possède à sa disposition une juridiction peu coûteuse, rapide et pouvant statuer sur tous les procès.

2° *A Marie-Galante.* — L'ordonnance précitée du 24 septembre 1828 avait établi par ses articles 10, 11 et 27 un tribunal de paix et un tribunal de première instance au Grand-Bourg de Marie-Galante avec juridiction sur toute l'étendue de cette île, qui comprend trois communes.

A la suite du décret du 16 août 1854, substituant dans nos anciennes colonies le système de la pluralité des juges à celui du juge unique, le tribunal de première instance de Marie-Galante fut composé d'un président, de deux juges, d'un procureur impérial et d'un substitut, d'un greffier et de commis-greffiers.

Cette organisation ne tarda pas à susciter des critiques, les dépenses de personnel qu'elle occasionnait paraissant hors de proportion avec l'importance et le nombre des affaires judiciaires de Marie-Galante.

Aussi, le département de la marine et des colonies saisissait-il, en 1865, le comité consultatif des colonies, puis, en 1867, le Conseil d'État d'un projet de décret rétablissant au tribunal de première instance le système du juge unique, ce qui entraînait une économie de douze mille francs.

Cette solution fut rejetée par les deux assemblées, qui considérèrent que l'application du principe du juge unique serait un retour en arrière.

Ce ne fut qu'après un vote de la commission du budget, d'accord avec les députés des Antilles, qu'un décret du 6 janvier 1873 prononça la suppression du tribunal de première instance, dont la juridiction fut attribuée avec quelques restrictions à la justice de paix.

Cette organisation ne dura pas longtemps. Elle fut modifiée par un règlement d'administration publique du 31 août 1878, qui établissait que la justice serait rendue en première instance par un tribunal composé d'un seul juge, assisté d'un lieutenant de juge ; l'action publique appartint à un procureur de la République et les appels durent être portés devant la cour de la Guadeloupe. La justice de paix continua à fonctionner, mais dans les limites de sa compétence normale, bien que le ministre de la justice eût fait observer qu'il lui paraissait *superflu* « pour satisfaire aux besoins réels de la dépendance » d'y instituer deux juridictions distinctes.

Le Conseil d'État, de son côté, n'avait pas maintenu les observations qu'il avait présentées en 1867 contre le retour aux Antilles au système de l'unicité de juge, mais avait demandé, pour des raisons d'ordre public, que le nombre des avoués d'abord fixé à deux fût porté à trois pour Marie-Galante.

Parmi les modifications apportées à l'organisation judiciaire des Antilles par le décret du 22 avril 1886 figure la suppression du poste de juge de paix à Grand-Bourg, dont les attributions furent dévolues au juge-président du tribunal de première instance.

Malgré cette réduction, le Parlement trouvant, lors du vote des lois de finances pour 1888 et les années suivantes, que le service de la justice à Marie-Galante était encore trop largement doté, ramena les crédits au chiffre de 12,000 fr., nécessaire à l'entretien d'un juge de paix à compétence étendue, dont une partie de la population demandait le rétablissement.

Cette réforme a été consacrée par un décret du 25 novembre 1890, lequel a donné lieu, surtout au point de vue de sa légalité, à des critiques souvent renouvelées mais qui n'ont pas paru au Gouvernement suffisamment fondées pour le faire rapporter.

Un sous-secrétaire d'État, ému de ces critiques, a cru devoir consulter la Chambre à leur sujet en déposant un projet de loi proposant le rétablissement du tribunal à juge unique.

Ce projet de loi a été examiné par une commission qui, à l'unanimité, a conclu à son rejet et, par voie de conséquence, a approuvé le maintien de la justice de paix à compétence étendue [1].

---

[1]. Voir le rapport de M. Gerville-Réache, député, fait au nom de la commission chargée d'examiner le projet de loi portant création d'un tribunal de première instance dans l'île de Marie-Galante. Annexe au procès-verbal de la séance de la Chambre des députés du 29 avril 1893. — Session ordinaire de 1893, n° 2714.

Le rapport déposé par ladite commission, après avoir discuté les objections soulevées contre le décret du 25 novembre 1890, déclare que la loi du 15 avril de la même année ne peut être considérée comme applicable aux dépendances de la Guadeloupe qui continuent, par conséquent, à être régies par des décrets rendus en la forme des règlements d'administration publique.

S'il en était autrement, la loi du 15 avril ne prévoyant que des justices de paix ordinaires, des tribunaux de première instance à plusieurs juges et des cours d'appel, on serait amené, non seulement à rétablir à Marie-Galante l'ancienne et coûteuse organisation avec les deux ordres de tribunaux, mais encore soit à supprimer les justices de paix à compétence étendue de Saint-Martin et de Saint-Barthélemy, ce qui enlèverait aux justiciables de ces dépendances la faculté de faire résoudre sur place leurs procès, soit à y créer des tribunaux de première instance à trois juges et des justices de paix ordinaires, ce qui entraînerait des dépenses relativement excessives.

Tout en étant sensiblement moins onéreuse que le tribunal à juge unique, la justice de paix, telle que l'a établie le décret du 25 novembre 1890, en diffère très peu, elle a été instituée sur des bases beaucoup plus vastes que ne l'avait fait celui du 6 janvier 1873, puisque la nouvelle organisation donne au juge de paix la même compétence que celle qu'avait précédemment le juge-président du tribunal.

D'autre part, les plaideurs sont soumis à une procédure plus simple, plus rapide et moins coûteuse, sans que leurs garanties aient été diminuées, même par la suppression de l'obligation du ministère des avoués, puisque celui-ci ne pouvait plus être exercé faute de titulaires pour les charges.

Tout en rejetant le projet de rétablissement du tribunal de première instance à juge unique, la commission de la Chambre des députés a émis l'avis qu'il y avait lieu d'apporter quelques améliorations à l'organisation actuelle:

1° Par la nomination auprès du juge de paix d'un suppléant, rétribué ou non, pour que le service de l'audience soit toujours assuré ; 2° par la création d'un poste de commissaire du Gouvernement chargé du ministère public. Les fonctions de cet ordre sont dévolues, comme dans toutes les justices de paix, au commissaire de police, dont le savoir juridique peut n'être pas suffisant, étant donnée l'importance des affaires correctionnelles, et que sa situation de subordonné du maire peut mettre en suspicion auprès des justiciables ou placer dans une situation difficile vis-à-vis de l'autorité municipale, toutes les fois qu'il ne croit pas devoir donner à une affaire la suite désirée par celle-ci. Il y aurait avantage, pour la garantie des justiciables, à ce que l'exercice de l'action publique soit entre les mains d'un homme à la fois capable et indépendant, c'est-à-dire d'un magistrat de carrière.

La troisième objection, portée contre la justice de paix à compétence étendue, est relative au fonctionnement des deux degrés de juridiction sur lequel est basé notre organisme judiciaire.

Aux termes des décrets du 22 avril 1886 et du 25 novembre 1890, le droit d'appel n'appartient aux plaideurs que dans les affaires qui excèdent la compétence en premier et dernier ressort des tribunaux de première instance.

Tous les autres procès sont jugés définitivement, et sans autre recours pour quelques-uns que la voie de l'annulation devant la cour d'appel, pour incompétence, excès de pouvoir ou violation de la loi.

Les habitants de Marie-Galante, ainsi que ceux de Saint-Martin et de Saint-Barthélemy, sont, sous ce rapport, dans une situation défavorable, à laquelle il serait possible de remédier en ouvrant le droit d'appel pour toutes les affaires qui excèdent la compétence ordinaire des justices de paix en premier et dernier ressort.

La réalisation de ces desiderata aurait pour effet de compléter les garanties déjà accordées aux justiciables des tribunaux de paix à compétence étendue. Elle serait de plus conforme aux principes généraux de notre droit.

Cours d'appel. — Les ordonnances judiciaires du 30 septembre 1827 et du 24 septembre 1828 modifiées par les décrets du 16 août 1854 et du 22 avril 1886, ainsi que par la loi du 15 avril 1890, ont institué à la Réunion, à la Martinique et à la Guadeloupe trois cours d'appel ayant leur siège à Saint-Denis[1], à Fort-de-France et à la Basse-Terre. Le ressort de chacune comprend toute l'étendue du gouvernement de l'île où elle est située; celui de la Réunion est même plus vaste, car il s'étend sur les tribunaux de Madagascar, de Nossi-Bé, de Sainte-Marie-de Madagascar, de Diégo-Suarez et de Mayotte. Il peut comprendre même quelques-uns des pays de protectorat relevant de ces colonies tels que les Comores, ainsi que l'a récemment déclaré un arrêt de la Cour de cassation en date du 27 octobre 1893[2].

Les cours d'appel de la Réunion et des Antilles avaient été constituées par les ordonnances de 1827 et de 1828 de la façon suivante:

Réunion. — Cinq conseillers et trois conseillers auditeurs.

Martinique et Guadeloupe. — Neuf conseillers et trois conseillers auditeurs.

La cour était présidée par un des conseillers, désigné par décret pour trois ans, recevant pendant cette période un supplément de traitement et ne pouvant être nommé de nouveau qu'après un intervalle de trois années. Le service du parquet était assuré par un procureur général ou un avocat général, chargé d'en remplir les fonctions, et un substitut du procureur général. Un greffier et un commis assermenté étaient adjoints à la cour.

Les cours connaissaient alors en dernier ressort des matières civiles et commerciales, sur l'appel des jugements des tribunaux de première instance. Elles statuaient directement sur les instructions en matière criminelle, correctionnelle et de police et renvoyaient devant les juges compétents ou déclaraient qu'il n'y avait pas lieu de suivre. Elles ordonnaient dans l'un et l'autre cas, s'il y avait lieu, la mise en liberté des inculpés. Enfin elles connaissaient en premier et dernier ressort des matières cor-

---

1. Primitivement le siège de la cour d'appel de la Réunion était à Saint-Paul, il a été transféré à Saint-Denis par le décret du 6 janvier 1857. Voir ce qui a été dit plus haut, p. 231, au sujet de l'organisation des tribunaux de première instance de la Réunion.

2. Voir organisation judiciaire de Mayotte et des Comores, p. 310, note 1.

rectionnelles autres que les contraventions aux lois, arrêtés et règlements sur le commerce étranger et sur les douanes déférées aux tribunaux de première instance.

Cette organisation fut modifiée par les ordonnances du 10 juillet 1831 et du 16 janvier 1840, ainsi que par le décret du 16 août 1854.

La législation des ordonnances de 1827 et 1828 avait l'inconvénient de rendre la poursuite et la répression des délits correctionnels lente, laborieuse et dispendieuse, parce que la cour chargée de les juger se trouvait généralement à une trop grande distance des localités où ils s'étaient produits. Il y avait aussi, le plus souvent, une disproportion choquante entre le peu de gravité des délits livrés à la juridiction correctionnelle et la solennité du tribunal appelé à en connaître.

Le décret du 16 août 1854, qui para à ces inconvénients en rendant aux tribunaux de première instance la connaissance de toutes les affaires correctionnelles, diminua le personnel des cours en raison de la réduction de leurs attributions.

Elles furent composées chacune d'un président, de sept conseillers à la Guadeloupe et à la Martinique et de six à la Réunion (ce nombre fut porté à sept par décret du 12 avril 1862), d'un conseiller auditeur, d'un procureur général et de deux substituts, d'un greffier et de commis-greffiers.

Les postes de conseiller auditeur et de deuxième substitut du procureur général furent successivement supprimés pour des raisons d'économie par le décret du 22 avril 1886 et comme conséquence des lois de finances pour 1886 et 1887. Enfin, la loi du 15 avril 1890 a fixé de la façon suivante la composition des trois cours d'appel des Antilles et de la Réunion :

Un président ;
Sept conseillers au moins ;
Un procureur général et un ou deux substituts ;
Un greffier et des commis-greffiers.

Les crédits votés par le Parlement ont permis de constituer ces cours avec le personnel minimum imposé par la loi ; il n'y a, par suite qu'un substitut du procureur général et un seul commis-greffier.

Cette composition semble actuellement suffisante pour répondre aux besoins des colonies intéressées. Elle pourrait être complétée, si cela devenait nécessaire.

Le procureur général, qui est investi des fonctions de chef de service judiciaire, ainsi qu'on l'a vu plus haut (p. 222), et son substitut ont pour les aider un chef de bureau et des secrétaires-rédacteurs et expéditionnaires du parquet général payés sur le budget colonial.

Le principe affirmé plusieurs fois par le Conseil d'État, notamment dans un avis du 15 décembre 1885, et d'après lequel les décisions doivent être rendues en appel par un nombre de magistrats plus élevé qu'en première instance, est de règle aux colonies.

D'autre part, bien que n'ayant pas été appliquée aux colonies, la disposition de la loi du 30 août 1883, sur la réforme de l'organisation judiciaire en France, d'après laquelle les jugements doivent toujours être pris par des juridictions siégeant en nombre impair, est généralement observée comme une règle d'ordre public ayant un caractère général.

Les cours doivent donc rendre leurs arrêts par cinq voix au moins. Il y a exception pour les audiences solennelles où les arrêts doivent être rendus par sept magistrats et pour les arrêts de la Chambre des mises en accusation qui ne comprend que trois membres.

Bien que ceux-ci ne soient pas dispensés du service des chambres civiles et correctionnelles, si le nombre des magistrats nécessaire pour rendre arrêt est incomplet, le président de la cour doit y pourvoir, en appelant des magistrats honoraires ayant droit de siéger, suivant l'ordre de leur ancienneté, ou des avocats avoués, suivant l'ordre du tableau.

Au commencement de chaque semestre, deux des membres de la chambre des mises en accusation en sortent sur la désignation du prési-

dent de la cour, qui nomme ceux qui doivent les remplacer. Chacun des membres de la cour doit être appelé à cette chambre autant que les circonstances le permettent.

Le président de la cour d'appel remplit les fonctions qui lui sont attribuées par le Code civil et les Codes de procédure civile et d'instruction criminelle. Il est tenu, aux Antilles, hors le cas d'empêchement, de présider la chambre civile et correctionnelle; il peut présider aussi, chaque fois qu'il le juge convenable, la chambre d'accusation et, dans ce cas, le juge le moins ancien de cette chambre se retire.

En cas d'empêchement, le président est remplacé par le plus ancien des conseillers présents.

En cas de mort, d'absence ou de tout autre empêchement qui oblige le procureur général chef du service judiciaire à cesser son service, il est remplacé provisoirement par un magistrat désigné par décret et, à défaut, par celui que le gouverneur choisit. S'il n'est empêché que momentanément, il est remplacé dans ses fonctions administratives par un officier du ministère public au choix du gouverneur. Dans ce dernier cas, jusqu'en 1890, le procureur général de la Réunion devait être obligatoirement remplacé par le procureur de la République de Saint-Denis. Cette situation présentait des inconvénients que le Gouvernement voulut faire disparaître. Une première fois, le comité consultatif des colonies repoussa par 5 voix contre 2 le projet de règlement qui lui était présenté à cet effet. C'est seulement par un décret du 7 mai 1890 que le mode de remplacement momentané du procureur général aux Antilles fut adopté pour le remplacement du chef du service judiciaire de la Réunion.

Les attributions des cours d'appel des Antilles et de la Réunion, telles qu'elles ont été fixées par les ordonnances de 1827 et de 1828, par le décret du 16 août 1854, ainsi que par les règlements qui les ont amendés sont les suivantes:

En matière civile et commerciale, les cours d'appel précitées connaissent des demandes formées par les parties, en annulation des jugements en dernier ressort des justices de paix pour incompétence ou excès de pouvoirs.

En matière de police, elles connaissent des demandes formées par le ministère public ou par les parties en annulation des jugements en dernier ressort des tribunaux de police pour incompétence, excès de pouvoir ou contravention à la loi.

En cas d'annulation, elles prononcent le renvoi devant l'un des juges de paix des cantons limitrophes, lequel statue définitivement.

Lorsque l'annulation est prononcée pour cause d'incompétence, la cour d'appel, s'il y a lieu, renvoie l'affaire devant les juges qui doivent en connaître.

En matière civile ou commerciale, les cours d'appel des Antilles et de la Réunion connaissent des demandes formées dans l'intérêt de la loi par le procureur général, en annulation, pour incompétence, excès de pouvoir ou contravention à la loi, des jugements rendus en dernier ressort par les justices de paix, lorsqu'ils ont acquis force de chose jugée.

En matière correctionnelle, elles connaissent des demandes, formées dans l'intérêt de la loi et pour les mêmes causes, par le procureur général, en annulation, soit des jugements en dernier ressort des tribunaux de police, lorsqu'ils sont passés en force de chose jugée, soit des jugements rendus par les tribunaux correctionnels sur l'appel de ceux des tribunaux de police.

Cette annulation ne donne lieu à aucun renvoi.

Les cours d'appel connaissent en dernier ressort des matières civiles et commerciales, sur l'appel des jugements des tribunaux de première instance.

Elles connaissent également de l'appel des jugements correctionnels rendus en premier ressort par les mêmes tribunaux.

La cour d'appel de la Guadeloupe connaît de l'appel des jugements civils, commerciaux et correctionnels rendus par les justices de paix à compétence étendue de Marie-Galante, de Saint-Martin et de Saint-Barthélemy ; celle de la Réunion connaît de l'appel des mêmes jugements rendus par les tribunaux de première instance et justice de paix à compétence étendue de Mayotte, Nossi-Bé, Sainte-Marie de Madagascar et Diégo-Suarez.

Les cours d'appel des Antilles et de la Réunion statuent sur les mises en accusation et sur les oppositions aux ordonnances des chambres du conseil, conformément aux dispositions du Code d'instruction criminelle.

La juridiction d'appel en matière de commerce étranger, de douanes et de contributions diverses est réglée par la législation spéciale à ces matières.

Les cours connaissent des faits de discipline concernant les magistrats ; le président doit avertir d'office ou sur la réquisition du ministère public tout magistrat qui manque aux convenances de son état ; si l'avertissement reste sans effet, l'application d'une des peines disciplinaires prévue par l'article 139 de l'ordonnance du 30 septembre 1828 est faite par la cour en chambre du conseil, sur les conclusions écrites du procureur général après que le magistrat a été entendu ou dûment appelé, etc.[1].

Les cours d'appel émettent leur avis sur la nomination des avoués et statue sur l'appel des peines disciplinaires prononcées contre eux par les tribunaux.

Elles peuvent proposer au gouverneur des règlements, soit pour la prompte expédition des affaires, soit pour la fixation du nombre et de la durée de leurs audiences, de celles des tribunaux de première instance et des tribunaux de paix. Ces règlements ne sont exécutés qu'après avoir été arrêtés par le gouverneur en conseil privé et ne deviennent définitifs que lorsqu'ils sont revêtus de l'approbation du ministre des colonies.

La voie de cassation est ouverte contre les arrêts rendus en matières civile, commerciale et correctionnelle sur l'appel des tribunaux de première instance et des justices de paix à compétence étendue, ainsi que contre les arrêts de la chambre des mises en accusation ; mais ces derniers ne peuvent être attaqués que dans l'intérêt de la loi.

Critiques touchant les cours d'appel des Antilles et de la Réunion. — La composition et le nombre des cours d'appel des trois anciennes colonies ont donné lieu à quelques critiques qui ont été surtout dictées par le désir de réduire les dépenses du service de la justice. Jusqu'à ce jour elles n'ont pas prévalu et n'ont pas eu pour effet d'entraîner de profondes modifications dans l'organisation judiciaire ; il convient néanmoins de les examiner, parce qu'elles se reproduisent presque chaque année lors de la discussion du budget et de rechercher si l'adoption des propositions qu'elles motivent serait ou non profitable à la bonne administration de la justice.

Ainsi qu'on l'a vu plus haut, les cours d'appel des Antilles et de la Réunion sont composées d'un président et de sept conseillers, c'est-à-dire du nombre de magistrats strictement indispensable pour pouvoir rendre des arrêts réguliers. Sans parler des

---

[1]. Voir tome 1er, p. 396, et l'ordonnance du 30 septembre 1828, articles 138 et suivants.

audiences solennelles où les magistrats doivent être sept au moins pour pouvoir prendre une décision, dans les séances ordinaires, ils doivent être cinq pour le jugement des affaires qui leur sont soumises en appel. Trois seulement restent donc disponibles, alors que l'on doit assurer le service de la chambre des mises en accusation, ainsi que celui des assises, et que deux membres de la cour doivent assister aux séances du conseil du contentieux administratif[1].

Si l'on tient compte des vacances provenant par suite de décès, maladies, congés ou autres causes, il est aisé de se rendre compte des difficultés que présenterait une nouvelle réduction du personnel, contraire d'ailleurs aux dispositions de la loi du 15 avril 1890, qui devrait être modifiée. Les considérations suivantes corroborent cette impression :

La diminution du nombre des conseillers aurait pour premier effet d'obliger à réduire le nombre des magistrats appelés à rendre des arrêts en matière civile, commerciale et correctionnelle de cinq à trois, les autres conseillers devant rester disponibles pour les intérims, le service criminel et le conseil du contentieux administratif.

Il s'ensuivrait qu'en appel, contrairement aux règles admises jusqu'à ce jour en matière d'organisation judiciaire, les affaires seraient examinées par un nombre de magistrats égal à celui des juges de première instance, ce qui serait éminemment défavorable au prestige des juridictions supérieures.

Une autre considération fort importante en faveur du maintien des cours d'appel telles qu'elles sont actuellement constituées est que le commerce européen est aussi intéressé que les colonies à ce que la justice y soit rendue dans de bonnes conditions, les principaux négociants et industriels de nos grands ports, en particulier, étant en rapports constants avec nos établissements d'outre-mer.

Mais, c'est surtout au point de vue de la justice criminelle

---

1. Voir les attributions des conseils du contentieux administratif, tome Ier, p. 239.

que la réduction du personnel des cours d'appel des Antilles et de la Réunion présenterait des inconvénients considérables.

Non seulement elle empêcherait les colonies de bénéficier des réformes projetées du Code d'instruction criminelle, mais elle leur retirerait les garanties données aux Français d'outre-mer par la Restauration et l'Empire en ce qui concerne la liberté individuelle, pour les placer purement et simplement sous l'action du parquet, car il deviendrait impossible de maintenir les chambres des mises en accusation.

En effet, du nombre des magistrats de la cour d'appel, il faut retrancher au moins trois conseillers pour le service trimestriel des cours d'assises.

La chambre des mises en accusation devant comprendre trois autres conseillers, si la cour est réduite à cinq membres, il n'est plus possible d'assurer le service criminel tel qu'il existe aujourd'hui, celui-ci ne peut fonctionner qu'avec un minimum de six membres à l'*état permanent*.

D'autre part, s'il y a lieu à renvoi en cour d'assises, l'organisation fonctionnera, bien que péniblement ; par contre, si la chambre d'accusation renvoie devant le tribunal correctionnel, il sera *impossible*, en cas d'appel, de composer la cour si un des conseillers qui n'en ont pas déjà connu est absent ou empêché. La justice se trouvera interrompue, sans qu'il y ait d'autre moyen d'y porter remède que de demander à la Cour de cassation de désigner une autre juridiction, quand la loi et les circonstances ne s'y opposeront pas.

Enfin, les affaires criminelles renvoyées après cassation ne pourraient plus, faute de magistrats n'en ayant pas déjà connu, être jugées dans la colonie, ce qui entraînerait des frais considérables et aggraverait la situation des accusés.

Il faut aussi tenir compte de la situation des magistrats qui, pour la moitié au moins, ne sont pas originaires du pays où ils servent et qui sont obligés, pour des raisons de santé, d'intérêt ou de famille, de demander de temps à autre des congés.

Pour toutes ces raisons, le Gouvernement et le Conseil d'État semblent absolument d'accord pour ne plus consentir à des réductions dans le personnel des cours d'appel de nos anciennes colonies.

Un essai a été tenté en 1886 : on avait supprimé un poste de conseiller dans chacune d'elles ; force a été de le rétablir [1].

Un second système proposé pour réduire les dépenses de la justice aux Antilles est la suppression d'une cour d'appel et même la suppression des deux, en tant qu'organismes permanents.

La plupart des considérations relatives à la diminution du nombre des conseillers s'opposent également à l'adoption de ces mesures.

Le Gouvernement s'y est toujours refusé et chaque fois qu'il en a été question, il a fait ses réserves et s'est retranché derrière l'avis émis, le 17 novembre 1885, dans une note émanée des sections réunies des finances, des postes et des télégraphes, de la guerre, de la marine et des colonies, et de législation, de la justice et des affaires étrangères du Conseil d'État, aux termes de laquelle « le vote du Parlement (concernant des réduc« tions de dépenses budgétaires) ne porte pas sur le mode d'exé« cution de la réduction résultant du chiffre total voté au « chapitre... ; *ce qui a force de législation, ce sont les chiffres de* « *chaque chapitre du budget et les dispositions spéciales inscrites aux* « *articles additionnels. Le pouvoir exécutif,* investi par le sénatus« consulte du 3 mai 1854 du pouvoir législatif en ce qui con« cerne l'organisation judiciaire des colonies, *conserve,* en se « conformant aux prescriptions budgétaires, *la responsabilité* « *entière des modifications qu'il y a lieu d'apporter à cette orga*« *nisation.* Aussi, tout en s'inspirant des indications contenues « dans l'exposé des motifs et des rapports relatifs à la loi des « finances, doit-il rechercher si les réductions projetées sont « les meilleures que l'on puisse réaliser. »

---

1. Déjà, par un avis du 17 décembre 1885, le Conseil d'État avait rejeté un projet de décret réduisant le nombre des conseillers des cours d'appel des Antilles et de la Réunion. Le décret du 22 avril 1886 a rendu exécutoire une partie des réformes proposées par cet avis.

Le Gouvernement, en laissant entendre qu'il consentirait difficilement à la suppression d'une des deux cours d'appel de la Martinique et de la Guadeloupe, a considéré que leur fusion ne produirait qu'une diminution de dépense apparente. On serait, en effet, obligé d'augmenter le nombre des conseillers et des magistrats du parquet dans celle des deux cours qui serait maintenue, afin de pouvoir satisfaire aux exigences du service criminel et du service civil dans les deux colonies.

D'autre part, le chiffre des frais de justice s'élèverait considérablement pour les affaires qui seraient portées en appel d'une colonie dans l'autre ; outre les frais de transport des magistrats, il y aurait à leur payer continuellement des indemnités de séjour onéreuses pour le Trésor.

Enfin, sans parler du chiffre relativement élevé de la population des deux colonies (170,000 habitants environ dans chaque, non compris les étrangers), il y a lieu de considérer aussi qu'en cas d'épidémie dans l'une ou l'autre, des quarantaines et des périodes d'observation sont imposées aux individus provenant des territoires contaminés ; il peut en résulter que des prévenus, des témoins, des magistrats soient obligés de subir ces retards préjudiciables à la fois aux intérêts du Trésor et à ceux des particuliers. On a vu certaines de ces quarantaines durer plus d'une année.

Quand il serait nécessaire d'en établir de semblables, la justice se trouverait supprimée, par suite de l'impossibilité de faire juger les affaires d'une colonie dans l'autre, et en raison des difficultés qu'éprouverait le chef du service judiciaire à administrer celle des deux où il ne se trouverait pas.

Le dernier système proposé, la suppression des cours d'appel des Antilles *en tant qu'organismes permanents,* ne semble pas atteindre le but que l'on se propose. Outre que les garanties accordées aujourd'hui aux justiciables ne pourraient vraisemblablement pas leur être conservées, il serait à craindre que les magistrats appelés à aller d'une colonie dans l'autre ne connussent qu'imparfaitement la législation spéciale et les habitudes locales particulières à chacune. Enfin, les frais de transport et de séjour qu'on serait dans l'obligation de leur allouer compenseraient les dépenses d'entretien des cours d'appel permanentes, sans permettre de les remplacer complètement.

L'examen des principales critiques élevées contre les cours d'appel des Antilles et de la Réunion, ainsi que des propositions de réforme auxquelles elles ont donné lieu, démontre la difficulté de modifier l'organisation actuelle sans risquer de priver les Français de ces colonies des garanties accordées aux justiciables de la métropole. La statistique des affaires jugées à la Martinique et à la Réunion donne des chiffres aussi élevés que le nombre des procès soumis à certaines cours d'appel de France. Si ce chiffre a diminué depuis quelques années et est un peu moins considérable à la Guadeloupe, cela provient vraisemblablement de causes accidentelles, puisque la population s'est accrue et que le total des importations et des exportations tend à augmenter. La mise à exécution des projets de travaux publics dans cette colonie, où les communications sont encore assez difficiles entre les deux arrondissements de la Basse-Terre et de la Pointe-à-Pitre et entre les dépendances et le chef-lieu, créera un mouvement commercial et industriel nouveau, dont le contre-coup ne manquera pas de se faire sentir aux rôles de la cour d'appel et des tribunaux.

Il n'y a pas à conclure des considérations qui précèdent que l'organisation judiciaire des trois anciennes colonies n'est pas susceptible de modifications et d'améliorations. Une commission, instituée en 1885 par le sous-secrétaire d'État des colonies, avait étudié cet important problème et proposé des réformes qui, jusqu'à ce jour, n'ont pas été réalisées, principalement parce qu'elles auraient entraîné un léger supplément de dépenses. Son principal souci avait été cependant de faire disparaître des ordonnances de 1827 et de 1828 les dispositions surannées qu'elles contiennent, de maintenir celles qui ne sont point en opposition avec notre époque et d'opérer les réformes les plus urgentes, en s'inspirant, autant que possible, de la législation métropolitaine, sans porter atteinte à l'organisation administrative des colonies intéressées.

Il n'est pas téméraire d'espérer et de prévoir qu'avant longtemps l'esprit d'initiative et de progrès du ministre des colonies, qui a pris à tâche de rechercher toutes les améliorations dont sont susceptibles nos institutions coloniales, portera son attention et son activité bienfaisante sur le service judiciaire aux Antilles et à la Réunion, qui paraît pouvoir aujourd'hui bénéficier sans danger des dispositions principales des dernières lois sur la magistrature métropolitaine.

Cours d'assises. — Sous l'empire des ordonnances de 1827, de 1828 et de 1831, la justice criminelle était rendue, dans chacune des colonies de la Guadeloupe, de la Martinique et de la Réunion, par des cours d'assises siégeant tous les trois mois au chef-lieu des arrondissements judiciaires et par des cours prévôtales, qui ont été supprimées par le décret du 16 août 1854.

Les cours d'assises comprenaient trois conseillers de la cour d'appel et quatre assesseurs, tirés au sort dans un collège, composé tous les trois ans, par l'autorité administrative, de soixante membres âgés d'au moins 30 ans et choisis parmi les négociants et habitants éligibles au conseil général, les dignitaires des ordres royaux, les fonctionnaires ayant un traitement minimum de 4,000 fr., les agents du Gouvernement retraités ayant joui de ce traitement, les juges de paix en retraite, les licenciés en droit, les professeurs de sciences ou de lettres, les médecins, les notaires et les anciens avoués.

Le procureur général ou un de ses substituts portait la parole à la cour d'assises, le greffier de la cour ou du tribunal de première instance y tenait la plume.

Sous la législation du 24 avril 1833 un plus grand nombre d'éligibles put concourir à la formation des listes d'assesseurs et, après la révolution de 1848, les nouveaux affranchis purent y être compris en vertu de l'article 3, paragraphe 2, du XIIIe décret du Gouvernement provisoire en date du 27 avril.

Les fonctions d'assesseurs étaient incompatibles avec celles de membres du conseil privé ou de l'ordre judiciaire, de ministre d'un culte et de militaire en activité de service. Les sexagénaires en étaient exemptés de droit.

Les cours d'assises connaissaient de toutes les affaires pouvant comporter une condamnation à une peine afflictive ou infamante et leurs arrêts pouvaient être attaqués par la voie de la cassation.

Les juges de la cour d'assises prononçaient seuls sur les incidents de droit et de procédure, qui s'élevaient avant l'ouverture ou pendant le cours des débats. Réunis aux assesseurs, ils statuaient en commun sur la position des questions, sur la solution de ces mêmes questions et sur l'application de la peine.

Les accusés, quel que soit leur nombre, ne pouvaient exercer que cinq récusations et le ministère public deux.

En dehors des cours d'assises pouvaient être établies des cours prévôtales, si la colonie était déclarée en état de siège ou si la sûreté intérieure était menacée. Elles étaient composées d'un conseiller de la cour d'appel et du juge royal, président, d'un prévôt choisi parmi les officiers ayant au moins le grade de capitaine, d'un adjoint-prévôt, de cinq juges dont deux suppléants, d'un officier du parquet et d'un greffier.

Pouvaient lui être dévolus : les jugements des crimes concernant la sûreté extérieure de l'État, la fomentation de la guerre civile, l'emploi illégal de la force armée, la dévastation et le pillage, la rébellion, les associations de malfaiteurs, les empoisonnements, les incendies volontaires et la destruction d'animaux domestiques.

L'institution à la cour d'assises de l'assessorat, sorte de jury, qui offrait certains avantages et qui fonctionne encore avec quelques modifications dans presque toutes nos nouvelles colonies, présentait un facile accès à la critique aux Antilles et à la Réunion, où l'administration de la justice civile était déjà analogue à celle de France.

Dès 1849, la commission coloniale, qui se préoccupait de la

réforme judiciaire, examina la possibilité de modifier le service criminel, mais les opinions se partagèrent après une longue discussion soit en faveur de la constitution des cours d'appel en cours de justice criminelle, soit en faveur de l'établissement du jury dont on proposait de réduire le nombre des membres de douze à huit. La majorité se prononça pour le premier système.

Aucune décision ne fut prise par le Gouvernement et la réorganisation des cours d'assises fut ajournée. Dans le rapport adressé à l'Empereur le 14 août 1854 pour présenter le décret qui, à la date du 16 du même mois, a si profondément modifié la composition des cours et tribunaux des Antilles et de la Réunion, le ministre secrétaire d'État de la marine et des colonies s'exprime ainsi :

A ces changements j'étais disposé à proposer à Votre Majesté d'en ajouter un autre : je veux parler de la modification du rôle respectif des magistrats et des assesseurs dans les affaires de justice criminelle. Aujourd'hui les assesseurs délibèrent en commun avec les magistrats de la cour d'assises sur les questions de droit et sur l'application de la peine, aussi bien que sur la solution des questions de culpabilité. Toutes les opinions semblent d'accord pour faire restreindre à ce dernier ordre de questions l'intervention des assesseurs. J'étais donc disposé à proposer à Votre Majesté de consacrer cette réforme par le présent décret, mais j'ai dû m'arrêter avec le Conseil d'État devant un scrupule de légalité constitutionnelle...

Je me réserve de soumettre à Votre Majesté, avec l'avis du Conseil d'État, un projet spécial destiné à être présenté au Sénat, lors de sa première réunion.

Malgré ces déclarations et les réclamations des magistrats qui se plaignaient, dans les rapports d'assises, d'être associés à des arrêts regrettables qu'ils ne pouvaient empêcher, se trouvant en minorité vis-à-vis des assesseurs, aucune modification ne fut apportée au système de la justice criminelle institué aux Antilles et à la Réunion par les ordonnances organiques, jusqu'au moment où l'institution du jury fut appliquée dans ces colonies.

Une première fois, le 15 avril 1871, à la séance de l'Assemblée nationale, le garde des sceaux fit connaître l'intention du Gouvernement de présenter une loi organique concernant les colonies et y constituant le jury. Plus tard, au mois de juillet 1872, lors de la discussion d'un projet de loi ayant pour objet d'introduire, pour la France, des modifications dans la formation du jury en matière criminelle, les représentants républicains des colonies déposèrent l'article additionnel suivant : « La « présente loi est applicable aux colonies de la Martinique, de « la Guadeloupe et de la Réunion. Les dispositions du Code « d'instruction criminelle relatives au jury y seront promul- « guées. »

Cette proposition, qui n'eut pas de suite immédiate, eut pour effet d'amener le Gouvernement à déposer, le 27 février 1873, sur le bureau de l'Assemblée nationale, un projet de loi sur l'organisation du jury aux colonies. La caractéristique de ce projet était la réduction de douze à huit du nombre des jurés. Cette dérogation à l'organisation des cours d'assises de France était justifiée par le chiffre de la population de chacune de nos colonies, moins élevé que celui des habitants de la plupart de nos départements, et la crainte de ne pas trouver suffisamment de gens lettrés pour composer les listes annuelles avec un minimum de 400 noms ; ce minimum était ramené à 300 et celui des jurés de session de 36 à 24. Les lois sur le jury en vigueur dans la métropole devaient être appliquées aux trois colonies, sous réserve de certaines modifications sans importance, rendues indispensables par l'organisation administrative particulière à ces établissements.

Dans l'exposé des motifs de ce projet de loi, le Gouvernement s'exprimait de la façon suivante au sujet des raisons qui s'étaient opposées jusqu'alors à l'adoption des modifications, tant de fois réclamées, au système des ordonnances en matière criminelle :

Depuis l'acte d'émancipation de 1848, la force des choses, aussi bien que l'équité, impose au gouvernement comme règle de sa politique coloniale d'étendre le plus possible aux Français d'outre-mer le bénéfice des progrès réalisés par la civilisation métropolitaine. On était donc d'accord sur le but et sur le principe avec les vœux qui, depuis 1848, ont été exprimés à ce sujet. On ne différait que sur le point de savoir jusqu'où on pouvait aller et avec quelle rapidité on pouvait marcher. Le Gouvernement pensait qu'en raison d'un état social particulier, qui avait duré longtemps aux colonies, et en raison de certaines nécessités politiques, qui s'imposent à tout établissement colonial, il y avait lieu de n'avancer dans cette voie qu'avec une extrême circonspection ; que, dans l'intérêt même du progrès, il fallait s'assurer avant de faire un pas en avant qu'on ne serait pas ensuite obligé de reculer.

La constitution actuelle de l'administration judiciaire aux Antilles et à la Réunion est suffisante pour s'adapter à l'établissement du jury. Comme il est désirable que celui-ci commence à y fonctionner à partir du 1er janvier 1874 au plus tard, il y a urgence à ce que le projet de loi soit discuté par l'Assemblée nationale le plus vite possible.

Le projet fut en effet rapidement mis en délibération, mais la commission chargée de l'examiner souleva quelques objections, particulièrement au sujet du renvoi des affaires pour cause de sûreté générale ou de suspicion légitime.

Une seule cour d'assises étant instituée dans chaque colonie, il était possible de renvoyer l'affaire de la Martinique à la Guadeloupe et *vice versá*, mais l'isolement de la Réunion au milieu de l'Océan Indien, loin de toute autre colonie française régulièrement constituée au point de vue judiciaire, rendait inadmissible toute solution analogue et l'on se demanda s'il n'y aurait pas nécessité à conserver les deux cours d'assises de Saint-Denis et de Saint-Pierre.

Pour résoudre les observations présentées contre le projet, le ministre dut, sur l'avis de l'Assemblée nationale délibérant en seconde lecture, faire procéder à une nouvelle enquête dans les colonies.

Toutes les autorités locales, gouverneurs, directeurs de l'intérieur, magistrats, conseillers généraux, conseillers privés, furent appelées à donner leur avis : 49 personnes contre 44 et deux abstentionnistes se prononcèrent en faveur de l'établissement du jury.

Néanmoins le projet de loi, n'ayant pu être soumis à une troisième délibération avant la séparation de l'Assemblée nationale, resta en suspens. Le Gouvernement ne le déposa sur le bureau de la Chambre des députés que le 1ᵉʳ avril 1879, deux ans après l'application aux colonies du Code pénal métropolitain.

Ce projet avait été modifié dans le sens des principales observations dont celui de 1873 avait été l'objet. Alors que l'ancien projet ne créait qu'une seule cour d'assises dans chaque colonie, le nouveau en admettait deux ; par contre, il maintenait à huit le nombre des membres du jury.

Le Parlement amenda quelque peu les dispositions qui lui étaient présentées. Le Sénat pensa qu'il était préférable de maintenir le chiffre de douze jurés aux colonies comme en France, parce qu'il présente plus de garanties pour l'accusé et pour la société. Mais cette augmentation ayant pour effet d'entraîner une augmentation importante dans le chiffre de la liste annuelle des jurés, on craignit de ne pas trouver dans la population de la Martinique et de la Guadeloupe suffisamment de citoyens capables d'y être inscrits. Pour cette raison, les chambres ne créèrent dans ces colonies qu'une seule cour d'assises, mais elles en instituèrent deux à la Réunion.

La loi fut enfin promulguée le 27 juillet 1880.

Elle n'a pas subi d'autre modification que celle qui lui a été apportée par la loi du 12 avril 1892, qui a institué à la Guadeloupe une seconde cour d'assises.

Cette création avait été demandée dès 1882 et à plusieurs reprises par la population de l'arrondissement de la Basse-Terre et son représentant à la Chambre des députés. Cet arrondissement ne pouvant alors fournir annuellement 400 jurés, elle n'avait pu être réalisée. Dès que, grâce à la diffusion de l'instruction, cet empêchement eut disparu, le Gouvernement se rendit au désir des intéressés, qui faisaient valoir à l'appui de leur demande l'éloignement et les difficultés de communication entre les différentes parties de la colonie.

En supprimant aux Antilles et à la Réunion le collège des

assesseurs et en le remplaçant par le jury, la loi du 27 juillet 1880 a appliqué à ces colonies toutes les lois sur le jury en vigueur dans la métropole, ainsi que les diverses dispositions du Code d'instruction criminelle, relatives à la procédure des cours d'assises; elle a complété ainsi, au point de vue de la législation criminelle, l'assimilation du régime colonial au régime métropolitain.

Le fonctionnement des cours d'assises des anciennes colonies étant semblable à celui des mêmes juridictions en France, il n'y a pas lieu de l'exposer en détail; toutefois il convient de connaître leur répartition et les règles spéciales à leur organisation telles qu'elles résultent des lois de 1880 et de 1892.

La Martinique ne possède qu'une seule cour d'assises dont le siège est à Saint-Pierre et dont le ressort s'étend sur toute la colonie. A la Guadeloupe et à la Réunion, il y a une cour d'assises au chef-lieu de chaque arrondissement judiciaire de première instance: chaque cour d'assises se réunit trimestriellement.

Le ressort de la cour d'assises de la Basse-Terre comprend, outre le canton du chef-lieu, ceux de la Capesterre, de la Pointe-Noire, de Saint-Barthélemy et de Saint-Martin. Le ressort de la cour de la Pointe-à-Pitre s'étend sur tous les autres cantons dépendant du gouvernement de la Guadeloupe.

Le ressort des cours d'assises de la Réunion, siégeant à Saint-Denis et à Saint-Pierre, est le même que celui des tribunaux de de ces deux villes; celui de Saint-Denis comprend en outre le gouvernement de Mayotte et vraisemblablement les pays de protectorat qui en dépendent[1].

Dans les chefs-lieux de cour d'appel, les assises sont tenues par trois des membres de la cour d'appel, désignés par le président après avis du procureur général.

Les fonctions du ministère public sont remplies par le procureur gé-

---

1. Voir l'organisation judiciaire de Mayotte et des Comores, p. 310, note 1, et l'arrêt de la Cour de cassation du 27 octobre 1893.

néral ou son substitut, celles du greffier par le greffier de la cour ou par un commis assermenté.

Dans les arrondissements où ne se trouve pas le siège de la cour d'appel, la cour d'assises est composée d'un conseiller de la cour d'appel délégué à cet effet, président; de deux juges, pris soit parmi les conseillers de la cour d'appel, soit parmi les présidents ou juges du tribunal de première instance du lieu de la tenue des assises; du procureur de la République près le tribunal ou d'un de ses substituts, sans préjudice du droit du procureur général de porter lui-même la parole ou de déléguer ses fonctions à l'un de ses substituts; et du greffier du tribunal de première instance ou de l'un de ses commis assermentés.

Le président des assises pourvoit au remplacement des autres membres de la cour empêchés, ou désigne des juges assesseurs supplémentaires, s'il y a lieu.

Les jurés siègent au nombre de douze et statuent sur les questions de culpabilité seulement. La cour règle directement les incidents de procédure et applique la peine correspondant au verdict du jury.

Le nombre des jurés, pour la liste annuelle, est réparti par arrondissement judiciaire et par canton, proportionnellement au tableau officiel de la population.

Cette répartition est faite, au mois de juillet de chaque année, par le gouverneur en conseil privé, composé de la même façon que lorsqu'il siège au contentieux.

La liste annuelle du jury comprend quatre cents jurés pour chaque ressort d'assises.

Les incapacités pour remplir les fonctions de juré sont les mêmes qu'en France; il n'en est pas tout à fait de même des incompatibilités qui sont plus nombreuses aux colonies.

Les fonctions de juré sont incompatibles avec celles de sénateur, député, membre du conseil privé, directeur de l'intérieur, membre de la cour d'appel, juge titulaire ou suppléant des tribunaux civils et des tribunaux de commerce, officier du ministère public près les tribunaux de première instance, juge de paix, commissaire de police, ministre d'un culte reconnu par l'État, militaire de l'armée de terre ou de mer en activité de service et pourvu d'emploi, fonctionnaire ou préposé du service actif des douanes, des contributions indirectes, des forêts et de l'administration des télégraphes, instituteur primaire communal.

La liste annuelle des jurés est dressée pour chaque arrondissement judiciaire par une commission, réunie dans la première quinzaine de septembre et composée du président du tribunal civil, président, du juge de paix ou du magistrat qui en remplit les fonctions et du conseiller général le plus âgé de chaque canton. Ses décisions sont prises à la majorité. En cas de partage, la voix du président est prépondérante.

La liste d'arrondissement, définitivement arrêtée par elle, est transmise avant le 1er décembre au greffier du chef-lieu de la cour d'assises.

Une liste spéciale des jurés suppléants, comprenant cinquante noms pris parmi les jurés de la ville où se tiennent les assises, est aussi formée chaque année en dehors de la liste annuelle du jury.

Le président de la cour d'appel ou le président du tribunal, chef-lieu d'assises, dresse, dans la première quinzaine de décembre, la liste annuelle du jury pour le ressort de la cour d'assises, par ordre alphabétique. Il dresse également la liste spéciale des jurés suppléants.

Le juge de paix de chaque canton, ou le magistrat qui en remplit les fonctions, est tenu d'instruire immédiatement le président de la cour d'appel ou le président du tribunal chef-lieu d'assises des décès, des incapacités ou des incompatibilités légales qui frapperaient les membres dont les noms sont portés sur la liste annuelle.

Dans ce cas, il est statué conformément à l'article 390 du Code d'instruction criminelle.

Vingt jours au moins avant l'ouverture des assises, le président de la cour d'appel ou le président du tribunal chef-lieu d'assises, dans les villes où il n'y a pas de cour d'appel, tire au sort, en audience publique, sur la liste annuelle, les noms des *trente-six jurés* qui forment la liste de la session. Il tire, en outre, quatre jurés suppléants sur la liste spéciale.

Ils transmettent immédiatement le résultat du tirage au directeur de l'intérieur, qui fait les notifications prescrites par l'article 389 du Code d'instruction criminelle.

Si, au jour indiqué pour le jugement, le nombre des jurés est réduit à moins de *trente* par suite d'absence ou pour toute autre cause, ce nombre est complété par les jurés suppléants suivant l'ordre de leur inscription ; en cas d'insuffisance, par des jurés tirés au sort en audience publique parmi les jurés inscrits sur la liste spéciale, subsidiairement parmi les jurés de la ville inscrits sur la liste annuelle.

Dans le cas où il y a lieu de réunir extraordinairement une session d'assises, le nombre des jurés titulaires est complété par un tirage au sort fait, en audience publique, parmi les jurés de la ville inscrits sur la liste annuelle.

A la Martinique, lorsque le renvoi est ordonné en matière criminelle par le conseil privé, selon les formes du Code d'instruction criminelle colonial, l'affaire est renvoyée à l'une des cours d'assises de la Guadeloupe.

L'arrêt du conseil qui prononce le renvoi est notifié dans la quinzaine par le gouverneur de la Martinique à son collègue.

Dans le même délai, le procureur général fait la même notification à son collègue, à l'accusé et à la partie civile.

En cas d'annulation d'un arrêt de cour d'assises de l'une des trois colonies, la Cour de cassation peut renvoyer le procès soit devant une autre cour d'assises nommément désignée, soit devant la même cour composée d'autres membres.

Si, dans ce dernier cas, il ne se trouve pas à la cour d'appel trois membres pouvant former la nouvelle cour d'assises, le président de la cour y appelle, pour compléter le nombre, un ou deux membres du tribunal de première instance de l'arrondissement où siège la cour d'assises.

Avocats et avoués. — Les ordonnances du 30 septembre 1827 et du 24 septembre 1828 n'avaient pas créé de barreau à la Réunion et aux Antilles ; elles avaient chargé exclusivement les avoués de représenter les parties devant les cours d'appel et les tribunaux de première instance, de faire les actes de forme nécessaires pour l'instruction des causes, l'obtention et l'exécution des jugements et arrêts, rédiger des consultations, postuler et plaider près du tribunal auquel ils sont attachés.

Une ordonnance du 15 février 1831 déclara libre aux colonies françaises « selon ce qui est réglé par les lois en vigueur dans la métropole », l'exercice de la profession d'avocat ; cette ordonnance ne reçut son application que dans les anciennes colonies, et un barreau se constitua près de chaque cour d'appel et tribunal de première instance. Il y fonctionne dans des conditions analogues à celles qui concernent les barreaux de la métropole.

Le privilège accordé aux avoués par les ordonnances de 1827 et de 1828 de plaider pour leurs clients ne leur fut pas absolument retiré par l'ordonnance du 15 février 1831, car à la Martinique, à la Guadeloupe, à la Réunion et à la Guyane, les titulaires des charges d'avoué, en fonctions lors de la promulgation de l'ordonnance, le conservèrent tant qu'ils occupèrent leur office. Depuis, en vertu de délibérations spéciales, prises généralement dès la rentrée des vacances par les cours et les tribunaux et approuvées par le Garde des sceaux, ministre de la justice, les avoués peuvent être autorisés à plaider concurremment avec les avocats les causes dans lesquelles ils occupent pendant l'année judiciaire suivante.

Ils postulent par privilège devant le tribunal auquel ils sont attachés et devant la cour dans le ressort de laquelle ils exercent leurs fonctions.

Les ordonnances organiques fixent leur nombre de la façon suivante : huit à Fort-de-France et huit à la Basse-Terre, dix à Saint-Pierre (Martinique), dix à la Pointe-à-Pitre et douze pour la Réunion, le gouverneur de cette colonie étant chargé de la répartition entre la cour et les tribunaux. Les charges sont vénales. Faisaient seuls exception à cette règle les quatre offices d'avoués créés à Marie-Galante par l'ordonnance de 1828. Le nombre de ces offices fut réduit à trois, mais, faute de titulaires, ne put être maintenu à ce chiffre ; dans les dix dernières années, qui précédèrent le remplacement définitif du tribunal de première instance par une justice de paix à compétence étendue, il y eut parfois deux, très peu de temps trois et le plus souvent un seul avoué en fonctions, le petit nombre d'affaires ne permettant pas à ces officiers ministériels de garder leur charge.

Nul ne peut être avoué aux colonies, s'il n'a 25 ans révolus, s'il n'est licencié en droit et s'il ne justifie de deux années de cléricature. Le grade de licencié en droit peut être remplacé par cinq années de cléricature chez un avoué dont trois en qualité de premier clerc, soit en France, soit dans la colonie où le postulant désire tenir une charge ; dans ce cas il est soumis à un examen portant sur les cinq codes. Le candidat avoué doit adresser sa demande au gouverneur, elle est instruite par le servic_ judiciaire et agréée en conseil par le gouverneur, s'il y a lieu ; la commission n'est définitive qu'après avoir été approuvée par le ministre des colonies, qui peut aussi procéder directement à une nomination.

Les avoués sont assujettis au versement d'un cautionnement en immeubles, affecté spécialement et par privilège à la garantie des créances résultant d'abus et de prévarications, qu'ils pourraient commettre dans l'exercice de leurs fonctions. Ce cautionnement est de douze mille francs pour les avoués de Fort-de-France, de la Basse-Terre et de la Réunion ; pour ceux de Saint-Pierre (Martinique) et de la Pointe-à-Pitre, il est de quinze mille, pour ceux de Marie-Galante, il n'était que de huit mille. — Les avoués ne sont admis à prêter serment que sur le vu du certificat constatant l'inscription de ce cautionnement.

La discipline des avoués est exercée par le chef du service judiciaire, ainsi que par les cours et tribunaux pour les manquements relevés à l'audience.

Ils sont placés sous la surveillance directe du ministère public.

Le procureur général peut prononcer contre eux, après les avoir entendus, le rappel à l'ordre, la censure simple, la censure avec réprimande; pour les peines plus graves, telles que la suspension et la destitution, contre lesquelles est ouvert le recours au ministre des colonies, il fait telles propositions qu'il juge nécessaires et le gouverneur statue après avoir pris l'avis des tribunaux, qui entendent en chambre du conseil l'avoué poursuivi.

La suspension ne peut être prononcée pour une période excédant une année; elle peut, en cas de recours au ministre, être provisoirement appliquée.

Les tribunaux peuvent eux-mêmes, pour des délits d'audience, appliquer, directement ou sur la réquisition du ministère public, aux avoués, l'avertissement, la réprimande ou l'interdiction et proposer au gouverneur la destitution. Tout jugement frappant un avoué d'interdiction pour plus de deux mois est susceptible d'appel.

Huissiers. — Le nombre, le recrutement, la discipline et le service des huissiers à la Réunion et aux Antilles ont été fixés par les ordonnances de 1827 et de 1828.

Leur nombre a été établi comme suit: à la Réunion trois pour la cour d'appel, trois pour les tribunaux de première instance et un par justice de paix; à la Martinique seize et à la Guadeloupe dix-huit, dont la répartition est réglée par le gouverneur en conseil, après avis de la cour d'appel.

Les huissiers sont nommés par le gouverneur parmi les candidats âgés de vingt-cinq ans au moins, justifiant d'un stage de deux ans en qualité soit de commis-greffier près d'une cour ou d'un tribunal de première instance, soit de clerc de notaire, d'avoué ou d'huissier et ayant obtenu un certificat de bonne vie et mœurs et de capacité délivré par le président du tribunal et par le procureur de la République. Ils ne peuvent prêter serment que sur le vu d'un certificat d'inscription de cautionnement fixé à 4,000 fr. L'exercice de leur charge est incompatible avec toute autre fonction publique salariée et avec toute espèce de commerce.

Ils sont placés sous la surveillance du procureur général et des tribunaux, qui peuvent leur appliquer les mêmes peines qu'aux avoués.

Leur service est le même que celui des huissiers près les cours et tribunaux de France.

Commissaires-priseurs. — Le service des commissaires priseurs aux Antilles a été organisé par divers actes, dont le principal est le décret du 16 septembre 1876, qui fixe leurs vacations et émoluments et la tenue d'une comptabilité spéciale pour les actes de leur ministère. Ils sont nommés par le gouverneur, doivent verser un cautionnement et sont soumis, sous la surveillance du ministère public et de la direction de l'intérieur, aux mêmes règles de discipline que les autres officiers ministériels. Il leur est particulièrement interdit de se rendre directement ou indirectement adjudicataires des objets qu'ils sont chargés de priser ou de vendre, d'exercer la profession de marchand de meubles, de marchand fripier ou tapissier ou d'être intéressés à un commerce de cette nature.

Notaires. — Jusqu'aux décrets du 14 juin 1864 pour les Antilles et du 26 juin 1879 pour la Réunion, le notariat était régi par des arrêtés locaux. Ces décrets reproduisent presque intégralement les dispositions de la loi du 25 ventôse an XI, dont ils ne s'écartent sur quelques points importants qu'en raison de la situation et de l'organisation particulière des colonies et des prescriptions de l'édit de juin 1776 concernant le dépôt en France des papiers publics des colonies.

Comme leurs collègues de la métropole, les notaires des Antilles et de la Réunion sont chargés de recevoir tous les actes et contrats, auxquels les parties doivent ou désirent faire donner le caractère d'authenticité attaché aux actes de l'autorité publique, pour en assurer la date, en conserver le dépôt, en délivrer des grosses et expéditions.

Ils sont institués à vie, mais en vertu des lois de finances des 28 avril 1816, 4 août 1844 et 19 mai 1849, ils sont propriétaires de leurs charges, qu'ils peuvent céder avec l'agrément du gouvernement à des candidats remplissant les conditions requises pour être notaire.

Ces conditions sont les suivantes : 1° jouir de l'exercice des droits civils ; 2° avoir satisfait, s'il y a lieu, à la loi sur le recrutement ; 3° être âgé au moins de 25 ans ; 4° justifier d'un stage de six années au moins, dont une en qualité de premier clerc, dans une étude de notaire en France ou aux colonies ; ce stage est réduit à deux ans si le postulant est licencié en droit ou s'il justifie avoir été employé pendant trois ans, dont un au moins comme premier clerc, dans une étude d'avoué ; n'est assujetti qu'à la condition d'un an de stage dans une étude de la colonie où il demande à être notaire, celui qui justifie avoir été un an premier ou second clerc ou trois ans troisième clerc à Paris, ou un an premier clerc et trois ans deuxième clerc dans une étude de deuxième classe de France. — Peuvent être dispensés de la justification du temps d'études, les candidats qui ont exercé des fonctions administratives ou judiciaires, les avocats et les anciens avoués ayant cinq ans d'exercice professionnel.

Le postulant adresse sa requête au gouverneur, qui l'autorise à se pourvoir devant la cour d'appel ; une enquête est faite sur lui par un conseiller qui lui fait subir un examen en présence de deux notaires et d'un membre du parquet.

Après publications et avis de la cour, émis le procureur général entendu, le gouverneur accorde, s'il y a lieu, au candidat une commission provisoire énonçant le lieu de la résidence et demande au ministre de soumettre le décret de nomination à la signature du Président de la République.

Avant de pouvoir prêter serment, les notaires doivent justifier du versement d'un cautionnement fixé à : 1° quinze mille francs en immeubles ou neuf mille francs en argent pour ceux de Saint-Pierre (Martinique), de la Pointe-à-Pitre (Guadeloupe), de Saint-Denis, Saint-Pierre et Saint-Paul (Réunion) ; 2° douze mille francs en immeubles ou sept mille francs en argent pour ceux de Fort-de-France (Martinique), de la Basse-Terre (Guadeloupe), de Saint-Louis et Saint-Benoît (Réunion) ; de sept mille en immeubles ou quatre mille en argent pour les autres notaires.

Le cautionnement en immeubles est discuté par le procureur général.

La discipline des notaires appartient au procureur général.

Ce dernier prononce contre eux, après les avoir entendus, le rappel à l'ordre, la censure simple, la censure avec réprimande ; il leur donne tout avertissement qu'il juge convenable.

A l'égard des peines plus graves, telles que la suspension, le remplacement ou la destitution, il fait d'office ou, sur les réclamations des parties, les propositions qu'il juge nécessaires.

La suspension, ainsi que le remplacement provisoire, sont prononcés par le gouverneur, après avis du tribunal, qui entend en chambre du conseil le fonctionnaire inculpé, sauf recours au ministre des colonies.

La suspension ne peut être prononcée pour une période de plus d'une année : elle peut être provisoirement appliquée jusqu'à ce que le ministre ait statué.

Le remplacement définitif ainsi que la destitution ne peuvent être prononcés que par un décret du Président de la République, sur la proposition du ministre des colonies.

Tout notaire suspendu, destitué ou remplacé doit, aussitôt après la notification qui lui a été faite de sa suspension, de sa destitution ou de son remplacement, cesser l'exercice de son état, à peine de tous dommages-intérêts et des autres condamnations prononcées par les lois contre tout fonctionnaire suspendu ou destitué qui continue l'exercice de ses fonctions.

Le notaire suspendu de ses fonctions ne peut les reprendre, sous les mêmes peines, qu'après la cessation du temps de la suspension.

Au commencement de chaque année, le procureur général nomme parmi les notaires du lieu où siège la cour un syndic, dont les attributions consistent : 1° à donner son avis après information, s'il y a lieu, sur toute plainte qui serait portée contre un notaire de la colonie ; 2° à intervenir officieusement et comme conciliateur dans les débats qui s'élèveraient soit entre des notaires, soit entre les notaires et leurs clients ; 3° à donner son avis, lorsqu'il en est requis par les magistrats, sur les difficultés que feraient naître les réclamations d'honoraires, vacations et droits formés par les notaires ; 4° à représenter les notaires toutes les fois qu'il s'agit de leurs intérêts collectifs et dans toutes leurs relations ou communications avec l'autorité judiciaire.

Le syndic sortant peut être indéfiniment renommé ; il continue ses fonctions jusqu'à son remplacement.

Les notaires exercent leurs fonctions dans l'étendue du ressort du tribunal de première instance où ils résident. Ils gardent minutes et tiennent répertoire des actes qu'ils reçoivent et retiennent aux parties pour le dépôt des archives au ministère des colonies les frais d'une *copie figurée*, c'est-à-dire reproduisant aussi exactement que possible la minute, les annulations de termes et les renvois qui y sont portés, etc.

Cette copie, signée par le notaire qui dresse l'acte ainsi que par le notaire en second ou par les témoins instrumentaires, est remise en même temps que la minute au receveur de l'enregistrement, qui la collationne et la vise sans frais.

En cas de perte du titre original, elle fait la même foi que ce titre.

Les notaires tiennent répertoire des copies figurées.

Il est interdit aux notaires de s'associer soit avec d'autres notaires, soit avec des tiers pour l'exploitation de leurs charges.

Il leur est également défendu, soit par eux-mêmes, soit par personnes interposées, soit directement, soit indirectement :

1° De se livrer à aucune spéculation de Bourse ou opération de commerce, banque, escompte et courtage; de souscrire à quelque titre et sous quelque prétexte que ce soit, des lettres de change ou billets à ordre négociables;

2° De s'immiscer dans l'administration d'aucune société, entreprise ou compagnie de finances, de commerce ou d'industrie;

3° De faire des spéculations relatives à l'acquisition et à la revente des immeubles, à la cession des créances, droits successifs, actions industrielles et autres droits incorporels;

4° De s'intéresser dans aucune affaire pour laquelle ils prêtent leur ministère;

5° De placer en leur nom personnel des fonds qu'ils auraient reçus, même à la condition d'en servir les intérêts;

6° De se constituer garants ou cautions, à quelque titre que ce soit, des prêts qui auraient été faits par leur intermédiaire ou qu'ils auraient été chargés de constater par acte public ou privé;

7° De se servir de prête-nom en aucune circonstance, même pour des actes autres que ceux désignés ci-dessus.

Les minutes et répertoires d'un notaire remplacé ou dont la charge a été supprimée sont remis par lui ou par ses héritiers à l'un des notaires résidant dans la même commune ou, s'il était le seul notaire dans la commune, à l'un des autres notaires de l'arrondissement.

En cas de décès du notaire, les scellés restent apposés sur les répertoires et minutes jusqu'à ce qu'un autre notaire en ait été chargé par ordonnance du président du tribunal.

Les notaires peuvent obtenir du gouverneur des congés, mais les intérimaires qu'ils présentent doivent justifier des conditions d'âge, de capacité et de moralité exigées des titulaires.

Outre le décret du 14 juin 1864, plusieurs règlements ont complété les détails de l'organisation du notariat aux Antilles. Tels sont les décrets du 7 juin 1880, du 1er septembre 1882 et et du 12 août 1894, concernant le mode de remplacement des notaires de Marie-Galante, de Saint-Martin et de Saint-Barthélemy. En cas de décès ou d'empêchement des notaires pour cause de parenté, de maladie ou d'absence de l'île légalement constatée, ils sont remplacés de plein droit par le greffier de la justice de paix à compétence étendue et, en cas d'empêchement de celui-ci, par une personne que le juge de paix désigne. Dans l'un et l'autre cas, les actes reçus par le remplaçant du notaire sont annexés aux minutes de ce dernier et doivent mentionner l'obstacle qui l'a empêché d'agir.

CHAPITRE II

ORGANISATION JUDICIAIRE DES COLONIES RÉGIES PAR DÉCRETS SIMPLES. — JURIDICTIONS D'EXCEPTION

Section I. — Organisation de la justice dans les colonies suivantes : Guyane, Saint-Pierre et Miquelon, Sénégal, Soudan, Congo français. — Guinée, Dahomey, Côte d'Ivoire. — Mayotte et Comores. — Diégo-Suarez, Nossi-Bé, Sainte-Marie de Madagascar. — Obock ; Protectorat de la Côte des Somalis. — Établissements français de l'Inde. — Nouvelle-Calédonie. — Établissements français de l'Océanie. — Indo-Chine : Cochinchine ; Cambodge ; Annam et Tonkin.

Section II. — *Juridictions d'exception* : Conseils de guerre, conseils de révision ; tribunaux maritimes, tribunaux maritimes spéciaux, tribunaux maritimes commerciaux.

SECTION I

ORGANISATION JUDICIAIRE DES COLONIES RÉGIES PAR DÉCRETS

Guyane. — Il n'y eut vraisemblablement aucune organisation judiciaire à la Guyane avant la seconde moitié du dix-septième siècle. Un tribunal royal rendait à cette époque la justice, à charge d'appel devant le conseil supérieur de la Martinique. En 1701, une juridiction de second degré fut instituée à Cayenne et, en 1714, un tribunal d'amirauté fut créé. Pendant la Révolution un décret colonial du 13 mai 1791 remplaça ces juridictions par deux tribunaux composés de juges élus pour trois ans et jugeant alternativement tous les deux mois en première instance et en appel. Diverses modifications furent apportées en

1792, 1794 et 1800 à ce système et ce n'est qu'en l'an XI que furent constitués un tribunal de première instance et une cour d'appel réguliers. Lors de la Restauration, une cour prévôtale fut établie pour juger les esclaves; elle fonctionna jusqu'en 1825.

Presque en même temps qu'aux Antilles et à la Réunion, le service judiciaire à la Guyane fut complètement réorganisé par l'ordonnance du 21 décembre 1828, dont la plupart des dispositions sont semblables à celles qui avaient réglementé la justice, trois mois avant, aux Antilles et, l'année précédente, à la Réunion. Elles ont été depuis profondément modifiées. Leur étude ayant déjà été faite pour les trois autres colonies, il n'y a pas lieu de s'y arrêter longuement pour la Guyane.

L'ordonnance du 21 décembre 1828 porte en son article 1er que :

La justice sera administrée à la Guyane française par un tribunal de paix, un tribunal de première instance, une cour royale et une cour d'assises. Pour les mêmes causes qu'aux Antilles les jugements en dernier ressort et les arrêts peuvent être attaqués par la voie d'annulation ou de cassation.

Le tribunal de paix établi à Cayenne fut composé d'un juge de paix, de deux suppléants et d'un greffier. Les fonctions du ministère public y furent remplies par le commissaire de police de Cayenne et, à son défaut, par l'officier de l'état civil.

Le tribunal de première instance et la cour d'appel siégèrent également à Cayenne. La première de ces juridictions fut composée, en 1828, d'un juge-président, d'un lieutenant de juge et de deux juges auditeurs, d'un procureur du roi, d'un greffier et d'un commis-greffier. La cour d'appel comprenait cinq conseillers et deux conseillers auditeurs, un procureur général ou un avocat général, chargé d'en remplir les fonctions, un greffier et un commis assermenté.

De même qu'aux Antilles, la cour fut présidée par un conseiller désigné par décret pour trois ans et ne pouvant être renommé qu'après un intervalle de trois autres années. La compétence du tribunal de première instance et de la cour d'appel de Cayenne était à peu près la même que celle des juridictions semblables de la Martinique et de la Guadeloupe, aussi les affaires correctionnelles relevaient-elles directement de la cour, ce qui avait pour effet de priver les prévenus d'un degré de justice.

La cour d'assises fut composée de trois conseillers et de quatre assesseurs, tirés au sort sur une liste de trente membres établie de la même façon qu'aux Antilles (Voir p. 251). Comme dans ces colonies, les membres de la cour et les assesseurs prononçaient en commun sur la position des questions, sur les questions posées, et sur l'application de la peine ; les magistrats connaissaient seuls des incidents de droit et de procédure.

Les règles fixées par les ordonnances du 24 septembre et du 21 décembre 1828 pour les officiers ministériels et du 15 février 1831, relative à l'exercice de la profession d'avocat, sont identiques pour la Martinique, la Guadeloupe et la Guyane. Elles sont toujours en vigueur.

L'organisation créée à la Guyane par l'ordonnance de 1828 ne subit pas de modifications jusqu'en 1854 ; en même temps que paraissait le décret qui réorganisait le service judiciaire aux Antilles et à la Réunion, était aussi promulgué un décret de même date (16 août 1854) concernant la Guyane.

L'article 1er fixait le ressort du tribunal de paix de Cayenne et lui attribuait la ville de Cayenne, les quartiers de l'île de Cayenne, du Tour de l'île, de Mont-Sinéry, de Tonnegrande et de Macouria. Les commissaires commandants des quartiers d'Oyapock, Approuague, Kow, Roura, Kourou, Sinnamary et Mana étaient investis des fonctions de juges de paix et de police dans leurs circonscriptions. La compétence des tribunaux de paix fut la même qu'aux Antilles, celle qui était déterminée par la loi du 25 mai 1838 légèrement amendée ; seuls, les juges de paix de Sinnamary et d'Approuague furent investis d'une compétence un peu plus étendue, fixée par les ordonnances des 31 octobre 1832 et 19 mai 1842, qui créèrent ces juridictions.

Le décret du 16 août 1854 modifia peu la composition et la compétence du tribunal de première instance de Cayenne : un juge auditeur fut supprimé et il fut créé un ou deux postes de substitut du procureur impérial.

Le tribunal continua à ne connaître, en matière correctionnelle, que de l'appel des jugements de simple police et des contraventions aux lois sur le commerce étranger, les douanes et les contributions indirectes. Les autres affaires ressortirent encore à la cour d'appel.

Celle-ci subit plus de changements. La présidence devint permanente et, ce fut une des principales réformes du décret du 16 août 1854, le poste de procureur général fut supprimé. Les fonctions de chef du service judiciaire furent conférées au président de la cour, qui en exerça toutes les prérogatives et attributions. En cas d'empêchement ou d'absence, il était remplacé par le plus ancien conseiller.

La cour d'appel comprenait, outre le président, deux conseillers, un conseiller auditeur et un greffier. Les fonctions du ministère public étaient remplies par le procureur impérial et ses substituts.

Quant à la cour d'assises, elle fut composée du président et de deux magistrats de la cour d'appel, de quatre assesseurs, du procureur impérial, à la requête de qui elle était directement saisie, ou d'un de ses substituts et du greffier de la cour d'appel.

L'innovation la plus importante de l'organisation du 16 août 1854 fut l'attribution aux assesseurs, joints aux trois magistrats composant la cour, du rôle réservé en France aux jurés. Juges et assesseurs délibérèrent en commun sur les questions de fait résultant de l'acte d'accusation et des débats ; la déclaration de culpabilité put être rendue à la simple majorité ; les juges furent seuls admis à statuer sur l'application de la peine, les questions de compétence, les incidents de droit et de procédure et les dommages-intérêts.

Sous ce rapport, l'organisation judiciaire de la Guyane se trouva en progrès sur celle des Antilles et de la Réunion, qui ne fut améliorée que par la loi instituant le jury dans lesdites colonies.

De même que dans ces dernières, les décrets de 1854 supprimèrent les cours prévôtales et permirent la conversion des amendes en journées de travail.

Un décret du 6 janvier 1876 rétablit le poste de procureur général supprimé en 1854 et rendit au titulaire les attributions de chef du service judiciaire. Les magistrats du parquet du tribunal de première instance de Cayenne remplirent auprès de la cour les fonctions de substitut du procureur général. Ce dernier saisissait directement le tribunal correctionnel et la cour d'assises des affaires de leur compétence.

Entre temps, un décret du 26 février 1875, postérieurement complété par un autre décret du 27 février 1885, avait créé au Maroni un tribunal de paix auquel fut attribuée la compétence étendue conférée par l'ordonnance de 1828 à la justice de paix de Saint-Martin (Guadeloupe).

Cette création était nécessitée par l'importance acquise par la colonisation dans le territoire du Maroni, affecté depuis 1860 à la transportation.

Dès 1866, il avait été question de doter le Maroni d'une organisation judiciaire complète. Mais cette organisation ne parut pas en rapport avec l'importance des intérêts engagés et au lieu d'adopter un appareil aussi compliqué que celui d'un tribunal de plusieurs membres et d'une cour d'assises spéciale, on rechercha, en 1875, les moyens les plus simples et les moins dispendieux d'assurer sur ce territoire la distribution de la justice.

La compétence du juge de paix du Maroni se résume ainsi : connaissance de toutes actions personnelles et mobilières, en matière civile et commerciale, en dernier ressort jusqu'à la valeur de 500 fr. et, en premier ressort, jusqu'à celle de 1,000 fr. ; connaissance en premier ressort des affaires correctionnelles. Le même magistrat exerce, en outre, les fonctions des présidents des tribunaux de première instance, comme juges de référés en toutes matières; il peut, comme eux, ordonner toute mesure conservatoire. Le criminel est jugé par les juridictions spéciales aux condamnés aux travaux forcés en cours de peine ou par la cour d'assises de Cayenne, selon qu'il s'agit de transportés ou d'individus de toute autre catégorie.

Un décret du 3 août 1875 confère au greffier de la justice de paix du Maroni les fonctions de notaire.

Postérieurement, par décret du 21 juin 1880, six autres justices de paix furent créées à Approuague, Roura, Sinnamary, Mana, Oyapock et Kourou. Chacun de ces tribunaux fut composé d'un juge de paix, d'un suppléant et d'un greffier, dont les fonctions continuèrent à être confiées aux secrétaires de mairie, qui reçurent également mission de remplir celles de notaire.

Les motifs de la création de ces six justices de paix furent exposés dans le rapport au président de la République, qui précède le décret du 21 juin 1880 et dont voici extrait :

« L'ordonnance du 21 décembre 1828 a créé une justice de paix à Cayenne. Depuis lors, d'autres justices de paix avaient été instituées successivement dans quelques quartiers de la Guyane par les ordonnances des 31 octobre 1832, 19 mai 1842 et 2 décembre 1846.

« Ces justices de paix ont fonctionné jusqu'en 1854.

« A cette époque, par des considérations d'économie, on a jugé utile de concentrer dans les mains d'un seul fonctionnaire les attributions d'administrateur et de juge de paix dans les quartiers.

« Cette modification a été consacrée par le décret du 16 août 1854 qui, par son article 3, a conféré les fonctions de juge de paix aux commissaires commandants de quartiers, lesquels, en vertu de l'organisation municipale du 20 juin 1835, exerçaient déjà les fonctions de maires.

« L'organisation de 1854 a établi comme suppléants de justice de paix, les lieutenants commissaires ; elle a chargé les secrétaires de mairie des fonctions de greffiers et les brigadiers de gendarmerie des fonctions du ministère public.

« Cet état de choses doit être modifié par suite du décret du 15 octobre 1879, qui a institué le régime municipal à la Guyane.

« La création de fonctionnaires municipaux dans chaque quartier a pour conséquence naturelle la suppression des commissaires commandants de quartiers et la séparation des attributions administratives et judiciaires.

« J'ai préparé, en conséquence, un projet de décret en vue d'instituer six justices de paix dans les divers quartiers de la Guyane, actuellement constitués en commune.

« Les fonctions de greffiers seront remplies, comme auparavant, par les secrétaires de mairie, et les surveillants ruraux exerceront les fonctions d'huissiers. »

Le 3 octobre 1880 survint un décret qui, sans changer l'organisation des justices de paix, modifia profondément l'administration de la justice à la Guyane, telle qu'elle résultait de l'ordonnance du 21 décembre 1828, du décret du 16 août 1854 et du décret du 6 janvier 1876.

On se plaignait avec raison : 1° du petit nombre des magistrats titulaires, ce qui contraignait trop souvent à composer la cour de fonctionnaires étrangers au service judiciaire ; 2° de l'attribution directe des affaires correctionnelles à la cour d'appel, ce qui, comme aux Antilles avant le décret de 1854, privait les justiciables d'un degré de juridiction et établissait parfois une disproportion choquante entre le peu de gravité des délits et l'importance de la juridiction appelée à les juger ; 3° de l'absence d'une chambre des mises en accusation, dont les attributions étaient conférées au procureur général, ce qui enlevait aux prévenus une des garanties que la législation criminelle leur accorde dans la métropole et dans nos trois anciennes colonies.

Pour donner satisfaction aux critiques qu'on avait ainsi formulées, le décret du 3 octobre 1880, auquel est due l'organisation judiciaire la plus régulière et la plus libérale qui ait existé à la Guyane, éleva de mille à quinze cents francs la compétence du tribunal de première instance de Cayenne en matière civile ; établit deux degrés de juridiction pour les affaires correctionnelles ; confia à la justice ordinaire la connaissance des affaires commerciales, qui appartenaient au contentieux administratif ; rétablit la chambre des mises en accusation supprimée par le décret du 16 août 1854 ; augmenta le personnel de la magistrature et améliora les traitements de ses membres.

Sous l'empire du décret du 3 octobre 1880, le tribunal et la cour d'appel de Cayenne étaient composés de la façon suivante :

1° Tribunal de première instance : un juge président, un lieutenant de juge, deux juges suppléants, un procureur de la République, un substitut, un greffier et un commis-greffier ;

2° Cour d'appel : un président, trois conseillers, un conseiller auditeur, un procureur général, un substitut, un greffier en chef et un commis-greffier.

Cette organisation, malgré les avantages considérables qu'elle présentait pour l'exercice d'une bonne administration de la justice, avait l'inconvénient d'être très coûteuse et de paraître en disproportion avec l'importance des intérêts soumis aux tribunaux ; aussi, lorsqu'en 1885 on chercha des économies sur le chapitre des dépenses du personnel judiciaire aux colonies et qu'on constata l'impossibilité de les réaliser en entier sur la magistrature des Antilles et de la Réunion, fut-on amené, presque forcément, à réduire celle de la Guyane au prix du sacrifice d'une partie des garanties accordées en 1880 ; c'est alors que disparut la cour d'appel de Cayenne et, avec elle, la chambre des mises en accusation.

Le décret du 20 février 1886, encore en vigueur aujourd'hui, remplaça la cour d'appel par un tribunal supérieur, auquel furent dévolues la connaissance de toutes les affaires civiles, commerciales et correctionnelles et les attributions précédemment conférées à la cour d'appel.

Tribunal supérieur. — La compétence du tribunal supérieur est celle qui avait été fixée pour la cour d'appel par le décret de 1880, c'est-à-dire qu'il connaît, en premier et dernier ressort, des matières civiles et commerciales sur l'appel des jugements rendus en premier ressort par le tribunal de première instance. Il statue sur les demandes en annulation formées par les parties ou le ministère public contre les jugements en dernier ressort rendus par les tribunaux de paix, tant en matière civile que de simple police ; il connaît en outre des jugements rendus, en premier ressort en matière correctionnelle, par le tribunal de première instance de Cayenne et par le tribunal de paix du Maroni et des jugements rendus par le tribunal de première instance pour les contraventions aux lois et règlements sur le commerce, les douanes et les contributions indirectes.

Le tribunal supérieur est composé d'un président, de juges, dont le nombre, primitivement fixé à deux, a été porté à trois par décret du 22 août 1887, d'un greffier et d'un commis-greffier. Les arrêts sont rendus par trois juges.

Les fonctions du ministère public sont remplies par le procureur de la République, investi des pouvoirs de chef du service judiciaire dans la colonie, et par ses deux substituts[1].

L'augmentation du nombre des juges au tribunal supérieur et la création d'un emploi de lieutenant de juge au tribunal de première instance avaient été nécessitées par l'extension de la juridiction de droit commun sur les libérés des travaux forcés.

Si, par suite d'absence ou d'empêchement, le nombre des magistrats nécessaire pour rendre arrêt est incomplet, le président y pourvoit en appelant des magistrats honoraires ayant droit de siéger, des avocats, des avoués ou, à défaut, des membres du tribunal de première instance.

En cas de mort, d'absence ou de tout autre empêchement qui oblige le procureur de la République, chef du service judiciaire, à cesser son service, il est remplacé provisoirement par un magistrat désigné par le gouverneur. Ce magistrat est généralement le président du tribunal supérieur, qui est lui-même suppléé par le plus ancien juge.

Tribunal de première instance. — Le tribunal de première instance comprend un juge-président, un lieutenant de juge, deux juges suppléants, un greffier et deux commis-greffiers; les fonctions du ministère public sont occupées par les mêmes officiers qu'au tribunal supérieur.

Sa compétence reste telle qu'elle a été fixée par l'ordonnance de 1828, modifiée par les décrets de 1854 et de 1880.

Il connaît de l'appel des jugements rendus en premier ressort par les tribunaux de paix en matière civile et commerciale et de toute action civile ou commerciale, en premier et dernier ressort, jusqu'à concurrence de 1,500 fr. en principal ou de 150 fr. de revenu, déterminé soit en rentes, soit par prix de bail et à charge d'appel au-dessus de ces sommes. En matière correctionnelle, il connaît en premier ressort de tous les dé-

---

[1]. Le nombre des substituts du procureur de la République, fixé à un par le décret de 1886, a été porté à deux par un autre décret du 27 avril 1891, qui a transformé en premier substitut du procureur de la République le premier lieutenant de juge, créé le 22 août 1887 au tribunal de première instance de Cayenne.

lits et de toutes les infractions aux lois dont la peine excède la compétence des juges de paix; il procède comme les tribunaux correctionnels de France, sauf que le juge-président rend seul les jugements.

Le tribunal de première instance connaît, en outre, de l'appel des jugements de simple police et, en premier ressort seulement, des contraventions aux lois et règlements sur le commerce étranger, le régime des douanes et les contributions indirectes.

Il se conforme aux dispositions de l'article 2 de la loi du 11 avril 1838.

Le juge-président remplit les fonctions attribuées aux présidents des tribunaux de première instance par le Code civil et par les Codes de procédure civile, de commerce et d'instruction criminelle, ainsi que par la législation en vigueur à la Guyane.

Au lieutenant de juge sont conférées les fonctions attribuées au juge d'instruction par le Code d'instruction criminelle.

En cas d'absence ou d'empêchement du juge-président, il le remplace et est lui-même remplacé par un des juges suppléants.

Tribunal criminel. — La justice criminelle est rendue aujourd'hui à la Guyane par un tribunal criminel composé à peu près comme l'était la cour d'assises instituée en 1828, c'est-à-dire avec le système de l'assessorat.

L'article 6 du décret du 20 février 1886 porte en effet que :

« Le tribunal supérieur se constitue en tribunal criminel pour le jugement de toutes les affaires qui sont portées en France devant les cours d'assises.

« Il lui est adjoint, dans ce cas, quatre assesseurs désignés par la voie du sort sur une liste de vingt notables français domiciliés dans la colonie et jouissant de leurs droits civils et politiques. Cette liste est dressée chaque année par une commission composée du directeur de l'intérieur ou du secrétaire général de la direction de l'intérieur président, du juge-président du tribunal de première instance de Cayenne, et d'un membre du conseil général désigné par cette assemblée. »

D'après l'article 7 du décret de 1886, le tribunal criminel est saisi directement par le procureur de la République de toutes les affaires de sa compétence.

A cet effet, les instructions criminelles, dirigées par le lieutenant de juge, sont transmises sans délai au procureur de la République.

Celui-ci est tenu de mettre l'affaire en état dans les dix jours de sa réception.

Pendant ce temps, la partie civile et l'accusé peuvent fournir les mémoires qu'ils jugent convenables.

La chambre des mises en accusation, instituée une première fois en 1828, supprimée en 1854, rétablie en 1880, n'existe plus depuis 1886.

On ne peut qu'exprimer le regret de voir une des principales garanties de la liberté individuelle supprimée, par suite de raisons budgétaires, dans une colonie comme la Guyane, dont la législation générale est maintenant presque identique à celle de la métropole. Il est à désirer que la chambre d'accusation puisse être rétablie, dût-elle être composée soit comme celle de l'Inde, soit en y faisant entrer un ou deux fonctionnaires licenciés en droit.

Ainsi que le prescrivait déjà le décret du 16 août 1854, les juges et assesseurs du tribunal criminel délibèrent en commun sur les questions de fait résultant de l'acte d'accusation et des débats, mais la culpabilité ne peut être déclarée qu'à la majorité de plus de quatre voix ; les magistrats statuent seuls sur la question de compétence, l'application de la peine, les incidents de droit et de procédure et les dommages-intérêts.

Lorsque la Cour de cassation annule un arrêt rendu par le tribunal supérieur ou le tribunal criminel, elle peut renvoyer l'affaire devant le même tribunal. A défaut d'un nombre suffisant de magistrats n'ayant pas connu de l'affaire, le président y pourvoit en appelant des magistrats honoraires ayant droit de siéger, des membres du tribunal de première instance et, à leur défaut, des avocats ou des avoués par ordre d'inscription au tableau.

Le tribunal criminel tient une session par trimestre ; néanmoins, si les besoins du service le commandent, le gouverneur peut convoquer des assises extraordinaires.

Justices de paix. — Une seule modification importante a été apportée à l'organisation judiciaire de la Guyane depuis 1886, par le décret du 19 mai 1889, qui a supprimé, en raison du très petit nombre d'affaires qu'elles jugeaient annuellement et par mesure d'économie, les justices de paix de Kourou, Mana, Roura et Oyapock ; par contre, pour que la justice puisse être rendue dans ces centres, un décret du 23 janvier 1892 autorisa les juges de paix du Maroni, d'Approuague et de Cayenne à y tenir des audiences foraines. Trois suppléants furent adjoints au juge de paix de Cayenne, et deux à celui du Maroni et d'Approuague. Leurs fonctions sont gratuites.

Un des suppléants du juge de paix du Maroni a sa résidence à Mana ; un des suppléants du juge de paix d'Approuague a sa résidence à Oyapock ; un des suppléants du juge de paix de Cayenne a sa résidence à Kourou.

Les suppléants exercent, lorsque le juge de paix n'est pas présent dans la commune de leur résidence, toutes les fonctions et attributions qui lui sont dévolues.

Les fonctions du ministère public près le tribunal de police sont, en ce cas, exercées par l'administrateur de la commune ou, à son défaut, par un agent de la force publique.

Les fonctions de greffier sont exercées par un commis-greffier désigné par le chef du service judiciaire, et qui reçoit, à titre de frais de services, une indemnité de 600 fr. par an.

L'organisation judiciaire de la Guyane ne comporte donc plus aujourd'hui que :

Un tribunal supérieur pouvant se constituer en tribunal criminel par l'adjonction de quatre assesseurs ;

Un tribunal de première instance à juge unique à Cayenne ;

Un tribunal de paix à compétence étendue au Maroni et trois justices de paix à Cayenne, Approuague et Sinnamary.

Il n'y a pas de tribunal spécial de commerce à la Guyane. La chambre de commerce de Cayenne avait émis, au mois d'avril 1886, un vœu tendant à la création de cette juridiction. Par suite d'observations de l'administration, elle revint sur ce vœu et la question fut ajournée. Elle n'a pas été reprise depuis.

Cette organisation ne laisse pas de donner lieu à quelques critiques, relatives à l'absence de chambre des mises en accusation, à la fusion en un seul du parquet général et du parquet de première instance et à la nécessité d'établir un second tribunal à Saint-Laurent du Maroni, dont l'importance s'est encore accrue depuis 1875. L'administration locale et le département cherchent, croyons-nous, les moyens de donner satisfaction aux justes réclamations de la population sans augmenter sensiblement les charges du budget.

Avocats, avoués, huissiers. — L'organisation du barreau et des avoués est la même à la Guyane qu'aux Antilles. Elle a été fixée par les ordonnances du 21 décembre 1828 et du 15 février 1831. Il en est de même pour les huissiers.

Il y a quatre avoués à Cayenne et trois huissiers. Un décret du 6 juin 1889 a conféré dans les autres communes de la Guyane les fonctions d'huissier au commandant de la brigade de gendarmerie et à défaut à un agent de la force publique désigné par le gouverneur.

Notaires. — Le notariat a été organisé à la Guyane par une ordonnance coloniale du 24 février 1820, promulguant avec quelques modifications la loi du 25 nivôse an XI, et par décret du 28 août 1862. Les règles sur le recrutement et la discipline indiquées pour les notaires des Antilles (V. p. 263) sont suivies à la Guyane. Il y a trois charges de notaire à Cayenne. Dans les autres centres, les fonctions en sont remplies par les greffiers et les secrétaires de mairie en occupant l'emploi ; ils doivent se conformer aux dispositions du décret du 28 août 1862, concernant les actes authentiques à passer dans les quartiers.

Iles Saint-Pierre et Miquelon. — L'organisation judiciaire de Saint-Pierre et Miquelon est celle qui a subi le moins de changements depuis la grande refonte des services de la justice aux colonies sous la Restauration.

Avant l'ordonnance du 26 juillet 1833, la justice était exercée dans notre petite possession de l'Atlantique nord sous une forme patriarcale et rudimentaire. Le commandant de la colonie administrait et rendait la justice assisté, dans certaines circonstances, d'un conseil composé de deux notables qu'il présidait. Les fonctions du ministère public étaient exercées par un officier du commissariat.

L'ordonnance du 26 juillet 1833, dont la plupart des dispositions sont encore en vigueur, établit une organisation analogue à celle des autres colonies, avec deux degrés de juridiction pour les affaires civiles. Elle institua des justices de paix ; un tribunal de première instance à juge unique et un conseil d'appel ; enfin elle ouvrit la voie du recours en annulation et en cassation contre les jugements en dernier ressort des tribunaux de paix et les arrêts du conseil d'appel.

Tribunaux de paix. — Les îles Saint-Pierre et Miquelon sont divisées en deux cantons de justice de paix. Chacun d'eux comprend le territoire d'une des deux îles et ses dépendances. A Saint-Pierre, les fonctions de juge de paix sont remplies par le juge-président du tribunal de première instance ; elles peuvent l'être aussi par le notaire. A Miquelon, elles sont confiées à l'agent du commissariat chargé du service administratif.

Chaque juge de paix rend seul la justice dans les matières de sa compétence et sans assistance de greffier ni de ministère public dans les affaires de police.

Il connaît en premier et dernier ressort de toutes les affaires civiles, soit personnelles, soit mobilières, lorsque la valeur principale de la demande n'excède pas cinquante francs, ainsi que des actions pour dommages causés aux récoltes, pêcheries, engins de pêche, pour déplacement de bornes, usurpation de terre, captation de cours d'eau et des autres actions possessoires, des réparations locatives, des demandes en indemnité pour non-jouissance d'immeubles loués ou affermés, et des différends entre domestiques et gens de travail avec leurs maîtres ou patrons.

Comme tribunaux de police, les justices de paix de Saint-Pierre et Miquelon connaissent des contraventions, telles qu'elles sont définies par le chapitre I*er* du livre II du Code d'instruction criminelle et le livre IV du Code pénal, et des contraventions prévues par les règlements de police émanés de l'autorité locale, lorsque le maximum de la peine prononcée par ces règlements n'excède pas cinq jours d'emprisonnement ou quinze francs d'amende.

Les jugements du juge de paix, soit en matière civile, soit en matière de simple police, ne donnent lieu à aucun recours en cassation; ils peuvent être seulement attaqués, par la voie de l'appel, en matière de contraventions de police, lorsqu'ils prononcent l'emprisonnement, et par la voie d'annulation pour incompétence, excès de pouvoirs ou violation de la loi.

Les juges de paix remplissent les fonctions de conciliateurs dans les matières civiles qui excèdent leur compétence; ils ont les attributions d'officiers de police judiciaire; celui de Miquelon peut même être chargé, dans l'étendue de sa juridiction et sur une délégation spéciale du juge d'instruction, des actes de la compétence de ce dernier.

Tribunal de première instance. — Le tribunal de première instance siège à Saint-Pierre, il est composé d'un seul magistrat portant le titre de juge-président et d'un greffier [1]; sa compétence s'étend en premier et dernier ressort sur les actions civiles, soit personnelles, soit mobilières, soit réelles, soit mixtes, et sur les actions commerciales [2], lorsque la valeur de la demande en principal est supérieure à 50 fr. et n'excède pas 300 fr., en premier ressort seulement, lorsque la valeur de la demande en principal est supérieure à cette somme.

Sous la réglementation de l'ordonnance de 1833 le juge-président rendait la justice seul et sans ministère public. Depuis le décret du 4 avril 1868, créant un emploi de procureur de la République, les fonctions du ministère public sont remplies par ce dernier.

Pour toute l'étendue de la colonie, les attributions de juge

---

1. L'ordonnance de 1833 n'avait prévu qu'un commis-greffier faisant fonctions de greffier. Cette situation anormale a été régularisée par ordonnance du 10 janvier 1844.

2. Un tribunal de commerce a été créé par décret du 24 février 1881, puis supprimé récemment. (Décret 9 mai 1892.)

d'instruction sont conférées au juge-président, qui peut les déléguer au juge de paix de Miquelon pour les actes d'instruction à faire dans cette île.

En cas d'empêchement ou de décès du juge-président, le gouverneur pourvoit provisoirement à son remplacement.

Conseil d'appel. — L'ordonnance du 26 juillet 1833 créa à Saint-Pierre, comme juridiction de second degré pour toute la colonie, un conseil d'appel.

Ce conseil d'appel connaît de toutes les matières correctionnelles, telles qu'elles sont définies par l'article 179 du Code d'instruction criminelle, et de l'appel des jugements du tribunal de première instance et de ceux des justices de paix, lorsqu'ils prononcent la peine de l'emprisonnement. Comme chambre d'accusation, il statue directement sur les instructions criminelles, prononce le renvoi devant les juges compétents ou déclare qu'il n'y a pas lieu à suivre. Pour le jugement des affaires criminelles, il se constitue en tribunal criminel.

Les arrêts en matière civile, correctionnelle ou criminelle peuvent être attaqués par voie de recours en cassation dans le délai d'un an.

Le conseil d'appel connaît enfin, sans que ses décisions puissent être attaquées par la voie de la cassation, des demandes formées pour incompétence, excès de pouvoir et contravention à la loi en annulation des jugements rendus en dernier ressort par les tribunaux de paix et de police.

La composition du conseil d'appel a subi plusieurs modifications depuis 1833. Primitivement elle comprenait : le commandant de la colonie, président, le chirurgien chargé du service de santé et le capitaine du port, membres; l'officier d'administration ou le commis de marine chargé de l'inspection remplissait les fonctions du ministère public. L'emploi de greffier était et est encore tenu par le même fonctionnaire qu'au tribunal de première instance.

Cette constitution dura jusqu'en 1872, non sans recevoir, durant cette période, des atteintes profondes. Par l'ordonnance du 6 mars 1843, la présidence du conseil d'appel fut enlevée au commandant et dévolue à un magistrat de carrière ; deux raisons principales avaient occasionné ce changement : d'abord il semblait anormal de faire réformer les décisions d'un membre de l'ordre judiciaire par une juridiction composée exclusivement de fonctionnaires d'un autre ordre, ensuite on avait reconnu qu'il n'était pas sans danger pour l'autorité de la justice, dont l'indépendance ne doit jamais être soupçonnée, de faire participer aux fonctions de magistrat celui qui exerce l'autorité administrative.

Le décret du 4 avril 1868 créa en outre un emploi de procureur impérial chef du service judiciaire, afin de renforcer l'action du ministère public.

Le chirurgien de marine et le capitaine de port, qui avaient été maintenus au conseil d'appel, disparurent à leur tour. Par les décrets du 28 septembre 1872 et du 9 octobre 1874, ils furent remplacés par les deux officiers du commissariat les plus élevés en grade et, à grade égal, les plus anciens de service, généralement licenciés en droit et par suite mieux préparés par leurs études à remplir des fonctions judiciaires.

L'organisation du conseil d'appel résultant des actes précités a survécu jusqu'à ce jour, malgré les diverses critiques dont elle a été l'objet.

L'ordonnance de 1833 porte en son article 43, dernier alinéa, qu'en cas d'empêchement légitime, les membres du conseil d'appel sont remplacés par des fonctionnaires désignés par le gouverneur, et l'ordonnance de 1843 stipule que, dans le même cas, le président sera remplacé par le premier après lui des membres du conseil.

Cette dernière disposition ne concerne que le remplacement provisoire, en attendant que le gouverneur ait fixé son choix ; elle n'a pas pour effet d'empêcher le juge-président de remplir l'intérim de président du conseil d'appel qui, s'il en était autrement, ne comprendrait plus aucun magistrat dans son sein. Toutefois, il résulte d'une dépêche ministérielle du 31 octobre 1879 qu'en l'absence du magistrat titulaire la présidence provisoire du conseil d'appel doit revenir à l'officier du commissariat le plus élevé en grade, même s'il n'est pas licencié en droit.

Tribunal criminel. — Le tribunal criminel de Saint-Pierre et Miquelon a été réorganisé par décret du 24 février 1891.

De même que sous le régime de l'ordonnance de 1833, il se compose du conseil d'appel et de quatre assesseurs ; ceux-ci étaient autrefois désignés par le gouverneur, ils sont aujourd'hui tirés au sort.

Au lieu de statuer comme précédemment sur la position des questions, leur solution et l'application de la peine, ils n'ont plus que des attributions analogues à celles des jurés.

La composition et le rôle du tribunal criminel, tels qu'ils résultent du décret du 24 février 1891, sont les suivants :

Le tribunal criminel des îles Saint-Pierre et Miquelon se compose, indépendamment du greffier des tribunaux ou du commis-greffier assermenté, du président et des membres du conseil d'appel et de quatre assesseurs, désignés par la voie du sort sur une liste de quarante notables, domiciliés dans la colonie.

La liste des notables est dressée, chaque année, dans la seconde quinzaine de décembre, par une commission composée du directeur de l'intérieur, président ; du président du tribunal de première instance, d'un membre du conseil général et d'un membre du conseil municipal, désignés par ces assemblées. Une liste complémentaire de dix notables est dressée dans les mêmes conditions. En cas d'insuffisance des notables de la liste principale, par suite de décès, d'incapacité ou d'absence de la colonie, le président du conseil d'appel pourvoit à leur remplacement par simple ordonnance. Il complète la liste des quarante notables, en suivant l'ordre d'inscription sur la liste complémentaire.

Nul ne peut être inscrit sur la liste des notables s'il n'est âgé de trente ans accomplis et s'il ne jouit de ses droits civils et politiques.

Les membres peuvent être indéfiniment inscrits sur les listes dressées chaque année. Les fonctions d'assesseur sont incompatibles avec celles de membre du conseil privé, de membre de l'ordre judiciaire, de ministre d'un culte quelconque et de militaire en activité de service.

Le tribunal criminel siège au chef-lieu de la colonie. Il connaît de toutes les affaires déférées en France aux cours d'assises.

Les membres du conseil d'appel qui ont voté sur la mise en accusation peuvent connaître du jugement de l'affaire renvoyée au tribunal criminel.

Le président remplit les fonctions qui sont attribuées aux présidents des cours d'assises par les articles 268, 269 et 270 du Code d'instruction criminelle. Les fonctions du procureur général, réglées par les articles

271 et 283 dudit Code, sont exercées par le procureur de la République, chargé des fonctions du ministère public près le conseil d'appel.

Les débats clos, le président pose les questions de l'acte d'accusation en ces termes : « L'accusé est-il coupable d'avoir commis tel meurtre, tel vol ou tel autre crime, avec toutes les circonstances comprises dans le résumé de l'acte d'accusation ? » Il pose également celles qui peuvent résulter des débats. Il demande s'il y a en faveur des accusés des circonstances atténuantes.

Après la lecture des questions par le président, l'accusé, son conseil, la partie civile et le ministère public peuvent faire, sur la position de ces questions, telles observations qu'ils jugent convenables.

Il est statué par le conseil d'appel par jugement rendu en séance publique.

Le président fait ensuite retirer l'accusé de l'auditoire, et le tribunal criminel, avec les assesseurs, se rend dans la chambre du conseil pour délibérer sur la solution des questions.

Quatre voix sont nécessaires pour qu'il y ait condamnation.

Les assesseurs opinent les premiers dans l'ordre désigné par le sort.

Le tribunal criminel y compris les assesseurs rentre ensuite en séance, et le président, après avoir fait comparaître l'accusé, donne lecture de la délibération, qui est signée par les membres du conseil d'appel, les assesseurs et le greffier.

Les membres du conseil d'appel délibèrent, sans la participation des assesseurs, sur l'application de la peine.

Sont observées pour le surplus, en ce qui concerne le jugement et l'exécution, les dispositions des articles 358 à 380 du Code d'instruction criminelle.

Le conseil d'appel, jugeant sans le concours des assesseurs, statue sur les affaires de contumace, conformément aux dispositions des articles 465 à 478 inclus du Code d'instruction criminelle.

En toute matière, le procureur de la République, chef du service judiciaire, peut autoriser la mise en liberté provisoire avec ou sans caution. Il peut admettre comme cautionnement suffisant, sans qu'il soit besoin de dépôt de deniers ou autres justifications et garanties, la soumission écrite de toute tierce personne jugée solvable, portant engagement de présenter ou de faire représenter le prévenu ou l'accusé à toute réquisition de la justice ou, à défaut, de verser au Trésor, à titre d'amende, une somme déterminée dans l'acte de cautionnement.

Dans le cas où le condamné, pour rendre son pourvoi en cassation admissible, veut réclamer sa mise en liberté, il porte sa demande devant la juridiction qui a prononcé la peine.

Le décret du 4 avril 1868, créant l'emploi de procureur chef du service judiciaire, a fixé de la façon suivante les autres attributions qu'il possède :

Le procureur de la République exerce l'action publique dans le ressort des tribunaux des îles Saint-Pierre et Miquelon et remplit les fonctions du ministère public près les juridictions de première instance et d'appel.

Comme représentant l'action publique, il veille, dans l'étendue du ressort des tribunaux des îles Saint-Pierre et Miquelon, à l'exécution des lois, ordonnances et règlements en vigueur, fait toutes réquisitions nécessaires, poursuit d'office les exécutions des jugements et arrêts dans les dispositions qui intéressent l'ordre public, signale au commandant les arrêts et jugements en dernier ressort passés en force de chose jugée qui lui paraissent susceptibles d'être attaqués par voie de cassation dans l'intérêt de la loi ; surveille les officiers de police judiciaire et les officiers ministériels ; requiert la force publique dans les cas et suivant les formes déterminés par les lois et décrets.

Comme chef du service judiciaire, il veille au maintien de la discipline des tribunaux et provoque les décisions du commandant sur les actes qui y seraient contraires.

Il examine les plaintes qui peuvent s'élever de la part des détenus, et en rend compte au commandant.

Il fait dresser et vérifier les états semestriels et les documents statistiques de l'administration de la justice, qui doivent être transmis au ministre des colonies.

Il inspecte les registres de greffe ainsi que ceux de l'état civil.

Il possède enfin toutes les attributions et prérogatives conférées par les ordonnances organiques des gouvernements des colonies aux procureurs généraux en tant que chefs d'administration et dans leurs rapports avec le gouverneur.

En cas de mort, d'absence, ou de tout autre empêchement qui oblige le chef du service judiciaire à cesser ses fonctions, il est remplacé provisoirement par le président du conseil d'appel.

Un décret du 24 février 1881 avait créé à Saint-Pierre un tribunal de commerce composé du juge-président du tribunal de première instance de Saint-Pierre et de deux assesseurs, choisis parmi les négociants. La difficulté de recruter ces assesseurs a obligé le Gouvernement à supprimer, par décret du 9 mai 1892, cette juridiction spéciale dont la compétence a été conférée au siège de première instance.

L'organisation actuelle de la justice à Saint-Pierre et Miquelon, toute rudimentaire qu'elle soit, a rendu de grands services à la colonie; néanmoins elle n'est pas sans présenter des lacunes et sans mériter des critiques auxquelles, en raison du peu d'étendue et de la faible population de la colonie, on n'a pas cru devoir donner satisfaction jusqu'à ce jour, mais qui n'en sont pas moins fondées.

En premier lieu elle associe à l'œuvre des magistrats des officiers et fonctionnaires, de telle sorte que la justice est rendue en majorité par un personnel qui lui est étranger. Une affaire jugée en première instance dans un sens et en sens contraire en appel à la simple majorité formée par les deux conseillers, est définitivement perdue pour la partie qui succombe, bien que les deux magistrats de carrière se soient prononcés en sa faveur. L'ascendant du président sur ses deux assesseurs peut, en effet, n'être pas suffisant pour déterminer leur opinion par des considérations purement juridiques. Une modification dans la composition du conseil d'appel, y faisant entrer des juges de carrière, pourrait seule porter remède à cette situation. Malheureusement elle serait un peu coûteuse.

En second lieu, la réforme la plus urgente serait celle du service correctionnel. Les affaires correctionnelles étant jugées par le conseil d'appel, les habitants de Saint-Pierre et Miquelon se trouvent privés d'un degré de juridiction et, partant, d'une des garanties de la liberté individuelle accordées partout aujourd'hui; seuls, ils sont restés dans la situation créée par les ordonnances judiciaires de la Restauration.

La population locale s'en plaint à juste titre et a demandé, pour la faire cesser, la création d'un emploi de lieutenant de juge chargé, comme dans les autres colonies, du service de l'instruction, ce qui permettrait d'attribuer au juge-président de première instance la connaissance des affaires correctionnelles et d'ouvrir contre ses décisions la voie de l'appel devant la juridiction supérieure.

L'institution de ce poste de lieutenant de juge a déjà été agitée par le département et l'administration locale; tout porte à espérer qu'elle sera un fait accompli avant qu'il soit longtemps.

Avocats défenseurs. — Un décret du 2 juillet 1874 a institué à Saint-Pierre et Miquelon un corps de défenseurs, dont les nominations sont confiées au gouverneur; il rend obligatoire le ministère de ces agréés pour toute personne qui n'use pas de la faculté qui lui est conservée de se présenter elle-même à l'audience ou de se faire représenter par ses coassociés ou proches parents. Un arrêté du gouverneur du 23 octobre suivant a réglementé le recrutement, le fonctionnement et la discipline du corps des agréés.

Ceux-ci doivent, sauf dispense, être âgés de 25 ans au moins et justifier de leur moralité; s'ils ne sont pas licenciés en droit, anciens avoués ou notaires, ils subissent un examen professionnel. Ils sont astreints à un cautionnement de mille francs en argent ou de deux mille francs en immeubles. Ils sont soumis à peu près aux mêmes règles professionnelles et disciplinaires que les avoués des Antilles. Le procureur de la République, chef du service judiciaire, exerce directement la discipline sur eux; il peut les mander, rappeler à l'ordre, censurer avec réprimande et proposer au gouverneur des peines plus graves, telles que la destitution, à leur égard. Les tribunaux peuvent aussi leur infliger l'avertissement, la réprimande et l'interdiction pendant six mois. Avant de prononcer les peines les plus sévères, le gouverneur doit prendre l'avis des magistrats, qui se réunissent en conseil de discipline pour entendre l'agréé inculpé. Ce conseil est composé du chef du service judiciaire, président, du président et des deux membres titulaires du conseil d'appel, du juge-président de première instance et du greffier. Tous ont voix délibérative; le dernier tient en outre la plume.

Huissiers. — Les fonctions d'huissier sont remplies par un huissier audiencier à Saint-Pierre et par un agent de la force publique désigné par le gouverneur à Miquelon.

Commissaires-priseurs. — Un arrêté local du 2 mai 1846 a réglementé les ventes publiques dans la colonie; divers arrêtés municipaux ont fixé les droits à percevoir sur les mêmes ventes. Celles-ci sont effectuées par le notaire, le greffier ou l'huissier près les tribunaux.

Notaires. — Le notariat a été organisé à Saint-Pierre et Miquelon par un décret du 30 juillet 1879.

Le décret reproduit en grande partie les dispositions du décret du 14 juin 1864 sur le notariat aux Antilles ; toutefois, la charge n'étant pas vénale, le notaire ne peut pas présenter de successeur. Il doit résider à Saint-Pierre et exerce dans toute l'étendue de la colonie. L'officier du commissariat faisant fonction de juge de paix à Miquelon peut être chargé du notariat dans cette île, mais sans que le notaire soit privé du droit d'y instrumenter.

Le cautionnement du notaire est de 7,000 fr. en immeubles ou de 4,000 fr. en argent.

Les conditions d'admission aux fonctions de notaire sont à peu près les mêmes qu'aux Antilles. Peuvent être nommés notaires à Saint-Pierre : les candidats qui justifient de leur capacité et de leur moralité, conformément à l'article 43 de la loi du 25 ventôse an XI, au moyen d'un certificat délivré par la chambre de discipline de la métropole, dans le ressort de laquelle ils étaient en dernier lieu inscrits comme stagiaires et satisfont en outre aux conditions de stage imposées par les articles 41 et 42 de la loi pour être admis à exercer comme notaires de troisième classe.

Le notaire est nommé par décret du Président de la République. La discipline est exercée à son égard par le chef du service judiciaire comme aux Antilles.

Dans le cas où pour une cause quelconque le notaire est empêché de remplir ses fonctions, le tribunal, à la requête du chef du service judiciaire, désigne le greffier pour le remplacer.

Sénégal. — Antérieurement à la Restauration, la justice ne fut rendue au Sénégal que d'une façon toute rudimentaire. Le premier acte y fixant une organisation régulière est l'ordonnance du 7 janvier 1822, qui institua à Saint-Louis un tribunal de première instance composé d'un juge, d'un greffier et de quatre assesseurs, dont deux Européens et deux indigènes, nommés par le commandant. Le concours de trois membres, dont le président, suffisait à la validité des jugements. Le tribunal déjà existant à Gorée fut maintenu ; il se composait du commandant particulier, du principal employé de la marine, d'un notable habitant désigné par le commandant de la colonie et d'un greffier. Ces tribunaux connaissaient de toutes les affaires civiles, de simple police et correctionnelles.

Les affaires civiles supérieures à 1,000 fr. en principal et les affaires correctionnelles étaient sujettes à appel devant un conseil d'appel siégeant à Saint-Louis et composé du commandant et administrateur pour le Roi, président, de trois officiers et de deux notables habitants. La présence de cinq membres suffisait pour rendre arrêt.

Les fonctions du ministère public et de greffier étaient remplies par le contrôleur et par le greffier du tribunal. Le conseil d'appel jugeait les affaires criminelles. Le tribunal de première instance remplissait le rôle de chambre de mises en accusation.

L'ordonnance de 1822 fut modifiée par une autre ordonnance du 24 mai 1837, qui institua à Saint-Louis et à Gorée des tribunaux de police dont les jugements étaient susceptibles de recours en annulation, et dont les décisions portant emprisonnement étaient sujettes à appel.

La composition des tribunaux de première instance était réglée comme suit : à Saint-Louis, un président, un second juge chargé du ministère public, quatre notables, un greffier ; à Gorée, le commandant particulier président, l'inspecteur colonial, ministère public, deux notables et un greffier. Les jugements étaient rendus par trois juges.

La juridiction de second degré était une cour d'appel comprenant : le gouverneur, président honoraire, dispensé de siéger ; un conseiller, vice-président, l'ordonnateur, l'inspecteur colonial, le capitaine de port, le trésorier, deux notables. Le second juge et le greffier du tribunal de Saint-Louis remplissaient les fonctions du ministère public et de greffier. Cinq membres, dont le vice-président, suffisaient pour rendre arrêt. Celui-ci pouvait être attaqué en cassation. Le conseiller vice-président de la cour exerçait une sorte de direction sur l'ensemble du service de la justice dans la colonie.

Le Sénégal fut partagé par l'ordonnance de 1837 en deux arrondissements d'assises, correspondant aux deux tribunaux. Les cours d'assises de Saint-Louis et de Gorée comprenaient sept membres, savoir : 1° à Saint-Louis, le vice-président de la cour d'appel, président, l'ordonnateur, le chef du service de santé, le capitaine de port ou le trésorier et trois assesseurs ; les fonctions du ministère public et de greffier étaient occupées comme devant la cour d'appel ; 2° à Gorée le vice-président de la cour d'appel, président, le commandant particulier de Gorée, le chef du service de la marine, un chirurgien de la marine, et trois assesseurs. Le second juge de Saint-Louis remplissait les fonctions du ministère public, le greffier du tribunal de Gorée tenait la plume. — Les juges et assesseurs délibéraient en commun sur les questions et l'application de la peine ; le président statuait seul sur les incidents de droit et de procédure. Les arrêts étaient rendus à la majorité simple ; toutefois, la déclaration de culpabilité ne pouvait être prononcée qu'à la majorité de cinq voix sur sept. Ces arrêts pouvaient être attaqués en cassation.

Une ordonnance du 19 novembre 1840 changea la composition de la cour d'appel de la façon suivante :

Deux conseillers, dont un président, un conseiller auditeur et deux notables. A la cour d'assises de Saint-Louis, le deuxième conseiller et le conseiller auditeur remplacèrent l'ordonnateur et le chef du service de santé.

Une autre ordonnance du 27 mars 1844 continua l'évolution commencée au Sénégal depuis vingt-cinq ans vers une organisation judiciaire de plus en plus complète.

Cette ordonnance de 1844 créa près la cour et les deux tribunaux un procureur ayant pour substitut à Gorée l'inspecteur colonial, remplaça le conseiller auditeur de la cour d'appel par l'officier de l'état civil de Saint-Louis, rendit la présidence permanente et institua un juge régulier à Gorée. Les notables appelés à compléter la cour et les tribunaux continuèrent à être choisis par moitié dans la population européenne et dans la population indigène. Ils n'eurent plus que voix consultative, sauf en matière correctionnelle dans les tribunaux de première instance dont la compétence en premier et dernier ressort fut réduite à 500 fr. A la cour d'appel ils continuèrent à avoir voix délibérative en toutes matières. La cour d'assises de Gorée fut supprimée, et celle de Saint-Louis, que le gouverneur pouvait faire transporter dans la première de ces deux villes, fut composée *du président de la cour d'appel, du conseiller, de l'officier de l'état civil*[1], du chef du service de santé, de trois assesseurs du procureur du roi et du greffier.

Les juges et assesseurs délibéraient ensemble sur les questions et l'application de la peine ; les juges statuaient seuls sur les incidents de droit et de procédure et sur les dommages-intérêts.

Le recours en cassation était ouvert contre les arrêts de la cour d'appel en matière civile, commerciale, de douane et correctionnelle et contre ceux de la cour d'assises. Si une affaire cassée était renvoyée une seconde fois devant la cour d'assises du Sénégal, celle-ci était composée : du gouverneur, président, des magistrats n'ayant pas déjà connu de l'affaire, de l'inspecteur colonial, du trésorier, de trois assesseurs, du procureur et du greffier. Elle devait comprendre au moins quatre des membres ci-dessus désignés et les trois assesseurs.

Le président de la cour d'appel était régulièrement investi des fonctions de chef du service judiciaire.

L'ordonnance de 1844, qui constituait déjà un progrès sensible sur l'organisation antérieure, ne donna cependant pas satisfaction aux intérêts des justiciables ; elle subit à son tour des modifications trois années plus tard. L'ordonnance du 4 décembre 1847 instituait un service judiciaire tout différent et beaucoup plus complet, exclusivement composé de magistrats sans adjonction de notables, sauf au grand criminel, et ayant à sa tête un procureur général.

Des plaintes s'étaient élevées contre la réunion des fonctions de chef de service et de président de la cour, la position de celui-ci étant parfois assez fausse, par suite du concours qu'il prêtait comme chef d'administration et membre du conseil de gouvernement à la préparation des règlements, dont il pouvait être appelé comme magistrat à apprécier la légalité et les conséquences.

Par suite de l'ordonnance de 1847 la cour d'appel du Sénégal comprit : un procureur général, un président, quatre conseillers dont deux auditeurs, un premier substitut du procureur général et un greffier ; le tribu-

---

1. Membres ordinaires de la cour d'appel.

nal de Saint-Louis fut réduit à un juge, le premier substitut ci-dessus désigné et un commis-greffier ; celui de Gorée fut composé d'un juge, un deuxième substitut du procureur général et un greffier. Un des conseillers auditeurs remplissait les fonctions de juge de paix et de police à Saint-Louis. Dans les tribunaux de première instance le juge prononçait seul ; à la cour d'appel trois membres étaient nécessaires pour rendre arrêt. Les affaires criminelles étaient instruites par les juges de chaque ressort et soumises en premier lieu à une chambre de mises en accusation composée d'un conseiller, d'un conseiller auditeur et d'un fonctionnaire désignés par le gouverneur. Le renvoi de ces affaires pouvait être prononcé devant la cour d'assises, composée du président et des membres de la cour d'appel n'en ayant pas connu en chambre d'accusation, d'un fonctionnaire, de trois assesseurs. Le procureur général ou l'un de ses substituts portait la parole, le greffier de la cour tenait la plume. Le procureur général chef du service judiciaire était, en cas d'absence ou d'empêchement, remplacé par son premier substitut.

L'organisation créée par l'ordonnance de 1847, la plus parfaite qui ait existé jusqu'à ces dernières années au Sénégal, avait un inconvénient sérieux, celui de faire peser annuellement sur le budget une dépense d'environ 72,000 fr. qui fut bientôt considérée comme trop élevée par le gouvernement métropolitain ; aussi le ministre de la marine et des colonies présentait-il, le 9 août 1854, à la signature de l'Empereur, un décret réorganisant le service judiciaire du Sénégal.

On lit dans un rapport du ministre concernant ce décret, le passage suivant :

« J'ai reconnu la possibilité de réaliser une économie de
« 18,000 fr. sur cette organisation en la simplifiant. Le décret
« ci-joint supprime trois magistrats sur sept dans le personnel
« de la cour impériale, savoir : un conseiller, le conseiller au-
« diteur et le procureur général. Quant au procureur général,
« ses attributions comme chef du service judiciaire passent aux
« mains du président de la cour impériale, qui les exerçait déjà
« avant 1847. Comme ministère public, le procureur général
« est remplacé par un procureur impérial à Saint-Louis, qui
« remplit les mêmes fonctions près le tribunal et la cour impé-

« riale. Un substitut du procureur impérial exerce ces fonctions
« près le tribunal de Gorée. »

Après la séparation de Saint-Louis et de Gorée en deux colonies distinctes, opérée le 1er novembre 1854, ce substitut fut changé en procureur par décret du 27 décembre suivant. Les deux procureurs de Saint-Louis et de Gorée remplacèrent numériquement les substituts du procureur général créés en 1847.

La juridiction du tribunal de première instance de Saint-Louis s'étendit sur l'île de Saint-Louis et les établissements sur le fleuve du Sénégal. Celle du tribunal de Gorée comprit l'île de Gorée et les établissements au sud de cette île. Ces deux tribunaux connurent de toutes les actions civiles et commerciales, en premier et dernier ressort, jusqu'à mille francs en principal ou soixante francs de revenu, en premier ressort seulement au-dessus de ces sommes. Ils statuèrent en outre sur les contraventions de police et les délits. Les condamnations comportant cinq jours d'emprisonnement ou une amende supérieure à 100 fr. furent seules sujettes à appel.

Le ressort de la cour d'appel s'étendit sur l'ensemble des établissements français de la côte occidentale d'Afrique ; les arrêts furent rendus par trois juges. La cour d'assises siégea à Saint-Louis, mais le gouverneur pouvait la faire transporter temporairement à Gorée ; elle se composait des membres de la cour impériale : président, conseiller et conseiller auditeur, de quatre assesseurs tirés au sort sur une liste de 24 notables, composée de fonctionnaires, anciens fonctionnaires et commerçants, du procureur impérial et du greffier.

Si la Cour de cassation renvoyait devant la cour d'assises du Sénégal une affaire après avoir annulé le premier arrêt rendu par ladite cour, celle-ci était composée du gouverneur, président, de deux membres, pris parmi les magistrats n'en ayant pas connu, ou, à défaut, de deux notables choisis par le président de la cour d'appel, de quatre assesseurs, du procureur impérial et du greffier.

Tribunaux de Bakel et de Sedhiou. — L'organisation créée par le décret de 1854 avait été le résultat d'une fusion des systèmes judiciaires précédemment essayés au Sénégal ; elle subsista jusqu'au décret du 15 mai 1889, sans subir de modifications ; elle fut seulement complétée : 1° par deux décrets du 1ᵉʳ avril 1863 et du 8 juillet 1865 créant des tribunaux de simple police et de police correctionnelle à Bakel et à Sedhiou, composés du commandant de l'arrondissement et d'un fonctionnaire remplissant les fonctions de greffier. Deux notables titulaires et deux notables suppléants nommés pour un an par le gouverneur assistent le juge en matière correctionnelle ; le décret de 1863 investit en outre des fonctions de juge d'instruction les commandants des divers arrondissements autres que Saint-Louis et Gorée ; 2° par un décret du 20 mai 1857, créant à Saint-Louis un tribunal indigène musulman et un conseil d'appel spécial. Déjà l'ordonnance du 4 décembre 1847 avait établi à Saint-Louis un comité consultatif, appelé à donner son avis sur les questions de droit musulman qui lui étaient soumises par les tribunaux.

Justice musulmane. — Le décret de 1854 avait maintenu cette institution laquelle, bientôt, devint insuffisante pour donner satisfaction à tous les indigènes professant l'islamisme, qui réclamaient le privilège d'avoir leurs coreligionnaires pour juges et le Coran pour règle dans leurs contestations relatives à l'état civil, au mariage, aux répudiations et aux droits d'hérédité.

Le décret du 20 mai 1857 donna satisfaction à ces réclamations ; ses dispositions sont encore en vigueur.

D'une portée beaucoup moindre que ceux qui ont statué en Algérie sur la même matière, ce décret institua à Saint-Louis un tribunal musulman composé d'un cadi, d'un assesseur qui supplée le cadi en cas d'empêchement de celui-ci, et d'un greffier, tous trois nommés par le gouverneur.

Il limita la compétence de ce tribunal aux contestations qui touchent à l'état civil, au mariage, aux successions, donations et testaments, toutes les autres affaires civiles restant réservées au tribunal français.

Malgré la création de la juridiction du cadi, les parties conservent le droit dans tous les cas de porter *a priori* leur différend devant le tribunal français, lequel statue alors avec le concours du suppléant du cadi. En cas de conflit entre les deux plaideurs sur le choix du tribunal, le maire de Saint-Louis fixe la juridiction qui doit être saisie. L'appel des décisions du tribunal musulman et du tribunal français jugeant en matière indigène est porté devant un conseil d'appel, composé du gouverneur, président, d'un conseiller de la cour, du directeur des affaires indigènes et du chef de la religion musulmane.

Justice française. — En 1889, l'extension prise par notre domaine colonial au Sénégal et vers le Soudan, l'accroissement de la population et des transactions commerciales dans nos établissements de la côte occidentale d'Afrique, obligèrent à renforcer le service judiciaire.

Le décret du 15 mai 1889, complété par celui du 31 janvier 1891 qui a créé à Saint-Louis un poste de procureur général, reproduit la plupart des dispositions du décret du 9 août 1854; il établit une organisation judiciaire qui ressemblait d'abord beaucoup à celle qu'avait instituée l'ordonnance de 1844 et qui, depuis un décret de 1891, se rapproche encore plus de celle résultant de l'ordonnance de 1847, sans en offrir encore tous les avantages, puisqu'elle ne prévoit pas de chambre de mises en accusation et qu'il est statué directement sur le renvoi des poursuites criminelles en cour d'assises, par le procureur général, chef du service judiciaire.

Le décret de 1889 augmente le personnel de la cour, du tribunal de Saint-Louis et de celui de Gorée, dont il transfère le siège à Dakar; il laisse subsister les tribunaux correctionnels et de simple police de Bakel et de Sedhiou, bien qu'il ne parle pas de ce dernier, ainsi que les juridictions musulmanes, et institue au Soudan la justice de paix à compétence étendue de Kayes. Malgré le silence du décret de 1889, des tribunaux de conciliation ont été institués dans l'intérêt du commerce à Sedhiou, à Podor et à Dagana; ils sont présidés par l'administrateur et se composent de deux assesseurs titulaires et de deux suppléants. Ils statuent sur les différends entre marchands et étrangers.

Cour d'appel. Tribunaux de Saint-Louis et de Dakar. — Depuis le décret de 1889, la cour d'appel est composée d'un président, qui avait au début les attributions de chef du service judiciaire, de trois conseillers, dont un auditeur, d'un greffier et d'un commis-greffier. Les tribunaux de Saint-Louis et de Dakar comptaient un juge-président, un procureur de la République, un lieutenant de juge, plus, à Saint-Louis, un substitut et un commis-greffier ; à Dakar, un greffier seulement. Le décret du 31 janvier 1891 supprima le procureur de la République faisant fonctions de ministère public près la cour et le tribunal, et le remplaça par un procureur général, investi des fonctions de chef du service judiciaire, comme dans nos autres colonies.

Le défaut d'initiative, de prestige et généralement le peu d'expérience d'un simple substitut, chargé du ministère public près le tribunal de Saint-Louis, ont démontré la nécessité de remplacer ce magistrat par un procureur de la République titulaire. Cette réforme est sur le point d'être réalisée.

Le ressort de la cour d'appel s'étend sur l'ensemble des établissements français de la côte occidentale d'Afrique, moins, depuis le décret du 11 mai 1892, la Guinée française, le Bénin et la Côte d'Ivoire ; le Congo ne tardera vraisemblablement pas à échapper aussi à sa juridiction.

Les arrêts de la cour de Saint-Louis sont rendus par trois juges. En cas d'absence ou d'empêchement momentané d'un ou de deux de ces membres, ils sont remplacés par l'un des notables, que choisit le président de la cour parmi ceux désignés comme suppléants par le gouverneur.

La cour d'appel connaît des appels en matière civile, de commerce ou de douane et en matière correctionnelle ou de simple police.

La voie de l'annulation est ouverte en matière de simple police.

Le recours en cassation est ouvert en matière civile, commerciale et de douane, ainsi qu'en matière correctionnelle, contre les arrêts de la cour d'appel.

Le tribunal de Saint-Louis comprend dans sa juridiction l'île de Saint-Louis, les établissements sur le fleuve du Sénégal, ainsi que les territoires situés au sud de ce fleuve, jusques et y compris N'Dande dans le Cayor; celui de Dakar comprend l'île de Gorée, les établissements situés au sud de cette île, ainsi que les territoires situés au sud de N'Dande dans le Cayor.

Les tribunaux de première instance connaissent de toutes les actions civiles et commerciales : en premier et dernier ressort, jusqu'à la valeur de 1,500 fr. en principal, ou de 100 fr. de revenu déterminé soit en rentes, soit par prix de bail; en premier ressort seulement, et à charge d'appel devant la cour de Saint-Louis, au-dessus de ces sommes.

Ils connaissent, comme tribunaux de simple police, ou tribunaux correctionnels, des contraventions et des délits.

Les jugements rendus en matière de simple police ne peuvent être attaqués par la voie de l'appel que s'ils prononcent cinq jours d'emprisonnement, ou si les amendes, restitutions ou autres réparations civiles excèdent la somme de 100 fr., outre les dépens.

Le juge-président rend seul la justice dans les matières qui sont de la compétence du tribunal de première instance.

Le lieutenant de juge remplit les fonctions attribuées aux juges d'instruction par le Code d'instruction criminelle. En cas d'empêchement du juge-président, il le remplace dans ses fonctions.

Dans les divers arrondissements du Sénégal et dépendances, autres que Saint-Louis et Dakar, les administrateurs sont investis des fonctions de juge d'instruction, telles qu'elles ont été déterminées par l'ordonnance du 14 février 1838, portant application du Code d'instruction criminelle au Sénégal.

Dans les instances soumises au préliminaire de conciliation, les maires de Saint-Louis et de Dakar remplissent les fonctions de magistrat conciliateur.

Cour d'assises. — La cour d'assises du Sénégal et dépendances siège à Saint-Louis. Toutefois, le gouverneur peut, lorsque les circonstances l'exigent, en transporter temporairement le siège à Dakar. Elle est composée du président de la cour d'appel et de deux conseillers ou d'un conseiller, et du conseiller auditeur, de quatre assesseurs, du procureur général ou du substitut à Saint-Louis et du greffier de la cour d'appel.

En cas d'absence ou d'empêchement momentané d'un ou de deux magistrats, ils sont remplacés par des notables.

Dans le cas où la cour d'assises siège à Dakar, le procureur de la République et le greffier de Dakar peuvent remplacer le procureur général et le greffier de Saint-Louis.

Les assesseurs sont tirés au sort sur une liste de notables, composée des fonctionnaires en activité, anciens fonctionnaires et principaux propriétaires de Saint-Louis et de Dakar.

La cour d'assises connaît de toutes les affaires criminelles.

Elle est saisie directement par le procureur général.

A cet effet, les instructions criminelles, dirigées par le lieutenant de juge de chaque arrondissement, sont transmises sans délai au procureur général, qui est tenu de mettre l'affaire en état dans les dix jours de la réception; pendant ce temps, la partie civile ou l'accusé peuvent fournir les mémoires qu'ils jugent à propos de présenter.

Les juges et les assesseurs délibèrent en commun sur les questions de fait résultant de l'acte d'accusation ou des débats et rendent la déclaration de culpabilité à la simple majorité; les juges statuent seuls sur les questions de compétence, l'application de la peine, les incidents de droit ou de procédure et les demandes en dommages-intérêts.

La Cour de cassation peut, en cas d'annulation d'un arrêt rendu par la cour d'assises du Sénégal, renvoyer le procès devant la même cour.

Dans ce cas, la cour d'assises est composée : du gouverneur, président; de deux membres pris parmi les magistrats qui n'ont pas connu de l'affaire, et, à défaut, parmi les notables, de quatre assesseurs, d'un officier du ministère public et du greffier.

Des interprètes des diverses langues et des principaux idiomes en usage dans la population indigène sont attachés au service de la cour et des tribunaux du Sénégal. Ils sont trois à Saint-Louis et deux à Dakar.

Conseils commissionnés. — Leur création a été autorisée par l'ordonnance du 4 décembre 1847 et maintenue par le décret de 1889; l'exercice de la profession a été réglementé par deux arrêtés locaux des 5 mars 1859 et 30 décembre 1876. Ils possèdent le droit exclusif de présenter devant les tribunaux la défense des parties. Ils sont au nombre de quatre à Saint-Louis et de trois à Dakar. Le diplôme de licencié en droit peut être remplacé par un examen.

Huissiers. — Les huissiers ont au Sénégal les mêmes attributions qu'en France. Ils sont au nombre de quatre, deux à Saint-Louis et deux à Dakar.

Commissaires-priseurs. — Le service des commissaires-priseurs prévu dans les anciennes ordonnances judiciaires a été définitivement réglé au Sénégal par le décret du 11 janvier 1881, dans des conditions analogues à celles qui ont été fixées pour les Antilles par le décret du 16 septembre 1876. (Voir plus haut, p. 263.) Un décret du 22 juillet 1889 porte qu'en cas d'absence ou d'empêchement d'un commissaire-priseur du Sénégal, il est remplacé par le greffier-notaire ou l'huissier.

Notaires. — Avant le décret du 15 avril 1893, qui a séparé le notariat du greffe de Saint-Louis, il n'y avait pas de notaire spécial dans la colonie; les fonctions en étaient dans tous les centres remplies par les greffiers.

Cette situation subsiste encore en dehors de Saint-Louis, mais le gouverneur est autorisé, par l'article 2 du décret précité, à prononcer par arrêté pris en conseil privé et soumis à l'approbation du ministre la séparation des greffes et des autres charges de notaire. Les notaires du Sénégal sont nommés par décret; les charges ne sont pas vénales. Les règles appliquées à l'exercice du notariat sont à peu près les mêmes qu'aux Antilles.

Soudan. — La justice de paix à compétence étendue de Kayes a été organisée avant la séparation du Soudan du gouvernement du Sénégal, par le décret du 15 mai 1889, dont voici résumés les articles 11 et suivants :

Il est institué à Kayes une justice de paix à compétence étendue.

Le commandant des cercles de Kayes est investi des fonctions de juge de paix, sous l'autorité du chef du service judiciaire du Sénégal; les fonctions du ministère public sont remplies par un fonctionnaire désigné par le commandant supérieur du Soudan français avec l'approbation du gouverneur du Sénégal; celles de greffier et d'huissier sont remplies par des agents nommés dans les mêmes conditions, sauf l'approbation du gouverneur.

Le juge de paix de Kayes connaît :

1° En premier et dernier ressort, de toutes les affaires attribuées aux juges de paix en France, de toutes actions personnelles et mobilières dont la valeur n'excède pas 1,000 fr., et des demandes immobilières jusqu'à 60 fr. de revenu déterminé, soit en rente, soit par prix de bail;

2° En premier ressort seulement, et à charge d'appel devant le tribunal de première instance de Saint-Louis, de toutes les autres actions.

Outre les fonctions départies aux juges de paix, il a les attributions dévolues aux présidents des tribunaux de première instance et surveille spécialement l'administration des successions vacantes.

Le juge de paix de Kayes connaît, en matière de simple police et de police correctionnelle :

1° En premier et dernier ressort, de toutes les contraventions déférées par les lois et règlements aux tribunaux de simple police et des délits, lorsque la peine consiste seulement en une amende, ou, s'il y a condamnation à l'emprisonnement, lorsque le temps pour lequel cette peine est prononcée n'excède pas deux mois;

2° En premier ressort seulement et à charge d'appel devant le tribunal de première instance de Saint-Louis, des délits à l'occasion desquels a été prononcée une peine supérieure à celles indiquées dans le paragraphe précédent.

Le juge de paix est saisi par le ministère public, ou directement par la citation donnée au prévenu à la requête de la partie civile.

Il remplit les fonctions de juge d'instruction pour les crimes commis dans le Soudan français. Ceux-ci sont déférés à la cour d'assises du Sénégal.

Des arrêtés du gouverneur peuvent autoriser la tenue d'audiences foraines.

Congo français. — Primitivement la justice n'a été rendue dans les établissements de la côte de Guinée et du Gabon que par les commandants particuliers des divers comptoirs, siégeant comme juges de paix en vertu d'arrêtés locaux. Les différends entre capitaines de navires et négociants étaient réglés par une commission que présidait le commandant particulier. Les autres affaires ressortissaient au tribunal de Gorée.

C'est par un décret du 11 janvier 1869 que fut tenté le premier essai d'organisation judiciaire au Gabon par l'institution :
1° d'un tribunal d'arrondissement composé d'un juge, d'un officier du ministère public et d'un greffier; un lieutenant de juge, chargé spécialement de l'instruction criminelle, devait suppléer le juge; 2° d'un tribunal supérieur comprenant un président, deux juges, un procureur impérial et un greffier.

Aux termes de l'article 34 du décret précité, les fonctions judiciaires étaient confiées aux officiers, fonctionnaires et notables résidants, jusqu'à ce que l'institution de magistrats titulaires, qui devait entraîner une assez forte dépense pour le Trésor, fut nécessitée par le développement des intérêts locaux.

Cette organisation ne fonctionna jamais d'une façon complète; elle fut abrogée par un décret du 1er juin 1878, qui maintint seulement le tribunal de Libreville et dont les dispositions sont encore en vigueur. Les fonctions de juge étaient à l'origine attribuées au commandant particulier, celles de ministère public au commissaire de police.

Un décret du 21 décembre 1881 a investi un magistrat régulier des fonctions de juge-président et un acte de même nature du 27 octobre 1886 a créé des emplois de lieutenant de juge chargé de l'instruction et de greffier-notaire; les fonctions d'huissier sont remplies par un agent de la force publique, et, dans l'intérieur de la colonie, par les chefs de poste (décret du 11 mai 1892). Des interprètes peuvent être attachés au tribunal.

Celui-ci connaît :

a) En matière civile et commerciale et en se conformant à la procédure des justices de paix :

1° En premier et dernier ressort, de toutes les affaires du ressort des justices de paix, ainsi que des actions personnelles et mobilières, jusqu'à 1,500 fr. de principal ou 60 fr. de revenu;

2° En premier ressort seulement et à charge d'appel devant la cour du Sénégal, de toutes les autres affaires;

b) En matière de simple police et correctionnelle, des contraventions et des délits. L'appel est ouvert contre les jugements portant condamnation à plus de deux mois d'emprisonnement. Il est porté devant la cour d'appel de Saint-Louis.

Les crimes commis au Congo sont déférés à la cour d'assises du Sénégal.

Ceux qui ont un caractère politique ou qui sont de nature à compromettre l'action de l'autorité française peuvent, aux termes d'un décret du 20 août 1879, être déférés, sur un ordre du commissaire général du Gouvernement, au conseil de guerre ou à un tribunal criminel spécial, présidé par ce haut fonctionnaire et composé de deux assesseurs choisis par lui parmi les officiers ou fonctionnaires en service dans la colonie.

Des décrets du 26 décembre 1884 et du 8 novembre 1889 ont, en dehors du tribunal de Libreville, créé d'autres juridictions, en investissant le commandant particulier de l'Ogowé et de Fernand-Vaz, et les administrateurs de Loango, Franceville et Brazzaville, des fonctions de juges de paix.

Leur compétence est la même que celle du tribunal de Libreville, sauf qu'ils connaissent en premier et dernier ressort jusqu'à cent francs de revenu pour les affaires immobilières. L'appel de leurs jugements est porté devant le tribunal du chef-lieu.

Les fonctions de greffier-notaire et d'huissier sont remplies par des fonctionnaires et par des agents de la force publique désignés par le gouverneur. Les chefs de poste sont officiers de police judiciaire. Ils peuvent procéder à des arrestations en cas de flagrant délit et commencer les instructions contre les indigènes coupables de crimes ou de délits.

L'organisation judiciaire du Congo est encore très incomplète; la distance qui sépare cette colonie du Sénégal y rend le droit d'appel presque illusoire et les poursuites criminelles à peu près impossibles. Force sera de créer avant longtemps une juridiction supérieure à Libreville.

Guinée. — Dahomey. — Côte d'Ivoire. — *Conseil d'appel, tribunal criminel spécial, justices de paix à compétence étendue.* — En même temps qu'il créait le service judiciaire au Gabon, le décret du 11 janvier 1869 l'organisait de la même façon dans les établissements de la Côte d'Or en instituant à Grand-Bassam, à Assinie et à Dabou, des tribunaux d'arrondissement et, à Grand-Bassam, un tribunal supérieur.

Ces établissements ayant été abandonnés en 1872, ce n'est qu'après que le gouvernement de la République y eut rétabli la domination française que le service de la justice y a été régulièrement institué par le décret du 11 mai 1892, dont l'exposé des motifs ci-dessous justifie les dispositions.

« Sans parler des difficultés qu'auraient les magistrats du Sénégal à conduire des instructions ou des enquêtes hors de la colonie dont ils dépendent, il y a lieu de tenir compte de l'éloignement qui sépare Saint-Louis et Dakar de nos territoires de la Guinée. Les difficultés et la rareté des communications rendent à peu près impossible l'action de la justice française dans ces contrées. Les garanties qu'elle est censée offrir pour assurer l'honnêteté des transactions, la tranquillité du pays et la sécurité des habitants sont, par suite, illusoires.

« L'expérience des dernières années prouve que la Guinée française est appelée à un développement commercial très sérieux; le nombre et l'importance de jour en jour grandissante des comptoirs et des transactions, ainsi que l'accroissement de la population européenne, rendent indispensable la création de tribunaux français dans chaque centre principal et d'une organisation judiciaire indépendante.

« C'est dans ce but qu'a été préparé le projet de décret ci-joint. Il institue trois justices de paix à compétence étendue, l'une à Konakry, la seconde à Grand-Bassam, la dernière à Porto-Novo.

« Les nouveaux tribunaux auront la connaissance de toutes les affaires intéressant les Européens. Les décisions rendues dans les procès de quelque importance seront sujettes à appel devant un conseil d'appel composé du gouverneur et de deux fonctionnaires.

« Les justiciables auront donc la garantie de deux degrés de juridiction, comme en France, sans qu'il en résulte de dépenses de personnel, les fonctions judiciaires étant dévolues à des officiers, fonctionnaires ou agents en service dans la colonie.

« Le conseil d'appel, constitué en tribunal criminel spécial, aura la connaissance des crimes commis sur les territoires relevant de notre administration. Le projet de décret, afin de donner à tous les garanties aussi grandes que possible d'une bonne justice, prévoit même, lorsque les accusés seront Européens ou assimilés à des Européens, l'adjonction au tribunal criminel de deux assesseurs supplémentaires, ayant voix délibérative sur la question de culpabilité et faisant, avec les membres dudit tribunal, office de jury. »

Dans les trois justices de paix à compétence étendue, instituées à Konakry, à Grand-Bassam et à Porto-Novo, par le décret du 11 mai 1892, les fonctions de juge de paix, de greffier, d'huissier, sont remplies par des agents désignés par le gouverneur ; celles du ministère public par le commissaire de police. Le greffier est en même temps notaire.

Les tribunaux de paix de Konakry, de Grand-Bassam et de Porto-Novo connaissent :

a) En matière civile et commerciale :

1° En premier et dernier ressort, de toutes les affaires attribuées aux juges de paix en France, de toutes les actions personnelles et mobilières dont la valeur n'excède pas 1,500 fr. et des demandes immobilières jusqu'à 100 fr. de revenu, déterminé soit en rente, soit par prix de bail ;

2° En premier ressort seulement, et à charge d'appel devant le conseil d'appel dont il sera parlé plus loin, de toutes les autres affaires.

En matière commerciale, leur compétence est celle des tribunaux de commerce de la métropole.

b) En matière de simple police et de police correctionnelle, lorsque le prévenu est d'origine européenne ou assimilée :

1° En premier et dernier ressort, de toutes les contraventions déférées par les lois et règlements aux tribunaux de simple police, lorsque la peine consistera seulement en une amende ou, s'il y a condamnation à l'emprisonnement, lorsque le temps pour lequel cette peine est prononcée n'excédera pas deux mois ;

2° En premier ressort seulement, et à charge d'appel devant le conseil d'appel dont il sera parlé plus loin, des délits à l'occasion desquels aura été prononcée une peine supérieure à celles indiquées par le paragraphe précédent.

Des arrêtés du gouverneur peuvent autoriser la tenue d'audiences foraines.

L'appel des jugements rendus en premier ressort par les tribunaux de paix est porté devant *un conseil d'appel* siégeant au chef-lieu et composé du gouverneur ou de son délégué, président, et de deux assesseurs, choisis au commencement de chaque année par le gouverneur parmi les fonctionnaires ou officiers en service dans la colonie. Lorsqu'un des assesseurs sera absent ou empêché, il sera pourvu d'office, par le gouverneur, à son remplacement.

Les fonctions du ministère public sont remplies par le commissaire de police.

Les jugements en dernier ressort, rendus en toute matière par les tribunaux de paix de la Guinée française et dépendances, peuvent être attaqués par la voie de l'annulation devant le conseil d'appel pour excès de pouvoir ou violation de la loi.

Lorsque celui-ci annulera un jugement rendu par une des justices de paix, il prononcera le renvoi de l'affaire devant le même tribunal, qui devra se conformer pour le point de droit à la doctrine adoptée par le conseil d'appel.

Le conseil d'appel, constitué en tribunal criminel, connaît des crimes commis sur les territoires dépendant des gouvernements de la Guinée française, du Bénin et de la Côte d'Ivoire, et de toutes les affaires qui sont déférées en France aux cours d'assises.

Lorsque le tribunal criminel devra procéder au jugement d'une affaire dans laquelle seront impliqués comme accusés des Européens ou assimilés, il s'adjoindra le concours de deux assesseurs supplémentaires.

Ceux-ci ont voix délibérative sur la question de culpabilité seulement.

La condamnation est prononcée à la majorité de trois voix contre deux.

Les fonctions de magistrat instructeur sont remplies par les juges de paix. Le tribunal criminel est saisi par le ministère public.

Les tribunaux se conforment à la législation en vigueur au Sénégal.

Les administrateurs, résidents et chefs de poste sont officiers de police judiciaire. Ils peuvent procéder à l'arrestation du délinquant en cas de crime ou de flagrant délit, et, dans les mêmes conditions que ceux du Congo, commencer l'instruction.

Les juridictions indigènes locales subsistent pour le jugement des affaires civiles entre indigènes et la poursuite des contraventions et délits commis par ceux-ci envers leurs congénères. Les indigènes peuvent cependant en tout état de cause saisir les tribunaux français.

Dahomey. — Un projet de service judiciaire autonome spécial au Dahomey et dépendances est actuellement à l'étude. Il doit comprendre deux justices de paix à compétence étendue, l'une à Porto-Novo, l'autre à Ouidah et un conseil d'appel qui se constituera en tribunal criminel pour connaître des affaires déférées en France aux cours d'assises[1].

---

1. Voir dans l'*Appendice* n° *1*, le décret du 26 juillet 1894, paru après la mise en pages de ce volume.

Mayotte et Comores. — Le 26 août 1847, le roi Louis-Philippe, « attendu la nécessité d'assurer l'administration de la « justice dans nos nouveaux établissements de Mozambique et « d'investir le commandant supérieur de Mayotte de certains pou- « voirs spéciaux », rendait pour cette île une ordonnance y insti- tuant : 1° un conseil de justice composé d'officiers, pour le jugement en dernier ressort des crimes de rébellion et d'attentat à la sûreté de la colonie par quelques individus qu'ils soient commis ; 2° un tribunal correctionnel, composé de trois officiers ou fonction- naires jugeant les délits commis par les Français et étrangers et par des indigènes au préjudice de Français et d'étrangers ; 3° un tribunal civil composé du commandant supérieur, président, de l'officier d'administration et du trésorier, connaissant des contestations autres que celles où les deux parties étaient indi- gènes. La connaissance des crimes non déférés au conseil de justice est dévolue aux juridictions de la Réunion. La cour de cette colonie peut en outre statuer sur l'appel des jugements du tribunal correctionnel de Mayotte et sur les affaires civiles por- tant sur une valeur supérieure à cinq cents francs.

Les crimes commis et les procès engagés entre indigènes seulement sont jugés par les tribunaux et selon les lois du pays; l'appel est porté en matière civile devant le tribunal français, qui peut aussi statuer directement sur la demande des deux par- ties. Dans ces deux cas et lorsque le tribunal juge des affaires intéressant à la fois des indigènes et des Français ou étrangers, il est assisté de deux notables arabes ou Sakalaves, suivant la nationalité des parties.

Le gouverneur a la faculté de modérer en matière criminelle les peines prononcées par les juges indigènes, afin d'empêcher qu'à l'ombre du pavillon français on puisse exécuter des sen- tences qui, par leur nature ou leur rigueur excessive, seraient trop en opposition avec le caractère de notre législation.

Cette organisation fut modifiée par un décret du 30 janvier 1852 sur l'administration de la justice à Mayotte, à Nossi-Bé et à Sainte-Marie-de-Madagascar, complété par divers autres actes, dont deux décrets : 1° celui du 29 octobre 1879, donnant au juge la connaissance en dernier ressort des contraventions de simple police et en premier ressort, à charge d'appel devant la cour de la Réunion, des délits correctionnels, et 2° celui du 5 novembre 1888, relatif aux fonctions du ministère public, concernent directement Mayotte.

Ces décrets, encore en vigueur pour cette île, portent que :

Un tribunal de première instance est institué à Mayotte. Il se compose d'un seul juge qui devra être licencié en droit, et d'un greffier qui remplit aussi les fonctions de notaire.

Le juge-président connaît :

Comme tribunal civil et commercial, en dernier ressort, lorsque la valeur de la demande en principal n'excède pas mille francs, à charge d'appel devant la cour de la Réunion, au delà de cette limite, des contestations civiles et commerciales autres que celles où les deux parties sont indigènes ;

Comme tribunal correctionnel : 1° des délits commis par les indigènes au préjudice de Français ou d'étrangers ; 2° des délits commis par des Français ou des étrangers, soit entre eux, soit contre des indigènes ;

Comme tribunal de police, des contraventions de police et infractions aux règlements faits par l'autorité administrative.

Depuis le décret du 25 octobre 1879, l'appel est ouvert, en matière correctionnelle, devant la cour d'appel de la Réunion.

Les fonctions du ministère public devant le tribunal de Mayotte et d'officier de police judiciaire, conférées primitivement à un officier ou agent du commissariat, sont aujourd'hui remplies par un fonctionnaire ou officier désigné par le gouverneur.

Celles d'huissier sont attribuées à des agents de la force publique requis par le juge-président, auquel sont dévolues les fonctions de chef du service judiciaire, et de juge d'instruction en matière criminelle.

Les procédures terminées, il remet les pièces, ainsi que les accusés, à la disposition du gouverneur, qui est chargé de prescrire les mesures nécessaires pour leur envoi devant la cour de la Réunion.

Le décret de 1852 a laissé subsister le conseil de justice établi en 1847 à Mayotte pour juger en dernier ressort les crimes de rébellion et d'attentat à la sûreté de la colonie, mais il modifie sa composition de la façon suivante :

Le commandant de la station, président ; le magistrat, chef du service judiciaire; le capitaine d'artillerie; l'enseigne de vaisseau commandant la marine locale; un chirurgien de 1re classe; deux lieutenants.

Le gouverneur pourvoit au remplacement des membres de l'ordre judiciaire absents ou empêchés.

Depuis l'établissement du protectorat de la France sur les Comores, la question s'est posée de savoir si les affaires judiciaires intéressant des Français ou des étrangers ne devaient pas être soumises aux juridictions françaises. En ce qui concerne spécialement Anjouan, la Cour de cassation s'est prononcée affirmativement dans un arrêt du 27 octobre 1893[1]. Les termes des traités passés avec les sultans de Mohéli et la Grande-Comore n'étant pas identiques à celui d'Anjouan, la solution peut n'être pas la même pour ces îles et il serait téméraire de la préjuger tant que la Cour suprême ne l'aura pas indiquée.

---

1. Cour de cassation, arrêt du 27 octobre 1893. — Affaire Magny et autres. — Crime de Bambao (Anjouan):
   La Cour,
Ouï M. le conseiller Accarias en son rapport et M. l'avocat général Duval en ses conclusions,
Sur le moyen pris de la fausse application de l'article 5 du Code d'instruction criminelle, en ce que la cour d'assises a déclaré que les crimes poursuivis ayant été commis en pays étranger échappaient à sa compétence, en ce qui concerne Vial et Mohamed Allawé, à raison de leur qualité d'étrangers, et ne pouvaient, en l'état lui être déférés, en ce qui concerne Magny et Mougol, parce que ces deux accusés, qui sont Français, n'étaient pas rentrés volontairement sur le territoire français:
Vu ledit article 5, vu aussi les traités des 21 avril 1886, 15 octobre 1887 et 8 janvier 1892, qui ont établi et organisé le protectorat de la France sur l'île d'Anjouan;
Attendu que les traités de 1886 et 1887 ont été ratifiés par le gouvernement français et que, si celui de 1892 ne l'a pas encore été, cette ratification n'est nécessaire que pour le rendre définitif, non pour lui donner force obligatoire, et que d'ailleurs il a été jusqu'à présent régulièrement exécuté des deux parts;
Attendu que par ces traités le Sultan de l'île d'Anjouan s'est presque entièrement dessaisi de sa souveraineté au profit de la France; que cela résulte des articles 1 et 2 du traité du 8 janvier 1892, qui suppriment les ministres à Anjouan et exigent que tous les actes du Sultan soient contresignés par le Résident de France, chargé d'en assurer l'exécution; que les conséquences de ce dessaisissement sont réglées par les articles 5, 6, 7, 8 du même traité en ce qui regarde la sûreté intérieure, les relations extérieures et l'administration financière;
Attendu que si ce traité, à l'exemple des deux précédents, ne contient aucune disposition qui attribue expressément tout ou partie de la justice criminelle aux tribunaux français, cette attribution résulte implicitement de son article 3, ainsi conçu: « Le Résident de France aura sous ses ordres le personnel de la police.

Diégo-Suarez. — Dès qu'on appliqua le traité du 17 décembre 1885 entre le gouvernement de la République française et celui de la reine de Madagascar, concédant à la France la baie et la côte de Diégo-Suarez, la nécessité fut reconnue d'organiser la justice dans nos nouveaux établissements.

Un décret du 22 août 1887 y institua une justice de paix à compétence étendue, qui relevait de la cour d'appel de la Réunion et avait juridiction, au point de vue correctionnel et criminel, sur tous les habitants qui n'étaient pas soumis à l'action de la justice militaire. L'appel, soit contre les jugements ayant trait à des intérêts supérieurs à 3,000 fr. de principal ou 150 fr. de revenu, soit contre ceux qui, en matière correctionnelle, prononçaient une peine supérieure à deux mois d'emprisonnement, était porté devant la cour de la Réunion.

Aucune force publique ne pourra se recruter, s'organiser, ni se mouvoir que par les ordres du Résident » ;

Attendu, en effet, qu'il eût été contradictoire de donner à la France pour la répression des crimes les mesures préparatoires de police et celles d'exécution et de laisser à la juridiction locale l'appréciation des actes criminels, autres du moins que ceux concernant exclusivement les indigènes et cela sans aucune des garanties qui sont assurées aux accusés devant les juridictions françaises;

Attendu que cette interprétation de l'article 3, qui s'impose par elle-même, est rendue plus évidente encore par les dispositions des traités de 1886 et 1887, qui enlèvent à la juridiction locale la connaissance des procès civils entre Français et indigènes, procès qui cependant n'intéressent pas l'ordre public au même degré que les procès criminels;

Attendu enfin que le silence des traités sur la justice criminelle s'explique très logiquement par ce fait que l'exercice du protectorat de l'île d'Anjouan est confié au gouverneur de la colonie de Mayotte, ainsi que le prouvent notamment les articles 11 du traité de 1886, 8 et 9 du traité de 1892; que, dès lors, ce protectorat n'étant qu'une dépendance de ladite colonie, comporte, relativement à la compétence en matière criminelle, l'application des règles établies pour Mayotte et ses dépendances par les articles 7, 10, 16 de l'ordonnance du 26 août 1847 et 10 du décret du 30 janvier 1852, et que, d'après ces textes, les affaires criminelles autres que celles concernant exclusivement des indigènes ressortissent exclusivement à la chambre des mises en accusation de la cour d'appel de la Réunion, qui ne peut renvoyer les accusés que devant l'une des cours d'assises du ressort ;

Et attendu que de tout ce qui précède il suit que la cour d'assises de Saint-Denis en déclarant la poursuite non recevable à l'égard de Magny et Mougel et en se disant incompétente à l'égard de Vial et de Mohamed Allawey a non seulement fait une fausse application de l'article 5 du Code d'instruction criminelle, mais encore violé les traités précités ainsi que l'ordonnance du 26 août 1847 et le décret du 30 janvier 1852 ;

Pour ces motifs, et sans qu'il soit nécessaire de statuer sur les autres moyens du pourvoi,

Casse et annule, etc.

Les fonctions de juge de paix furent d'abord confiées à un officier du grade de capitaine ou de lieutenant désigné par le gouverneur; celles du ministère public et de greffier étaient attribuées dans les mêmes conditions à des officiers et agents en service dans la colonie.

Le développement rapide de Diégo-Suarez et l'accroissement du nombre et de l'importance des affaires judiciaires ne tardèrent pas à exiger l'envoi d'un magistrat de carrière et d'un greffier expérimenté.

Les crédits nécessaires furent inscrits dans la loi de finances pour 1891 et un décret du 31 janvier de cette année institua ces emplois. Ce décret attribua en même temps au greffier les fonctions d'huissier, de notaire et de commissaire-priseur.

Tribunaux français. — Le rattachement au gouvernement de Diégo-Suarez de notre colonie de Nossi-Bé créa peu de temps après une anomalie que ne justifiaient ni une différence d'importance dans les intérêts français, ni aucune considération d'influence sur la population indigène. Un tribunal de première instance et le chef du service judiciaire se trouvaient dans la dépendance, à Nossi-Bé, alors qu'une simple justice de paix siégeait au chef-lieu de la colonie. L'interversion de ces deux juridictions était indiquée par la logique même. Elle fut opérée par le décret du 28 mars 1894, qui vient de réorganiser l'administration de la justice à Diégo-Suarez et dans ses dépendances.

Le décret du 28 mars 1894 porte que :...
Art. 2. — Il est institué à Diégo-Suarez un tribunal de première instance composé :
1° D'un juge-président nommé par décret du Président de la République, rendu sur la proposition du ministre des colonies et du garde des sceaux, ministre de la justice;
2° D'un greffier nommé dans les mêmes conditions;
3° D'un officier du ministère public, dont les fonctions sont remplies par un officier, fonctionnaire ou agent en service dans la colonie, désigné par le gouverneur...
Art. 4. — Le juge-président du tribunal de première instance de

Diégo-Suarez a les attributions de chef du service judiciaire de la colonie de Diégo-Suarez et dépendances.

Les fonctions de notaire et de commissaire-priseur sont remplies par le greffier; celles d'huissier sont dévolues, à Diégo-Suarez, par le gouverneur à des fonctionnaires ou agents en service dans la colonie; le greffier peut en être chargé...

Art. 7. — Le tribunal de première instance de Diégo-Suarez connaît :

a) En matière civile et commerciale :

1° En premier et dernier ressort, de toutes actions personnelles et mobilières jusqu'à la valeur de 3,000 fr. en principal, et des actions immobilières jusqu'à 150 fr. de revenu, déterminé soit en rente, soit par prix de bail;

2° En premier ressort seulement et à charge d'appel devant la cour d'appel de la Réunion, de toutes les autres affaires.

Art. 8. — b) En matière criminelle :

1° En premier et en dernier ressort, de toutes les contraventions déférées aux juges de simple police par la législation en vigueur à l'île de la Réunion et des délits lorsque la peine consistera seulement en une amende, ou, s'il y a condamnation à l'emprisonnement, lorsque le temps pour lequel le tribunal aura prononcé cette peine n'excédera pas deux mois ;

2° En premier ressort seulement et à charge d'appel devant la cour d'appel de la Réunion, des délits à l'occasion desquels aura été prononcée une peine supérieure à celle que prévoit le paragraphe précédent.

Art. 9. — Les jugements en dernier ressort, rendus en toutes matières, peuvent être attaqués par la voie de l'annulation devant la cour d'appel de la Réunion, dans les formes et dans les conditions déterminées par la législation en vigueur dans cette colonie.

Lorsque la cour annulera un jugement rendu par le tribunal, elle prononcera le renvoi de l'affaire devant le même tribunal, qui devra se conformer à sa décision sur le point de droit jugé par elle.

Art. 10. — Le tribunal de première instance de Diégo-Suarez se conforme en matière civile, commerciale et correctionnelle à la procédure suivie devant les justices de paix et les tribunaux de simple police de la Réunion.

Le juge-président de Diégo-Suarez remplit les fonctions de juge d'instruction et celles d'officier de police judiciaire.

Le juge-président du tribunal de Diégo-Suarez a les attributions conciliatoires des juges de paix.

Il surveille spécialement l'administration des successions vacantes.

Art. 11. — Le jugement des crimes commis à Diégo-Suarez, à Nossi-Bé et à Sainte-Marie-de-Madagascar est déféré à un tribunal criminel spécial, siégeant au chef-lieu et composé d'un conseiller à la cour d'appel de la Réunion, désigné par le président de cette compagnie, sur la demande du gouverneur de Diégo-Suarez, président; du juge-président de Diégo-Suarez ou du juge de paix à compétence étendue de Nossi-Bé et d'un fonctionnaire désigné par le gouverneur. Il leur est adjoint deux assesseurs, désignés par la voie du sort sur une liste de douze fonctionnaires ou notables de nationalité française, dressée chaque année dans la seconde quinzaine de décembre par le secrétaire général et approuvée par le gouverneur.

Art. 12. — Les assesseurs ont voix délibérative sur la question de culpabilité seulement.

La condamnation et les circonstances atténuantes sont prononcées à la majorité de trois voix contre deux.

Art. 13. — L'arrêt de renvoi devant le tribunal criminel de Diégo-Suarez est rendu par la cour d'appel de la Réunion.

Art. 14. — Les formes de la procédure, ainsi que celles de l'opposition devant le tribunal criminel, sont, à moins d'impossibilité constatée, celles qui sont suivies en matière correctionnelle à la Réunion.

Toutefois, le président du tribunal criminel remplit les fonctions qui sont attribuées aux présidents des cours d'assises par les articles 268, 269 et 270 du Code d'instruction criminelle.

Les fonctions du ministère public et de greffier sont exercées par les titulaires de ces emplois, prévus à l'article 2 du présent décret.

Le tribunal criminel est saisi par le ministère public.

Art. 15. — Il y a trois sessions par an, dans les mois de février, juin et octobre.

Dans le cas où la chambre des mises en accusation n'aurait renvoyé aucune affaire devant le tribunal criminel, ce fait est constaté par un procès-verbal de son président, qui est adressé au juge-président de Diégo-Suarez.

Celui-ci ouvre la session du tribunal criminel, qui est complété par un fonctionnaire désigné par le gouverneur. En séance publique, il fait donner lecture par le greffier dudit procès-verbal et prononce immédiatement après la clôture de la session.

Art. 16. — Les décisions du tribunal criminel ne sont pas sujettes à appel. Elles sont susceptibles de recours en cassation.

Art. 17. — En cas de cassation d'un arrêt du tribunal criminel, l'affaire peut être renvoyée devant la même juridiction composée d'autres juges.

Les assesseurs qui ont pris part une première fois au jugement d'une affaire ne peuvent en connaître à nouveau après cassation ; leurs noms doivent être extraits de l'urne avant le tirage au sort.

Art. 18. — Les crimes et délits ayant un caractère politique ou qui seraient de nature à compromettre l'action de l'autorité française sont jugés par le tribunal criminel sans le concours des assesseurs.

Cette disposition est applicable à toute la colonie de Diégo-Suarez et dépendances.

Elle a pour effet de remplacer et d'abroger celles d'un décret du 24 août 1888, qui rendaient justiciables des conseils de guerre les individus inculpés de crimes ou délits militaires ou de nature à compromettre la sécurité de la colonie.

En toute matière le chef du service judiciaire peut autoriser la mise en liberté provisoire avec ou sans caution.

Kabar et conseil d'appel indigènes. — A côté des juridictions françaises instituées par le décret précité du 28 mars 1894, un autre acte de même nature et de même date y a organisé la justice indigène, en tenant compte des mœurs locales et des dispositions analogues déjà adoptées pour le Sénégal et pour Mayotte.

Le rapport adressé au Président de la République pour présenter ce décret à sa signature expose clairement ces raisons :

« Depuis le traité passé en 1885 entre le gouvernement de la République et S. M. la reine de Madagascar, notre colonie de Diégo-Suarez a acquis une prospérité toujours grandissante, grâce surtout aux immigrations volontaires des indigènes des pays environnants et des îles circonvoisines.

« Ces immigrants se sont livrés à l'exploitation agricole ou au négoce, ont apporté quelques-unes de leurs industries spéciales, ou se sont mis au service du gouvernement et des entrepreneurs européens. D'après leurs origines, ils se sont constitués en villages où ils se régissent selon leurs coutumes propres.

« Chercher à leur imposer dès maintenant nos lois civiles et criminelles dans leurs rapports avec leurs congénères, serait provoquer un exode dont les conséquences seraient quelque peu fatales à notre influence et à notre mission civilisatrice dans l'Océan Indien.

« Il me paraît donc indispensable de créer à Diégo-Suarez un tribunal indigène, comme il en existe pour les musulmans en Algérie et au Sénégal. Son devoir sera de régler les différends entre autochtones, en tenant compte de leurs mœurs et coutumes principales, tout en cherchant à les rapprocher des usages français. Des assesseurs, choisis parmi les chefs de village, indiqueront au juge chargé de régler les contestations ou de prononcer les peines les solutions d'après la loi indigène et apprendront de lui les dispositions de la loi française.

« Il y a lieu d'espérer que l'application de ce système encouragera encore le mouvement d'immigration qui a fait la fortune de notre établissement de Diégo-Suarez, où les étrangers viendront se fixer d'autant plus volontiers qu'ils sauront qu'on y respecte leurs croyances et leurs usages, ainsi que leurs principales coutumes relatives à l'organisation de la famille et de la propriété.

« Ces étrangers appartenant à des peuples d'origines différentes n'ayant pas tous les mêmes habitudes, une fusion doit s'opérer assez rapidement entre eux et il n'est pas téméraire de déclarer qu'une pareille situation est essentiellement favorable à l'extension de notre influence morale et à l'adoption par la plupart des immigrants, et dans un avenir relativement peu éloigné, de nos us et de nos lois.

« Il importe à l'heure actuelle de ne pas éloigner ces peuples qui viennent à nous en essayant de brusquer leur assimilation, que le temps et une administration sage et prévoyante peuvent amener naturellement par la suite, etc. »

Les principales dispositions du décret sont les suivantes :

Article premier. — Il est institué à Diégo-Suarez un tribunal indigène sous le nom de « kabar » composé :

1° Du juge-président du tribunal de première instance, président ;

2° De quatre assesseurs appelés à tour de rôle sur une liste dressée chaque année par le gouverneur et comprenant vingt-quatre notables indigènes des différentes nations, tribus ou castes de Madagascar et des îles Comores, résidant à Diégo-Suarez.

La liste des assesseurs est divisée en trois séries, suivant la nationalité et les principales coutumes de ces indigènes ;

3° D'un greffier nommé par le gouverneur ;

4° D'un officier du ministère public, dont les fonctions sont remplies par un agent des affaires indigènes, désigné par le gouverneur.

Art. 2. — Les jugements du kabar sont rendus par le juge-président, après avoir consulté les assesseurs en chambre du conseil et leur avoir préalablement fait connaître les dispositions civiles et pénales de la loi française dont il pourrait être fait application dans l'espèce et cherché avec eux dans quelles mesures elles pourraient se concilier avec la coutume locale. Le jugement est rendu en audience publique.

Art. 3. — Lorsque les parties relèvent de la même coutume, les quatre assesseurs doivent appartenir à cette coutume ; lorsque les parties relèvent de coutumes différentes, les assesseurs doivent être recrutés dans les séries du collège des assesseurs de façon à représenter ces diverses coutumes, autant que possible par parties égales.

Art. 4. — Le kabar connaît en premier ressort des affaires entre indigènes, relatives aux questions qui intéressent l'état civil, la constitution de la famille indigène ou musulmane, les successions, partages, donations et testaments des indigènes de l'île de Madagascar et îles circonvoisines, des résidents comoriens, anjouanais et indiens non francisés, établis dans la colonie de Diégo-Suarez, qui n'auront pas été réglées à l'amiable par l'agent des affaires indigènes du district.

Il connaît également des contraventions et délits spéciaux à l'état pastoral des indigènes, et en général de toutes les affaires dont la solution d'après la loi française violerait la constitution sociale des indigènes.

Art. 5. — Les causes sont instruites et jugées d'après le droit et les coutumes et suivant les formes de procéder en usage chez les indigènes. Le tribunal connaît de l'exécution de ses jugements.

Art. 6. — Toute affaire où l'une des parties est justiciable des lois françaises est renvoyée devant le tribunal français, qui statue selon les règles de compétence et les formes de la loi française.

Il en est de même lorsque les parties en cause sont d'accord pour soumettre leur différend au tribunal français. Le consentement des parties résulte de leur comparution volontaire devant ce tribunal.

Art. 7. — En matière criminelle, sont réservés à la justice indigène :

1° Les crimes ou délits non prévus par le Code pénal et résultant soit de la constitution spéciale de la famille indigène, soit des règles spéciales qui président à l'acquisition, à l'usage, à la conservation et à la transmission de la propriété chez les indigènes ;

2° Les faits réputés crimes ou délits par le même Code, dont la répression dans les formes de la loi française constituerait une violation des règles spéciales constitutives de la famille et de la propriété indigènes.

Une décision rendue par le gouverneur, sur la proposition du chef du service judiciaire, prononce le renvoi devant la justice indigène.

Les crimes et délits commis par des indigènes au préjudice d'Européens ou assimilés sont jugés par les tribunaux français selon la loi française.

Art. 8. — Le tribunal indigène est saisi par le ministère public. Ses audiences sont publiques; toutefois, le juge peut, sur la réquisition du ministère public, et suivant les circonstances, prononcer le huis clos.

Art. 9. — L'instruction des affaires se fait oralement à l'audience; les parties présentent elles-mêmes leurs observations ou peuvent se faire assister par une tierce personne, agréée par le kabar.

En matière criminelle, un défenseur doit toujours assister l'accusé; s'il n'a pas été choisi par lui, le président en désigne un d'office.

Art. 10. — Les jugements rendus par défaut par le kabar peuvent être frappés d'opposition devant le même tribunal.

Art. 11. — Les jugements contradictoires ou par défaut rendus par le kabar, qui, dans la huitaine de la date de leur signification n'ont été l'objet ni d'opposition, ni d'appel au bureau du greffier dudit tribunal seront définitifs et exécutoires.

Art. 12. — Les appels des jugements rendus par le kabar sont soumis au gouverneur ou au secrétaire général spécialement délégué par lui, assisté de l'agent ou des agents des affaires indigènes du domicile des parties et du collège des notables.

L'officier du ministère public et le greffier du kabar remplissent les mêmes fonctions devant le tribunal supérieur indigène.

Art. 13. — Les dispositions relatives à la procédure, à la délibération et au prononcé des jugements devant le kabar sont applicables devant le tribunal supérieur.

Art. 14. — Des arrêtés du gouverneur, rendus sur la proposition du chef du service judiciaire et du secrétaire général déterminent les conditions d'application du présent décret, les formes des citations et significations aux indigènes, les modes de transcription, de conservation et d'exécution des jugements des tribunaux indigènes, ainsi que les droits de greffe et d'enregistrement.

Ces arrêtés, provisoirement exécutoires, sont soumis à l'approbation du ministre des colonies.

Art. 15. — Les indemnités et dépenses de la justice indigène à Diégo-Suarez sont à la charge du service intérieur de cette colonie.

Quelques critiques ont été élevées dans la presse dès la promulgation de ce décret au *Journal officiel*. Leurs auteurs ne paraissent pas avoir saisi toute la portée de ses dispositions.

Pour la comprendre, il faut, en effet, tenir compte de ce qu'à Madagascar le pouvoir de rendre la justice est considéré comme une attribution royale; les contestations sont déférées à des assemblées de chefs, dont les décisions peuvent être attaquées par voie d'appel devant le tribunal suprême de la Reine, assistée de tous les principaux notables qui l'entourent et qui doivent l'éclairer de leurs avis.

Notre justice offre certainement autant de garanties aux justiciables, mais elle n'a pas un appareil aussi solennel; elle frappe moins l'esprit des indigènes, qui ne s'y soumettent qu'avec peine. Ne saisissant qu'imparfaitement les avantages du principe de la séparation des pouvoirs, ils sont portés à ne considérer comme juges que ceux qu'ils choisissent pour diriger leurs associations ou leurs villages et le gouverneur, chef suprême, à leurs yeux, de la colonie.

D'autre part, leurs coutumes diffèrent absolument, sur un grand nombre de points, de nos usages et de l'esprit dans lequel ont été écrites nos lois civiles et criminelles; c'est ainsi que pour les peuples pasteurs de Madagascar la fortune étant uniquement constituée par des troupeaux, des règles spéciales sont édictées pour la solution des contestations qui y sont relatives; les délits qui y portent atteinte sont punis avec la dernière rigueur: la peine de mort est prononcée pour le vol d'un bœuf. Il serait facile de citer également de nombreux exemples des dissemblances de notre droit civil et des coutumes indigènes au sujet de la constitution de la famille, de la propriété et de l'état civil; il en est de très curieux comme celui de l'enfant qui, né d'une femme, peut être réputé issu d'une autre d'après les usages locaux.

Ces différences entre la loi française et les coutumes locales, ainsi que les formes de notre justice éloignent les indigènes de nos tribunaux plus qu'elles ne les y attirent. Abandonner, dans ces conditions et en l'absence de toute loi écrite, la connaissance des affaires indigènes aux chefs de village, eût été créer un obstacle à notre œuvre de colonisation, en même temps que faciliter la perpétuation de pratiques réprouvées par notre civilisation. Il est bien plus utile à notre influence et plus conforme à notre rôle initiateur de profiter des variétés de races et de coutumes des peuplades habitant Diégo-Suarez pour leur imposer notre juge, en l'entourant d'un appareil judiciaire conforme à leurs habitudes. Le tribunal du Kabar, tel qu'il est institué, doit assurer une prompte répartition de la justice parmi les Malgaches, atténuer les rigueurs de leur législation, leur donner la confiance dont ils ont besoin pour s'établir définitivement dans notre colonie de Diégo-Suarez, enfin les amener progressivement à reconnaître la supériorité de nos institutions et à les adopter.

Les deux degrés de juridiction étant chez la plupart d'entre eux l'application d'un principe commun à leur droit et au nôtre, il n'eut pas été de bonne politique de les en priver ; aussi, le Gouvernement a-t-il cru devoir instituer un tribunal supérieur indigène pour connaître des appels contre les jugements du Kabar. En même temps qu'elle est une garantie pour les justiciables, cette juridiction a pour effet de mettre fréquemment en relations les principaux chefs indigènes et le gouverneur, représentant le pouvoir central. Celui-ci pourra réformer, s'il s'en trouve, des décisions du Kabar qui présenteraient un danger politique pour notre administration, ou faire comprendre aux principaux notables, qui forment l'opinion parmi les indigènes, les raisons supérieures qui ont porté le tribunal à juger dans un sens plutôt que dans un autre et à se rapporter, pour la solution d'une affaire, à la loi française largement interpétée plutôt qu'à la coutume locale rigoureusement appliquée.

La juridiction d'appel n'est donc pas seulement une institution judiciaire conforme à notre droit et, par sa composition, aux usages de Madagascar, elle doit être aussi un instrument précieux pour accroître notre influence pacifique dans le pays et pour former à notre civilisation les peuples qui l'habitent.

Nossi-Bé. — Avant la création d'un tribunal de première instance à Nossi-Bé par le décret du 29 février 1860, le commandant particulier remplissait les fonctions attribuées au juge du tribunal de Mayotte par le décret du 30 janvier 1852, mais les sentences rendues par lui en matière civile et commerciale pouvaient être frappées d'appel devant la cour de la Réunion lorsque la valeur de la demande excédait 500 fr. Les fonctions du ministère public devant la juridiction du commandant supérieur étaient remplies par le commis d'administration. Les actes d'instruction en matière criminelle étaient réservés au juge de Mayotte.

Le décret du 29 février 1860 modifia cette organisation en créant à Nossi-Bé un service judiciaire distinct de celui de l'île voisine et absolument semblable à ce dernier. (Voir l'organisation judiciaire de Mayotte, p. 308.)

Comme conséquence du rattachement de la colonie de Nossi-Bé au gouvernement de Diégo-Suarez, il devint nécessaire d'instituer dans ce centre un tribunal de première instance ; aussi, pour ne pas augmenter les charges du budget, se borna-t-on à transférer la justice de paix de Diégo-Suarez à Nossi-Bé et, inversement, le tribunal d'Hellville au chef-lieu de la colonie.

Cette réforme a été réalisée par le décret du 28 mars 1894, concernant l'organisation de la justice à Diégo-Suarez et à Nossi-Bé.

Ce décret, après avoir supprimé le tribunal de première instance de cette île, porte en effet que :

Art. 3. — Il est institué à Nossi-Bé un tribunal de paix à compétence étendue, composé :

1° D'un juge de paix nommé par décret du Président de la République, rendu sur la proposition du ministre des colonies ;

2° D'un greffier nommé par arrêté du ministre des colonies ;

3° D'un officier du ministère public, dont les fonctions sont remplies par un officier, fonctionnaire ou agent en service dans la colonie, désigné par l'administrateur, sauf ratification par le gouverneur dans le délai de trois mois.

Toutes les dispositions des articles 7, 8, 9 et 10 du décret du 28 mars 1894 relatives à la compétence du tribunal de Diégo-Suarez sont communes à la justice de paix de Nossi-Bé (Voir p. 313).

Les fonctions de notaire et de commissaire-priseur sont dévolues au greffier, celles d'huissier à un fonctionnaire désigné par l'administrateur.

Le juge de paix possède, outre ses attributions ordinaires, celles des présidents des tribunaux de première instance, comme le juge de paix de Diégo-Suarez qui, de plus, est chef du service judiciaire.

Pour le jugement des crimes qui y sont commis, l'île de Nossi-Bé relève du tribunal criminel spécial institué à Diégo-Suarez par les articles 11 et suivants du décret de 1894 (Voir p. 314).

Sainte-Marie de Madagascar. — Les derniers articles du décret du 30 janvier 1852 avaient organisé la justice à Sainte-Marie de Madagascar dans les mêmes conditions qu'à Nossi-Bé, en attribuant les fonctions judiciaires au commandant particulier, sauf pour le cas de crime, dans lequel l'instruction était confiée à un magistrat délégué par le procureur général près la cour d'appel de la Réunion.

Un décret du 20 octobre 1887, que n'a pas abrogé celui du 28 mars 1894, a institué à Sainte-Marie de Madagascar un tribunal de paix à compétence étendue.

Les fonctions de juge de paix sont remplies par le résident, celles du ministère public par le commissaire de police et celles de greffier par un fonctionnaire choisi par le résident. Le greffier est en même temps notaire, huissier et commissaire-priseur.

Le tribunal de paix de Sainte-Marie de Madagascar connaît :

a) En matière civile et commerciale : 1° en premier et dernier ressort jusqu'à 250 fr. de principal ou 50 fr. de revenu ; 2° en premier ressort seulement des autres affaires, à charge d'appel devant la cour de la Réunion.

b) En matière correctionnelle : 1° en premier et dernier ressort des contraventions et des délits, lorsque la peine est inférieure à 50 fr. d'amende ou à six jours de prison ; 2° des délits pour lesquels une peine plus grave est prononcée par le juge. — Le tribunal est saisi par le ministère public ou directement à la requête de la partie civile.

Les jugements en dernier ressort du juge de paix de Sainte-Marie peuvent être attaqués par la voie de l'annulation devant la cour d'appel de la Réunion ; en cas d'annulation l'affaire est renvoyée devant le même juge, qui est tenu de se conformer pour le point de droit à la doctrine adoptée par la cour.

Antérieurement au décret du 28 mars 1894, concernant l'organisation judiciaire de Diégo-Suarez et dépendances, les crimes commis à Sainte-Marie étaient déférés à la cour d'assises de Saint-Denis (Réunion). Depuis ce décret, ils ressortissent au tribunal criminel spécial de Diégo-Suarez ; les instructions sont dirigées par le résident faisant fonctions de juge de paix à compétence étendue.

Obock. — La justice française n'a été organisée à Obock que par un décret du 2 septembre 1887, qui y a créé une justice de paix à compétence étendue et un conseil d'appel. Ce décret a été légèrement modifié par un autre décret du 22 juin 1889.

Aux termes de ces deux règlements :

Les fonctions de juge de paix sont remplies par l'officier du commissariat chargé du service administratif, ou, à son défaut, par un officier ou fonctionnaire désigné par le gouverneur, celles du ministère public, de greffier-notaire et d'huissier par des officiers, agents ou fonctionnaires désignés par le gouverneur.

Le tribunal de paix connaît : 1° de toutes les affaires attribuées aux juges de paix en France, de toutes les actions personnelles ou mobilières dont la valeur n'excède pas 1,500 fr. et des demandes immobilières jusqu'à 100 fr. de revenu, et, à charge d'appel, de toutes les autres affaires ; 2° en matière de simple police et de police correctionnelle, en premier ressort, de toutes les contraventions déférées par les lois et règlements aux tribunaux de simple police et des délits commis par les Européens.

La procédure suivie est autant que possible celle déterminée pour les tribunaux de paix et de police en France.

Indépendamment des fonctions départies aux juges de paix, celui d'Obock a les attributions dévolues aux présidents des tribunaux de première instance. Il surveille spécialement l'administration des successions vacantes.

L'appel des jugements rendus en premier ressort par le tribunal de paix d'Obock est porté devant un conseil d'appel composé du gouverneur et de deux assesseurs.

Le conseil d'appel, constitué en tribunal criminel spécial, connaît des crimes commis sur le territoire d'Obock et dépendances.

Les fonctions du ministère public et de greffier sont exercées par les titulaires de ces emplois; le juge de paix d'Obock remplit les fonctions de magistrat instructeur et le tribunal criminel spécial est saisi par le ministère public.

Les formes de la procédure ainsi que celles de l'opposition devant le tribunal criminel spécial, sont celles qui sont suivies en matière correctionnelle.

Les décisions du tribunal criminel spécial ne sont pas sujettes à appel. Elles sont susceptibles du recours en cassation, dans l'intérêt de la loi et conformément aux articles 441 et 442 du Code d'instruction criminelle.

En toute matière, les tribunaux d'Obock se conforment à la législation française.

Les décrets de 1887 et de 1889 ont laissé subsister les coutumes et institutions judiciaires locales, tant pour le jugement des affaires civiles entre indigènes que pour la poursuite des contraventions et délits commis par ceux-ci.

Protectorat de la côte des Somalis. — Un projet de service judiciaire autonome de la côte des Somalis est actuellement à l'étude.

Cette organisation doit comprendre une justice de paix à compétence étendue et un conseil d'appel qui se constituera en tribunal criminel spécial pour le jugement des crimes commis sur le territoire du protectorat. Ces trois juridictions ne connaîtront que des affaires intéressant les Français Européens et assimilés. (*Voir l'appendice n° 1. Tome II.*)

Établissements français dans l'Inde. — La justice fut rendue aux Européens dès 1671, dans l'Inde française, par un conseil supérieur de justice siégeant à Surate, puis à Pondichéry, et par des conseils subalternes; les Malabars et les

Indiens étaient jugés par le tribunal de la Chaudrie. Ce n'est qu'en 1827, par les ordonnances de décembre, que cette organisation, très primitive, fut modifiée et remplacée par un système judiciaire mieux approprié à nos règles de procédure.

L'ordonnance du 23 décembre créa à Pondichéry :

1° Un tribunal de paix et de police, composé d'un juge de paix lieutenant de police, d'un suppléant et d'un greffier ; les fonctions du ministère public étaient remplies par l'inspecteur de police ;

2° Un tribunal de première instance, composé d'un juge royal, de deux juges auditeurs, un procureur et deux greffiers, l'un Européen, l'autre Indien ;

3° Une cour d'appel, composée de magistrats et de notables.

L'ordonnance précitée maintenait en outre des tribunaux de première instance déjà établis à Karikal et à Chandernagor, ainsi qu'une justice de paix dans cette dernière dépendance.

Par contre, le tribunal de la Chaudrie était supprimé, et les affaires de sa compétence dévolues aux juridictions françaises.

Le tribunal de première instance de Pondichéry connaissait en dernier ressort des appels des jugements de la justice de paix ainsi que des actions civiles, soit personnelles, soit mobilières ou commerciales inférieures à 480 fr. (200 roupies), et en premier ressort des actions de même nature relatives à des intérêts supérieurs et des actions réelles ou mixtes.

Une chambre de consultation était appelée à donner son avis sur toutes les questions de droit indien qui lui étaient envoyées par les tribunaux.

La cour royale connaissait de l'appel des jugements rendus en matière civile par tous les tribunaux de première instance, et de l'appel des jugements rendus en matière criminelle et correctionnelle par les tribunaux des dépendances. Les affaires correctionnelles et criminelles poursuivies dans la ville de Pondichéry ou dans les districts qui en dépendent étaient jugées directement par la cour royale en premier et dernier ressort.

L'ordonnance du 23 décembre 1827 complétait l'organisation judiciaire de l'Inde, en appliquant à cette colonie la plupart des dispositions de l'ordonnance du 30 septembre de la même année, concernant l'administration de la justice à la Réunion.

Quatorze ans plus tard on reconnut la nécessité de compléter l'organisation judiciaire de l'Inde française ; l'ordonnance du 7 février 1842, toujours en vigueur dans la plupart de ses articles, réalisa cette réforme. Le rapport au roi, qui la précédait, l'analysait en disant :

« L'ordonnance de 1827 ne devait servir que de transition à une organisation complète qui n'a pu avoir lieu ; et, pendant cette période de plus de quatorze années, des changements partiels ont été successivement introduits dans plusieurs de ses dispositions ; presque tous l'ont été par des actes locaux en vertu de l'espèce de latitude que laissait aux gouverneurs l'absence d'un acte organique, qui fixât l'étendue et les limites de leurs pouvoirs en pareille matière. — L'ordonnance sur le gouvernement de l'Inde, qui a été rendue par Votre Majesté le 23 juillet 1840, ayant comblé cette dernière lacune, il était non moins nécessaire que la promesse d'une ordonnance complète touchant l'organisation judiciaire fût réalisée sans plus de retard. Aussi dès l'année 1839, j'instituais près de mon département une commission spéciale, composée en majeure partie de magistrats métropolitains et coloniaux, avec mission de préparer cette ordonnance. Le projet ci-joint offre le résultat des délibérations de la commission dont il s'agit ; elle s'est attachée à s'y rapprocher en tout ce qui n'était pas contraire aux mœurs et aux spécialités locales des bases posées quant à nos principales colonies par les ordonnances organiques de 1827 et 1828, à l'autorité desquelles le temps et l'expérience ont donné une sanction imposante.

« Voici le résumé analytique des principales dispositions de ce projet d'ordonnance : maintien à Pondichéry, Karikal et Chandernagor de tribunaux de paix et de police tels qu'ils sont déjà constitués ; cette institution est déjà ancienne dans le pays et ses avantages n'y sont pas mis en doute ; maintien à Pondichéry : d'un tribunal de première instance composé d'un juge royal, jugeant seul en matière civile et (nouvelle attribution) en matière correctionnelle, avec adjonction d'un lieutenant de juge et d'un juge suppléant, qui remplacent les deux juges auditeurs de l'organisation actuelle ; d'une cour royale, composée d'un président, de quatre conseillers et de deux conseillers auditeurs ; cette cour juge sur appel les matières civiles et correctionnelles ; elle juge avec assistance de notables les matières criminelles, savoir : en premier et dernier ressort quant au territoire de Pondichéry et sur appel seulement quant aux affaires provenant des établissements secondaires ; droit d'annulation accordé à la cour royale en certains cas et dans certaines limites ; établissement de juges royaux à Chandernagor et à Karikal, création au moyen de laquelle les administrateurs de ces deux localités cesseront de participer à l'administration de la justice ; les juges royaux jugent seuls en matière civile et correctionnelle ; ils sont assistés de deux fonctionnaires et, à défaut de ceux-ci, de deux notables en matière de grand criminel ; quant à Yanaon et à Mahé, dont le personnel administratif se compose uniquement du chef de comptoir et d'un commis de marine, concentration des pouvoirs judiciaires entre les mains du chef du comptoir avec adjonction de notables en matière criminelle ; maintien dans toute la colonie de la faculté de se pourvoir en cassation en matière civile...

« Enfin un chapitre entier est consacré aux officiers ministériels appelés *conseils* ; etc. »

Sauf en matière criminelle, l'organisation créée par l'ordonnance du 7 février 1842 a survécu à la refonte presque complète des services de la justice aux colonies, opérée après la révolution de 1848 ; elle existe encore aujourd'hui, légèrement modifiée par quelques décrets postérieurs.

Justices de paix. — L'ordonnance de 1842 n'avait créé de justices de paix ordinaires qu'à Pondichéry, Chandernagor et Karikal. A Mahé et à Yanaon, la justice était rendue au civil, au commercial et à tous les degrés du criminel par les commandants de chacun de ces établissements, en présence du chef des détails administratifs remplissant les fonctions de ministère public. Au grand criminel, le commandant s'adjoignait deux assesseurs.

Ce système judiciaire fut l'objet de nombreuses critiques ; il violait le principe de la séparation des pouvoirs et confiait à un fonctionnaire de l'ordre administratif, n'ayant généralement pas de connaissances juridiques très approfondies, la solution de tous les intérêts civils et commerciaux. Pour remédier à cette situation, un décret du 1er mars 1879 institua à Mahé et à Yanaon des tribunaux de paix à compétence étendue.

D'autre part, la nécessité d'augmenter les emplois judiciaires de Pondichéry, sans accroître les dépenses, amena le Gouvernement à substituer, par décret du 28 juillet 1887, une justice de paix à compétence étendue à Chandernagor au lieu et place des tribunaux de 1re instance et de paix ordinaire.

Les tribunaux de paix de l'Inde sont composés de la façon suivante :

Pondichéry. — 1 juge de paix, 1 suppléant, 1 greffier, 1 commis-greffier.

Karikal. — 1 juge de paix, 1 greffier, 1 commis-greffier.

Mahé, Yanaon et Chandernagor. — 1 juge de paix et 1 greffier, qui dans les deux premiers de ces trois établissements remplit les fonctions de notaire.

Un décret du 11 janvier 1881 a prévu la nomination de juges de paix suppléants non rétribués.

La compétence des justices de paix ordinaires de l'Inde est, depuis le décret du 2 juillet 1862, celle qui est admise en France pour les mêmes tribunaux par les lois du 25 mai 1838 et du 2 mai 1855.

Les tribunaux de première instance prononcent sur l'appel des jugements rendus en premier ressort par les justices de paix en matière civile et commerciale. Le recours en annulation est ouvert contre les jugements en dernier ressort.

Les fonctions du ministère public sont remplies à Pondichéry par le commissaire de police; elles peuvent ne pas être occupées à Karikal.

Un décret du 15 octobre 1879 obligeait le juge de paix de Pondichéry à tenir tous les quinze jours, tant en matière civile que de simple police, des audiences civiles à Villenour et à Bahour. Un second décret du 30 juillet 1887 dispense ce magistrat de cette obligation, les habitants de ces deux localités ayant de grandes facilités pour se rendre aujourd'hui au chef-lieu.

A Yanaon et à Mahé, les fonctions du ministère public étaient avant le décret du 31 mai 1890 remplies par le chef des détails administratifs; aujourd'hui elles le sont, comme à Chandernagor, par le commissaire de police.

Les juges de paix connaissent :

En premier et dernier ressort, de toutes les affaires attribuées aux tribunaux de paix et de police par la législation de l'Inde; de toutes les affaires civiles et commerciales dont la connaissance en dernier ressort est attribuée aux tribunaux de première instance de l'Inde;

En premier ressort seulement, de toutes les autres affaires civiles ou commerciales et des affaires correctionnelles.

Le tribunal se conforme à la procédure déterminée pour les justices de paix.

Tribunaux de 1re instance. — Il n'existe plus de tribunaux de

1ʳᵉ instance, depuis le décret du 28 juillet 1887, qui a supprimé celui de Chandernagor, qu'à Pondichéry et à Karikal.

Celui de Pondichéry se compose actuellement d'un juge-président, un lieutenant de juge, un juge suppléant, un procureur de la République, un substitut, un greffier et un commis-greffier ; celui de Karikal a la même composition, moins le juge suppléant et le substitut.

Un second emploi de juge suppléant, créé à Pondichéry par décret du 1ᵉʳ février 1862, fut supprimé par un autre décret du 28 juillet 1887.

La compétence des tribunaux de 1ʳᵉ instance de l'Inde, telle qu'elle a été fixée par le décret du 31 mai 1893, modifiant l'ordonnance de 1842, est la suivante :

> Ils prononcent sur l'appel des jugements rendus en premier ressort par les justices de paix en matière civile et commerciale et connaissent en premier et dernier ressort des actions personnelles, mobilières et commerciales jusqu'à 1,500 fr. de principal et des actions immobilières jusqu'à 60 fr. de revenu, déterminé soit en rentes, soit par prix de bail. Ils connaissent également en dernier ressort de toute action relative à des immeubles autres que les maisons, bâtiments et jardins soumis à un impôt foncier de douze francs par an. Au-dessus de cette somme en premier ressort seulement. Quant aux immeubles non soumis à l'impôt, la valeur pourra en être déterminée par lettres.
>
> Comme tribunaux correctionnels ils connaissent en dernier ressort de l'appel des jugements des tribunaux de police et en premier ressort des matières correctionnelles, ainsi que des contraventions en matière de commerce étranger, de contributions indirectes et autres, qui entraînent une amende de plus de quinze francs.

Le juge-président rend seul la justice ; le lieutenant du juge a les attributions des juges d'instruction ; à Pondichéry, le juge suppléant assiste ces deux magistrats.

Cour d'appel. — La cour d'appel de l'Inde, dont le siège est à Pondichéry, fut primitivement composée d'un président, de quatre conseillers et de deux conseillers auditeurs ; près d'elle, il y avait un procureur général, un substitut du procureur général, un greffier en chef, un commis-greffier. Cette composition fut modifiée par l'ordonnance du 3 février 1846, qui supprima le substitut du procureur général, et le décret du 31 mai 1873, qui réduisit à trois le nombre des conseillers et ne maintint qu'un seul conseiller auditeur, qui pouvait assister le procureur général et, sur sa délégation, porter la parole à l'audience. Le deuxième poste de conseiller auditeur fut rétabli par décret du 18 février 1880 et supprimé à nouveau le 28 juillet 1887, en même temps qu'était réinstitué le poste de substitut du procureur général.

La cour d'appel comprend donc aujourd'hui : un président, trois conseillers, un conseiller auditeur, un procureur général, chef du service judiciaire, un substitut du procureur général, un greffier et un commis-greffier.

Elle statue sur les demandes en annulation des jugements en dernier ressort des tribunaux de paix, et sur l'appel des jugements rendus en premier ressort par les tribunaux civils et correctionnels ; de plus elle exerce son pouvoir disciplinaire à peu près comme les cours des Antilles et de la Réunion sur les membres de l'ordre judiciaire.

Trois magistrats sont nécessaires pour rendre arrêt ; le service de la chambre des mises en accusation ne dispense pas des services civil et correctionnel.

Comme auprès de toutes les cours d'appel, les fonctions du ministère public sont spécialement et personnellement confiées au procureur général. Le substitut n'y participe que sous sa direction ; il est tenu de lui communiquer les conclusions qu'il se propose de donner ; en cas de dissentiment le procureur général porte la parole.

Depuis le décret du 29 mars 1865 les amendes et frais de justice peuvent être convertis en journées de travail. Cette disposition, empruntée au décret du 16 août 1854 et abrogée pour les Antilles et la Réunion par la loi du 15 avril 1890, subsiste encore dans l'Inde.

Dispositions générales. — Un décret du 11 mai 1892 a fixé

ainsi le mode de remplacement provisoire des magistrats dans l'Inde :

Article premier. — Le gouverneur pourvoit par nominations provisoires aux vacances temporaires qui, pour quelque cause que ce soit, viennent à se produire dans le personnel judiciaire. Il peut dispenser les intérimaires ainsi nommés des conditions d'âge et de capacité exigées des titulaires.

Art. 2. — En cas d'empêchement momentané et en attendant qu'il y soit pourvu, s'il y a lieu, par une nomination provisoire du gouverneur, le service est assuré comme suit :

A la cour d'appel et dans le cas où le nombre des magistrats présents ne permettrait pas à la cour de se constituer à trois membres pour le jugement des affaires civiles et commerciales, correctionnelles ou d'annulation, le juge-président du tribunal de première instance de Pondichéry, ou, à son défaut, le lieutenant de juge et, au besoin, le juge suppléant pourront être appelés par le président pour composer la cour.

Dans les tribunaux de première instance, le juge-président est remplacé en toute matière par le lieutenant de juge et, à défaut, par le juge suppléant. Le lieutenant de juge est remplacé dans ses fonctions de juge d'instruction par le président, qui peut toutefois y déléguer à sa place le juge suppléant et, à défaut, le juge de paix.

Les juges de paix à compétence étendue, leurs greffiers et les officiers du ministère public chargés de l'instruction dans les dépendances sont remplacés par des fonctionnaires désignés par l'administrateur.

Les juges de paix à compétence ordinaire sont remplacés à Pondichéry par le suppléant ou, dans les dépendances, par un fonctionnaire nommé par l'administrateur.

Les greffiers le sont par un commis-greffier ou un greffier *ad hoc* désigné par le juge de paix et, à défaut, par l'administrateur.

Les fonctionnaires et autres personnes ainsi nommées par les administrateurs pour remplacer momentanément les juges de paix, les officiers du ministère public ou les greffiers empêchés, prêtent serment entre leurs mains. Procès-verbal de ce serment est immédiatement envoyé par eux au procureur général, qui requiert de la cour d'appel son enregistrement en son greffe.

Art. 3. — Le procureur général peut, même étant présent et en cas d'empêchement momentané de son substitut, déléguer à Pondichéry le procureur de la République ou son substitut pour remplir les fonctions du ministère public à la cour criminelle et aux audiences civiles et correctionnelles de la cour d'appel. Il peut également y déléguer le conseiller auditeur à la cour.

Art. 4. — Le juge suppléant près le tribunal de première instance de Pondichéry cesse d'assister aux audiences du tribunal.

Il peut être chargé par le juge-président du tribunal de première instance des enquêtes, des interrogatoires, des ordres, des contributions et de tous les actes d'instruction civile, ainsi que des fonctions de juge-commissaire ou de juge-rapporteur et de celles indiquées aux deux derniers paragraphes de l'article 25 de l'ordonnance du 7 février 1842.

Il peut, en outre, être chargé par le procureur de la République, et au besoin concurremment avec le substitut, des fonctions du ministère public.

Cours criminelles. — Sous la réglementation de l'ordonnance de 1842, la justice était rendue à Pondichéry par la cour d'appel, constituée en cour criminelle avec cinq magistrats et deux juges notables. Ceux-ci pouvaient être plus nombreux en cas d'absence des magistrats pour compléter le chiffre de sept juges.

La cour criminelle statuait sur toutes les affaires qui lui étaient renvoyées par la chambre des mises en accusation ou déférées par appel des tribunaux criminels des établissements secondaires. La culpabilité ne pouvait être prononcée qu'à la majorité de cinq voix; les circonstances aggravantes et atténuantes, ainsi que l'application de la peine, étaient obtenues à la simple majorité.

L'organisation et la composition de cette juridiction criminelle remontent aux premiers temps de la domination française dans l'Inde : l'édit de février 1701 l'avait créée avec cinq membres, trois conseillers du conseil souverain et deux notables; l'édit du 30 décembre 1772 ne la modifia pas, mais celui du 3 février 1776 porta le nombre des juges de cinq à sept; celui de 1784 le ramena à cinq, mais un arrêté du 24 février 1817 stipula que le nombre des juges nécessaires pour prononcer arrêt serait de sept; les notables n'étaient appelés qu'en cas d'insuffisance des magistrats. L'ordonnance du 23 décembre

1827 rétablit les deux notables. Cette organisation subsista jusqu'en 1842, sauf une interruption d'une année, du 5 mars 1833 au 20 juin 1834 ; pendant cette période, on fit l'essai, à Pondichéry, d'une cour d'assises semblable à celles des Antilles et de la Réunion.

Quant à l'organisation prévue par l'ordonnance de 1842, elle a fonctionné pendant quarante années.

Actuellement, la justice criminelle est rendue dans l'Inde conformément aux dispositions du titre II du livre II du Code d'instruction criminelle, modifié pour cette colonie et appliqué par le décret du 12 juin 1883. Ce décret a supprimé la chambre d'accusation, la chambre criminelle et les tribunaux criminels des établissements secondaires, prévus par l'ordonnance de 1842 et par le décret du 31 mai 1873. Deux assesseurs seulement étaient adjoints aux magistrats qui jugeaient au grand criminel, dans des conditions analogues à celles qui ont été exposées pour le Sénégal et la Guyane.

Grâce à un système ingénieux et pratique, malgré le petit nombre des magistrats de la cour d'appel, les habitants des établissements français de l'Inde bénéficient de deux degrés de juridiction en matière criminelle ; une chambre des mises en accusation statue, comme dans nos grandes colonies et en France, sur les instructions qui lui sont soumises.

Depuis le décret du 12 juin 1883, cette chambre, siégeant à Pondichéry, est présidée par un conseiller désigné semestriellement par le président de la cour d'appel, et composée du juge-président et du juge de paix de Pondichéry. En cas d'empêchement de ces magistrats, ils sont remplacés, le conseiller par un de ses collègues, le juge-président par un autre membre du tribunal de première instance, et le juge de paix par un de ses suppléants licencié en droit.

La chambre des mises en accusation se réunit au moins une fois par semaine soit sur la demande du procureur général, soit sans convocation. Elle prononce sinon immédiatement après le rapport du procureur général, au plus tard dans les trois jours qui suivent. Elle ordonne la mise en liberté du prévenu ou accusé ou son renvoi devant la juridiction compétente.

Dans chaque établissement siège trimestriellement une cour criminelle pour juger les individus renvoyés devant elle par la chambre d'accusation ; le gouverneur peut autoriser des sessions supplémentaires. — A Pondichéry, la cour criminelle est composée de trois membres de la cour d'appel et de quatre assesseurs ; dans les établissements secondaires, d'un conseiller à la cour, président, du juge de première instance ou du juge de paix à compétence étendue, d'un fonctionnaire désigné annuellement par le gouverneur et de quatre assesseurs. Les fonctions du ministère public sont remplies par le procureur général ou son substitut, qui peuvent être remplacés hors du chef-lieu par le procureur de la République, ou par le commissaire de police chargé du service du parquet. Le greffier de la cour d'appel ou un commis-greffier et les greffiers des tribunaux des dépendances tiennent la plume. — Les présidents d'assises sont désignés par le président de la cour d'appel. — Les assesseurs sont tirés au sort et choisis dans des conditions analogues à celles qui ont été fixées par les lois du 21 novembre 1872 pour le jury en France et du 27 juillet 1880, appliquant cette institution aux Antilles et à la Réunion.

Toutefois, il suffit pour pouvoir être assesseur d'avoir 25 ans accomplis, de jouir des droits politiques, civils et de famille et de ne se trouver dans aucun des cas d'incapacité ou d'incompatibilité prévus par les articles 382, 383, 384, 385 et 386 du Code d'instruction criminelle modifié pour l'Inde. — Les listes d'assesseurs établies par des commissions spéciales comprennent des Européens et des natifs, au nombre de 40 à Pondichéry (moitié Hindous et moitié Européens), de 12 à Karikal et à Chandernagor et de 8 à Mahé et à Yanaon. Une liste d'assesseurs supplémentaires comprenant le quart du nombre des titulaires est également dressée et ne comprend que des citoyens domiciliés au chef-lieu des assises. Les assesseurs qui doivent être appelés au service de la cour criminelle sont tirés publiquement au sort douze jours avant l'ouverture de celle-ci à Pondichéry par le président de la cour d'appel, dans les autres centres par le juge-président ou le juge de paix à compétence étendue. Les accusés peuvent exercer des récusations.

Pour les affaires dont les débats paraissent devoir se prolonger pendant plusieurs audiences, la cour peut s'adjoindre un magistrat et un assesseur supplémentaires.

Le jour d'ouverture des cours criminelles est fixé par le président de la cour d'appel ; elles ne sont closes qu'après épuisement du rôle. Une particularité spéciale aux établissements français de l'Inde a été prévue par le décret de 1883 pour le cas où la chambre des mises en accusation n'a renvoyé aucune affaire devant les cours criminelles de Chandernagor, Karikal, Mahé et Yanaon. Le conseiller-président constate le fait dans un procès-verbal qu'il adresse au juge de l'établissement. Celui-ci, remplaçant le président, en fait donner lecture par le greffier en séance publique, le jour fixé pour l'ouverture de la session, dont il prononce immédiatement après la clôture.

Les juges et assesseurs délibèrent en commun sur les questions de fait résultant de l'acte d'accusation et des débats. La décision de la cour, tant contre l'accusé que sur les circonstances atténuantes, a lieu à la majorité. La déclaration constate cette majorité, sans que le nombre de voix puisse y être exprimé, le tout à peine de nullité. Les juges statuent seuls sur les questions de compétence, sur l'application de la peine, sur les incidents de droit et de procédure et les demandes en dommages-intérêts.

Le nombre des Européens étant très restreint dans les établissements secondaires, où ils occupent presque tous des fonctions officielles ou une situation un peu prépondérante, il a paru dangereux de les faire traduire devant la cour criminelle locale, où ils seraient exposés à avoir un jury d'assesseurs composé en majorité de natifs ; aussi sont-ils, en cas d'accusation criminelle, déférés à la cour d'assises de Pondichéry.

L'organisation qui vient d'être exposée assure plus de garanties aux justiciables que celle de la plupart de nos autres colonies ; elle n'a pas donné lieu à des réclamations importantes et semble suffisante, quant à présent, pour assurer une répression rapide et efficace.

Avocats-conseils et conseils commissionnés. — Le titre VI de l'ordonnance du 7 février 1842, modifié par les décrets du 26 juin 1877 et du 25 août 1883, règle l'organisation de la défense et des conseils devant la cour d'appel et les tribunaux de l'Inde.

Toute partie a le droit de se défendre elle-même ou de présenter la défense de ses cohéritiers, coassociés et consorts et de ses proches parents ou alliés.

Les parties qui ne sont pas représentées dans ces conditions ne peuvent l'être devant la cour d'appel et les tribunaux de Pondichéry, Karikal et Chandernagor que par des conseils commissionnés. A Mahé et à Yanaon, les parties peuvent se faire représenter par un fondé de pouvoir de leur choix.

Les conseils commissionnés étaient autrefois divisés en Européens et Indiens; depuis le décret de 1883 ils forment un corps de défenseurs sans distinction d'origine; ils doivent être âgés de 25 ans et licenciés en droit ou porteurs d'un certificat de capacité délivré par une école de droit des colonies.

Ceux qui sont licenciés en droit prennent le titre d'avocats-conseils.

Les conseils commissionnés sont nommés par le gouverneur et astreints à un cautionnement de 3,000 fr. à Pondichéry et de 2,000 fr. à Chandernagor et à Karikal. Leur nombre a été fixé par le décret de 1883 à vingt pour la première de ces trois villes et à dix pour les deux autres.

Les règles concernant l'exercice de leurs charges et leur discipline sont les mêmes que celles qui ont été exposées pour les avocats et les avoués des Antilles.

Huissiers. — Le service des huissiers a été réglementé par les articles 145 et suivants de l'ordonnance de 1842 qui fixent les devoirs généraux de leur office.

Ils sont nommés par le gouverneur parmi les candidats âgés de vingt-cinq ans accomplis et ayant obtenu du juge de paix et du procureur de la République ou du fonctionnaire qui le remplace un certificat de bonne vie et mœurs et de capacité. — La discipline est exercée à leur égard par le parquet; le procureur général peut proposer leur révocation au gouverneur.

Notaires. — Le notariat n'a été réglementé dans l'Inde que par le décret du 24 août 1887, auquel un décret du 8 janvier 1889 est venu ajouter une disposition transitoire. Seuls des arrêtés locaux avaient jusque-là fixé les droits et les devoirs des notaires. Le rapport qui précède le décret de 1887 expose cette situation et les raisons qui ont porté le Gouvernement à la modifier.

« La législation encore en vigueur s'inspirant des idées qui régnaient au moment où elle a été préparée, a divisé le notariat en deux corps, celui des notaires dont les fonctions sont remplies par des greffiers et qui instrumentent pour les Européens, d'après les principes de notre droit;

celui des tabellions qui ne peuvent s'occuper que des affaires entre natifs.

« Cette distinction se justifiait alors ; la population native ne se composait que de sujets français, qui n'avaient pas la qualité de citoyens et qui, du reste, n'étaient pas, au point de vue intellectuel, en mesure d'être placés sur la même ligne que les Européens ou les descendants d'Européens.

« Mais, depuis cette époque, la situation a changé. Le gouvernement de la République a rendu aux Indiens le droit électoral qui leur avait été attribué en 1848 et que le gouvernement impérial leur avait retiré, et aujourd'hui la population native participe aux élections législatives et à celles des membres des assemblées locales.

« Préoccupé de cette situation, le département a fait disparaître en 1883, pour les conseils commissionnés, la distinction qui existe encore pour les notaires et a prescrit de mettre à l'étude, en ce qui concerne ces derniers, une organisation en rapport avec les progrès accomplis.

« C'est le résultat de cette étude que j'ai l'honneur de soumettre à votre approbation.

« Le projet de décret ci-joint reproduit dans leur ensemble les dispositions qui régissent le notariat dans nos autres possessions d'outre-mer. Il ne s'en écarte que sur les deux points suivants :

« A l'encontre de ce qui a été décidé pour les Antilles et la Réunion, le projet de décret n'établit pas la vénalité des charges. Si dans ces colonies, en effet, lors des réorganisations de 1864 et 1879, le notariat fonctionnait déjà et avait obtenu le privilège de la propriété des études, dans l'Inde, au contraire, rien de semblable n'existe, et il ne me paraît pas nécessaire d'accorder cette faveur aux officiers ministériels nouvellement nommés.

« Le projet de décret, dans son article 11, contient, en ce qui concerne l'usage de la langue française, une dérogation rendue nécessaire par la situation de la colonie.

« Après avoir déclaré que le français est la seule langue officielle, cet article autorise le notaire à recevoir l'acte en langue native, lorsque les parties ou l'une d'elles en feront la demande.

« Cette disposition est complétée par l'obligation imposée au notaire de faire faire immédiatement une traduction française en marge de l'acte. »

Les règles générales fixées par le décret de 1887 pour le notariat dans l'Inde sont, sauf les deux exceptions signalées dans le rapport, celles qui régissent les notaires des Antilles et de la Réunion.

Le nombre des notaires est fixé de la façon suivante :

1° Pour Pondichéry (art. 37 du décret du 24 août 1887, modifié par décret du 7 mai 1890) : commune de Pondichéry, 3 ; commune d'Oulgaret, 1 ; commune de Villenour, 1 ; commune de Bahour, 1 ;

2° Pour Karikal : commune de Karikal, 1 ; commune de Grande-Aldée, 1 ; commune de Nédouncadou, 1 ;

3° Un seul notaire dans chacun des établissements de Chandernagor, Mahé et Yanaon.

Le cautionnement des notaires est fixé comme suit :

1° Pour ceux de Pondichéry, Oulgaret, Villenour, Bahour, Karikal, la Grande-Aldée et Nédouncadou : en immeubles, 5,000 fr., ou en argent, 8,000 fr. ;

2° Pour celui de Chandernagor : en immeubles, 1,500 fr., ou en argent, 3,000 fr.

3° Et pour chacun des notaires de Mahé et Yanaon : en immeubles, 1,000 fr., ou en argent, 2,000 fr.

Ce cautionnement est spécialement affecté à la garantie des condamnations prononcées contre les notaires, par suite de l'exercice de leurs fonctions.

Lorsque, par l'effet de cette garantie, le montant du cautionnement a été employé en tout ou en partie, le notaire est suspendu de ses fonctions jusqu'à ce que le cautionnement ait été entièrement rétabli ; et, faute par lui de le rétablir dans les six mois, il est considéré comme démissionnaire et remplacé.

Le cautionnement en immeubles est reçu et discuté par le procureur de la République.

Les conditions d'admission et de stage des notaires sont les mêmes qu'aux Antilles ; le diplôme de licencié en droit peut être remplacé par le certificat d'aptitude des écoles de droit des colonies.

La discipline est exercée par le procureur général comme dans les trois colonies régies par les décrets de 1864 et 1879.

Nouvelle-Calédonie. — L'organisation judiciaire de la Nouvelle-Calédonie a été, en premier lieu, fixée par les décrets du 28 novembre 1866. Le rapport à l'empereur qui précède ces décrets expose que :

« Depuis plusieurs années les justiciables de la Nouvelle-Calédonie ont demandé que les crimes, délits ou litiges, jugés jusqu'à ce jour dans ces établissements par des officiers ou fonctionnaires, fussent déférés comme dans la métropole à des tribunaux composés de magistrats titulaires...

« La règle la plus essentielle édictée par le projet de décret organique a pour objet de substituer aux prescriptions du Code de procédure civile, en matière ordinaire, des dispositions analogues à celles qui sont en vigueur pour le contentieux devant le Conseil d'État. Cette substitution simplifiera la marche des procédures, en même temps qu'elle évitera aux justiciables des formalités coûteuses, qui, dans un établissement naissant, seraient de nature à gêner le mouvement des affaires et à ralentir la marche du progrès.

« Je signalerai aussi à l'empereur l'institution de commissions spéciales de justice, qui sont appelées à connaître des actes d'hostilité et des crimes commis par les indigènes. En face d'une population peu familiarisée encore avec les idées de civilisation, l'autorité française doit être investie des pouvoirs nécessaires pour assurer la sécurité de notre possession. Il m'a paru, dès lors, qu'il y avait lieu de recourir aux moyens de répression dont l'expérience a déjà fait apprécier l'efficacité en Algérie. Celles des autres dispositions qui dérogent aux traditions métropolitaines soit en matière d'organisation judiciaire, soit en matière de législation ont déjà été consacrées par des décrets antérieurs et en dernier lieu par le décret du 25 juillet 1864, portant organisation de la justice dans la Cochinchine française. »

Le décret du 28 novembre 1866 créait à Nouméa un tribunal de première instance, un tribunal de commerce et un tribunal supérieur ; l'étendue de leur ressort était fixée par le gouverneur.

Le tribunal de première instance était composé d'un juge, auquel furent adjoints, par décret du 7 mars 1368, un lieutenant de juge et un greffier. — Il connaissait en dernier ressort des demandes n'excédant pas 1,500 fr. en principal ou 60 fr. de revenu et en premier ressort des autres actions ; en matière correctionnelle sa compétence en dernier ressort s'arrêtait aux contraventions de police ; les autres contraventions et les délits étaient sujets à appel.

Le tribunal de commerce était composé de cinq notables et d'un greffier ; il avait les attributions et la compétence des tribunaux de commerce de France.

Le tribunal supérieur ne comprenait qu'un juge-président et un greffier ; il connaissait de l'appel des jugements en premier ressort des deux tribunaux précédents, ainsi que des jugements rendus au civil, au commercial et au correctionnel par des commissions spéciales établies en dehors du ressort des tribunaux de Nouméa par le gouverneur.

Pour le jugement des crimes le tribunal supérieur se constituait en tribunal criminel par l'adjonction du juge de première instance, de l'un des membres du conseil de guerre désigné par le gouverneur et de deux assesseurs, tirés au sort sur une liste de dix notables dressée chaque année par le gouverneur.

Les fonctions du ministère public près les divers tribunaux étaient remplies par un procureur chef du service judiciaire, assisté d'un substitut.

Dans l'intérieur de l'île, la justice était rendue par les conseils de guerre, les commissions spéciales indiquées plus haut, les chefs militaires et le gouverneur.

Le recours en cassation, hors celui formé dans l'intérêt de la loi, ne fut ouvert en matière civile et commerciale que par décret du 3 août 1878.

Le gouverneur ordonnait l'exécution des arrêts criminels, même s'ils emportaient la peine de mort.

Cette organisation pouvait paraître suffisante pendant une période de conquête et de domination militaire; elle ne répondit plus aux intérêts locaux dès que la pacification fut achevée et que l'influence civilisatrice d'un régime moins absolu leur permit de s'étendre. Aussi fut-il nécessaire, au bout de treize ans, de réorganiser le service de la justice sur des bases plus libérales et plus en harmonie avec l'administration civile.

Le décret du 27 mars 1879 porte, en effet, que :

Dans la ville de Nouméa, il y a un tribunal de première instance et un tribunal supérieur.

Un procureur de la République, chef du service judiciaire, exerce l'action publique dans le ressort des tribunaux de Nouméa et remplit les fonctions du ministère public près les juridictions de première instance et d'appel. Il lui est adjoint un substitut pour les fonctions du ministère public.

Le tribunal de première instance est composé d'un juge-président, d'un lieutenant de juge chargé de l'instruction, d'un juge suppléant faisant fonctions de juge de paix, et d'un greffier.

Comme tribunal civil, il connaît en dernier ressort de toutes les demandes qui n'excèdent pas 1,500 fr. de valeur déterminée ou 60 fr. de revenu et à charge d'appel de toutes les autres actions.

Comme tribunal de simple police et de police correctionnelle, il connaît en dernier ressort de toutes les contraventions de police et, à charge d'appel, de toutes les autres contraventions et de tous les délits correctionnels.

Il connaissait en outre des affaires commerciales.

Le tribunal supérieur se composait d'un président et de deux juges; le greffier du tribunal de première instance remplissait les mêmes fonctions auprès du tribunal supérieur.

Comme tribunal d'appel, le tribunal supérieur connaissait :

1° De tous les appels des jugements rendus en premier ressort par le tribunal de première instance en matière civile, commerciale et correctionnelle; 2° des demandes formées par les parties ou par le procureur de la République en annulation des jugements de simple police pour incompétence, excès de pouvoir ou violation de la loi.

Constitué en tribunal criminel, il connaissait des affaires qui sont portées, en France, devant la cour d'assises.

Dans ce dernier cas, le tribunal supérieur était assisté de quatre assesseurs désignés par la voie du sort sur une liste de trente notables, dressée chaque année par le gouverneur.

Les assesseurs avaient voix délibérative sur la question de culpabilité seulement. Quatre voix étaient nécessaires pour qu'il y eût condamnation.

Les arrêts du tribunal criminel de Nouméa étaient susceptibles de recours en grâce au président de la République.

Les commissions spéciales furent supprimées.

Un second décret, du 27 mars 1879, ouvrit le recours en annulation contre les jugements en dernier ressort du tribunal de première instance de Nouméa en matière de police et le recours en cassation contre les arrêts correctionnels du tribunal supérieur et contre les arrêts criminels.

Lorsqu'un jugement du tribunal de première instance est annulé, le procès est renvoyé devant le même tribunal composé d'autres juges.

Lorsque la Cour suprême cassait un arrêt rendu par le tribunal supérieur ou le tribunal criminel, elle renvoyait l'affaire devant le même tribunal.

A défaut d'un nombre suffisant de magistrats n'ayant pas connu de l'affaire, le gouverneur y pourvoyait en appelant à siéger des membres du tribunal de première instance ou des fonctionnaires.

L'organisation des décrets du 27 mars 1879 fut modifiée et complétée par des décrets du 28 février 1882, dont l'un créa des justices de paix. L'exposé des motifs, qui les précède, fait connaître les causes de cette réorganisation.

« L'administration de la justice, créée en Nouvelle-Calédonie par le décret du 28 novembre 1866, a été réorganisée sur des bases plus larges et plus libérales par le décret du 27 mars 1879.

« Mais l'expérience a prouvé que, dans ces conditions mêmes, l'organisation actuelle ne répond plus à tous les besoins.

« En effet, l'action de la justice est concentrée à Nouméa, où le tribunal de première instance connaît à la fois au civil et au criminel des affaires qui sont, non seulement de la compétence des tribunaux de première instance, mais encore de celles des justices de paix.

« Par suite du développement de la colonisation du pays, de nouveaux centres d'intérêts ont été créés sur plusieurs points de l'île.

« Il est donc nécessaire que les habitants des arrondissements éloignés du chef-lieu trouvent à leur portée les moyens de faire trancher les contestations qui surgissent entre eux, sans être obligés de s'imposer des déplacements onéreux.

« D'un autre côté, il convient d'assurer l'ordre et la sécurité dans ces arrondissements par une prompte répression des délits et des contraventions, répression qui s'exerce trop difficilement aujourd'hui.

« Pour donner satisfaction à ces besoins, l'administration de la Nouvelle-Calédonie a demandé la création de justices de paix à compétence étendue ayant leurs sièges à Bourail, à Ouégoa et à Chepenehé (île Lifou) et dont les titulaires seraient autorisés à tenir des audiences foraines dans les centres moins importants, disséminés autour du chef-lieu de la circonscription judiciaire. Ce système, qui fonctionne en Algérie et dans nos établissements français de l'Inde, me paraît, en effet, offrir la meilleure solution pour le but que nous poursuivons.

« L'administration a demandé, en outre, la création d'une justice de paix ordinaire à Nouméa, afin d'expédier d'une manière plus rapide et plus économique les affaires de peu d'importance.

« Enfin, elle a proposé le rétablissement du tribunal de commerce supprimé en 1879 par suite de causes accidentelles qui avaient rendu impossible le recrutement des magistrats consulaires.

« Ces causes ayant disparu, la chambre de commerce de Nouméa a émis un vœu pour le rétablissement de cette juridiction spéciale. J'estime qu'il convient d'y faire droit, en rendant à la Nouvelle-Calédonie le tribunal de commerce qu'elle possédait depuis 1866 ; mais en même temps pour empêcher le retour des difficultés qu'on a eu à signaler, il importe d'entourer cette institution de certaines précautions, nécessitées par la situation particulière du pays et empruntées à l'organisation établie dans nos autres établissements de l'Océanie par le décret du 1er juillet 1880.

« Toutes ces créations ont pour effet naturel de modifier sur certains points les attributions et la compétence du tribunal de première instance et du tribunal supérieur siégeant à Nouméa. »

Justices de paix. — En conséquence, une justice de paix ordinaire fut créée à Nouméa et des tribunaux de paix à compétence étendue furent institués à Bourail, Ouégoa et Chepenehé (île Lifou). Ils furent composés d'un juge et d'un greffier ; les fonctions de greffier peuvent être remplies par un titulaire spécial ou par un agent désigné par le gouverneur ; ces fonctionnaires exercent en outre les attributions de notaires.

Le commissaire de police ou, à défaut, un agent choisi par le gouverneur remplit les fonctions du ministère public ; celles d'huissier sont occupées par des agents de la force publique.

A Chepenehé, le résident peut remplacer le juge de paix.

La justice de paix de Bourail, transférée à Canala par décret du 10 février 1883, fut rétablie par le décret du 28 juin 1889, qui a laissé subsister néanmoins le siège distinct de Canala ; une justice de paix, créée par décret du 22 août 1887 à l'île des Pins, a été supprimée par un autre décret du 31 janvier 1891. Enfin, la justice de paix d'Ouégoa a été supprimée par le décret du 15 novembre 1893 [1].

---

[1]. Un arrêté du gouverneur de la Nouvelle-Calédonie, en date du 24 janvier 1894, a fixé comme suit le ressort des justices de paix de la colonie :

Le ressort de la justice de paix de Canala comprend les circonscriptions de Canala, de Thio, de la Foa, de Moindou, de Couaoua, de Houaïlou, de Ponérihouen, de Touho, de Hyenghène et d'Oubatche. — Le ressort de la justice de paix de Bourail comprend les circonscriptions de Bourail, de Koué, avec Pouombout et Voh, de Téoudié-Gomen-Ouaco, de Koumac, d'Ouégoa avec l'am et les Belep. — Le ressort de la justice de paix de Nouméa comprend la commune de Nouméa, l'île des Pins et les circonscriptions de la Dumbéa, Païta, de Saint-Vincent, de Tomo, de Bouloupari avec la Ouéménie, et de la baie du Prony.

Les juges de paix à compétence étendue ont à tenir des audiences foraines dans les principaux centres de leur ressort.

Les fonctions du ministère public sont remplies, aux audiences foraines de simple police, par les commissaires de police des localités où sont tenues ces audiences et, à défaut, par les fonctionnaires désignés à cet effet par le gouverneur.

Le juge de paix de Nouméa a les attributions et la compétence déterminées par la législation civile, commerciale et criminelle en vigueur à la Nouvelle-Calédonie et par les lois des 25 mai 1838, 2 mai 1855 et 27 janvier 1873.

Les juges de paix à compétence étendue connaissent de toutes les actions personnelles et mobilières en matière civile et commerciale, en dernier ressort jusqu'à la valeur de 500 fr. et en premier ressort jusqu'à celle de 1,000 fr. seulement.

Ils exercent, en outre, les fonctions des présidents des tribunaux de première instance comme juges de référé en toutes matières, et peuvent, comme eux, ordonner toutes mesures conservatoires.

En matière correctionnelle, ils connaissent :

1° De toutes les contraventions qui sont commises et constatées dans leur ressort;

2° De tous les délits n'emportant pas une peine supérieure à celle de six mois d'emprisonnement ou de 500 fr. d'amende.

Les attributions de juge conciliateur conférées au juge-président du tribunal de première instance sont dévolues aux juges de paix à compétence étendue.

Les appels des jugements rendus en matière civile et commerciale ainsi qu'en matière de simple police par tous les juges de paix, et en matière correctionnelle par les juges de paix à compétence étendue, sont portés au tribunal de première instance de Nouméa.

Les jugements rendus en dernier ressort en matière de simple police par les juges de paix peuvent être attaqués par la voie de l'annulation.

Les décrets de 1882 modifièrent en outre la compétence des tribunaux de première instance et supérieur. Par suite de la création des justices de paix, le tribunal de première instance eut à connaître de l'appel des jugements rendus par elles en premier ressort, ainsi que des délits dépassant leur compétence, à quelque nationalité qu'appartinssent les inculpés ou prévenus.

De même, le tribunal supérieur connut de l'annulation des

jugements en dernier ressort des justices de paix et, constitué en tribunal criminel, de tous les crimes commis dans toute l'étendue de la colonie.

Tribunal de commerce. — Par contre, la juridiction commerciale fut enlevée au tribunal de première instance, par suite du rétablissement du tribunal de commerce ; celui-ci est composé du juge-président au tribunal de première instance, président, et de deux assesseurs.

Les assesseurs sont au nombre de dix. Ils sont nommés pour une année sur une liste de vingt candidats, élus par tous les commerçants français soumis depuis un an au moins à la patente, par eux-mêmes ou par la société qu'ils représentent.

Ces assesseurs doivent être âgés de vingt-cinq ans au moins et jouir de leurs droits civils et politiques.

Une délibération du tribunal supérieur, prise en chambre du conseil, détermine l'ordre de service des assesseurs.

Sous la réglementation du décret du 28 février 1882, le tribunal de commerce connaissait : 1° en premier et dernier ressort, de toutes les affaires attribuées aux tribunaux de commerce par les lois en vigueur, jusqu'à concurrence de 250 fr. ; 2° en premier ressort seulement, et à charge d'appel, de toutes les affaires commerciales qui excèdent 250 fr.

Par décret du 26 octobre 1882, la compétence en dernier ressort du tribunal de commerce a été portée à 1,500 fr. comme celle du tribunal civil.

A la suite de l'attribution aux tribunaux de droit commun des crimes et délits commis par les relégués et par les libérés astreints à la résidence, on fut obligé d'accroître, par décret du 22 août 1887, d'un troisième juge le personnel du tribunal supérieur, d'un second lieutenant de juge celui du tribunal de première instance, et de créer, le 28 juin 1889, un second substitut du procureur de la République, en même temps qu'on rétablissait la justice de paix à compétence étendue de Bourail, centre pénitentiaire des plus importants.

Cour d'appel et tribunal de 1ʳᵉ instance. — Le service judiciaire de la Nouvelle-Calédonie se trouvait fortement constitué ; cependant, afin de lui donner une autorité plus grande dans un pays où son action doit être plus efficace et plus puissante que partout ailleurs, à cause du personnel spécial de colonisation qui y est transporté chaque année et que souvent la crainte du châtiment plus que l'amour du bien arrête dans la voie du crime, il a paru nécessaire de transformer en *cour d'appel* le tribunal supérieur de Nouméa. La suppression de la justice de paix, à peu près inoccupée, d'Ouégoa et de légères modifications dans le personnel du tribunal de première instance ont permis de réaliser cette réforme par le décret du 15 novembre 1893, dont l'exposé des motifs est ainsi conçu:

« L'importance des entreprises commerciales et industrielles
« qui ont été établies, depuis quelques années, à la Nouvelle-
« Calédonie, ainsi que l'accroissement du nombre des affaires
« correctionnelles et criminelles, résultant de l'application des
« règlements qui ont conféré aux juridictions ordinaires la con-
« naissance des délits et des crimes commis par la population
« provenant de l'immigration pénale, obligent à constituer dans
« la colonie une juridiction d'appel fortement constituée et à
« renforcer le service de la police judiciaire et du ministère pu-
« blic.

« Ces considérations m'ont amené à vous proposer la trans-
« formation du tribunal supérieur de Nouméa en cour d'appel
« et la création d'un poste de procureur général.

« Grâce à la suppression d'une justice de paix, qui ne juge
« annuellement qu'un très petit nombre d'affaires sans impor-
« tance, et à une réorganisation du tribunal de première ins-
« tance de Nouméa, les modifications apportées au régime actuel
« n'entraînent aucune augmentation de dépenses. »

Le décret du 15 novembre 1893 dispose, en conséquence, que:

Le tribunal de première instance de Nouméa est composé d'un juge-président et de deux lieutenants de juge ; un procureur de la République et un substitut remplissent les fonctions du ministère public ; celles de greffier sont occupées par le greffier de la cour d'appel assisté de deux commis-greffiers.

Le tribunal supérieur de Nouméa est remplacé par une cour d'appel, composée d'un président, deux conseillers et un conseiller auditeur. Un procureur général, qui a les attributions du chef du service judiciaire, remplit les fonctions du ministère public avec l'assistance d'un substitut du procureur général. Un greffier et des commis-greffiers sont de plus institués près de la cour d'appel.

Les attributions précédemment conférées au tribunal supérieur de Nouméa et à ses membres, sont dévolues à la cour d'appel et à ses membres.

Cour criminelle. — La cour d'appel, constituée en cour criminelle, dans les conditions prévues aux décrets susvisés des 27 mars 1879 et 28 février 1882, tient quatre sessions par an, pour le jugement des affaires qui lui sont renvoyées par ordonnance du procureur général, chef du service judiciaire. La date d'ouverture de chaque session est fixée par le gouverneur, sur la proposition du chef du service judiciaire. Les assesseurs sont désignés pour toute la durée de la session et après le tirage au sort, qui est effectué huit jours au moins avant l'ouverture de la session.

La cour criminelle statue sur les questions résultant de l'acte d'accusation ou pouvant résulter des débats, ainsi que sur les circonstances atténuantes, quand le fait, tel qu'il est reconnu constant, est qualifié crime par la loi.

Lorsque la Cour de cassation annule un arrêt rendu par la cour d'appel ou par la cour d'assises, elle peut renvoyer l'affaire devant la même cour. A défaut d'un nombre suffisant de magistrats n'ayant pas connu de l'affaire, le président y pourvoit en appelant des magistrats honoraires ayant droit de siéger, des membres du tribunal de première instance et, à leur défaut, des avocats défenseurs par ordre d'inscription au tableau.

En toute matière et en tout état de cause, le droit d'accorder la liberté provisoire, avec ou sans caution, appartient au procureur général.

En dehors des tribunaux, le chef du service des affaires indigènes, les chefs d'arrondissement et le résident des îles Loyalty et ses délégués peuvent statuer par voie disciplinaire (décret du 18 juillet 1887) sur les infractions commises par les indigènes non citoyens français contre les arrêtés du gouverneur; ce dernier, en matière d'indigénat, édicte des pénalités allant jusqu'à quinze jours de prison et 100 fr. d'amende.

Les décisions en matière disciplinaire peuvent être déférées au gouverneur en conseil privé.

L'internement des indigènes non citoyens français et de ceux qui leur sont assimilés, ainsi que le séquestre de leurs biens, peuvent être ordonnés par le gouverneur en conseil privé. Les arrêtés rendus à cet effet sont soumis à l'approbation du ministre des colonies. Ils sont provisoirement exécutoires.

Ces dispositions spéciales n'ont été prévues que pour une durée de dix ans ; si elles ne sont pas renouvelées, elles cesseront d'être en vigueur en 1897.

Avocats défenseurs. — Le corps des avocats défenseurs à Nouméa a été constitué par arrêté du 15 mars 1869 (*B. O.* 1869, p. 451). Ils représentent les parties qui ne veulent pas se présenter elles-mêmes. Les dispositions qui les régissent sont à peu près les mêmes que dans les autres colonies. Ils sont au nombre de neuf actuellement.

Huissiers. — Il y a trois huissiers à Nouméa ; leurs fonctions peuvent être confiées à des agents de la force publique ; c'est, d'ailleurs, ce qui a lieu près des justices de paix. Leurs obligations ont été fixées par un arrêté local du 17 mai 1875.

Commissaires-priseurs. — Un arrêté local avait nommé, le 22 février 1883, un commissaire-priseur à Nouméa ; un décret du 28 juin de la même année a fixé les règles de sa profession dans des conditions analogues à celles du Sénégal et des Antilles. Les candidats doivent avoir vingt-cinq ans, être Français, et jouir de leurs droits civils. Les nominations sont faites par le gouverneur, en conseil d'administration, sur la présentation du directeur de l'intérieur et du procureur général.

Notaires. — Le notariat a été réglementé par un arrêté du 27 août 1875, approuvé par le ministre de la marine et des colonies ; cet arrêté fixe les règles générales admises dans les autres colonies. Les charges ne sont pas vénales. Un décret du 6 janvier 1873 a séparé le notariat du greffe des tribunaux de Nouméa ; il y a actuellement deux notaires dans cette ville ; les greffiers des justices de paix à compétence étendue remplissent également les fonctions de notaire dans le ressort des tribunaux auxquels ils sont attachés.

Établissements français de l'Océanie. — A. *Justice française.* — Le premier essai d'organisation de la justice française en Océanie remonte à une ordonnance du 28 avril 1843, dont l'exposé des motifs, ci-dessous résumé, indique les principales dispositions.

« Un des premiers besoins auxquels le gouverneur aura à pourvoir sera celui d'assurer dans la colonie une bonne et prompte administration de la justice...

« L'effectif de nos troupes de terre et de mer, quoique restreint, permettra que deux conseils de guerre, composés chacun de sept membres, et un conseil de revision, composé de cinq membres, soient institués dans notre colonie... Ces conseils seront destinés à juger : les crimes et délits commis par les naturels contre la sûreté de la colonie ou contre les personnes et les propriétés des Français et des étrangers, ceux qui seraient commis par tous Français et étrangers. A l'égard des crimes et des délits commis par des indigènes entre eux, il conviendrait de les laisser juger d'après les règles et usages du pays, sauf au gouverneur à intervenir comme modérateur dans les cas où les peines seraient par leur caractère de nature à ne pouvoir être infligées en vue, et pour ainsi dire sous la protection du pavillon français.

« Quant aux procès civils, il est permis de penser que dans les premiers temps ils seront assez rares à part les procès indigènes, qui continueront naturellement d'être réglés suivant les usages locaux. Il faut cependant prévoir que des contestations naîtront soit entre Français, soit entre nos compatriotes et les indigènes, avec qui ils ne tarderont pas à engager des transactions pécuniaires...

« Je pense qu'il serait utile de constituer et dans le chef-lieu et dans la seconde île des tribunaux composés : 1° de l'officier commandant particulier de l'établissement, président; 2° de deux officiers d'administration ou employés du Gouvernement, qui seraient à cet effet désignés par le gouverneur et pourraient être maintenus. — Les appels seraient, au delà d'une certaine somme (500 fr.), portés devant un tribunal supérieur ou conseil d'appel, composé du gouverneur, président, du chef du service administratif et du chirurgien en chef. Les arrêts du conseil d'appel pourraient donner lieu à recours en cassation...

« Les tribunaux de première instance seraient chargés d'appliquer les lois civiles de la France, modifiées au besoin soit par des ordonnances royales, soit par des arrêtés du gouverneur, soit même par les usages locaux... »

L'organisation créée pour les Marquises par l'ordonnance du 18 avril 1843 fut complétée par divers arrêtés locaux relatifs à son application, mais elle ne fut pas étendue à nos autres établissements.

En réalité, la justice française ne fut réellement établie d'une façon régulière dans les établissements français de l'Océanie que par le décret du 18 août 1868, dont voici l'exposé des motifs et les dispositions principales :

« Une ordonnance de la reine Pomaré, en date du 14 décembre 1865, attribue aux tribunaux français des États du protectorat la connaissance des crimes, délits ou contraventions commis par les Taïtiens, aussi bien que le règlement de leurs contestations ayant pour objet des intérêts civils, autres que ceux relatifs à la propriété des terres.

« En vertu de cette ordonnance, le commandant des établissements français de l'Océanie, commissaire impérial des îles de la Société, a cru devoir prendre, le 27 décembre suivant, un arrêté par lequel il institue : 1° trois justices de paix, dont le siège est situé à Papeete, Taravao et Anaa; 2° un tribunal de première instance composé d'un juge et d'un greffier ; 3° un tribunal supérieur composé d'un président et de deux juges, ledit tribunal s'adjoignant quatre assesseurs, choisis parmi les notables, lorsqu'il se constitue en tribunal criminel.

« Dans toutes les affaires où un indigène du protectorat est en cause, soit comme demandeur, soit comme défendeur, ces tribunaux s'adjoignent un assesseur indigène, désigné par le président du tribunal.

« Le droit de grâce et de commutation de peine à l'égard des Taïtiens, condamnés pour crimes ou délits commis au préjudice d'autres Taïtiens, est réservé à la reine Pomaré par l'ordonnance du 14 décembre 1865.

« Les fonctions judiciaires, instituées en vertu de l'arrêté du commissaire impérial, sont confiées actuellement à des officiers, fonctionnaires et notables résidant dans lesdits établissements.

« Les justiciables européens et indigènes ont, à diverses reprises, manifesté le vœu que cette organisation, essentiellement provisoire, fût remplacée par une organisation définitive, et que les fonctions de juge fussent confiées à des magistrats nommés par l'empereur.

« J'ai pensé, Sire, que le moment était venu de prendre ce vœu en considération et d'instituer une justice régulière dans les établissements de l'Océanie et dans les États du protectorat.

« Le décret que j'ai l'honneur de soumettre, dans ce but, à la signature de Votre Majesté, reproduit, à l'exception des commissions spéciales, dont la création n'a pas été jugée utile à Taïti, la plupart des dispositions du décret portant organisation de l'administration de la justice à la Nouvelle-Calédonie et dépendances.

« Il a fallu, toutefois, tenir compte : 1° des réserves que la reine Pomaré a faites par son ordonnance précitée de 1865 ; 2° de la nécessité de maintenir des tribunaux dans les cantons de Taravao et d'Anaa, assez distants du chef-lieu ; ces tribunaux, qui ne sont que des justices de paix à compétence étendue, pourront être, sans inconvénient, confiés, provisoirement, à des officiers ou fonctionnaires, attendu que le tribunal de première instance du chef-lieu doit connaître, en appel, de toutes les affaires de quelque importance jugées par les juges de paix. Ainsi, le projet de décret confirme l'institution de deux tribunaux de paix, l'un à Taravao, l'autre à Anaa, en même temps qu'il institue à Papeete un tribunal de première instance, un tribunal supérieur et un tribunal de commerce. La composition de ces trois derniers tribunaux sera la même que celle des tribunaux de la Nouvelle-Calédonie.

« Les autres dispositions qui dérogent aux traditions métropolitaines, soit en matière d'organisation judiciaire, soit en matière de législation, ont été consacrées par le décret, rendu le 28 novembre 1866, sur le service de la justice dans la Nouvelle-Calédonie. » (Rapport à l'empereur.)

En conséquence, le décret du 18 août 1868 prévoyait le maintien des juridictions ci-dessus désignées, dans des conditions analogues à celles qui avaient été fixées pour la Nouvelle-Calédonie par le décret du 28 novembre 1866. La compétence de ces tribunaux s'étendit sur tous les habitants des établissements français de l'Océanie et des États du protectorat, sans distinction d'origine ni de nationalité ; toutefois, les contestations entre indigènes des États du protectorat relatives à la propriété des terres restèrent soumises aux juridictions spéciales indigènes.

Les fonctions de juge de paix, de ministère public, de greffier, notaire, d'huissier à Taravao et à Anaa, furent confiées à des agents désignés par le commandant. Leurs jugements en matière civile furent exécutoires jusqu'à concurrence de 1,000 fr. par provision et nonobstant appel.

Le décret du 18 août 1868 porte de plus que :

Dans la ville de Papeete, il y a un tribunal de première instance, un tribunal de commerce et un tribunal supérieur.

Un procureur impérial, chef du service judiciaire, exerce l'action publique dans le ressort des tribunaux des établissements français de l'Océanie et des États du protectorat. Il remplit, en outre, les fonctions du ministère public près du tribunal de première instance et du tribunal supérieur.

Le tribunal de première instance est composé d'un juge impérial, d'un lieutenant de juge et d'un greffier.

Le tribunal de commerce est composé de cinq notables commerçants. Le tribunal supérieur ne comprend qu'un juge-président. Le greffier du tribunal de première instance remplit les mêmes fonctions auprès du tribunal supérieur.

Constitué en tribunal criminel, il connaît de toutes les affaires qui sont portées en France devant les cours d'assises.

Dans ce dernier cas, le juge-président est assisté du juge impérial, de l'un des membres du conseil de guerre, à la désignation du commandant, commissaire impérial, et de deux assesseurs, désignés par la voie du sort sur une liste de dix notables, dressée chaque année par le commandant.

Les assesseurs ont voix délibérative sur la question de culpabilité seulement. Trois voix sont nécessaires pour qu'il y ait condamnation.

Les crimes et délits ayant un caractère politique furent déférés au conseil de guerre.

Le tribunal de commerce cessa de fonctionner en 1870.

Le décret de 1868 fut complété par un arrêté du chef du pouvoir exécutif du 18 août 1871, conférant au juge de paix des îles Marquises la connaissance des affaires correctionnelles, et par un décret du 13 février 1872, instituant un emploi de substitut du procureur de la République à Papeete.

Cette organisation fut modifiée par le décret du 1er juillet 1880 ; le rapport au président de la République qui précède ce décret résume les critiques dont avait été l'objet le décret de 1868 et expose le fonctionnement de la nouvelle réglementation.

« Aux termes du décret du 18 août 1868, sur l'administration de la justice dans les établissements français de l'Océanie, le tribunal supérieur ne comprend qu'un seul magistrat qui porte le nom de juge-président.

« Cette organisation a été l'objet de critiques fondées ; il est fâcheux, en effet, d'abandonner à un seul magistrat, quelque instruit ou consciencieux qu'il puisse être, le soin de décider souverainement sur les questions qui touchent aux intérêts et à l'honneur des personnes.

« Sans doute, les décisions du tribunal supérieur peuvent être réformées par la Cour suprême, mais il faut des intérêts majeurs pour décider les parties qui se trouvent à une si grande distance de la métropole, à se pourvoir en cassation. Il est donc essentiel de dégager la grave responsabilité du juge-président par l'institution d'un tribunal supérieur à trois juges et de modifier ainsi un état de choses anormal, qui n'existe plus dans nos autres établissements coloniaux…

« Le décret du 18 août 1868 avait créé un tribunal de commerce, dont le fonctionnement a dû être suspendu provisoirement, par décret du 25 novembre 1870, par suite de causes accidentelles qui ont rendu impossible le recrutement des magistrats consulaires. Ces causes ont disparu, et, dès lors, il me paraît opportun de rétablir le fonctionnement de cette juridiction avec quelques modifications conseillées par l'expérience. Si la compétence des notables commerçants est incontestable au point de vue des affaires dont ils sont appelés à connaître, il faut convenir que la plupart du temps ils ne possèdent pas les connaissances nécessaires pour l'interprétation et la régulière application des lois.

« Il semble donc utile de corriger cette insuffisance en leur adjoignant le juge de première instance, qui serait chargé de présider le tribunal de commerce et de diriger les débats. Ce juge aurait pour assesseurs, avec voix délibérative, deux notables commerçants, qui pourraient à leur tour l'éclairer sur les questions techniques, et faciliter ainsi la bonne distribution de la justice.

« Enfin il m'a paru indispensable de compléter la législation judiciaire de nos établissements de l'Océanie par l'application des dispositions du décret du 27 mars 1879, qui a introduit à la Nouvelle-Calédonie le recours en cassation en matière criminelle. »

Le décret du 1er juillet 1880 a été complété par des actes de même nature en date du 6 octobre 1882, créant trois justices de paix, et du 9 juillet 1890, modifiant la répartition de ces tribunaux, investissant les juges de paix des fonctions de magistrat instructeur dans leur ressort et portant de deux à quatre le nombre des assesseurs au tribunal criminel.

L'organisation résultant de ces décrets est la suivante :

Justices de paix. — Cinq justices de paix à compétence étendue, dont les sièges sont à Rikitea (archipel des Gambier), Rotoava (archipel des Tuamotu), Taiohae (archipel des Marquises), Taravao (presqu'île de Taïti), Papetoai (île Moorea). De plus, un fonctionnaire peut être désigné par le gouverneur pour aller tenir des audiences foraines dans les îles de l'archipel des Tubuai et dans celle de Rapa, chaque fois que les besoins du service l'exigent. Les juges de paix des Gambier, des Tuamotu et des Marquises peuvent aussi tenir des audiences foraines dans chaque île et dans chaque district de leur ressort.

Seule la justice de paix de Taiohae a un magistrat régulier à sa tête; dans les autres sièges, c'est encore un autre fonctionnaire qui remplit l'office de juge de paix. Toutefois, à Papetoai, la charge est confiée au substitut du procureur de la République, qui se rend de temps à autre à Moorea.

Les justices de paix connaissent en premier ressort :

1° De toutes les affaires civiles, lorsque la valeur principale de la demande n'excède pas 1,000 fr. ;

2° Des contraventions de police ;

3° Des affaires correctionnelles.

Tribunal de première instance, siégeant à Papeete. — Le tribunal de première instance comprend un juge-président, un lieutenant de juge et un greffier. Les fonctions du ministère public sont remplies par le procureur de la République et par son substitut.

Le tribunal de commerce a été supprimé par décret du 25 janvier 1892, en raison de l'impossibilité de le constituer par suite de l'abstention des électeurs consulaires. Le jugement des affaires commerciales a été par suite déféré au tribunal de première instance.

Ce tribunal connaît, en matière civile :

1° En premier et dernier ressort, pour le territoire de Papeete, de toutes les affaires attribuées aux juges de paix par les lois du 25 mai 1838 et du 2 mai 1855, et de toutes les affaires commerciales, jusqu'à concurrence de 250 fr. seulement.

2° En premier ressort seulement, de toutes les affaires qui excèdent 250 fr. de valeur déterminée, pour le territoire de Papeete, et de toutes les affaires qui excèdent 1,000 fr. pour le reste du territoire de la colonie.

Il connaît, en outre, pour le territoire de Papeete, des contraventions de police et des affaires correctionnelles.

Ressort des tribunaux. — Le ressort des tribunaux de première instance et de paix de l'Océanie a été fixé de la façon suivante par un décret du 17 février 1891 :

Le ressort du tribunal de première instance de Papeete comprend les districts de Paré (Papeete), Faaa, Punaania, Paéa, Arue, Mahina et Papenoo.

Le ressort du tribunal de paix de Taravao comprend les districts de Papara, Mataiea, Papeari, Vairao, Teahupoa, Tautira, Pueu, Afaahiti, Hitiaa, Mahaena et Tiarei.

Le ressort du tribunal de paix de Papetoai comprend l'île entière de Moorea.

Le ressort du tribunal de paix de Taio-Hae comprend l'archipel des îles Marquises.

Le ressort du tribunal de paix de Rikitéa comprend l'archipel entier des Gambier et les îles de l'archipel des Tuamotu, situées à l'est du 142ᵉ degré de longitude ouest du méridien de Paris, à l'exception de l'île de Puka-Puka.

Par exception, l'île Tematangi, située à l'ouest du 142ᵉ degré, est comprise dans le ressort de ce même tribunal.

Le ressort du tribunal de paix de Rotoava comprend toutes les autres îles de l'archipel des Tuamotu, et notamment celle de Puka-Puka.

Le ressort de la justice de paix des Tubuai comprend toutes les îles de cet archipel, et notamment l'île de Rapa.

Tribunal supérieur. — Le tribunal supérieur de Papeete se compose d'un président et de deux juges. Le greffier du tribunal de première instance remplit les mêmes fonctions auprès du tribunal supérieur.

Comme tribunal d'appel, le tribunal supérieur connaît :

1° Des appels des jugements rendus par les tribunaux de paix en matière civile, correctionnelle et de simple police ;

2° Des appels des jugements rendus en premier ressort par le tribunal de première instance en matière civile, commerciale, correctionnelle et de simple police ;

Il connaît, en outre, des demandes formées par les parties ou le ministère public en annulation des jugements en dernier ressort rendus en matière civile, commerciale et de simple police, par le tribunal de première instance de Papeete, pour incompétence, excès de pouvoir ou violation de la loi.

Le recours en cassation est ouvert en matière civile et commerciale contre les arrêts du tribunal supérieur, statuant comme juridiction d'appel.

Tribunal criminel. — Constitué en tribunal criminel, le tribunal supérieur connaît de toutes les affaires qui sont portées en France devant la cour d'assises.

Dans ce dernier cas, le tribunal supérieur de Papeete est assisté de quatre assesseurs, désignés par la voie du sort sur une liste de vingt notables français dressée par le gouverneur.

Ces assesseurs ont voix délibérative sur la question de culpabilité et les circonstances atténuantes seulement.

Quatre voix sont nécessaires pour qu'il y ait condamnation.

Les fonctions du ministère public sont remplies près les tribunaux supérieur et criminel par le procureur de la République, chef du service judiciaire, et son substitut.

Lorsque le procureur ne saisit pas le lieutenant de juge, il peut faire lui-même l'instruction.

Le recours en cassation est ouvert au ministère public, aux condamnés, à la partie civile, aux personnes civilement responsables contre les arrêts rendus par le tribunal supérieur en matière criminelle, correctionnelle et de simple police.

B. *Justice indigène.* — L'organisation judiciaire indigène a été réglée par une loi taïtienne du 28 mars 1866, qui dit que les contestations entre indigènes du protectorat, relatives au droit de propriété des terres, doivent être portées devant le conseil du district de la situation de la terre en litige. Les décisions de ce conseil peuvent être attaquées par voie d'appel devant une haute cour, composée de cinq *toohitu* sous la présidence du président du tribunal supérieur; les fonctions du ministère public sont remplies par le procureur de la République près les tribunaux français. Les arrêts de la cour des *toohitu* sont rendus à la pluralité des voix en dernier ressort et sans appel. Ils sont sujets à recours en cassation devant la Cour de cassation taïtienne, composée du roi et du commissaire du Gouvernement ou gouverneur français. En cas d'annulation d'arrêt, l'affaire est renvoyée devant la haute cour, composée de cinq *toohitu* n'ayant pas déjà connu de l'affaire.

En exécution des engagements pris par la France, les décrets d'organisation de la justice française dans les établissements français de l'Océanie laissèrent subsister ces juridictions indigènes. Force a été cependant, dans ces derniers temps, de changer cette réglementation après la mort de Pomaré V.

Une convention, passée en 1887 entre le roi, les chefs de Taïti et de Moorea d'une part, et le gouvernement français d'autre part, et prévoyant la possibilité de supprimer les juridictions taïtiennes, a été approuvée par une loi du 10 mars 1891 ; puis un décret du 27 février 1892 conféra au tribunal supérieur français les attributions de la Cour de cassation taïtienne qui, le roi étant décédé sans laisser de successeur, ne pouvait plus se réunir ; les causes de cette réforme ont été exposées dans le rapport ci-dessous :

« Une loi du 10 mars 1891 a ratifié les déclarations, signées le 29 décembre 1887 par le roi Pomaré V et le gouverneur des établissements français de l'Océanie, portant suppression des juridictions indigènes, dont le maintien avait été stipulé à l'acte d'annexion de Taïti à la France.

« La convention du 29 décembre 1887 porte, en effet, que ces juridictions « seront supprimées, dès que les opérations relatives à la délimitation de la propriété seront achevées et que les contestations auxquelles elles donnent lieu auront été vidées ».

« Ces opérations de délimitation et les procès qu'elles peuvent provoquer ne seront pas terminés avant trois ou quatre années.

« Les tribunaux indigènes doivent donc subsister pendant quelque temps encore, et l'application de la loi du 10 mars 1891 ne susciterait aucune difficulté, si un événement imprévu n'était venu arrêter l'accomplissement de la clause à laquelle est subordonnée son exécution.

« L'organisation judiciaire taïtienne comprend trois degrés de juridiction, dont le plus élevé est la Cour de cassation, composée du roi et du gouverneur.

« La mort de S. M. Pomaré étant survenue le 12 juin 1891, la constitution de ce tribunal suprême est impossible, et le cours de la justice est arrêté en ce qui concerne les instances relatives à des terrains.

« Il importe de suppléer sans retard à ce défaut de l'organisation judiciaire, en reconstituant sur de nouvelles bases la Cour de cassation.

« L'administration locale a proposé, dans cet ordre d'idées, d'investir des pouvoirs de cette juridiction le tribunal supérieur de Papeete et de lui donner la connaissance et le jugement définitif des affaires, lorsqu'il aura annulé un jugement du tribunal taïtien de second degré, la haute cour.

« Cette réforme, absolument en harmonie avec l'esprit de la convention du 29 décembre 1887 et de la loi du 10 mars 1891, aura l'avantage de permettre leur prompte mise à exécution, et d'accroître pour les justiciables les garanties d'une justice équitable et impartiale.

« J'ai, par suite, l'honneur, après entente avec M. le le Garde des sceaux, ministre de la justice, de soumettre à votre haute sanction le projet de décret ci-joint, portant reconstitution de la Cour de cassation taïtienne, en attendant sa suppression définitive, conformément à la convention du 29 décembre 1887 et à la loi du 10 mars 1891. » (Rapport au Président de la République.)

Depuis le décret de 1892 et bien que la délimitation des propriétés ne soit pas terminée, des pétitions ont été signées en vue de la suppression immédiate des juridictions indigènes. Jusqu'à présent il ne leur a pas été donné satisfaction ; le gouvernement français ne le peut de lui-même, puisqu'il s'est engagé à respecter l'existence de ces juridictions tant que la condition suspensive de leur disparition subsistera. Il faudrait, semble-t-il, qu'une nouvelle convention soit passée entre lui et les signataires survivants de la convention du 29 décembre 1887 pour qu'il puisse, sans outrepasser ses droits, substituer entièrement les tribunaux français aux conseils de district et à la haute cour des *toohitu*. Mieux vaut peut-être hâter les opérations de partage des propriétés et la solution des contestations qu'elles provoqueront.

Défenseurs. — Le corps des défenseurs a été réglementé par un arrêté local du 16 juin 1870 et réorganisé par un second arrêté du 17 mai 1886. — Leur nombre n'est pas limité et les parties peuvent se défendre elles-mêmes et représenter leurs cohéritiers, consorts, associés et proches parents.

Les défenseurs doivent avoir 25 ans, être Français, pourvus du diplôme de licencié en droit ou avoir subi un examen d'aptitude, et justifier de leur moralité. — Actuellement, il y a quatre défenseurs à Papeete.

Huissiers. — Il y a un huissier et un huissier suppléant à Papeete ; en dehors de cette ville, les gendarmes détachés dans les postes en remplissent les fonctions.

Commissaire-priseur. — Il n'y a dans la colonie qu'un commissaire-priseur dont le service a été réglementé par arrêté du 20 août 1885.

Notaires. — Avant le décret du 9 juillet 1890, il n'existait pas de notaire spécial. Ces fonctions étaient confiées exclusivement aux greffiers de Papeete et des tribunaux de paix. Le décret précité de 1890 dispose, dans ses articles 25 et 26, que le greffier institué près le tribunal supérieur et près le tribunal de 1re instance de Papeete cesse de remplir les fonctions de notaire qui lui étaient attribuées par l'article 40 du décret du 18 août 1868.

Lesdites fonctions sont remplies aujourd'hui à Papeete par un officier public, nommé par le ministre des colonies.

L'article 91 de la loi de finances du 28 avril 1816 n'étant pas applicable aux notaires, il ne peut, en conséquence, présenter un successeur.

Les règles du notariat en Océanie sont les mêmes que dans les autres colonies.

Indo-Chine. — Cochinchine. — La première organisation de la justice française en Cochinchine date du décret du 25 juillet 1864. Ce pays est, de tous nos établissements, celui où le service de la justice a été le plus souvent modifié dans les 30 dernières années, aussi nous bornerons-nous à une indication succincte des nombreux décrets d'organisation judiciaire qui le concernent et qui n'ont qu'un intérêt historique ; nous indiquerons simplement le caractère principal de chacun d'eux.

Le décret du 25 juillet 1864 laissa coexister les deux ordres de juridictions française et indigène, fonctionnant parallèlement dans une indépendance à peu près complète l'un vis-à-vis de l'autre sur tout le territoire de la Cochinchine. Seulement à Saïgon et dans un périmètre considéré comme devant être plus particulièrement le siège de l'élément européen, l'action de la justice française s'exerça, à l'exclusion de toute autre, en matière de simple police, correctionnelle et criminelle ; le bénéfice de la loi indigène ne fut conservé aux Annamites de cette circonscription que pour les affaires civiles et commerciales dans lesquelles ils étaient seuls parties intéressées.

En dehors de ce territoire, l'action judiciaire fut répartie de la façon suivante :

Toutes les affaires civiles, commerciales, de simple police et de police correctionnelle furent déférées, mais en premier ressort seulement, à l'inspecteur des affaires indigènes, chargé de l'administration de la province. Les appels contre ses jugements, ainsi que toutes les affaires criminelles où un Européen était intéressé à quelque titre que ce soit et dans quelque lieu de la colonie où le crime ait été commis, furent de la compétence exclusive de la juridiction française. Enfin, pour toutes les affaires tant au civil qu'au criminel qui ne concernaient que des Asiatiques, la loi et la justice indigènes conservaient leur empire ; les tribunaux établis par le Code annamite furent maintenus.

L'exercice de la justice indigène ne tarda pas à passer dans les mains des inspecteurs et administrateurs français (14 janvier 1865) avec faculté d'appel, d'abord devant le gouverneur, puis, après le décret du 3 avril 1880, devant la cour d'appel.

Le décret de 1864 donnait à un procureur impérial, chef du service judiciaire, l'exercice de l'action publique dans le ressort des tribunaux français et lui attribuait ainsi qu'à son substitut les fonctions de ministère public près des juridictions de première instance et d'appel.

A Saïgon et dans la banlieue déterminée par arrêté du gouverneur, un tribunal de première instance, composé d'un juge et d'un greffier, prononça sur les affaires civiles, de simple police et correctionnelles ; un tribunal de commerce, comprenant cinq notables commerçants, résidant depuis au moins un an dans la colonie, remplit les fonctions attribuées en France aux tribunaux de commerce ; un tribunal supérieur, composé d'un juge-président, statua sur : 1° les appels formés contre les jugements de première instance concernant des demandes excédant 1,500 fr. de capital ou 60 fr. de revenu, ou prononçant des peines correctionnelles ; 2° sur les demandes en annulation pour incompétence, excès de pouvoir ou violation de la loi, en matière de simple police.

Constitué en tribunal criminel, le tribunal supérieur connut pour tout le ressort de Saïgon à l'égard de tous les individus et en dehors de ce ressort à l'égard des Européens seulement, de toutes les affaires qui sont portées en France devant les cours d'assises.

Dans ce dernier cas, le juge-président fut assisté du juge de première instance, de l'un des membres du conseil de guerre à la désignation du gouverneur, et de deux assesseurs désignés par la voie du sort sur une liste de dix notables, dressée chaque année par le gouverneur.

Les assesseurs n'avaient voix délibérative que sur la question de culpabilité. Trois voix étaient nécessaires pour qu'il y eût condamnation. Le recours en cassation n'était pas ouvert.

Les crimes et délits ayant un caractère insurrectionnel pouvaient être déférés au conseil de guerre. Le gouverneur ordonnait l'exécution des peines, même celle de mort, ou accordait des sursis permettant de transmettre un recours en grâce au chef de l'État.

Les fonctions de greffier près le tribunal supérieur et le tribunal cricriminel étaient remplies par le greffier du tribunal de première instance, auquel étaient, de plus, conférées les attributions de notaire. Dans les provinces, des fonctionnaires désignés par le gouverneur remplaçaient ces officiers ministériels.

Un décret du 10 novembre 1866 adjoignit au tribunal de première instance un lieutenant de juge spécialement chargé du service de l'instruction. Un autre décret du 7 mars 1868 substitua *une cour d'appel,* composée d'un président, de deux conseillers et d'un conseiller auditeur, au tribunal supérieur de Saïgon, et créa le poste de procureur général chef du service judiciaire. Le recours en cassation fut ouvert en matière civile et commerciale et seulement dans l'intérêt de la loi en matière criminelle. Divers autres décrets instituèrent un emploi de substitut du procureur général (17 avril 1871), deux emplois de juge suppléant au tribunal de première instance de Saïgon (10 mars 1873), et une *justice de paix ordinaire* avec un juge et un greffier (15 mai 1875).

Entre temps un arrêté du chef du pouvoir exécutif, en date du 23 août 1871, avait défini les habitants de race asiatique qui sont soumis à la loi annamite ; cet arrêté qui est toujours en vigueur porte dans son article 1er que :

« Les Asiatiques qui, aux termes du décret du 25 juillet 1864,
« sont soumis à la loi annamite, sont : les Chinois, les Cam-
« bodgiens, les Minh-Huongs, les Siamois, les Moïs, les Chams,
« les Stiengs, les Sang-Mêlés, Malais de Chaudoc. Tous les
« autres individus, à quelque race qu'ils appartiennent, sont
« soumis à la loi française. »

Un décret du 25 juin 1879 réglementa le pourvoi en annulation, devant la cour d'appel de Saïgon, contre les jugements rendus en dernier ressort par les tribunaux de simple police et ouvrit le recours en cassation contre les arrêts et jugements, rendus en dernier ressort par la cour et les tribunaux français de la Cochinchine en matière criminelle et correctionnelle.

Pendant les années 1880 et 1881, la justice fut réorganisée complètement. Un décret du 13 mars 1880 fixa à nouveau, comme suit, la composition et les attributions du *tribunal de commerce* :

Le *tribunal de commerce* de Saïgon est composé d'un président, de quatre juges et de trois juges suppléants.

Les membres du tribunal de commerce sont élus pour deux ans par les commerçants français, indigènes et étrangers, asiatiques ou autres. Ils sont indéfiniment rééligibles.

Les jugements sont rendus par trois juges. Les juges suppléants ne font partie du tribunal que pour remplacer les membres titulaires, absents, malades ou empêchés. Ils peuvent cependant être chargés des faillites, des enquêtes et autres délégations de justice. Les fonctions de juges de commerce sont gratuites. Un greffier est attaché au tribunal de commerce.

Sont éligibles aux fonctions de juge et de suppléant, sauf les cas d'incapacité et d'incompatibilité prévus par les lois et règlements :

1° Les électeurs français âgés de 25 ans accomplis et domiciliés au moment de l'élection dans le ressort du tribunal ;

2° Les capitaines au long cours et les maîtres au cabotage, remplissant les mêmes conditions d'âge et de nationalité, ayant commandé des navires pendant cinq ans et domiciliés depuis deux ans dans le ressort du tribunal ;

3° Les électeurs indigènes âgés de 25 ans accomplis sachant lire, écrire et parler le français et qui figurent sur une liste spéciale d'éligibilité, dressée par la commission chargée d'établir les listes électorales.

Le tribunal de commerce connaît des affaires commerciales des Français ou Européens et assimilés entre eux, ou avec les indigènes et assimilés. Son ressort est le même que celui des autres tribunaux français de Cochinchine. Toutefois, en matière de navigation, il s'étend sur tout le cours de la rivière de Saïgon, entre cette ville et la mer et sur le littoral maritime de la colonie.

Le décret du 13 mars 1880 n'a pu être encore appliqué en raison de la difficulté de recrutement des juges consulaires.

En fait, le tribunal de première instance de Saïgon, comme la plupart des tribunaux des colonies, exerce la juridiction commerciale.

Un autre décret du 3 avril 1880 institua à la cour d'appel une 2ᵉ chambre pour le service de la justice indigène, qui fut profondément modifié ; le 28 mai de la même année, le personnel de la cour d'appel fut complété par un vice-président et un 2ᵉ substitut. Le rapport au Président de la République, qui précéda le premier de ces décrets, expose les motifs et l'économie de cette réforme :

« L'article 13 § 2 du décret du 25 juillet 1864, portant organisation de l'administration de la justice en Cochinchine, a investi les administrateurs des affaires indigènes dans les provinces de la connaissance des affaires civiles et criminelles intéressant les Annamites ; le statut personnel de ces derniers étant respecté, ces fonctionnaires, successeurs, pour ainsi dire, de l'administration antérieure à la conquête, doivent se conformer dans leurs décisions aux prescriptions de la loi annamite. Leurs arrêts ne sont attaquables que devant le gouverneur, investi à cet égard des pouvoirs appartenant aux anciens souverains du pays et ayant exclusivement le droit de faire grâce.

« Ces dispositions, prises au lendemain de la conquête et qui confondaient les attributions judiciaires et administratives, étaient justifiées à cette époque par notre situation dans le pays ; il importait en effet de maintenir à l'autorité locale la puissance nécessaire pour réprimer vigoureusement les tentatives de révolte et les crimes de piraterie ; d'autre part, il eût été dangereux de rompre trop brusquement avec les habitudes des indigènes accoutumés à porter leurs contestations devant le chef de la province. Le temps, en faisant connaître peu à peu à la population annamite les principes de notre civilisation, l'a mise à même d'apprécier les formes tutélaires de notre justice et d'en souhaiter l'application à son profit.

« Le moment me semble donc venu d'introduire nos formes judiciaires dans l'administration de la justice indigène, de manière à retirer aux décisions des juges le caractère arbitraire qu'on peut leur reprocher, sans toutefois enlever aux Annamites le droit d'être jugés d'après leurs lois particulières.

« Déjà un premier pas a été fait dans cette voie, le décret du 7 novembre 1879, en décidant que les fonctions judiciaires seraient exercées non plus comme autrefois par le chef de l'arrondissement, mais par un administrateur exclusivement affecté au service de la justice, a posé le principe de la séparation des pouvoirs administratif et judiciaire. Pour compléter cette réforme, il convenait de substituer à la juridiction gracieuse du gouverneur, une juridiction d'appel, chargée de connaître des jugements rendus par les tribunaux indigènes.

« Guidé par cette pensée, M. le gouverneur de la Cochinchine a pris, à la date du 6 octobre dernier, un arrêté portant organisation d'un tribunal supérieur indigène. Cet acte, bien que constituant une amélioration par rapport à l'état antérieur, a l'inconvénient de maintenir dans la colonie deux juridictions entre lesquelles les conflits ne tarderaient pas à naître, et de tenir éloignés de la justice française et de son influence civilisatrice nos sujets de l'Extrême-Orient. J'estime qu'il serait plus conforme à l'esprit de progrès d'attribuer à la cour de Saïgon la connaissance des appels en matière indigène, conformément à la règle suivie à cet égard en Algérie et dans nos possessions de l'Inde et du Sénégal.

« Le projet de décret que j'ai l'honneur de soumettre à votre signature a été préparé dans ce sens.

« L'article 1ᵉʳ décide que la cour de Saïgon comprendra deux chambres, entre lesquelles les affaires seront réparties par le président de la cour, ainsi que cela se pratique dans la métropole. Toutefois des considérations particulières et la nécessité d'éclairer, à ses débuts, la magistrature sur des points de droit indigène m'ont déterminé à lui adjoindre provisoirement des juges spéciaux, ayant fait une étude particulière de la législation annamite.

« J'ai été naturellement amené à confier au procureur général l'exercice de l'action criminelle dans toute la colonie ; du moment que la cour se trouve saisie de l'appel des jugements rendus par les tribunaux indigènes, il est naturel que son parquet ait la haute direction du service judiciaire dans tous les degrés de juridiction de notre possession de Cochinchine.

« Les articles 3, 4, 5, 6 et 7 traitent des différentes procédures qui pourront être portées devant la cour, soit en appel, soit en annulation, soit en règlement de juges. Sur ce dernier point, une innovation a été introduite, qui consiste à donner à la cour le droit de régler de juges en cas de conflit entre les tribunaux indigènes entre eux ou entre les tribunaux indigènes et le tribunal français.

« Enfin, j'ai pensé qu'il n'était plus nécessaire de conserver au gouverneur le droit de grâce ou de commutation en matière indigène et qu'il convenait d'appeler, dès à présent, les Annamites à bénéficier des dispositions qui protègent à cet égard les Européens. »

Les articles 3 et 4 du décret du 3 avril 1880 décident en conséquence que :

La cour connaît de l'appel formé par le ministère public ou par les parties intéressées : 1° contre les jugements rendus par les tribunaux indigènes en matière civile et commerciale, lorsqu'ils statuent sur des demandes qui excèdent 1,500 fr. de valeur déterminée ou 60 fr. de revenu ; 2° contre tous les jugements rendus par les tribunaux indigènes en matière correctionnelle et criminelle.

En matière criminelle, les jugements dont il n'aura pas été fait appel, ne seront définitifs qu'après l'homologation de la cour.

Les jugements en dernier ressort, rendus en toute matière par les tribunaux indigènes, peuvent être attaqués devant la cour par la voie de l'annulation, et les arrêts de la cour statuant en matière indigène par le recours en cassation.

En matière criminelle, deux assesseurs indigènes étaient adjoints à la cour avec voix consultative.

L'organisation résultant des décrets précédents fut entièrement refondue par les décrets du 25 mai 1881, qui opérèrent la séparation des pouvoirs, en enlevant aux administrateurs les fonctions de juge qu'ils tenaient des décrets de 1864 et de 1880, et en ne leur laissant que les moyens de réprimer par voie disciplinaire les infractions spéciales aux indigènes dont le jugement, par les tribunaux ordinaires, était jugé impraticable vu l'étendue des circonscriptions.

Les décrets de 1881 portent donc (articles premiers) que :

Dans les possessions françaises de la Cochinchine, la justice est rendue par des tribunaux de paix, des tribunaux de première instance et de commerce et une cour d'appel. Les administrateurs des affaires indigènes continuent de statuer, par voie disciplinaire, sur les infractions commises par les Annamites non citoyens français et ceux qui leur seront assimilés, contre les arrêtés du gouverneur. Ils prononcent les peines édictées par ces arrêtés, jusqu'au maximum de huit jours de prison et de 50 fr. d'amende.

Leurs décisions peuvent être déférées au gouverneur, en conseil privé.

L'internement des Asiatiques et des indigènes non citoyens français et le séquestre de leurs biens peuvent être ordonnés par le gouverneur, en conseil privé. Les arrêtés rendus à cet effet sont soumis à l'approbation du ministre des colonies. Ils sont exécutoires par provision.

Ces dispositions, édictées pour dix ans, ont été prorogées d'abord pour un an par décret du 26 juin 1891, puis pour une nouvelle période de dix années par décret du 31 mai 1892, modifié par un autre acte réglementaire du 3 septembre 1893.

Les décrets du 25 mai 1881 maintinrent les tribunaux de paix et de commerce de Saïgon, créés les 15 mai 1875 et 13 mars 1880, et instituèrent des tribunaux de 1re instance, non seulement à Saïgon, mais encore à Binh-Hoa, Mytho, Bentré, Vinh-Long, Chaudoc et Soctrang, qui, outre leurs attributions ordinaires, firent office de justices de paix et de tribunaux de commerce dans les provinces.

Le tribunal de Saïgon comprit un juge-président, un lieutenant de juge, quatre juges suppléants, un procureur de la République, un substitut, un greffier et des commis-greffiers ; les juridictions des provinces étaient composées d'un juge-président, un lieutenant de juge, un procureur de la République et un greffier, remplissant les fonctions de notaire et de commissaire-priseur ; à Binh Hoa, Mytho et Bentré, un juge suppléant leur était adjoint.

La compétence en premier et dernier ressort des tribunaux de première instance de la Cochinchine fut bornée, en matière civile, aux actions concernant 1,500 fr. de capital ou 100 fr. de revenu, en matière correctionnelle, aux contraventions de simple police (le siège de Saïgon n'était appelé à en connaître qu'en cas d'appel contre les jugements du juge de paix). Toutes les autres affaires pouvaient être déférées en appel devant la cour siégeant à Saïgon, et dont le ressort s'étendit sur toute la colonie. Celle-ci fut composée d'un président, un vice-président, cinq conseillers, quatre conseillers-auditeurs, un greffier et des commis-greffiers. Les fonctions du ministère public furent remplies par un procureur général et deux substituts ; le poste d'avocat général fut en plus créé par décret du 8 mai 1883.

La cour d'appel comprit deux chambres ; la deuxième fut plus particulièrement chargée des affaires civiles et commerciales entre indigènes.

Pour le jugement des crimes, des cours criminelles durent siéger tous les trois mois dans chaque chef-lieu d'arrondissement judiciaire. Celle de Saïgon resta composée de trois conseillers, dont un remplissant les fonctions de président, et de deux assesseurs ; celles de provinces étaient composées d'un conseiller à la cour d'appel, président, de deux magistrats désignés parmi les juges du siège et de deux assesseurs. Les fonctions du ministère public étaient remplies : à Saïgon, par le procureur général et ses substituts ; dans les provinces, par ces mêmes magistrats ou le procureur de la République. Le greffier de la cour d'appel ou du tribunal et des commis-greffiers tenaient la plume devant la cour criminelle. Quant aux assesseurs, ils étaient tirés au sort : 1° sur une liste de vingt notables français, domiciliés dans les arrondissements de Saïgon ou de Cholon, si les accusés étaient Européens ; 2° sur une liste de vingt notables indigènes, si les accusés étaient indigènes asiatiques.

Un décret du 5 mars 1884 régla la procédure devant ces cours criminelles.

Les décrets de 1880, de 1881 et de 1884 ont réalisé un progrès considérable dans le sens du rapprochement des coutumes judiciaires de la Cochinchine de celles des autres colonies. De nombreux règlements ont, depuis, modifié l'organisation qu'ils avaient créée, mais le système appliqué aujourd'hui encore avec succès n'en est que le développement.

Quoique les tribunaux français réguliers aient été substitués aux juridictions indigènes, il serait inexact de dire que celles-ci ont complètement disparu.

La commune annamite (Lang ou Thôn) est administrée par un conseil de notables, qui se recrutent entre eux par voie d'élection et d'incorporation.

A la tête de ce conseil municipal, qui est responsable de la sûreté publique, du paiement des impôts et du recrutement des soldats tirailleurs (linh tap), se trouvent des notables dits Majeurs, le Huong-Than, le Huong-Hao et le Xa ou Thôn-Truong, ce dernier remplissant les fonctions de maire et d'huissier en matières civile et criminelle indigène.

Ces trois notables peuvent être appelés à régler, à l'amiable, des différends civils peu importants. Il est d'usage, en pays annamite, que chacune des parties en cause offre à l'arbitre improvisé quelques bouteilles de choum-choum (ruou an-nam, alcool de riz), et quelquefois des poulets, des canards ou une tête de porc laqué, etc. Mais ces « épices » d'un genre particulier conviennent plutôt au chef ou au sous-chef du canton (cai tông, pho tông) devant lequel se présentent quelquefois les parties, qui, peu désireuses de courir l'aléa d'un procès, préfèrent s'arranger à l'aide d'un compromis.

Depuis que les arrêtés et les décrets ont transféré l'administration de la justice, des mains des administrateurs, en celles des magistrats compétents, la question de savoir si ces tribunaux au petit pied ont encore une compétence légale[1] ne semble plus controversable.

Le service de la justice en Cochinchine fut réorganisé par le décret du 9 novembre 1886 qui supprima le tribunal de première instance de Binh-Hoa ; un premier lieutenant de juge fut institué à Saïgon ; le juge suppléant de Bentré fut transporté à

---

1. Voir toutefois l'*Étude pratique de la législation civile annamite*, par M. Paul Denjoy, magistrat en Cochinchine.

Mytho et sept justices de paix à compétence étendue furent créées à Baria, Bien-Hoa, Cantho, Long-Xuyen, Rach-Gia, Tayninh et Travinh. Ces tribunaux de paix eurent la même compétence que ceux de première instance.

Les fonctions du ministère public furent remplies par des commissaires de police.

Un décret du 26 juillet 1885 a organisé un corps spécial de commis-greffiers. Ceux-ci sont recrutés par le chef du service judiciaire et nommés par le gouverneur.

Un autre décret du 15 septembre 1887 apporta encore des modifications au régime existant, tout en reproduisant les principales dispositions des décrets de 1881 et de 1886. Dans un but d'économie, la plupart des tribunaux de 1re instance furent remplacés par des justices de paix à compétence étendue ; seuls, ceux de Saïgon et de Vinh-Long furent maintenus. Les tribunaux des provinces devaient tenir des audiences foraines tous les mois dans les arrondissements de leur ressort.

Enfin le mode d'évaluation des actions immobilières entre indigènes fut modifié ; au lieu d'être fixé soit par acte de vente, constitution de rente ou prix de bail, l'estimation fut faite par les parties ou, s'il y avait désaccord entre elles, par le chef de canton.

Les modifications apportées par le décret du 15 septembre 1887 à l'organisation judiciaire de la Cochinchine, ne tardèrent pas à être l'objet de vives critiques. On dut surseoir même à sa promulgation et à la suppression du tribunal de première instance de Mytho. L'action du ministère public et la police judiciaire étaient insuffisamment exercées. Le Gouvernement essaya par décret du 5 juillet 1888 de remédier à cet état de choses, en rétablissant à Mytho un tribunal de 1re instance et en réduisant à trois le nombre des cours criminelles, afin que les procureurs de la République ne fussent pas astreints à des déplacements continuels, pour aller porter la parole aux assises.

Un décret du 18 septembre 1888 régla à nouveau la procédure devant les cours et tribunaux de l'Indo-Chine, particulièrement le pouvoir discrétionnaire des présidents des cours criminelles, les récusations et la procédure de contumace.

Ce n'est que par un décret du 17 juin 1889 que le service judiciaire fut complètement réorganisé d'après un système analogue à celui du décret du 25 mai 1881. Le rapport qui précède le décret de 1889 expose brièvement les motifs des réformes qu'il a apportées :

« L'article 11 du décret du 15 novembre 1887, portant réorganisation du service de la justice en Cochinchine, avait investi les commissaires de police des fonctions du ministère public près les justices de paix à compétence étendue.

« Le procureur général n'avait, par suite, comme auxiliaires directs dans l'intérieur, pour l'exercice de l'action publique, que ses deux substituts de Vinh-Long et de Mytho.

« Mon prédécesseur, trouvant insuffisant le nombre des magistrats du parquet et désireux d'assurer d'une façon plus effective la poursuite et la répression des délits, reconnut la nécessité de placer auprès de chaque justice de paix un magistrat spécialement chargé de représenter le ministère public.

« L'article 7 du décret du 18 septembre 1888 décida, en conséquence, que des juges suppléants ou des attachés de parquet, désignés par le gouverneur général, rempliraient auprès des tribunaux de paix les fonctions du ministère public et exerceraient les attributions de la police judiciaire. Comme conséquence, un arrêté du 19 octobre dernier porta de cinq à huit le nombre des attachés de parquet du procureur général. L'application plus complète de cette heureuse innovation me paraît de nature à donner les meilleurs résultats au point de vue du bon fonctionnement de la justice.

« Je m'en suis inspiré pour la préparation du décret ci-joint, qui, sans rien changer à l'esprit du système actuellement en vigueur, n'a pour but que d'en faciliter et d'en améliorer les conditions d'application.

« Afin d'éviter les froissements qui peuvent survenir entre des fonctionnaires, appartenant à des degrés différents de la hiérarchie et devant avoir fréquemment des relations de service, la substitution des tribunaux de première instance aux justices de paix me paraît nécessaire.

« L'inégalité de situation entre les membres d'un tribunal de première instance et les fonctionnaires de l'administration est, en effet, moindre qu'entre ces derniers et de simples attachés de parquet ou juges suppléants.

« Il n'y a d'exception à ce principe que pour trois arrondissements très rapprochés de Saïgon, et qui se trouvent rattachés au tribunal de première instance de cette ville.

« Cette substitution aurait, en outre, l'avantage de rapprocher la justice des justiciables, et de donner à la Cochinchine une organisation judiciaire uniforme, définitive et cadrant avec les divisions administratives de la colonie.

« Ces modifications qui seront certainement bien accueillies des justiciables, en raison des avantages et des garanties qu'elles leur donnent, n'entraînent pour le budget local qu'une très faible augmentation de dépenses. Celle-ci sera facilement couverte par l'extension à tous les tribunaux du tarif judiciaire de Saïgon, qui n'a été appliqué jusqu'à ce jour qu'au ressort du tribunal de cette ville.

« En vue de faciliter l'application du nouveau système, j'ai cru devoir réunir, dans un seul acte, toutes les dispositions concernant l'administration de la justice, afin de permettre l'abrogation pure et simple des décrets antérieurs, dont quelques-uns sont déjà en partie abrogés. »

Le décret du 17 juin 1889 établit, en conséquence, que dans les possessions françaises de Cochinchine, la justice est rendue par une justice de paix, par des tribunaux de première instance et de commerce, par la cour d'appel de l'Indo-Chine et par des cours criminelles.

Les audiences sont publiques en matières civile et criminelle, à moins que cette publicité ne soit dangereuse pour l'ordre et pour les mœurs; le tribunal ou la cour doit le déclarer par un jugement ou arrêt préalable.

Dans tous les cas, les jugements ou arrêts sont prononcés publiquement et doivent être motivés, à peine de nullité.

Justice de paix. — Le ressort de la justice de paix de Saïgon comprend le territoire de la ville de Saïgon et les arrondissements de Cholon, Gia-Dinh et Baria. Le tribunal de paix de Saïgon est composé d'un juge de paix, d'un greffier et, si les besoins l'exigent, d'un commis assermenté. La compétence et le fonctionnement du tribunal de paix de Saïgon sont déterminés conformément aux règles qui régissent les justices de paix de France.

Tribunaux de première instance. — Le ressort du *tribunal de première instance de Saïgon* comprend le territoire de la ville de Saïgon, les arrondissements de Cholon, Gia-Dinh et Baria.

Dans chacun des autres arrondissements de Cochinchine siège un tribunal de première instance.

Les tribunaux de première instance de l'intérieur sont divisés en trois classes, savoir : 2 de 1re classe : Mytho et Vinh-Long ; 4 de 2e classe : Bentré, Bien-Hoa, Sadec et Chaudoc ; 8 de 3e classe : Canthô, Travinh, Long-Xuyen, Tananh, Gocong [1], Soctrang, Tay-Ninh et Bac-Lieu.

Le tribunal de première instance de Saïgon est composé de : 1 juge-président, 1 lieutenant de juge, 8 juges suppléants, 1 procureur de la République, 1 substitut, 1 greffier, 1 ou plusieurs commis assermentés.

Les tribunaux de l'intérieur sont composés d'un juge, d'un procureur de la République, d'un greffier, et, si les besoins du service l'exigent, d'un commis assermenté. Le greffier remplit les fonctions de notaire et de commissaire-priseur.

Des interprètes assermentés sont spécialement attachés au service des divers tribunaux et répartis, selon les besoins, par arrêté du gouverneur général, sur la proposition du procureur général, chef du service judiciaire en Indo-Chine.

Les fonctions du ministère public sont exercées, devant le tribunal de Saïgon par le procureur de la République et son substitut, devant les tribunaux de l'intérieur par les procureurs de la République.

L'administrateur des îles de Poulo-Condor exerce dans ces îles les attributions de juge, et son secrétaire d'arrondissement celles d'officier du ministère public.

La loi annamite régit toutes les conventions et toutes les contestations civiles et commerciales entre indigènes et Asiatiques ; toutefois la déclaration, faite dans un acte par lesdits

---

[1]. Par décret du 20 septembre 1892, à la suite d'une épidémie de fièvres, le tribunal de première instance de Gocong a été provisoirement supprimé et son ressort a été rattaché à celui de Tananh.

indigènes ou Asiatiques qu'ils entendent contracter sous l'empire de la loi française, entraîne l'application de cette loi.

La loi française régit toutes les conventions et toutes les contestations civiles et commerciales entre Européens ou entre Européens et Asiatiques ou assimilés [1].

Art. 17. — En matière civile, les tribunaux de première instance connaissent, en premier et en dernier ressort, de toutes actions personnelles et mobilières jusqu'à la valeur de 1,500 fr. en principal, et des actions immobilières jusqu'à 100 fr. de revenu, déterminé par la déclaration des parties, ou, en cas de désaccord, par l'estimation faite, sans frais, par le chef de canton du lieu de la situation des immeubles litigieux; à charge d'appel de toutes les autres actions.

En matière commerciale, la compétence est déterminée par le titre II du livre IV du Code de commerce [2].

En matière correctionnelle, ils connaissent de tous les délits.

Art. 18. — Les juges des tribunaux de l'intérieur remplissent, en outre, les fonctions et font tous les actes tutélaires attribués aux juges de paix par la loi française, tels que les appositions et levées de scellés, les avis de parents, les actes de notoriété et autres actes qui sont dans l'intérêt des familles. Ils sont juges de simple police et, en cette qualité, connaissent en dernier ressort de toutes les contraventions. Ils sont, de plus, chargés de l'instruction des affaires criminelles, ainsi qu'il est dit à l'article 52 ci-après.

Cour d'appel. — Art. 19. — La cour d'appel de l'Indo-Chine française a son siège à Saïgon.

Elle est composée d'un président, d'un vice-président, de sept conseillers, d'un greffier, et de commis-greffiers assermentés, dont le nombre est déterminé par le gouverneur général, sur la proposition du procureur général, suivant les besoins du service. Les fonctions du ministère public près la cour d'appel de l'Indo-Chine sont remplies par le procureur général, assisté d'un avocat général et de deux substituts [3].

Art. 20. — La cour comprend deux chambres, entre lesquelles sont réparties les affaires d'après la distribution qui en est faite par le président.

---

1. Voir arrêté du chef du pouvoir exécutif du 23 août 1871 (p. 362).
2. Le tribunal de commerce de Saïgon n'est pas supprimé par cette disposition, qui concerne spécialement les tribunaux des provinces.
3. Des licenciés en droit sont aussi attachés au parquet du procureur général; concurremment avec les juges suppléants du tribunal de Saïgon, ils remplacent les magistrats absents ou empêchés.

La deuxième chambre est plus spécialement chargée des affaires civiles et commerciales entre indigènes.

La cour se constitue, en outre, en chambre des appels correctionnels pour prononcer sur les affaires mentionnées dans les articles 22, 23 et 24.

Le service de la chambre correctionnelle ne dispense pas du service des chambres civiles.

Art. 21. — En matière civile et commerciale, la cour connaît :

1° Des appels formés contre les jugements rendus en premier ressort par les tribunaux de première instance et de commerce de la Cochinchine ;

2° Des appels formés contre les jugements rendus en premier ressort par les juridictions françaises établies en Extrême-Orient, soit dans les pays soumis au protectorat de la France, soit dans les consulats français [1].

Art. 22. — En matière correctionnelle, la cour connaît des appels des jugements rendus par les tribunaux correctionnels de la Cochinchine et par les juridictions françaises établies dans les pays soumis au protectorat de la France en Indo-Chine [1].

Art. 23. — Conformément à la loi du 28 avril 1869, la cour d'appel de la Cochinchine connaît :

1° Des appels des jugements rendus en matière civile, commerciale et de police correctionnelle par les tribunaux consulaires français en Chine, dans le royaume de Siam et au Japon ;

2° Des crimes commis dans les mêmes contrées par des sujets français.

Art. 24. — Les jugements en dernier ressort rendus par les tribunaux de simple police et les tribunaux de première instance, jugeant en matière indigène, peuvent être attaqués devant la cour d'appel par la voie de l'annulation, dans les formes et conditions déterminées par le décret du 25 juin 1879.

Sont applicables aux arrêts de la cour, statuant en matière indigène, les dispositions de l'article 5, paragraphe 1ᵉʳ, du décret du 7 mars 1868 et celles du titre II du décret du 25 juin 1879, concernant le recours en cassation.

Art. 25. — Les chambres civiles et la chambre des appels de police correctionnelle ne peuvent rendre arrêt qu'au nombre de trois juges au moins. Lorsque la cour connaît des demandes en annulation, elle doit être composée de cinq membres au moins. En audience solennelle, les arrêts doivent être rendus par cinq magistrats au moins.

---

1. Depuis le décret du 13 janvier 1891, instituant une cour d'appel à Hanoï, sa juridiction ne s'étend plus sur l'Annam et le Tonkin.

Art. 26. — L'assemblée générale de la cour se compose de tous les membres de la cour. La cour ne peut prendre de décision qu'au nombre de cinq magistrats au moins. Les décisions sont prises à la simple majorité. En cas de partage, le magistrat le plus jeune se retirera.

Art. 27. — L'assemblée générale de la cour se tient en chambre du conseil et à huis clos, et n'a lieu que sur la convocation du président, faite d'accord avec le chef du service judiciaire, ou sur les réquisitions du procureur général, ou sur l'ordre du gouverneur général.

Le greffier de la cour assiste aux assemblées générales et y tient la plume.

Cours criminelles. — Les crimes commis sur le territoire de la Cochinchine française sont déférés à des cours criminelles siégeant à Saïgon, Mytho et Vinh-Long.

Les crimes commis par des Français ou autres Européens au Cambodge ou par des sujets asiatiques français au préjudice soit des Français ou autres Européens, soit d'Asiatiques sujets français, sont déférés à la cour criminelle de Saïgon.

Le ressort de la cour criminelle de Saïgon s'étend sur les arrondissements de Cholon, Gia-Dinh, Tay-Ninh, Bien-Hoa, Baria et les îles de Poulo-Condor.

Le ressort de la cour criminelle de Mytho s'étend sur les arrondissements de Mytho, Gocong, Tananh, Bentré et Travinh.

Le ressort de la cour criminelle de Vinh-Long s'étend sur les arrondissements de Vinh-Long, Sadec, Canthô, Chaudoc, Long-Xuyen, Soctrang et Bac-Lieu.

Art. 31. — La cour criminelle de Saïgon se compose, indépendamment du greffier de la cour ou de l'un de ses commis assermentés, comme suit :

1° Trois conseillers à la cour, dont l'un remplit les fonctions de président; toutefois et au cas où les besoins du service l'exigeraient, le gouverneur général peut, exceptionnellement, sur la proposition du procureur général, désigner un magistrat de première instance au lieu et place de l'un des deux conseillers assesseurs;

2° Deux assesseurs désignés par la voie du sort sur une liste de vingt notables français, domiciliés dans les arrondissements de Saïgon, Cholon et Gia-Dinh, lorsqu'il s'agit d'accusés européens.

Lorsqu'il s'agit de juger des accusés annamites ou asiatiques, les assesseurs sont indigènes.

Trois voix sont nécessaires pour qu'il y ait condamnation.

Art. 32. — La liste des assesseurs européens est dressée chaque année, dans la seconde quinzaine de décembre, par une commission composée du directeur du service local ou du secrétaire général, président, du président du tribunal de première instance, d'un membre du conseil colonial et d'un membre du conseil municipal désignés par ces assemblées.

Art. 33. — La liste des assesseurs indigènes est dressée chaque année à la même époque par le directeur du service local, sur la proposition du procureur de la République du siège de la cour.

Cette liste est approuvée par le gouverneur général en conseil privé.

Art. 34. — Une liste complémentaire de dix notables, pour chaque catégorie d'accusés, est dressée dans les mêmes conditions.

En cas d'insuffisance des notables de la liste principale, par suite de décès, d'incapacité ou d'absence de la colonie, le président de la cour criminelle pourvoit à son remplacement par simple ordonnance.

Il complète la liste des vingt notables en suivant l'ordre d'inscription sur la liste complémentaire.

Art. 35. — Les mêmes membres peuvent être indéfiniment inscrits sur les listes dressées chaque année. Nul ne peut être inscrit sur la liste des notables s'il ne jouit de ses droits civils et politiques.

Art. 36. — Les fonctions d'assesseur sont incompatibles avec celles de membre du conseil privé, de membre de l'ordre judiciaire, de ministre d'un culte quelconque et de militaire en activité de service dans les armées de terre et de mer.

Art. 37. — Dans les ressorts autres que celui de la cour de Saïgon, la cour criminelle se compose : 1° d'un conseiller à la cour d'appel, président ; 2° du juge du siège de la cour criminelle ; 3° d'un magistrat désigné par le procureur général, pris parmi les juges ou juges suppléants ; 4° de deux assesseurs, choisis par la voie du sort sur une liste de vingt notables indigènes, dressée comme il est dit aux articles 32 et 36 ci-dessus. Lorsqu'il s'agit de juger des accusés européens, les deux assesseurs sont désignés, par la voie du sort, sur la liste des notables français de Saïgon ; 5° du greffier du tribunal, siège de la cour criminelle.

Art. 38. — Les fonctions du ministère public près les cours criminelles sont remplies :

1° A Saïgon, par le procureur général ou ses substituts ;

2° Dans l'intérieur, par le procureur général, l'un de ses substituts, ou par le procureur de la République du tribunal, siège de la cour criminelle.

Art. 39. — La cour criminelle siège tous les trois mois dans chacun des chefs-lieux judiciaires indiqués en l'article 28.

Art. 40. — Le gouverneur général, après avis du conseil privé, peut ordonner que la cour criminelle siégera dans un lieu autre que celui où elle siège habituellement; il peut également ordonner la réunion extraordinaire des cours criminelles.

Art. 41. — Des arrêtés du gouverneur général pris, après avis du conseil privé, sur la proposition du procureur général, fixent les époques où se tiendront les sessions trimestrielles.

Art. 42. — Le gouverneur général nomme, sur la proposition du procureur général, le conseiller président et les magistrats assesseurs de la cour criminelle.

Les autres articles du décret du 17 juin 1889 sont relatifs à la procédure devant les cours et tribunaux, à l'exercice des fonctions du ministère public, à la composition, à l'organisation et à la discipline du personnel judiciaire.

Aux termes des articles 93, 94 et 95, la cour criminelle, avec le concours des assesseurs, statue sur la solution des questions résultant de l'acte d'accusation et des débats; mais elle délibère sans leur participation sur l'application de la peine et sur les affaires de contumace.

En toute matière, le procureur général peut autoriser la mise en liberté provisoire avec ou sans caution; il peut admettre comme cautionnement suffisant, sans qu'il soit besoin de dépôt de deniers ou autres justifications ou garanties, la soumission écrite de toute tierce personne jugée solvable, portant engagement de présenter ou de faire représenter le prévenu ou l'accusé à toute réquisition de la justice ou, à défaut, de verser au Trésor, à titre d'amende, une somme déterminée dans l'acte de cautionnement.

Les crimes et délits commis par les indigènes ou Asiatiques sont régis par le Code pénal modifié, rendu applicable aux Annamites par les décrets du 16 mars 1880, du 28 février 1887 et du 10 mai 1889. Les crimes et délits commis par les Européens ou par des indigènes ou des Asiatiques de complicité avec les Européens ou par des indigènes au préjudice d'Européens sont régis par le Code pénal métropolitain.

L'organisation résultant du décret du 17 juin 1889 a, jusqu'à ce jour, donné satisfaction aux intérêts de la colonie en matière judiciaire.

Il est cependant question d'y apporter quelques modifications que l'expérience semble devoir rendre nécessaires.

Avocats-défenseurs. — Le décret du 25 juillet 1864, sur l'administration de la justice en Cochinchine porte, article 27 : « Il pourra être institué, par arrêté du gouverneur, auprès des tribunaux de la colonie, des défenseurs chargés de plaider et de conclure, de faire et signer tous actes nécessaires à l'instruction des causes civiles et commerciales et à l'exécution des jugements et arrêts et de défendre les accusés et prévenus devant le tribunal criminel et correctionnel. »

Des arrêtés locaux des 25 novembre 1867, 9 juin et 15 octobre 1879 réglementèrent l'exercice de la profession d'avocat-défenseur. Leurs principales dispositions furent reproduites par un décret du 15 mai 1884. Celui-ci fut abrogé par un autre décret du 5 novembre 1888, qui est encore en vigueur. L'exposé des motifs de ce décret analyse ainsi le précédent règlement et les principales modifications qu'il y apporte :

« La profession d'avocat et le ministère d'avoué sont exercés, en Cochinchine, par des avocats-défenseurs, auxquels divers articles du décret du 15 mai 1884 attribuent le caractère de fonctionnaires publics.

« C'est ainsi que, commissionnés par le gouverneur général, ils peuvent être suspendus ou destitués par lui, sauf recours au ministre en cas de destitution.

« Il ne semble pas qu'il y ait rien à changer sur ce point aux dispositions existantes.

« Mais l'attention du département a été appelée sur les inconvénients que peut présenter la faculté, laissée aux avocats-défenseurs, de fixer à leur gré les honoraires qu'ils exigent des indigènes.

« Leur intervention ou celle de mandataires dans les affaires qui sont en France de la compétence des juges de paix est de même, le plus souvent, une cause de frais inutiles. Je vous propose de décider qu'elle ne sera point admise à moins d'autorisation spéciale du juge de paix.

« Les honoraires des avocats-défenseurs étant ainsi restreints, leur nombre ne peut, comme le prévoyait le décret du 15 mai 1884, rester désormais illimité. Le maximum en sera déterminé tous les cinq ans par le gouverneur général après avis du procureur général, chef du service judiciaire.

« Les articles 7 et 8 du décret précité réglaient la composition et le fonctionnement d'une chambre syndicale des avocats-défenseurs, à laquelle diverses attributions étaient réservées.

« Cette institution n'a jamais eu qu'une existence fictive et peut être supprimée avec d'autant moins d'inconvénients que son rôle devait, en matière disciplinaire, se borner à un simple avis.

« Il y a lieu enfin de donner aux avocats-défenseurs de Cochinchine le droit d'exercer leur profession au Tonkin, où une cour criminelle et des tribunaux de première instance ont été récemment créés. »

En conséquence le décret du 5 novembre 1888 dispose que :

Les avocats-défenseurs de Cochinchine ont seuls qualité pour plaider et conclure en toute matière devant la cour et les tribunaux de Saïgon, ainsi que pour faire et signer tous actes nécessaires à l'instruction des causes civiles et commerciales et à l'exécution des jugements et arrêts. Toute partie peut néanmoins, sans l'assistance d'officiers ministériels, plaider ou postuler, soit pour elle-même, soit pour ses cohéritiers, coassociés et consorts, soit pour ses parents ou alliés en ligne ascendante, descendante ou collatérale jusqu'au second degré inclusivement. Les maris peuvent de même plaider ou postuler pour leur femme, les tuteurs et curateurs pour leurs pupilles.

Les parties peuvent se faire représenter ou assister devant les juridictions de l'intérieur, soit par des avocats-défenseurs, soit par des fondés de pouvoirs, agréés par la juridiction devant laquelle est portée l'affaire.

Dans les affaires qui sont en France de la compétence des justices de paix, les parties se présentent en personne; il leur est néanmoins loisible de se faire assister ou représenter par un mandataire, mais seulement en vertu d'une autorisation spéciale du juge.

Le nombre des avocats-défenseurs ne peut dépasser le maximum fixé tous les cinq ans par le gouverneur général, suivant les besoins du service, après avis du procureur général, chef du service judiciaire.

Pour pouvoir exercer comme avocat-défenseur et être inscrit, en cette qualité, au tableau qui sera dressé à cet effet par la cour d'appel de Saïgon, il faut remplir les conditions suivantes : 1° être âgé de vingt-cinq ans accomplis, ou avoir obtenu du gouverneur général une dispense qui ne peut être accordée qu'aux candidats âgés d'au moins vingt et un ans; 2° être Français ou naturalisé; 3° être licencié en droit; 4° avoir été inscrit pendant deux années à un barreau en France ou dans les colonies ou avoir rempli pendant deux ans des fonctions judiciaires, ou enfin justifier de deux années de cléricature en France, en Algérie ou aux colonies, postérieurement à l'obtention du diplôme de licencié en droit; 5° justifier de sa moralité; 6° justifier enfin du versement à la Caisse des dépôts et consignations d'une somme de 2,000 fr. à titre de cautionnement.

Les avocats-défenseurs sont nommés par le gouverneur général en conseil privé.

Leur discipline appartient au procureur général, chef du service judiciaire.

Celui-ci leur donne tout avertissement qu'il juge nécessaire et prononce contre eux, après les avoir entendus, le rappel à l'ordre, la censure simple et la censure avec réprimande.

A l'égard des peines plus graves, telles que la suspension, le remplacement et la destitution, le procureur général fait d'office ou sur la réclamation des parties les propositions qu'il juge nécessaires, et le gouverneur général statue en conseil privé, après avoir pris l'avis de la cour, qui entend, en chambre du conseil, le défenseur inculpé.

Le recours au ministre des colonies est ouvert contre les décisions du gouverneur général prononçant la destitution. La suspension peut provisoirement être appliquée jusqu'à ce que le ministre ait statué. Elle ne peut être prononcée pour une période de plus d'une année.

Un décret du 13 septembre 1889 a réglé le tarif des honoraires des avocats-défenseurs et obligé ceux-ci à tenir des registres, cotés et parafés par le président de la Cour ou un conseiller par lui commis, et sur lesquels ils doivent inscrire eux-mêmes, sans aucun blanc ni surcharge, les sommes qu'ils reçoivent de leurs clients.

Huissiers. — L'article 28 du décret du 25 juillet 1864 portait que les fonctions d'huissier seraient remplies en Cochinchine par des agents de la force publique désignés par le gouverneur sur la proposition du chef de service judiciaire. Cette disposition est encore appliquée dans les provinces de la colonie. A Saïgon, un arrêté du gouverneur en date du 29 janvier 1883 a institué trois huissiers près la cour d'appel et les tribunaux ; ils doivent être Français, âgés de vingt-cinq ans au moins et jouir de leurs droits civils et politiques ; ils sont soumis à un examen public sur les actes de leur ministère et sur les procédures usitées dans la colonie ; ils doivent en outre justifier de la connaissance de la langue annamite.

Dans les provinces, les principales autorités indigènes des villages, le thon-truong (maire), le huong-hao et le huong-than sont, de plus, spécialement chargés de faire aux parties, dans l'étendue de leur commune, les notifications des actes judiciaires.

Ces actes ne peuvent être faits par les agents chargés des fonctions d'huissier, sauf dans les villes de Saïgon et Cholon [1].

Commissaires-priseurs. — Le service des commissaires-priseurs a été organisé en Cochinchine pour les villes de Saïgon et de Cholon par des arrêtés des 11 juillet 1865 et 15 mars 1867, dans des conditions analogues aux règles qui régissent cette profession dans les autres colonies.

Nul ne peut être admis aux fonctions de commissaire-priseur en Cochinchine s'il n'est Français ou domicilié dans la colonie depuis plus d'une année, s'il n'est âgé de vingt-cinq ans accomplis et s'il ne justifie de sa moralité.

Dans les provinces, les fonctions de commissaire-priseur sont remplies par les greffiers. (Décret du 17 juin 1889.)

Interprètes. — Comme dans la plupart de nos autres colonies,

---

1. Voir l'*Étude pratique de législation civile annamite* de M. Paul Denjoy, p. 242.

des interprètes assermentés sont attachés au service de la cour et des tribunaux ; ils doivent être constamment à la disposition des magistrats ; leur organisation a été fixée pour la Cochinchine par un arrêté local du 8 avril 1874.

Nul ne peut être admis dans le personnel des interprètes européens ou asiatiques, des lettrés et des secrétaires asiatiques, s'il n'est âgé de vingt et un ans au moins, s'il ne justifie de sa conduite et de sa moralité, et enfin s'il n'a subi avec succès les épreuves de l'examen d'aide-interprète pour les Européens, d'interprète, de lettré ou de secrétaire auxiliaire de 2e classe pour les Asiatiques.

Toutefois, les candidats européens pourvus du diplôme de bachelier ès lettres ou ès sciences peuvent, en débutant, être nommés interprètes auxiliaires, à la condition de subir l'examen exigé pour obtenir cet emploi.

Notariat. — Les fonctions de notaires étaient, à l'origine, remplies, dans le ressort des tribunaux de Saïgon par le greffier de première instance et, dans les provinces, par les inspecteurs et administrateurs des affaires indigènes. Un décret du 22 septembre 1869 a séparé le notariat du greffe à Saïgon et un arrêté du 7 juin 1870 a réglé le service du notaire dans des conditions analogues à celles qui ont été fixées par le décret du 14 juin 1864, concernant les mêmes officiers ministériels aux Antilles. Dans les provinces, depuis le décret du 25 mai 1881 organisant des tribunaux de première instance, les fonctions de notaires ont été confiées aux greffiers de première instance pour les arrondissements sièges de tribunaux. Seuls les administrateurs des arrondissements qui ne sont pas sièges de tribunaux continuent à remplir les fonctions de notaire. Lorsque les indigènes comparaissent devant un notaire français, ils doivent préalablement déclarer que leur intention est de contracter sous l'empire de la loi française.

En matière indigène, les actes authentiques sont reçus par les autorités communales annamites.

« L'acte authentique purement annamite, dit M. Denjoy dans son ouvrage déjà cité, est une pièce écrite en caractères chinois ou cambodgiens, ou encore en Quoc-Ngu (caractères de l'alphabet français), signée des parties en cause et certifiée des trois notables majeurs, Huong-than, Huong-Hao et maire, ce dernier joignant à sa signature l'apposition du sceau officiel du village.

« Quand un contrat est aussi solennellement constaté, les conséquences juridiques qui en découlent sont très sensiblement celles de l'acte notarié français.

« Les notables signataires d'un acte de vente sont responsables vis-à-vis de l'acquéreur de la sincérité des déclarations contenues dans l'acte, touchant la propriété de l'immeuble vendu.

« Mais ils ne sont pas responsables de l'inexécution des engagements passés devant eux. Dans un acte de nantissement, ils ne garantissent que la sincérité de la déclaration faite par le débiteur, touchant la question de propriété des biens donnés en nantissement.

« En terminant, rappelons-nous que, si certains actes comme les ventes d'immeubles, les nantissements doivent être, de par la loi, solennellement reçus par les notables, ceux-ci ont l'habitude de certifier tous les actes généralement quelconques, ventes, cessions, partages, testaments, prêts... qui leur sont présentés.

« Tout contrat un peu important est d'ailleurs couramment passé en présence des notables. C'est une considération qui doit mettre en garde le magistrat contre les pièces sous seing privé, malheureusement si souvent produites dans les procès indigènes pour la confusion du juge. »

Cambodge. — *Tribunal de première instance.* — Une déclaration, passée à Saïgon le 17 novembre 1880 entre le roi du Cambodge Norodom d'une part et le gouverneur de la Cochinchine d'autre part, autorisa l'établissement de tribunaux français dans le territoire du protectorat.

Le décret du 24 février 1881 dispose en conséquence que :

Art. 1er. — Sur tout le territoire du Cambodge, la justice est rendue aux Français, Européens et à tous sujets d'une puissance européenne ou américaine, à quelque nationalité qu'ils appartiennent et dans tous les cas où il n'y a pas de sujets cambodgiens en cause, par le tribunal de France établi à Pnom-Penh, qui est entièrement assimilé, pour le présent et l'avenir, aux tribunaux de première instance siégeant dans l'intérieur de la Cochinchine.

Art. 2. — Ce tribunal se conformera pour le jugement des affaires civiles, commerciales et criminelles intéressant les justiciables désignés à l'article 1er, à la législation en vigueur devant les tribunaux de Cochinchine, laquelle sera promulguée dans le royaume du Cambodge.

Art. 3. — Les fonctions de ministère public, de greffier, de notaire et d'huissier seront remplies par des fonctionnaires désignés par le gouverneur de la Cochinchine.

Les fonctions de notaire et de greffier pourront être réunies.

Art. 4. — Il n'est rien modifié aux dispositions concernant les juridictions instituées pour le jugement des affaires civiles, commerciales et criminelles intéressant les sujets cambodgiens entre eux ou les sujets cambodgiens conjointement avec des Français, Européens, ou les sujets d'une puissance européenne ou américaine.

Un autre décret du 6 octobre 1881 donna au tribunal de Pnom-Penh la même composition que celle qui avait été attribuée, le 25 mai précédent, aux juridictions de même nature en Cochinchine, c'est-à-dire un juge-président, un lieutenant de juge, un procureur de la République et un greffier qui remplit, outre les fonctions de sa charge, celles de notaire et de commissaire-priseur.

Le 15 décembre 1887, en même temps que l'organisation judiciaire de la Cochinchine était modifiée, le tribunal de première instance de Pnom-Penh était remplacé par une justice de paix à compétence étendue.

Cette modification ne donna pas de résultats satisfaisants ; elle eut pour effet d'affaiblir l'action du ministère public, dont les fonctions étaient confiées à un juge suppléant ou à un simple attaché de parquet. Par décret du 8 novembre 1889, le tribunal de première instance fut rétabli. Ce décret porte que :

Art. 2. — Sur le territoire du Cambodge, la justice est rendue aux Français, Européens ou assimilés, et à tous sujets d'une puissance européenne ou assimilée, à quelque nationalité qu'ils appartiennent, et dans tous les cas où il n'y a point de sujets cambodgiens en cause, par un tribunal de première instance siégeant à Pnom-Penh et par des tribunaux établis aux sièges des résidents de France.

Art. 3. — Les Annamites sujets français résidant au Cambodge devront, pour être justiciables des tribunaux français, justifier de leur qualité par la production de leur carte d'inscription, conformément aux dispositions de l'arrêté du gouverneur de la Cochinchine, en date du 2 janvier 1882.

Les autres sujets français et les sujets des nations européennes ou assimilées devront également justifier de leur nationalité devant les tribunaux français.

Art. 4. — La circonscription du tribunal de Pnom-Penh comprend la province de Pnom-Penh. Dans les résidences, les circonscriptions judiciaires sont les mêmes que les circonscriptions administratives.

Art. 5. — Le tribunal de Pnom-Penh se compose d'un juge, d'un procureur de la République, d'un greffier et de commis-greffiers.

Art. 7. — Les résidents et vice-résidents du Cambodge sont investis des attributions judiciaires des consuls, sauf les modifications contenues aux articles ci-après.

Art. 8. — Les tribunaux des résidences se composent : du résident, juge ; du commis de résidence, faisant fonctions de greffier, et d'un fonctionnaire désigné par le gouverneur général, sur la proposition du résident supérieur et du procureur général, pour représenter le ministère public.

Art. 13. — Il n'est rien modifié aux dispositions concernant les juridictions instituées pour le jugement des affaires civiles, commerciales et criminelles, intéressant les Cambodgiens entre eux ou les sujets cambodgiens conjointement avec les Français, Européens ou sujets d'une puissance européenne ou assimilée.

La compétence des tribunaux français du Cambodge est la même que celle des tribunaux de Cochinchine.

L'appel des jugements rendus par eux est porté devant la cour de Saïgon.

Les crimes, commis au Cambodge par des Français, Européens ou assimilés ou Asiatiques sujets français, au préjudice d'individus de même origine, sont déférés à la cour d'assises de Saïgon (art. 29, déc. 17 juin 1889).

Tribunaux indigènes. — La justice est rendue aux indigènes, dans tous les cas où aucun Européen ou sujet français et annamite n'est en cause, par les autorités cambodgiennes elles-mêmes, sous la haute autorité du roi du Cambodge.

Tribunaux mixtes. — Dans les litiges entre indigènes et sujets d'une puissance européenne et américaine la justice est rendue conformément aux ordonnances royales des 15 janvier et 1er mai 1877 et du 31 décembre 1891.

La dernière des ordonnances précitées est ainsi conçue :

Art. 1er. — Sur tout le territoire du Cambodge les procès ou litiges, tant en matière civile qu'en matière commerciale, entre les Français, Européens, sujets d'une puissance américaine ou européenne et nos sujets cambodgiens, seront jugés par un tribunal constitué au siège de chaque résidence provinciale, lequel prononcera à charge d'appel.

Art. 2. — Seront jugés par les mêmes tribunaux tous les procès ou litiges, tant en matière civile qu'en matière commerciale, entre les Asiatiques sujets français ou sujets d'une puissance européenne ou américaine au préjudice d'un Cambodgien.

Art. 3. — Sont déférés aux mêmes tribunaux : 1° tous les crimes commis sur notre territoire par des Asiatiques sujets français ou sujets d'une puissance européenne ou américaine au préjudice d'un Cambodgien ; 2° tous les crimes ou délits commis par nos sujets au préjudice de Français, Européens, Asiatiques, sujets français ou sujets d'une puissance européenne ou américaine.

Art. 4. — Les juges statueront suivant l'équité en respectant, autant que possible, les coutumes cambodgiennes et en s'inspirant des principes du droit français. (Il y a exception en matière de contributions et de douanes.)

Les tribunaux provinciaux sont composés du résident, président avec voix prépondérante, d'un juge cambodgien et d'un commis de résidence faisant fonctions de greffier. Leurs décisions, relatives à des intérêts supérieurs à cent piastres ou comportant une peine supérieure soit à pareille somme, soit à deux mois de prison, soit à un mois de prison et cinquante piastres d'amende, sont sujettes à appel devant une commission d'appel, composée d'un résident ayant voix prépondérante, d'un fonctionnaire désigné par le gouverneur général de l'Indo-Chine et de deux juges cambodgiens.

Un commis de résidence remplit les fonctions de greffier.

Les dispositions de l'ordonnance du 31 décembre 1891 n'ont pas complètement abrogé celles de l'ordonnance précédente du

1ᵉʳ mai 1877, qui avait institué un tribunal mixte spécial composé d'un résident, d'un chancelier de résidence et de deux juges cambodgiens assistés d'un greffier.

Annam et Tonkin. — *Tribunaux des résidences.* — En exécution de l'article 16 du traité du 15 mars 1874, conclu entre le Gouvernement français et le royaume d'Annam, un décret du 17 août 1881 organisa dans ce pays la juridiction française sur les bases suivantes :

Sur le territoire ouvert aux Européens dans le royaume d'Annam, la justice est rendue aux nationaux, sujets ou protégés français et à tous les sujets ou protégés d'une puissance étrangère et, dans tous les cas où il n'y a pas de sujets annamites en cause, par les tribunaux français établis au siège des résidents de France. Ces tribunaux sont assimilés aux tribunaux de première instance, siégeant dans l'intérieur de la Cochinchine.

Ces tribunaux se conforment pour le jugement des affaires civiles, commerciales et pénales, intéressant les justiciables désignés à l'article 1ᵉʳ, à la législation en vigueur en Cochinchine, laquelle est promulguée dans les territoires compris dans la juridiction des tribunaux établis au siège des résidents.

Les fonctions de ministère public, de greffier, de notaire et d'huissier sont remplies par des fonctionnaires désignés par le gouvernement de la Cochinchine.

Les fonctions de notaire et de greffier peuvent être réunies.

Il n'est rien modifié aux dispositions en vigueur d'après les traités conclus avec le gouvernement annamite et concernant les juridictions instituées pour le jugement des affaires civiles, commerciales et pénales où seraient parties des sujets annamites conjointement avec des nationaux ou des protégés français ou des sujets ou protégés d'une puissance étrangère.

Peuvent être distraites de la juridiction des tribunaux français les causes dans lesquelles les sujets d'une puissance étrangère sont défendeurs, lorsqu'il est intervenu des arrangements particuliers entre ladite puissance et le Gouvernement de la République française par l'établissement d'une juridiction spécialement chargée de la connaissance de ces causes.

Les dispositions du traité de 1874 furent complétées par l'article 1ᵉʳ du traité de Hué du 6 juin 1884, qui soumit au jugement de l'autorité française toutes les contestations entre Français et étrangers et Annamites et étrangers. Aussi, le nombre des affaires augmentant considérablement, en même temps que s'accroissait la population européenne, il devint nécessaire de conférer aux vice-résidents chefs de poste les mêmes attributions judiciaires qu'aux résidents (décret du 10 février 1886) et de créer au Tonkin deux tribunaux réguliers, composés de magistrats (décret du 8 septembre 1888).

Tribunaux de première instance. — La compétence de ces deux tribunaux établis, l'un à Hanoï, l'autre à Haïphong, fut, au point de vue de l'importance des affaires, la même que celle des tribunaux de la Cochinchine ; au point de vue des personnes, malgré la généralité des dispositions de l'article 10 du traité de Hué, ne furent pas soumis à la juridiction de nos tribunaux les Asiatiques énumérés à l'arrêté présidentiel du 23 août 1871[1]. Il n'a été fait exception à cette règle, soit pour ces Asiatiques, soit pour les indigènes, que s'ils consentent à être jugés par nos tribunaux, ou s'ils ont déclaré contracter sous l'empire de la loi française, ou si le procès intéresse en même temps qu'eux des Français ou des étrangers justiciables de nos tribunaux.

La compétence des tribunaux de Hanoï et de Haïphong, en matière correctionnelle ou de simple police, était réglée d'après des principes analogues.

La connaissance des crimes commis par les justiciables des tribunaux français sur le territoire du Tonkin fut déférée à une cour criminelle ayant son siège à Hanoï.

Les crimes et délits, commis en Annam par des Français ou étrangers, continuèrent, suivant les stipulations des traités du 15 mars 1874 et du 4 juin 1884, à être jugés par la cour criminelle de Saïgon.

Les tribunaux de Hanoï et de Haïphong furent composés d'un juge président, d'un juge suppléant, d'un procureur de la République, d'un greffier et d'un commis-greffier.

La cour criminelle fut composée : 1° d'un conseiller à la cour d'appel de Saïgon, président ; 2° de deux magistrats pris parmi les juges-présidents ou juges suppléants des tribunaux du Tonkin ; 3° de deux assesseurs, désignés par la voie du sort parmi les citoyens français, portés sur une liste dressée à cet effet par le gouverneur général et comprenant

---

1. Voir plus haut, p. 362.

vingt noms ; 4° d'un greffier ou d'un commis-greffier de l'un des tribunaux du Tonkin.

Les fonctions du ministère public près la cour criminelle de Hanoï, dont la juridiction s'étendit sur tout le Tonkin, purent être remplies par le procureur général, un de ses substituts ou le procureur de la République. Comme en Cochinchine, les assesseurs n'eurent voix délibérative que sur la question de culpabilité.

Le décret du 8 septembre 1888 fut complété par un second décret du 28 février 1890, qui modifia la compétence des tribunaux français à l'égard des Chinois et étendit celle des sièges de Hanoï et de Haïphong au delà de leur ressort primitif pour les affaires les plus importantes.

Les circonscriptions respectives de ces deux tribunaux avaient déjà été fixées par arrêté du gouverneur général de l'Indo-Chine en date du 5 décembre 1888, limitant celle du premier à la ville et à la province de Hanoï, celle du second à la ville de Haïphong et aux provinces de Haïduong et de Quang-Yen.

Le décret du 28 février 1890 modifia ces circonscriptions, mais ne changea rien à la composition des tribunaux et de la cour criminelle ; il dispose seulement que :

La circonscription du tribunal de première instance de Hanoï comprend les territoires des villes et des provinces de Hanoï, de Bacninh, Sontay et Hung-Yen. Celle du tribunal de Haïphong comprend les territoires des provinces de Haïphong, Haïduong, Quang-Yen, Namdinh et Haininh.

Les tribunaux de Hanoï et de Haïphong connaissent, sur le territoire des concessions françaises, de toutes les affaires civiles et commerciales, quelle que soit la nationalité des parties en cause.

Dans le surplus des circonscriptions judiciaires desdits tribunaux, ils connaissent des mêmes affaires : entre Européens ou assimilés ; entre étrangers de toute nationalité ; entre Européens ou assimilés et étrangers de toute nationalité ; entre Européens ou assimilés et Annamites ; entre étrangers, quelle que soit leur nationalité, et Annamites.

Ces tribunaux statuent en premier et dernier ressort :

1° Dans les provinces de Hanoï et de Haïphong, sur toutes les actions personnelles et mobilières jusqu'à la valeur de 1,500 fr. en principal et sur les actions immobilières jusqu'à 100 fr. de revenu ;

2° Dans les autres provinces de leurs circonscriptions, ils statuent en premier et en dernier ressort sur toutes les actions personnelles et mobilières d'une valeur supérieure à 150 fr. et ne dépassant pas 1,500 fr.;

3° En matière commerciale, leur compétence dans l'étendue de leurs provinces est celle des tribunaux de commerce de la métropole.

Dans les autres provinces de leurs circonscriptions, le taux du ressort en matière commerciale est fixé comme il est dit au paragraphe 2° ci-dessus.

Les attributions tutélaires confiées aux juges de paix par la loi française sont exercées par les juges-présidents, dans les provinces où siègent les tribunaux, et par les résidents, dans les autres provinces du Tonkin.

L'appel des jugements rendus en premier ressort par les tribunaux de Hanoï et de Haïphong est porté devant la cour d'appel de Saïgon.

Les résidents ou vice-résidents des provinces du Tonkin, autres que celles où siègent les tribunaux de première instance, conservent la connaissance des affaires personnelles, mobilières et commerciales, jusqu'à la valeur de 150 fr.

Leur jugement en ces matières est en dernier ressort.

En matière correctionnelle, les tribunaux de Hanoï et de Haïphong connaissent de tous les délits commis sur les territoires concédés à la France, quelle que soit la nationalité du prévenu ou de la partie civile. Dans le surplus des circonscriptions judiciaires desdits tribunaux, ils connaissent de tous les délits commis : par les Européens ou assimilés ; par les étrangers, quelle que soit leur nationalité ; par les Annamites au préjudice des Européens, ou assimilés, et des étrangers, quelle que soit leur nationalité.

Les tribunaux de Hanoï et de Haïphong connaissent, en outre, de toutes les contraventions dans l'étendue des provinces de ce nom.

Dans les autres provinces du ressort des tribunaux de première instance, les résidents ou vice-résidents continuent à connaître, en dernier ressort, de toutes les matières de simple police.

Cour criminelle. — La cour criminelle du Tonkin connaît de tous les crimes commis sur le territoire du Tonkin.

Dans les provinces du Tonkin non comprises dans le ressort

des tribunaux de première instance la justice continue à être rendue conformément aux dispositions des décrets des 8 et 10 février 1886.

Cour d'appel. — Sous la réglementation des décrets de 1888 et 1890 les tribunaux français de l'Annam et du Tonkin avaient été continuellement rattachés à la cour d'appel de Saïgon et le procureur général près ladite cour exerçait les fonctions de chef du service judiciaire dans toute l'Indo-Chine. Cette situation offrait plusieurs inconvénients, auxquels il a été nécessaire de porter remède dans l'intérêt des justiciables et du développement de notre influence en Extrême-Orient. Le rapport au Président de la République qui précède le décret du 13 janvier 1894, créant une cour d'appel autonome au Tonkin, expose de la façon suivante lesdits inconvénients et les raisons de cette dernière création :

En premier lieu, l'expérience a démontré combien est illusoire ce droit d'appel accordé aux habitants du Tonkin.

Plusieurs jours de traversée séparent les ports de ce pays de celui de Saïgon ; les moyens de communication sont de plus assez coûteux. Les plaideurs doivent ou bien consentir à de pénibles sacrifices de temps et d'argent, s'ils veulent soutenir personnellement leurs droits devant la juridiction du second degré, ou bien envoyer leurs dossiers à des avocats défenseurs, auxquels ils ne peuvent fournir que des indications écrites.

Presque toujours, ils préfèrent renoncer à leur droit d'appel.

En second lieu, l'organisation, les mœurs, les habitudes commerciales et sociales sont profondément différentes au Tonkin de celles de la Cochinchine et du Cambodge ; les affaires judiciaires s'y présentent dans des conditions tout autres, et l'on est porté à se demander si la cour d'appel de Saïgon est bien préparée à les juger suffisamment en connaissance de cause.

Des considérations analogues ont déjà déterminé le Gouvernement à séparer la plupart des services de l'Annam et du Tonkin de ceux de la Cochinchine et du Cambodge.

D'autre part, en matière criminelle, le procureur général, chef du service judiciaire à Saïgon, est investi, pour toute l'Indo-Chine, des pouvoirs conférés en France aux chambres des mises en accusation.

Chaque fois qu'un prévenu semble devoir être traduit devant la cour d'assises, le dossier doit être soumis au procureur général, à qui appartient le droit exclusif, et qui ne saurait être délégué à un autre magistrat, de rendre une ordonnance tenant lieu d'arrêt de renvoi.

Cette manière d'agir crée des lenteurs même pour les procédures les plus simples.

Il me paraît indispensable de mettre fin à cette situation, qui est préjudiciable à la fois aux intérêts des accusés et à ceux du Trésor. Je ne vois donc que des avantages à ce qu'à l'avenir, grâce à la création d'une cour d'appel locale, ce soit le procureur général de Hanoï qui rende, pour les affaires criminelles de l'Annam et du Tonkin, les ordonnances de renvoi, après avoir examiné les dossiers préparés sous sa surveillance immédiate et par conséquent avec tout le soin désirable.

Pour les diverses raisons ci-dessus exposées, la séparation complète du service judiciaire en Annam et au Tonkin de celui de la Cochinchine et du Cambodge me paraît indispensable.

Le décret ci-joint a donc pour objet de la consacrer par la création d'une cour d'appel absolument indépendante de celle de Saïgon et de continuer la scission générale des services, rendue nécessaire par les différences profondes existant dans les habitudes et dans les mœurs des deux pays. La composition de cette cour a été aussi réduite que possible, afin de ne pas augmenter dans une forte proportion les charges budgétaires du pays, et il n'est pas téméraire de déclarer que la faible dépense qu'elle occasionne ne peut entrer en balance avec les services qu'elle est appelée à rendre à l'influence et à l'autorité de la France en Extrême-Orient. (Rapport au Président de la République.)

Le décret du 13 janvier 1894 institua donc à Hanoï une cour d'appel, dont la juridiction s'étend sur l'Annam et le Tonkin. Elle est composée d'un président, de deux conseillers, d'un conseiller auditeur, d'un greffier et d'un commis-greffier. Les fonctions du ministère public sont remplies par un procureur général assisté d'un substitut et d'un attaché de parquet.

La cour d'appel de Hanoï possède toutes les attributions conférées précédemment pour l'Annam et le Tonkin à celle de Saïgon. Ses arrêts sont rendus par trois juges. Le procureur général remplit les fonctions de chef du service judiciaire en Annam et au Tonkin.

En même temps que l'action de la justice française était fortifiée dans ces pays par la création d'une cour d'appel à Hanoï, un second décret du 13 janvier 1894 modifiait la compétence des tribunaux de première instance et des résidences de façon à rendre l'organisation judiciaire du Tonkin analogue à celle de France.

L'article 2 de ce décret donne aux deux tribunaux de Hanoï et de Haïphong juridiction sur le protectorat entier, pour toutes les affaires qui excèdent la compétence ordinaire des justices de paix qui, seules, continueront à être jugées en dernier ressort par les résidents et vice-résidents. Exceptionnellement, dans les pays un peu éloignés des deux villes précitées, et lorsqu'il y a accord entre les parties, les tribunaux des résidences peuvent connaître, à charge d'appel, des affaires qui relèvent en France de la compétence des tribunaux de première instance et qui intéressent des nationaux, sujets et protégés français, ou sujets ou protégés d'une puissance étrangère.

Dans les provinces désignées à l'arrêté précité du gouverneur général en date du 5 décembre 1888, toutes les attributions judiciaires des résidents ont été transférées aux tribunaux de première instance, qui statuent même sur les affaires de la compétence des justices de paix.

Les modifications apportées, à trois reprises différentes, en moins de dix ans, à l'organisation judiciaire du Tonkin, son développement graduel parallèle à celui du pays, sont une véritable garantie de bonne et rapide justice pour les Français et Européens qui s'y rendent ou y envoient leurs capitaux, en même temps qu'une preuve des progrès sensibles de la population étrangère et indigène dans la voie de la civilisation, depuis que la France exerce d'une façon effective son protectorat et son action civilisatrice.

Avocats défenseurs. — Le décret du 5 novembre 1888 autorise les avocats défenseurs de la Cochinchine à exercer leur ministère dans toute l'Indo-Chine française ; ce n'est que par le décret du 13 janvier 1894, créant la cour d'appel de Hanoï, qu'un barreau spécial au Tonkin a été constitué. Il est soumis aux mêmes règles que celui de la Cochinchine.

Huissiers. — Un corps d'huissiers a été institué près des tribunaux du Tonkin par un arrêté du 11 décembre 1888. Ils sont pris parmi les agents de la force publique, doivent être âgés d'au moins 25 ans, avoir satisfait aux obligations de la loi militaire et être porteurs d'un certificat de capacité, délivré par le procureur de la République.

Commissaires-priseurs. — Les arrêtés du gouverneur général de l'Indo-Chine des 12 mai et 26 novembre 1886 et 24 février 1889 ont fixé, par des règles analogues à celles en vigueur en France et aux colonies, les attributions, droits et obligations des commissaires-priseurs au Tonkin. Nul ne peut être admis aux fonctions de commissaire-priseur s'il n'est Français et domicilié dans la colonie depuis plus d'une année, âgé de 25 ans au moins, et s'il ne justifie de sa moralité.

Notariat. — Les fonctions de notaire sont remplies par les greffiers des tribunaux de première instance dans les provinces de Hanoï et de Haïphong, et dans les autres provinces par les résidents et vice-résidents chefs de poste.

SECTION II

JURIDICTIONS D'EXCEPTION

Conseils de guerre. — L'organisation de la justice militaire aux colonies a été fixée par les décrets du 21 juin 1858 portant règlement d'administration publique pour l'application aux colonies du Code de justice militaire pour l'armée de mer. Ces décrets, rendus applicables dans nos nouvelles colonies, ont été modifiés par le décret du 4 octobre 1889, dont voici les principales dispositions :

Art. 1er. — La justice militaire maritime dans les colonies française est rendue :
Par des conseils de guerre permanents ;
Par des conseils de révision permanents.

Art. 4. — Des conseils de guerre permanents sont établis dans les colonies de la Martinique, de la Guadeloupe, de la Réunion, de la Guyane française, du Sénégal, du Gabon, de l'Océanie, de la Nouvelle-Calédonie, de l'Indo-Chine et de Diégo-Suarez.

Le nombre et le ressort de ces conseils de guerre sont fixés comme il suit :

SIÈGE.	NOMBRE.	RESSORT.
Martinique.	1	Martinique.
Guadeloupe	1	Guadeloupe et dépendances.
Ile de la Réunion	1	Ile de la Réunion.
Guyane française.	1	Guyane française.
Sénégal	2	Sénégal et dépendances.
Gabon.	1	Gabon et dépendances.
Tahiti.	1	Établissements français de l'Océanie.
Nouvelle-Calédonie.	2	Nouvelle-Calédonie et dépendances.
Cochinchine	2	Cochinchine.
Diégo-Suarez.	1	Territoire de Diégo-Suarez. Sainte-Marie de Madagascar. Nossi-Bé. Mayotte et dépendances.

Pour les colonies de Saint-Pierre et Miquelon, de l'Inde et d'Obock, la juridiction appartient au conseil de guerre permanent d'un des arrondissements maritimes en France, désigné par le ministre de la marine.

Art. 5. — Les conseils de guerre permanents des colonies sont composés de cinq juges, conformément au tableau ci-après, suivant le grade de l'accusé, jusqu'à celui de capitaine de frégate ou assimilé inclusivement.

GRADE DE L'ACCUSÉ.	GRADE DU PRÉSIDENT.	GRADES DES JUGES.
Officier-marinier ou sous-officier........ Quartier-maître, caporal ou brigadier........ Matelot, ouvrier mécanicien ou soldat........ Apprenti marin ou novice, mousse........	Capitaine de vaisseau ou de frégate, colonel ou lieutenant-colonel........	1 capitaine de frégate ou chef de bataillon, chef d'escadron ou major. 1 lieutenant de vaisseau ou capitaine. 1 enseigne de vaisseau ou lieutenant ou sous-lieutenant. 1 officier-marinier ou sous-officier.
Aspirant de 1re classe et assimilé........ Aspirants de 2e classe.... Volontaire........ Sous-lieutenant et assimilé.	Capitaine de vaisseau ou de frégate, colonel ou lieutenant-colonel........	1 capitaine de frégate ou chef de bataillon, chef d'escadron ou major. 1 lieutenant de vaisseau ou capitaine. 1 enseigne de vaisseau ou lieutenant. 1 enseigne de vaisseau ou sous-lieutenant.
Enseigne de vaisseau.... Lieutenant ou assimilé...	Capitaine de vaisseau ou de frégate, colonel ou lieutenant-colonel........	1 capitaine de frégate ou chef de bataillon, chef d'escadron ou major. 1 lieutenant de vaisseau ou capitaine. 2 enseignes de vaisseau ou lieutenants.
Lieutenant de vaisseau... Capitaine ou assimilé....	Capitaine de vaisseau ou colonel..........	1 capitaine de frégate ou lieutenant-colonel. 1 capitaine de frégate ou chef de bataillon, chef d'escadron ou major. 2 lieutenants de vaisseau ou capitaines.
Chef de bataillon...... Chef d'escadron...... Major ou assimilé.....	Contre-amiral ou général de brigade.........	1 capitaine de vaisseau ou colonel. 1 capitaine de frégate ou lieutenant-colonel. 2 capitaines de frégate ou chefs de bataillon, chefs d'escadron ou majors.
Capitaine de frégate, lieutenant-colonel ou assimilé.	Contre-amiral ou général de brigade.........	2 capitaines de vaisseau ou colonels. 2 capitaines de frégate ou lieutenants-colonels.

Il y a près de chaque conseil un commissaire rapporteur, remplissant à la fois les fonctions de magistrat instructeur et celles du ministère public, et un greffier.

Il peut être nommé un ou plusieurs substituts du commissaire rapporteur et un ou plusieurs commis-greffiers.

Les officiers du grade de colonel et au-dessus doivent être renvoyés et jugés en France ; ils sont traduits devant un des conseils de guerre permanents des arrondissements maritimes, désigné par le ministre.

Conseils de révision. — Art. 7. — Il est établi sept conseils de révision permanents pour toutes les colonies françaises. Ces conseils siègent à la Martinique, à la Guadeloupe, à la Réunion, à la Guyane française, au Sénégal, à la Nouvelle-Calédonie et en Cochinchine. Ils prennent le nom de la colonie où ils sont établis.

La juridiction de ces conseils de révision est fixée comme il suit :

SIÈGE.	RESSORT.
Martinique...............	Martinique.
Guadeloupe...............	Guadeloupe et dépendances.
Ile de la Réunion...........	Ile de la Réunion. Sainte-Marie de Madagascar. Mayotte et dépendances. Nossi-Bé. Diégo-Suarez et dépendances.
Guyane.................	Guyane française.
Sénégal.................	Sénégal et dépendances. Gabon et dépendances.
Nouvelle-Calédonie...........	Établissements français de l'Océanie. Nouvelle-Calédonie et dépendances.
Cochinchine...............	Cochinchine.

Art. 8. — Le conseil de révision est composé de trois juges, savoir :

L'officier général ou supérieur le plus élevé en grade ou le plus ancien de grade, président ;

Deux officiers supérieurs, et, à défaut, les deux plus anciens lieutenants de vaisseau ou capitaines, juges.

Les fonctions de commissaire du Gouvernement peuvent être remplies par un lieutenant de vaisseau, un capitaine ou un sous-commissaire.

Dans tous les cas, le président du conseil de révision doit être d'un grade au moins égal à celui du président du conseil de guerre qui a jugé l'accusé.

Art. 10. — Lorsqu'une colonie ou portion du territoire de cette colonie est déclarée en état de siège, il y est fait application des dispositions portées aux chapitres 4, 5 et 6, titre II du livre 1er du Code de justice militaire pour l'armée de terre (art. 43 à 50), sauf les modifications suivantes :

1° Les officiers de marine et les officiers-mariniers concourent, d'après les règles établies aux articles 3, 10 et 27 du Code de justice militaire pour l'armée de mer, à la formation des conseils de guerre et des conseils de révision qui sont établis dans les places de guerre en état de siège ;

2° Les officiers du commissariat et du corps de l'inspection de la marine peuvent être appelés à y exercer les fonctions de commissaires rapporteurs et de substituts, conformément aux articles 7 et 27 du Code de justice militaire pour l'armée de mer.

Les sièges des conseils de guerre et des conseils de révision peuvent être transférés, par arrêté du gouverneur, dans les portions de territoire déclarées en état de siège.

Art. 11. — Les règles de compétence établies par le livre II, dispositions préliminaires, titre Ier, chapitre 1er (art. 74 à 87) et titres III, IV et V (art. 103 à 112) du Code de justice militaire pour l'armée de mer, sont observées dans les conseils de guerre et les conseils de révision permanents des colonies, sauf les modifications portées aux articles 12, 13 et 14 ci-après.

Art. 12. — Sont justiciables des conseils de guerre des colonies, mais seulement pour les crimes et délits prévus par le titre II du Code de justice militaire pour l'armée de terre, les militaires de l'armée de terre en résidence aux colonies :

1° Lorsque, sans être employés, ils reçoivent un traitement et restent à la disposition du Gouvernement ;

2° Lorsqu'ils sont en congé ou en permission.

Art. 13. — Les conseils de guerre dans le ressort desquels se trouvent les territoires déclarés en état de siège et les places de guerre assiégées ou investies, connaissent de tous crimes et délits commis par les justiciables des conseils de guerre aux armées, conformément aux articles 63 et 64 du Code de justice militaire pour l'armée de terre, sans préjudice de l'application de la loi du 9 août 1849 sur l'état de siège.

L'article 14 maintient les dispositions du décret du 20 août 1879, conférant au conseil de guerre du Gabon la connaissance des crimes et délits ayant un caractère politique ou qui seraient de nature à compromettre l'action de l'autorité française. La disposition analogue du 24 août 1888 concernant Diégo-Suarez a été abrogée par le décret du 28 mars 1894.

Le décret du 19 octobre 1889 ne contient aucune prescription concernant les pays de protectorat. En Annam et au Tonkin, les conseils de guerre fonctionnent par application du Code de justice militaire (art. 33 et suiv.), sans qu'il soit besoin d'aucune autre réglementation que celle qui est édictée pour les conseils de guerre aux armées. En ce qui concerne le Cambodge et Madagascar, où l'effectif des troupes est insuffisant pour motiver le même fonctionnement, les marins et militaires qui se rendent coupables de crimes ou de délits, et qui ne seraient pas saisis d'ailleurs par les juridictions de bord, sont renvoyés : ceux du Cambodge en Cochinchine ; ceux de Madagascar à la Réunion.

Tribunaux maritimes. — Il n'existe de tribunal maritime ordinaire qu'à Saïgon. L'institution de deux de ces juridictions et d'un tribunal de révision permanent est nécessitée par l'importance de l'arsenal. Les règles appliquées à l'organisation et à la compétence de ces tribunaux et la procédure à suivre devant eux sont les mêmes qu'en France. Les attributions conférées en France au ministre et aux préfets maritimes sont dévolues au gouverneur général de l'Indo-Chine.

Tribunaux maritimes spéciaux. — Un décret du 4 octobre 1889 a rendu justiciables de tribunaux maritimes spéciaux établis dans les colonies pénitentiaires les condamnés aux travaux forcés pour tous crimes commis dans ces colonies, les mêmes condamnés poursuivis en exécution de l'article 7 de la loi du 30 mai 1854 et les libérés coupables du crime d'évasion.

Le décret du 4 octobre 1889 dispose en outre que :

Art. 2. — Lorsque la poursuite d'un crime ou d'un délit comprend des individus non justiciables des tribunaux maritimes spéciaux et des individus justiciables de ces tribunaux, tous les prévenus indistinctement sont traduits devant les tribunaux ordinaires, sauf les cas exceptés par les paragraphes suivants ou par toute autre disposition de la loi.

Sont justiciables des tribunaux maritimes spéciaux tous les individus prévenus de complicité dans l'évasion ou la tentative d'évasion des condamnés aux travaux forcés et des libérés.

En cas de crimes ou de délits commis de complicité par des individus justiciables des conseils de guerre et des condamnés aux travaux forcés, le conseil de guerre est seul compétent.

Devant quelque juridiction que soient traduits les condamnés aux travaux forcés, ils restent passibles des peines qui leur sont spécialement applicables.

Art. 3. — Le tribunal maritime spécial est composé de :

Un officier supérieur du corps de la marine ou des troupes de la marine ou, à défaut, du commissariat de la marine, président, et de quatre juges, savoir :

Un magistrat de première instance ;

Un officier du grade de capitaine ou de lieutenant ;

Un fonctionnaire de l'administration pénitentiaire ayant au moins le rang de sous-chef de bureau ;

Un sous-officier.

Un fonctionnaire de l'administration pénitentiaire ayant au moins le rang de sous-chef de bureau est nommé commissaire-rapporteur ; en cette qualité, il est chargé de l'instruction et remplit près le tribunal les fonctions du ministère public.

Un commis de l'administration pénitentiaire ou un surveillant militaire occupe l'emploi de greffier.

Le siège et le ressort des tribunaux maritimes spéciaux sont désignés par arrêté du gouverneur de la colonie.

Art. 4. — S'il ne se trouve pas sur les lieux un nombre suffisant d'officiers ou de fonctionnaires du grade requis, la présidence des tribunaux maritimes spéciaux peut être confiée à un officier du grade de capitaine appartenant au corps de la marine ou aux troupes de la marine, ou, à défaut, au commissariat de la marine. L'officier du grade de capitaine ou de lieutenant, juge, peut être remplacé par un sous-lieutenant.

Dans les colonies pénitentiaires autres que la Guyane ou la Nouvelle-Calédonie, les tribunaux maritimes spéciaux, s'ils ne peuvent être constitués conformément à l'article 3, sont composés de trois juges, savoir :

Un officier du grade de capitaine ou, à défaut, un sous-commissaire de la marine, *président* ;

Un magistrat ou fonctionnaire chargé de rendre la justice en premier ressort ;

Un officier ou assimilé du grade de lieutenant ou de sous-lieutenant.

Un fonctionnaire de l'administration pénitentiaire remplit les fonctions de commissaire-rapporteur.

Un commis de l'administration pénitentiaire ou un surveillant militaire occupe l'emploi de greffier.

Art. 5. — Les membres du tribunal maritime spécial sont nommés et remplacés par décision du gouverneur.

Si les circonstances l'exigent, il peut être adjoint au commissaire-rapporteur un ou plusieurs substituts, pris dans les rangs de l'administration pénitentiaire ; il peut également être affecté au greffe un ou plusieurs commis-greffiers.

La procédure suivie devant les tribunaux maritimes spéciaux est la même que celle des conseils de guerre. Les jugements peuvent être attaqués par recours en révision ; ils ne peuvent être traduits en cassation que pour des cas spéciaux déterminés à l'article 7 du décret de 1889.

En cas d'annulation d'un jugement du tribunal maritime spécial pour tout autre motif que l'incompétence, l'affaire est renvoyée devant l'autre tribunal de même nature de la colonie ou devant le même tribunal autrement composé.

A l'égard des condamnés aux travaux forcés qui auraient encouru la peine de mort, le gouverneur, après avis du conseil privé, peut ordonner l'exécution de cette peine. Il n'est obligé d'y surseoir qu'au cas où deux voix dans le conseil se prononcent pour la clémence.

Tribunaux maritimes commerciaux. — En exécution du décret-loi du 24 mars 1852, disciplinaire et pénal pour la marine marchande, des tribunaux maritimes commerciaux peuvent être installés aux colonies. En fait, ils fonctionnent fréquemment dans plusieurs, particulièrement à Saint-Pierre et Miquelon pendant la saison de pêche.

Ces tribunaux sont composés aux colonies :

1° Du commissaire de l'inscription maritime, président ; 2° d'un juge du tribunal de commerce ou du juge de paix ; 3° du capitaine, lieutenant ou maître de port ; 4° du plus âgé des capitaines au long cours valides présents sur les lieux ; 5° du plus âgé des maîtres d'équipage des navires de commerce ou, à défaut, du plus âgé des marins valides présents sur les lieux et ayant rempli ces fonctions. Les fonctions de greffier sont confiées au commis ou, à défaut, à l'écrivain de marine le plus ancien.

TITRE VII

INSTRUCTION PUBLIQUE

Section I. — Organisation générale. — Régime législatif. — Comité supérieur de l'instruction publique aux colonies. — Inspection générale. — Rôle des vice-recteurs et des directeurs de l'intérieur. — Conseils coloniaux de l'enseignement secondaire et comités centraux de l'instruction publique. — Subventions et bourses.
Section II. — Enseignement supérieur. — Écoles préparatoires de droit de Pondichéry et de Fort-de-France. — Enseignement secondaire ; notions générales. — Baccalauréats. — Établissements d'enseignement secondaire : Martinique. — Guadeloupe. — Réunion. — Saint-Pierre et Miquelon. — Guyane. — Nouvelle-Calédonie. — Inde. — Indo-Chine. — Enseignement primaire : Anciennes colonies, Martinique, Guadeloupe, Réunion. — Autres colonies : Saint-Pierre et Miquelon, Guyane, Sénégal, Soudan, Guinée française, Côte d'Ivoire, Dahomey, Congo français, Mayotte, Diégo-Suarez et dépendances, Obock, Inde, Nouvelle-Calédonie, Océanie, Indo-Chine.

SECTION I

NOTIONS GÉNÉRALES

Organisation générale. — Les premiers établissements scolaires des colonies remontent à plus de deux siècles ; ils étaient autrefois sous la direction presque exclusive du clergé ou des congrégations religieuses vouées à l'enseignement ; aussi l'éducation qui y était donnée, particulièrement aux filles et aux enfants de couleur, était-elle à peu près uniquement religieuse.

Depuis le commencement du xix° siècle, plusieurs essais ont

été tentés avec des fortunes diverses pour instituer dans certaines de nos possessions des établissements d'instruction, dont quelques-uns existent encore, comme le lycée de la Réunion.

Le gouvernement de 1848 chercha le premier à doter la France d'outre-mer d'un service régulier d'enseignement primaire, secondaire et professionnel; il décréta même l'obligation et la gratuité, qui, en réalité, n'y ont été appliquées que postérieurement. Un règlement du 4 mai 1848 porte en effet que :

« Aux colonies, où l'esclavage est aboli par décret de ce jour,
« il sera fondé dans chaque commune une école élémentaire gra-
« tuite pour les filles et une école élémentaire gratuite pour les
« garçons. Ces écoles, placées sur des points choisis de manière
« à faciliter la réunion des enfants, seront multipliées autant que
« l'exigeront les besoins de la population.

« Nul ne peut se soustraire d'envoyer à l'école son enfant, fille
« ou garçon, au-dessus de six ans et au-dessous de dix ans, à
« moins qu'il ne le fasse instruire sous le toit paternel. Tout père,
« mère ou tuteur qui, sans raisons légitimes et après trois aver-
« tissements donnés par le maire de la commune, aura négligé
« d'envoyer ses enfants à l'école sera passible d'un à quinze jours
« de prison . . . .

« Une école normale des arts et métiers sera établie dans cha-
« que colonie. Un lycée, destiné à porter dans les Antilles l'en-
« seignement secondaire, sera fondé à la Guadeloupe, sans pré-
« judice des collèges communaux qui pourront être établis
« ailleurs. Une institution du degré supérieur sera établie à la
« Martinique pour les jeunes filles. »

Le programme décrété, sous l'impulsion généreuse du regretté M. Schœlcher, par la deuxième République, n'a pu être appliqué que par la troisième. Aux colonies, plus encore qu'en France, c'est surtout depuis vingt ans que l'organisation de l'instruction publique a été fixée et développée de façon à procurer à tous les habitants du territoire national les moyens de donner à leurs enfants l'instruction qui rend l'homme réellement libre et le citoyen conscient de tous ses devoirs. Aussi est-il de toute justice de reconnaître les bienfaits du gouvernement républicain à l'égard des colonies françaises, qu'il a deux fois émancipées, d'abord par l'abolition de l'esclavage, ensuite par la diffusion de l'enseignement.

Quoique l'organisation de l'instruction publique aux colonies ait été sur bien des points calquée sur celle de la métropole, elle en diffère assez profondément dans la plupart de nos établissements d'outre-mer, qui, à l'exception de deux, ne sont pas répartis en circonscriptions académiques.

Les trois ordres d'enseignement : primaire, secondaire et supérieur, ont été, dans certaines colonies, institués de telle sorte que l'on puisse y faire des études complètes et acquérir les diplômes et brevets donnant accès aux principales carrières administratives, judiciaire ou libérales.

A la tête du service de l'enseignement sont les inspecteurs généraux de l'instruction publique aux colonies; puis viennent les vice-recteurs, remplacés dans la plupart de nos établissements par les directeurs de l'intérieur. Sous leur autorité sont placés les proviseurs de lycée, les professeurs, les inspecteurs primaires et les instituteurs.

Régime législatif. — Le régime législatif du service de l'instruction publique aux colonies est toujours celui qui a été déterminé par le sénatus-consulte du 3 mai 1854, réglant la constitution des colonies de la Martinique, de la Guadeloupe et de la Réunion, qui porte en son article 6 que « des décrets rendus dans la forme de règlements d'administration publique statuent sur l'instruction publique ». Toutefois, en vertu de l'article 8, des décrets ordinaires « peuvent ordonner la promulgation dans les colonies des lois de la métropole concernant la même matière ».

Dans les colonies autres que les Antilles et la Réunion, le Gouvernement s'est toujours autorisé de l'article 18 du même sénatus-consulte pour légiférer en matière d'instruction publique, comme en toute autre, par voie de simples décrets.

Malgré les dispositions précitées, les gouverneurs, en vertu des pouvoirs qui leur sont conférés par les ordonnances et décrets constitutifs des colonies, ont pris nombre d'arrêtés réglementaires, complétant les dispositions législatives ou fixant leurs conditions d'application.

D'après les mêmes ordonnances, aucune école ne devait être ouverte sans l'autorisation du gouverneur ; le principe de la liberté de l'enseignement est aujourd'hui appliqué à peu près partout. Les évêques des grandes colonies ont même le droit d'ouvrir des écoles secondaires qui sont soumises à la seule condition de la surveillance de l'État.

Depuis le décret du 26 septembre 1890 sur l'enseignement primaire aux colonies, aucune nomination dans le personnel de l'enseignement primaire, recruté soit dans la métropole, soit sur place, n'a lieu qu'en vertu d'une décision du ministre des colonies.

Comité supérieur de l'instruction publique aux colonies. — Jusqu'à ces derniers temps les actes législatifs : règlements d'administration publique, décrets et, d'une façon générale, toutes décisions importantes concernant l'enseignement aux colonies étaient préparés dans les bureaux compétents du sous-secrétariat d'État des colonies, après entente avec le ministère de l'instruction publique ou tout au moins sur son avis ; ce n'était qu'exceptionnellement que des commissions spéciales avaient mission de les élaborer. Aucun conseil n'existait d'une façon permanente près du département, pour y remplir soit le rôle qui, au ministère de l'instruction publique, a été dévolu au « Conseil supérieur », c'est-à-dire proposer les programmes et les règlements, juger les affaires disciplinaires, éclairer le ministre d'avis discutés et raisonnés, chaque fois que cela est utile, soit celui des comités consultatifs des trois ordres d'enseignement qui donnent à l'administration leur opinion sur les nominations, propositions et récompenses honorifiques, et en général sur toutes les affaires présentant quelques difficultés que le ministre croit bon de leur renvoyer. Ces comités sont de plus une sauvegarde pour les fonctionnaires de l'administration métropolitaine.

Il a paru de toute nécessité à l'administration des colonies d'avoir également son « Conseil supérieur de l'enseignement » et par décision du sous-secrétaire d'État du 10 janvier 1894 le *Comité supérieur de l'instruction publique aux colonies* a été créé. Il est, bien entendu, purement consultatif, mais il y a lieu de penser que ses avis seront généralement suivis. Sa composition, encore assez restreinte, comprend des membres permanents, qui sont : le ministre des colonies, président ; l'inspecteur général des colonies, directeur du contrôle au ministère, et le chef du service du personnel à l'administration centrale des colonies ; deux inspecteurs généraux de l'instruction publique métropolitaine ; les deux inspecteurs généraux de l'instruction publique aux colonies et des chefs et sous-chefs de bureau des deux ministères de l'instruction publique et des colonies.

Des fonctionnaires de l'enseignement aux colonies, en congé en France, peuvent être appelés à siéger au « Comité supérieur », à titre de membres temporaires.

Les fonctions de secrétaire sont remplies par un rédacteur du ministère des colonies.

On peut faire certaines réserves sur le mode de création du Comité supérieur de l'instruction publique aux colonies. Pour qu'il puisse remplir toutes les attributions dévolues en France au Conseil supérieur de l'instruction publique, particulièrement les attributions disciplinaires, il faudrait que sa constitution fût décrétée dans des formes absolument légales, c'est-à-dire pour les Antilles et la Réunion dans celles des règlements d'administration publique.

Le Comité supérieur ne peut donc formuler que des avis et non prendre des décisions définitives, que l'insuffisance de l'acte qui l'a constitué rendrait par avance caduques. Le rôle que le sous-secrétaire d'État a entendu lui conférer paraît d'ailleurs beaucoup plus modeste et devoir se borner à celui d'un conseiller presque officieux.

Inspection générale de l'instruction publique aux colonies[1]. — L'inspection générale de l'instruction publique aux colonies est de création toute récente. Elle a été instituée par un décret du 6 juillet 1893, rendu dans la forme des règlements d'administration publique et elle n'a commencé à fonctionner qu'à partir du 1er janvier 1894, mais elle paraît appelée à rendre de très utiles services, en fournissant aux ministres des colonies et de l'instruction publique des renseignements éclairés et précis sur le fonctionnement des divers ordres d'enseignement dans nos possessions lointaines, l'application des plans d'études, la valeur des proviseurs et professeurs, leur situation et l'organisation des établissements d'instruction.

Deux agrégés, l'un des lettres, l'autre des sciences, sont chargés des importantes fonctions d'inspecteur général de l'instruction publique aux colonies.

Ils exercent leur surveillance sur les trois ordres d'enseignement : supérieur, secondaire et primaire, tant dans les établissements publics que privés ; les vice-recteurs sont tenus de leur fournir tous les éclaircissements et renseignements qui leur sont nécessaires et de leur communiquer les pièces et documents dont ils demandent la production. Ils sont appelés à donner des notes à tous les fonctionnaires de l'instruction publique dans la colonie.

Après chaque mission, les inspecteurs généraux doivent adresser au ministre des colonies, pour chaque ordre d'enseignement, avec leurs notes sur le personnel, un rapport dans lequel ils consignent toutes leurs observations ainsi que les mesures qu'il y a lieu de prendre pour remédier aux inconvénients qu'ils signalent. Copie de ce rapport doit être envoyée au ministre de l'instruction publique, ainsi que le double des notes données aux fonctionnaires appartenant à l'administration métropolitaine, détachés aux colonies.

---

1. Voir les décrets des 6 et 20 juillet 1893, *B. O. C.* 1893, p. 508 et 573, et le tome Ier du présent traité, p. 420.

Les inspecteurs généraux de l'instruction publique aux colonies relèvent directement du ministre des colonies, correspondent avec lui sans intermédiaire et doivent constamment être à sa disposition pour se rendre, conformément à ses ordres, dans les différentes colonies et y remplir les missions qui leur sont confiées. Toutefois des instructions peuvent leur être données par le ministre de l'instruction publique, mais elles doivent toujours être transmises, ainsi que les réponses auxquelles elles donnent lieu, par l'intermédiaire de l'administration des colonies.

Le décret du 6 juillet 1893, tout en laissant une part d'action au ministre de l'instruction publique sur l'organisation et le fonctionnement de ce service dans nos établissements extra-européens, a centralisé plus encore qu'elle ne l'était précédemment sa direction entre les mains du ministre des colonies, qui est mieux en situation que quiconque d'apprécier l'opportunité des réformes à appliquer dans les pays qu'il administre et les moyens pratiques de les réaliser pour le plus grand bien de la France et des populations directement intéressées.

Les dépenses de l'instruction publique sont à la charge des budgets locaux ; seuls les inspecteurs généraux sont payés sur le budget de l'État, auquel un crédit spécial de 45,000 fr. a été alloué à cet effet à la suite de prélèvements sur les subventions aux administrations locales.

Rôle des vice-recteurs et directeurs de l'intérieur. — La Martinique et la Réunion ont seules des vice-recteurs, chefs de service, ayant le droit de discuter en conseil privé les questions concernant l'enseignement, mais ne pouvant être appelés devant les conseils généraux, auprès desquels les directeurs de l'intérieur défendent leur budget et leur administration. Les emplois de vice-recteur ont été institués à la Réunion par un décret du 2 mars 1880 et à la Martinique par un autre décret du 21 septembre 1882.

L'unité générale de législation et d'organisation dans les trois anciennes colonies permettait, il y a dix ans, de supposer que le système du vice-rectorat serait également appliqué à la Guadeloupe ; les résultats qu'il a produits ailleurs le font désirer par nombre de bons esprits et le département a été saisi de propositions dans ce sens. La charge qu'entraînerait pour le budget local de la Guadeloupe l'institution d'un vice-recteur ne serait pas très élevée, car les emplois du bureau de l'instruction publique à la direction de l'intérieur pourraient être supprimés, ce qui constituerait une économie presque égale à la dépense du nouveau service. L'avantage principal qui en résulterait serait d'avoir à la tête du corps enseignant un fonctionnaire spécial de carrière, sans rôle politique, connaissant à fond tous les rouages de son administration et pouvant, grâce au prestige de ses grades universitaires, exercer une autorité compétente et reconnue sur tous ses subordonnés. Actuellement le directeur de l'intérieur ne peut, absorbé qu'il est par les soins de l'administration générale de la colonie tout entière, consacrer que fort peu de son activité, si grande soit-elle, au service de l'enseignement. Celui-ci se trouve de ce fait privé de surveillance et de direction.

Les rapports des inspecteurs généraux, récemment créés, ne manqueront pas de présenter à ce sujet des observations fort utiles, mais, à première vue, il serait téméraire de prétendre que l'action de ces fonctionnaires serait suffisante pour dispenser les colonies d'entretenir des vice-recteurs.

Le rapport adressé au Président de la République, lors de la création du vice-rectorat de la Réunion, fait ressortir ainsi l'utilité de la séparation des fonctions de chef du service de l'instruction publique et de directeur de l'intérieur :

> L'existence d'un lycée dans la colonie et le développement donné à l'enseignement ont mis le directeur de l'intérieur, quelle que soit, d'ailleurs, l'aptitude que l'on est en droit d'exiger de ce chef d'administration, dans l'impossibilité d'exercer utilement les attributions supérieures qu'il tient, en matière d'instruction publique, des articles 104, 108 et 11 de l'ordonnance du 21 août 1825, concernant le gouvernement de l'île de la Réunion.

Ces considérations, justes pour notre colonie de l'Océan Indien, ne le sont pas moins pour les Antilles.

Les décrets du 2 mars 1880 et du 21 septembre 1882, portant création des vice-recteurs de la Réunion et de la Martinique, leur confèrent les attributions dévolues par les ordonnances organiques[1] des gouvernements de ces colonies au directeur de l'intérieur en matière d'instruction publique et sous l'autorité directe du gouverneur, savoir :

> La surveillance des établissements d'instruction publique ; les examens à faire subir aux chefs d'institution, professeurs et maîtres d'écoles, qui se destinent à l'enseignement dans la colonie ;
> L'administration des pensionnats de la colonie et des écoles primaires gratuites ; l'établissement de ces écoles dans les quartiers qui en sont privés ; la surveillance administrative des frères de la Doctrine chrétienne et des sœurs qui se livrent à l'instruction ;
> La proposition au gouverneur des candidats pour les bourses accordées aux jeunes créoles dans les lycées et collèges de France, dans les pensionnats de la colonie et dans les maisons de la Légion d'honneur ; la régularisation des pièces qu'ils ont à produire.
> Le vice-recteur a sous ses ordres les agents salariés de l'instruction publique.
> Il pourvoit à l'expédition des commissions provisoires ou définitives, des congés et des ordres de service, qui émanent du gouverneur et qui sont relatifs à tous les agents rétribués sous ses ordres, ainsi que les commissions ou diplômes des instituteurs, maîtres d'école, professeurs, et autres agents civils non rétribués, qui dépendent de son administration.

Aux attributions ci-dessus déterminées, le vice-recteur réunit celles qui sont dévolues en France aux inspecteurs d'académie. Il est appelé de droit au conseil privé, mais seulement avec voix consultative, lorsque des questions de son ressort y sont examinées. Néanmoins il ne relève, comme les autres chefs de service, que du gouverneur et, devant le conseil général, c'est le direc-

---

1. Voir les ordonnances des 21 août 1825 (Réunion), 9 février 1827 (Antilles) et 22 août 1833 (Antilles et Réunion).

teur de l'intérieur qui défend son budget et son administration. C'est également à ce fonctionnaire qu'est réservé le soin de liquider et d'ordonnancer les dépenses concernant l'instruction publique au même titre que toutes celles qui sont imputables au budget local.

Dans toutes les colonies autres que la Martinique et la Réunion, ce sont les directeurs de l'intérieur qui exercent les attributions du vice-recteur.

Conseils coloniaux de l'enseignement secondaire. — Comités centraux de l'instruction publique. — A côté des chefs de service de l'instruction publique se trouvent plusieurs commissions généralement consultatives et sans action sur le personnel enseignant, car elles ne donnent leur avis que sur les questions administratives.

C'est ainsi que fonctionnent des comités centraux de l'instruction publique, analogues aux conseils départementaux de l'enseignement primaire de la métropole, et des conseils coloniaux de l'enseignement secondaire. Ceux-ci sont composés de fonctionnaires, de magistrats, du proviseur du lycée, de professeurs, de représentants du conseil général et de la municipalité ainsi que de notables habitants du pays. La plupart des membres sont désignés par l'administration ; les professeurs sont élus.

Quant aux conseils centraux de l'instruction publique, ils sont institués en vertu de l'article 17 du décret du 26 septembre 1890, sur l'enseignement primaire à la Martinique, à la Guadeloupe et à la Réunion et composés ainsi qu'il suit :

1° Le gouverneur, président ;

2° Le vice-recteur ou, à défaut de vice-recteur, le directeur de l'intérieur, vice-président ;

3° 4 conseillers généraux élus par leurs collègues ;

4° Le proviseur du lycée ou, à son défaut, un fonctionnaire désigné par le gouverneur, sur sa proposition ;

5° Le directeur de l'école normale d'instituteurs et la directrice de l'école normale d'institutrices, là où il existe des établissements de ce genre ;

6° Un inspecteur primaire désigné par le gouverneur ;

7° Deux instituteurs et deux institutrices, élus respectivement par les instituteurs et institutrices publics de la colonie et éligibles soit parmi les directeurs et directrices d'écoles à plusieurs classes ou d'écoles annexes à l'école normale, soit parmi les instituteurs ou institutrices en retraite.

Les fonctions remplies relativement aux conseils départementaux par le ministre de l'instruction publique sont dévolues, à l'égard des comités centraux, au ministre des colonies, celles des préfets aux gouverneurs, celles de l'inspecteur d'académie aux vice-recteurs ou aux directeurs de l'intérieur dans les colonies où il n'existe pas de vice-recteur.

Les attributions conférées dans la métropole au conseil départemental par les lois du 28 mars 1882 et du 30 octobre 1886 sur l'obligation et l'organisation de l'enseignement primaire, sont exercées, aux Antilles et à la Réunion, par le comité central de l'instruction publique.

Ces attributions sont de trois ordres, consultatives, réglementaires, de police et disciplinaires.

Le comité central délibère sur les rapports et propositions du chef du service de l'enseignement dans la colonie, des délégués cantonaux et des commissions municipales ; il donne son avis sur les réformes qu'il juge utile d'introduire dans l'enseignement, sur les secours et encouragements à accorder aux écoles primaires et sur les récompenses ; il entend et discute tous les ans un rapport général du chef du service de l'enseignement sur l'état et les besoins des écoles publiques, et sur l'état des écoles privées ; ce rapport et le procès-verbal de la discussion auquel il donne lieu doivent être adressés au ministre.

Il arrête les règlements relatifs au régime intérieur des établissements d'instruction primaire et leur organisation pédagogique ; donne des autorisations aux communes ou leur enjoint, après avis des conseils municipaux intéressés, de se réunir à une ou plusieurs communes voisines pour l'établissement ou l'entretien d'une école ; fixe le nombre, la nature et le siège des écoles publiques ; détermine celles auxquelles, d'après le nombre des élèves, doit être attaché un instituteur adjoint ; autorise les instituteurs et institutrices à recevoir des internes.

Il fait visiter par ses membres les établissements d'instruction primaire publics ou privés ; veille à l'application des programmes, des méthodes et des règlements édictés par le conseil supérieur de l'instruction publique, ainsi qu'à l'organisation d'inspections médicales réglementaires ; il dresse les listes d'admissibilité aux fonctions d'instituteur et d'institutrice.

En matière disciplinaire, le comité central donne son avis sur les propositions de censure et de révocation des instituteurs et institutrices publics ; il statue sur les oppositions à l'ouverture d'écoles privées, sur la proposition de suspension à temps et définitive des instituteurs, applique s'il y a lieu aux instituteurs privés accusés de faute grave dans l'exercice de leurs fonctions, d'inconduite ou d'immoralité, les peines de la censure ou de l'interdiction dans la commune ou la colonie. Aux mêmes instituteurs, qui se rendent coupables de non-observation des règles sur l'obligation de l'enseignement (non-tenue de registres des absences, concession de permissions d'absence abusive, etc.), il inflige les peines de l'avertissement, de la censure, de la suspension pour un mois au plus et, en cas de récidive pendant l'année scolaire, pour trois mois au plus.

La désignation des membres électifs des comités centraux se fait dans des formes analogues à celles qui ont été prévues par le décret du 12 novembre 1886 pour les élections au conseil départemental, qui n'a pas été régulièrement appliqué aux colonies, mais y est observé comme conséquence de la loi du 30 octobre 1886. Il en est de même du décret du 4 décembre 1886, sur la procédure, l'instruction, le jugement et l'appel des affaires disciplinaires de l'enseignement primaire.

Les règles concernant le personnel de l'instruction publique ont été exposées dans le 1er volume, pages 420 et suivantes.

Subventions et bourses. — Malgré l'existence d'établissements d'enseignement supérieur à la Martinique, dans l'Inde et même à la Guyane, beaucoup de colonies sont amenées, pour que les jeunes créoles puissent recevoir une instruction complète, à leur accorder des subsides sur les budgets locaux, afin qu'ils viennent en France suivre les cours des facultés de droit, de médecine, des lettres et des sciences, des écoles polytechnique, centrale, normale, supérieure et de Cluny, des beaux-arts, vétérinaires, des arts et métiers, d'agriculture, des mines, de commerce, d'horlogerie, etc. Les allocations, ainsi accordées, généralement après examen des candidats, portent le titre de subventions et leur montant diffère suivant les cas.

Les colonies qui n'ont pas de lycée ou d'établissement d'enseignement secondaire permettant de préparer les élèves aux écoles du Gouvernement concèdent aussi des allocations à nombre de leurs enfants, qui sont envoyés dans des lycées de France. Quelques-unes de ces bourses sont entièrement aux frais de la colonie, d'autres aux frais de la métropole et certaines enfin moitié à la charge de la colonie et moitié à celle de la métropole. De là trois sortes de bourses : les premières dites nationales, auxquelles le ministre de l'instruction publique nomme les candidats justifiant de conditions déterminées de capacité ; les secondes appelées coloniales et accordées par les colonies elles-mêmes ; enfin les troisièmes, bourses mixtes, qui sont au nombre de trente-neuf, ont été réparties par un décret du 27 février 1888 entre les diverses colonies de la façon suivante :

Cochinchine	3
Guadeloupe	2
Guyane	6
Inde française	4
Martinique	3
Nouvelle-Calédonie	2
Océanie	2
Réunion	6
Saint-Pierre et Miquelon	3
Sénégal	6
Réservées pour les cas extraordinaires	2

Les titulaires des bourses et demi-bourses, attribuées aux colonies par le département de l'instruction publique, ne peuvent être choisis que parmi les candidats remplissant les conditions prescrites par le décret du 19 janvier 1881 portant règlement pour l'allocation des bourses en France, et pourvus notamment du certificat d'aptitude aux bourses dans les lycées et collèges ou du baccalauréat. Par dérogation à l'article 10 dudit décret, ils sont nommés par arrêté du ministre de l'instruction publique rendu sur la proposition du ministre des colonies.

En dehors des bourses complètes, les conseils généraux accordent aussi des demi-bourses, ainsi que des exonérations de frais de pension et d'études dans les établissements locaux d'instruction, publics et privés.

La liquidation des subventions et bourses payées dans la métropole est effectuée par le département des colonies ou, sur ses indications, par les ordonnateurs secondaires des ports.

SECTION II

ENSEIGNEMENT SUPÉRIEUR, SECONDAIRE ET PRIMAIRE

Enseignement supérieur. — L'enseignement supérieur n'existe aux colonies qu'en ce qui concerne les études juridiques. Il n'y a ni faculté des lettres, ni faculté des sciences, ni écoles de médecine ou de pharmacie. Seules deux écoles de droit ont été instituées l'une à Fort-de-France (Martinique), par arrêté du gouverneur du 11 janvier 1882 et par décret du 20 janvier 1883, l'autre à Pondichéry par arrêtés des 5 juin 1838, 21 mars 1867, 24 février 1876 et décrets des 1er juillet 1880 et 17 mai 1881.

L'utilité a été reconnue dans ces colonies, pour assurer le recrutement des fonctions de magistrat, de notaire, d'avoué, d'avocat, de défenseur, de greffier ou d'huissier, d'accorder aux jeunes gens des facilités particulières pour faire leurs études juridiques ; les administrations locales de l'Inde et de la Martinique n'ont pas hésité à consentir les sacrifices nécessaires pour créer des écoles de droit.

Écoles préparatoires de droit de Pondichéry et de Fort-de-France. — Dès 1838, un arrêté du gouverneur de l'Inde française organisait, en faisant appel au concours volontaire de certains magistrats, des cours de droit, destinés à faciliter le recrutement des services auxiliaires de la justice. Les arrêtés précités de 1867 et de 1876 ont élargi les bases de l'enseignement donné à l'école de droit de Pondichéry qui n'a jamais été organisée par décret, mais dont l'existence a été virtuellement reconnue par les décrets des 1er juillet 1880 et 17 mai 1881 sur l'équivalence des études et l'examen final pour le grade de licencié.

Les écoles préparatoires de droit de Pondichéry et de Fort-de-France sont soumises à peu près aux mêmes règles, bien qu'elles soient issues de règlements divers. Les principales différences concernent spécialement l'administration.

A la Martinique, l'administration et la surveillance de l'école sont placées dans les attributions du vice-recteur, l'inspection appartient au procureur général et la direction à l'un des professeurs, désigné pour trois ans par le gouverneur. Les professeurs sont choisis parmi les magistrats, avocats et officiers ministériels, par le gouverneur, après avis du procureur général et sur la proposition du vice-recteur.

Les dépenses annuelles de l'école de droit de Fort-de-France sont d'environ 14,500 fr.

A Pondichéry, l'école est placée sous la surveillance du procureur général ; le président de la cour d'appel y fait fonctions de doyen et le greffier en chef en est le secrétaire.

Les cours sont professés par des magistrats ; ils sont attribués par ordre hiérarchique à tous les membres de l'ordre judiciaire de Pondichéry.

Les matières enseignées aux écoles préparatoires de droit de Fort-de-France et de Pondichéry sont identiquement les mêmes que dans les facultés de France. Les cours sont mis en harmonie avec la législation coloniale et son histoire ; ils sont publics. A

Pondichéry, en outre des programmes ordinaires, on enseigne aux élèves le droit hindou et le droit musulman. Cet enseignement répond à des besoins locaux tellement importants que l'école l'a rendu absolument obligatoire.

Des étudiants, dispensés de la résidence au siège de l'école et par suite de l'assiduité aux cours, peuvent y être inscrits régulièrement et passer les examens. Cette mesure, destinée à faciliter aux fonctionnaires des colonies les moyens de s'adonner aux études juridiques, s'étend à toute la colonie de l'Inde, aux Antilles, à la Guyane française et aux circonscriptions consulaires de la mer des Antilles et des Guyanes étrangères. Il convient d'ajouter d'ailleurs que, pour atténuer les inconvénients de cette faculté, des cours complémentaires de droit sont professés à Karikal, le principal de nos établissements secondaires de l'Inde, ainsi qu'à la Guadeloupe, par des magistrats des cours et tribunaux. La création d'une troisième école préparatoire de droit a été récemment tentée à Cayenne, mais n'a été jusqu'à ce jour l'objet d'aucune réglementation de la part de l'autorité métropolitaine.

Les règlements généraux concernant les inscriptions, les programmes, les études et les examens dans la métropole sont appliqués dans les écoles préparatoires de droit des colonies; les jurys d'examens sont choisis parmi les professeurs et présidés par le procureur général, le président de la Cour d'appel ou un conseiller.

Toutefois, les écoles de droit des colonies ne peuvent pas accorder définitivement le titre de licencié, elles ne délivrent que des certificats de capacité ; les élèves, pourvus du diplôme de bachelier ès lettres, qui justifient avoir suivi régulièrement les cours de ces écoles et y avoir subi avec succès les examens de fin d'année, peuvent, soit être admis à continuer leurs études dans les facultés de droit de la métropole, soit y obtenir des diplômes de bachelier ou de licencié après un examen spécial, dit d'équivalence, qui porte sur une revision des matières du programme général.

Les candidats à ces diplômes versent comme droits d'examen à la faculté métropolitaine la somme fixée par les règlements pour les épreuves, le certificat et le diplôme.

Il n'existe dans les colonies aucune autre école d'enseignement supérieur régulièrement organisée. Des cours de médecine sont toutefois établis dans l'Inde depuis le 11 avril 1883 et professés par des médecins de la marine.

Enseignement secondaire. — *Notions générales ; Baccalauréats*. — L'enseignement secondaire n'existe, avec une organisation identique à celle qui le régit en France, que dans les trois anciennes colonies, la Martinique, la Guadeloupe et la Réunion. Des lycées y ont été fondés et l'instruction qu'on y donne est réglée par les programmes adoptés pour la France continentale.

En dehors des trois colonies précitées, des établissements d'enseignement secondaire moins complets fonctionnent à la Guyane et dans l'Inde. Toutefois, ce n'est que dans la dernière de ces colonies et à la Martinique, à la Guadeloupe et à la Réunion qu'à la fin de leurs études les élèves peuvent subir les épreuves du baccalauréat, suivant les programmes métropolitains, qui y sont appliqués au fur et à mesure de leur adoption pour la France.

Ainsi, un décret du 18 novembre 1890 a étendu à ces quatre colonies les dispositions des règlements du 8 août précédent, instituant un baccalauréat unique de l'enseignement secondaire classique. Un autre décret du 24 août 1891 a déclaré applicables aux mêmes colonies les dispositions des décrets des 4 et 5 juin de la même année, réorganisant l'enseignement secondaire spécial, devenu l'enseignement secondaire moderne et déterminant les épreuves du baccalauréat de cet enseignement.

Conformément aux prescriptions des décrets des 23 décembre 1857, 10 novembre 1863 et 26 décembre 1871, des commissions sont instituées aux mêmes époques qu'en France (fin juillet et novembre) pour examiner les aspirants aux baccalauréats. La composition des jurys d'examen a été fixée par le décret du 27 août 1882 ; ils comprennent trois membres pour le brevet de capacité littéraire et quatre pour le brevet scientifique. Les examinateurs sont choisis sur une liste de huit membres, ainsi composée : Le chef du service de l'instruction publique (vice-recteur ou directeur de l'intérieur, suivant la colonie), quatre professeurs dont deux de lettres et deux de sciences, agrégés, docteurs ou licenciés, désignés par le gouverneur, et trois membres non professeurs, titulaires de grades universitaires, également désignés par le gouverneur. Dans l'Inde où il n'y a pas de lycée, les professeurs peuvent être remplacés par des magistrats, officiers, fonctionnaires et membres du conseil général choisis par le gouverneur.

Le chef du service de l'instruction publique préside le jury d'examen. Celui-ci doit comprendre toujours un membre non professeur, qui est appelé en cas d'empêchement du vice-recteur ou du directeur de l'intérieur, à exercer la présidence. Le jury peut s'adjoindre un examinateur supplémentaire spécial pour les épreuves de langues vivantes.

Les matières et les formes de l'examen, ainsi que les conditions d'âge des candidats, sont les mêmes qu'en France ; les dispenses sont accordées, s'il y a lieu, par le ministre des colonies.

Les commissions d'examen des colonies n'ont pas qualité pour recevoir définitivement les candidats ; elles ne font que déclarer si elles les jugent dignes ou non de recevoir un brevet de capacité, délivré sans frais par le gouverneur, et qui peut être ultérieurement échangé contre le diplôme de bachelier correspondant.

Les sujets des compositions écrites sont choisis en France et transmis sous pli cacheté dans les colonies. Ces plis ne sont ouverts qu'au moment de l'examen, en présence des candidats. Les compositions de ces derniers sont examinées par le jury, qui statue sur l'admissibilité aux épreuves orales. Quand celles-ci sont terminées, les dossiers des candidats reçus sont adressés au ministre de l'instruction publique qui, sur l'avis de la faculté des lettres ou de la faculté des sciences de Paris, à qui les compositions sont soumises, autorise ou non l'échange du brevet de capacité colonial avec le diplôme de bachelier. Celui-ci est délivré aux requérants s'ils justifient du versement des droits universitaires. Depuis une circulaire du 24 janvier 1893, ce versement doit être toujours effectué contre quittance à la caisse du trésorier-payeur de la colonie. Ces formalités exigeant quelques mois pour être remplies, les élèves porteurs de certificats de capacité peuvent prendre quatre inscriptions de droit ou de médecine avant d'avoir régularisé leur situation.

Martinique. — La Martinique possède deux établissements d'enseignement secondaire, un lycée de garçons et un pensionnat colonial de jeunes filles.

Le lycée est à Saint-Pierre; il a été créé le 6 décembre 1880 par arrêté du gouverneur, sous le nom de collège colonial ; la dénomination de lycée ne lui a été attribuée que par arrêté du 2 mai 1881, pris en exécution des instructions des ministres de la marine et des colonies et de l'instruction publique. Son organisation définitive a été consacrée par décret du 7 mai 1890.

Il est dirigé par un proviseur, assisté d'un censeur, et comprend quinze classes d'enseignement classique et onze d'enseignement moderne, trois de langues vivantes, deux de dessin, et une d'art d'agrément ; un économe tient la comptabilité et la caisse du lycée; les maîtres répétiteurs sont au nombre de dix.

Le personnel est choisi parmi les membres de l'Université ; la plupart des professeurs sont détachés du ministère de l'instruction publique.

Le lycée admet des élèves pensionnaires, demi-pensionnaires et des externes libres ou surveillés ; plusieurs sont boursiers de la colonie et des communes.

Les élèves reçoivent l'enseignement classique complet (lettres, sciences et grammaire), l'enseignement moderne et l'enseignement élémentaire. L'enseignement religieux est donné aux enfants dont les parents en font la demande. Enfin un cours normal est tenu au lycée pour le recrutement des instituteurs communaux.

Un bureau d'administration est institué près du lycée. Il se compose du vice-recteur, président, de deux membres délégués élus pour trois ans, l'un par le conseil général de la colonie, l'autre par le conseil municipal de Saint-Pierre, et de trois membres nommés par le gouverneur. Les membres du bureau d'administration ne peuvent être choisis dans le personnel de l'enseignement public ou privé de la colonie. Le proviseur assiste néanmoins avec voix délibérative aux séances du bureau d'administration ; en l'absence du chef du service de l'instruction publique, ce bureau est présidé par le doyen d'âge.

Un *externat colonial,* succursale du lycée et comprenant des chaires de 6e, 7e, 8e, 9e et 10e, auxquelles est adjoint un cours de mathématiques, est ouvert à Fort-de-France depuis le mois de janvier 1884. Le professeur de sixième exerce les fonctions de directeur de l'externat colonial.

Le *pensionnat colonial* de jeunes filles de la Martinique a été créé à Saint-Pierre en exécution d'un vote du conseil général du 15 septembre 1883, réglementé par un arrêté du 30 octobre et ouvert le 6 novembre de la même année. Il a à sa tête une directrice, assistée d'une surveillante générale. Son personnel comprend, en outre, neuf maîtresses, une économe, un aumônier et quatre surveillantes. L'enseignement qui est donné au pensionnat colonial est conforme aux programmes adoptés en France pour l'enseignement secondaire des jeunes filles. Des classes primaires préparent les plus jeunes élèves aux cours supérieurs, ainsi qu'à l'école normale primaire qui est annexée au pensionnat.

Un *séminaire-collège* a été fondé en 1852 à Saint-Pierre. C'est un petit établissement d'enseignement secondaire, qui relève de l'évêché. Il a à Fort-de-France une succursale appelée institution Sainte-Marie, dirigée par des frères de Ploërmel.

Les dépenses de l'enseignement secondaire à la Martinique sont d'environ 300,000 fr., en tenant compte des recettes du lycée et du pensionnat colonial. Il y a lieu d'y ajouter 27,000 fr. de bourses et subventions diverses.

Guadeloupe. — Le lycée de la Guadeloupe est à la Pointe-à-

Pitre. Il a été créé par décret du 17 mai 1883 et ouvert pour la rentrée des classes de l'année scolaire 1883-1884. Son organisation, qui est analogue à celle du lycée de la Martinique (voir ci-dessus), a été fixée par divers arrêtés locaux, en date des 24 juillet 1883, 28 octobre 1884, 6 août 1889 et par une décision du gouverneur du 14 février 1890.

La direction du lycée est confiée à un proviseur. Ce n'est que depuis la rentrée de 1893 qu'un censeur lui a été adjoint. Cette création a été des plus heureuses. Outre qu'elle a mis le lycée de la Pointe-à-Pitre sur le pied d'égalité avec celui de la Martinique elle a eu pour effet de donner plus d'autorité à l'administration intérieure et de faire cesser des compétitions fâcheuses, quant à la discipline, qui se produisaient entre professeurs pour l'intérim des fonctions de proviseur, chaque fois que le titulaire était absent ou empêché. La transformation du poste de surveillant général en un emploi de censeur a donc répondu à des besoins réels.

Les chaires du lycée de la Pointe-à-Pitre sont au nombre de treize pour l'enseignement classique, neuf pour l'enseignement moderne, une classe préparatoire, trois de langues vivantes, deux de dessin et trois d'arts et exercices divers. Un aumônier, un économe, un commis d'économat et quatorze maîtres répétiteurs sont en outre attachés au lycée.

Les élèves pensionnaires, demi-pensionnaires, externes surveillés ou libres, reçoivent dans cet établissement l'enseignement classique complet comme au lycée de la Martinique. Un cours normal pour la préparation des aspirants-instituteurs est annexé au lycée.

Un bureau d'administration, qui a servi de modèle pour l'organisation de celui du lycée de Saint-Pierre (voir-ci-dessus), surveille le fonctionnement du lycée de la Pointe-à-Pitre, qui est à l'heure actuelle le plus florissant des établissements d'enseignement secondaire coloniaux.

La ville de la Basse-Terre n'a pas l'avantage comme celle de Fort-de-France de posséder un externat colonial, succursale du lycée, où l'enseignement laïque pourrait être donné aux jeunes enfants dont les familles hésitent à se séparer. Cette situation d'infériorité provient vraisemblablement de ce qu'à la Basse-Terre existe un *collège diocésain*, qui a été fondé en 1852 par l'évêque et qui a rendu de réels services à la Guadeloupe jusqu'à la création du lycée. Les premiers maîtres du séminaire-collège furent d'abord empruntés au clergé ; aujourd'hui il y a un personnel spécial de professeurs, appartenant à la congrégation du Saint-Esprit et du Saint-Cœur de Marie. On y donne l'instruction primaire, commerciale et secondaire. La colonie fournit à cet établissement une subvention déguisée sous forme de bourses. On peut se demander s'il ne serait pas plus légitime que cet avantage fût accordé au lycée, à charge d'entretenir à la Basse-Terre un externat analogue à celui de Fort-de-France. Peut-être l'administration examinera-t-elle un jour cette question.

Au pensionnat des dames de Saint-Joseph de Cluny, dit pensionnat de Versailles, dont il sera parlé à propos de l'enseignement primaire, les jeunes filles peuvent recevoir une instruction secondaire et primaire supérieure.

Les dépenses de l'enseignement secondaire à la Guadeloupe atteignent près de 300,000 fr., auxquels il convient d'ajouter environ 50,000 fr. de bourses et subventions.

Réunion. — Fondé par une ordonnance locale du 24 décembre 1818 et réorganisé par un arrêté de 1876, le lycée de Saint-Denis est le plus ancien des établissements d'enseignement secondaire coloniaux ; il a été longtemps le plus important. Jusqu'à ce jour son organisation n'a pas été fixée par décret en Conseil d'État, conformément à l'article 6 du sénatus-consulte du 3 mai 1854. Il est à prévoir que le gouvernement métropolitain, d'accord avec les représentants de la colonie, ne tardera pas à combler cette lacune, afin de mettre les services du lycée à l'abri des fluctuations de la politique au conseil général et de leur assurer, ainsi qu'aux professeurs, une stabilité que ne peut leur donner le provisoire actuel.

Le lycée de Saint-Denis est organisé cependant à peu près

comme les autres établissements semblables des Antilles et de France. Il est dirigé par un proviseur, aidé d'un surveillant général. Les professeurs sont au nombre de dix-sept pour l'enseignement classique, neuf pour l'enseignement moderne, trois pour les langues vivantes, un pour le dessin d'imitation et deux pour les exercices divers. Un aumônier, un économe, un commis d'économat et quinze maîtres répétiteurs complètent le personnel du lycée.

Les élèves reçoivent le même enseignement que leurs condisciples des Antilles et de France.

Un bureau d'administration, composé d'une façon analogue à ceux des lycées de la Martinique et de la Guadeloupe, veille à la marche régulière des services de l'établissement.

En dehors du lycée, la colonie possède encore des *collèges communaux* à Saint-André, à Saint-Paul et à Saint-Benoît ; les élèves peuvent y poursuivre les études classiques jusqu'en quatrième.

Un jury spécial peut faire passer dans la colonie des examens d'entrée pour diverses écoles professionnelles de la métropole, particulièrement pour celles de Grignon, Montpellier, Aix et Dellys.

Les dépenses de l'enseignement secondaire à la Réunion atteignent près de 230,000 fr.

Saint-Pierre et Miquelon. — Le *collège* de Saint-Pierre et Miquelon, fondé par décret du 18 octobre 1892, n'est pas à proprement parler un établissement d'enseignement secondaire ; c'est plutôt une école primaire supérieure, à laquelle des cours de latin et de grec sont adjoints. Ces cours portent sur les programmes des classes de lycée jusqu'à la quatrième inclusivement.

Sénégal. — Une école secondaire a été instituée à Saint-Louis ; elle est dirigée par les frères de l'institut de Ploërmel ; on n'y fait en réalité que des études primaires supérieures et professionnelles.

Les allocations qui reviennent à cette école et les bourses qui sont accordées aux jeunes créoles du Sénégal pour faire en

France les études secondaires et supérieures entraînent pour la colonie une dépense d'environ 110,000 fr.

Guyane. — L'école d'enseignement primaire complet, fondée en 1889 à Cayenne, a été transformée récemment par décret du 4 janvier 1894 en *collège* d'enseignement secondaire moderne. Ce collège est dirigé par un principal ; son personnel comprend sept professeurs et deux instituteurs chargés des cours élémentaires.

L'établissement compte environ cent élèves, externes libres et surveillés. Sont annexés au collège : une division d'enseignement secondaire classique, correspondant aux classes de 6e, 5e et 4e ; un cours normal pour le recrutement des instituteurs primaires ; une section d'enseignement professionnel.

Nouvelle-Calédonie. — Le *collège colonial,* créé à Nouméa par arrêté du 17 janvier 1885, est un établissement d'enseignement secondaire moderne. L'instruction y est donnée conformément aux règles appliquées dans la métropole. Le personnel enseignant comprend un professeur licencié, faisant fonctions de principal, un professeur chargé du cours complémentaire et supérieur, un professeur d'anglais et un surveillant. Des maîtres de gymnastique et d'escrime sont en outre attachés au collège.

Il coûte annuellement environ 40,000 fr. à la colonie.

Établissements français dans l'Inde. — L'enseignement secondaire classique et moderne est donné à Pondichéry par un collège subventionné par la colonie et dirigé par des Pères des Missions étrangères. Les cours y sont faits d'après les programmes adoptés en France et les élèves sont préparés aux divers baccalauréats, dont ils peuvent subir les épreuves sur place. — Ce collège compte environ 160 élèves. Il possède une succursale à Karikal et rend de réels services à la colonie, où n'existe pas encore d'établissement secondaire laïque.

La colonie y entretient quarante bourses ou fractions de bourses, qui sont réparties par l'administration entre les enfants les plus méritants et dont les familles possèdent des titres à ces faveurs.

Les dépenses de l'enseignement secondaire dans l'Inde sont d'un peu plus de 43,000 fr.

Indo-Chine. — Il n'y a en réalité aucun établissement d'enseignement secondaire proprement dit en Cochinchine. Toutefois, au collège de Saïgon sont institués des cours supérieurs se rapprochant de l'enseignement secondaire moderne ; des brevets spéciaux sont délivrés aux jeunes gens qui sortent de ce collège et satisfont à un examen. L'enseignement classique n'est donné qu'au séminaire de la mission à Saïgon. Sept chaires allant de la 7e à la rhétorique sont tenues par des professeurs européens ; les études sont complétées par deux années de philosophie et cinq de théologie pour les jeunes gens qui se destinent à la carrière ecclésiastique.

En raison de l'absence d'établissement d'enseignement secondaire régulièrement organisé en Cochinchine, le budget local prévoit une dépense de 151,800 fr. affectée à des bourses pour les jeunes gens qui sont envoyés dans les lycées de France ou des autres colonies.

Enseignement primaire[1]. — Jusqu'à ces dernières années l'enseignement primaire aux colonies a été entre les mains des instituteurs et institutrices congréganistes ; aujourd'hui la laïcisation des écoles a été opérée dans la plupart de nos établissements ou s'effectue d'une façon normale.

En ce qui concerne l'organisation de l'enseignement primaire, il convient de distinguer les trois anciennes colonies de nos autres établissements. Dans les premières, en effet, ainsi qu'on l'a vu plus haut, un décret réglementaire du 26 septembre 1890 a prescrit l'application de la loi métropolitaine du 30 octobre 1886 sur l'enseignement primaire et des lois conçues dans le même esprit qui l'ont précédée, savoir celle du 16 juin 1881 sur

---

1. Pour tout ce qui concerne l'historique de l'enseignement primaire aux colonies, nous renvoyons le lecteur au *Traité de législation coloniale* de MM. Dislère, Dalmas et Devillers et à la brochure publiée par M. Franck-Puaux sur *l'Instruction primaire dans les colonies françaises*.

les titres de capacité, l'article 1ᵉʳ de la loi de même date sur la gratuité et la loi du 28 mars 1882 sur l'obligation.

Anciennes colonies, dites colonies à législature. — Le chapitre Iᵉʳ du décret du 26 septembre 1890 est relatif à l'application de la loi du 16 juin 1881 sur les titres de capacité. Il exige des instituteurs et institutrices titulaires et des adjoints chargés de classes le brevet de capacité de l'enseignement primaire.

Le chapitre II du même décret, appliquant l'article 1ᵉʳ de la loi du 16 juin 1881 sur la gratuité, fixe la répartition des dépenses de l'instruction primaire ; il dispose que :

Les dépenses de l'instruction primaire sont obligatoires pour les communes et la colonie dans les conditions déterminées par l'article 149 de la loi du 5 avril 1884 et l'article 8 du sénatus-consulte du 4 juillet 1866.

Sont à la charge des communes :

1° Les traitements et allocations attribués aux instituteurs et institutrices par le décret du 26 septembre 1890 ;

2° La construction ou la location et l'entretien des maisons d'écoles, le logement des maîtres ou les indemnités représentatives ;

3° Les frais d'éclairage des classes ;

4° La rémunération des gens de service, fixée par le gouverneur en conseil privé ;

5° L'acquisition, l'entretien, le renouvellement du mobilier scolaire et du matériel d'enseignement ;

6° Les registres et imprimés à l'usage des écoles.

Les traitements et allocations seront mandatés par le directeur de l'intérieur et acquittés suivant le mode établi en matière de cotisations municipales.

Ils seront payés mensuellement et par douzièmes, sur le vu des états dressés par les inspecteurs primaires.

Sont à la charge de la colonie :

1° Le traitement du personnel des écoles normales ;

2° L'entretien et, s'il y a lieu, la location des écoles normales ;

3° L'entretien et le renouvellement du mobilier de ces écoles et du matériel d'enseignement ;

4° Les frais d'entretien des élèves dans les écoles normales ;

5° Les traitements du personnel de l'administration et de l'inspection ;

6° Les frais de tournée et de déplacement des fonctionnaires de l'inspection ;

7° Le loyer et l'entretien du local et du mobilier destinés au service colonial de l'instruction publique;

8° Les imprimés à l'usage des délégations cantonales.

Le chapitre III du décret du 26 septembre 1890 concerne l'application de la loi du 28 mars 1882, relative à l'obligation de l'enseignement primaire pour les enfants des deux sexes âgés de six ans révolus. Des arrêtés du gouverneur, sur la demande du chef du service de l'instruction publique et du comité central déterminent chaque année les communes où les locaux scolaires sont suffisants pour y appliquer les prescriptions de la loi métropolitaine.

Le chapitre IV a trait à la loi du 30 octobre 1886 sur l'organisation de l'enseignement primaire. Celui-ci est donné aux Antilles et à la Réunion comme en France : 1° dans les écoles maternelles et les classes enfantines ; 2° dans les écoles primaires élémentaires ; 3° dans les écoles primaires supérieures et dans les classes d'enseignement primaire supérieur annexées aux écoles élémentaires et dites cours complémentaires ; 4° dans les écoles d'apprentissage fondées pour développer chez les jeunes gens qui se destinent aux professions manuelles la dextérité nécessaire et les connaissances techniques. Les écoles maternelles ont remplacé les salles d'asile pour montrer que l'éducation nouvelle instituée par la législation de 1886 doit « garder la douceur indulgente et affectueuse de la famille, en même temps qu'elle invite l'enfant au travail et à la régularité de l'école ». Les classes enfantines se confondent le plus souvent aux colonies avec les écoles maternelles ; elles doivent en réalité tenir une place intermédiaire entre les écoles maternelles et les écoles primaires élémentaires.

Les écoles primaires supérieures sont dues à l'initiative de M. Guizot, car elles datent de la loi du 28 juin 1833. Elles ont pour objet, ainsi que l'indique l'exposé des motifs de cette loi, d'établir un degré supérieur d'instruction primaire, qui, sans entrer dans l'instruction classique et scientifique proprement dite, puisse fournir pourtant à une partie nombreuse de la population une culture plus relevée que celle que donnait jusqu'alors l'instruction primaire. Il n'y avait rien entre ce degré d'instruction et l'enseignement secondaire ; les écoles primaires supérieures ont comblé cette lacune. La loi du 15 mars 1850, qui favorisa l'enseignement des congréganistes aux dépens de l'enseignement laïque, entraîna la disparition des écoles primaires supérieures, qui ne reprirent existence que grâce aux crédits spéciaux à leur entretien, votés dans la loi de finances du 30 mars 1878.

Peuvent être créées, dans les colonies comme en France, des écoles primaires pour adultes, c'est-à-dire pour les apprentis des divers métiers, âgés de treize ans révolus et pourvus d'une attestation d'instituteur public, visée par le maire constatant qu'ils ont déjà reçu une instruction primaire élémentaire.

La loi du 30 octobre 1886, appliquée par le décret du 26 septembre 1890 aux Antilles et à la Réunion, a déterminé nettement les conditions que doivent remplir les directeurs ou adjoints chargés de classe dans les écoles primaires. Ces conditions sont absolument les mêmes pour les instituteurs et institutrices aux Antilles et à la Réunion que pour leurs collègues de France au point de vue de la nationalité, de l'âge, et des titres et brevets de capacité.

L'article 17 de la loi de 1886 est ainsi conçu :

« Dans les écoles publiques de tout ordre, l'enseignement est exclusivement confié à un personnel laïque. » Cet article est appliqué maintenant dans toute sa rigueur aux Antilles et à la Réunion ; à la Martinique la laïcisation des écoles était déjà un fait accompli lorsque le décret de 1890 y a été promulgué.

L'inspection des établissements d'instruction primaire publics ou privés est exercée : 1° par les inspecteurs généraux de l'instruction publique aux colonies ; 2° par les vice-recteurs ; 3° par les inspecteurs de l'enseignement primaire ; 4° par les membres du comité central de l'instruction publique de la colonie, désignés à cet effet ; 5° par les maires et délégués cantonaux, etc.

Dans les internats de jeunes filles, l'inspection des locaux affectés aux pensionnaires et du régime intérieur du pensionnat est confiée à des dames déléguées par le gouverneur.

Martinique. — Ainsi qu'on l'a vu plus haut, la laïcisation des écoles était presque terminée à la Martinique bien avant la promulgation du décret du 26 septembre 1890. Elle a été commencée dès 1882 et les congréganistes n'ont plus aujourd'hui dans la colonie que quelques écoles libres.

Des écoles publiques pour les enfants des deux sexes existent dans presque toutes les communes ; elles comptent plus de cinq mille élèves garçons et quatre mille élèves filles.

Des cours normaux primaires sont annexés au lycée de Saint-Pierre pour les garçons et au pensionnat colonial pour les jeunes filles qui se destinent à l'enseignement. Une caisse des écoles a été fondée par décret du 12 septembre 1887.

Plusieurs écoles particulières pour les garçons et pour les filles sont dirigées par des instituteurs et des institutrices libres à Saint-Pierre et à Fort-de-France ; dans nombre de communes de la colonie existent également des salles d'asiles pour les enfants des deux sexes ; un ouvroir pour les jeunes filles pauvres est ouvert à Fort-de-France.

La colonie a, en outre, une école d'arts et métiers dirigée par les officiers d'artillerie.

En résumé, la colonie possède :

38 écoles publiques de garçons ayant	5,500	élèves.
38 — de filles ayant	4,000	—
1 école privée de garçons ayant	80	—
20 écoles pivées de filles ayant	1,100	—
Au total . 97 écoles ayant	10,680	élèves.

Les dépenses de l'enseignement primaire à la Martinique sont d'environ 23,5000 fr.

Guadeloupe. — Il existe à la Guadeloupe 54 écoles publiques de garçons et 45 écoles de filles, se répartissant de la façon suivante :

Écoles à plus de cinq classes. . . .   5 de garçons, 3 de filles.
  — ayant trois et quatre classes . 14   —   10   —
  — ayant une et deux classes . . 35   —   32   —

De plus, il y a trois écoles privées de garçons et treize de filles. La population de ces écoles se répartit de la façon suivante :

Écoles publiques de garçons. . . .   5,350 élèves.
  — de filles   4,400   —
Écoles privées de garçons.   430   —
  — de filles   600   —
Total. . . . . .   10,780 élèves.

Toutes les écoles publiques de garçons sont laïcisées, il n'en est pas de même des écoles de filles. Suivant un contrat passé en 1848 entre la métropole et la congrégation des sœurs de Saint-Joseph de Cluny, celle-ci doit fournir pour l'instruction des jeunes filles 85 sœurs, moyennant 1,200 fr. + 200 fr. par tête et par an pour l'abonnement complet.

24 institutrices laïques sont réparties dans des localités où il n'y a pas de sœurs. Depuis 1890, toute école nouvelle doit être dirigée par des laïques, ce qui a lieu déjà en 1894 pour trois communes.

On a constaté qu'à la Guadeloupe de même qu'à la Martinique, plus de la moitié des enfants, garçons ou filles, ne suivent pas les écoles. Pour qu'un plus grand nombre d'enfants puissent y être assidus, il faudrait doubler le personnel et les bâtiments.

Une caisse des écoles a été créée par décret du 14 février 1889 et des caisses d'épargne scolaires ont été instituées par arrêté du gouverneur en date du 16 janvier 1890.

Les dépenses générales de l'instruction primaire à la Guadeloupe n'atteignent pas tout à fait 250,000 fr.

INSTRUCTION PUBLIQUE. 433

Le personnel scolaire de la colonie s'élève au chiffre de 242 maîtres et maîtresses se répartissant comme suit :

Écoles de garçons	134
Écoles de filles laïques	23
— congréganistes	85

Il faut y ajouter sept instituteurs suppléants, une institutrice suppléante, le secrétaire de l'inspecteur primaire, le directeur de la maison d'éducation correctionnelle, deux directeurs des cours normaux.

L'effectif s'élève ainsi à un total de 254 maîtres et maîtresses.

Des cours normaux, institués par arrêté du gouverneur en date du 26 décembre 1891 à la Basse-Terre et à la Pointe-à-Pitre, sont annexés aux écoles communales ; ils préparent des instituteurs ; les élèves sont externes et instruits gratuitement.

Une crèche et un orphelinat sont tenus à la Pointe-à-Pitre par les sœurs de Saint-Paul de Chartres.

L'enseignement primaire libre est représenté, pour les garçons, par les externats des frères de Ploërmel, à la Basse-Terre, à la Pointe-à-Pitre et au Moule, et pour les filles par des écoles dirigées par des sœurs-institutrices de Saint-Joseph de Cluny et par des écoles laïques subventionnées. — Le principal établissement tenu par les sœurs de Saint-Joseph de Cluny est le pensionnat dit de Versailles, à la Basse-Terre. La colonie y entretient vingt boursières. Les autres maisons d'éducation religieuse en sont des succursales.

De même que la Martinique, la Guadeloupe possède à la Basse-Terre une école professionnelle dirigée par les officiers d'artillerie.

Réunion. — Une école normale primaire a été créée à Saint-Denis par décret du 24 avril 1883 ; elle comprend un directeur et trois professeurs, chargés de préparer des jeunes gens à l'enseignement et d'assurer le recrutement du personnel des instituteurs. Elle reçoit des élèves-maîtres boursiers de la colonie, des boursiers des communes et des élèves payants. Le programme des cours est à peu près le même que celui des écoles similaires de la métropole ; l'engagement décennal est exigé des élèves.

> Le régime de l'école est l'internat.
> L'internat comprend des élèves-maîtres entretenus aux frais de la colonie, des boursiers des communes et des élèves payants.
> En outre, sur la proposition du vice-recteur et l'approbation du gouverneur, l'école peut recevoir des élèves externes aux mêmes conditions d'admission que les internes.
> Tous les ans, sur la proposition du vice-recteur et après avis de la commission centrale de l'instruction publique et de la commission coloniale, le gouverneur fixe le nombre des élèves-maîtres à admettre en première année à la charge de la colonie et des autres élèves qui pourront être admis en qualité d'internes ou d'externes.
> La durée des cours d'études est de trois ans.
> A partir de dix-huit ans, si l'élève-maître est pourvu du brevet élémentaire, les années passées à l'école normale comptent pour la réalisation de l'engagement de servir dix ans dans l'enseignement public, pour les deux années de stage exigées des candidats au certificat d'aptitude pédagogique et pour l'avancement dans les fonctions de l'enseignement primaire.
> Les droits à pension des élèves-maîtres demeurent réglés par le deuxième paragraphe de l'article 2 de la loi du 17 août 1876.
> Une école primaire, dans laquelle les élèves s'exercent à la pratique de l'enseignement, est annexée à l'école normale.
> Tous les élèves sont tenus de se présenter aux examens du brevet élémentaire de capacité, à la fin de la première année, et à ceux du brevet supérieur, à la fin du cours d'études.

Des écoles primaires existent dans la plupart des communes ; mais elles ne sont pas encore toutes laïcisées ; plusieurs sont dirigées soit par des frères de Ploërmel, soit par les sœurs de Saint-Joseph de Cluny. Aux écoles publiques de Saint-Denis et de Saint-Paul sont annexées des écoles maternelles.

En dehors des écoles publiques, la colonie possède plusieurs écoles libres, la plupart à Saint-Denis et à Saint-Pierre, et onze écoles maternelles et ouvroirs dirigés par des religieuses.

Les écoles de la colonie se répartissent de la façon suivante :

51 écoles publiques de garçons, comptant. .	5,660	élèves.
63 — de filles, comptant . . .	6,270	—
3 écoles privées de garçons, comptant. . .	220	—
24 — de filles, comptant	880	—
141	13,030	élèves.

La colonie de la Réunion prévoit à son budget une somme d'environ quatre cent soixante mille francs pour le service de l'enseignement primaire.

Autres colonies. — Comme aux Antilles et à la Réunion, dans nos autres colonies, l'enseignement primaire est donné gratuitement aux enfants des deux sexes. Les représentants du gouvernement, les délégués de l'Alliance française, les missionnaires et les congrégations religieuses elles-mêmes ont compris dès le début tout l'intérêt que présentait pour l'établissement et le maintien de notre influence la diffusion de l'enseignement primaire et de notre langue parmi les indigènes. Les résultats déjà acquis ont récompensé cette heureuse initiative et il est établi que les conquêtes de l'esprit français dans nos nouvelles possessions sont dues en majeure partie aux efforts constants des instituteurs laïques et congréganistes.

L'organisation du service de l'enseignement et les méthodes varient forcément d'une colonie à l'autre suivant leur développement, leur degré de civilisation. Dans celles où la population est depuis longtemps française, il n'y a que des avantages à y appliquer les usages et programmes de la métropole; dans nos nouveaux établissements au contraire nous devons surtout tendre à substituer progressivement le français aux idiomes locaux. Nos efforts doivent surtout s'appliquer, non à élever le niveau de l'instruction parmi les populations déjà françaises de coutumes, d'esprit et de cœur, mais à amener à nous des populations encore semi-sauvages, qui hésitent entre un retour à la barbarie et une avance à la civilisation; chez ces dernières, c'est en propageant le plus possible notre langue dans le milieu indigêne que nous arriverons à faire adopter nos usages et nos lois et à faire aimer et respecter la France.

Dans toutes les colonies où l'enseignement primaire a été régulièrement organisé, les jeunes gens peuvent acquérir le certificat d'études et les brevets d'instituteur.

Saint-Pierre et Miquelon. — La gratuité de l'enseignement primaire existait déjà à Saint-Pierre et Miquelon, lorsqu'un décret du 10 septembre 1891 a appliqué à la colonie l'article 4 de la loi du 28 mars 1882 sur l'obligation de l'instruction primaire. Le principal établissement d'enseignement est le collège créé, par décret du 14 octobre 1892, et où le service est assuré par un principal et par trois professeurs ; l'instruction primaire complète y est donnée ; une division classique y est adjointe. Le collège ne reçoit que des externes ; outre les élèves payants, trente boursiers y sont entretenus aux frais de la colonie.

En dehors du collège, trois écoles de garçons et trois écoles de filles sont dirigées à Saint-Pierre, à l'île aux Chiens et à Miquelon par les frères de l'Institut de Ploërmel et par les sœurs de Saint-Joseph de Cluny.

Les élèves sont au nombre de 450 garçons et de 340 filles environ. Outre l'enseignement primaire ils reçoivent un enseignement professionnel, commercial, industriel et maritime.

Un pensionnat privé pour les jeunes filles est entretenu de plus par les sœurs de Saint-Joseph de Cluny ; il renferme environ quatre-vingt-dix élèves qui y reçoivent l'instruction primaire supérieure.

Deux salles d'asile, l'une à Saint-Pierre, l'autre à Miquelon, reçoivent 360 enfants des deux sexes âgés de deux à sept ans ; un ouvroir fondé en 1865 et réorganisé en 1876 et en 1885 est destiné à aider les jeunes filles pauvres à se procurer une éducation professionnelle. Il compte cinquante pensionnaires choisies parmi les orphelines et les enfants des habitants les plus nécessiteux du pays. Elles y restent jusqu'à dix-huit ans et peuvent y entrer à neuf ans. Les élèves qui n'ont pas atteint leur douzième année suivent des cours d'enseignement primaire élémentaire.

Dans notre petite colonie de Saint-Pierre et Miquelon, l'instruction publique, dont les dépenses sont inscrites au budget pour 66,000 fr., est donc organisée d'une façon remarquable; elle est surveillée directement par le président du conseil d'appel, qui remplit les fonctions d'inspecteur primaire, et par un conseil consultatif de l'instruction publique, institué par arrêté du 1er avril 1891 et composé, sous la présidence du directeur de l'intérieur, d'un conseiller privé, de deux conseillers généraux et de magistrats et fonctionnaires.

Guyane. — En dehors du collège de Cayenne, réorganisé par le décret du 4 janvier 1894, et dont il a été parlé plus haut, la Guyane possède des écoles publiques laïques de garçons et de filles dans presque toutes les communes. Celles de Cayenne comptent près de douze cents élèves. Dans la plupart des quartiers, auprès de l'instituteur et de l'institutrice, est placée une gardienne, à qui incombent les soins à donner pour la nourriture ou pour le logement aux enfants dont les parents habitent à une grande distance du bourg. En dehors des écoles publiques il y a plusieurs institutions libres, particulièrement le pensionnat de jeunes filles de Cayenne, dirigé par les sœurs de Saint-Joseph de Cluny.

Les écoles de la colonie se répartissent de la façon suivante :

5 écoles publiques mixtes. . . ⎫
8   —   de garçons . ⎬ ayant . . ⎰ 520 élèves garçons.
5   —   de filles . . ⎭   ⎱ 550 élèves filles.

2 écoles privées mixtes. . . . ⎫
1 école privée de garçons. . . ⎬ ayant . . ⎰ 320 élèves garçons.
2 écoles privées de filles . . . ⎭   ⎱ 590 élèves filles.

23 écoles.   1,980 élèves.

Un comité central de l'instruction publique a été fondé à Cayenne par décret du 30 octobre 1889. Il est présidé par le directeur de l'intérieur et comprend outre quatre membres désignés par le conseil général, le maire de Cayenne et divers fonctionnaires.

Des cours populaires d'adultes sont annexés aux écoles de Cayenne. Des cours d'agriculture y ont également été créés.

L'organisation de l'instruction primaire à la Guyane a été fixée par des décrets du 30 octobre 1889, qui ordonnent la laïcisation de l'enseignement primaire, créent une caisse des écoles et disposent que :

L'enseignement primaire est donné à la Guyane française :
1° Dans les écoles enfantines ;
2° Dans les écoles primaires élémentaires ;
3° Dans les écoles primaires supérieures et dans les classes d'enseignement primaire supérieur annexées aux écoles élémentaires et dites « cours complémentaires » ;
4° Dans les écoles manuelles d'apprentissage.
L'inspection des établissements d'instruction primaire publics ou privés est exercée, sous les ordres du directeur de l'intérieur :
1° Par un inspecteur primaire ou par le fonctionnaire de l'instruction publique désigné par le sous-secrétaire d'État des colonies ;
2° Par les membres du comité central de l'instruction publique désignés à cet effet, conformément à l'article 33.
Toutefois, les écoles privées ne pourront être inspectées par les instituteurs ou institutrices publics qui font partie du comité central ;
3° Par le maire et les délégués communaux ;
4° Au point de vue médical, par le médecin inspecteur.
Toute commune doit être pourvue au moins d'une école primaire publique.
Le nombre, la nature et le siège des écoles primaires publiques à établir, soit au chef-lieu, soit dans les sections de la commune, ainsi que le nombre des instituteurs et institutrices sont fixés par le gouverneur, sur la proposition du directeur de l'intérieur, après consultation des conseils municipaux intéressés, le comité central de l'instruction publique entendu.
Le comité central de l'instruction publique pourra, avec l'approbation du gouverneur, après avis conforme du conseil municipal, autoriser un instituteur ou une institutrice à recevoir des élèves internes en nombre et dans des conditions déterminés.

Les dépenses de l'instruction publique à la Guyane sont d'environ 200,000 fr. dont 120,000 fr. seulement sont employés à l'enseignement primaire.

INSTRUCTION PUBLIQUE.

Sénégal et Soudan. — Au Sénégal, l'enseignement primaire est presque totalement entre les mains des congréganistes, missionnaires du Saint-Esprit, frères de Ploërmel, sœurs de Saint-Joseph de Cluny et de l'Immaculée Conception.

A Saint-Louis, les deux écoles communales congréganistes de garçons comptent près de douze cents élèves ; l'école des filles en reçoit environ cent quatre-vingt-dix. Les écoles laïques de garçons et de filles, ainsi que l'école de la mission évangélique protestante sont beaucoup moins fréquentées.

Des écoles publiques sont établies également à Dakar, Gorée, Rufisque. A Saint-Louis, à Dakar et à Gorée des cours du soir pour adultes fonctionnent régulièrement. Dans le haut Sénégal et dans le Cayor, l'Alliance française et la Mission du Saint-Esprit entretiennent des écoles où l'enseignement professionnel est annexé à l'enseignement primaire.

A Saint-Louis et à Gorée ont été institués des ouvroirs et des salles d'asile pour les enfants ; de plus, les missionnaires du Saint-Esprit ont organisé à N'Gazabil, près de Joal, des orphelinats de garçons et de filles ; ils ont établi également des écoles dans leurs établissements de Joal, Sedhiou et Caraban.

Des écoles musulmanes ont été créées depuis trente ans pour assurer la diffusion de l'instruction dans la population indigène.

Les écoles primaires de la colonie du Sénégal se répartissent comme suit :

A. Saint-Louis, Gorée, Dakar et Rufisque.

5 écoles publiques de garçons ayant	1,800	élèves.
4 — de filles ayant	550	—
1 école privée de garçons ayant	23	—
1 — de filles ayant	21	
11	2,394	
A reporter	2,394	

Report	2,394

B. Écoles des pays de protectorat y compris, à Saint-Louis-Gor, le collège des fils de chefs, Dagana, Fissel,

14 écoles publiques et communales de garçons ayant.	2,120	élèves.
5 écoles publiques et communales de filles ayant.	570	—
1 école privée de garçons ayant	24	—
1 — de filles ayant	22	—
21		2,736
Total.		5,130

Une somme de 200,000 fr. environ est consacrée par le budget local du Sénégal à l'enseignement primaire.

Au Soudan le service de l'instruction publique n'est pas encore organisé ; toutefois, dans quelques postes les premières notions de l'enseignement primaire sont données aux enfants indigènes par des sous-officiers européens ; les quelques syllabaires, livres, cahiers qui servent dans ces écoles rudimentaires y ont été envoyés par l'Alliance française.

Des instituteurs ont été nommés il y a quelques mois pour le service des écoles à Bakel et à Kayes. Les Pères du Saint-Esprit ont aussi créé quelques classes.

Guinée, Côte d'Ivoire, Dahomey. — L'organisation de l'instruction publique est encore très rudimentaire dans ces colonies où l'organisation administrative n'est pas encore achevée. Toutefois les missions africaines ont monté quelques écoles, qui sont assez volontiers fréquentées par les enfants indigènes. Un instituteur européen a été envoyé dès 1887 à Assinie ; un autre a été nommé récemment au Dahomey. Ces premiers représentants du corps enseignant européen seront bientôt rejoints par des auxiliaires dont le concours ne peut qu'être précieux à notre administration pour l'accomplissement de son rôle civilisateur. Déjà à la Guinée, il y a trois écoles publiques dont deux à Konakry, l'une pour les garçons, l'autre pour les filles ; la troisième est à Boffa ; de plus, à Konakry, un cours d'adultes est ouvert le soir. Ces écoles reçoivent 140 garçons et 30 filles. La Côte d'Ivoire est encore mieux dotée, car elle possède onze écoles de garçons, qui comprennent 320 élèves. Le service de ces écoles est fait par deux instituteurs européens, six moniteurs indigènes et six douaniers qui font fonctions d'instituteur.

Au Dahomey plusieurs écoles ont été fondées ; la plupart sont dirigées par des sous-officiers. Les Pères des missions africaines secondent leurs efforts en ouvrant aussi des classes.

Congo français. — L'organisation de l'instruction publique au Congo français a été fixée par un décret du 9 avril 1883, qui dispose que :

Art. 1ᵉʳ. — Dans les écoles primaires du Gabon, l'enseignement doit être donné exclusivement en langue française.

La moitié au moins du temps de la scolarité doit être consacrée à l'étude du français.

Art. 2. — Toute personne qui veut ouvrir une école, ou une salle d'asile, doit en demander l'autorisation au lieutenant gouverneur.

Art. 3. — Les écoles primaires de garçons sont dirigées par des hommes.

Les écoles primaires de filles, les écoles mixtes et les salles d'asile sont dirigées par des femmes.

Art. 4. — Il est institué un certificat d'étude primaire ; ce certificat est décerné après un examen public, auquel peuvent se présenter les enfants dès l'âge de onze ans.

Le jury d'examen est désigné par le lieutenant gouverneur.

Art. 5. — Toute infraction aux dispositions du présent décret est poursuivie devant le tribunal correctionnel. Le directeur de l'école est puni d'une amende de 50 à 500 fr.

En cas de condamnation, un arrêté du lieutenant gouverneur peut prononcer la fermeture de l'école.

Il n'existe pas d'école entièrement entretenue par la colonie mais une dépense de près de 50,000 fr. est prévue au budget local pour le service de l'instruction publique. Sur ce crédit, 45,000 fr. sont destinés à être répartis comme subventions aux différentes écoles de toute la colonie. Celles-ci ont été fondées dans les centres les plus importants par des missionnaires de la congrégation du Saint-Esprit, par les sœurs de Saint-Joseph de Cluny, de l'Immaculée Conception de Chartres et par les sociétés des missions protestantes américaines et de Paris. Les écoles de garçons sont au nombre de dix-neuf, possédant 850 élèves, et les écoles de filles sont au nombre de trois ayant 240 élèves. Les principales de ces écoles sont à Libreville, Loango, Brazzaville, Lambarené et Mayumba.

Au fur et à mesure que l'organisation administrative de la colonie se perfectionnera et que notre influence s'affirmera dans le pays, de nouvelles écoles seront fondées pour répandre parmi les indigènes notre langue, notre civilisation et l'amour de la France.

Mayotte et dépendances. — Dès 1868, le service de l'instruction primaire a été organisé et une école gratuite et laïque a été fondée dans chacun des quartiers de Mayotte. Dans ces écoles l'enseignement, rendu obligatoire depuis 1886, se borne pour les indigènes aux notions élémentaires de la langue française et aux premières opérations de calcul. Il y a, à Dzaoudzi, une école publique de garçons ayant onze élèves et une école de filles avec trente-trois élèves ; à Mamoutzou, une école mixte privée a sept élèves, soit quatre garçons et trois filles.

6,000 fr. à peine sont prévus au budget pour le service de l'enseignement.

Des instituteurs français avaient été envoyés en 1887 aux Comores. Cette tentative n'a pas réussi.

Diégo-Suarez et dépendances. — Dans la colonie de Diégo-Suarez, comme dans la plupart de nos établissements les plus récents, l'enseignement est presque entièrement dans les mains des instituteurs congréganistes ou dirigé par des sous-officiers. A Nossi-Bé le règlement des écoles primaires a été fixé en 1887 par un arrêté local, qui établit des distinctions entre les écoles d'Hell-Ville, où une instruction primaire complète est donnée aux élèves, et celles des villages, qui ne reçoivent que des enfants indigènes, auxquels on s'applique surtout à apprendre les éléments de la langue française. Plusieurs écoles sont laïques, les autres dirigées par les pères du Saint-Esprit et les sœurs de Saint-Joseph de Cluny. Dans certaines écoles congréganistes, l'enseignement professionnel est annexé à l'instruction primaire.

Dans l'île de Madagascar quelques écoles françaises, dirigées par des Jésuites, luttent péniblement contre les établissements scolaires hovas qui sont entre les mains des Méthodistes anglais dont l'action s'exerce surtout contre l'influence française.

Sainte-Marie de Madagascar possède une école congréganiste pour chaque sexe et un orphelinat pour les jeunes filles.

Obock. — Le service de l'instruction publique n'a pas été encore régulièrement organisé à Obock. Jusqu'à présent il n'y a qu'une école.

Établissements français dans l'Inde. — L'instruction primaire est aujourd'hui assez répandue dans les établissements français de l'Inde, même parmi les jeunes filles. Autrefois la femme hindoue ne recevait aucune instruction, et il n'y eut pas d'écoles pour les enfants indigènes du sexe féminin avant la création en novembre 1867 de l'école Sainte-Eugénie fondée par le commissaire général Bontemps, gouverneur de la colonie. Depuis, de nombreux établissements d'enseignement ont été créés. En dehors du collège colonial, dont il a été parlé plus haut (page 426), il y a à Pondichéry l'école d'instruction primaire supérieure Calvé-Souprayachettiar, fondée pour les Indiens de caste exclusivement, mais ouverte depuis 1885 à tous les enfants sans distinction d'origine. Elle compte douze maîtres et plus de 200 élèves garçons. Une pension, créée d'abord pour les jeunes filles d'origine européenne et où, depuis 1887, sont admises des enfants de toutes les classes de la société, est dirigée par les sœurs de Saint-Joseph de Cluny. L'instruction primaire élémentaire est assurée également par plusieurs écoles de garçons et de filles non seulement à Pondichéry, mais encore dans les dépendances et dans toutes les localités de quelque importance. La plupart sont dirigées par des religieux des missions étrangères et des instituteurs congréganistes, les autres par des laïques.

Les brevets de capacité élémentaire et supérieur pour l'enseignement primaire peuvent être obtenus dans la colonie après examen des candidats par une commission spéciale, composée de sept membres à Pondichéry et de cinq dans les dépendances. L'inspecteur primaire est toujours membre de ces commissions.

Le service de l'enseignement primaire dans l'Inde a été organisé par un décret du 1er février 1893 dont les principales dispositions sont les suivantes :

L'instruction primaire est obligatoire pour les enfants des Européens, des descendants d'Européens et pour ceux des Indiens qui ont renoncé à leur statut personnel. L'obligation s'applique aux enfants des deux sexes âgés de 10 ans révolus à 13 ans révolus.

L'instruction primaire peut être donnée, soit dans les établissements d'instruction primaire ou secondaire, soit dans les écoles publiques ou libres, soit dans les familles par le père de famille lui-même ou par toute autre personne qu'il aura choisie.

L'enseignement primaire est donné dans l'Inde :

1° Dans les écoles maternelles et les classes enfantines ;

2° Dans les écoles primaires centrales ;

3° Dans les écoles dites de section dépendant des écoles centrales ;

4° Dans les écoles primaires supérieures et les cours dits « complémentaires » annexés à quelques écoles centrales ;

5° Dans les écoles maternelles d'apprentissage et les ouvroirs ;

6° Dans les cours normaux.

Art. 3. — Les établissements d'enseignement primaire de tout ordre peuvent être publics, c'est-à-dire fondés et entretenus par la colonie, ou privés, c'est-à-dire fondés et entretenus par les particuliers ou des associations.

L'enseignement est donné par des instituteurs dans les écoles de garçons, par des institutrices dans les écoles de filles, dans les écoles maternelles et enfantines. Ces dernières seules peuvent recevoir des enfants des deux sexes.

Il peut être créé des classes primaires pour adultes.

L'inspection des établissements d'instruction primaire publics ou privés est exercée :

1° Par l'inspecteur primaire ;

2° Par les membres du conseil colonial de l'instruction publique, désignés à cet effet, conformément à l'article 48 du présent décret.

Toutefois, les instituteurs et institutrices publics, qui feraient partie du conseil colonial, ne pourront inspecter aucune école ;

3° Dans les dépendances, par les membres des comités locaux d'instruction publique ;

4° Au point de vue médical, par le médecin inspecteur ;

5° En ce qui concerne les écoles privées, par les membres des comités des écoles libres.

Toute commune doit être pourvue au moins d'une école primaire publique centrale et d'un certain nombre d'écoles publiques de sections, rattachées pour la direction à une école centrale.

Le nombre, la nature et le siège des écoles publiques à établir dans chaque commune, ainsi que le nombre des instituteurs et des institutrices, la désignation des écoles de sections rattachées à une école centrale, sont fixés en conseil privé par le gouverneur, sur la proposition du directeur de l'intérieur, après avis du conseil colonial de l'instruction publique.

L'enseignement dans les écoles publiques de garçons et de filles comprend, outre l'enseignement moral et civique, l'étude du français et de la langue indienne la plus usitée dans l'établissement où se trouve l'école.

Le programme se compose obligatoirement des matières suivantes :

Conversation, lecture, écriture, grammaire, calcul, système métrique, arithmétique appliquée, mesures usitées dans l'Inde, éléments d'histoire et de géographie de la France, et particulièrement de l'Inde française. — Notions de géographie générale.

Leçons de choses sur les connaissances les plus usuelles.

Le travail manuel pour les filles.

Il peut comprendre en outre :

Le dessin, le chant et la gymnastique.

L'enseignement du français est obligatoire dans toutes les classes des écoles publiques de la colonie, y compris les écoles de filles indiennes.

Il est institué au chef-lieu de la colonie un conseil colonial de l'instruction publique composé ainsi qu'il suit :

1° Le directeur de l'intérieur, président; 2° le président de la cour d'appel, vice-président; 3° le chef du service de santé; 4° l'ingénieur colonial; 5° le maire de Pondichéry ; 6° le principal du collège colonial ; 7° le chef du bureau, chargé de l'instruction publique; 8° l'inspecteur primaire; 9° le directeur titulaire de l'école Calvé; 10° cinq membres dont trois natifs nommés par le gouverneur en conseil privé pour trois ans.

Il est établi, dans chacune des dépendances de Chandernagor, Karikal, Mahé et Yanaon, un comité local d'enseignement primaire composé ainsi qu'il suit : le président du tribunal ou le juge de paix, président ; le maire du chef-lieu de la dépendance, vice-président ; quatre membres dont deux natifs nommés pour trois ans par le gouverneur. Nul ne peut faire partie du comité s'il n'est Français et âgé de vingt-cinq ans au moins.

Le comité local de chaque dépendance a les attributions conférées aux délégations cantonales de France.

Il est institué à Pondichéry et dans chaque dépendance un comité des écoles libres, composé de huit membres nommés par le gouverneur.

Le comité visite périodiquement les écoles libres, examine les livres et les méthodes en usage, signale à l'administration locale les maîtres dignes d'encouragement, prépare les concours annuels et propose les récompenses en livres et en espèces qui peuvent être accordées à cette occasion.

Non compris le collège colonial et l'école Calvé, les établissements d'enseignement primaire de notre colonie de l'Inde se répartissent comme suit :

```
  19 écoles publiques de garçons ayant . . .   3,080 élèves.
  27      —        de filles ayant . . . .    3,090   —
 265 écoles privées de garçons ayant . . . .   6,320   —
   5      —        de filles ayant . . . .      510   —
 ─────────                                   ──────────
 316 écoles.                                  13,000 élèves.
```

Les dépenses de l'enseignement primaire dans l'Inde française atteignent près de 200,000 fr. Malgré ce chiffre les quatre cinquièmes des enfants, plus de 40,000, ne reçoivent encore aucune instruction. L'administration française semble prendre à cœur de porter remède dans la mesure du possible à cette fâcheuse situation. On ne saurait trop l'y encourager. Il serait à désirer aussi que l'enseignement du français fût rendu obligatoire dans les écoles libres où les enfants n'apprennent en général qu'à écrire les idiômes locaux.

Nouvelle-Calédonie. — Dès l'établissement de l'administration française en Nouvelle-Calédonie, une école fut créée à Nouméa et confiée à des sous-officiers d'infanterie de marine. En 1863, un premier arrêté, qui a été modifié et complété depuis par beaucoup d'autres, a réglé le service de l'enseignement primaire dans la colonie. Tous les centres un peu importants de population sont dotés aujourd'hui d'écoles pour les enfants de l'un et de l'autre sexe. Les unes sont confiées à des laïques, d'autres à des congréganistes ; les principales sont celles de Nouméa et de Païta. Dans les centres de transportation l'administration pénitentiaire entretient des classes primaires sur ses établissements.

A Nouméa, les sœurs de Saint-Joseph de Cluny possèdent un orphelinat qui reçoit les enfants pauvres ou privés de famille jusqu'à l'âge de douze ans, après lequel les pupilles sont remis à leurs parents s'ils en ont, ou placés chez des colons.

Un internat de jeunes garçons est annexé à l'école congréganiste de Païta ; un établissement semblable, relevant de l'administration pénitentiaire, est dirigé à Bourail par les petits frères de Marie, qui ont fondé de plus à Païta un orphelinat libre de jeunes garçons.

Un assez grand nombre d'écoles indigènes réparties dans toute la colonie reçoivent les jeunes Canaques ; on s'applique surtout à leur apprendre la langue française, les notions élémentaires de l'enseignement primaire et professionnel. Le service local entretient dix-huit de ces écoles, dont quelques-unes sont situées dans les dépendances de la colonie, particulièrement aux îles Loyalty.

En dehors du collège dont il a été parlé plus haut et des écoles publiques, la colonie et particulièrement la ville de Nouméa possèdent plusieurs établissements d'enseignement libres, dirigés par les frères et les sœurs de Marie et les sœurs de Saint-Joseph de Cluny.

Auprès du directeur de l'intérieur, chef du service de l'instruction publique, est placé, depuis un arrêté du 10 juillet 1885, un comité d'instruction publique, présidé par le procureur général et composé d'un représentant du corps de santé, de deux membres du conseil général élus, du maire de Nouméa, d'un chef de bureau de la direction de l'intérieur, d'un représentant de l'administration pénitentiaire désigné par le gouverneur et de quatre membres nommés par ce dernier, parmi lesquels il doit toujours s'en trouver un appartenant au corps enseignant.

Les attributions de ce comité sont analogues à celles des comités centraux de l'instruction publique des autres colonies.

Le nombre des enfants qui suivent les écoles est d'environ dix-huit cents dans les écoles européennes et trois mille dans les écoles indigènes.

La population des écoles européennes se répartit de la façon suivante :

2 écoles publiques de garçons.	ayant	500 élèves garçons.
3 — de filles		400 — filles.
12 — mixtes.		
5 écoles privées de garçons.	ayant	450 élèves garçons.
4 — de filles		450 — filles.
7 — mixtes.		

La Nouvelle-Calédonie est une de nos colonies où l'instruction primaire demande à être le plus développée ; on ne saurait trop y engager l'administration locale ; c'est grâce aux soins qu'elle apportera à la diffusion de l'enseignement que nous arriverons à rendre terre absolument française cette belle possession de l'Océan pacifique où les mœurs européennes étaient inconnues il y a un demi-siècle.

Il importe à notre prestige dans l'Océan Pacifique que la Nouvelle-Calédonie puisse être citée dans un avenir prochain comme un exemple particulièrement remarquable des pays profondément modifiés en quelques années par l'influence civilisatrice de l'enseignement public.

Établissements français de l'Océanie. — Le service de l'instruction publique dans les établissements français de l'Océanie a été organisé par des arrêtés locaux des 30 juin 1880, 24 et 28 janvier 1887.

Conformément à ces actes, l'instruction primaire est obligatoire dans la colonie ; cette disposition a été d'une application d'autant plus facile que les lois tahitiennes l'avaient déjà édictée et que des peines y étaient prévues pour les parents qui n'envoyaient pas leurs enfants aux écoles. Si le gouvernement français sut adroitement, dès l'origine, profiter de la législation locale pour établir l'obligation, il n'eut pas le même bonheur en ce qui concerne la laïcité de l'instruction. La population de Tahiti appartenant à des cultes différents et surtout à l'église réformée, on eut le tort, dès 1857, de confier les écoles à des instituteurs et à des institutrices congréganistes. Cette mesure provoqua la création de nombreuses écoles libres et particulièrement d'une école importante, fondée en 1864, par la Société des missions évangéliques protestantes de Paris. Les rivalités qui se sont produites depuis dans la colonie entre protestants et catholiques puisent en grande partie leur origine dans cette situation.

Avec l'administration républicaine les faveurs réservées d'abord au personnel congréganiste devaient être plus équitablement réparties entre les diverses écoles. Une dépêche ministérielle du 14 mai 1879 affirma « la nécessité de remanier le budget de l'instruction publique, de telle sorte que la répartition des ressources fut faite au prorata du nombre des élèves qui appartenaient à chaque religion[1] ». La conséquence de cette dépêche fut la laïcisation des écoles, qui eut lieu en 1882.

L'arrêté local du 24 février 1887 compléta cette œuvre en établissant la gratuité, en fixant les programmes de l'enseignement et en assurant le recrutement des instituteurs par la création d'un certificat de capacité spécial pour l'enseignement dans les écoles tahitiennes.

Cet arrêté a de plus organisé un comité de surveillance de l'instruction publique composé, sous la présidence du directeur de l'intérieur, sur les mêmes bases que celui qui avait été institué en 1885 en Nouvelle-Calédonie. Des commissions scolaires, comptant trois membres choisis par le gouverneur dans les commissions municipales surveillent en outre le fonctionnement des écoles dans les districts.

---

1. Voir la brochure de M. Franck-Puaux sur *l'Instruction primaire dans les colonies françaises*, article : Océanie française.

Enfin, comme dans la plupart des colonies où le service de l'enseignement est organisé, un jury d'examen a été institué pour l'obtention des brevets élémentaire et supérieur et du certificat d'aptitude pédagogique.

Des écoles publiques laïques fonctionnent aujourd'hui à Papeete et dans les principaux centres ; plusieurs sont dirigées par des instituteurs européens, les autres par des indigènes.

Quant aux écoles libres, les unes sont dirigées par des maîtres laïques, les autres par des congréganistes.

Dans les archipels dépendant des établissements français de l'Océanie, aux Marquises, aux Tuamotu, aux Gambier, aux Tubuai et aux îles sous le Vent, l'enseignement primaire est donné dans des écoles analogues à celles qui ont été établies à Tahiti ; la plupart sont dirigées par des indigènes.

Les dépenses de l'enseignement public en Océanie atteignent 100,000 fr.

Indo-Chine. — Cochinchine. — L'enseignement primaire s'est progressivement développé en Cochinchine depuis l'occupation française ; dès 1861 et 1864, des écoles françaises ont été établies et on y apprit à la fois aux enfants à parler notre langue et à écrire la langue annamite en caractères français, c'est-à-dire en quoc-ngu.

Aujourd'hui, les enfants européens, métis et annamites peuvent recevoir l'instruction dans les écoles publiques laïques et dans les écoles congréganistes, soit à Saïgon, soit dans les arrondissements.

Les écoles se divisent en établissements de trois degrés ; les écoles primaires du premier degré sont établies dans les arrondissements et dirigées par des maîtres européens et indigènes ; certains villages possèdent des écoles rurales organisées de la même manière ; ces établissements reçoivent près de vingt-cinq mille élèves. On y apprend la lecture de l'annamite, les éléments de la langue française, l'écriture et le calcul. Au sortir de ces écoles et après examen les élèves peuvent obtenir un certificat d'études primaires et passer au collège de second degré, le collège Chasseloup-Laubat à Saïgon. Ce collège comprend trois sections. Dans la division française les enfants européens et métis reçoivent un enseignement primaire basé sur les programmes suivis dans la métropole. La deuxième division est réservée aux jeunes annamites provenant des écoles d'arrondissement. Les élèves y restent trois ans et subissent après ce temps l'examen pour le brevet élémentaire, qui leur permet de prétendre au grade d'instituteur de 4e classe et à certains emplois, en même temps qu'il leur ouvre l'accès aux cours spéciaux du 3e degré, qui durent également trois ans et dont le couronnement après examen est un brevet supérieur. Des avantages particuliers sont attachés à la possession de ce brevet qui ouvre l'accès de certaines carrières administratives. La troisième division, qui a été instituée en 1892 en remplacement de l'ancien collège d'Adran, et une section d'enseignement professionnel, donnent d'excellents résultats.

Les écoles françaises à Saïgon et dans les arrondissements sont au nombre de vingt et une pour les garçons et de sept pour les filles ; les autres écoles, divisées en écoles laïques d'arrondissement, cantonales et de caractères et en écoles congréganistes sont au nombre de 684. Les écoles d'arrondissement sont à la charge de la colonie, les écoles cantonales sont entretenues par les budgets régionaux et les autres vivent avec leurs propres ressources ou grâce aux subsides des villages et des particuliers.

Le personnel de l'instruction publique comprend un directeur de l'enseignement, un directeur de collège, des instituteurs européens qui portent tous le titre de professeurs, des institutrices européennes et des professeurs et instituteurs annamites et chinois.

Les principales écoles libres de la colonie sont les écoles municipales de filles et de garçons de Saïgon et de Cholon.

Les règles du fonctionnement de l'instruction primaire en Cochinchine ont été fixées par un arrêté du gouverneur du 17 mars 1879, portant que l'instruction publique est en principe gratuite et facultative dans les écoles du gouvernement de la colonie, fixant les conditions d'admission dans ces écoles et établissant les brevets de capacité et examens, ainsi qu'une commission supérieure de l'instruction publique. Cet arrêté a été complété et modifié par d'autres actes de même nature, en date du 14 juin 1880, ordonnant l'ouverture des écoles de caractères français dans les cantons; du 31 janvier 1881, instituant des conférences pédagogiques; du 12 août 1885, concernant le personnel, et du 14 avril 1886 établissant dans les collèges et écoles primaires de la colonie des pensionnats et demi-pensionnats payants.

Les dépenses inscrites au budget de la Cochinchine pour l'enseignement sont d'un million de francs environ.

Cambodge. — Le service de l'instruction publique ne fonctionne pas encore d'une façon régulière au Cambodge. Il y a une école municipale à Pnom-Penh, mais ce sont surtout les religieux de la Mission du Cambodge et les sœurs de Saint-Paul de Chartres qui donnent l'enseignement. Ils possèdent 26 écoles de garçons avec 900 élèves et 24 écoles de filles avec 800 élèves. L'école de Pnom-Penh reçoit environ deux cents élèves, pour les neuf dixièmes Cambodgiens, le reste métis cambodgiens et Chinois. Deux instituteurs européens dirigent l'école; ils sont assistés de trois instituteurs indigènes et d'un professeur de caractères khmers. Dans la résidence de Kampôt un instituteur cambodgien enseigne à soixante-dix élèves.

Par rapport au chiffre de la population le nombre des enfants qui suivent les écoles est presque insignifiant.

Annam. — En Annam, les Missions de Cochinchine ont envoyé des représentants qui ont ouvert des écoles où ils instruisent plus de douze cents élèves; des sœurs de Saint-Paul de Chartres ont également fondé des classes et des orphelinats auprès de Hué. Une école française laïque a aussi été établie à Tourane par l'Alliance française.

Tonkin. — Au Tonkin, les Missions étrangères et les sœurs de Saint-Paul de Chartres ont depuis longtemps fondé de nombreuses écoles et des orphelinats; aux missionnaires sont adjoints des instituteurs indigènes ; le nombre des élèves de ces écoles dépasse sept mille.

D'autre part, depuis l'établissement du protectorat, le service de l'enseignement public a été créé et comprend dans chacune des villes d'Hanoï et d'Haïphong une école française de garçons et une école française de filles; elles comptent quatre-vingts élèves. Douze écoles franco-annamites réparties dans tout le Tonkin reçoivent un millier de jeunes garçons ; deux écoles de même nature, instituées pour les filles à Hanoï et à Nam-Dinh ont cinquante élèves.

Le personnel de l'enseignement au Tonkin comprend un chef de service, un professeur directeur du collège des interprètes, neuf instituteurs et huit institutrices.

En Annam et au Tonkin, à côté de l'enseignement européen, l'enseignement local, particulier aux indigènes, a continué à subsister.

TITRE VIII

ORGANISATION DES CULTES AUX COLONIES

Historique. — Action de l'État sur les cultes aux colonies. — Cultes reconnus et subventionnés; cultes simplement reconnus. — Culte catholique. — Culte protestant. — Cultes musulman et brahmaniste. — Législation concernant les fabriques et cimetières.

Les ordres prêcheurs marchèrent avec les compagnies de commerce dès le commencement du xviiᵉ siècle, munis de lettres patentes leur octroyant le droit de s'établir dans les colonies nouvelles avec des privilèges spéciaux. En 1714, les Lazaristes s'installèrent à la Réunion. Les Capucins fondèrent de leur côté des missions aux Antilles et dans l'Inde où ils se trouvèrent en rivalité avec les Jésuites, d'où des dissentiments trop fréquents.

Ces conflits entre congrégations nécessitèrent l'intervention directe du gouvernement qui créa les *préfets apostoliques,* autorités ecclésiastiques placées sous sa dépendance. Les résistances du Saint-Siège, l'opposition des différents ordres, ne purent vaincre l'opiniâtreté du Pouvoir métropolitain qui avait compris les dangers d'une organisation uniquement dictée par Rome; la question de nationalité n'était même pas, en effet, prise en considération par le gouvernement pontifical qui laissait des évêques, voisins de nos colonies mais étrangers, élever des prétentions à la direction des affaires religieuses dans les Antilles françaises, en raison uniquement de leur rang dans la hiérarchie ecclésiastique.

Des lettres patentes du 23 août 1763 établirent que le préfet apostolique devrait toujours être de nationalité française; une ordonnance du 24 novembre 1781 concernant les missions ecclésiastiques dans les colonies françaises de l'Amérique, régla les rapports des préfets apostoliques avec les autorités civiles tout en fixant leurs attributions. Il nous paraît utile de citer les principaux articles de cette ordonnance peu connue et qui caractérise, à une époque où les ordres religieux étaient pourtant encore si omnipotents, la prédominance du pouvoir civil sur les ministres du culte :

> Le préfet apostolique, sous l'autorité et discipline duquel seront les missionnaires, en vertu des pouvoirs dont il sera revêtu par le Saint-Siège, ne pourra remplir aucune de ses fonctions qu'après l'enregistrement de la bulle ou bref de sa nomination ou de ses pouvoirs, en vertu de nos lettres d'attache en celui de nos conseils souverains dans le ressort duquel sa mission se trouvera établie.
>
> Nos gouverneur lieutenant-général et intendant auront inspection et autorité sur la conduite personnelle des missionnaires et sur celle de leurs supérieurs, tant comme supérieur que comme préfet apostolique, non seulement relativement à leurs mœurs, mais encore par rapport aux négligences ou abus d'autorité qu'ils pourraient se permettre dans les actes appartenant au for extérieur.
>
> Voulons que nosdits gouverneur lieutenant-général et intendant fassent honorer et respecter lesdits supérieurs et missionnaires dans les fonctions de leur ministère : voulons aussi que, en cas de scandale de leur part ou de trouble causé par eux à l'ordre et à la tranquillité publique, nosdits gouverneur lieutenant-général et intendant puissent ordonner, par voie d'administration, le déplacement desdits missionnaires et leur renvoi en France, et même, selon la nature et la gravité des cas, donner ordre audit supérieur de venir en France rendre compte de sa conduite.
>
> Le supérieur de chaque mission commettra à la desserte de toutes les paroisses de son district, et distribuera, selon qu'il le jugera à propos, les missionnaires, après avoir communiqué à nos gouverneur lieutenant-général et intendant les changements et nominations qu'il aura déterminés.
>
> Si aucun des missionnaires nommés pour desservir une paroisse était jugé, par nos gouverneur lieutenant-général et intendant, ne pouvoir y être employé sans inconvénient, sera tenu le supérieur de la mission d'en nommer un autre.
>
> Ne pourra ledit supérieur retirer, changer ou renvoyer en France au-

cun desservant des paroisses, sans avoir préalablement pris, par écrit et à la pluralité des voix, l'avis des cinq plus anciens desdits desservants, et sera signé d'eux le résultat dudit avis, pour être remis à nos gouverneur lieutenant-général et intendant, sans qu'il soit besoin que leurs motifs soient détaillés dans ledit résultat.

Faisons défense aux supérieurs desdites missions d'employer aux fonctions du ministère ecclésiastique dans les colonies aucuns prêtres séculiers ou réguliers qui ne seraient pas pourvus de démissoire de leur évêque diocésain ou lettre d'obédience de leur supérieur régulier.

Chaque préfet apostolique fera, au moins une fois par an, la visite des différentes paroisses et chapelles de sa mission ; il examinera la conduite des missionnaires, l'état et la tenue des registres de mariages, baptêmes et sépultures, celui des ornements et vases sacrés, la situation des fabriques, les réparations à faire aux églises et aux presbytères, et du tout rendra compte aux gouverneur lieutenant-général et intendant.

D'après cet acte, le préfet apostolique tient un pouvoir du Saint-Siège, mais ne peut l'exercer qu'avec l'autorisation du gouvernement français ; il veille à la répartition des emplois, mais il ne peut conférer les ordres sacrés, droit réservé aux évêques.

Au moment de la Révolution, le service religieux était dirigé par des préfets apostoliques à Saint-Domingue, à Saint-Pierre et Miquelon, aux Antilles, à Cayenne. Ils furent supprimés en 1792, puis rétablis, comme supérieurs ecclésiastiques, par arrêtés des consuls du 13 messidor an X et du 12 frimaire an XI. D'après ces arrêtés, le serment était exigé des prêtres pourvus d'emplois par le supérieur ecclésiastique avec l'approbation du capitaine général.

L'arrêté du 13 messidor an X relatif à l'exercice du culte catholique dans les îles de la Martinique et de Sainte-Lucie nous donne une idée très nette de la situation des préfets apostoliques aux colonies sous le Consulat.

Le culte catholique sera exercé à la Martinique et à Sainte-Lucie, sous la direction d'un ou de deux préfets apostoliques.

Les deux préfets apostoliques actuellement en exercice sont confirmés, à la charge par eux de faire vérifier et sanctionner leur titre canonique par le capitaine général, et de prêter entre ses mains le serment dont la teneur suit : « Je jure et promets à Dieu, sur les saints évangiles, de garder obéissance et fidélité au gouvernement établi par la Constitution de la République française ; je promets aussi de n'avoir aucune intelligence, de n'assister à aucun conseil, de n'entretenir aucune ligue, soit au dedans, soit au dehors, qui soit contraire à la tranquillité publique ; et si, dans ma préfecture ou ailleurs, j'apprends qu'il se trame quelque chose au préjudice de l'État, je le ferai savoir au gouvernement. »

A l'avenir, les préfets apostoliques seront nommés par le premier Consul ; ils recevront du pape leur mission épiscopale, et de l'archevêque de Paris leur mission ordinaire, ils pourront être révoqués à volonté par le premier Consul ; ils ne seront aptes à exercer leurs fonctions qu'après avoir rempli les conditions portées par l'article précédent. Les préfets apostoliques seront mis en possession par l'ecclésiastique que l'archevêque de Paris désignera.

Les curés en exercice sont pareillement confirmés, en prêtant par eux, entre les mains du préfet colonial ou de tel fonctionnaire que le préfet colonial désignera, le serment prescrit par l'article 2.

En cas de vacance des cures, les curés seront nommés par les préfets apostoliques, et ils recevront d'eux leur commission d'institution : néanmoins leur nomination ne sera manifestée, et ils ne recevront leur commission d'institution qu'après que cette nomination aura été agréée par le capitaine général. Ils continueront d'être amovibles : ils ne seront reçus à exercer leurs fonctions qu'après avoir prêté le serment dont est mention dans les articles précédents ; ils seront mis en possession par le curé ou par tel autre prêtre que le préfet apostolique désignera.

Les préfets apostoliques ne pourront publier, ni autrement mettre à exécution, aucun bref, bulle, rescrit, mandat, et autres actes émanés du pape ou d'un supérieur ecclésiastique étranger, sans l'autorisation formelle du capitaine général.

Les propriétés appartenant aux missions continueront à être administrées comme par le passé, et leurs revenus seront employés aux traitements des ministres du culte sans distinction ; la quotité en sera fixée par le capitaine général.

Ainsi constitués, les pouvoirs du préfet apostolique ne parurent pas assez étendus ; la commission coloniale de 1843 demanda l'organisation d'évêchés dans les vieilles colonies ; on hésita longtemps, car les évêchés de la Martinique, de la Guadeloupe et de la Réunion ne furent créés que le 18 décembre 1850, par un décret.

Telles sont les grandes lignes de l'histoire du culte catholique dans nos colonies ; nous devions tout d'abord les retracer, car la propagation de la religion catholique a été l'un des principaux objectifs des compagnies qui ont jeté les bases de notre puissance coloniale, mais la religion romaine n'est pas seule à avoir une organisation reconnue par l'État dans nos possessions d'outre-mer, et nous tenons à exposer brièvement ici les principes afférents à chacun des cultes réglementés.

Comme nous l'avons déjà remarqué dans le premier volume de cet ouvrage (*Personnel des cultes,* p. 397 et suivantes), les cultes reconnus en France le sont également aux colonies ; en outre, l'islamisme et le brahmanisme, quoique non subventionnés, n'ont pas moins leur organisation sanctionnée par nos lois, l'État les agréant pour avoir le droit d'exercer sur eux une action directe.

Nous n'aurons pas à parler du culte israélite pour les colonies, les adeptes de cette religion étant très peu nombreux dans nos possessions d'outre-mer ; il faut noter cependant que leur situation reste soumise aux règles que pourrait éventuellement émettre le pouvoir central par décret ou par simple arrêté ministériel, si le besoin s'en faisait sentir, sur la proposition des gouverneurs. C'est ainsi que le décret du 18 septembre 1877, déterminant les pouvoirs du gouverneur des établissements français de l'Inde en matière de caste et de religion, d'une manière générale, est applicable aux israélites comme aux autres habitants de la colonie, quelle que soit leur religion.

Il existe en Algérie plus de 42,000 israélites naturalisés ; leur culte comprend les trois rabbinats de Médéah, de Tlemcen et de Bône et les trois consistoires départementaux d'Alger, d'Oran et de Constantine ayant chacun un grand rabbin et soumis à l'autorité du consistoire central, mais le cadre de cet ouvrage ne nous permet pas d'aborder ici les questions relatives à l'Algérie dont la direction ne relève pas du ministère des colonies ; le sujet a, d'ailleurs, été traité avec tous les développements qu'il comporte dans un livre paru récemment[1].

En matière de cultes, comme en toute autre, les gouverneurs ont les pouvoirs nécessaires pour régler, provisoirement au moins, les difficultés qui peuvent survenir dans nos colonies entre les ministres de ces cultes ou leurs adeptes et l'autorité civile. Le pouvoir central intervient ensuite souverainement si le besoin s'en fait sentir, soit pour trancher les différends, soit pour combler les lacunes de la législation existante, en se conformant aux deux principes de la liberté de conscience et de la liberté de culte. La liberté de conscience doit être considérée comme la faculté laissée à tout citoyen ou sujet français de pratiquer la religion de son choix ; la liberté de culte se rapporte aux manifestations extérieures des diverses religions et se trouve forcément plus limitée, car elle ne doit pas être la cause de conflits avec les représentants de la puissance publique chargés de maintenir l'ordre ; sur ce point l'action de contrôle de l'État est indispensable. Mais notre droit public moderne ne se contente pas de proclamer la liberté des cultes et de respecter la liberté de conscience, il tient la balance égale entre les différents cultes reconnus et l'État n'a plus, comme autrefois, de faveurs spéciales pour une religion particulièrement protégée ; il subventionne même un certain nombre de cultes et, en retour, ces cultes sont tenus envers lui à des engagements qui font l'objet de traités dont le plus célèbre, concernant la religion catholique, est le *Concordat*, non promulgué aux colonies mais cependant appliqué en fait dans nos diverses possessions lointaines.

Nous étudierons sommairement l'organisation de chacun des cultes soumis aux colonies à une réglementation officielle, sans entrer dans l'examen des religions ou pratiques fétichistes des peuples encore barbares qui forment le fond de la population

---

[1]. Voir le traité de M. Ponel-Beaufin sur la *Législation générale du culte israélite en France et en Algérie*. Giard et Brière, éditeurs. 1894.

de plusieurs de nos acquisitions coloniales les plus importantes, de celles de l'Ouest-africain notamment. Ces cultes primitifs sont appelés à disparaître au contact de la civilisation ; en ce qui les concerne, la France a toujours compris son rôle de puissance conquérante de la manière la plus libérale, la plus digne de lui attirer la sympathie des indigènes ; elle a respecté les vieux usages en tout ce qu'ils n'avaient pas de contraire aux règles de l'humanité.

Culte catholique. — Nous n'avons rien à ajouter aux notions que nous avons déjà données dans le premier volume de cet ouvrage sur l'organisation du culte catholique en ce qui a trait au personnel de ce culte (tome Ier, p. 397 à 400), mais il nous semble indispensable de coordonner ces notions en citant le texte même du décret du 3 février 1851 relatif à l'organisation des évêchés des vieilles colonies, la Martinique, la Guadeloupe et la Réunion, en grande partie calquée sur celle des évêchés de la métropole ; ce décret précise utilement le rôle des évêques, leur situation à l'égard du pouvoir séculier représenté par le gouverneur, les honneurs auxquels ils ont droit et ceux qu'ils doivent rendre au chef de la colonie :

Art. 1er. — Les évêchés des colonies de la Martinique, de la Guadeloupe et de la Réunion sont organisés conformément aux lois canoniques et civiles et autres actes appliqués en France.

Art. 2. — La formation des chapitres cathédraux et celle des grands et petits séminaires dans les trois colonies auront lieu ultérieurement, dès que les circonstances le permettront et lorsque les dotations nécessaires pourront être faites. — Les écoles secondaires ouvertes par les évêques seront soumises à la seule condition de la surveillance de l'État.

Art. 3. — Jusqu'à ce qu'il en soit autrement ordonné, le séminaire du Saint-Esprit à Paris servira de grand séminaire commun pour les trois évêchés coloniaux.

Art. 4. — Lorsque les évêques seront en mesure de former des séminaires dans leurs diocèses, ils auront droit au montant des bourses ou pensions qui leur seraient attribuées dans le séminaire du Saint-Esprit, sauf réduction proportionnelle de la subvention accordée à cet établissement.

Art. 5. — Pendant la vacance des sièges, en attendant que l'organisation des chapitres cathédraux permette d'y pourvoir, conformément aux bulles publiées par le décret du 18 décembre 1850, le plus ancien des vicaires généraux dans chaque diocèse prendra l'administration du siège vacant. — Cette disposition cessera de plein droit d'être mise à exécution s'il a été institué un évêque coadjuteur avec future succession.

Art. 6. — Le vicaire général qui gouvernera pendant la vacance sera en possession des pouvoirs attribués aux prélats eux-mêmes. Seulement, il n'aura pas droit aux mêmes honneurs et préséances que l'évêque qu'il remplace.

Art. 7. — Le vicaire général qui administrera le diocèse, par suite d'absence de l'évêque ou vacance du siège, recevra une indemnité spéciale pour frais de tournées.

Art. 8. — Jusqu'à ce qu'il en soit autrement disposé, toutes les paroisses des colonies resteront administrées par des desservants.

Art. 9. — Les ministres du culte ne peuvent être suspendus ou révoqués de leurs fonctions que par les évêques.

Art. 10. — Ils ne pourront être poursuivis devant les tribunaux pour des faits relatifs à leurs fonctions qu'en vertu d'une autorisation préalable du conseil privé.

Art. 11. — Aucun prêtre, élève du séminaire, membre de communauté religieuse ou autre personne placée sous la juridiction épiscopale, ne pourra être renvoyé d'une des colonies que d'accord avec l'évêque.

Art. 12. — L'évêque traite directement avec le gouverneur des affaires de son diocèse. — Il peut déléguer un grand vicaire pour s'entendre sur les détails du service du culte avec l'administration.

Art. 13. — L'évêque fait de droit partie du conseil privé toutes les fois que le conseil s'occupe d'affaires relatives au culte *ou à l'instruction publique*[1]. Il y a voix délibérative.

Art. 14. — Il a la faculté de s'y faire représenter par un de ses grands vicaires qu'il lui appartiendra de désigner. Il pourra toujours, lorsqu'il le jugera nécessaire, se faire accompagner au conseil d'un de ses grands vicaires. Dans ce cas celui-ci n'aura que voix consultative.

L'évêque reçoit d'avance communication des questions à traiter pour qu'il puisse préparer leur examen en ce qui le concerne.

Art. 15. — L'évêque correspond directement en France avec le Gouvernement. Toutefois, dans les affaires où l'intervention du gouverneur est requise, l'évêque lui remet copie de sa correspondance.

---

1. Abrogé. (Déc. 25 mai 1882.)

Art. 16. — Les évêques font imprimer et publient leurs mandements et lettres pastorales sans avoir besoin de recourir à aucune autorisation, Ils en remettent deux exemplaires au gouverneur.

Art. 17. — Ils exercent sur l'impression, la réimpression et la publication des livres d'église, d'heures ou de prières, dans leur diocèse, les pouvoirs attribués aux évêques de France par le décret du 7 germinal an XIII.

Art. 18. — Après leur arrivée dans leur diocèse, les évêques pourvoiront à la révision des tarifs concernant les oblations que les ministres du culte sont autorisés à recevoir pour l'administration des sacrements.

Les règlements rédigés par chaque évêque ne seront publiés et mis à exécution qu'après avoir été approuvés par le gouverneur en conseil privé.

Art. 19. — Le régime des fabriques dans les colonies de la Martinique, de la Guadeloupe et de la Réunion est soumis aux dispositions prescrites par le décret du 30 décembre 1809 et par les autres actes qui régissent la matière dans la métropole. — Il sera pourvu à la nomination de nouveaux conseils de fabrique conformément à l'article 6 du présent décret.

Art. 20. — Aucune communauté ou congrégation religieuse ne pourra s'établir dans les colonies sans que l'évêque, d'accord avec le gouverneur, l'ait autorisée provisoirement.

Art. 21. — Les congrégations et communautés religieuses qui seront définitivement reconnues par le gouvernement dans les formes reçues en France jouiront dans les colonies des mêmes prérogatives que dans la métropole.

Art. 22. — Les honneurs et préséances en ce qui concerne les évêques sont déterminés d'après les règles générales en vigueur en France en vertu du décret du 24 messidor an XII. — Toutefois les dispositions suivantes sont spécialement établies pour les colonies.

Art. 23. — A l'arrivée de l'évêque dans son diocèse les honneurs ci-après lui seront rendus :

1° Lorsque le bâtiment que montera l'évêque sera venu au mouillage, le capitaine du port et un officier d'état-major de la place, accompagnés du supérieur ecclésiastique de la colonie, se rendront à bord pour régler avec lui l'heure du débarquement ;

2° Au moment où il quittera le bâtiment pour se rendre à terre, il sera salué de cinq coups de canon par la rade, et à son débarquement le même salut sera répété par la principale batterie de terre ;

3° Le clergé de la ville l'attendra dans le port et le conduira à l'église.

La garnison et la milice prendront les armes et seront rangées sur la place qu'il devra traverser. A son passage les troupes présenteront les armes, les officiers supérieurs salueront, les tambours battront aux champs;

4° Vingt-cinq hommes, commandés par un lieutenant, le recevront à son débarquement et lui serviront d'escorte à l'église et à son hôtel, où il sera conduit aussi en procession au sortir de l'église;

5° A la cathédrale, il sera attendu par les autorités du chef-lieu, qui l'accompagneront jusqu'à l'évêché et le complimenteront;

6° Il recevra des visites de corps, qu'il rendra dans les vingt-quatre heures.

Le jour même de son arrivée, il fera sa visite au gouverneur, accompagné de ses vicaires généraux et du clergé du chef-lieu.

Cette visite lui sera rendue par le gouverneur dans les vingt-quatre heures.

Il fera aussi sa visite, dans les vingt-quatre heures, aux autorités du chef-lieu qui l'auront reçu à l'église et à l'évêché;

7° Les vingt-cinq hommes qui l'auront reçu dans le port lui seront donnés pour garde toute la journée.

Il aura ensuite habituellement une sentinelle à la porte de son hôtel; les factionnaires lui présenteront les armes.

Art. 24. — Lorsque l'évêque fera sa première tournée dans les diverses paroisses de son diocèse, il sera reçu à l'entrée des villes et bourgs par les autorités locales qui se joindront au clergé et l'escorteront jusqu'à l'église. Il n'aura droit aux mêmes honneurs qu'après l'intervalle d'une année.

Art. 25. — Au retour de l'évêque, après un voyage en France ou après une absence d'un an et un jour, il lui sera fait des visites de corps; il rendra ces visites dans les vingt-quatre heures suivantes. Lui-même fera sa visite dans les vingt-quatre heures de son arrivée au gouverneur, qui la lui rendra dans les vingt-quatre heures suivantes.

Art. 26. — Dans l'ordre des préséances et dans les solennités non ecclésiastiques, l'évêque prend rang immédiatement après le gouverneur.

Art. 27. — Au conseil privé, il lui est donné place d'honneur à la droite du gouverneur, sans changer d'ailleurs l'ordre des autres places.

Art. 28. — Le grand vicaire appelé à remplacer l'évêque ou à assister consultativement au conseil privé prend place après le directeur de l'intérieur, et à côté de lui, sans changer non plus l'ordre des autres rangs.

Art. 29. — Lorsqu'un gouverneur arrive dans la colonie, l'évêque accompagné de ses grands vicaires et du clergé de sa cathédrale se réunit, pour la réception, au gouverneur encore en fonctions.

Il est remplacé auprès de lui pendant la cérémonie, et est présenté par lui au nouveau gouverneur.

Avant que le cortège se rende sur la place d'armes, l'évêque prend congé des deux gouverneurs et se retire, suivi de ses grands vicaires et de son clergé.

Il est reconduit jusqu'à la sortie de l'hôtel du gouvernement par un aide de camp du gouverneur.

Art. 30. — La place du gouverneur dans le chœur des églises est du côté de l'épître et élevée sur un degré avec fauteuil et prie-Dieu.

Un banc d'honneur ou des sièges pour le commandant militaire et les chefs d'administration seront disposés à droite et à gauche, soit dans un avant-chœur pris sur la nef, soit en tête de la nef elle-même.

Art. 31. — Dans les solennités publiques, les honneurs prescrits par les ordonnances seront rendus par l'évêque au gouverneur, qui sera reçu sous le dais à son entrée dans l'église, et conduit jusqu'à la place qui lui est destinée.

Art. 32. — L'encens et le pain bénit lui seront toujours offerts après l'évêque.

Le pain bénit sera également présenté au commandant militaire et aux chefs d'administration, après avoir été offert au gouverneur et au clergé.

Art. 33. — En cas de décès d'un évêque dans son diocèse, les honneurs lui seront rendus conformément aux dispositions établies dans la métropole par une décision royale du 27 février 1842.

La totalité de la garnison assistera au convoi, auquel assisteront également les corps civils et militaires, ayant à leur tête les fonctionnaires placés après l'évêque dans l'ordre des préséances.

Art. 34. — Conformément à la dérogation spéciale admise en France à l'article 1er de l'arrêté du 23 prairial an XII, les prélats pourront être inhumés dans leurs églises cathédrales.

L'autorisation nécessaire à cet effet devra être accordée par une décision expresse du gouverneur.

Art. 35. — Est et demeure abrogé l'édit du 24 novembre 1781 sur le service ecclésiastique et les rapports du clergé colonial avec l'autorité publique, et, pour les trois évêchés, toutes dispositions contraires au présent décret.

D'après l'article 3 du décret du 3 février 1851 le séminaire du Saint-Esprit à Paris servira de grand séminaire commun pour les trois évêchés coloniaux *jusqu'à ce qu'il en soit autrement ordonné*. L'État est donc maître de revenir sur cette première décision, et l'on a plusieurs fois discuté sur la question de savoir si le mode de recrutement du clergé des Antilles et de la Réunion par le séminaire de la rue Lhomond ne pourrait pas être avantageusement modifié.

Est-il possible de recruter les membres de ce clergé colonial en s'adressant aux prêtres des divers diocèses de la métropole ? Ce système a été mis à l'essai pour la Réunion et a donné, paraît-il, des résultats assez satisfaisants, mais il serait, peut-être, difficilement applicable en général. S'il était adopté, il ferait cesser la dotation au séminaire du Saint-Esprit, mais pour l'attribuer par parties égales aux évêques coloniaux qui devraient alors prendre la responsabilité du recrutement de leur clergé en ayant, auprès du ministre des colonies, un représentant chargé de choisir des prêtres et de les mettre à la disposition de l'administration. Les évêques coloniaux arriveraient-ils à l'entente nécessaire pour accréditer auprès du ministre ce représentant de leurs idées, et ce dernier serait-il bien dans son rôle, aurait-il toujours le tact voulu pour être digne de la situation délicate qui lui serait confiée à l'égard du pouvoir central ? Ne pourrait-on encore, d'autre part, enlever l'éducation des clercs coloniaux au séminaire du Saint-Esprit pour la confier plus utilement à tout autre séminaire soit à Paris, soit en province ? Les directeurs de cet établissement nouveau comprendraient-ils leur tâche avec plus de sagacité que les religieux du Saint-Esprit ? — Nous avons lieu de croire que l'expérience a prouvé à la Congrégation du Saint-Esprit qu'il est de son intérêt de seconder à Rome les vues du ministère des colonies ; cette Congrégation, qui envoie des missionnaires dans presque toutes nos possessions africaines, au Sénégal, au Gabon, au Congo, à Nossi-Bé, à Mayotte, aux Comores, ne peut avoir, en effet, qu'à gagner en se montrant digne de la protection du gouvernement et, en particulier, de la bienveillance du ministre des colonies dont l'autorité s'étend sur les pays où sont placés ses postes les plus importants. En tous cas, et c'est ce que nous voulons rappeler, le décret du 5 février 1851, tout en établissant le monopole de la congrégation du Saint-Esprit en ce qui a trait au recrutement des prêtres coloniaux, laisse à l'État la faculté de revenir sur cette disposition s'il y a lieu. On ne peut interpréter différemment les termes formels de l'article 3 dudit décret : « Jusqu'à ce qu'il en soit autrement ordonné. » L'immeuble situé rue Lhomond est, d'ailleurs, la propriété de l'Administration des colonies et lui ferait retour si le séminaire actuel venait à cesser d'exister[1].

L'article 4 du décret du 3 février 1851 prévoit la formation de séminaires locaux dans chacune des trois vieilles colonies. Les essais tentés en ce sens ont toujours été insuffisants ; les colonies ne peuvent, en effet, trouver chez elles tous les sujets dont elles ont besoin pour l'état ecclésiastique ; elles doivent appeler pour plus des deux tiers ces sujets d'Europe. Les quelques prêtres coloniaux qui servent dans leur propre pays sont le plus souvent une occasion d'embarras pour les évêques. Ces séminaires locaux ne trouveraient, d'ailleurs, pas à se recruter avec des clercs venus de France ; les sujets d'Europe n'auraient, en effet, aucun avantage à y entrer, la plupart seraient atteints par les rigueurs du climat qui s'opposent à tout travail trop absorbant ou ne persévéreraient pas dans leur vocation, d'où des frais de rapatriement sans compensation d'aucuns services.

Nous avons exposé dans les quelques pages consacrées au personnel des cultes (tome Ier) l'organisation du culte catholique dans les colonies autres que celles de la Martinique, de la Guadeloupe et de la Réunion, c'est-à-dire non pourvues d'évêchés reconnus par l'État. Parmi ces colonies, le Sénégal seul a conservé un chef du service religieux ayant encore le titre de *préfet apostolique* ; à la Guyane, à Saint-Pierre et Miquelon, à Mayotte et à Nossi-Bé, l'État a gardé à sa charge la solde de *supérieurs*

---

1. Voir le *Traité de législation coloniale*, de M. Dislère, p. 430. Tome Ier.

ecclésiastiques qui sont, comme le préfet apostolique de Saint-Louis, des fonctionnaires.

Dans les autres colonies se trouvent placés à la tête du clergé des délégués du Saint-Siège, *vicaires apostoliques,* qui doivent être de nationalité française. C'est ainsi que le culte catholique est dirigé par des évêques missionnaires en Océanie, dans les colonies de la côte occidentale d'Afrique, dans l'Inde et en Indo-Chine. Ces missions sont surtout soutenues par les ordres qui pourvoient à leur fonctionnement et par la Propagation de la foi. Les PP. Maristes de Lyon desservent les missions de la Nouvelle-Calédonie et des Wallis ; les Picpuciens de Paris, celles des îles Tahiti, Marquises et Gambier ; les pères des Missions africaines de Lyon, celles du Dahomey ; les pères des Missions étrangères, celles de la Cochinchine et de l'Inde ; les pères de l'ordre du Saint-Esprit et ceux de la Société de Jésus sont enfin chargés d'évangéliser, les premiers le Sénégal et le Soudan, le Congo français, les Comores, les autres les vastes territoires de l'Extrême-Orient.

Il est du devoir des administrateurs coloniaux de soutenir de tout leur pouvoir ces missions dirigées par des Français ; l'anticléricalisme n'est pas un article d'exportation, et c'est servir les intérêts du pays que soutenir partout l'œuvre de nos compatriotes. Le ministre des colonies tiendra à imiter, en ce sens, la politique suivie par le quai d'Orsay en Orient et particulièrement dans les Échelles du Levant où l'influence catholique est la seule qui maintienne encore le nom et la grandeur de la France. Nous devons avoir toujours présent à l'esprit le rôle prépondérant que jouent dans toutes les régions du globe les missions anglaises, lesquelles préparent la voie à la diplomatie de la mère patrie, et leur opposer partout où besoin sera des missions françaises.

Culte protestant. — Le service de ce culte est assuré par le budget de l'État au Sénégal, à la Guadeloupe, à la Nouvelle-Calédonie et à Tahiti. Il y a deux pasteurs salariés dans chacune des trois premières de ces colonies ; à Tahiti, où presque tous les habitants sont protestants, le nombre des pasteurs est plus considérable ; trois pasteurs français touchent chacun 4,000 fr. par an ; les pasteurs d'origine tahitienne ont des indemnités qui varient.

La nomination des pasteurs est soumise à l'agrément du gouverneur. Sont éligibles à la charge pastorale les Français ayant déjà été consacrés en France, ainsi que les indigènes âgés de 25 à 55 ans et les Français âgés au moins de 25 ans qui justifient de leur qualité de membres de l'église depuis quatre ans au moins et qui satisfont aux conditions déterminées par le conseil supérieur du culte à Tahiti. Les pasteurs ne peuvent remplir de fonctions civiles, sauf celles d'instituteur, ni exercer un commerce quelconque ; ils sont privés de leurs fonctions pastorales pour faute de discipline ecclésiastique, par suite de condamnations judiciaires pour crimes et délits, ou s'ils conspirent contre l'autorité dûment établie ou emploient leur influence à s'opposer à l'exécution des lois.

Le culte protestant est réglementé pour Tahiti par un décret du 23 janvier 1884 qui a institué un conseil de direction par paroisse, un conseil d'arrondissement par arrondissement et un conseil supérieur unique, organe officiel des paroisses de la colonie auprès du gouvernement local. Ces conseils, outre leurs attributions relatives au maintien de la discipline religieuse et ecclésiastique, s'occupent de l'administration des biens des paroisses, de l'acceptation des dons et legs, de la nomination aux emplois de pasteur, etc. Les conseils de paroisse, présidés par le pasteur, comprennent, selon leur importance, quatre à douze diacres élus à la majorité des suffrages par les électeurs protestants du district. Les conseils d'arrondissement comptent trois délégués de chaque district, le pasteur et deux diacres que désigne le conseil de paroisse. Le conseil supérieur est composé de tous les pasteurs de la colonie et de cinq délégués de chaque conseil d'arrondissement, deux pasteurs et trois diacres renouvelables par moitié tous les trois ans.

Le décret du 23 janvier 1884, qui a institué ces conseils, règle les moindres détails de l'organisation des églises protestantes dans les établissements français d'Océanie ; voici les dispositions les plus intéressantes de cet acte :

. . . .
. . . .

Art. 5. — Les diacres de chaque paroisse sont élus à la majorité absolue des suffrages exprimés par tous les électeurs protestants du district, réunis sous la présidence du pasteur assisté des deux diacres les plus âgés.

Les procès-verbaux des opérations électorales de chaque paroisse sont transmis au conseil d'arrondissement de la circonscription ; les protestations qui seraient formées contre ces opérations, dans le délai de cinq jours, y sont jointes, et le conseil d'arrondissement statue.

En cas de vacance définitive, les électeurs doivent être convoqués dans le délai maximum d'un mois.

Art. 6. — Sont électeurs, tous les habitants du district ci-après désignés, âgés de 21 ans et jouissant de leurs droits civils et politiques :

1° Les Français d'origine indigène ou métropolitaine, quel que soit le lieu de leur naissance ;

2° Les Océaniens nés en dehors des possessions françaises, après un séjour de deux années dans les établissements français en Océanie. Les étrangers, quelle que soit leur origine, après un séjour de trois ans dans les établissements français en Océanie, pourront demander leur inscription sur le registre de la paroisse où ils auront résidé pendant un an. Cette inscription ne pourra être prononcée que par le conseil supérieur, sur la présentation du conseil de paroisse et après avis favorable du conseil d'arrondissement.

Les inscriptions ou radiations ont lieu par décision du conseil de la paroisse. En cas de réclamations, le conseil d'arrondissement statue.

Art. 7. — Est éligible aux fonctions de diacre tout électeur qui fait partie de l'église depuis trois ans au moins, dont la femme, s'il est marié, est également membre de l'église, et qui instruit ses enfants dans la foi qu'il professe.

Les ascendants ou descendants et les frères ne peuvent être membres d'un même conseil de paroisse.

Du conseil de paroisse. — Art. 8. — Le conseil de paroisse est présidé par le pasteur. Il se réunit une fois par mois, ou plus souvent si son président juge nécessaire de le convoquer.

Nul ne peut manquer aux séances sans présenter et faire agréer les motifs de son absence. Trois absences dans la même année, dont la justification n'aura pas été admise par le conseil, entraînent la radiation de l'absent.

Les délibérations ne sont valables que si la moitié des membres du conseil et le président sont présents. Elles sont consignées, après chaque séance, sur un registre, et le procès-verbal lu et adopté à la séance suivante.

Les décisions intéressant la paroisse lui sont communiquées du haut de la chaire.

Art. 9. — Le conseil de paroisse maintient l'ordre et la discipline dans l'église, veille à l'entretien des édifices religieux, administre les biens de la paroisse, accepte tous legs et donations, règle l'emploi des fonds provenant des collectes ou des autres ressources de la paroisse et nomme aux emplois subalternes.

Art. 10. — Lorsque la charge de pasteur devient vacante dans la paroisse, le conseil de paroisse, sous la présidence de l'un de ses membres élu à la majorité des diacres présents, réunit les électeurs dans un délai qui ne doit pas dépasser trois mois, leur propose un candidat pour la place vacante et soumet ensuite à la sanction du conseil d'arrondissement le candidat élu par la majorité, conformément aux lois et ordonnances.

Art. 11. — Le conseil de paroisse connaît de toutes les fautes commises contre la discipline ecclésiastique et prononce les peines suivantes : La réprimande en présence du conseil ou en présence de l'église, l'interdiction de la cène pour un temps variant de trois à six mois, la perte des droits de membre de l'église.

Il connaît également des demandes de réadmission dans l'église formées par les personnes qui en auraient été exclues.

Les décisions seront provisoirement exécutoires, nonobstant appel.

Art. 12. — Le conseil de paroisse tient registre des baptêmes et des mariages célébrés dans la paroisse. Quand un des conjoints appartient à une autre paroisse, une copie de l'acte est transmise au conseil de cette paroisse pour être transcrite sur son propre registre.

Art. 13. — Le conseil de paroisse désigne les membres de l'église qui sont chargés, à titre de moniteurs et de monitrices, d'aider le pasteur dans la tenue de l'école du dimanche qui est établie dans chaque paroisse pour l'instruction religieuse des enfants.

Art. 14. — Le président du conseil de paroisse transmet copie de toutes les décisions prises au président du conseil d'arrondissement.

Du conseil d'arrondissement. — Art. 15. — Le conseil d'arrondissement est présidé par le pasteur français ou, s'ils sont plusieurs, par le plus âgé d'entre eux. A défaut de pasteur français, la présidence est dévolue à un pasteur élu par le conseil.

Il se réunit une fois par trimestre ou plus souvent, si son président juge nécessaire de le convoquer, ou si le conseil d'une des paroisses de son ressort en réclame la réunion.

En dehors de la réunion trimestrielle, les réunions ne peuvent avoir lieu sans que l'administration en ait été prévenue.

Nul ne peut manquer aux séances sans présenter et faire agréer les motifs de son absence.

Deux absences dans la même année, dont la justification n'aura pas été admise par le conseil, entraînent la radiation de l'absent.

Les délibérations ne sont valables que si la moitié des membres du conseil et le président sont présents et si, dans chaque affaire où l'une des paroisses de la circonscription est spécialement intéressée, cette paroisse est représentée par deux de ses délégués. Si ceux-ci, dûment convoqués, ne se rendent pas à la séance indiquée, l'affaire est soumise à une prochaine séance et jugée nonobstant leur absence.

Les délibérations sont consignées après chaque séance sur un registre et le procès-verbal lu et adopté à la séance suivante.

Les délibérations prises dans le conseil d'arrondissement sont communiquées à chacune des églises intéressées et à l'administration, si elle le réclame du conseil supérieur.

Le conseil d'arrondissement ne doit traiter dans ses délibérations ou décisions d'aucune matière politique ni d'aucune matière administrative qui soient étrangères aux questions religieuses et ecclésiastiques, sous peine de la nullité prévue au § 2 de l'article 22 ci-dessous.

Art. 16. — Le conseil d'arrondissement procède à la dédicace des temples et des chapelles, il veille au maintien de l'ordre et de la discipline dans les églises de sa circonscription, surveille et contrôle l'administration des paroisses, prononce, en cas d'appel, sur les décisions des conseils de paroisse qui lui sont déférées et présente au conseil supérieur un rapport écrit sur les affaires qui concernent son ressort.

Art. 17. — Toute plainte susceptible d'entraîner la suspension ou la révocation d'un diacre doit être adressée au conseil d'arrondissement qui statue après enquête contradictoire et après avoir entendu la partie intéressée dans ses moyens de défense.

Lorsque le conseil d'arrondissement est d'un avis contraire à celui du conseil de paroisse, l'affaire est transmise au conseil supérieur qui décide.

Les diacres destitués ne sont pas rééligibles avant que le conseil d'arrondissement ou le conseil supérieur en ait décidé autrement.

Art. 18. — Lorsque la charge de pasteur se trouve vacante dans une paroisse de l'arrondissement, le conseil d'arrondissement est convoqué par son président aussitôt qu'il a reçu avis de l'élection faite par la paroisse intéressée. Après avoir examiné les titres du candidat, il sanctionne l'élection, s'il y a lieu, et la soumet à la confirmation du gouverneur ; si l'élection n'est pas sanctionnée, il pourvoit provisoirement à la célébration du culte dans la paroisse intéressée, en attendant que le conseil supérieur ait statué. Il pourvoit également à la célébration provisoire du culte, si la nomination du pasteur n'est pas confirmée par le gouverneur.

Art. 19. — Le conseil d'arrondissement connaît de tous les différends qui peuvent s'élever dans son ressort, de paroisse à paroisse, de pasteur à pasteur, ou entre un pasteur et sa paroisse, sauf appel au conseil supérieur.

Du conseil supérieur. — Art. 20. — Le conseil supérieur se réunit périodiquement à Papeete, dans la première quinzaine du mois d'août et au jour fixé par son président, de concert avec l'administration.

Il peut être convoqué en réunion extraordinaire par son président sur la demande d'un conseil d'arrondissement ou de cinq conseils de paroisse et avec l'assentiment de l'administration.

Les sessions ne peuvent avoir une durée de plus de dix jours, sauf prorogation demandée par l'assemblée et réglée de concert avec l'administration.

Il nomme, chaque année, son bureau qui se compose d'un président pasteur français, d'un vice-président et de deux secrétaires dont un au moins est Taïtien.

Le président maintient l'ordre et veille à l'exécution des statuts et règlements et dirige les débats.

Les secrétaires sont chargés de rédiger les procès-verbaux et d'en faire tous les extraits qui peuvent être ordonnés par le conseil supérieur.

Le conseil supérieur détermine la marche de ses travaux par un règlement d'ordre intérieur qui doit être communiqué à l'administration et ne peut être modifié sans qu'elle en soit avertie.

Nul ne peut manquer aux séances sans présenter et faire agréer les motifs de son absence.

Les délibérations ne sont valables que si les deux tiers des membres sont présents.

Les délibérations sont consignées, après chaque séance, sur un registre, et le procès-verbal lu et adopté à la séance suivante est communiqué à l'administration si elle en fait la demande.

Art. 21. — Le conseil supérieur ne doit traiter dans ses délibérations ou décisions d'aucune matière politique, ni d'aucune matière administrative qui soit étrangère aux questions religieuses et ecclésiastiques.

Il préside à l'établissement et à l'observation de la discipline ecclésiastique et religieuse au sein des paroisses.

Il maintient les divers corps ecclésiastiques dans les limites de leurs attributions respectives.

Il surveille et contrôle l'administration des conseils d'arrondissement, juge en dernier ressort toutes les affaires qui lui sont déférées par voie d'appel, et a qualité pour annuler tout acte ou toute décision d'église qui serait contraire à la discipline en matière religieuse ou ecclésiastique.

Il émet son avis sur les demandes à lui adressées par les conseils de paroisse à l'effet d'accepter ou refuser tous legs ou donations, ester en justice, faire tous actes d'acquiescement, désistement d'appel ; il est statué définitivement par le gouverneur.

Il est seul compétent pour ordonner la consécration des candidats au saint ministère, après avoir reconnu lui-même leurs aptitudes ou les avoir fait examiner par une commission spéciale.

Si l'accord n'a pu s'établir au sujet d'une chaire vacante, entre le conseil de paroisse et le conseil d'arrondissement, le conseil supérieur décide s'il y a lieu pour lui de sanctionner l'élection de la paroisse ou s'il doit être procédé à l'élection d'un autre candidat.

Il soumet à l'approbation du gouverneur les suspensions ou révocations des pasteurs.

Si des modifications à la discipline établie sont jugées nécessaires, le conseil supérieur les communique aux églises avant de les adopter définitivement et prend l'avis du gouvernement avant de les publier.

Il délègue à une commission permanente la mission d'assurer l'exécution des décisions du conseil et de le représenter auprès du gouvernement local.

La commission permanente se compose du bureau du conseil supérieur et de deux membres taïtiens élus par le conseil.

Le président du conseil supérieur porte à la connaissance du gouvernement le résultat des élections qui ont eu lieu pour les conseils des différents degrés, aussitôt qu'elles sont définitives.

Art. 22. — Les décisions prises dans le conseil supérieur sont immédiatement communiquées au gouvernement.

En cas de contravention à l'article 21 reconnue par l'autorité administrative, la nullité est toujours prononcée et mention en est faite en marge du registre des délibérations.

Dans le cas contraire, elles sont communiquées aux églises intéressées et rendues exécutoires si, dans le délai de huit jours, le gouvernement n'a pas fait opposition.

En cas d'opposition, le conseil supérieur doit être convoqué en session extraordinaire, dans un délai de deux mois, pour délibérer de nouveau sur la question pendante en présence d'un délégué du gouvernement qui a voix consultative.

Si le conseil supérieur maintient sa première décision et si le gouvernement persiste dans son opposition, l'affaire est portée, dans le délai d'un mois, devant un conseil spécial désigné chaque année à l'ouverture de la session ordinaire du conseil supérieur et composé :

Du directeur de l'intérieur représentant le gouverneur ;

D'un membre du conseil colonial désigné par les représentants au titre indigène ;

D'un membre du conseil supérieur représentant les intérêts indigènes ;

Et de deux délégués désignés par la cour des Toohitu appartenant au culte réformé et choisis de préférence parmi ses membres, mais ne faisant pas partie du conseil supérieur.

La présidence du conseil spécial est exercée par le directeur de l'intérieur ; ses décisions sont toujours définitives.

Culte musulman. — Les musulmans sont très nombreux au Sénégal et aussi dans l'Inde où l'islamisme est en contact avec le brahmanisme. La législation coloniale a dû établir les rapports entre l'autorité civile et ces cultes, problème délicat, car il fallait, tout en reconnaissant la légitimité des croyances locales, prévoir l'intervention de l'État dans les conflits extrêmes.

Au Sénégal, le culte musulman est réglementé par des arrêtés des gouverneurs, inspirés par la législation algérienne. Les ministres du culte et les élèves sont désignés à l'élection par leurs coreligionnaires. Les mosquées sont revêtues de la personnalité civile. En raison même du principe de la liberté de conscience, il était nécessaire d'établir une juridiction spéciale qui pût, au Sénégal, juger les différends entre musulmans d'après les lois tirées de leur religion ; le tribunal musulman créé à Saint-Louis en 1859 n'a pas d'autre but. Il s'occupe surtout d'affaires relatives aux questions d'état civil et comprend un cadi, un assesseur et un greffier. Les appels sont portés devant un conseil composé du gouverneur, président, de plusieurs fonctionnaires et du *tamsir*.

La religion de Mahomet a fait aussi de nombreux prosélytes dans l'Inde (environ 50 millions dans toute la péninsule). Elle s'est développée, grâce aux idées d'égalité qu'elle proclame, mais en subissant, comme le catholicisme lui-même, certaines modifications imposées par les coutumes locales. Les Hindous musulmans appartiennent à deux sectes principales auxquelles se rattachent toutes les autres, la secte des Chiites et celle des Sunnites, entre lesquelles existe un antagonisme constant. Ces musulmans de l'Inde, quoique ne reconnaissant pas, de par leur religion, les castes des adorateurs de Brahma, les admettent cependant en fait, comme tous leurs compatriotes.

Cultes brahmanique et bouddhiste. — Le brahmanisme, dans l'Inde, est fondé, comme on le sait, sur la distinction des castes.

Les documents les plus anciens que l'on possède sur les origines de la société hindoue et sur ses croyances[1] sont les Védas, sortes de poèmes religieux, écrits à diverses époques mais dont les principaux, particulièrement le Rig-Véda, paraissent remonter à dix ou quinze siècles avant notre ère. Ils ont précédé de longtemps les poèmes épiques connus sous le titre de Mahabharata et de Ramayana, ainsi que le code religieux, judiciaire et social de Manou. Dans le 10e livre du Rig-Véda commence déjà à apparaître la division de la population en classes, d'où sortiront plus tard les castes. Ce sont : les Brahmanes, les Kchatryas ou Rajahs et les Vaïsyas. Un peu plus tard se formera la caste des Soudras.

La séparation des classes s'accentue et devient définitive pendant la période brahmanique. Aux Brahmanes est réservé le

---

1. Ouvrages à consulter : Abbé Dubois, *Mœurs et Institutions de l'Inde*. — Esquer, *Les Castes dans l'Inde*. — Gustave Le Bon, *Les civilisations de l'Inde*. — De Milloué, *Les Religions de l'Inde*.

soin de procéder aux sacrifices importants et d'étudier les livres sacrés. Les Kchatryas doivent le secours de leurs armes contre l'ennemi à toute la nation, mais particulièrement aux Brahmanes. Ils forment la classe des guerriers, parmi lesquels se choisissent les princes et les rois. Aux Vaïsyas reviennent le commerce et quelques travaux d'artisans. Ils ont à enrichir la société par leur industrie et contribuent par leurs dons à l'entretien des Brahmanes. De même que les Kchatryas, ils reçoivent une certaine instruction religieuse leur permettant de procéder aux cérémonies journalières. L'initiation aux pratiques mystiques étant considérée comme une seconde naissance, les individus des trois premières castes étaient *Dvidja,* c'est-à-dire deux fois nés.

Quant aux Soudras, ils n'avaient droit à aucune éducation, étaient affectés aux métiers et aux travaux les plus pénibles sans avoir de compensations. Dans la suite, par le fractionnement de ces castes, il s'en forma de nouvelles, correspondant aux différentes occupations des hommes.

Pour affirmer la séparation des classes, maintenir la suprématie des prêtres et de la race aryenne, la loi de Manou déclare que le Brahmane est né de la bouche de *Brahma,* le Kchatrya de ses bras, le Vaïsya de sa cuisse et le Soudra de ses pieds. Tout mariage entre individus appartenant à des castes différentes est interdit.

Pendant la période brahmanique dont l'apogée a été vers le 4º siècle avant notre ère, Indra devient un des dieux les plus puissants ; il acquiert à peu près tous les attributs du Zeus des Grecs et du Jupiter des Romains, avec lesquels il présente de nombreuses ressemblances ; mais une personnalité plus importante encore est celle de *Brahma,* essence de tout ce qui existe. C'est l'Être tout-puissant, éternel, créateur de l'univers et des autres dieux, l'âme universelle.

Le brahmanisme donna naissance, quelques siècles avant notre ère, à deux religions schismatiques, le djaïnisme et le bouddhisme. La première de ces religions, moins importante que la seconde, se séparait du brahmanisme sur quatre points principaux ; elle ne reconnaissait pas la création du monde en tant qu'œuvre volontaire d'un dieu personnel, récusait parfois l'autorité des Védas, repoussait les sacrifices sanglants et niait l'immortalité et la toute-puissance des dieux. Le djaïnisme a fait d'abord peu de prosélytes ; il a servi plus tard de refuge aux bouddhistes persécutés. La période où il a été le plus répandu paraît avoir été le xie siècle de notre ère, si on en juge par le nombre des temples et des monastères élevés à cette époque. Il ne compte plus aujourd'hui que quelques millions d'adeptes répandus dans tout le territoire de l'Inde.

Le défaut complet de générosité des dogmes brahmaniques et le besoin de pitié et de doctrines consolatrices pour les castes inférieures favorisèrent l'éclosion du bouddhisme, qui joue depuis 2,400 ans un rôle considérable dans le monde et compte encore à notre époque quatre à cinq cents millions d'adeptes. La révolution qu'il provoqua en Orient ne peut être comparée qu'à celle que le christianisme produisit plus tard en Occident. Les nombreuses ressemblances qu'on lui trouve avec cette dernière religion et celles que l'on remarque dans la vie de son créateur Gautama Cakya Mouni et dans celle de Jésus-Christ ont porté à penser que les fondateurs du christianisme n'avaient pas ignoré l'histoire et les doctrines de Bouddha.

L'esprit de charité, de bienveillance, de liberté et de tolérance universelle, qui anime la morale bouddhique et que l'on trouve développée dans les nombreux livres religieux qui l'exposent, assura rapidement à la doctrine de Cakya Mouni (ou Bouddha) de nombreux adeptes. Ses disciples répandirent bientôt dans toute l'Inde « la Bonne Loi »; la population, opprimée par la caste puissante des Brahmanes, répondit à leur appel à un tel point qu'au bout de deux siècles le bouddhisme était devenu la religion de presque toute la péninsule. A la suite d'expéditions guerrières et de caravanes ordonnées par le roi Asoka, il ne tarda pas à se répandre dans le Kachmir, le Népaul, la Birmanie, le Siam, le Cambodge et pénétra même en Chine.

Les prêtres et les moines bouddhistes étant en quelques siècles devenus dans l'Inde aussi avides, envahissants et tyranniques que l'avaient été les brahmanes, ces derniers profitèrent des mécontentements qu'ils soulevaient et de la division du pays en plusieurs petits royaumes pour détacher les rois et les riches de leur religion, laquelle peu à peu, soit par suite de persécutions, soit pour d'autres causes, fit place à celle dont elle était issue, non sans lui imposer de profondes modifications. Au xie siècle le néo-brahmanisme subit aussi l'influence de l'islamisme, importé par suite des invasions des Arabes et autres peuples musulmans, qui dominèrent dans le pays pendant sept cents ans environ ; malheureusement il a beaucoup perdu depuis de la douceur, de la tolérance générale et des principes égalitaires qu'il avait empruntés aux deux autres religions.

Le néo-brahmanisme ou hindouisme comprend aujourd'hui un nombre considérable de sectes, toutes se rattachant à deux cultes dominants, celui de Siva et celui de Vishnou, qui forment avec Brahma la trinité hindoue ou Trimurti.

A côté des Hindous brahmanistes et des Musulmans se trouve dans l'Inde une population convertie au catholicisme, qui a néanmoins conservé nombre des croyances et pratiques religieuses locales et se soumet à la division des castes et aux distinctions qu'elle engendre.

En résumé, à quelque religion qu'ils appartiennent, les Hindous se soumettent surtout aux deux prescriptions suivantes, qui constituent encore à notre époque leurs principales lois morales : s'attirer par des actes d'adoration la bienveillance et les faveurs des dieux, et assurer la pureté de la caste. L'un des plus grands châtiments pour eux est, en effet, l'exclusion de la caste, dont la plus basse est formée des parias. L'individu décasté ne peut plus avoir de relations avec ses compatriotes ; hors la société, il subit une sorte d'excommunication civile.

L'influence des Européens, de leurs administrateurs et de leurs missionnaires, doit tendre à faire disparaître ces distinctions surannées qui sont en contradiction complète avec nos idées d'égalité et de fraternelle charité.

A cette époque encore l'esprit de castes domine tellement les populations de l'Inde, dans nos établissements comme dans l'empire anglo-indien, que les gouverneurs ont fort à faire pour respecter les préjugés des classes tout en réglementant comme il convient les manifestations extérieures, les processions surtout. Par arrêté du 13 décembre 1818, le gouverneur de l'Inde française posa en principe qu'il prenait sous sa protection tous les cultes religieux mais à la condition absolue que toute cérémonie extérieure serait autorisée par lui. Cette déclaration a été confirmée par le décret du 18 septembre 1877, déterminant les pouvoirs du gouverneur des établissements français de l'Inde en matière de caste et de religion. Les articles 1 et 2 dudit décret maintiennent les pouvoirs du gouverneur et les dispositions des lois, décrets et arrêtés en vigueur. Les autres articles, intéressants à connaître, sont ainsi conçus[1] :

Art. 3. — Les infractions aux prescriptions en matière de caste et de religion sont punies d'un emprisonnement de 1 à 15 jours et d'une amende de 1 à 100 fr.

Art. 4. — Nulle association religieuse dont le but serait de se rassembler tous les jours ou à certains jours, nulle réunion ayant pour objet de s'occuper d'affaires de caste ou de religion, ne pourront, si elles sont composées de plus de dix natifs, se former ou avoir lieu qu'avec l'agrément du gouverneur et sous les conditions qu'il lui plaira d'imposer.

Dans le nombre des personnes indiquées par le présent article ne sont pas comprises celles domiciliées dans la maison où les réunions ont lieu.

Art. 5. — Toute association ou réunion de la nature de celles désignées en l'article précédent qui serait formée sans autorisation ou qui, après avoir été autorisée, aurait enfreint les conditions à elle imposées, sera dissoute.

Art. 6. — Les chefs, directeurs, administrateurs, auteurs et instigateurs de réunions ou associations non autorisées, ou qui auraient en-

---

1. Voir le *Bulletin des Lois*, 12ᵉ série, nᵒ 352.

freint les règles à elles imposées, seront punis d'une amende de 16 à 200 fr.

Les simples membres de réunions ou associations qui y auraient pris une part active seront punis d'une amende de 5 à 50 fr.

Art. 7. — Si par des discours, exhortations, invocations ou prières, en quelque langue que ce soit, ou par lecture, affiche, publication ou distribution d'écrits quelconques, il a été fait dans les assemblées désignées par l'article 4 quelque provocation à des crimes, des délits ou des actes injurieux aux dépositaires de l'autorité, la peine sera de 100 fr. à 300 fr. d'amende, et de trois mois à deux ans d'emprisonnement, contre les chefs, directeurs, administrateurs, auteurs et instigateurs des associations ou réunions, sans préjudice des peines plus fortes qui seraient édictées par les lois contre les individus personnellement coupables de la provocation, lesquels ne pourront, en aucun cas, être punis d'une amende moindre que celles portées au présent article.

Art. 8. — Tout individu qui, sans la permission de l'autorité, aura accordé ou consenti l'usage de sa maison ou de son appartement, en tout ou en partie, pour l'exercice d'un culte ou pour une réunion même autorisée, mais de la nature de celles désignées en l'article 4, sera puni d'une amende de 16 à 200 fr.

Art. 9. — L'ordonnance locale du 28 décembre 1826, sur les réunions ou associations illicites, et les requêtes et adresses collectives, est abrogée.

Un arrêté local du 6 janvier 1819 renfermait la réserve suivante : « Les Indiens seront jugés selon les lois et usages de leur caste. »

Mais cet arrêté resta lettre-morte ; la multiplicité des sous-castes rendit en effet impossible l'établissement d'un tribunal spécial, analogue au tribunal musulman du Sénégal.

Actuellement les contestations *de même caste,* en matière de culte, sont portées devant le « juge de police » qui les renvoie devant l'assemblée de la caste dont il homologue, s'il y a lieu, la décision en tout ou en partie. En ce qui concerne les difficultés de même genre, *entre castes différentes,* le gouverneur doit prendre lui-même une décision sur le rapport du directeur de l'intérieur.

L'administration des pagodes dans l'Inde est confiée à des comités nommés à l'élection.

FABRIQUES DES ÉGLISES ET CIMETIÈRES.

Dans la plupart des colonies, comme en France, il existe, près de chaque paroisse, un conseil composé des principaux fidèles, chargé de veiller à l'entretien et à la conservation de l'église et de régir ses revenus. Ce conseil, en même temps que les biens de la paroisse qu'il administre, constituent la fabrique. Les membres de cette assemblée sont désignés sous les noms de fabriciens et de marguilliers et occupent dans l'église pendant les cérémonies du culte une place spéciale, dite banc d'œuvre.

L'organisation des fabriques aux colonies, particulièrement aux Antilles et à la Réunion, est régie par le décret métropolitain du 30 décembre 1809, appliqué à nos établissements d'outre-mer par l'article 19 du décret du 3 février 1851, relatif à l'organisation des évêchés coloniaux ; cet article est ainsi conçu :

« Le régime des fabriques dans les colonies de la Martinique, de la Guadeloupe et de la Réunion est soumis aux dispositions prescrites par le décret du 30 décembre 1809 et par les autres actes qui régissent la matière dans la métropole. »

Quelques dérogations ont été apportées à ce régime par le décret du 31 octobre 1856, qui confère aux gouverneurs, conseils privés et directeurs de l'intérieur, à l'égard des conseils de fabrique, le rôle et les attributions réservés en France au chef de l'État, au ministre de l'intérieur, au ministre des cultes, aux préfets et aux conseils de préfecture. Ce décret autorise de plus les gouverneurs à régler, par des arrêtés rendus en conseil privé, l'application dans les colonies des lois, règlements et autres dispositions qui régissent les fabriques dans la métropole et à déterminer de la même manière les dépenses ou prestations spéciales, qui doivent, conformément aux usages locaux, être payés aux fabriques.

Il ne peut être établi de fabriques que pour les églises érigées en cures, succursales ou chapelles indépendantes. Ces conseils constituent un établissement public ayant la personnalité civile et pouvant, par suite, posséder, acquérir, postuler, plaider, vendre, hériter, transiger, etc., avec l'autorisation du gouvernement.

Toutefois, la fabrique ne peut invoquer sa qualité d'établissement public que lorsqu'il s'agit de libéralités consenties en vue de la célébration du culte et dans les limites des services qu'elle administre.

Les biens et revenus des fabriques sont de diverses origines : ils comprennent les propriétés et rentes non aliénées pendant la Révolution et restituées au culte depuis 1802, les dons et legs et autres acquisitions dûment approuvés, certaines fondations pieuses, les locations de bancs et chaises, les concessions de tribunes et de chapelles, les produits des quêtes et des troncs, les droits perçus en vertu de règlements épiscopaux après autorisation du gouvernement, notamment ceux qui se rapportent aux inhumations et, enfin, les subventions communales.

Les fonctions de membre du conseil de fabrique sont entièrement gratuites. Leurs attributions étant essentiellement temporelles, il leur est interdit de s'immiscer sous aucun prétexte dans la direction spirituelle des paroisses qui est exclusivement réservée au curé, sous l'autorité de son évêque ou supérieur ecclésiastique.

Conformément à l'article 2 du décret du 30 décembre 1809, chaque fabrique est composée de deux parties : un conseil et un bureau des marguilliers, choisis parmi les fidèles notables de la paroisse. Indépendamment du maire et du curé, qui en font partie de droit, le conseil se compose de cinq membres dans les paroisses inférieures à 5,000 âmes et de neuf dans les autres.

Les membres du conseil de fabrique doivent être domiciliés dans la paroisse et catholiques. Si le maire n'est pas catholique, il se fait suppléer par un adjoint et à défaut par un conseiller municipal appartenant à cette religion. Les fabriciens sont nommés pour la première fois les uns par le gouverneur, les autres par l'évêque. Ils sont renouvelés ensuite partiellement tous les trois ans. Le conseil se réunit quatre fois par an, le dimanche de la Quasimodo et chaque premier dimanche de juillet, octobre et janvier. Avec l'autorisation de l'administration civile ou épiscopale, il peut se réunir plus fréquemment si besoin est. En cas de faute grave dans sa gestion, le gouverneur peut prononcer la révocation du conseil de fabrique.

Le conseil de fabrique discute et vote le budget de la paroisse ; contrôle et arrête les comptes annuels du trésorier, fixe l'emploi des fonds non dépensés ; donne son avis au bureau sur les dépenses extraordinaires de quelque importance, sur les procès à soutenir, les aliénations, échanges et généralement sur toutes les affaires excédant les limites de l'administration ordinaire des biens des mineurs.

Le bureau de la fabrique se compose : 1° du curé, membre perpétuel et de droit, qui y occupe la première place, et peut se faire remplacer par un vicaire ; 2° de trois membres du conseil de fabrique, nommés par celui-ci. Le maire, d'après la jurisprudence du ministère des cultes, ne peut pas en faire partie, en raison de la surveillance qu'il doit exercer dans l'intérêt de la commune sur la gestion des revenus de la fabrique. Le bureau des marguilliers se renouvelle par tiers tous les ans. Il doit se réunir au moins une fois par mois. Il est chargé de préparer le budget et les autres affaires qui doivent être soumises au conseil, d'assurer l'exécution des décisions de ce conseil et de procéder à tous les actes d'administration temporelle relatifs à l'entretien des biens de la paroisse et à la célébration du culte. Il nomme le trésorier de la fabrique, qui est toujours pris dans son sein et qui est à la fois le comptable et le représentant légal de la fabrique. Les fonctions de trésorier sont gratuites, mais lorsque l'exercice doit en être onéreux pour le titulaire le conseil peut voter une indemnité en sa faveur.

La réglementation adoptée récemment en France pour la comptabilité des fabriques n'a pas encore été appliquée aux colonies.

Cimetières. — La législation concernant les cimetières aux colonies est à peu près la même qu'en France. Les lois, décrets et règlements en vigueur dans la métropole ont été promulgués dans nos possessions d'outre-mer ou reproduits par des arrêtés des gouverneurs. Toutefois au Sénégal, dans l'Inde et en Cochinchine, des dispositions particulières ont dû être prescrites tant en raison des différences d'origine et de religion des populations, que pour assurer des sépultures distinctes aux Européens et descendants d'Européens.

Aux colonies, comme en France, les cimetières publics sont en principe censés appartenir aux communes; toutefois, il en est qui relèvent des fabriques de certaines paroisses. Ils sont hors du commerce et ne peuvent être l'objet d'actions possessoires. Les concessions peuvent y être perpétuelles ou temporaires. Les lieux de sépulture sont soumis à la surveillance des autorités municipales.

TITRE IX

RÉGIME COMMERCIAL DES COLONIES

Les compagnies privilégiées. — Pacte colonial. — Liberté commerciale. — Loi du 11 janvier 1892. — Octroi de mer. — Chambres de commerce.

§ 1. — COMPAGNIES PRIVILÉGIÉES

Lorsque se manifestèrent en Europe les premières tentatives de colonisation lointaine, l'état des mœurs et les conditions économiques donnaient à ces entreprises un caractère excessivement aléatoire. Les navigateurs et les commerçants avaient, en effet, à lutter dans les contrées où ils abordaient autant contre les difficultés locales et l'hostilité des habitants que contre les jalousies de leurs concurrents. En outre, les risques de perte étaient si grands et les voyages de si longue durée que, réduits à leurs seules forces, les armateurs auraient été, individuellement, le plus souvent hors d'état de poursuivre un genre d'affaires aussi hasardeux. Ce fut pour remédier à ces inconvénients, en même temps que pour donner aux transactions une sécurité qui leur manquait, que se fondèrent, en Hollande et en Portugal tout d'abord, puis en France, les fameuses compagnies dont on a tant médit depuis.

Les premières de celles qui se constituèrent dans notre pays paraissent avoir été, en 1599, la compagnie du Canada et de l'Acadie et, en 1600, la compagnie de Sumatra, Java et Moluques. A partir de ce moment et pendant près de deux siècles, le gouvernement métropolitain s'attacha à cette forme d'exploitation des colonies avec une persévérance que ne découragèrent pas des insuccès multipliés. On a rappelé que Morellet citait, en 1769, 55 compagnies privilégiées, pour la plupart françaises, qui avaient échoué. Le cadre de ce travail ne comporte pas leur énumération intégrale ; nous devons nous borner à indiquer les principales d'entre elles.

En 1604 fut créée la première compagnie des Indes orientales ; dès le 2 mars 1611, ses privilèges furent transmis aux sieurs Godefroy et Le Roy, auxquels la déclaration du 2 juillet 1615 adjoignit les sieurs Muisson, de Cain et leurs associés « pour que ce ne fût plus qu'une seule et même compagnie ». Elle avait pour douze ans le monopole de la navigation du côté du Levant, par delà le cap de Bonne-Espérance. En 1626, une compagnie obtint la concession des îles de Saint-Christophe et de la Barbade avec des droits très étendus que vinrent accroître la déclaration du 25 novembre 1634 et les articles additionnels du 12 février 1635. Puis ce furent, en mai 1628, la compagnie du Morbihan et la nouvelle compagnie des Indes orientales ; de 1633 à 1635, les compagnies du Cap-Vert, de la Guinée et du Cap-Blanc ; en 1642 (édit de mars), la compagnie des Indes de l'Amérique. Un arrêt du conseil et les lettres patentes du 16 août 1661 révoquèrent toutes les concessions antérieures en Amérique, en Afrique et aux Indes orientales dont il n'avait pas été fait bon usage, et qui furent données à de nouvelles sociétés. Les édits des 28 mai et août 1664 prononcèrent successivement la création des deux compagnies des Indes occidentales et orientales, pour la seconde desquelles intervinrent le règlement du 13 septembre 1675 et l'arrêt du 14 août 1688 qui confirma son privilège ; celui de juin 1669 porta établissement d'une compagnie pour le commerce du Nord ; en 1670 surgit la compagnie du Levant et en 1673 celle du Sénégal, dont le contrat fut confirmé par l'édit de décembre 1674 qui supprima en même temps la compagnie des Indes occidentales, laquelle était alors en déficit de plus de trois millions et demi de livres, et par les lettres patentes de juin 1679. En juillet 1681, des lettres patentes en forme d'édit portèrent création d'une nouvelle compagnie du Sénégal et des côtes d'Afrique. En 1683, survint la compagnie de l'Acadie.

Les lettres patentes de janvier 1685, à la suite de la révocation, prononcée par arrêt du conseil du 12 septembre précédent, du privilège de la compagnie du Sénégal, instituèrent une compagnie de la Guinée ; d'autre part, l'édit de mars 1696 créa une compagnie du Sénégal formée par le rachat du privilège concédé en 1681 à une précédente, et l'édit de septembre 1698 conféra à la compagnie de Saint-Domingue les avantages dont jouissait celle des Indes occidentales ; elle subsista jusqu'en avril 1720. En 1700 et en 1712, ce sont des compagnies de la Chine ; en 1706, celle du Canada. Le 14 septembre 1712, des lettres patentes accordent au sieur Crozat un monopole de 15 ans pour le commerce de la Louisiane ; celles d'août 1717 fondent la compagnie d'Occident, qui se voit réunie, par l'édit de mai 1719, aux compagnies des Indes orientales et de la Chine. Après bien des vicissitudes dont témoignent l'arrêt du 29 décembre 1719, résiliant son bail pour la vente du tabac, et celui du 23 janvier 1731 acceptant la rétrocession de la Louisiane et de l'Illinois, et malgré l'édit de confirmation de son privilège d'août 1764, suivi dès le 18 novembre de lettres patentes relatives à la liquidation de ses dettes et le 10 février 1770 de lettres portant révocation de ses différends et règlement pour le paiement des créances des Indiens, il fallut se résoudre, le 14 avril 1785, à substituer à la compagnie des Indes une nouvelle société de même nom. Les statuts de cette dernière furent homologués par l'arrêt du conseil du 19 juin 1785. La durée de son privilège, fixée d'abord à sept années, fut portée à quinze années de paix par l'arrêt du 21 septembre 1786 qui porta en même temps son capital à 40 millions.

Son monopole s'étendait au commerce par terre et par mer avec les territoires situés depuis le cap de Bonne-Espérance jusque dans les mers des Indes orientales, côtes orientales d'Afrique, mer Rouge, Mogol, Siam, Chine, Cochinchine et Japon, mais ne comprenait pas les îles de France et de Bourbon qui avaient été rétrocédées au roi, conformément à l'édit d'août 1765. Les sujets français restaient libres d'approvisionner ces îles directement des divers ports du royaume et d'en importer en retour les productions dans le port seul de Lorient. Le commerce d'Inde en Inde restait libre pour les habitants des mêmes îles, sans néanmoins qu'il pût se faire par des navires partis d'Europe. La compagnie des Indes n'épuisa pas ses droits : le remboursement de ses actions fut ordonné par la loi du 27 décembre 1790 et sa suppression prononcée par la loi du 17 vendémiaire-26 germinal an II. Avec elle prit fin le système des compagnies.

Toutes ces sociétés jouissaient de privilèges fort étendus ; non seulement elles avaient seules le droit d'affréter des vaisseaux pour le commerce entre la France et les colonies, de vendre dans ces dernières les produits français et d'en rapporter les denrées du crû, mais elles profitaient en France d'une exemption complète ou d'une forte réduction de droits pour leurs importations.

C'est ainsi que l'édit de mars 1642 reconnaissait à la compagnie des Indes de l'Amérique le droit à la franchise de toutes taxes d'entrée pour les produits originaires des îles lui appartenant, en quelque port du royaume qu'ils puissent être débarqués. L'arrêt du conseil du 30 mai 1664 dispensait la compagnie d'Occident de la moitié des droits des fermes sur les marchandises à destination ou en provenance des pays de sa concession. Celui du 4 juin 1671 en affranchit, d'ailleurs, toutes les marchandises destinées aux colonies. En outre d'avantages analogues, les lettres patentes de janvier 1685 accordaient à la compagnie de Guinée l'immunité de tous droits d'entrée et de sortie et le bénéfice de l'entrepôt des munitions de guerre et de bouche, bois, chanvres, toiles à voiles, cordages, goudron, poudre, canons, armes et autres choses qu'elle ferait venir pour son compte, même des pays étrangers. La déclaration royale du

17 novembre 1629, qui établissait un droit d'entrée de trente sols par livre sur les tabacs, fit une exception en faveur du petun récolté à l'île Saint-Christophe, à la Barbade et autres îles occidentales appartenant à la compagnie.

L'édit de janvier 1692, qui créa en France un monopole pour la vente des café, thé, chocolat, cacao et vanille, à l'exemple de ce qui se pratiquait à l'égard du tabac, et en interdit l'entrée par terre, ni par d'autres ports que ceux de Marseille et de Rouen, maintint le libre commerce du café importé par la compagnie des Indes orientales.

En ce qui concerne l'importation aux colonies, un règlement du 9 juin 1670 interdisait aux officiers du roi et à tous autres d'y taxer les marchandises.

Les compagnies avaient, du reste, la faculté d'autoriser des particuliers à entreprendre à côté d'elles des opérations de navigation et de commerce, et les redevances qu'elles percevaient à cette occasion constituaient un élément appréciable de profits. Les statuts de chacune d'elles contenaient à cet égard une stipulation formelle que confirmèrent des actes spéciaux tels que les arrêts du conseil du 10 septembre 1668 et du 6 janvier 1682. Il est à peine besoin de dire que les étrangers étaient rigoureusement exclus du commerce des colonies; les bâtiments étrangers ne pouvaient y aborder, en vertu du règlement du 16 juin 1670, sous peine de confiscation; l'exception qui avait été consentie tout d'abord pour les objets de subsistance fut même supprimée par l'ordonnance du 4 novembre 1671.

Comme contre-partie à ces avantages si considérables, les compagnies n'avaient presque pas d'obligations et elles s'en affranchissaient aisément. La seule règle à l'observation de laquelle on paraisse avoir tenu la main était de se munir d'un passeport du roi ; encore n'aurait-elle pas été aussi souvent rappelée, si elle n'avait été fréquemment violée.

D'ailleurs, la plupart d'entre les compagnies ne vécurent pas assez longtemps pour faire œuvre durable et elles apportaient dans leur administration un esprit de lucre immédiat et une négligence qui compromettaient le développement des pays dont elles avaient la concession.

Il serait pourtant injuste de leur refuser une part dans la fondation de nos établissements d'outre-mer. Au moment où elles se constituèrent, les compagnies répondaient à une nécessité ; elles réussirent du moins, par la haute situation de leurs chefs, par la protection dont elles jouissaient et qui rejaillissait sur les colonies, par les capitaux qu'elles y consacrèrent, à préparer la colonisation et à mettre les pays intertropicaux en mesure d'entrer dans le courant de la civilisation moderne.

Quand les compagnies disparurent, on pouvait prévoir l'importance que prendraient nos possessions au point de vue de l'expansion du commerce métropolitain. L'édit de décembre 1674, qui consacrait la suppression de la compagnie des Indes occidentales, détourna au profit des négociants et des armateurs français le système exclusif qui régissait les îles d'Amérique sous la domination de cette dernière.

§ 2. — PACTE COLONIAL

L'ensemble des prohibitions et des restrictions successivement introduites dans la législation coloniale depuis le 31 octobre 1626, date de la création de la première compagnie d'Amérique, ce régime qui atteignit son maximum de rigueur sous Colbert et qui, après avoir fléchi en 1762 et en 1784, aux derniers jours de l'ancienne monarchie, se maintint avec des alternatives diverses jusqu'à la loi du 3 juillet 1861, forme ce qu'on appelle le pacte colonial.

Les colonies n'ont dû être instituées, lit-on dans un mémoire du roi adressé le 25 janvier 1765 au gouverneur et à l'intendant de la Martinique pour leur servir d'instruction, que pour opérer la consommation et le débouché des produits de la métropole, parce que la mesure de la consommation est la mesure du travail ; parce que la mesure du travail est celle de la population et de la richesse, et que la puissance d'un

État n'est que le résultat du nombre et de la richesse de ses habitants. De cette destination des colonies suivent trois conséquences, qui renferment toute la science de ces établissements :

La première de ces conséquences est que les colonies ne sont absolument que des établissements de commerce; et pour rendre cette vérité sensible, il suffit d'observer que l'administration n'y affectionne le sol que dans la vue de la consommation qu'il opère. Cette consommation est l'objet unique de l'établissement, qu'il faudrait plutôt abandonner, s'il cessait de remplir cette destination.

La deuxième conséquence est que, plus les colonies diffèrent de leur métropole par leur production, plus elles sont parfaites, puisque ce n'est que par cette différence qu'elles ont de l'aptitude à leur destination... C'est pour cela qu'une multitude de travailleurs, occupés dans le royaume à l'approvisionnement des colonies, existent sur le superflu des riches qui consomment les denrées de nos îles.

La troisième vérité est que les colonies doivent être tenues dans le plus grand état de richesse possible, et sous la loi de la plus austère prohibition en faveur de la métropole. Sans l'opulence elles n'atteindraient point à leur fin; sans la prohibition ce serait encore pis; elles manqueraient également leur destination, et ce serait au profit des nations rivales.

On ne peut exposer plus nettement le fond de la doctrine qui, pendant plus de deux siècles, présida au régime économique de nos possessions d'outre-mer. Ce système, dont l'application reposait sur des principes généraux rattachés les uns aux autres, n'avait pas été institué d'une seule pièce, mais par une série ininterrompue d'édits, d'ordonnances, de lettres patentes et de règlements. L'histoire de cette réglementation ne saurait donc, semble-t-il, se tracer plus clairement qu'en la divisant d'après l'objet des actes principaux qui la composent.

1° *L'accès du marché colonial est interdit aux produits étrangers.*

Cette règle forme la clef de voûte de tout l'édifice; les instructions royales s'attachaient à en recommander l'observation rigoureuse et à représenter aux intendants des colonies l'exclusion du commerce étranger comme le premier de leurs devoirs. Des ordonnances et des règlements de toute sorte en accentuèrent la sévérité; et cependant, ce fut, des règles du pacte colonial, celle qui, par la force des circonstances, subit le plus grand nombre d'exceptions, surtout à partir de 1763. A peine l'ordonnance du 4 novembre 1671, qui défendait de transporter aux îles des bœufs, lards, toiles et autres marchandises étrangères, était-elle publiée, qu'il fallut, par deux arrêts du conseil du 28 novembre et du 21 décembre suivant, que confirma l'ordonnance du 10 mai 1673, autoriser les négociants français à y importer des bœufs salés d'Irlande et des vins de Madère. Dans certains cas urgents, des ordonnances locales, par exemple celle du 29 avril 1708 qui permettait l'introduction à la Martinique de 1,500 barils de viande salée à acheter à Saint-Thomas, apportaient des tempéraments à la rigueur du principe. Cette licence alla même parfois assez loin, si l'on en juge d'après une lettre du ministre du 8 octobre 1715, qui blâme le gouverneur général des îles du Vent d'avoir accordé aux habitants la permission de tirer de la Barbade des denrées et des matériaux.

Au commencement du xviiie siècle, la fraude avait pris une telle extension qu'on jugea utile de renforcer les règlements existants par une série de mesures dont les premières firent l'objet du règlement royal du 12 janvier 1717 portant création de sièges d'amirauté dans les îles françaises « en quelque partie du monde qu'elles soient situées ». Aucune marchandise ne devait y être débarquée avant que le maître du bâtiment en eût fait la déclaration et il était défendu à tous marchands, maîtres, capitaines et gens de mer naviguant dans les mers d'Amérique d'y faire commerce avec les étrangers et d'aborder à dessein aux côtes ou îles de leur établissement sous peine, pour la première fois, de confiscation des vaisseaux et de leur chargement, et de galère en cas de récidive. Les lettres patentes du mois d'avril de la même année renouvelèrent les défenses expresses antérieurement portées contre le commerce étranger et l'ordonnance du 26 novembre 1719 édicta les galères perpétuelles contre ceux qui se livreraient à ce trafic aux Antilles; il ne faut pas oublier, d'ailleurs, que cette interdiction s'étendait, ainsi qu'il résulte de l'ordonnance du 10 mai 1673, aux marchandises importées

sous pavillon français. Elle fut confirmée par les lettres patentes
de 1727 qui ordonnèrent la saisie des navires français se livrant
au commerce étranger et condamnèrent à l'amende et à trois
ans de galère le capitaine du bâtiment ainsi que ses complices à
terre. D'autre part, un ordre du roi du 10 mai 1717 avait défendu, sous peine de confiscation, d'importer ou de garder chez
soi, pour sa consommation, des farines autres que du barillage
de France ou du Canada. Enfin, les règlements du 23 juillet 1720
et du 23 juin 1723 et la déclaration du 14 mars 1722, bientôt
suivis des lettres patentes d'octobre 1727 qui forment le résumé
le plus complet de l'ancienne législation sur la matière, devaient, dans la pensée de leurs auteurs, empêcher désormais
tout trafic avec l'étranger. Le dernier de ces actes notamment,
après avoir renouvelé aux habitants des colonies la défense de
rien faire venir d'ailleurs que de France, allait jusqu'à enjoindre aux étrangers établis dans les îles, même à ceux naturalisés,
sous peine de bannissement, de cesser tout commerce dans un
délai de trois mois ni de s'employer à aucun titre pour les négociants français; on ne voulait voir en eux que les agents d'un
trafic illicite. Les lettres patentes de 1727 maintenaient cependant l'exception qui avait été prévue en faveur des Espagnols
par les instructions royales du 25 août 1716 au gouverneur des
Antilles.

Il faut, y disait-on, avoir pour principe que les îles doivent tout leur
commerce au royaume, et qu'ainsi les étrangers ne peuvent y avoir aucune part, excepté ceux dont le commerce, loin d'y faire tort, peut enrichir l'État et les colonies. Celui des Espagnols est de cette espèce.
Ainsi Sa Majesté donne ordre de recevoir les vaisseaux de cette nation
dans les ports des îles; les habitants des îles pourront aussi aller trafiquer
dans toutes les côtes du golfe du Mexique de la domination d'Espagne...
Ce commerce fait avec prudence est un moyen certain de procurer au
royaume le débit de ses marchandises et d'y introduire des espèces d'or
et d'argent... Mais autant le commerce des Espagnols peut être utile
aux habitations françaises, autant celui des autres nations leur est pernicieux, parce que les Anglais, Danois et Hollandais avec qui on pourrait le faire ne chercheront qu'à tirer leur argent pour les marchandises

qu'ils leur fourniront en leur laissant leurs denrées, qui, par là, tomberaient en non-valeur...

Le mode de répartition du produit des prises avait été fixé par deux arrêts du conseil des 25 mai et 14 septembre 1728 et par les ordonnances des 14 novembre 1724, 20 décembre 1756, 28 mars 1778 et 16 juillet 1779.

2° Les transports entre la France et les colonies, et réciproquement, sont réservés à la marine française.

On a vu que, même lorsque les îles étaient concédées à une compagnie, les navires français pouvaient concourir à leur approvisionnement et au transport de leurs denrées, sous réserve d'en obtenir l'autorisation de cette dernière et de se munir d'un passeport du roi. C'est ainsi qu'en avaient décidé notamment les arrêts du conseil des 10 septembre 1668 et 12 juin 1669 et les ordonnances des 24 février 1700 et 5 juillet 1713. L'édit de février 1716 ne déchargeait les négociants de l'obligation de prendre des passeports que lorsque leurs vaisseaux faisaient voile pour des pays où il n'y avait pas d'interdiction pour la navigation ou pour le commerce. Il était, d'ailleurs, loisible aux habitants des colonies de participer à cette navigation dans les mêmes conditions, et on trouve une lettre du 4 novembre 1671 dans laquelle le ministre encourageait les armateurs de la Guadeloupe à faire construire des bâtiments assez forts pour apporter les denrées du crû dans le royaume. Quant aux bâtiments étrangers, il leur était interdit d'aborder dans les ports des colonies sous peine de confiscation, de même que les habitants (règlement du 10 juin 1670) avaient défense de les recevoir ; l'ordre du roi du 11 juin 1680 permettait de faire arrêter et consigner les navires qui ne s'éloigneraient pas après avertissement préalable.

Les lettres patentes d'octobre 1727 furent encore plus précises à cet égard. Elles déclaraient comme étant hors de conteste que les colonies d'Amérique étaient « en état de soutenir une navigation et un commerce considérables par la consommation et le débit des nègres, denrées et marchandises qui leur sont portées par les vaisseaux français et par les chargements des sucres, cacaos, cotons, indigos et autres productions desdites îles qu'ils y prennent en échange pour les porter dans les ports du royaume ». Partant de là, elles stipulaient que les étrangers ne pourraient aborder dans les ports, anses et rades des colonies françaises, ni naviguer à une lieue autour desdites îles, à peine de confiscation de leurs bâtiments et du chargement, et de 4,000 fr. d'amende payables solidairement par le capitaine et les gens de son équipage. Même en cas de tempête, ils ne devaient mouiller que dans les ports où se trouvait une garnison et étaient, pendant toute la durée indispensable de leur séjour, l'objet d'une surveillance constante. Les dépenses qu'ils avaient à faire devaient être acquittées en argent ou en lettres de change, jamais en marchandises.

On ne voit pas une seule dérogation à ces règles jusqu'au 25 novembre 1757, date à laquelle une lettre du ministre permit aux administrateurs des Antilles d'autoriser, à la dernière extrémité, l'approvisionnement des îles par les navires neutres, à la condition de dresser et d'envoyer en France un état des chargements d'entrée et de sortie desdits navires.

A leur retour en France, les navires venant des colonies ne pouvaient pas aborder dans tous les ports. L'ordonnance du 15 décembre 1694, qui avait tout d'abord limité cette faculté aux ports de l'Océan, fut modifiée par le règlement d'avril 1717. Le privilège fut étendu ensuite à Libourne et à Cherbourg (juillet 1756), à Fécamp (11 avril 1763), aux Sables-d'Olonne (17 décembre 1763), à Rochefort (22 décembre 1775), à Granville (29 décembre 1775), à tous les ports capables de recevoir à moyenne marée des navires de 150 tonneaux (31 octobre 1784), à Gravelines (7 avril 1788), enfin, à Saint-Brieuc, Binic et Portrieux (14 mars 1776), sauf, à la suite de l'arrêt du conseil du 3 octobre 1776, pour les deux derniers ports, à faire le commerce par l'entremise du port de Saint-Brieuc. Cette réglementation, provisoirement maintenue par le décret du 8-20 mars 1790, fit place à la liberté illimitée le 22 août 1795.

3° *Les produits coloniaux doivent être exportés exclusivement vers la métropole.*

Cette disposition dérivait d'un double objet : d'abord assurer au marché français un approvisionnement de denrées exotiques assez abondant pour empêcher une trop grande élévation des prix, et ensuite procurer à la navigation le profit du transport et de la réexportation de ces marchandises, en même temps qu'on enlevait aux fraudeurs qui importeraient aux colonies des produits étrangers toute chance d'y trouver du fret de retour.

C'est dans le même esprit que l'ordonnance du 18 juillet 1671 défendait le commerce étranger aux propriétaires des vaisseaux construits aux îles et à la Nouvelle-France.

Les lettres patentes d'avril 1717 interdisaient aux habitants des colonies et aux négociants du royaume de transporter dans les pays étrangers ou dans les îles étrangères voisines, même sous pavillon national, aucune marchandise du crû des îles françaises et exigeaient la production, à leur arrivée en France, par les capitaines des navires en revenant, d'un état certifié par les commis du domaine d'Occident des marchandises qu'ils y auraient chargées. Ces prescriptions furent complétées par la déclaration royale du 14 mars 1722 et par l'arrêt du conseil du 4 août 1742. Une lettre du ministre du 23 février 1701, prohibant le commerce entrepris par des habitants des Antilles qui avaient envoyé un brigantin à l'île Bourbon, montre que la métropole étendait son privilège aux relations entre les colonies. Ce ne fut qu'en septembre 1768 qu'une ordonnance royale, en réunissant les îles du Vent sous un commandement général, accorda la liberté du commerce d'une île à l'autre sans acquits-à-caution.

Une exception avait pourtant été faite à cette règle en faveur du Canada qui fournissait du bois aux Antilles. Un ordre du roi du 30 septembre 1683 et une lettre ministérielle du 20 août 1698 accordèrent des encouragements aux navires marchands des îles qui trafiquaient avec le Canada. L'arrêt du conseil du 2 avril 1737, dont les effets furent confirmés et prorogés par celui du 24 février 1750 et par la déclaration royale du 6 janvier 1742, exempta des droits du domaine les denrées des îles qui seraient transportées dans ce pays et à l'île Royale.

Il convient de rappeler ici, simplement pour mémoire, les arrêts du Conseil d'État du 20 décembre 1729 et du 16 décembre 1738 portant règlement pour le commerce des cotons et la marque des balles expédiées des îles françaises d'Amérique dans les ports de France. Le poids en fut fixé à 300 livres par l'arrêt du conseil du 1er mars 1744 qui détermina, en même temps, le poids et la composition des barils de farine, de viande salée, de vin et eau-de-vie et de sucre destinés aux échanges entre les colonies et la métropole. Il ne s'agissait, dans l'espèce, que de mettre ordre à la mauvaise foi des vendeurs qui ne se faisaient pas scrupule de tromper leurs acheteurs sur la qualité et la nature des marchandises. Cet arrêt fut rappelé par un règlement en conseil du 11 février 1787 et complété, en ce qui concerne le sucre, par un ordre du roi du 24 novembre suivant.

4° *Un traitement de faveur est accordé en France aux produits des colonies françaises.*

On a vu plus haut les avantages que les édits de mars 1642 et janvier 1692, les arrêts du conseil des 30 mai 1664 et 4 juin 1671 et la déclaration du 17 novembre 1629 accordaient, à leur arrivée en France, aux produits importés par les compagnies. A ces actes il faut ajouter la déclaration du roi du 18 avril 1667, les lettres patentes d'avril 1717 et les arrêts du conseil des 25 avril 1690, 20 juin 1698 et 17 mars 1782, qui fixèrent les droits sur les sucres bruts et raffinés venant de l'étranger et l'arrêt du 5 avril 1775, qui assujettit les sucres raffinés des îles de France et de Bourbon aux mêmes droits que ceux provenant des îles françaises d'Amérique.

Ce régime de faveur constituait la compensation la plus évidente aux servitudes de toute sorte que la métropole imposait à ses établissements d'outre-mer. Encore, le bénéfice en était-il singulièrement atténué par les restrictions qui avaient été mises soit à l'importation des marchandises, soit au développement de l'industrie coloniale. C'est ainsi que l'arrêt du Conseil d'État du 21 janvier 1644, motivé sur la grande quantité de raffineries qui existent aux îles, « ce qui fait que les raffineries de France ne travaillent presque plus », défendait aux habitants des îles et colonies d'Amérique d'y établir à l'avenir aucune nouvelle raffinerie.

Les tafias étaient prohibés par l'arrêt du conseil du 24 janvier 1713.

Enfin l'importation des soieries et des toiles avait été réglementée de façon à ménager les intérêts métropolitains. L'arrêt du conseil du 13 juillet 1700, qui fixait la quantité d'étoffes de soie que la compagnie des Indes orientales pourrait vendre en France après avoir été marquées, fit bientôt place à la déclaration du 11 juin 1714, qui prohibait l'introduction dans le royaume des soieries venant des Indes orientales ou de la Chine. Quant aux toiles de Nankin et aux toiles de coton venant des colonies, elles furent assujetties, par l'arrêt du conseil du 25 avril 1777, aux mêmes droits et formalités que leurs similaires étrangères.

En réalité, la mère-patrie s'était assez vite affranchie d'une partie des obligations qui auraient dû découler pour elle de l'exécution du pacte colonial ; les dispositions mêmes qu'on pouvait considérer comme les plus avantageuses à son point de vue personnel n'avaient pas tardé à lui devenir à charge. Des abus de toute sorte en étaient résultés et il est inexplicable que ce régime ait pu résister aussi longtemps, malgré ses multiples inconvénients pour les deux parties en cause.

Le système de réglementation étroite et de privilège, auquel étaient assujetties les relations réciproques de la métropole avec ses colonies, se maintint presque intact jusqu'en 1763. A ce moment un mémoire du roi du 18 avril 1763, pour servir d'instruction générale aux gouverneurs et intendants des colonies, permit l'importation par bâtiments étrangers, dans les ports coloniaux où se trouvait une amirauté, d'un certain nombre d'articles étrangers, « pour les échanger avec les sirops et tafias dont les colonies abondent et qui ne peuvent être qu'en pure perte pour les colons, ou préjudicier à la santé des soldats ». Ces marchandises étaient : les bœufs, porcs, moutons et cabris vivants, planches de toutes sortes, solives, soliveaux, mâts, bordages, blé d'Inde ou d'Espagne, avoine, son, merrains, meules de cercles ou feuillards pour barriques, bardeaux et tuiles, briques, carreaux de terre et de faïence pour cheminées ou carrelage, pierres de taille, calèches et cabriolets, roues pour voitures, charrettes et tombereaux, armoires, bureaux à l'anglaise, riz, pois, légumes et fruits verts. Dans le but de procurer aux îles du Vent les secours dont elles avaient besoin et que la Guyane ne pouvait encore leur fournir, le mémoire du roi du 15 août 1763, que vint compléter celui du 25 janvier 1765, autorisa le transport par bâtiments étrangers, dans le port neutre de Sainte-Lucie, des produits ci-dessus énumérés, pour être ensuite versés dans les îles du Vent. Lorsque ces bâtiments avaient fait à Sainte-Lucie la vente des cargaisons qu'ils y avaient introduites, il leur était loisible d'y prendre en retour des sirops, tafias, vins, liqueurs et toutes sortes de marchandises apportées de France, sauf les sucres, cafés et cotons, à peine de confiscation du tout. En outre, les bestiaux, denrées et marchandises introduits à Sainte-Lucie sous tout pavillon ne pouvaient en être exportés, pour être ensuite envoyés aux autres îles françaises du Vent, que par des bâtiments appartenant à des Français.

Ce devint, du reste, après le traité de 1763 qui fit du Canada une colonie anglaise, une nécessité absolue pour les Antilles d'être autorisées à y prendre, comme auparavant, les bois de construction dont elles avaient besoin. La métropole devait, tant à raison de l'insuffisance de ses propres forêts que de l'élévation des frais de transport, abandonner cette partie des privilèges qu'elle s'était réservés au point de vue de l'approvisionnement de ses colonies. Mais ces fournitures ne pouvaient être payées qu'en denrées du crû, et elles auraient été rendues excessivement onéreuses si, à défaut de fret de retour, une seule cargaison avait dû supporter la totalité des frais de l'expédition. On arrivait ainsi fatalement aux concessions successives qui devaient aboutir à la réforme complète du système ; on n'en obtint pourtant la suppression qu'après de longues années.

Conformément aux instructions du 18 avril 1763, rappelées plus haut, un arrêt du Conseil du 29 juillet 1767 permit aux navires étrangers uniquement chargés de bois de toute espèce, de bestiaux vivants, de cuirs et pelleteries, de résine et de goudron, d'entreposer leurs chargements au port du Carénage, dans l'île Sainte-Lucie, et au môle Saint-Nicolas, dans l'île Saint-Domingue, moyennant un simple droit de 1 p. 100 ; ils pouvaient, en retour, y prendre pour l'étranger des sirops et tafias et des produits apportés d'Europe. Pour l'exécution des mesures destinées à empêcher la fraude, un édit d'août 1767 créa une juridiction d'amirauté au Carénage de Sainte-Lucie qui put recevoir, en vertu d'un arrêt du Conseil du 1er avril 1768, et en outre des marchandises susdénommées, du riz, du maïs, des légumes, du café, du sucre, du coton et du cacao. (Voir aussi arrêt du Conseil du 3 juin 1769.)

Bientôt, on résolut d'accorder aux habitants des îles du Vent la liberté d'importer et d'exporter, de l'une à l'autre, les denrées du crû, ainsi que les produits d'Europe ; l'ordonnance du 20 septembre 1768 autorisa donc tout navire marchand, soit qu'il partît des ports de France pour les îles françaises du Vent de l'Amérique, soit qu'il fît son retour desdites îles en France, de passer de l'une à l'autre de ces colonies pour y laisser ou y prendre des marchandises ; les habitants des îles étaient également admis à faire passer leurs produits à la Martinique par bâtiments français. Ainsi se trouva abrogée l'ordonnance locale du 13 janvier 1764 à la Guadeloupe qui avait, conformément aux instructions ministérielles du 11 octobre précédent, interdit l'exportation des denrées du crû de la colonie, excepté les sirops et tafias, par d'autres navires que ceux expédiés directement pour les ports du royaume, et l'importation des marchandises de France par des navires qui n'en proviendraient pas directement.

D'autre part, à la suite de la cession à l'Angleterre des îles de Tabago, de la Grenade, de Saint-Vincent et de la Dominique, la défense, édictée par les lettres patentes de 1727 contre les bâtiments étrangers, de s'approcher des colonies françaises à moins d'une lieue, ne pouvait être maintenue sans risquer de devenir le prétexte de conflits incessants; la lettre du roi du 16 décembre 1765 la rapporta. Les sanctions inscrites dans l'acte de 1727 ne tardèrent pas, à leur tour, à paraître trop rigoureuses et la déclaration royale du 22 mai 1768 convertit, pour les fauteurs de commerce étranger, la peine des galères en celle de 3,000 livres d'amende.

Une nouvelle dérogation au régime en vigueur, dérogation plus grave peut-être que les précédentes, fut consacrée, d'après les instructions du ministre de la marine et des colonies, par les ordonnances locales (1er octobre 1779 à la Martinique), qui accordèrent aux sujets espagnols, comme conséquence du pacte de famille du 24 décembre 1761, les mêmes avantages qu'aux Français au point de vue du commerce avec nos possessions; leurs navires furent exemptés de droits d'entrée lorsqu'ils importaient les denrées nécessaires à la vie et touchaient une gratification pour l'introduction de certaines d'entre elles. Ce système de primes avait été inauguré par le mémoire du roi du 31 mars 1776, qui, afin de procurer au commerce national les moyens de soutenir la concurrence des étrangers dans l'achat des sirops et tafias de nos colonies et lui en faciliter l'exportation, avait alloué une prime de trois sous par velte de cette denrée chargée sur navires français et exempté de tous droits de capitation les esclaves employés aux guildiveries[1].

---

1. Les tafias des colonies françaises d'Amérique avaient été admis en entrepôt en France par la déclaration du 6 mars 1777.

Il était, du reste, entré depuis longtemps dans les mœurs de se montrer assez large sous le rapport des moyens de pourvoir à la subsistance de nos colonies. Lorsqu'un ouragan ou un autre cas fortuit venait à se produire, les gouverneurs autorisaient l'importation des vivres de l'étranger pendant un délai d'un an qui était fréquemment prolongé. Pour ce qui concerne la Martinique seulement, on trouve six autorisations de cette nature durant la période comprise entre le 18 août 1766 et le 13 octobre 1802.

Enfin, la nécessité de procurer aux plantations la main-d'œuvre qu'elles réclamaient provoqua l'arrêt du Conseil du 28 juin 1783, qui permit aux bâtiments étrangers arrivant directement des côtes d'Afrique, avec des cargaisons de 180 noirs au moins, d'aborder dans le port principal de chacune des îles de la Martinique, de la Guadeloupe et de Sainte-Lucie, et d'y vendre lesdits esclaves. Un autre arrêt de janvier 1784 accorda aux frères Boucherie le privilège de raffiner, suivant un nouveau procédé, la quantité de trois millions pesant de sucre par année, pendant douze ans, avec la faculté de le vendre à la Martinique aux bâtiments des États-Unis ou de l'exporter aux États-Unis sur des bâtiments français.

Il faut noter ici que les îles de France et de Bourbon, longtemps comprises dans le domaine exploité par la Compagnie des Indes, n'avaient pu être soumises au régime commun qu'après l'abolition, en 1770, de tous les privilèges que celle-ci y avait conservés, même après la rétrocession. C'est pourquoi les deux premiers actes sur la matière sont l'arrêté du 31 décembre 1771, confiant au directeur des domaines le service des douanes, et celui du 15 décembre 1772, réglant les formalités à remplir pour l'admission des marchandises.

Ainsi qu'on vient de le voir, la sévérité des règlements antérieurs, dont les dispositions écartaient absolument les étrangers de nos colonies, avaient reçu, depuis 1763, des tempéraments successifs destinés à maintenir, dans un équilibre relatif, des intérêts qui doivent se favoriser mutuellement. Un grand pas fut fait dans cette voie par l'arrêt du Conseil du 30 août 1784 qui augmenta le nombre des ports d'entrepôt dans les îles du Vent et sous le Vent de l'Amérique. L'entrepôt du Carénage de Sainte-Lucie était maintenu pour l'île seulement et il en était créé un dans chacune des îles de la Martinique, de la Guadeloupe et de Tabago et trois à Saint-Domingue. Les navires étrangers de 60 tonneaux au moins pouvaient y décharger les marchandises indiquées dans les arrêts du Conseil des 29 juillet 1767 et 1er avril 1768, et en outre le bœuf et les poissons salés, et y prendre, pour l'étranger, les sirops et tafias et les marchandises venues de France. Toutes les marchandises dont l'importation et l'exportation étaient permises à l'étranger devaient payer, en plus des droits locaux, 1 p. 100 de leur valeur, et pour le bœuf, la morue et les poissons salés, trois livres par quintal, dont le produit devait être converti en primes d'encouragement pour l'introduction de la morue et des poissons salés provenant de pêche française. Les armateurs français qui voulaient concourir à l'introduction de ces marchandises étrangères, comme aussi à l'exportation dans les ports étrangers des sirops, tafias et produits français, étaient soumis aux mêmes formalités que les armateurs étrangers, sauf qu'ils étaient exemptés du droit de 1 p. 100. Les bâtiments français armés, soit dans les ports du royaume, soit dans ceux des colonies, qui allaient dans les mers de l'Amérique, même à Saint-Pierre et Miquelon, ne pouvaient partir que d'un des ports d'entrepôt et avec permission limitée du gouverneur et de l'intendant; les expéditions vers les ports étrangers n'étaient délivrées que pour ceux où il existait des consuls de France. Enfin le roi se réservait la faculté d'ouvrir un entrepôt à Cayenne, après l'expiration du temps fixé par l'arrêt du Conseil du 15 mai 1784 pour la liberté générale du commerce à la Guyane. L'arrêt du Conseil confirmait, pour le surplus, les dispositions des lettres patentes de 1727 et des ordonnances et règlements subséquents, concernant le commerce étranger dans les colonies françaises.

Par un singulier rapprochement, parut peu après l'ordonnance du 29 avril 1785 qui révoqua les articles 12, 13 et 15 du titre III de l'ordonnance du 3 mars 1781, par lesquels les étrangers avaient été admis au commerce des sujets de S. M. au Levant et en Barbarie et rétablit à cet égard les dispositions portées par l'édit de mars 1669, les arrêtés des 29 août 1670, 15 août 1685, 20 novembre 1688, 3 juillet 1692, 10 juillet 1703, 16 janvier 1706, 22 décembre 1750 et 28 janvier 1760.

Cependant il faut reconnaître que l'arrêt du 30 août 1784 reflétait des tendances très libérales; à partir de ce moment s'étendirent, en effet, assez rapidement, les exceptions en faveur de la liberté du commerce dans nos colonies.

Par une dépêche du 3 mars 1786, le ministre informait les général et intendant de la Martinique que l'importation du sel, du tabac et de la bière par les étrangers ne pouvant faire aucun tort au commerce national, qui, d'ailleurs, ne s'en plaignait pas, cette tolérance ne paraissait pas de nature à tirer à conséquence.

L'arrêt du Conseil du 29 décembre 1787, pour l'encouragement du commerce avec les États-Unis d'Amérique, établit un régime de faveur pour les provenances de ce pays apportées directement en France sur vaisseaux français ou américains et permit l'entrepôt, pour six mois, de toutes les productions des États-Unis dans tous les ports de France ouverts au commerce des colonies. Cet arrêt accordait, en outre, aux citoyens des États-Unis, tous les avantages dont jouiraient les nations étrangères les plus favorisées dans les colonies françaises d'Amérique, ainsi que tous ceux dont jouiraient les sujets français en Asie et dans les échelles qui y conduisent, pourvu que leurs bâtiments aient été armés et expédiés dans un des ports américains.

En même temps se développait le système des encouragements au commerce français: l'arrêt du Conseil du 26 octobre 1784 convertit en gratifications et primes l'exemption du demi-droit accordée aux denrées coloniales provenant de la traite des noirs, et ceux des 18 et 25 septembre 1785 allouèrent des primes aux armateurs français qui se livraient à la pêche de la morue et en faisaient l'importation aux îles de l'Amérique, tandis qu'ils rétablirent la taxe de 5 livres par quintal sur la morue introduite dans ces colonies par les étrangers ; mais le paiement de ces primes fut subordonné, par l'arrêt du 5 février suivant, à un minimum de chargement de 50 quintaux de morue sèche de pêche nationale.

Si ces modifications de détail n'aboutissaient pas à une refonte plus complète du régime existant, c'est qu'il répondait, en somme, à celui qui, dans la métropole même, s'opposait au libre trafic entre les provinces. Or, il faut se souvenir que les barrières provinciales ne disparurent en France qu'avec les lois des 31 octobre- 5 novembre 1790 et 9-15 mai 1791 qui abolirent les droits de traites intérieures et y substituèrent un tarif unique. On ne saurait donc s'étonner que le progrès n'ait pas été plus rapide pour ce qui a trait au commerce des colonies.

L'Assemblée nationale, dans son décret du 8 mars 1790, en invitant les colonies à faire connaître leurs vœux sur la constitution et les lois qui pouvaient le mieux convenir à leur prospérité, stipulait expressément qu'elle n'avait entendu rien innover dans aucune des branches du commerce, soit direct, soit indirect, de la France avec ses établissements d'outre-mer.

Cependant le décret des 2-15 mars 1791 pour les îles de France et de Bourbon et celui des 18-29 du même mois pour les îles de l'Amérique modifièrent le traitement fait en France aux denrées coloniales. Les sucres bruts, têtes et terrés, les cafés et les cacaos acquittèrent, en plus du droit de 3 p. 100 (1 1/2 pour l'indigo), une taxe additionnelle de 15 sous par quintal de sucre brut et de 25 sous par quintal de sucre tête ou terré, de café ou de cacao, et un droit de consommation de 6 livres par quintal. Les tafias payaient 12 livres par muid, à moins qu'ils ne fussent placés en entrepôt et réexportés à l'étranger. Un certain nombre de produits, notamment les cuirs, bois de teinture, gommes, rocou, écailles, cornes, riz, oranges et d'autres denrées coloniales étaient admis en franchise ; il en était de même pour le coton en laine et la cire jaune, sauf pour eux à payer les droits de sortie s'ils étaient réexportés à l'étranger.

D'autre part, le décret des 20 juin-6 juillet 1791, confirmant celui des 3 avril-2 mai 1790 qui avait proclamé la liberté du commerce de l'Inde au delà du cap de Bonne-Espérance, permit les armements pour le trafic avec la côte orientale d'Afrique et l'Inde dans tous les ports ouverts au commerce des colonies françaises de l'Amérique ; mais les retours ne pouvaient se faire qu'à Lorient ou à Toulon. Les acquits-à-caution délivrés aux capitaines lors de leur départ devaient être représentés dans le délai de trois années. Les marchandises importées jouissaient du privilège de l'entrepôt pendant deux ans à l'exception des toiles rayées et des guinées, pour lesquelles ce droit s'étendait à cinq années. Ces dernières marchandises, en exécution du décret des 18-23 janvier 1791 qui avait déclaré le commerce du Sénégal libre pour tous les Français, pouvaient être envoyées, par suite d'entrepôt, dans tous les ports qui faisaient des armements pour la côte occidentale d'Afrique. Mais toutes les denrées des îles de France et de Bourbon pour lesquelles on ne pouvait présenter de certificats d'origine étaient traitées comme étrangères. L'obligation de justifier du chargement aux îles des denrées coloniales exemptées de droits par le décret du 18 mars fut renouvelée par celui des 22 juin-17 juillet 1791 qui permit les armements pour les îles et colonies françaises dans tous les ports du royaume, ainsi que l'admission en franchise de certains produits étrangers destinés à la consommation des colonies.

Les échelles du Levant et la Barbarie ne tardèrent pas à profiter aussi des avantages qui avaient été accordés aux colonies : un décret des 21-29 juillet 1791 y déclara le commerce libre pour tous les Français.

Tous ces règlements, en facilitant l'extension des rapports entre la France et ses possessions, ne portaient pas, il convient de le remarquer, une atteinte sérieuse aux principes qui avaient présidé jusqu'alors à leurs relations réciproques.

Ils s'efforçaient de favoriser le développement de l'entrepôt en France des denrées intertropicales qui constituaient un élément important de fret et d'échanges, tout en établissant, sur les sucres notamment, une surtaxe qui, de 10 fr. à l'origine, fut portée au chiffre prohibitif de 14 fr. 11 c. par le décret du 15 mars 1791. Mais on maintenait l'interdiction portée contre les produits des possessions étrangères, lesquelles étaient, d'ailleurs, fermées à la marine française, de même que les nôtres l'étaient au pavillon étranger.

Le renversement de l'ancien état de choses s'était fait sous l'impression des ruines provoquées par le traité de 1786 et des vœux que les cahiers des notables contenaient en faveur d'une protection raisonnable de l'agriculture, de l'industrie et du commerce français. Les députés étendirent naturellement ces principes au commerce colonial et les affirmèrent par le décret du 24 septembre 1791 portant que l'Assemblée législative statuerait exclusivement, avec la sanction du roi, sur le régime extérieur des colonies, et ferait, en conséquence, les lois qui règlent les relations commerciales des colonies, celles qui en assurent le maintien par l'établissement des moyens de surveillance, la poursuite, le jugement et la punition des contraventions, et celles qui garantissent l'exécution des engagements entre les commerçants et les habitants des colonies. Ce décret interdisait, sauf les exceptions extraordinaires et momentanées relatives à l'introduction des subsistances en raison d'un besoin pressant légalement constaté, de convertir en règlements provisoires les délibérations prises par les assemblées locales en vue d'admettre en franchise les denrées et marchandises venant de l'étranger.

Cependant les deux décrets des 19-21 février et 26 mars 1793, inspirés, semble-t-il, par de pures sympathies, assimilèrent les bâtiments des États-Unis aux bâtiments français, quant à la perception des droits, soit en France, soit dans les colonies, et admirent en exemption de toutes taxes les subsistances et autres objets d'approvisionnement importés dans les ports coloniaux, sous pavillon américain ; la loi du 4 germinal an II restreignit, du reste, ces mesures en prohibant l'entrée en France des objets importés des États-Unis aux colonies françaises.

Enfin, après avoir été modifiés par décrets des 27 août-7 septembre 1792 et 12-15 mars 1793, les droits d'entrée et de consommation dans la métropole sur les provenances des possessions françaises, de même que les droits de sortie perçus dans les colonies sur les denrées expédiées en France, furent supprimés par un décret du 11 septembre 1793. L'état de trouble où se trouvaient, par suite de la suppression de l'esclavage, les colonies restées en notre pouvoir et l'interruption, causée par la guerre avec l'Angleterre, des communications entre la France et ses établissements d'outre-mer, les empêchèrent de profiter de la franchise ainsi accordée. Comme conséquence de cette situation nouvelle, qui les mettait hors d'état d'expédier leurs productions dans la mère-patrie et d'en recevoir les objets indispensables à leurs besoins, les autorités locales, de leur propre initiative, décidèrent d'autoriser l'importation des marchandises étrangères et l'exportation des denrées du crû qui en constituaient le paiement et qui, autrement, seraient restées inutilisées. De leur côté, les droits de douane en France furent détournés, durant cette période, de leur but originaire, qui est de constituer à la fois une ressource fiscale et un moyen de protection du travail national, et devinrent une arme contre le commerce et la marine britanniques : tel est le caractère des décrets des 1ᵉʳ mars 1793, 10 brumaire an V, 8 nivôse an VI, 9 ventôse an VI et 11 prairial an VII.

Quant à l'acte de navigation du 21 septembre 1793, il ne put, jusqu'à la paix, recevoir une application sérieuse. Cette loi spécifiait, comme on le sait, qu'aucunes denrées, productions ou marchandises étrangères ne pourraient être importées en France et dans les colonies françaises que directement par des bâtiments français, ou appartenant aux habitants du pays du crû, ou des manufactures, ou des ports ordinaires de vente et exportation première, les officiers et trois quarts des équipages étrangers étant du pays dont le bâtiment porte le pavillon, le tout sous peine de confiscation des bâtiments et cargaisons, et de 3,000 livres d'amende, solidairement et par corps contre les propriétaires, consignataires et agents des bâtiments et cargaisons, capitaine et lieutenant.

La loi du 12 nivôse an VI (1er janvier 1798), concernant l'organisation constitutionnelle des colonies, maintint expressément le principe de la navigation réservée entre la France et ses possessions. Elle stipula que les droits sur les marchandises importées d'Europe et sur celles introduites par bâtiments neutres continueraient à être perçus comme par le passé et qu'il ne serait rien innové aux droits imposés sur la sortie des denrées coloniales à leur chargement pour France. Lorsqu'un département des colonies serait menacé de manquer de quelque objet de nécessité, l'administration locale devait en instruire les agents du Directoire qui pouvaient permettre, pour un temps limité, l'introduction par des bâtiments neutres ou alliés d'une quantité fixe de cet objet, même en franchise de tout droit d'entrée. Ces agents avaient également la faculté, dans des cas extraordinaires, lorsque le nombre des navires français était insuffisant ou que l'accumulation des denrées devenait préjudiciable à la culture, le chargement sur bâtiments étrangers d'une certaine quantité de denrées dont l'exportation n'était permise que pour la France.

Lorsque les relations purent être rétablies, en 1802, après la conclusion du traité d'Amiens, le gouvernement métropolitain se préoccupa de remettre en vigueur l'ancienne réglementation. Un arrêté consulaire du 4 messidor an X (23 juin 1802) confirma l'arrêt du conseil du 30 août 1784 concernant le commerce étranger à la Martinique, à la Guadeloupe, à Sainte-Lucie et à Tabago, tant pour l'ouverture et l'identité des ports d'entrepôt que pour l'espèce des marchandises d'importation et d'exportation permises. Les marchandises dont l'entrée était autorisée dans ces colonies ne pouvaient y être introduites qu'en se conformant aux dispositions de l'article 3 de la loi du 21 septembre 1793.

Celui du 3 thermidor an X (22 juillet 1802) fixa les droits à percevoir sur un certain nombre de denrées des colonies françaises limitativement énumérées et les ports pour lesquels ces productions pouvaient être admises ; il prévoyait, en outre, un droit de consommation sur les sucres bruts et terrés, les cafés, cacaos, confitures et mélasses, dont les importateurs pouvaient s'affranchir en plaçant en entrepôt pendant une durée maxima d'un an, sous le régime d'une soumission cautionnée. Il allouait une prime pour le raffinage en France des sucres destinés à la réexportation et une détaxe de moitié en faveur des marchandises non dénommées au tableau n° 1 et dont l'origine coloniale française était reconnue. Les denrées coloniales étrangères inscrites à un tableau n° 2 étaient assujetties à des taxes spéciales. Un entrepôt réel fut créé à leur intention dans treize villes que désigna l'arrêté consulaire du 11 thermidor suivant (30 juillet 1802) et leur admission dans ces entrepôts s'effectua d'après les prescriptions de l'arrêté consulaire du 7 fructidor (24 août 1802).

L'arrêté des consuls du 12 vendémiaire an XI (4 octobre 1802) régla les formes à observer pour l'instruction et le jugement des contraventions aux lois sur le commerce étranger dans les colonies ; son interprétation fit l'objet d'une circulaire ministérielle du 6 septembre 1806. Un autre arrêté des consuls du 5 frimaire an XI (26 novembre 1802) prescrivit la déduction des droits extraordinaires de sortie payés à Saint-Domingue par les denrées coloniales exportées sur des bâtiments français. Ceux des 20 et 29 vendémiaire an XI (12 et 21 octobre 1802) réglèrent le mode de perception des droits et les conditions du transit des sucres, cafés, cacaos et poivres des colonies françaises. Enfin, la loi du 8 floréal an XI, relative aux douanes de France, prohiba les mélasses venant des colonies étrangères et les sucres raffinés dont l'importation avait été déjà interdite par l'arrêté du 17 ventôse précédent. Les droits sur les denrées coloniales françaises étaient établis d'après un tarif n° 1, qui fixait, en outre, le droit de consommation applicable au sucre brut, tête et terré, au café, au cacao, aux confitures, au poivre venant de Cayenne et des colonies françaises orientales sur navires français et aux mélasses. Les importateurs de ces produits jouissaient, d'ailleurs, de la faculté de l'entrepôt, sous la soumission cautionnée de les réexporter dans le délai d'un an. Il devait être payé aux raffineurs, pour les sucres raffinés en France qui seraient exportés à l'étranger, une prime de 25 fr. par 50 kilogrammes. Les marchandises non dénommées au tarif n° 1, et qui justifiaient de leur provenance du crû des colonies françaises, ne devaient payer que la moitié des droits imposés sur les mêmes objets venant de l'étranger. L'admission de toutes ces marchandises et productions devait s'effectuer par vingt-sept ports désignés, qui possédaient un entrepôt fictif. Quant aux denrées coloniales étrangères dénommées au tarif n° 2, elles étaient assujetties aux droits qu'il édictait. Si elles voulaient profiter de l'entrepôt réel, l'importation devait s'accomplir par l'un des ports de Marseille, Cette, Bayonne, Bordeaux, La Rochelle, Nantes, Lorient, Saint-Malo, Cherbourg, Rouen, le Havre, Honfleur, Dunkerque, Ostende, Bruges et Anvers. La loi du 8 floréal contenait des dispositions spéciales à l'entrepôt de chacun de ces ports, et elle permettait d'y recevoir même des marchandises prohibées dites de traite et limitativement déterminées.

Le gouvernement veillait, d'ailleurs, à ce que toutes ces prescriptions fussent rigoureusement observées et il réprimait la moindre velléité de s'en écarter. C'est ainsi qu'il envoya un blâme sévère, par une dépêche du 8 pluviôse an XI, au préfet colonial de la Martinique et de Sainte-Lucie, qui avait fixé, par un arrêté du 5ᵉ jour complémentaire de l'an X (22 septembre 1802), à 1 p. 100 le droit à percevoir sur les marchandises de poids importées et exportées par navires nationaux et à 2 p. 100 celui sur les marchandises importées ou exportées par les étrangers, et qui avait assujetti à la taxe de 3 1/2 et

10 sous par livre, dite *Domaine d'Occident,* plus 40 sous par quintal pour les sucres, les denrées coloniales exportées à l'étranger par tous bâtiments. Bien que cet acte ait été rapporté par un nouvel arrêté du 11 nivôse an XI (1er janvier 1803), qui exempta de tous droits les marchandises françaises et établit sur les bâtiments étrangers un droit unique de 2 p. 100, le ministre rappela au chef de la colonie que ni les navires français ni les autres n'avaient le droit d'exporter à l'étranger les denrées coloniales.

Un nouvel entrepôt ayant été ouvert à Fort-de-France par un arrêté du 21 vendémiaire an XI, une autre dépêche également du 8 pluviôse de la même année en ordonna la fermeture.

Le 30 pluviôse suivant (19 février 1803), un arrêté local remit en application à la Martinique et à Sainte-Lucie les dispositions des lettres patentes d'octobre 1727, qui étaient tombées en désuétude, relativement au séjour des étrangers dans nos possessions et à leur incapacité d'y faire le commerce.

On peut juger par là des idées qui avaient cours alors et de l'étroite réglementation dans laquelle étaient enfermées les libertés commerciales des colonies. Mais la reprise des hostilités avec l'Angleterre détruisit de nouveau tout ce système; une circulaire ministérielle du 15 messidor an XI (4 juillet 1803) autorisa les préfets coloniaux à prendre des mesures pour assurer la subsistance des colonies et l'écoulement de leurs produits, en se guidant uniquement sur les dispositions générales qui suivent : 1° que la métropole ne fût point frustrée des droits de douane sur les denrées provenant de ses moyens; 2° que les neutres n'éprouvassent pas plus de faveur que n'en éprouvaient les nationaux eux-mêmes ; 3° que la plus grande masse possible des denrées exportées des îles françaises pût prendre sa direction vers la France et lui assurer son approvisionnement en productions coloniales, et 4° que les denrées et marchandises anglaises fussent sévèrement écartées de nos colonies. Sans attendre ces instructions et dès le 1er messidor, un arrêté local avait ouvert tous les ports de la Martinique et de Sainte-Lucie aux étrangers pour l'introduction des subsistances de toute nature et pour l'exportation des denrées du crû. A la Réunion, au contraire, le capitaine général Decaen prit l'arrêté du 30 fructidor an XII (17 septembre 1804), qui rendit exécutoires dans les deux îles de France et de Bourbon les dispositions des lois du 22 août 1791 et du 8 floréal an XI sur le régime douanier de la métropole avec l'étranger.

A partir de ce moment aussi, et jusqu'en 1814, les lois édictées en matière de douanes ne peuvent être considérées, de même que dans la période de 1793 à 1802, que comme des armes contre l'Angleterre. Il faut citer, notamment, parmi les plus caractéristiques, l'arrêté du 1er messidor an XI (20 juin 1803) prohibant l'importation dans les ports français de tout produit de colonie ou de fabrique anglaise, la loi du 22 ventôse-2 germinal an XII (14 mars 1804) confirmant cette interdiction, le décret du 26 vendémiaire an XIII (18 octobre 1804) et la loi du 1er-11 pluviôse suivant (21 janvier 1805) prohibant l'importation des nankins de l'Inde, enfin le décret du 30 ventôse an XIII (21 mars 1805) ordonnant la confiscation de toutes les denrées coloniales anglaises, ainsi que des denrées coloniales étrangères qui ne seraient pas accompagnées de certificats délivrés par les commissaires impériaux au port d'embarquement.

Les denrées coloniales ne tardèrent pas à se ressentir du régime qui devait aboutir au blocus continental. Le droit sur les sucres, porté à 30 fr. puis à 45 fr. par quintal, atteignit, en vertu de la loi du 30 avril 1806, 90 fr. et 100 fr. ; le café paya 100 fr. et le cacao 200 fr. Le décret du 8 juillet 1810 doubla le droit sur les sucres et celui du 5 août suivant l'éleva à 300 fr. pour les bruts et à 400 fr. pour les terrés, à 400 fr. pour le café et à 1,000 fr. pour le cacao. Par une juste compensation, le décret impérial du 1er novembre 1810 décida que toutes les marchandises coloniales soumises à ce tarif qui viendraient de l'île de France, de Batavia et des autres colonies en notre pouvoir, des Indes orientales et occidentales, seraient exemptes de tout droit de douanes, si elles étaient importées directement dans nos ports par bâtiments français ou hollandais. Si elles venaient directement sous pavillon américain, elles ne devaient payer que le quart du droit fixé par le décret du 5 août 1810. Mais l'état de notre marine ne permit pas à nos établissements de profiter beaucoup de ces avantages ; ces circonstances particulières se rattachent, au surplus, à des nécessités de guerre et ne font pas partie du système colonial.

Au moment de la conclusion de la paix de 1814, l'industrie française avait été tellement éprouvée par les vicissitudes de vingt années de guerre que sa situation était des plus précaires. Les progrès réalisés par l'industrie en Angleterre et aux États-Unis, les conditions particulièrement favorables de l'agriculture en Amérique, enfin, le bas prix du fret sous pavillon anglais ou américain nous plaçaient alors dans un état d'infériorité manifeste.

La Restauration n'en tint pas suffisamment compte et ouvrit brusquement nos frontières aux produits étrangers par une ordonnance royale du 23 avril 1814 ; il en résulta une telle perturbation dans le commerce que, dès le 15 août, une ordonnance bientôt suivie de la loi du 17 décembre 1814 apporta quelques obstacles à l'envahissement de notre marché. Ce fut le premier pas vers le retour à un système de restriction qu'accentua la loi du 28 avril 1816.

Nous avions alors perdu Saint-Domingue, l'île de France, la Louisiane et l'Inde. Les parcelles de son ancien domaine colonial qui avaient été restituées à la France, tout insuffisantes qu'elles fussent pour contribuer sérieusement au développement de l'industrie et du commerce métropolitains, apparurent comme des débouchés précieux par le monopole que nous pouvions nous y réserver.

Aussi le gouvernement répondit-il aux vœux du commerce lorsqu'il remit en vigueur les dispositions du règlement du 30 août 1784 qui limitait les libertés du trafic étranger dans les colonies.

En même temps, la détresse des finances publiques obligeait à rechercher de nouvelles ressources. Les denrées coloniales supportèrent leur part des taxes créées et l'on peut dire qu'à partir de ce moment ces produits, devenus matières imposables, procurèrent au Trésor une partie de ses revenus.

L'impôt du sucre, fixé d'abord à 10 fr. sans distinction de provenance par l'ordonnance du 23 avril 1814, puis à 20 fr. et 25 fr. par la loi du 17 décembre 1814 pour les sucres étrangers, suivant qu'ils étaient ou non importés sous pavillon français, fut porté à 45 fr. par la loi du 28 avril 1816.

Cependant la reconstitution de l'ancien système commercial ne se fit que peu à peu, et avec des tempéraments. La loi du 7 décembre 1815 rapporta les dispositions de la loi du 8 floréal an XI qui frappaient les denrées coloniales françaises réexportées, ainsi que les mélasses et confitures importées des colonies françaises sous pavillon national, et elle étendit la faculté de transit accordée par la loi du 17 décembre 1814 pour les denrées étrangères aux denrées de nos possessions importées par navires français dans tous les ports où elles étaient admissibles à l'entrepôt fictif. L'ordonnance du 6 février 1818 octroya le bénéfice de l'entrepôt pendant deux ans et une réduction de droit des quatre cinquièmes aux fers et aciers bruts étrangers destinés aux établissements français d'Amérique, de la côte d'Afrique ou de l'Inde, y compris l'île Bourbon. A la suite de la loi du 27 juillet 1822, qui aggrava les droits sur les fers étrangers déclarés pour la consommation française, une ordonnance du 29 mars 1827 confirma ce privilège qui fut prorogé indéfiniment par celle du 31 décembre 1829, et l'ordonnance du 26 août 1833 permit l'importation directe et en franchise, de l'étranger dans les établissements français de la côte occidentale d'Afrique, sous pavillon français, des fers et aciers non ouvrés et des poudres à tirer.

L'ordonnance du 5 février 1826, spéciale aux Antilles, qui consacra plus spécialement le principe du privilège colonial, autorisa l'importation par tous navires dans les ports de Saint-

Pierre, du Fort-Royal et de la Trinité, à la Martinique, et dans ceux de la Basse-Terre et de la Pointe-à-Pitre, à la Guadeloupe, des marchandises étrangères énumérées en deux tableaux dont le premier fixait des droits différents suivant les objets, et le second un droit uniforme de cinq centimes par 100 kilogr. Les marchandises de même espèce apportées de France sur navires français ne devaient, dans tous les cas, acquitter que cette taxe de cinq centimes. La réexportation d'une colonie dans l'autre ne pouvait s'effectuer que sous pavillon national ; mais l'exportation à l'étranger des marchandises importées, soit de France, soit de tout autre pays, était permise à tous navires. Il n'était d'ailleurs rien innové quant aux produits des deux colonies dont l'exportation n'était permise que pour les ports de France et par navires français.

Pour compléter ces mesures, une ordonnance royale du 9 novembre 1832 autorisa l'importation des farines de froment étrangères en tout temps à la Martinique et à la Guadeloupe, quel que soit l'état des prix en France ou dans ces colonies, sans autorisations ni justifications spéciales.

La loi du 17 mai 1826 établit des droits spéciaux en faveur de certaines denrées du crû des colonies françaises dans les deux Indes et en Afrique ; les denrées de même origine et non dénommées devaient acquitter les taxes applicables à leurs similaires importées de l'Inde ou des pays hors d'Europe par navires français.

En outre, en exécution des articles additionnels de la convention de navigation conclue, le 26 janvier 1826, entre la France et la Grande-Bretagne, les navires de cette puissance jouirent dans nos colonies, en certains cas déterminés, du même traitement que les bâtiments français. Une concession analogue fut faite par l'ordonnance royale du 12 juillet 1831 en faveur des navires de tous pavillons pour l'exportation directe pour tous pays des gommes du Sénégal entreposées à Gorée.

Les principes sur lesquels reposait le pacte colonial avaient donc successivement fléchi sur des points de détail, lorsque parut la loi du 24 avril 1833, concernant le régime des colonies, qui réservait au pouvoir législatif du royaume le droit de régler les conditions du commerce de nos possessions et leurs rapports avec la métropole, et au gouvernement celui de fixer les dépenses du personnel des douanes, le conseil colonial n'ayant à cet égard que la faculté de présenter des observations.

Il semblait que cette loi présageât une recrudescence de rigueur dans l'application aux colonies de ce qui restait du pacte colonial ; mais les événements se chargèrent de contrarier ces projets.

Pendant le blocus était née l'industrie du sucre de betterave, dont le développement avait été non seulement encouragé, mais rendu obligatoire par le décret du 25 mars 1811. Elle ne s'était pourtant pas encore affermie lorsque survint la paix et l'on put croire qu'elle ne résisterait pas à la concurrence du sucre colonial. On ne la jugea pas assez importante pour frapper ses produits ; elle vécut ainsi médiocrement pendant quelques années et s'établit définitivement en 1826, au moment où le sucre colonial jouissait d'une prime d'exportation de 120 fr. Sa production s'éleva si rapidement que les recettes du Trésor en furent affectées et que le sucre de canne, sur lequel se concentrait presque exclusivement l'intérêt du commerce colonial, entra pour une part de plus en plus restreinte dans la consommation de la France. On crut régler la question par la loi du 26 avril 1833 qui modifia le tarif des droits sur les sucres importés et abaissa la prime de sortie des sucres raffinés, tandis que la loi du 24 mai 1834, complétée par l'ordonnance du 8 juillet suivant, restituait le droit d'entrée aux produits de la transformation du sucre moscouade.

Un peu plus tard, l'ordonnance du 10 octobre 1835 supprima le droit que les sucres payaient à l'exportation des Antilles françaises, sauf au conseil colonial à le remplacer par une taxe sur l'importation de quelques produits arrivant de France et destinés à la consommation et admit à la Martinique et à la Guadeloupe les madras de l'Inde ; celle du 1er novembre 1836 autorisa les gouverneurs de ces îles à permettre pendant un an l'importation des machines à vapeur propres au transport des récoltes et au service intérieur des sucreries.

Cependant le mal s'accrut au point que la loi du 18 juillet 1837 établit sur le sucre indigène un impôt de 10 fr. pour l'année 1838 et de 15 fr. pour les années suivantes.

En même temps, une ordonnance du 25 juillet 1837 affranchit de droit de sortie les denrées coloniales de la Martinique et de la Guadeloupe et permit d'élever jusqu'à 3 p. 100 le droit d'importation dans ces colonies des marchandises arrivant de la métropole et non comprises sur les tableaux joints à l'ordonnance du 5 février 1826. Les mouchoirs de l'Inde dits madras et autres en coton teint en fil étaient admis dans ces deux colonies au droit de 8 fr. par pièce; cette dernière disposition fut confirmée par l'ordonnance du 23 juillet 1838.

Quelques jours auparavant, la loi du 12 juillet 1837 avait attribué au roi la faculté de créer par ordonnances des entrepôts réels de douanes dans les colonies des Antilles et de l'île Bourbon, pour recevoir les marchandises françaises de toute nature et les marchandises étrangères non prohibées en France; elle stipula que les marchandises provenant d'Europe ou des pays non européens situés sur la Méditerranée ne seraient admissibles dans ces entrepôts qu'autant qu'elles auraient été importées directement des lieux de production ou des entrepôts de France par bâtiments français. Ne pouvaient être extraites des entrepôts, pour la consommation des colonies, que celles des marchandises étrangères dont l'admission était permise. La réexportation de toutes les autres marchandises pouvait s'effectuer par tous pavillons, sauf pour celles destinées à la métropole, qui demeuraient exclusivement réservées à la navigation française. Les denrées non admissibles à la consommation des colonies ne pouvaient être apportées dans les entrepôts ni réexportées que par bâtiments de 50 tonneaux au moins.

Ces entrepôts furent créés à la Martinique et à la Guadeloupe, par l'ordonnance du 31 août 1838, dont les dispositions furent étendues, le 18 décembre 1839, à l'île Bourbon, sous la réserve que les tissus étrangers de laine, de soie et de poil ne pourraient être réexportés de cette île qu'à destination de la métropole.

Tout le monde comprend, lisait-on dans l'exposé des motifs de la loi du 12 juillet 1837, que la France n'a plus de motifs pour tenir ses colonies dans un état d'isolement absolu, mais qu'il faut, au contraire, leur ménager graduellement les moyens de multiplier leurs rapports et d'accepter les chances d'un avenir dont personne n'a le pouvoir de les défendre.

L'émancipation commerciale de nos possessions était donc, dès ce moment, envisagée comme une nécessité prochaine.

Contrairement à toutes les prévisions, la loi du 18 juillet 1837 n'eut d'autre effet que d'exagérer en France la production du sucre indigène et de diminuer les importations du sucre colonial. Pour éviter qu'un stock important de ce produit restât inutilisé, les gouverneurs des Antilles n'hésitèrent pas à autoriser momentanément l'exportation des sucres à l'étranger ; ces mesures, qui étaient en opposition avec les règles du système colonial, furent rapportées par les ordonnances des 30 juin et 9 juillet 1839. Mais, à titre de compensation, et en considérant les sucres comme une matière première, le gouvernement leur accorda, par ordonnance du 21 août 1839, un dégrèvement de 13 fr. 20 c. par quintal. En outre, l'ordonnance du 8 décembre 1839, modifiant les tableaux annexés à l'ordonnance du 5 février 1826, stipula que les produits d'Europe ou des pays situés sur la Méditerranée jouiraient d'une réduction de taxe d'un cinquième lorsqu'ils seraient introduits aux Antilles sous pavillon français ; cette ordonnance fut complétée à son tour par celle du 18 juin 1842. Quant au sucre indigène, il fut frappé d'un droit de 25 fr. par la loi du 3 juillet 1840, d'après les règles qu'établit l'ordonnance du 24 août suivant. Il faut ici mentionner pour mémoire l'ordonnance du 16 août 1842 qui coordonna les textes relatifs au régime du sucre en France.

Jusque-là, cependant, la *question des sucres* n'avait pas été résolue ; les lois et ordonnances qui s'étaient succédé ne revêtaient qu'un caractère transitoire. C'est dans le but de la trancher définitivement qu'intervinrent la loi du 2 juillet 1843 et les ordonnances réglementaires des 7 août 1843 et 14 août 1845 qui établissaient l'impôt progressif sur le sucre indigène et frappaient les glucoses. Le mode de perception des droits fit l'objet de la loi du 31 mai 1846 et de l'ordonnance du 29 août suivant.

Dans de semblables conditions, la lutte entre les sucres indigène et colonial devenait moins inégale ; le moment parut propice pour resserrer les liens très relâchés par lesquels le pacte colonial avait rattaché les intérêts métropolitains à ceux de nos possessions d'outre-mer. En conséquence, la loi du 29 avril 1845 sur le régime des douanes aux Antilles, après avoir établi le tarif des droits à percevoir dans ces colonies sur un certain nombre de marchandises étrangères, spécifiait qu'elles ne seraient admises à la consommation, lorsqu'elles viendraient d'Europe ou des pays non européens situés sur la Méditerranée, qu'autant qu'elles auraient été importées par navires français, soit directement des lieux de production, soit des entrepôts de la métropole.

Les importations de France devaient, en principe, être affranchies de tout droit d'entrée ; mais les produits naturels ou manufacturés importés de France, dont les similaires étrangers étaient admissibles à la Martinique et à la Guadeloupe, devaient payer cinq centimes par cent kilogrammes. Des réductions de taxes étaient également consenties en faveur des animaux vivants et du riz importés en droiture, par navires français, de nos établissements sur la côte occidentale d'Afrique. En revanche, les denrées coloniales expédiées de la Martinique et de la Guadeloupe à destination de France étaient affranchies de tous droits à la sortie desdites îles. Les marchés étrangers continuaient à être fermés aux produits coloniaux, à l'exception des sirops et des taflas.

L'ordonnance royale du 18 octobre 1846, inspirée par le désir de mettre le régime des douanes de l'île Bourbon en harmonie avec celui des Antilles, étendit à celle-là la plupart des dispositions de la loi du 29 avril 1845. Les marchandises françaises, à l'exception des eaux-de-vie, devaient être admises en franchise de droits ; il en était de même pour un certain nombre de produits naturels lorsque l'importation s'effectuait sous pavillon national. Quant aux produits de nos établissements d'outre-mer, ils étaient soumis à des taxes particulières lorsqu'ils étaient introduits à la Réunion par navires français.

Mais les marchandises étrangères énumérées au tableau A étaient frappées de droits dont remise ne leur était faite en certains cas que lorsqu'elles naviguaient sous pavillon national. Les produits de la colonie expédiés à destination des ports de France étaient affranchis de toutes taxes douanières à la sortie. Ils pouvaient également, à l'exception des sucres, cafés et cotons, être exportés directement à l'étranger et étaient exempts de droits de sortie si le transport était fait par navires français. On voit que, sous ce rapport, la Réunion se trouvait placée dans une situation sensiblement plus avantageuse. Les marchandises étrangères prohibées pouvaient être reçues à l'entrepôt de Saint-Denis, sous les formalités et aux conditions prescrites par la loi du 12 juillet 1837 et l'ordonnance du 18 décembre 1839.

En outre, l'ordonnance de 1846 supprimait la taxe de cinq centimes par 100 kilogr. établie par la loi de 1845, sur certaines catégories de marchandises étrangères importées d'Europe aux Antilles, ainsi que sur les produits naturels ou manufacturés importés de France et dont les similaires étrangers étaient admis dans ces colonies. Toutefois, l'ordonnance du 2 décembre 1846 dont les effets furent prorogés par celle du 25 août 1847, abaissa momentanément dans ces trois colonies le tarif des douanes sur les céréales, et l'ordonnance du 22 juillet 1847 édicta pour la Réunion une mesure analogue en ce qui concerne les viandes de porc salées étrangères.

Mais la loi de 1843 n'avait aucunement ralenti les progrès de l'industrie du sucre indigène qui mettait fort habilement à profit les découvertes de la science, et chassait de plus en plus le sucre de canne du marché français qui lui était nominalement réservé. Les doléances des planteurs, déjà très vives, redoublèrent d'énergie après l'émancipation des esclaves, laquelle avait profondément modifié les conditions de la production, en aggravant singulièrement leurs charges.

On avait bien prévu une partie des résultats que devait produire sous ce rapport l'abolition de l'esclavage. « Le système colonial, disait M. de Broglie dans son beau rapport de 1843, ce système artificiel, contemporain de la fondation des colonies modernes, régularisé par Colbert, étendu d'abord dans sa rigueur à toutes nos Antilles, modifié en 1760, lorsque, après la perte du Canada et de la Louisiane, la France s'est trouvée dans l'impossibilité d'approvisionner suffisamment ses possessions transatlantiques, aboli par la guerre et la conquête étrangère, rétabli par la Restauration avec des modifications plus profondes encore ; ce système auquel l'île Bourbon n'est soumise qu'à moitié et ne l'est que depuis 20 ans, dont la Guyane a toujours été exempte, s'il subsiste encore en apparence et sur le papier, ne sera plus que l'ombre de lui-même. »

Mais on s'était volontiers persuadé que cette réforme ne pouvait qu'être heureuse en conséquences, tant au point de vue de l'intérêt de la métropole qu'à celui de la navigation française et des colons eux-mêmes. Or, il était fatal qu'une transformation aussi profonde entraînerait une crise au moins momentanée.

Elle fut si violente que le gouvernement résolut d'appliquer aux sucres un traitement nouveau dont la base était de faire baisser les prix de cette denrée afin d'en développer la consommation. La loi du 26 juin 1851 abaissa donc à 11 fr. la surtaxe sur le sucre étranger et accorda au sucre de canne une réduction de droits de 6 fr. ; cette loi fut suivie de plusieurs décrets d'exécution dont l'un notamment, du 27 mars 1852, porta à 12 fr. la surtaxe sur le sucre étranger et à 7 fr. la protection du sucre colonial, avec une réduction de 3 fr. pour les colonies situées au delà du cap de Bonne-Espérance. En outre, le décret du 30 avril 1853 modifia les droits d'entrée de certains produits des possessions françaises.

Sur ces entrefaites parut le sénatus-consulte du 3 mai 1854, dont les articles 4 et 5 étaient ainsi conçus :

Art. 4. — Les lois concernant le régime commercial des colonies sont votées et promulguées dans les formes prescrites par la constitution de l'empire.

Art. 5. — En cas d'urgence, et dans l'intervalle des sessions, le gouvernement peut statuer sur les matières mentionnées en l'article 4 par décrets rendus dans la forme des règlements d'administration publique ; mais ces décrets doivent être présentés au Corps législatif, pour être convertis en lois, dans le premier mois de la session qui suit leur publication.

Le gouvernement métropolitain se réservait donc dans leur intégralité les droits qu'il possédait jusqu'alors en matière de douanes coloniales. Malgré les dérogations successives apportées depuis un siècle au pacte colonial, on ne songeait pas encore à rompre franchement avec l'ancien état de choses ; mais les exceptions se multiplièrent dès lors tellement qu'il devint bientôt très difficile de distinguer le principe qui les dominait. Nous ne pouvons entrer dans le détail des actes qui se succédèrent, et il suffira d'en énumérer ci-dessous les principaux :

Décrets des 19 et 26 juin 1854, supprimant le droit sur le coton en laine et les eaux-de-vie de mélasse des colonies ;

Décret du 15 juillet 1854, portant modification provisoire du tarif des douanes sur les céréales dans les colonies des Antilles, de la Réunion et du Sénégal ;

Décret du 31 janvier 1855, autorisant l'introduction des vins de toute espèce de l'étranger dans les colonies des Antilles, de la Guyane, de la Réunion et du Sénégal, moyennant un droit de 0 fr. 25 c. par hectolitre par navires français et de 5 fr. par navires étrangers ;

Décret du 10 mars 1855, autorisant l'importation des viandes salées étrangères de tous pays et par tous pavillons aux Antilles, à la Guyane et à la Réunion, moyennant 0 fr. 50 c. par quintal, ainsi qu'au Sénégal, mais par navires français seulement, soit directement de l'étranger, soit par extraction de l'entrepôt de Gorée. Une semblable faculté fut accordée pour le Sénégal, par un décret du 28 avril 1855, aux poutrelles en fer et autres fers laminés propres à la construction ;

Décret du 7 juillet 1855, relatif à l'admission en France, en exemption de droits, des vanilles originaires des Antilles, de la Guyane et de Mayotte ;

Décret du 30 janvier 1856, confirmé par la loi du 18 avril 1857, modifiant le tarif des douanes à l'importation dans les colonies des Antilles et de la Réunion pour un certain nombre de marchandises provenant de nos établissements de l'Inde par navires français, et pour les animaux destinés à la reproduction, le tabac et la vanille provenant de tous pays, avec une réduction de moitié pour ces deux derniers produits si l'importation était effectuée sous pavillon national ;

Décret du 24 mars 1856, prorogeant jusqu'à la promulgation de la loi qui était soumise à l'examen des Chambres (loi du 28 juin 1856) le délai pendant lequel les sucres des colonies étaient admis au bénéfice des modérations de droits accordées par le décret du 27 mars 1852 ;

Décret du 14 mai 1856, qui admet à la réduction de droits déterminée par le décret du 20 décembre 1854 les huiles de coco et les graines de sésame importées directement des établissements français dans l'Inde ;

Décret du 12 juin 1856, qui fixe le tarif à l'importation des clous de girofle des colonies françaises et des cacaos importés de toutes provenances par navires étrangers ;

Loi du 26 juillet 1856, modifiant le tarif à l'entrée de certains produits des colonies et stipulant que les sucre, café, cacao, girofle et coton en laine, importés directement en France par navires français, de nos établissements au delà du cap de Bonne-Espérance (autres que ceux de l'Inde) et dans l'Océanie paieraient les droits afférents aux denrées de même espèce récoltées à la Réunion, lorsqu'ils seraient accompagnés de certificats d'origine authentique. Les autres produits naturels importés directement des mêmes colonies sous pavillon national jouissaient, à leur importation en France, de la réduction d'un cinquième des droits, calculée sur ceux applicables à la provenance la plus favorisée autre que les colonies françaises et les pays situés au delà des îles de la Sonde. Conformément à l'ordonnance du 14 novembre 1847, exception était faite pour les graines oléagineuses et les huiles de palme, de coco, de touloucouna et d'illipé, qui acquittaient le même droit que celles provenant des autres établissements dans l'Inde, ainsi que pour l'indigo, le thé et le poivre ;

Décret du 16 août 1856, fixant à 15 fr. par navire français et à 30 fr. par navires étrangers le droit à l'importation des mules et mulets aux Antilles ;

Décret du 26 septembre 1859, admettant en franchise les rhums et tafias importés directement de Mayotte sous pavillon français.

Quant au régime des sucres, qui répondait si peu aux aspirations des planteurs coloniaux, surtout depuis que le décret du 27 mars 1852 avait dénaturé la loi du 26 juin précédent, il fut modifié par la loi du 28 juin 1856, qui fixa le tarif des sucres des colonies à 45 fr. pour ceux du premier type et à 48 fr. pour ceux de nuance supérieure originaires des Antilles et maintint la réduction de 3 fr. pour ceux des colonies au delà du cap de Bonne-Espérance. Ces droits étaient réduits successivement de 7 fr., 5 fr. et 3 fr. jusqu'au 1er juillet 1861, époque à laquelle la loi de 1856 devait recevoir son application intégrale.

La conclusion du traité de commerce avec l'Angleterre porta un coup fatal à cet édifice chancelant ; la loi du 23 mai 1860 ouvrit le marché français aux sucres étrangers, tout en maintenant contre eux une légère surtaxe que le décret du 16 janvier 1861 ne tarda pas à abolir. L'égalité complète de traitement pour le sucre indigène et le sucre colonial en France devait être appliquée le 30 juin 1865 pour la Réunion et un an plus tard pour les Antilles.

Cette loi fut suivie des deux lois du 24 juillet 1860, qui fixèrent les droits de douane sur les céréales à la Réunion et aux Antilles, ainsi que le tarif sur le riz importé dans ces dernières, de la loi du 26 juillet 1860 qui réduisit le droit imposé par la loi du 29 avril 1845 à l'importation aux Antilles des morues de pêche étrangère et du décret du 29 septembre 1860, qui autorisa l'introduction directe dans les colonies des machines et objets en fonte, fer ou tôle, propres à l'exploitation des sucreries et provenant des manufactures étrangères.

§ 3. — LIBERTÉ COMMERCIALE

A ce moment, les différents principes qui formaient la base du système colonial avaient subi de sérieuses atteintes. La loi du 29 avril 1845 pour les Antilles et l'ordonnance du 18 octobre 1846 pour la Réunion, bientôt suivies des décrets des 31 janvier et 10 mars 1855 et 16 août 1856, de la loi du 26 juillet et du décret du 29 septembre 1860, avaient largement ouvert le marché colonial aux produits étrangers. En revanche, le traitement de faveur dont devaient jouir les produits coloniaux à leur entrée en France s'était de plus en plus réduit et avait abouti pour le sucre, depuis la loi du 13 juin 1851, le décret du 27 mars 1852, la loi du 23 mai 1860 et le décret du 16 janvier 1861, à la presque complète assimilation aux denrées étrangères. Le privilège du marché français pour l'achat des productions des colonies françaises avait été en grande partie aboli par les ordonnances du 5 février 1826, du 12 juillet 1831 et du 18 octobre 1846. L'attribution à la marine métropolitaine des transports des colonies avait seule survécu, à peu près intacte, malgré quelques exceptions particulières résultant notamment des ordonnances de 1763.

Le contrat synallagmatique tacite qui établissait entre la France et ses colonies communauté d'intérêts et réciprocité d'obligations était donc violé au préjudice de celles-ci. Du moment que la métropole ne pouvait consommer la totalité de la production des colonies ni se charger de vendre à l'extérieur l'excédent de cette production sur sa propre consommation, il n'était pas logique d'imposer à nos possessions l'obligation de réserver leurs denrées à la mère-patrie. Tout le monde comprenait que le pacte colonial n'avait plus de raison de subsister et, comme son maintien soulevait des plaintes incessantes de la part des colonies, on résolut de le dénoncer. Tel fut l'objet de la loi du 3 juillet 1861 [1], qui octroya aux colonies des Antilles et de la Réunion :

1° la liberté de recevoir sous tous pavillons, et aux mêmes

---

1. La loi du 3 juillet 1861 est ainsi conçue :

Art. 1er. — Toutes les marchandises étrangères dont l'importation est autorisée en France peuvent être importées dans les colonies de la Martinique, de la Guadeloupe et de la Réunion.

Art. 2. — Les marchandises étrangères sont assujetties, à leur importation aux colonies, aux mêmes droits de douane que ceux qui leur sont imposés à leur importation en France. Toutefois, un décret rendu dans la forme des règlements d'administration publique, qui sera soumis au Corps législatif dans la session qui suivra sa promulgation, pourra convertir en droits spécifiques les droits *ad valorem* pour lesquels cette conversion sera jugée nécessaire.

Art. 3. — Les marchandises étrangères peuvent être importées aux colonies sous tous pavillons. Importées par navires étrangers, elles sont soumises à une surtaxe de pavillon réglée par tonneau d'affrètement. (La composition du tonneau d'affrètement fut déterminée par deux décrets des 25 août 1861 et 24 septembre 1864.)

Art. 4. — Les marchandises étrangères actuellement admises aux colonies continueront à être régies par les tarifs résultant des lois, ordonnances et décrets qui en ont autorisé l'importation, dans tous les cas où les droits de douane ou les surtaxes de pavillon, établis par les dispositions qui précèdent, seraient supérieurs à ceux qui ont été fixés par les tarifs existants.

Art. 5. — Les produits étrangers dont les similaires français sont soumis actuellement à un droit de douane à leur entrée aux colonies acquittent le même droit, augmenté de celui qui est fixé par le tarif de France.

Art. 6. — Les produits des colonies à destination de la France, et les produits de la France à destination des colonies, peuvent être transportés sous tous pavillons. Lorsque les transports sont effectués sous pavillon étranger, il est perçu une taxe de 30 fr. par tonneau d'affrètement, sur les produits à destination ou en provenance de la Réunion, de 20 fr. sur les produits à destination ou en provenance de la Martinique et de la Guadeloupe.

Art. 7. — Les colonies peuvent exporter sous tous pavillons leurs produits, soit pour l'étranger, soit pour une colonie française, pourvu que cette colonie soit située en dehors des limites assignées au cabotage.

Art. 8. — Les produits des colonies autres que le sucre, les mélasses non destinées à être converties en alcool, les confitures et fruits confits au sucre, le café et le cacao, importés en France par navires français, sont admis en franchise de droits de douane.

droits qu'en France, toutes les marchandises étrangères dont l'importation était autorisée dans la métropole ;

2° la liberté d'exporter leurs produits à l'étranger par tous bâtiments ;

3° enfin, celle d'effectuer par les navires de toutes nationalités leurs échanges tant avec la France qu'avec les colonies, sous réserve d'une surtaxe de pavillon.

La loi de 1861 ne constituait pas pour nos possessions une compensation suffisante aux dommages qui résultaient pour elles de l'admission en franchise dans la métropole du sucre exotique et des progrès constants de la sucrerie indigène. Bien que cette loi ait coïncidé avec la convention franco-britannique qui facilita le recrutement de la main-d'œuvre indienne, les conditions de la production du sucre de canne et l'absence de crédit plaçaient les planteurs coloniaux dans une infériorité évidente vis-à-vis de leurs concurrents sur le marché français, que ne remplaçaient pas leurs débouchés extérieurs. L'affaiblissement graduel du trafic avec la France et la diminution des revenus de nos possessions témoignaient éloquemment des souffrances de nos colonies. Le maintien de droits d'entrée élevés sur les marchandises étrangères et la surtaxe de pavillon mettaient, d'un autre côté, les colonies dans une situation difficile pour leurs approvisionnements. Dès le 27 juillet 1861, il avait fallu, par un décret qui fut confirmé par les lois du 16 mai 1863 et du 4 juin 1864, modifier le tarif applicable aux tabacs.

Si nos établissements ne succombèrent pas complètement dans la lutte, c'est grâce à la détaxe dont jouissaient toujours les denrées coloniales et qui fut, par la loi du 7 mai 1864, maintenue à 5 fr. pour les sucres jusqu'au 1ᵉʳ janvier 1870. Par contre, celle du 16 mai 1863 avait frappé d'une surtaxe de 3 fr. ou de 2 fr., selon qu'ils étaient originaires des pays situés au delà ou en deçà des caps Horn ou de Bonne-Espérance, les sucres importés des colonies par navires étrangers.

Sur ces entrefaites, la Guyane, dont la situation était sensiblement la même qu'aux Antilles, mais qui était placée par le sénatus-consulte de 1854 sous le régime des décrets, obtint, en vertu du décret du 24 décembre 1864, le bénéfice de la suppression des droits de douane.

M. de Chasseloup-Laubat jugea qu'on ne pouvait reculer davantage l'heure où les autres colonies seraient appelées à prendre librement les mesures que comportait le souci de leur prospérité, sauf à ne laisser en retour « à la charge de la métropole que le contingent qui, dérivant du principe même de la souveraineté, constitue essentiellement une dette de l'État ». C'est dans cet esprit que fut élaboré le sénatus-consulte du 4 juillet 1866. En même temps que la France se déchargeait sur les colonies des Antilles et de la Réunion d'une somme de dépenses s'élevant à plus d'un million, elle reconnaissait aux assemblées locales le droit de voter les tarifs de douane sur les produits étrangers et d'octroi de mer sur les objets de toute provenance ; mais les produits coloniaux ne devaient plus bénéficier d'aucune détaxe dans l'avenir.

Les conseils généraux se trouvèrent ainsi investis du droit d'initiative sur les questions de douanes, le Gouvernement ne disposant plus que de la faculté d'approuver ou de rejeter les délibérations en bloc et sans y rien changer.

S'autorisant des termes de l'article 2 du sénatus-consulte, le conseil général de la Martinique vota, dès le 30 novembre 1866, la suppression complète des droits de douane sur les marchandises étrangères introduites dans la colonie, et un décret portant règlement d'administration publique du 6 novembre 1867 rendit exécutoire cette délibération.

Le conseil général de la Guadeloupe, dans sa séance du 11 décembre 1866, suspendit les droits de douane sur les produits étrangers autres que le sucre, le tafia, le café, le coton, le cacao, le tabac, le rocou et la vanille ; ce vote fut approuvé par un décret du 25 avril 1868 que modifia celui du 2 août 1870 portant suspension des droits établis par la loi du 4 juin 1864 sur les tabacs d'origine et de provenance étrangères importés dans cette colonie.

Enfin, à la Réunion, l'assemblée locale prit, le 5 juillet 1871, une délibération abolissant les taxes douanières sur toutes les marchandises étrangères importées, autres que les tabacs ; les rhums étaient prohibés à la consommation et ne pouvaient être admis en entrepôt qu'à charge de réexportation. Un décret du 4 juillet 1873 sanctionna cette décision.

Le principe du traitement de faveur pour le pavillon national qui, présenté sous la forme d'un privilège absolu par l'acte de navigation de 1793 et par la loi du 12 nivôse an VI, avait donné lieu en 1861 à la surtaxe de pavillon perçue sur les produits importés des pays de production autrement que par navires français (décret du 20 octobre 1861), avait été supprimé par la loi du 19 mai 1866 sur la marine marchande ; ses dispositions, qui étaient applicables aux Antilles et à la Réunion, devaient avoir leur plein effet trois ans plus tard. Le décret du 9 juillet 1869, portant abrogation de l'acte de navigation dans les colonies où il était encore en vigueur, établit que les produits de toute nature et de toute provenance pourraient y être importés par tous pavillons et en être exportés pour toute destination et par tous pavillons. La loi du 30 janvier 1872, qui rétablit les surtaxes de pavillon sur les marchandises importées en France par navires étrangers, en exempta celles provenant des colonies françaises, et la loi du 28 juillet 1873, qui abrogea la précédente, n'en laissa subsister, avec la surtaxe de 3 fr. par quintal sur les marchandises des pays hors d'Europe importées des entrepôts d'Europe, qu'une taxe pour frais de quai sur les navires de tout pavillon venant de l'étranger ou des colonies françaises.

Quant à la détaxe des produits coloniaux qui devait être la conséquence du sénatus-consulte de 1866, elle ne tarda pas à être rétablie, sous une autre forme, par les lois des 19 juillet 1880, 7 mai 1881, 29 juillet 1884 et 13 juillet 1886. Aux termes de l'article 2 de cette dernière, les sucres des colonies françaises expédiés à destination de la métropole ont droit à une prime, dite déchet de fabrication, égale à la moyenne des excédents de rendement obtenus par la sucrerie indigène pendant la campagne précédente. En conséquence, un décret fixe chaque année, pour la période comprise entre le 1ᵉʳ septembre et le 31 août suivant, la quotité du déchet de fabrication qui doit être accordé aux sucres coloniaux. Ce chiffre a été de 23.80 p. 100 pour la campagne 1892-1893, et de 19.47 p. 100 pour la campagne suivante.

Deux décrets du 17 septembre 1886 pour la Réunion et les quatre actes analogues du 10 novembre 1886 pour la Guadeloupe et la Martinique déterminèrent les bureaux des douanes de chacune de ces colonies par lesquels les sucres pourraient être exportés avec réserve du déchet de fabrication et fixèrent les sommes à inscrire à leurs budgets locaux pour couvrir les frais de personnel et de matériel du laboratoire des douanes et pour assurer le fonctionnement du service dans les bureaux ouverts à ce trafic. Ces actes furent modifiés pour les Antilles par ceux du 16 février 1887 et complétés par ceux des 25 février, 31 mars, 12 avril et 17 novembre suivants qui prohibèrent l'importation des sucres étrangers à la Réunion, à la Martinique, à Mayotte, à Nossi-Bé et à la Guadeloupe. Les pénalités à appliquer dans cette dernière colonie, en cas de contravention à cette prohibition, furent déterminées par le décret du 17 novembre de la même année.

Ainsi se trouvait renversée au profit des colonies la règle qui avait dominé jusqu'en 1866 la législation sur les rapports commerciaux entre la France et ses possessions d'outre-mer. En présence des plaintes que faisait entendre le commerce français, le sous-secrétaire d'État insista très vivement, en 1884, auprès des conseils généraux des colonies régies par le sénatus-consulte de 1866 pour l'établissement de droits de douane sur les produits étrangers et il sut en obtenir de sérieuses concessions dans ce sens.

Les assemblées locales, inspirées par un sentiment de solidarité fort louable, et désireuses de conserver le bénéfice des détaxes dont jouissait le sucre de cannes, ne restèrent pas indifférentes à l'appel de la métropole et, à la suite de leurs délibérations, des décrets des 16 novembre 1884, 19 janvier et 25 avril 1885 ratifièrent les nouveaux tarifs douaniers à la Guadeloupe, à la Martinique et à la Réunion. Ces tarifs furent d'ailleurs modifiés :

1° A la Guadeloupe, par le décret du 3 avril 1889, portant création d'un droit de statistique; par le décret du 10 mai 1889, remaniant l'assiette et la quotité des taxes instituées en 1884; par celui du 25 juin 1890, créant des droits de douane sur les animaux de l'espèce bovine et l'huile de coton, et par celui du 29 juillet 1889, appliquant le tarif des alcools étrangers modifié par la loi du 5 juillet 1887, qui l'avait élevé dans la métropole de 30 fr. à 70 fr. par hectolitre.

Le conseil général de la Guadeloupe prit, en 1889, deux délibérations tendant à l'extension du régime de l'entrepôt dans la colonie. En premier lieu, il ajouta à la liste des marchandises admises à l'entrepôt fictif une nouvelle catégorie de produits ; il établit ensuite le principe du remboursement des différents droits perçus à l'entrée lors de la réexportation des marchandises qui n'avaient pas trouvé leur écoulement. Ces délibérations furent consacrées par un décret du 2 août 1890.

D'autre part, et comme conséquence du monopole, le décret du 29 septembre 1890 prohiba l'importation dans la colonie des tabacs de toute provenance, à moins qu'ils ne soient introduits pour le compte de l'administration.

2° A la Martinique, par le décret du 25 mai 1889 qui ajouta les futailles vides à la nomenclature des marchandises étrangères taxées en vertu du décret du 19 janvier 1885, par le décret du 7 mai 1890, créant un droit de statistique de $0^f,15$ à percevoir sur les importations et les exportations de toute nature, par le décret du 3 septembre 1889 créant deux centimes additionnels au principal des droits de douane, et par les décrets des 19 juin 1890 fixant les droits à percevoir sur les animaux vivants, les farineux alimentaires, les huiles minérales et l'huile de coton, et 14 novembre suivant, frappant le beurre et les substances destinées à le remplacer.

3° A la Réunion enfin, le décret du 4 juillet 1889 assujettit au droit les cafés étrangers. En outre, deux décrets des 2 avril et 22 juin 1889 conférèrent aux agents des douanes le pouvoir de constater les contraventions au régime des spiritueux et déclarèrent les propriétaires et détenteurs de marchandises responsables du fait de leurs facteurs et agents, en ce qui concerne les droits, confiscations, amendes et dépens encourus par ceux-ci pour contraventions en matière de douanes, d'octroi et de contributions indirectes.

Quant aux colonies qui n'étaient pas régies par les sénatus-consultes de 1854 et de 1866, leurs tarifs de douane étaient établis, en vertu de la loi du 7 mai 1881, par décret du gouvernement métropolitain en Conseil d'État. On verra plus loin le détail de la législation qui concerne chacun de ces établissements en particulier.

§ 4. — LOI DU 11 JANVIER 1892.

Les rapports commerciaux entre la France et ses colonies sont aujourd'hui régis par les articles 3, 4, 5, 6, 7 et 8 de la loi du 11 janvier 1892, ci-après :

Art. 3. — Les droits et immunités applicables aux produits importés dans la métropole, des colonies, des possessions françaises et des pays de protectorat de l'Indo-Chine, sont fixés conformément au tableau E annexé à la présente loi.

Sont exceptés du régime du tableau E les territoires français de la côte occidentale d'Afrique (sauf le Gabon), Tahiti et ses dépendances, les établissements français de l'Inde, Obock, Diégo-Suarez, Nossi-Bé et Sainte-Marie de Madagascar. Toutefois, les guinées d'origine française provenant des établissements français de l'Inde sont exemptes de droits. Des exemptions ou détaxes pourront être, en outre, accordées à d'autres produits naturels ou fabriqués originaires des établissements susvisés, suivant la nomenclature qui sera arrêtée pour chacun d'eux par des décrets en Conseil d'État. Les produits naturels ou fabriqués originaires de ces établissements qui ne seront admis à leur entrée en France au bénéfice d'aucune exemption ou détaxe, seront soumis aux droits du tarif minimum.

Les produits étrangers importés dans les colonies, les possessions françaises et les pays de protectorat de l'Indo-Chine, à l'exception des territoires énumérés au paragraphe 2, sont soumis aux mêmes droits que s'ils étaient importés en France.

Des décrets en forme de règlements d'administration publique, rendus sur le rapport du ministre du commerce, de l'industrie et des colonies, et après avis des conseils généraux ou conseils d'administration des colonies, détermineront les produits qui, par exception à la disposition qui précède, seront l'objet d'une tarification spéciale.

Les paragraphes 1 et 3 du présent article ne seront exécutoires pour chaque colonie qu'après que le règlement prévu par le paragraphe 4 sera intervenu, sans que cependant l'effet de cette disposition puisse excéder le délai d'un an. Toutefois, le Gouvernement pourra faire bénéficier immédiatement, en tout ou en partie, des dispositions du tableau E, les colonies qui, actuellement, appliquent dans leur ensemble aux produits étrangers les droits du tarif métropolitain, ou qui frappent les denrées coloniales venant de l'étranger des droits inscrits audit tarif.

Art. 4. — Les conseils généraux et les conseils d'administration des colonies pourront aussi prendre des délibérations pour demander des exceptions au tarif de la métropole. Ces délibérations seront soumises au Conseil d'État, et il sera statué sur elles dans la même forme que les règlements d'administration publique prévus dans l'article précédent.

Art. 5. — Les produits originaires d'une colonie française importés dans une autre colonie française ne seront soumis à aucun droit de douane.

Les produits étrangers importés d'une colonie française dans une autre colonie française seront assujettis dans cette dernière au paiement de la différence entre les droits du tarif local et ceux du tarif de la colonie d'exportation.

Art. 6. — ... Les dépenses du service des douanes (personnel et matériel) seront comprises dans les dépenses obligatoires des budgets locaux des colonies.

Art. 7. — Les dispositions de l'article 10 de la loi du 29 décembre 1884, relatives à l'Algérie, sont maintenues en vigueur.

Art. 8. — Le Gouvernement est autorisé à appliquer des surtaxes ou le régime de la prohibition à tout ou partie des marchandises originaires des pays qui appliqueraient des surtaxes ou le régime de la prohibition à des marchandises françaises.

Ces mesures doivent être soumises à la ratification des Chambres, immédiatement si elles sont réunies ; sinon, dès l'ouverture de la session suivante.

L'article 7 concerne exclusivement l'Algérie, dont la loi du 29 décembre 1884 continue à fixer le régime douanier. Quant aux pays de protectorat, sauf ceux de l'Indo-Chine qui sont régis par des traités particuliers, ils ne sont pas soumis à la législation française ; enfin l'article 6 est surtout relatif à l'octroi de mer.

Les possessions françaises sont divisées en deux groupes : l'un où la loi est applicable, tant à l'entrée en France qu'à l'importation aux colonies, et qui comprend : la Martinique, la Guadeloupe, la Guyane, Saint-Pierre et Miquelon, le Gabon, la Réunion, Mayotte, l'Indo-Chine et la Nouvelle-Calédonie ; l'autre, où la loi du 11 janvier n'est pas applicable, c'est-à-dire les territoires de la côte occidentale d'Afrique, sauf le Gabon, Tahiti, les établissements français de l'Inde, Obock, Diégo-Suarez, Nossi-Bé et Sainte-Marie de Madagascar.

Les établissements qui rentrent dans ce dernier groupe sont ceux où des conventions internationales ne permettent pas l'application d'un tarif différentiel, ou dont le trafic n'est pas assez important pour qu'il y ait intérêt à les soumettre à la règle commune, enfin les comptoirs de l'Inde où des barrières douanières ne sauraient être posées sans de grandes difficultés.

Ils n'en sont pas moins libres d'établir des droits de douane, dans les conditions déterminées par la loi du 7 mai 1881, c'est-à-dire par décret en Conseil d'État ; mais il est loisible à leurs conseils généraux ou d'administration de ne voter l'application que d'une partie seulement des tarifs de France ou que de taxes plus réduites.

Les marchandises provenant de ces colonies ne sont pas admises à revendiquer en France le bénéfice de l'application du tableau E ; du moment qu'en l'absence du tarif général rien ne garantissait la métropole contre l'introduction dans ces pays des produits étrangers qui lui auraient été ensuite expédiés, on ne pouvait guère traiter autrement les provenances des colonies du second groupe. Une exception a été toutefois consentie en faveur des guinées d'origine française provenant des établissements de l'Inde, qui sont exemptes de droits, ainsi qu'aux sucres et à leurs dérivés originaires de toutes nos colonies.

La loi du 11 janvier 1892 permet, en outre, d'accorder des exemptions ou des détaxes à d'autres produits naturels ou fabriqués originaires des établissements susvisés, suivant la nomenclature qui sera arrêtée pour chacun d'eux « par des décrets en Conseil d'État ». En employant cette dernière formule, le législateur a entendu indiquer que les décrets de l'espèce n'auraient pas à être examinés en assemblée générale et ne comporteraient qu'un avis de la section compétente du Conseil d'État. En exécution de cette disposition, un décret du 30 juin 1892 a accordé l'exemption ou le bénéfice de la détaxe aux produits dont la nomenclature suit, originaires des colonies ou établissements français ci-après désignés :

1° *Territoires de la côte occidentale d'Afrique, sauf le Gabon* (Sénégal, Guinée française et dépendances).

Huiles de palme, de touloucouna, d'illipé et de palmiste. — Exemptes.
Bois à construire ou d'ébénisterie et bois odorants. — Exempts.
Café. — Moitié des droits du tarif métropolitain.

2° *Nossi-Bé.*

Vanille. — Moitié des droits du tarif métropolitain.
Rhum. — Exempt.

3° *Sainte-Marie de Madagascar.*

Girofle. — Moitié des droits du tarif métropolitain.
Rhum. — Exempt.

4° *Tahiti et dépendances.*

Vanille. — Moitié des droits du tarif métropolitain.

Le traitement de faveur accordé aux produits coloniaux, à leur entrée en France, est subordonné à l'importation en droiture et à la production d'un certificat d'origine, délivré par les autorités locales.

En outre, pour chacun des produits ci-après désignés, des décrets rendus sur la proposition du ministre des colonies et du ministre des finances, doivent déterminer chaque année, d'après les statistiques officielles fournies par les gouverneurs, les quantités auxquelles s'applique le régime de faveur prévu à l'article 1er, savoir :

Café provenant des territoires de la côte occidentale d'Afrique (sauf le Gabon) ;

Vanille et rhum provenant de Nossi-Bé ;

Rhum et girofle provenant de Sainte-Marie de Madagascar ;

Vanille provenant de Tahiti.

C'est par application de cette clause que furent rendus les décrets des 27 août 1892 et 24 novembre 1893, qui fixent lesdites quantités pour la période annuelle comprise entre le 1er juillet et le 30 juin suivant. En outre, et par surcroît de précautions, le Gouvernement, s'appuyant sur l'article 3 de la loi du 7 mai 1881, élabora trois décrets en date du 27 mai 1892, applicables à la Guinée française et dépendances, à Nossi-Bé et à Sainte-Marie de Madagascar, en vertu desquels les produits ci-dessus énumérés furent, à l'importation dans ces colonies, assujettis ou bien au droit du tarif métropolitain, ou bien à une taxe équivalente à la modération de droits dont bénéficient en France le café, la vanille et le girofle.

La loi du 11 janvier 1892 stipule, d'ailleurs, que les produits naturels ou fabriqués originaires des mêmes établissements qui ne jouissent d'aucune exemption ni détaxe doivent être soumis en France aux droits du tarif minimum. Mais une note au bas du tableau E spécifie que les produits des colonies et possessions françaises ne sont admis au régime de faveur qu'à la condition de l'importation directe et sur la production de justifications d'origine réglementaires.

Les expéditions de France à destination des colonies où aucun régime de faveur n'est accordé aux marchandises nationales sont considérées comme envoyées à l'étranger. Quand il y a intérêt pour elles à justifier de leur origine nationale, elles sont accompagnées, au départ de France, d'un passavant.

Certaines colonies ont pourtant émis la prétention d'exiger des justifications plus complètes, telles qu'un certificat d'origine et même la mention, sur ce certificat, que l'autorité qui l'a délivré s'est assurée de l'origine nationale des produits.

L'administration supérieure a fait remarquer (dépêche du 17 novembre 1893 au gouverneur des établissements de l'Océanie) qu'il serait le plus souvent impossible d'obtenir d'un officier de l'état civil ou d'un magistrat consulaire une déclaration de cette nature pour les marchandises du crû, et que celles qui sont nationalisées par le paiement en France des taxes douanières doivent voyager sans certificat d'aucune sorte. Le service des douanes n'a donc à se préoccuper que d'une façon très secondaire des certificats d'origine. Les pièces sur lesquelles il doit se baser pour reconnaître si des marchandises doivent être ou non admises comme françaises sont les passavants, que la douane du port d'embarquement délivre seulement lorsqu'il s'agit de marchandises françaises ou nationalisées par le paiement des droits.

Il est admis que, dans les colonies de ce groupe, la législation applicable aux marchandises expédiées de France à la décharge de comptes d'admission temporaire est restée en vigueur et que, dès lors, ces produits doivent être traités comme s'ils étaient français.

Une circulaire ministérielle du 11 avril 1894 fait connaître que, si la loi de 1892 a créé une distinction entre les colonies quant à leurs rapports douaniers avec la métropole et l'étranger, elle n'en fait aucune en ce qui concerne les rapports qu'elles ont entre elles et qui sont réglés par l'article 5. Il en est de même pour la réglementation de l'octroi de mer qui fait l'objet de l'article 6. En conséquence, les gouverneurs du Sénégal, de la Guinée française, de la côte d'Ivoire, du Bénin, de Diégo-Suarez et dépendances, et des établissements français de l'Inde et de l'Océanie ont été invités à promulguer la loi du 11 janvier 1892.

En ce qui concerne les colonies du second groupe, on a vu plus haut les avantages que la loi du 13 juillet 1886 accorde aux sucres qu'elles expédient en France. Leurs autres productions sont, en principe, admises en franchise dans la métropole sous les conditions réglementaires. Quant aux denrées coloniales proprement dites (cacao, chocolat, café, thé, poivre, piment, girofle, cannelle, cassia-lignea, amomes, macis, muscades et vanilles), elles ont droit, sous les mêmes conditions, à la détaxe de 50 p. 100 prévue par le tableau E annexé à la loi du 11 janvier 1892. L'énorme dégrèvement qui est ainsi accordé aux denrées de nos colonies constitue le trait caractéristique de la nouvelle législation ; il est de nature à susciter toute une révolution économique dans nos établissements d'outre-mer. Il ne s'agit, en effet, ni d'un dégrèvement de taxes fiscales au profit des consommateurs français, ni de la protection d'une industrie nationale, car nos colonies ne fournissent, en dehors de la vanille, qu'une faible partie des denrées ci-dessus énumérées qui sont nécessaires à la consommation de la France ; la détaxe, qui est égale ou supérieure à la valeur marchande du produit, doit être considérée comme une prime capable de stimuler puissamment le développement de la production coloniale.

Il va sans dire que les restrictions apportées au tarif général, dans un intérêt d'ordre public ou comme conséquence de monopoles de l'État, sont applicables aux importations des colonies françaises, quelle qu'en soit l'origine. C'est ainsi que les tabacs et les allumettes sont prohibés, si l'introduction ne s'effectue pas pour le compte des manufactures nationales.

Par application du § 5 de l'article 3 de la loi du 11 janvier 1892, deux décrets des 31 janvier et 18 mai de la même année ont accordé le bénéfice du tableau E à certaines denrées de la Guadeloupe, de l'Indo-Chine, de la Réunion et de la Martinique dont les similaires étrangères supportaient dans ces colonies des taxes analogues à celles du tarif métropolitain.

Au point de vue des importations dans les colonies du second groupe, la question s'est posée tout d'abord de savoir si les pouvoirs conférés aux conseils généraux des Antilles et de la Réunion par le sénatus-consulte du 4 juillet et le décret du 11 août 1866, et étendus ensuite plus ou moins largement à ceux d'autres colonies, pour l'établissement des règles de perception des droits de douane, n'ont pas été implicitement amoindris, sinon abrogés par l'article 17 de la loi de 1892. Les assemblées locales seraient, en effet, dans le cas où leurs attributions auraient été maintenues, restées maîtresses en fait de l'application du tarif des douanes et la diversité des réglementations sur la matière aurait provoqué une confusion regrettable dans les services de recouvrement. Mais le Conseil d'État émit, le 17 janvier 1893, l'avis que les conseils généraux étaient désormais dépossédés du droit qu'ils tenaient du sénatus-consulte de 1866.

Considérant, dit-il, qu'une telle interprétation serait contraire à l'esprit même de ces textes (le sénatus-consulte et le décret de 1866), qui, bien loin de reconnaître aux conseils généraux une compétence plus étendue tant en matière de règles d'assiette et de perception, que de tarification proprement dite, vont jusqu'à refuser, en ce qui touche les contributions et taxes, aux délibérations sur l'assiette et la perception la force exécutoire conférée aux votes des tarifs; qu'elle ne serait pas moins contraire au bon ordre financier et à la notion même de l'impôt qu'il s'agit d'appliquer;

Qu'on ne peut, en effet, séparer les droits en eux-mêmes de leur mode d'assiette et de perception; que les tarifs métropolitains étendus aux colonies, désormais confondues en principe avec la France continentale en un seul territoire douanier, doivent être considérés comme y emportant, *ipso facto,* toutes les règles en vigueur dans la mère-patrie, qui en déterminent les bases, les exceptions, les tempéraments et les échéances ;

Que, pour prendre des exemples, les immunités assurées au transit, les facilités données à la réexportation, les délais attachés à l'entrepôt sont bien moins des dispositions distinctes que des modalités des droits à percevoir qui ne sauraient être réglées différemment selon les lieux, ces droits restant identiques ;

Qu'au surplus, l'abandon aux conseils généraux des colonies, dépouillés du droit de tarification, de celui de fixer les règles d'assiette et de perception serait de nul intérêt pour eux, ainsi que l'atteste l'absence de toute revendication des représentants coloniaux à cet égard, etc.

La règle posée par le Conseil d'État à l'égard de la Martinique, de la Guadeloupe et de la Réunion était, à bien plus forte raison, applicable à la Guyane, à Saint-Pierre et Miquelon, à Mayotte, au Congo français, à la Nouvelle-Calédonie et à l'Indo-Chine, où les pouvoirs des conseils généraux ou d'administration en matière de droits de douanes leur avaient été conférés par des décrets simples. Aussi, par la circulaire du 8 février 1893 portant notification de l'avis du Conseil d'État ci-dessus rapporté, l'administration supérieure a-t-elle invité les gouverneurs desdites colonies à substituer la législation métropolitaine, sans aucune modification, aux règles qui y étaient précédemment suivies. Il faut ajouter que, d'après la thèse adoptée par la haute assemblée, la promulgation de la loi du 11 janvier 1892 a entraîné en même temps celle des règlements d'application en vigueur en France, sans qu'il soit nécessaire d'en promulguer les textes, soit en bloc, soit séparément.

Mais la Cour de cassation n'a pas adopté cette théorie dans son ensemble. Par un arrêt du 27 avril 1894, elle a bien admis que les lois, décrets et arrêtés métropolitains étaient applicables aux colonies par voie de conséquence de la promulgation de la loi du 11 janvier 1892, pour ce qui concerne le mode de perception et d'assiette des droits. Quant au mode de poursuite et aux pénalités, la Cour a jugé qu'il n'en pouvait être fait application aux colonies.

En outre, ainsi que l'ont spécifié les instructions ministérielles du 8 avril 1893, toutes les modifications qui peuvent être apportées, soit au tarif général des douanes, soit aux conditions d'application de ce tarif, doivent être mises en vigueur dans la colonie, dès que le gouvernement local en a connaissance par le *Journal officiel* ou par la voie des circulaires de la direction générale des douanes, et cela sans qu'il soit besoin d'une autorisation préalable du Département.

Le régime spécial des produits qui sont compris dans les décrets de novembre et décembre 1892 ne saurait être affecté *de plano* par les modifications ultérieures qui seraient apportées par le Parlement au régime douanier métropolitain. Ces produits doivent rester soumis au régime desdits décrets, tant que ces actes n'auront pas été régulièrement modifiés.

Les conseils locaux se trouvent donc dépossédés de la majeure partie des droits dont ils avaient été investis en matière de douanes. L'article 4 de la loi, atténuant ce qu'il y avait de trop absolu dans l'article 3, leur reconnut toutefois la faculté d'initiative pour l'établissement des exceptions à apporter au tarif métropolitain. Le Gouvernement est tenu de soumettre au Conseil d'État les délibérations que les assemblées locales prennent sur cet objet, mais il possède, en dehors d'elles, le droit de modifier ces délibérations et d'établir directement le tarif des droits.

Il y a lieu de remarquer que la loi du 11 janvier 1892, tout en reconstituant en partie l'ancien pacte colonial, au moins dans son esprit, n'a formellement réservé aux colonies aucun avantage en faveur des produits français. En stipulant (art. 3, § 2) que les produits étrangers, importés dans les possessions françaises et pays de protectorat de l'Indo-Chine où le tarif métropolitain est applicable, seront soumis aux mêmes droits que s'ils étaient importés en France, elle n'a pas dit expressément, bien que la discussion de la loi ne laisse subsister aucun doute sur les intentions du Parlement à cet égard, que les marchandises françaises ou nationalisées en France par le paiement des droits doivent être expédiées en franchise dans les colonies en question. On doit considérer que la loi de 1892 a remis implicitement en vigueur sur ce point la loi du 17 juillet 1791 ; mais elle n'a pas fait revivre l'acte de navigation de 1793.

Les produits originaires d'une colonie française importés dans une autre colonie française ne doivent, aux termes de l'article 5, être soumis à aucun droit de douane. L'expression « originaires d'une colonie française » s'entend-elle des marchandises provenant indistinctement de toutes nos possessions ou seulement de celles où le tarif métropolitain est applicable? La première opinion a prévalu ; on a pensé que les restrictions imposées à la liberté commerciale de nos colonies devaient être entendues dans le sens le plus étroit et qu'elles ne pouvaient être aggravées par voie d'interprétation.

Les marchandises déclarées d'origine française et portant des marques de maisons françaises qui arrivent dans les colonies sans être accompagnées de passavants doivent-elles être prohibées par application de l'article 15 de la loi du 11 janvier 1892? La disposition de cet article a pour objet de réprimer une fraude commerciale qui ne peut se présumer, mais qui doit, au contraire, être matériellement établie pour qu'il y ait lieu à poursuites. Les marques de fabriques françaises dont sont revêtus les produits présentés à la douane sans passavants ne les font donc pas tomber fatalement sous le coup de la prohibition et ces marchandises peuvent être admises en payant les droits du tarif, si la preuve de leur origine étrangère n'est pas démontrée.

En ce qui concerne les produits résultant d'un mélange de matières françaises et étrangères, ils doivent acquitter les droits sur la partie correspondante aux éléments étrangers qui entrent dans leur composition. Si ces éléments ont été transformés pour être mélangés avec les produits du crû, ils ne doivent acquitter que les droits dont ils auraient été passibles s'ils avaient été importés sous leur forme première de leur pays d'origine, déduction faite du droit déjà payé en France ou dans la colonie dont provient le produit. Lorsque le régime de la colonie qui reçoit le mélange est plus avantageux à l'égard de ladite matière première étrangère que celui de France ou de la colonie de provenance, il n'y a pas lieu au remboursement des taxes qui y ont été payées.

Mais lorsque la douane se trouve dans l'impossibilité de reconnaître, d'après des données certaines, la proportion des éléments étrangers entrant dans le produit qui lui est soumis, elle est fondée à percevoir la taxe sur la totalité de la quantité introduite.

Les marchandises de provenance étrangère, en dehors de celles qui sont soumises à un tarif particulier, acquittent, à leur arrivée dans les colonies du second groupe, les droits du tarif minimum ou ceux du tarif général, selon que le pays d'origine jouit ou non en France du traitement le plus avantageux. Dans l'état actuel de nos relations commerciales avec les puissances voisines, le tarif minimum doit être concédé aux importations de l'Allemagne, de l'Angleterre, de l'Autriche-Hongrie, de la Belgique, du Danemark, de l'Espagne, de la Grèce, des Pays-Bas, de la Russie, de la Serbie, de Suède et Norwège, de l'Empire ottoman, du Mexique, de la Perse, de la République dominicaine et de la République sud-africaine.

Les taxes spéciales qui, par application du paragraphe 4 de l'article 3 de la loi du 11 janvier 1892, ont été concédées à un certain nombre de produits étrangers forment une tarification unique, laquelle se substitue aux droits des tarifs général et minimum. Les surtaxes d'entrepôt établies par l'article 2 de la loi de 1892 et les tableaux C et D de cette loi ne sont pas perçues aux colonies.

Quant aux conditions de transport imposées aux produits étrangers qui sont admis au bénéfice du tarif minimum dans les colonies, il résulte de l'avis rendu par le Conseil d'État, le 17 janvier 1893, qu'elles doivent être analogues à celles qui sont imposées en France aux mêmes produits en vertu des dispositions de l'article 23 de la loi du 16 mai 1863, rappelé aux observations préliminaires du tarif officiel. Par conséquent, le transbordement dans un pays ne jouissant pas du tarif minimum prive les marchandises transportées du bénéfice du régime de faveur auquel elles pourraient prétendre si elles avaient accompli le voyage en droiture. Cette règle souffre toutefois des exceptions qui sont subordonnées aux deux conditions suivantes : 1° les bâtiments transporteurs doivent appartenir à des lignes régulières et porter tous deux le pavillon de la même compagnie ; 2° le voyage effectué depuis le port de transbordement jusqu'à destination doit être la partie principale du parcours.

Ces conditions ne sont pas exigées, bien entendu, dans le cas où, un bâtiment étant devenu innavigable par suite d'événements de mer, les marchandises débarquées au lieu du sinistre serait réexpédiées en droiture par un autre navire.

Au point de vue de la condition du transport en droiture, il y a lieu d'user, pour les marchandises françaises envoyées aux colonies, des tolérances dont bénéficient les produits de nos colonies importés en France, à l'égard desquels on admet que le transport direct par mer n'est pas interrompu par les escales faites dans un ou plusieurs ports étrangers, pour y opérer des chargements ou des déchargements, lorsque les marchandises ayant droit à un régime de faveur n'ont pas quitté le bord et qu'il n'en a pas été chargé de similaires dans les ports d'escale. Toutefois, pour prévenir les abus et permettre à la douane de se prononcer en connaissance de cause sur l'admission au privilège des marchandises importées, les capitaines doivent être tenus, à l'arrivée dans un port des colonies, et par analogie avec ce qui se passe en France, de représenter au service, avec le manifeste et le passavant visés par la douane métropolitaine, les connaissements, les livres et autres papiers de bord, le rapport de mer et l'état certifié par le consul de France dans chaque port d'escale des chargements et des déchargements opérés.

En cas de doute après l'examen de ces justifications, la douane peut procéder à l'interrogatoire de l'équipage. (Circulaire Indo-Chine 29 novembre 1890.)

D'un autre côté, il a été décidé (dépêche ministérielle au gouverneur général de l'Indo-Chine du 8 mai 1893) que les marchandises originaires de la Cochinchine, du Cambodge, du Tonkin et de l'Annam, transbordées en cours de route dans un des ports de l'union douanière indo-chinoise, conserveront à leur arrivée en France le privilège de leur origine coloniale à la condition qu'il soit établi qu'elles sont arrivées directement du lieu d'origine au port de transbordement et que le transport de ce dernier port en France soit effectué en droiture.

De même, la douane métropolitaine admet au bénéfice du privilège colonial les produits originaires du Tonkin transbordés à Saïgon ou à Tourane lorsqu'ils sont venus directement de Haïphong dans l'un des ports précités, pour en être ensuite réexpédiés en droiture pour la France. Toutefois, la régularité du transport doit être établie au moyen d'une annotation consignée par la douane du port de transbordement sur le passavant délivré au lieu de départ pour accompagner la marchandise.

Cette annotation constate simplement que les marchandises transbordées y sont arrivées directement, et qu'elles n'ont pas cessé d'être sous la surveillance de la douane pendant la durée du transbordement.

La question s'est posée de savoir si les produits fabriqués en France sous le régime de l'admission temporaire doivent être considérés, à l'entrée dans nos colonies, comme produits français. Le Conseil d'État, par un avis du 16 juin 1892, a statué :

Que la loi du 16 mai 1863, dont l'article 30 stipule que les produits étrangers admis temporairement en France pour y être fabriqués ou y recevoir un complément de main-d'œuvre, par application de l'article 5, section 2, de la loi du 5 juillet 1836, pourront être exportés dans les colonies des Antilles et de la Réunion en franchise de tout droit de douane, peut se concilier avec la loi du 11 janvier 1892, comme avec celle du 3 juillet 1861, et que le régime édicté par le législateur en 1863, n'ayant pas été implicitement abrogé par l'article 17 de la loi de 1892, doit continuer à recevoir son application.

En conséquence de cet avis, les gouverneurs des Antilles et de la Réunion ont été avisés, le 10 juin 1893, que l'article 30 de la loi du 16 mai 1863 continuerait à avoir plein effet. A Saint-Pierre et Miquelon, au Congo, à Mayotte, en Indo-Chine, à la Guyane et en Nouvelle-Calédonie, les ouvrages fabriqués en France avec des matières introduites sous le régime de l'admission temporaire doivent, aux termes des circulaires des 31 juillet et 3 août 1893, être astreints au paiement des droits afférents à la matière première. Il va sans dire, notamment pour la Guyane et la Nouvelle-Calédonie, que si les matières premières ayant servi à leur fabrication bénéficient d'un régime de faveur ou de l'exemption, en vertu des décrets des 29 et 26 novembre 1892, lesdits ouvrages doivent participer aux mêmes avantages.

Mais les décrets qui ont fixé les exceptions au tarif métropolitain, dans les colonies qui y sont soumises, ne se sont pas bornés à édicter des exemptions de droit ; ils ont quelquefois établi des droits réduits. Quel doit donc être le traitement applicable aux marchandises expédiées à la décharge d'un compte d'admission temporaire en France de matières premières de cette catégorie ? La question s'est posée particulièrement pour les biscuits de mer fabriqués avec du blé étranger et importés à Saint-Pierre et Miquelon. On a considéré qu'à l'égard de ces produits la colonie n'est pas soumise au tarif métropolitain, mais à un tarif spécial qui la place dans la situation des établissements où la loi du 11 janvier 1892 n'est pas en vigueur, et l'on a conclu à l'exemption totale des droits.

Le Conseil d'État a été saisi par le ministre des colonies de la question de savoir si la loi du 12 juillet 1837, qui a autorisé la création d'entrepôts réels par décret dans les colonies des Antilles et de la Réunion, se trouve abrogée par le sénatus-consulte du 4 juillet 1866 et, d'une manière générale, quelle est la législation applicable dans les colonies françaises en matière d'entrepôt. Dans la séance du 10 juin 1890, cette assemblée a formulé son avis dans les termes suivants :

« ..... Considérant qu'en ce qui concerne les colonies des Antilles et de la Réunion, l'article 3, § 4, du sénatus-consulte du 4 juillet 1866 a abrogé la loi du 12 juillet 1837, portant que des ordonnances pourraient y créer des entrepôts réels, en disposant que le mode d'assiette et les règles de perception des contributions et taxes feraient l'objet de délibérations du Conseil général dont le décret du 11 août 1866, article 1er, confie l'approbation à un décret et, à titre provisoire, à un arrêté du gouverneur en conseil privé ;

« Qu'il n'est point contestable, en effet, que la création d'entrepôts, comme la désignation des marchandises qui y seront admises et la fixation des mesures de précaution et de surveillance auxquelles les entrepositaires seront astreints, rentrent au premier chef dans les règles de perception des taxes, dont ces procédés ont pour but d'alléger le poids pour les redevables, et de faciliter le recouvrement pour le fisc ;

« Considérant dès lors, qu'en ce qui touche les colonies non régies par le sénatus-consulte de 1866, il convient de chercher le régime applicable à l'entrepôt dans les textes particuliers qui, pour chacune d'elles, ont déterminé les pouvoirs compétents pour statuer sur le mode d'assiette et les règles de perception des taxes locales ;

« Qu'aux termes des décrets des 23 décembre 1878, 25 janvier 1879, 4 février 1879 et 8 février 1880, dans les colonies de la Guyane, de l'Inde française, du Sénégal et de la Cochinchine, l'assemblée élective coloniale prend, sur ces matières, des délibérations rendues exécutoires par décret du Président de la République ;

« Qu'en ce qui concerne les autres colonies, les décrets organiques établissant deux ordres de compétence relativement aux douanes, d'une part, et aux diverses contributions, de l'autre, les règles relatives à l'entrepôt, qui s'appliquent par la force des choses à l'ensemble des taxes de consommation, doivent, en vertu du principe de connexité, être rattachées à l'ordre de compétence le plus élevé ;

« Qu'il s'ensuit, en ce qui concerne les colonies de Saint-Pierre et Miquelon, la Nouvelle-Calédonie et les établissements de l'Océanie, pour lesquels les décrets des 2 avril et 28 décembre 1885 ont donné au conseil général un pouvoir de délibération (sauf approbation par décret en Conseil d'État) sur le mode d'assiette et les règles de perception des contributions et taxes, et seulement un droit d'avis en matière de tarifs, mode d'assiette et règles de perception des douanes, la décision étant réservée au Gouvernement en Conseil d'État ; que c'est en cette dernière forme qu'il doit être statué en matière d'entrepôt ;

« Qu'en vertu du même principe, à Mayotte et Nossi-Bé, au Gabon et dans les petites colonies, qui, n'ayant pas de corps électif délibérant, sont régies par le décret du 30 janvier 1867, le régime des entrepôts doit être réglé par décret..... »

La loi du 11 janvier 1892 ne contient aucune disposition qui soit de nature à infirmer ces conclusions. Aussi doit-on continuer à se baser sur l'avis précité pour les questions relatives au même objet.

Le service des douanes, qui est placé dans les attributions du directeur de l'intérieur, a été longtemps réglementé par des arrêtés locaux. Il se divise en deux parties : le service sédentaire et le service actif à terre et à la mer. Il n'existe pas d'emploi de receveur ; avant le décret du 26 septembre 1855, il n'y en avait, du reste, qu'à la Réunion.

« Partout ailleurs, dit la dépêche ministérielle du 15 avril 1856, pour l'exécution du décret précité, l'administration des douanes se bornait à établir la liquidation des droits, et les contribuables, munis de cette pièce, effectuaient leurs versements chez le trésorier ou chez son préposé. Cet état de choses est généralisé par le décret du 26 septembre 1855. Ainsi, dans toutes les colonies, les agents de l'administration des douanes liquideront les droits d'entrée et de sortie, les taxes accessoires de navigation, les droits d'entrepôt ou tous autres, et ils renverront pour la recette auprès du receveur général, du receveur particulier ou du percepteur compétent, en veillant toutefois à ce qu'aucune expédition de navire ou aucun enlèvement de marchandises ne puisse être fait avant l'acquittement des droits, sauf les exceptions autorisées par les règlements en vigueur. »

En dehors du recouvrement des droits, dont le mode est établi comme on vient de le voir, les chefs des bureaux de douane exercent les attributions des receveurs, mais bien qu'ils soient responsables de la régularité des liquidations, ils ne versent pas de cautionnement.

La situation des fonctionnaires et agents des douanes a été réglée aux Antilles par les ordonnances fondamentales des 25 octobre 1829 et 8 juin 1834, qui ont fixé les cadres du personnel, les attributions du chef de service et les conditions de leur admission à la retraite. Les mêmes dispositions ont été étendues dans leur ensemble à la Réunion par l'ordonnance royale du 16 avril 1837, à la Guyane par l'arrêté ministériel du 27 décembre 1845 et l'ordonnance royale du 30 avril 1846, et au Sénégal [1] par les ordonnances des 14 février 1838, 7 septembre 1840 et 26 avril 1845.

A la suite des décrets qui, en exécution de la loi du 11 janvier 1892, ont fixé le minimum des dépenses des douanes à inscrire obligatoirement aux budgets locaux, les cadres du personnel ont été déterminés, à la Martinique par les arrêtés ministériels des

---

1. Le service des douanes au Sénégal a été créé par la décision ministérielle du 20 mars 1820, antérieurement à laquelle il était assuré par les agents du commissariat de la marine, et en vertu d'arrêtés locaux dont les plus importants sont : celui du 16 mai 1822 portant création d'une brigade de préposés de douanes; les arrêtés des 18 décembre 1822 et 15 octobre 1823 portant promulgation de l'arrêté consulaire du 12 vendémiaire an XI et de l'article 16 de l'arrêt du Conseil du 30 août 1784; et l'arrêté du 29 septembre 1828 organisant le service des douanes.

10 octobre 1892 et 19 mai 1893, à la Guadeloupe par celui du 9 mai 1893, à la Réunion, par celui du 9 juillet 1892. Dans les autres colonies, le personnel est constitué assez irrégulièrement : Sénégal, arrêté local du 29 juin 1865 ; Saint-Pierre et Miquelon, dépêches des 9 juin 1820 et 2 juin 1823 ; établissements de l'Océanie, arrêté local du 15 février 1846. Au Gabon, les cadres ne sont pas limités et les nominations ont lieu au fur et à mesure des besoins ; à Mayotte, la perception des droits de douane est assurée par un agent de la direction du service local ; partout ailleurs les effectifs du personnel de ce service n'ont pas encore été déterminés.

Enfin, l'Indo-Chine, ainsi qu'on l'a vu, jouit d'une organisation toute spéciale. L'administration des douanes et régies de Cochinchine est réglementée par le décret du 7 septembre 1887 dont les dispositions ont été, par les arrêtés locaux des 11 août 1886 et 10 janvier 1888, rendues applicables à l'Annam et au Tonkin.

Antilles et Réunion. — Il reste peu de chose à ajouter aux détails qui ont été donnés plus haut sur le fonctionnement du service des douanes dans ces colonies.

A la Martinique, les exceptions au tarif métropolitain ont été déterminées par les décrets du 29 novembre 1892 et du 30 mars 1893, et le minimum des frais de personnel et de matériel du service a été fixé à 424,150 fr. par le décret du 3 août 1892.

D'autre part, un décret du 10 juillet 1892 a créé dans les ports de Fort-de-France et de Saint-Pierre l'entrepôt fictif limité à la houille crue ou carbonisée de toute origine, ce combustible étant soumis à son entrée dans la colonie à un droit d'octroi de mer.

La durée de l'entrepôt est limitée à une année. Les négociants qui veulent user de cette faculté sont tenus de faire au bureau des douanes une soumission cautionnée de réexporter ladite houille ou de payer les droits de consommation avant ou à l'expiration des délais d'entrepôt, et de la représenter en mêmes qualité et quantité, toutes les fois qu'ils en sont requis, avec défense de la changer de magasin sans déclaration préalable et permis spécial de la douane, à peine de payer immédiatement les droits, en cas de mutation non autorisée, et le double droit dans le cas de soustraction absolue, indépendamment d'une amende qui peut s'élever au double de la valeur de la marchandise soustraite.

Les importations de produits étrangers s'effectuent à la Guadeloupe d'après la loi du 11 janvier 1892 modifiée par un décret du 29 novembre suivant et par celui du 3 juin 1893 relatif aux tabacs ; le minimum des dépenses obligatoires du service a été fixé à 450,000 fr. par le décret du 25 avril 1893.

L'île Saint-Barthélemy jouit, dans ses relations avec la métropole, des mêmes avantages que les autres colonies françaises des Antilles. (Circulaire du 22 mars 1878.)

A la Réunion, enfin, le décret du 26 novembre 1892 a réglé les conditions d'application de la loi du 11 janvier précédent ; celui du 28 juin 1892 avait prévu une somme de 207,300 fr. comme minimum obligatoire à inscrire au budget local pour assurer le service des douanes.

L'entrepôt réel de Saint-Denis, qui avait été supprimé par décret du 22 juillet 1880, en conséquence du décret du 4 juillet 1873, a été rétabli par celui du 4 juin 1887.

Un arrêté local du 27 décembre 1888 a institué un droit de sortie de 2.25 p. 100 sur les sucres, café, vanille, girofle, maïs, muscade, miel, pommes de terre, aulx, oignons, sacs de vacoa et légumes secs.

A Saint-Pierre et Miquelon, le régime commercial fut soumis, jusqu'en 1869, aux règles de l'acte de navigation de 1793, c'est-à-dire que le trafic entre la France et cette colonie ne pouvait se faire que sous pavillon national. Les marchandises françaises étaient exemptes de droits d'entrée, tandis que leurs similaires étrangères acquittaient, en vertu de l'arrêté du 14 août 1845 et du décret du 16 avril 1848, une taxe de 1 p. 100, à l'exception de certains objets d'alimentation qui étaient admis en franchise. La morue, l'huile et tous produits de pêche étrangère étaient prohibés.

Un décret du 25 septembre 1873 imposa les boissons alcooliques et les tabacs importés aux îles Saint-Pierre et Miquelon, tout en stipulant une réduction d'un cinquième en faveur des liquides d'origine française. Il permettait à l'administration locale, lorsque les droits excéderaient 1,000 fr., de recevoir des obligations cautionnées pour le paiement des droits, à la condition qu'elles n'auraient pas plus d'un mois d'échéance à partir de la clôture de la liquidation. Bientôt après, le décret du 30 août 1877 soumit toutes les marchandises étrangères à un droit d'entrée dont le taux était de 1 ou de 2 p. 100 suivant que l'importation s'effectuait sous pavillon français ou étranger.

La perception des droits était opérée d'après des mercuriales établies trimestriellement en conseil d'administration, en prenant pour base le prix des marchandises au lieu d'expédition majorés de 14 p. 100.

Étaient exempts les animaux, le charbon, le hareng, le capelan et le sel destiné à la pêche. Ce décret, complétant celui du 8 décembre 1876 qui établissait les sanctions contre la fraude, rendit applicables dans la colonie certaines dispositions des lois des 4 germinal an II et 22 août 1791, en ce qui concerne les formalités à accomplir par les importateurs. Les commerçants devaient, sous peine de confiscation, faire à la douane la déclaration de toutes les marchandises introduites ou exportées.

Un second décret du 30 août 1877, confirmant celui de 1848, prohiba sous peine de confiscation des marchandises et d'une amende de 1,000 fr. contre les contrevenants l'importation de tous les produits de pêche étrangère.

Un décret du 15 février 1889 éleva de 2 à 4 p. 100 le taux des droits qui étaient perçus à l'importation sur les marchandises étrangères. Mais sur l'avis du Conseil d'État, la perception de cette taxe ne fut autorisée que jusqu'au 31 décembre 1889, et le conseil général fut invité à étudier la création d'un nouveau régime douanier destiné à être mis en application à cette époque. A la suite des explications fournies par l'assemblée locale, un décret du 17 juillet 1889 confirma le régime établi par le précédent, la prohibition des produits de pêche étrangère et l'abaissement à 1 p. 100 du droit sur la farine sans distinction de provenance.

La loi du 11 janvier 1892 substitua à ce tarif celui de la métropole, sous réserve de quelques modérations de droits qui firent l'objet des décrets des 21 décembre 1892 et 16 décembre 1893.

En outre, des décisions ministérielles des 6 janvier et 10 mars 1894 portent que les hameçons de provenance étrangère destinés à la pêche de la morue ne doivent pas payer les droits, comme n'étant pas versés dans la consommation locale.

Le minimum des dépenses annuelles à inscrire obligatoirement au budget local des îles Saint-Pierre et Miquelon pour le personnel et le matériel des douanes fut fixé par le décret du 3 août 1892 à la somme de 46,000 fr.

Il y a lieu de faire remarquer ici que, sous l'empire de la législation antérieure à 1892, le conseil général des îles Saint-Pierre et Miquelon ne jouissait, en vertu du décret du 2 avril 1885, que du droit d'émettre un simple avis sur les tarifs, le mode d'assiette et le mode de perception des taxes douanières. Ses attributions à cet égard étaient donc sensiblement moindres que celles des assemblées locales des Antilles et de la Réunion, auxquelles le sénatus-consulte de 1866, successivement étendu sur ce point à d'autres colonies, conférait le droit de voter les tarifs de douanes sur les produits étrangers.

Guyane. — La Guyane fut presque constamment tenue en dehors du système restrictif que le pacte colonial imposait aux Antilles. Dès le 1er mai 1768, des lettres patentes dont l'effet fut prorogé par l'arrêt du Conseil du 15 mai 1784 accordèrent à l'île de Cayenne et à la Guyane française la liberté du commerce avec toutes les nations pendant douze ans.

Le port de Cayenne conserva, longtemps après que la Guyane

fut revenue sous la domination française, les avantages qui lui avaient été concédés pour favoriser l'extension de ses relations commerciales avec l'extérieur. Cette législation particulière résultait uniquement d'actes locaux, dont le plus important est l'ordonnance coloniale du 8 mars 1819, rendus par les gouverneurs d'après les instructions ministérielles des 2 et 7 février, 11 mai et 7 novembre 1818 et 30 juin 1824. Les produits du crû pouvaient être exportés sous tous pavillons et pour toutes destinations et profitaient en France des modérations de droits dont jouissaient les autres denrées coloniales ; les bois destinés aux arsenaux étaient même l'objet d'un traitement de faveur. La Guyane, mieux partagée que les autres colonies, avait en outre la faculté d'extraire des entrepôts de France, sans acquitter les taxes de consommation, les marchandises étrangères qu'elle ne pouvait se procurer directement dans les autres pays, telles que les tabacs même fabriqués et les chaudières en cuivre. Mais la navigation directe entre la métropole et la Guyane était réservée, en vertu de la loi du 21 septembre 1793, au pavillon national, et les importations effectuées par navires étrangers étaient soumises au droit de 15 p. 100, tandis que celles faites par bâtiments français ne payaient que 4 p. 100.

Quant au fonctionnement du régime douanier, il avait été déterminé par les ordonnances locales des 2 janvier 1820, 5 octobre 1824 et 22 février 1838, portant application à la colonie des principales lois rendues en France sur la matière depuis 1791.

Le décret du 24 décembre 1864, qui fut confirmé par la loi du 11 juillet 1868, substitua à cette législation celle qui avait été établie aux Antilles et à la Réunion par la loi de 1861. Il ouvrit le port de Cayenne aux bâtiments français et étrangers et y assujettit les marchandises et denrées de toute nature et de toute provenance, au lieu du droit de douane, à une taxe d'importation qui atteignait même les produits français et dont le taux fut abaissé à 3 p. 100. Les importations par navires étrangers, acquittaient, en outre, une surtaxe de pavillon, par tonneau d'affrétement, de 10 fr. pour les produits venant des pays d'Europe, des pays non européens situés sur la Méditerranée et sur l'Océan Atlantique, y compris le Cap, et de 20 fr. pour les produits venant d'ailleurs. Les produits et denrées de la colonie et ceux qui y avaient été importés pouvaient en sortir sous tous pavillons et pour toute destination. Toutefois, lorsque les transports étaient effectués par des navires étrangers, il était perçu une taxe, par tonneau d'affrétement, de 10 fr. pour les exportations en France, en Algérie, à la Martinique et à la Guadeloupe, et de 20 fr. pour les exportations à la Réunion. La réexportation des marchandises ayant acquitté le droit de consommation ne donnait lieu à aucun remboursement.

Le décret de 1864 fixait à un an la durée de l'entrepôt fictif (établi à Cayenne par un arrêté du 28 janvier 1821) pour les marchandises introduites dans la colonie. La perception continuait à s'effectuer d'après les règles tracées par les ordonnances locales antérieures, que compléta l'arrêté du 10 avril 1865.

Un décret du 19 mai 1869 ne tarda pas, du reste, à supprimer les surtaxes de pavillon à la Guyane.

D'autre part, le décret du 23 décembre 1878 transféra au conseil général le droit que s'était jusqu'alors réservé la métropole de fixer le régime douanier de la colonie. A la suite d'une délibération de l'assemblée locale, intervint le décret du 7 janvier 1890, qui institua, en plus de la taxe de 3 p. 100 imposée par celui de 1864 sur les produits de toute origine, un droit de douane de 4 p. 100 sur les marchandises étrangères dont la valeur était déterminée par les mercuriales officielles ou, à défaut, d'après les prix portés sur les factures augmentés de 25 p. 100. Étaient exempts du droit de douane un certain nombre de produits destinés à l'alimentation et au service local; les armes, les munitions de guerre destinées aux particuliers et les poudres de chasse étrangères étaient prohibées.

Depuis la loi du 11 janvier 1892, la Guyane est soumise au régime douanier métropolitain, modifié par les décrets du 29 novembre suivant et du 3 avril 1894.

A la sortie, les peaux de bœuf continuent à supporter le droit de 50 centimes par pièce qui résulte du décret colonial du 11 juillet 1837. L'or en lingot et à l'état brut paie une redevance de 8 p. 100 (délibérations du conseil général des 8 décembre 1879 et 9 décembre 1886).

Le minimum des dépenses à inscrire au budget local de la Guyane pour le fonctionnement du service douanier n'a pas encore été fixé.

Sénégal. — Lorsque éclata la Révolution, la neuvième compagnie privilégiée du Sénégal était à bout de ressources et de forces; le 23 juin 1791, l'Assemblée constituante déclara le commerce du Sénégal libre pour tous les Français. Ensuite survinrent l'acte de navigation du 21 septembre 1793 et l'arrêté consulaire du 25 frimaire an X portant que les bâtiments français seraient seuls admis à faire le commerce dans la colonie. Il fut complété par deux arrêtés consulaires également de l'an X, dont l'un, du 7 germinal, exempta de toutes taxes les navires français à l'entrée de la rivière du Sénégal et détermina celles qui frapperaient à la sortie la gomme, l'ivoire et les autres productions du pays, et dont l'autre, du 8 floréal, admit en entrepôt les guinées bleues destinées au commerce de la colonie, sans certificat d'origine, ainsi que les marchandises qui, quoique prohibées pour la consommation, étaient reçues en entrepôt par les anciennes lois relatives au commerce de la côte d'Afrique.

Ce régime fut remis en vigueur lorsque le Sénégal nous fut restitué après la paix de 1815, et successivement modifié par les décisions royales des 7 janvier 1822 et 17 août 1825, par la loi du 17 mai 1826, par les ordonnances royales des 12 juillet 1831, 26 août 1833, 23 juillet 1840, 15 novembre 1842 et 18 mai 1843, et par les décrets des 8 février 1852, 6 janvier, 10 mars et 28 avril 1855.

La base du régime consistait en un privilège exclusif en faveur du pavillon français pour le commerce entre la France et ses établissements de la côte occidentale d'Afrique, l'île de

Gorée était exceptée du système et déclarée port franc. Quant aux produits du Sénégal, leur traitement à l'entrée en France fut amélioré, pour la gomme, la cire, les peaux brutes, la salsepareille, le coton en laine, les bois, l'ivoire, les plantes tinctoriales et le café, par les lois des 28 avril 1816, 27 mars 1817, 7 juin 1820, 17 mai 1826, 2 juillet 1836, 6 mai 1841 et 9 juin 1845.

Sous le régime du décret du 8 février 1852, les marchandises françaises de toute nature, ainsi qu'un certain nombre de marchandises limitativement énumérées étaient admises au port Saint-Louis au droit de 2 p. 100 lorsqu'elles étaient importées par navires français des ports ou des entrepôts de France exclusivement. Néanmoins, les bois, fers et aciers non ouvrés, tabacs et poudres pouvaient aussi être introduits à Saint-Louis, par extraction de l'entrepôt de Gorée et par navires français, moyennant le même droit de 2 p. 100; les guinées de l'Inde continuaient à n'être admises au Sénégal, sous le paiement du même droit, qu'après avoir fait escale dans les entrepôts de France. Les produits du Sénégal ne devaient être exportés du port de Saint-Louis que par navires français et pour les ports de France ou des colonies françaises seulement; ils payaient une taxe de 2 p. 100. Les marchandises de toute espèce et de toute provenance, à l'exception des guinées, pouvaient être importées à l'île de Gorée et en être exportées par tout pavillon, en franchise de droits de douane.

Quant à la navigation entre la France et le Sénégal, y compris l'île de Gorée, et aux rapports entre ces établissements et les autres possessions françaises d'Asie, d'Afrique et d'Amérique, ils continuaient à avoir lieu exclusivement par navires français. Les navires étrangers acquittaient un droit unique de navigation de 4 fr. par tonneau, lequel fut abaissé à 50 centimes, par décret du 6 janvier 1855.

Enfin un décret qui porte comme celui de la Guyane la date du 24 décembre 1864, et qui fut également confirmé dans la plupart de ses dispositions par une loi du 11 juillet 1868, autorisa l'importation par tout pavillon, moyennant une taxe de 4 p. 100 à Saint-Louis, et en complète franchise à Gorée, des marchandises de toute nature et de toute provenance. L'accès du fleuve au-dessus de Saint-Louis restait interdit aux bâtiments étrangers. Les marchandises importées à Saint-Louis jouissaient du bénéfice de l'entrepôt fictif pendant un délai d'un an, après lequel les droits étaient liquidés d'office. Les produits chargés dans le port de Saint-Louis et de Gorée pouvaient être exportés pour toute destination et par tout pavillon. Ceux chargés sur des navires étrangers étaient, à leur importation en France, assujettis à une surtaxe de pavillon de 20 fr. par tonneau d'affrétement, conformément à la loi du 3 juillet 1861 concernant le régime douanier aux Antilles et à la Réunion. Cette dernière disposition fut maintenue par décret du 19 février 1868 qui institua une taxe de 4 p. 100 au maximum, laquelle pouvait être diminuée ou supprimée par arrêté du gouverneur en conseil d'administration, sur les produits coloniaux exportés des dépendances de Gorée, comprenant la côte située entre le cap Vert et la pointe Sangomar, et des rivières de Saloum, de la Cazamance, du Rio-Nunez, du Rio-Pongo et de la Mellacorée. Mais la loi du 11 juillet 1868 supprima la surtaxe de pavillon dans les deux ports du Sénégal.

Le décret du 20 juin 1872 fixa les droits d'importation à 15 p. 100 pour les armes et munitions de guerre, à 10 p. 100 pour les tabacs et 5 p. 100 pour les autres marchandises, ainsi qu'à 5 p. 100 la taxe sur les produits coloniaux de toute provenance à l'exportation des dépendances de Gorée. Celui du 20 janvier 1879 porta application aux marchandises introduites au Sénégal, depuis la frontière nord de la colonie jusqu'au Saloum, des droits d'importation jusqu'alors perçus à Saint-Louis seulement.

Cependant, d'après un usage ancien et malgré la création d'un entrepôt fictif par le décret du 24 décembre 1864, les importateurs continuaient à jouir d'un délai considérable pour le paiement des droits dus sur les marchandises livrées à la consommation. Pour mettre fin aux inconvénients qui résultaient du fonctionnement de ce régime, un décret du 11 juillet 1887[1] institua l'entrepôt fictif sur des bases à peu près analogues à celui qui est établi dans la métropole. Les négociants sont autorisés à n'acquitter les droits qu'au moment où les marchandises sont mises en consommation et à souscrire à cette époque même une soumission cautionnée en garantie du versement de l'impôt dans un délai de quatre mois. Cette soumission donne lieu à une perception supplémentaire de 3 p. 100 l'an du montant des droits, qui est attribuée au budget au profit duquel est perçu le principal de l'impôt.

A la suite de la suppression des subventions fournies par la métropole au budget local, il fallut recourir à une augmentation du tarif des taxes douanières; le taux en fut porté par le décret du 23 mars 1889, de 5 à 7 p. 100 et un droit spécifique fut établi sur quelques liquides. Mais comme il n'était fait aucune différence entre les produits français et étrangers, l'application dudit décret fut limitée au 31 décembre 1889, puis prorogée d'un an par le décret du 25 décembre 1889; mais cette réserve fut renouvelée dans le décret du 7 mai 1890, qui modifia le tarif des droits sur les tabacs étrangers, les goureaux dits colas et les guinées, et le conseil général fut invité à remanier le régime douanier de la colonie, à compter du 1ᵉʳ janvier 1891, de manière à assurer aux marchandises françaises un traitement plus avantageux qu'à leurs similaires étrangères. Les guinées ayant un poids et une longueur déterminés étaient, en effet, jusqu'alors seules admises à un régime de faveur (décret du 17 octobre 1880), à la condition que l'origine française en fût constatée par l'estampillage de l'administration des douanes.

Dans le but de répondre à ces vues, un décret du 2 décembre 1890, actuellement en vigueur, frappe toutes les marchandises étrangères importées au Sénégal dans la partie comprise entre la frontière nord et le Saloum inclusivement, et indépendamment

---

1. On sait que le décret du 4 février 1879 (art. 35) n'a donné au conseil général du Sénégal que le droit d'émettre un simple avis pour ce qui concerne les tarifs de douane.

des droits perçus en exécution des décrets des 24 décembre 1864, 20 juin 1872 et 20 janvier 1879, d'un droit de 7 p. 100 de la valeur, laquelle est déterminée d'après les mercuriales ou d'après les prix de facture majorés de 25 p. 100. Le nouveau décret maintient pour les goureaux étrangers la taxe de 50 centimes par kilogramme instituée par le décret du 7 mai précédent, et pour les guinées celle de 0^f,085 par mètre résultant des décrets des 14 juin 1881 et 7 mai 1890. Il consacre, en outre, la franchise du port de Gorée et exempte de tous droits de douane, de consommation et d'octroi de mer un certain nombre d'articles.

Il devenait inutile, dès lors, de maintenir la formalité de l'estampillage pour les guinées de fabrication nationale; un décret du 20 mars 1891 prononça l'abolition des dispositions édictées à cet égard par le décret du 17 octobre 1880, sauf pour les guinées originaires des colonies françaises. D'autre part, à la suite de l'acte général de Bruxelles, un décret du 30 décembre 1890 a prohibé au Sénégal et dépendances l'importation et la vente des armes à feu et des munitions autres que les fusils à silex et les poudres de traite.

En dehors du droit de sortie sur les gommes, un décret du 12 octobre 1888 a établi, à la suite de la mise à la charge de la colonie de certaines dépenses jusqu'alors supportées par la métropole, un droit de 7 p. 100 sur les produits coloniaux de toute provenance et de toute nature exportés pour toutes destinations des territoires compris entre la Cazamance et la Mellacorée. Les gommes continuent à acquitter la taxe de 1 fr. 50 c. par quintal qu'a fixée le décret du 22 mars 1880.

En ce qui concerne le régime commercial dans l'intérieur de la colonie, le trafic de la haute Sénégambie avait été concédé en 1824 par le gouvernement local à la Compagnie de Galam. Lorsque son monopole prit fin, en 1845, l'accès du fleuve fut réservé aux bâtiments français; toutefois, les trafiquants payaient aux Maures, dans les différentes escales, des droits dits *coutumes* qui furent successivement abolis depuis 1854. Ce commerce intérieur était réglementé par une série d'actes dont les dispositions sont inspirées par le caractère tout spécial des opérations auxquelles ils se rapportent. C'est ainsi que, pour assurer la régularité des transactions par la fixité de la valeur de la principale marchandise de troc, les ordonnances des 18 mai et 1ᵉʳ septembre 1843 déterminèrent le poids et les dimensions des guinées de l'Inde à extraire des entrepôts français à destination de Saint-Louis et spécifièrent que chaque pièce expédiée de nos possessions indiennes et destinée au commerce de la traite de la gomme sur les rives du Sénégal devrait être préalablement revêtue d'une estampille officielle.

En outre, l'ordonnance royale du 15 novembre 1842, complétée par l'arrêté présidentiel du 5 mai 1849 et par le décret du 22 janvier 1852, ne permettait la traite de la gomme qu'aux traitants commissionnés chaque année par le gouverneur, aux époques et aux escales indiquées, et d'après les prix que le chef de la colonie avait la faculté de fixer.

L'ensemble de cette législation, dont le principe fut consacré par le décret du 24 décembre 1864 qui maintint la réserve établie en faveur de notre pavillon à l'égard de la navigation du Sénégal au-dessus de Saint-Louis, reposait sur la liberté du commerce dans les escales, mais obligeait les commerçants européens à recourir à l'intermédiaire des traitants indigènes. Ceux-ci étaient, du reste, soumis à certaines conditions d'aptitude déterminées par les gouverneurs et parmi lesquelles figurait en première ligne celle de savoir lire et écrire.

Ces mesures étaient devenues, par l'effet du temps et de l'extension de notre souveraineté, incompatibles avec les principes généraux du commerce. Un décret du 22 mars 1880 autorisa donc la troque sur tout le parcours du fleuve et supprima l'emploi obligatoire des traitants. Désormais, il est loisible à tous Français et aux indigènes inscrits depuis cinq ans sur les listes de recensement, âgés de 21 ans et sachant lire et écrire, d'effectuer la traite des gommes; il est perçu à Saint-Louis sur les gommes exportées un droit de 1 fr. 50 c. par quintal dont le produit permet à l'administration locale d'acquitter les redevances garanties aux chefs maures.

Établissements du golfe de Bénin. — Le commerce et la navigation de la côte d'Or furent tout d'abord réservés à nos nationaux ; le décret du 12 septembre 1868, qui était également applicable au Gabon, autorisa ensuite l'importation par tous pavillons des marchandises de toute provenance et assujettit les exportations de la colonie à un droit maximum de 4 p. 100.

Aux termes de la convention passée entre la France et l'Allemagne le 26 décembre 1889 et ratifiée par décret du 6 février suivant, les possessions françaises et allemandes sur la côte des Esclaves, entre le Gold-Coast à l'ouest et le Dahomey à l'est, formèrent un territoire douanier unique, sans ligne de douane séparative, en sorte que les mêmes droits y étaient perçus et que les marchandises qui les avaient acquittés sur l'un des territoires pouvaient être introduites dans l'autre en franchise. Les marchandises taxées étaient le genièvre, le rhum, le tabac, la poudre, les fusils et le sel ; toutes les autres étaient admises en franchise.

Elle fut complétée par le décret du 3 septembre 1889, qui établit des droits sur les marchandises de toute provenance introduites dans nos possessions de la côte d'Or (de Grand-Lahou à Assinie), et par celui du 1er avril 1890, qui institua un tarif douanier dans nos établissements du golfe de Bénin, sur les mêmes bases que celles du régime qui résultait pour la côte d'Ivoire de la convention du 26 décembre 1889.

Cet instrument diplomatique, dont la durée était originairement fixée à un an an, sauf renouvellements tacites successifs d'égale étendue, a cessé d'être en vigueur le 1er mars 1893.

Depuis ce moment, le régime douanier de nos possessions sur le golfe a été réglé par des arrêtés locaux dont le dernier est, au Bénin, celui du 5 septembre 1893.

Guinée française. — Il n'existe pas de droits de douane dans la Guinée française; mais les arrêtés locaux des 8 décembre 1890 et 9 décembre 1893 ont établi une taxe de consommation sur les liquides et spiritueux, ainsi que sur les tabacs cultivés, fabriqués ou importés dans la colonie. La perception s'effectue d'après les règles tracées par l'arrêté du 30 janvier 1893.

En outre, un droit de sortie de 7 p. 100 frappe, en vertu des décrets du 22 mars 1880 et du 12 octobre 1888, les produits coloniaux de toute provenance et de toute nature exportés pour toute destination des territoires compris entre les possessions portugaises des Bissagos et la colonie anglaise de Sierra-Leone.

Congo français. — Après avoir profité, depuis le début de notre installation au Gabon, de la liberté la plus complète, le commerce local y fut réglementé par le décret du 12 septembre 1868, qui permit l'importation par tous pavillons des marchandises de toute provenance et assujettit à un droit de 4 p. 100 au maximum les produits exportés de la colonie; cette taxe pouvait être réduite ou supprimée par le commandant supérieur. Les produits chargés au Gabon sur les navires étrangers acquittèrent en France, jusqu'au moment où fut abolie la navigation réservée, une surtaxe de 20 fr. par tonneau d'affrétement, conformément au régime institué aux Antilles et à la Réunion par la loi du 3 juillet 1861.

Le décret du 12 septembre 1868 fut modifié par ceux des 4 juillet 1876, 9 novembre 1879 et 20 juin 1883; tous ces actes furent, à leur tour, abrogés par le décret du 27 août 1884, qui établit un nouveau tarif des taxes douanières et réduisit de 60 p. 100, par rapport à leurs similaires étrangères, les droits sur les marchandises françaises importées dans la colonie sous tous pavillons, mais ce décret maintint celui du 20 novembre 1882, qui prohibait l'importation au Gabon de toutes armes autres que les fusils de traite.

A la suite de l'acte général de la conférence de Berlin en date du 26 février 1885 et de la loi du 17 décembre suivant, qui ratifia cet instrument diplomatique, un décret du 22 octobre 1887 établit un droit de sortie de 5 p. 100 sur les marchandises exportées des territoires du Gabon et du Congo français compris entre Sette-Cama et les possessions portugaises.

Mais le 18 novembre 1890, survint un décret rapportant les dispositions de celui de 1884 qui frappaient de droits de douane, à leur entrée au Gabon, les marchandises françaises, sauf en ce qui concerne les alcools, les armes et les munitions; et le 25 novembre suivant un nouveau décret, abrogeant celui de 1887, substitua aux droits sur les produits français une taxe de sortie de 7 p. 100 au maximum sur les objets de toute provenance, sauf l'ébène et le bois rouge.

Par application de l'article 8 de l'acte de Bruxelles, et avant même qu'il ait été ratifié, un décret du 30 décembre 1890 interdit, dans nos établissements de la côte occidentale d'Afrique, l'importation, la vente, le transport et la détention des armes à feu et des munitions autres que les fusils à silex non rayés et les poudres de traite.

L'acte général de la conférence de Bruxelles du 2 juillet 1890, ratifié par décret du 12 février 1892, contient une déclaration finale aux termes de laquelle les droits sur les marchandises importées dans les possessions des puissances signataires dans le bassin conventionnel du Congo ne peuvent dépasser 10 p. 100 de la valeur au port d'importation, à l'exception des spiritueux qui sont soumis à un régime spécial et peuvent être prohibés.

Il est entendu, en outre, 1° qu'aucun traitement différentiel ni droit de transit n'y pourront être établis ; 2° que, dans l'application du régime douanier, chaque puissance s'attachera à simplifier autant que possible les formalités et à faciliter les opérations du commerce ; 3° enfin que le régime à instituer après négociations entre les puissances signataires de l'acte général de Berlin restera en vigueur pendant quinze années. Le protocole du 8 avril 1892, entre la France, le Portugal et l'État indépendant du Congo, intervenu par application de l'acte de Bruxelles fixa en principe à 6 p. 100 le droit sur tous les produits importés dans le bassin occidental du Congo, sauf les armes, les munitions, la poudre et le sel qui acquittent 10 p. 100; les bateaux, machines agricoles et industrielles, les bagages des voyageurs et les appareils scientifiques sont admis en exemption. Il établit, en outre, sur les produits exportés de la même région, un droit de sortie de 10 p. 100 pour l'ivoire et le caoutchouc et de 5 p. 100 pour les arachides, le café, le copal rouge et blanc, l'huile de palme, les noix palmistes et le sésame. Ces tarifs sont établis pour dix ans.

Dans la région non comprise dans le bassin conventionnel, le tarif métropolitain est applicable avec les modifications qui y ont été introduites par le décret du 29 novembre 1892. Parmi les principales il convient de citer le droit *ad valorem* uniforme de 20 p. 100 qui a été substitué, dans un but de simplification, à la tarification savante établie pour les tissus par la loi du 11 janvier 1892. En outre, certains produits, tels que la chaux et le savon commun, supportent des taxes supérieures à celles du tarif général métropolitain.

Un arrêté local du 17 mars 1891 autorise le trésorier-payeur au Congo à recevoir des commerçants, en versement des droits de douane et de sortie, des billets à ordre à échéance de trois mois, en garantie du paiement des sommes dues à la colonie à l'expiration de ce délai. Une remise de 1 p. 100 du montant du crédit est payée en sus par les débiteurs et allouée au comptable pour couvrir sa responsabilité. Un second arrêté en date du 28 avril 1891 détermine les règles à suivre dans les localités où il n'existe pas de service de perception, lorsque les commerçants désirent acquitter les droits immédiatement; dans ce cas, le représentant de l'administration des douanes peut recevoir du commerce des traites sur Libreville à deux jours de vue.

La faculté de l'entrepôt fictif a été accordée aux négociants par de simples décisions de l'administration locale, et notamment par une circulaire du chef du service des douanes en date du 29 juin 1885.

Diégo-Suarez. — Il n'existe dans cette colonie que des taxes de consommation et de sortie sur les liquides, qui ont été établies respectivement par des arrêtés locaux des 23 juin et 26 mai 1891.

Mayotte. — Un décret du 6 février 1888 avait établi à Mayotte un droit de douane de 15 p. 100 pour les tissus et les vêtements confectionnés et de 5 p. 100 sur les autres marchandises étrangères importées dans la colonie; la perception s'effectuait d'après les règles tracées par le décret du 11 février 1889. La loi du 11 janvier 1892 ayant soumis cette île au régime douanier métropolitain, les droits sont actuellement perçus conformément à cette loi, modifiée par les deux décrets des 26 novembre 1892 et 13 janvier 1894.

Nossi-Bé. — Sainte-Marie de Madagascar. — Depuis 1887, une taxe de 2 p. 100 en moyenne frappe les produits étrangers importés à Nossi-Bé. Mais à Sainte-Marie de Madagascar, il n'existe pas d'autres droits de douane que ceux qui ont été établis par les décrets du 27 mai 1892 sur les produits admis en France au bénéfice d'une détaxe.

Les Établissements français de l'Inde ont échappé au régime restrictif auquel étaient assujetties les autres colonies françaises au point de vue de leurs relations commerciales. L'explication de cette particularité se trouve dans le caractère spécial de nos possessions de la presqu'île hindoustanique, qui ne peuvent être considérées que comme des comptoirs enclavés dans le domaine britannique et sans utilité appréciable pour la consommation des produits français, ainsi que dans les difficultés qu'aurait rencontrées le fonctionnement d'un service douanier dans des établissements dépourvus de frontières naturelles. Aussi, quoique le gouvernement se soit réservé, par le décret du 25 janvier 1879, le droit d'établir par décret les tarifs de douane, n'existe-t-il pas de taxes de cette nature dans nos possessions de l'Inde. Le trafic à l'entrée et à la sortie est entièrement libre et peut se faire sous tous pavillons, depuis que l'acte de navigation a cessé de réserver à la marine nationale les transports directs entre la France et les colonies.

Les seules taxes qui frappent les marchandises dans la colonie ont pour objet l'exécution des contrats qui ont été passés par l'administration locale pour l'exploitation de certains produits; c'est dans cette catégorie qu'il faut classer le décret du 9 juillet 1890, lequel a fixé le montant des redevances à payer, par les particuliers qui voudraient introduire des spiritueux à Pondichéry et à Karikal, au concessionnaire du monopole pour l'importation et la fabrication de l'arrack et du rhum.

Mais diverses lois ont été rendues pour favoriser le trafic avec nos territoires de l'Inde. La loi du 21 avril 1818 avait prévu certains privilèges pour les expéditions de navires français faites directement pour les comptoirs de l'Inde. Les produits nationaux, ainsi que les produits étrangers tirés de l'entrepôt réel pouvaient y être expédiés en franchise, sous réserve de l'observation du décret des 20 juin-6 juillet 1791, relatif au commerce au delà du Cap de Bonne-Espérance.

D'autre part, la loi du 9 juin 1845, l'ordonnance royale du 18 octobre 1846 et le décret du 20 novembre 1850 avaient accordé certains privilèges sur le marché français aux huiles de palme, graines oléagineuses, sucs végétaux et tissus de soie originaires de l'Inde; mais il ne pouvait être fait aucune expédition directe de Pondichéry pour d'autres colonies que la Guadeloupe, la Martinique et la Réunion.

Actuellement, les guinées d'origine française provenant des établissements de l'Inde sont exemptes de droits, à leur entrée en France, conformément à la disposition spéciale contenue en leur faveur dans la loi du 11 janvier 1892 (art. 3, § 2); les autres produits du crû de la colonie jouissent également du bénéfice du tarif minimum lorsqu'ils sont importés en droiture. Mais cet avantage est, en fait, sans intérêt pour ceux de nos comptoirs qui, dans l'état actuel des communications maritimes, ne sont pas desservis par des lignes régulières de paquebots.

Indo-Chine. — Le régime commercial de la Cochinchine fut longtemps celui de la liberté la plus complète. Le 26 décembre 1882, un arrêté local établit sur les armes et la poudre un droit d'entrée de 10 p. 100.

D'autre part, le Parlement, animé du désir d'assurer un débouché à l'industrie française, en réservant aux produits nationaux les marchés de nos possessions en Extrême-Orient, inséra dans la loi de finances du 26 février 1887 (art. 47) une disposition en vertu de laquelle les produits étrangers importés dans la Cochinchine, le Cambodge, l'Annam et le Tonkin devaient être soumis, à partir du 1er juin 1887, aux droits du tarif général métropolitain, sauf certaines exceptions à déterminer par les règlements d'administration publique.

En exécution de cette disposition, le Président de la République rendit, le 8 septembre 1887, un décret modifiant sur certains points, pour les marchandises introduites en Indo-Chine, le régime qui leur était applicable en France. Ce décret accordait la franchise de droits aux provenances de France, d'Algérie et des colonies françaises, sous réserve du transport en droiture et, pour les importations des colonies non soumises au tarif général des douanes, de la production d'un certificat délivré par les autorités coloniales et attestant l'origine locale de la marchandise. En outre, une détaxe de 80 p. 100 sur les droits d'entrée était allouée aux produits étrangers transitant à travers l'Indo-Chine.

Dès le 27 mai de la même année, un arrêté du gouverneur général avait établi des droits sur les marchandises d'origine étrangère importées en Annam et au Tonkin.

Bientôt quelques-uns des droits du tarif général parurent eux-mêmes trop faibles pour protéger efficacement la production nationale, tandis que d'autres taxes du tarif spécial annexé au décret de 1887, s'appliquant à des objets d'un usage très répandu et dépourvus de similaires en France, imposaient à la population indigène des charges inutiles. Une commission fut donc instituée pour rechercher les modifications qu'il y avait lieu d'apporter au décret du 8 septembre 1887, et à la suite de ses travaux, fut élaboré le décret du 9 mai 1889 qui modifiait les droits spéciaux applicables aux marchandises importées en Indo-Chine et non soumises au tarif général.

Deux dépêches ministérielles des 27 septembre et 19 octobre 1889 étendirent le bénéfice de la franchise à l'entrée en Indo-Chine aux denrées exportées de nos colonies ainsi qu'aux produits étrangers nationalisés en France par le paiement des droits du tarif conventionnel, sauf pour certaines marchandises qui étaient frappées par le tarif spécial à la colonie de taxes supérieures à celles de notre tarif général.

Mais des importateurs de tissus étrangers s'avisèrent, afin d'éviter la surtaxe importante qu'ils auraient dû acquitter en Indo-Chine conformément à ce dernier décret, de faire toucher leurs marchandises dans un port de France et de les nationaliser par le paiement des droits du tarif conventionnel. Pour remédier à cet état de choses et assurer l'application de l'article 6 du décret du 8 septembre 1887, une décision du sous-secrétaire d'État des colonies intervint, le 22 novembre 1889, aux termes de laquelle les tissus de soie et de coton importés en Cochinchine, au Cambodge, en Annam et au Tonkin ne furent admis à jouir de la franchise accordée aux produits nationaux qu'autant qu'ils étaient accompagnés d'un certificat de fabrication française délivré par les producteurs eux-mêmes et légalisé par le maire de leur commune. Bien que ces formalités soient encore en vigueur, il semble que, par voie de conséquence de l'avis émis par le Conseil d'État le 17 janvier 1893, elles aient cessé d'être régulièrement obligatoires.

Aujourd'hui le régime douanier de l'Indo-Chine résulte du décret du 29 novembre 1892.

Les produits de la vallée du Mékong et de ses affluents, autres que le poivre, introduits en Indo-Chine par le fleuve, sont exempts de droits.

Les produits spéciaux taxés à un taux supérieur à celui du tarif métropolitain paient intégralement les droits prévus par le tarif spécial, déduction faite de ceux qu'ils ont acquittés en France, en Algérie ou dans les colonies assimilées.

Il est accordé une détaxe de 80 p. 100 sur les droits d'importation pour les marchandises étrangères transitant à travers l'Indo-Chine française et le mode de perception en est réglé par arrêté du gouverneur général.

Les produits étrangers débarquant à Saïgon, à Tourane, à Haïphong et à Hongay peuvent être admis au bénéfice de l'entrepôt fictif dans les locaux agréés par la douane. Les mouvements dans les entrepôts ne sont autorisés que pour les quantités d'une même marchandise comportant un droit minimum de 150 fr. à l'entrée ou de 50 fr. à la sortie, sans qu'on puisse fractionner un colis.

Des arrêtés du gouverneur général de l'Indo-Chine déterminent les garanties à exiger des entrepositaires; la durée de l'entrepôt fictif ne peut excéder une année.

Des entrepôts réels peuvent être établis par l'administration locale, suivant des conditions déterminées par des décrets, et provisoirement par des arrêtés locaux.

Droits de sortie. — Une taxe représentative de l'impôt foncier a été établie sur les riz exportés de Cochinchine et la perception en a été réglée par arrêtés du 9 septembre 1878 et 15 novembre 1880, puis par le décret du 11 janvier 1881, que complétèrent les arrêtés locaux du 23 avril suivant et du 23 novembre 1887. Les riz expédiés en France et aux colonies françaises ne payaient que 10 centimes, au lieu de 15 centimes par picul; mais un arrêté du 30 décembre 1893 a adopté le quintal comme base de perception de la taxe, à raison de 17 centimes pour les riz exportés en France et de 26 centimes pour ceux expédiés à l'étranger. Toutefois, les riz et paddys exportés au Cambodge par la voie du fleuve sont exempts de droits de sortie, ainsi que ceux de provenance cambodgienne en transit à Saïgon (arr. loc. du 19 septembre 1883).

Les riz blancs à destination des Philippines sont assujettis au droit de 20 cents 8 par quintal (arrêtés des 6 février 1891 et 30 décembre 1893).

Sont, en outre, frappés à la sortie : les bœufs et les buffles pour couvrir les frais de vérification et de délivrance des permis d'embarquement (arr. loc. du 16 janvier 1882); les porcs (arr. loc. du 24 mars 1887 et délibération du conseil colonial du 24 décembre 1890); les bois (arr. loc. du 12 juin 1891); les pâtés de poisson et la saumure exportés de la Cochinchine et du Cambodge (arr. loc. du 30 décembre 1893).

La perception du droit de sortie sur les riz, à raison de 20 centimes par picul avec une surtaxe mobile de 5 cents, a été établie au Tonkin par les arrêtés locaux des 18 novembre 1889 et 24 décembre 1890, et en Annam par ceux des 6 juillet 1889 et 31 décembre 1893.

Nouvelle-Calédonie. — Les ports de la Nouvelle-Calédonie ont été déclarés francs dès l'origine de la colonie ; jusqu'en 1892, les navires de toute nationalité n'ont eu à y acquitter que les droits de navigation ou de pilotage et le décret du 6 février 1888 n'a institué le régime de l'entrepôt fictif à Nouméa pour les liquides et les tabacs que parce qu'ils étaient soumis à la taxe de consommation. Actuellement encore Nouméa est le seul port ouvert au commerce extérieur.

Le décret du 26 novembre 1892, qui a rendu applicable à la Nouvelle-Calédonie le tarif général, a tenu compte dans une large mesure des conditions spéciales où elle se trouvait en raison de son éloignement de la métropole; aussi les exceptions lui ont-elles été concédées en bien plus grand nombre qu'aux autres colonies. En outre, le décret du 13 janvier 1894 a abaissé les droits sur les tabacs en feuilles.

Le minimum des frais de personnel et de matériel du service des douanes a été fixé annuellement à la somme de 185,200 fr. par le décret du 15 juillet 1892; il reste à en organiser les cadres.

Établissements français de l'Océanie. — Le conseil général possède, en matière de douanes, des attributions analogues à celles qui avaient été conférées, avant 1892, à celui de la Nouvelle-Calédonie et de Saint-Pierre et Miquelon.

Le régime commercial des établissements de l'Océanie a été pendant longtemps déterminé par des arrêtés locaux. Le service douanier qui y fut institué en 1844 n'avait d'abord à percevoir de taxes que sur les liquides; les marchandises sèches furent frappées à leur tour par un règlement d'avril 1857, et cinq ans plus tard on établit pour une période quinquennale un tarif de droits fixes à l'importation; mais le service des douanes fut supprimé à partir du 1er janvier 1865.

Il fut rétabli par le décret du 9 mai 1892, qui assujettit les marchandises étrangères à des droits parfois supérieurs au tarif métropolitain.

La liquidation, la perception des droits de douane et les poursuites auxquelles cette perception peut donner lieu sont opérées par les soins ou sur l'initiative du personnel du service des contributions.

Les droits *ad valorem* sont calculés d'après la mercuriale officielle ou, à défaut, d'après les prix portés sur les factures ou connaissements, augmentés de 25 p. 100.

En l'absence desdits connaissements ou factures, l'évaluation des prix est faite d'un commun accord ou par un arbitre expert désigné par le tribunal de première instance.

Les marchandises tarifées *ad valorem* et avariées ne sont passibles que des droits afférents à leur valeur réelle, selon expertise faite dans la même forme; les frais sont, dans ces deux cas, à la charge de l'introducteur.

Pour les marchandises passibles de droits spécifiques, la perception a lieu sur le poids net, quand le taux du droit excède 10 fr. par 100 kilogr.

Il peut être accordé, par le trésorier-payeur et sous sa responsabilité, un délai pour le paiement des droits, qui ne peut excéder quatre mois et qui donne lieu à la souscription d'une soumission cautionnée et à la perception, au profit du Trésor, d'un intérêt de retard de 3 p. 100 par an et, au profit du trésorier-payeur, d'une indemnité de 1 p. 100 du montant des droits.

En cas d'avaries survenues aux marchandises, leurs propriétaires sont admis à en donner une déclaration spéciale sur laquelle le droit est perçu, si elles sont taxées *ad valorem*. A l'égard de toutes autres, le droit est réduit dans la proportion de l'avarie qu'elles ont éprouvée et par comparaison avec leur prix ordinaire.

Au cas de contestation sur la déclaration ou la réduction du prix en raison de l'avarie, la base de perception est fixée par experts convenus ou nommés d'office par le juge de paix de la circonscription.

Dans tous les cas, les déclarants peuvent faire abandon de la marchandise pour le montant des droits. Cet abandon est fait par écrit, et la marchandise est vendue aux enchères publiques, au profit de la colonie.

Les marchandises dont les droits d'entrée sont perçus *ad valorem* peuvent être retenues par le service des contributions, moyennant le paiement de la valeur déclarée, augmentée de tous les frais, plus 20 p. 100 sur la totalité, dans les quinze jours qui suivent la notification du procès-verbal d'offres.

La retenue n'est soumise à aucune autre formalité qu'à celle de l'offre souscrite par le chef du service des contributions et signifiée au propriétaire.

Il appartient au gouverneur de déterminer par arrêtés les ports ouverts à l'importation.

Il faut ajouter qu'un décret du 30 mai 1892 a approuvé l'établissement d'un droit de 15 centimes par tonneau ou fraction de tonneau sur les marchandises transportées à l'entrepôt de Papeete par le chemin de fer.

Aucune ligne de navigation ne reliant actuellement les ports de la métropole à Tahiti, il a été décidé exceptionnellement (circulaire des douanes du 7 mai 1894) que les marchandises expédiées aux établissements de l'Océanie, *via Colon-San-Fran-*

cisco, seraient admises en franchise, sur la production de duplicata des déclarations de sortie délivrées au départ par le service métropolitain.

§ 5. — OCTROI DE MER

L'octroi de mer est un impôt dont le produit appartient aux municipalités ; il tient lieu aux colonies des taxes d'octroi, telles qu'elles fonctionnent en France à l'entrée des communes, et des centimes additionnels aux contributions directes qui n'existent pas dans nos possessions. L'assiette de ces contributions, les tarifs des patentes ne ressemblent aucunement, en effet, à ceux de la métropole ; ils diffèrent même d'une colonie à l'autre et l'impôt foncier n'est, à proprement parler, établi nulle part. Antérieurement à l'émancipation, ce dernier impôt était représenté par une taxe proportionnelle au nombre des esclaves de chaque propriété, la richesse du planteur et le revenu de chacun de ses domaines étant évalués d'après le chiffre des noirs qu'il occupait. Depuis 1848, on a substitué à l'impôt par tête d'esclave une taxe qui frappe les produits coloniaux à la sortie ; les communes sont ainsi hors d'état de percevoir aux colonies les centimes additionnels qui alimentent en France les budgets municipaux et leurs ressources seraient absolument impuissantes à faire face aux charges qui leur incombent si on ne demandait aux contribuables par un moyen particulier les recettes indispensables : il n'y en avait pas d'autre que l'octroi.

Mais l'organisation d'un impôt de cette nature se heurte dans les établissements d'outre-mer à des difficultés spéciales ; c'est d'abord l'insuffisante délimitation du périmètre de communes rurales généralement fort étendues ; c'est ensuite l'élévation des frais de perception qui résulterait de l'entretien d'un personnel fatalement très nombreux sous peine de rendre inefficace la surveillance. On a pensé qu'il serait à tous les points de vue préférable de profiter de la position insulaire, ou quasi-insulaire, de la plupart de nos possessions et d'assurer la perception des taxes d'octroi, à l'entrée de la barrière naturelle que forme la mer autour d'elles, sur tous les objets destinés à la consommation locale. Il ne resterait plus alors qu'à effectuer, d'après des règles déterminées, la répartition entre les communes du produit ainsi obtenu.

Il ne faudrait, d'ailleurs, pas confondre les taxes douanières avec celles de l'octroi de mer ; il existe entre elles des dissemblances absolues.

« Les droits de douane sont établis dans l'intérêt général de l'État ; ils ont pour objet principal de favoriser l'industrie nationale ; ils ont aussi pour objet de créer des ressources générales pour l'État et sont affectés aux dépenses générales. Les droits d'octroi sont créés dans un intérêt local, ville ou commune ; ils ont pour objet de créer des ressources pour subvenir aux dépenses municipales, aux besoins et services municipaux.

« Les droits de douane exercent une influence économique; ils affectent le régime commercial de la nation et les relations internationales, en créant des droits protecteurs et différentiels ; ils distinguent la provenance des produits, favorisent les uns, chargent les autres, suivant les intérêts engagés, suivant les dangers de concurrence, suivant les besoins de réciprocité. Les droits d'octroi n'exercent à aucun degré une action économique sur le régime commercial ou les relations nationales ; c'est un droit purement fiscal, le même pour tous ; il n'est en rien ni protecteur, ni différentiel.

« La douane se place entre deux ou plusieurs productions et elle en détruit l'équilibre ; l'octroi se place entre le producteur et le consommateur.

« Les droits de douane intéressent essentiellement le respect des traités et sont fixés à l'aide de tarifs spéciaux, conventionnels. Les droits d'octroi ne peuvent donner lieu à aucune difficulté avec l'étranger; ils ne peuvent faire naître de sa part ni plaintes, ni représailles ; quand ils figurent dans les traités, c'est uniquement pour assurer aux étrangers les mêmes conditions qu'aux nationaux.

« L'assiette des droits de douane est la production extérieure à l'importation ; l'extranéité des produits en est la condition, c'est un impôt général qui frappe toutes les espèces de marchandises étrangères de droits plus ou moins élevés, parfois même de prohibitions, suivant les nations, suivant les provenances. Les droits d'octroi ne frappent que des catégories plus ou moins étendues ; ils les frappent sans distinction de provenance, français comme étrangers, qu'ils proviennent du dehors, ou même qu'ils soient produits dans l'intérieur de la localité assujettie, jamais ils ne procèdent par prohibition.

« Les droits de douane pèsent avant tout sur le producteur étranger ; les droits d'octroi portent sur les objets de consommation locale ; ce sont les habitants de la localité, les consommateurs qui les supportent.

« Les droits de douane comprennent l'ensemble du territoire national, ils se perçoivent aux frontières. Les droits d'octroi s'appliquent à un périmètre plus ou moins étendu, à une portion du territoire limitée.

« Les tarifs de douane énumèrent les choses dont l'importation est permise ; l'assujettissement est la règle ; l'extension par assimilation est le principe. Les tarifs d'octroi déterminent les choses qui paient le droit ; ils ne frappent que des catégories ; l'assujettissement est l'exception ; l'assimilation est interdite.

« Les droits de douane sont souvent fort élevés et très divers, et généralement tiennent compte des différences de valeur, afin de mieux assurer la protection ; les droits d'octroi sont toujours modérés, les mêmes pour tous, sur objets spécifiés, sans différence à raison de la qualité [1]. »

De ce parallèle il ressort que l'octroi de mer n'a d'autre rapport avec les droits de douane que d'être perçu par le service des douanes, mais son affectation, qui est purement municipale, et son objet, qui est simplement fiscal, ne permettent pas de le con-

---

[1]. Conclusions de M. le procureur général Baudouin devant la Cour de cassation, à l'audience du 10 mars 1885, dans le pourvoi contre 26 arrêts de la cour de la Réunion.

fondre avec ceux-ci. Il ne peut avoir un caractère protecteur pour les produits de la colonie et doit en principe frapper également les produits de toute provenance.

L'origine de l'octroi de mer se trouve peut-être dans le *droit de poids* qui, dès 1670, avait été institué dans une colonie (ordonnance du 30 août 1670 et arrêt du Conseil du 15 février 1764 pour la Martinique), et qui fut perçu jusqu'à la Révolution dans des conditions fréquemment modifiées par les règlements locaux. Son organisation actuelle ne pouvait, d'ailleurs, précéder celle des municipalités. C'est, en effet, en 1825, époque de la formation des premières communes de la Guadeloupe[1], qu'apparut, le 24 décembre, l'ordonnance locale substituant au droit d'octroi à la sortie une taxe d'octroi à l'importation sur les produits étrangers ou français et ceux originaires des autres colonies. La perception avait lieu en même temps que celle des droits de douane et le montant était versé dans la caisse municipale du port d'arrivée pour être réparti par elle entre les communes au prorata des quantités de marchandises imposées qui auraient été reçues dans chacune des villes alors constituées en municipalités et n'auraient pas été réexportées pour une autre d'entre elles.

A la Martinique, l'octroi de mer figure pour la première fois dans une ordonnance locale du 1ᵉʳ mars 1819 qui établit, en sus des droits à l'entrée des marchandises étrangères permises par l'arrêt du Conseil du 30 août 1784, une taxe au profit de la caisse municipale sur les importations faites par bâtiments français, avec faculté de l'augmenter de moitié lorsque les importations étaient effectuées sous pavillon étranger.

Enfin à la Réunion, le droit d'octroi a été institué seulement par un arrêté du 13 décembre 1850, rendu après délibérations des conseils municipaux, et par celui du 30 octobre 1861 ; c'est la légalité de ces deux actes qui a été contestée en 1882 et qui a donné lieu à un fameux procès en répétition de droits que la

---

[1]. Les ordonnances rendues aux Antilles en 1826 et 1827 n'avaient organisé le régime municipal que dans les deux principales villes de la Martinique et de la Guadeloupe.

Cour de cassation a résolu en faveur des demandeurs. Ensuite sont intervenus les décrets des 4 juillet 1873, 4 juin 1887, qui substitua les droits spécifiques aux droits *ad valorem*, et 26 mars 1889.

Le sénatus-consulte de 1866 confère aux conseils généraux des Antilles et de la Réunion le droit de « voter les tarifs d'octroi de mer sur les objets de toute provenance, ainsi que les tarifs de douane sur les produits étrangers, naturels ou fabriqués, importés dans la colonie ». On sait que les assemblées locales ne tardèrent pas à aller jusqu'à l'extrême limite du droit qui leur était ainsi attribué ; elles supprimèrent les droits de douane et donnèrent plus de développement aux taxes d'octroi de mer qui atteignaient indistinctement les marchandises françaises et étrangères. Les industriels métropolitains s'émurent de la situation qui était faite à leurs expéditions aux colonies et demandèrent si les tarifs d'octroi de mer peuvent s'appliquer à d'autres objets que ceux compris dans l'article 16 du décret du 17 mai 1809. Mais le Conseil d'État, saisi de la question dès 1868, fit observer que la loi de 1809, n'ayant jamais été promulguée aux colonies, ne saurait aucunement les obliger ; que, d'autre part, cette loi avait été abrogée en France même par celle du 28 avril 1816 et par les lois postérieures qui avaient successivement modifié le régime municipal ; qu'enfin l'octroi de mer aux colonies aurait perdu une grande partie de sa raison d'être, en raison des conditions particulières de la vie, s'il avait été limité aux boissons, matériaux, fourrages, comestibles et combustibles. Il fut admis, dès ce moment, que l'octroi de mer pouvait frapper, en dehors des catégories instituées par le décret de 1809, tous les articles de consommation locale.

Le conseil supérieur du commerce, appelé en 1875 à examiner le même point, ne put que reconnaître la légalité de la mesure prise à cet égard par les conseils généraux.

Mais d'autres difficultés se présentèrent, dans l'organisation de l'octroi de mer, en raison des multiples interprétations auxquelles peut donner lieu le texte du sénatus-consulte de 1866 rappelé plus haut. En effet, si les mots *importés dans la colonie* s'appliquent aux objets soumis à l'octroi de mer, il faut en conclure que les produits d'origine locale échappent à la perception de la taxe. On a admis que cette expression ne vise que les marchandises assujetties aux droits de douane, car l'octroi de mer deviendrait autrement un instrument de protection des produits coloniaux et serait dès lors détourné de son véritable but.

Les mots *de toute provenance*, qui permettent d'atteindre les importations métropolitaines, ne sauraient, d'ailleurs, être interprétés comme devant conférer le privilège de l'exonération aux productions du crû de la colonie.

Un arrêt de la Cour de cassation du 29 février 1868 a, en effet, déclaré illégal un arrêté du gouverneur de la Réunion du 30 octobre 1861 qui, par une fausse interprétation de l'expression ci-dessus, avait cru pouvoir établir des droits d'octroi de mer exigibles seulement sur les produits importés dans la colonie. La Cour a jugé que cette doctrine viciait les règles fondamentales en matière d'octroi et qu'en admettant une distinction dans l'origine des marchandises taxées, l'arrêté susvisé attribuait à cet impôt un caractère protecteur contraire aux principes qui le régissent. Du moment que la consommation locale n'était pas tout entière atteinte et que les marchandises importées étaient soumises à un traitement particulier, les productions du crû se trouvaient du même coup favorisées ; en d'autres termes, c'était bien un droit de douane que l'arrêté de 1861 avait institué dans les ports de la colonie ; or le sénatus-consulte de 1854 plaçait les questions douanières dans le domaine de la loi et le gouverneur n'avait pas qualité pour les résoudre par voie détournée.

Aux termes des décrets de 1885, les conseils généraux de la Nouvelle-Calédonie, des établissements de l'Océanie et de Saint-Pierre et Miquelon avaient été investis du droit de « voter les tarifs du droit d'octroi de mer sur les objets de toute nature et de toute provenance *introduits dans la colonie* ». Cette spécification précise de l'assiette des droits d'octroi de mer dérogeait évidemment à ces règles générales, puisqu'elle permettait d'affranchir des mêmes droits les produits similaires fabriqués dans la colonie; mais ces établissements étaient soumis au régime des décrets et la légalité de la mesure ainsi édictée n'en était pas moins incontestable.

C'est pourquoi le gouvernement métropolitain n'hésita pas à approuver, par un décret du 30 août 1893, une délibération du conseil général de Saint-Pierre et Miquelon qui ne frappait que les boissons alcooliques importées, en laissant en dehors les boissons introduites d'un point de la colonie dans un autre. Cependant lorsque la question se présenta de nouveau pour la Nouvelle-Calédonie, l'autorité supérieure se demanda si la définition de l'octroi de mer donnée par l'article 42 du décret du 2 avril 1885 devait être maintenue. Elle en référa au Conseil d'État par une dépêche du 20 juin 1894, et dans sa séance du 3 juillet suivant, la haute assemblée émit l'avis que la Nouvelle-Calédonie devait être soumise au régime général de l'octroi de mer en vigueur dans nos autres possessions. Elle s'inspirait des considérations suivantes :

1° Le décret du 2 avril 1885 a eu particulièrement pour but, en ce qui concerne l'octroi de mer, de déterminer la compétence de l'assemblée locale, les règles de perception restant les mêmes que celles existant à cette époque pour toutes les colonies et sanctionnées par la jurisprudence administrative et judiciaire;

2° L'article 6 de la loi du 11 janvier 1892 est général et soumet, pour l'octroi de mer, toutes les colonies à une règle uniforme ;

3° On ne saurait admettre que l'octroi de mer ainsi astreint à une législation identique dans tous les établissements d'outre-mer, fût un véritable octroi partout, sauf en Nouvelle-Calédonie, à Saint-Pierre et Miquelon et à Tahiti, où il instituerait une douane communale frappant les produits métropolitains ;

4° Enfin un tarif qui ne frapperait pas les produits locaux, pouvant être modifié instantanément sans intervention de l'autorité centrale, constituerait un danger permanent pour l'industrie métropolitaine.

Il n'y a donc plus lieu de tenir compte de la distinction qui paraît résulter de la rédaction des décrets de 1885 ; les objets produits à la Nouvelle-Calédonie, à Tahiti et à Saint-Pierre et Miquelon doivent supporter les mêmes droits que les marchandises importables dans la colonie.

Quant à la destination du produit de l'octroi de mer, ce doit être uniquement de pourvoir aux dépenses municipales. Certaines colonies ayant prélevé sur cette recette des sommes nécessaires pour assurer le fonctionnement de services tels que l'instruction publique, la police, l'assistance publique, etc., le département consulta le Conseil d'État sur la régularité de cette opération. A la suite de l'avis émis par la haute assemblée dans sa séance du 10 juin 1890, les gouverneurs furent prévenus que l'intégralité du produit de l'octroi de mer appartient aux communes et qu'il ne peut en être distrait aucune somme autre que celle strictement indispensable pour couvrir les frais de perception.

Le Conseil d'État avait aussi, dès le 13 mars 1889, résolu la question de savoir à quelle autorité appartenait le pouvoir de fixer le mode de répartition des produits de l'octroi de mer entre les communes. Il résulte de cette interprétation, qui infirme la procédure suivie jusqu'alors en matière d'octroi de mer : 1° que c'est au pouvoir métropolitain qu'appartient le droit de statuer sur le mode de répartition de cet impôt ; 2° que les pouvoirs des conseils généraux en matière d'octroi de mer se bornent au vote des tarifs et que les assemblées locales sont incompétentes pour délibérer sur l'assiette de cette taxe. En résumé, les conseils généraux ne doivent voter les tarifs qu'après que les bases de la perception de l'octroi de mer ont été arrêtées par un décret.

« Considérant, dit l'avis susvisé, que le sénatus-consulte du 3 mai 1854, en déterminant dans ses articles 3, 4, 6 et 9 les matières qui devaient être réglées par des sénatus-consultes, des lois, des décrets dans la forme des règlements d'administration publique ou des arrêts du gouverneur, a confié, par son article 7 à des décrets simples le droit de statuer en toutes les matières non mentionnées dans les autres articles ; que l'on ne saurait d'ailleurs prétendre que la fixation du mode de répartition de l'octroi de mer soit une simple mesure d'administration ; que, par suite, sous l'empire du sénatus-consulte de 1854, cette fixation devait être faite par décret ;

« Considérant qu'il en est de même depuis le sénatus-consulte du 4 juillet 1866 ; qu'en effet, cet acte, en augmentant les attributions des conseils généraux, a entendu strictement limiter celles qu'il leur confiait ; — que les droits des assemblées locales y sont explicitement indiqués et que rien n'autorise à les étendre ; — qu'en ce qui concerne en particulier l'octroi de mer, l'article 2 du sénatus-consulte accorde aux conseils généraux le droit de voter les tarifs, mais que là s'arrêtent leurs pouvoirs, non seulement comme possibilité de statuer, mais encore de délibérer..... »

L'article 6 de la loi du 11 janvier 1892 a consacré ces interprétations, en fixant d'une manière plus précise les attributions des conseils généraux en matière d'octroi de mer :

« Le mode d'assiette, les règles de perception et le mode de répartition de l'octroi de mer seront établis par des délibérations des conseils généraux ou des conseils d'administration, approuvées par décrets rendus dans la forme des règlements d'administration publique.

« Les tarifs d'octroi de mer seront votés par les conseils généraux ou conseils d'administration des colonies. Ils seront rendus exécutoires par décrets rendus sur le rapport du ministre du commerce, de l'industrie et des colonies. Ils pourront être provisoirement mis à exécution en vertu d'arrêtés des gouverneurs. »

On a vu plus haut que le Conseil d'État, dans sa séance du 3 juillet 1894, a déclaré que cet article avait un caractère général et s'appliquait sans exception à toutes les colonies. Dès le 11 avril précédent, le ministre avait interprété la loi en ce sens et envoyé aux gouverneurs des colonies qui restaient en dehors distinction faite dans la loi du 11 janvier 1892 visait les droits de douane exclusivement, tandis que les articles 5 et 6 étaient applicables à tous nos établissements d'outre-mer.

Il faut noter que, d'après la nouvelle législation, lorsque les conseils généraux sont appelés à délibérer sur l'octroi de mer, ils doivent être saisis de deux projets de décrets ; l'un relatif au mode d'assiette, aux règles de perception et au mode de répartition, qui doit être approuvé par un décret en Conseil d'État ; l'autre concernant le tarif de l'octroi de mer, qui doit être rendu exécutoire par un décret simple.

Il est à peine utile d'ajouter que la réglementation actuellement en vigueur dans les colonies, et qui remonte pour certaines d'entre elles à une époque antérieure à la création des conseils généraux, n'en subsiste pas moins. Mais aucune modification ne saurait y être apportée que dans les conditions déterminées par la loi du 11 janvier 1892.

Martinique. — Le décret du 7 décembre 1889, rendu en conformité de l'avis du Conseil d'État du 13 mars 1889, a réglé le mode d'assiette, de perception et de répartition des droits d'octroi de mer à la Martinique. Ces droits frappent les objets de toute provenance ; ils sont liquidés par le service des douanes de la colonie et perçus par le service du Trésor. La répartition du produit s'effectue entre les communes au prorata de leur population respective.

Sur le produit brut des recettes, il est prélevé, pour les frais de liquidation et de perception :

1° Pour la part contributive des communes dans les frais de personnel et de matériel du service des douanes, une somme à déterminer chaque mois par le directeur de l'intérieur, de manière que le montant total de la dépense mensuelle du service des douanes soit supporté par la colonie et les communes, proportionnellement aux recettes effectuées pour elles en vertu des liquidations émises par le service des douanes ;

2° Au profit des employés du service des douanes, à titre

d'allocation accessoire à leur traitement fixe, une remise de 1 p. 100 ;

3° Au profit du trésorier-payeur et du trésorier particulier une remise de 1 p. 100 et, au profit des percepteurs centralisateurs, une remise de 0.25 p. 100.

Dans aucun cas, ce triple prélèvement ne doit excéder le cinquième du produit brut des recettes.

Toutes les marchandises entrant dans la colonie, qu'elles soient ou non passibles des droits d'octroi de mer, doivent être déclarées à la douane, sous peine de cinq cents francs d'amende et de la confiscation des marchandises.

Les dispositions de l'ordonnance du 31 août 1838 relatives à l'admission des marchandises, tant françaises qu'étrangères, dans les entrepôts réels de la colonie, sont étendues aux marchandises de toute provenance passibles des seuls droits d'octroi de mer.

Les obligations des capitaines, quant aux manifestes en matière de douane, sont maintenues en matière d'octroi de mer. Il en est de même en ce qui concerne les dépôts des papiers de mer.

Les marchandises autres que celles faisant l'objet d'une opération de cabotage d'un point à un autre de la colonie ne peuvent être débarquées que dans l'enceinte des ports ouverts au commerce : Fort-de-France, Saint-Pierre, la Trinité, le François et le Marin.

Lorsque des intérêts commerciaux importants exigent qu'un bâtiment opère un débarquement de marchandises ailleurs que dans un des ports ouverts au commerce, le capitaine ou le consignataire de ce bâtiment demande l'autorisation nécessaire pour effectuer cette opération au chef de bureau des douanes, dans la circonscription duquel se trouve le lieu où le navire doit opérer.

La valeur à déclarer en douane et sur laquelle doivent être calculés les droits est la valeur actuelle et sur place, c'est-à-dire la valeur au lieu d'origine ou de fabrication de l'objet importé du nouveau régime douanier une circulaire déclarant que la augmentée des frais de transport, d'assurance et de commission qui ont été payés jusqu'au débarquement dans la colonie.

Les déclarations en détail peuvent être rectifiées, en cas d'erreur, mais en ce qui concerne le poids, le nombre, la mesure et la valeur seulement, dans la journée même où elles ont été faites et avant la vérification ; ce délai expiré, aucun changement n'y pourra plus être apporté.

Il est facultatif à la douane de contrôler l'exactitude des déclarations ; par suite, les marchandises sont conduites au bureau ou à tel endroit désigné par le service, où elles puissent être visitées, pesées, mesurées ou nombrées.

En cas de vérification, les droits sont perçus sur les quantités constatées par le service.

Si le service ne juge pas nécessaire de procéder à la visite, les droits sont frappés sur les quantités énoncées à la déclaration. Si la douane juge insuffisante la valeur déclarée, elle peut demander l'estimation de la marchandise par des experts qui sont désignés, l'un par le déclarant, l'autre par le chef du bureau des douanes. En cas de partage, ou même au moment de la constitution de l'arbitrage, si le déclarant le requiert, les experts choisissent un tiers arbitre ; s'il y a désaccord, celui-ci est nommé par le président du tribunal de commerce dans les villes, et par le juge de paix dans les autres localités.

Si l'expertise constate que la valeur de la marchandise ne dépasse pas de cinq pour cent celle qui est déclarée par l'importateur, les droits sont perçus sur le montant de la déclaration.

Si la valeur dépasse de cinq pour cent celle qui est déclarée, la perception a lieu sur la valeur déterminée par les experts. Les droits sont augmentés de cinquante pour cent à titre d'amende, si l'évaluation des experts est de dix pour cent supérieure à la valeur déclarée.

Les frais d'expertise sont supportés par le déclarant si la valeur déterminée par la décision arbitrale excède cinq pour cent en plus de la valeur déclarée ; dans le cas contraire, ils sont supportés par la caisse de l'octroi de mer. Les droits sont liquidés intégralement sur les marchandises présentées à la douane, et sans égard à l'état desdites marchandises. Toutefois, en cas d'avarie, le déclarant a la faculté de triage, c'est-à-dire le droit de retirer, en vue de les réexporter ou de les détruire sous les yeux du service, les marchandises trop détériorées pour supporter le paiement des droits. Les droits d'octroi de mer sont, comme les autres droits, liquidés par le service des douanes et colligés par le capitaine du bâtiment importateur qui en est responsable et doit les verser au Trésor sur liquidation collective établie par la douane : le bâtiment répond de ces droits.

Il est facultatf à la douane d'émettre les liquidations de droits au nom des réceptionnaires de la marchandise, toutes les fois que les circonstances l'exigent.

Les liquidations en redressement d'erreurs faites au préjudice du Trésor, de même que les liquidations de trop-perçus, sont émises au nom des réceptionnaires de la marchandise.

Les dispositions des édits, lois, ordonnances et décrets en vigueur en matière de douane à la Martinique sont applicables dans la colonie en matière d'octroi de mer.

L'exonération du droit d'octroi de mer est exceptionnellement attribuée aux objets suivants :

1° Vivres, matières et objets de toute nature destinés aux divers services de l'État, de la colonie ou aux communes ;

2° Ornements d'église et objets destinés au culte importés directement pour le compte des fabriques ;

3° Objets mobiliers et effets d'habillement dont les traces de service auront été reconnues à la vérification ;

4° Les effets d'habillement et d'équipement pour les troupes et d'uniforme pour les officiers et fonctionnaires ;

5° Effets d'habillement et d'équipement importés pour le compte du service actif des douanes (masse d'habillement) ;

6° Instruments, câbles, fils et autres matières nécessaires au service et à la construction des lignes télégraphiques et téléphoniques subventionnées par la colonie ;

7° Matériel et approvisionnements des compagnies de navigation subventionnées par l'État ou la colonie, autres que celles faisant le transport des marchandises ou des voyageurs entre les divers ports de la colonie. (Décret du 19 août 1891.)

Dans sa séance du 29 décembre 1892, le conseil général de la Martinique a adopté un projet de décret modifiant le mode d'assiette et de perception de l'octroi de mer, par la transformation des droits *ad valorem* en droits spécifiques.

Ce projet, ayant donné lieu à des observations de la part du Conseil d'État, a dû être renvoyé dans la colonie et son approbation définitive n'a pas encore eu lieu.

Guadeloupe. — L'octroi de mer fonctionne à la Guadeloupe, en vertu du décret du 16 mars 1891, dans des conditions à peu près identiques à celles qui ont été établies à la Martinique par le décret du 7 décembre 1889. Certaines des modifications apportées à ce dernier décret sont des corrections de style destinées à en mieux préciser le sens ; il suffira d'indiquer les différences de fond les plus importantes.

Les ports ouverts au commerce des marchandises soumises à l'octroi de mer sont ceux de la Pointe-à-Pitre, Basse-Terre, Moule, Grand-Bourg (Marie-Galante), Port-Louis, Saint-François, Sainte-Anne, Marigot (Saint-Martin) et Gustavia (Saint-Barthélemy).

La garnison et les immigrants sont compris dans la population des communes pour la répartition du produit de l'octroi de mer. La part afférente aux communes de Saint-Martin et de Saint-Barthélemy continue à être fixée invariablement à 15,000 fr. par an pour chacune d'elles.

En ce qui concerne toutefois les communes dont la population totale, garnison, s'il y a lieu, et immigrants compris, se trouve inférieure à 3,000 âmes, elles participent dans la répartition, au prorata de ce chiffre, considéré comme minimum.

La répartion se fait par trimestre de quatre-vingt-dix jours pleins, d'après le tableau officiel de la population, tel qu'il résulte des documents statistiques dûment approuvés.

Dans le cours du trimestre, des décisions du gouverneur peuvent accorder des avances d'octroi aux communes qui, par épuisement de ressources, en feraient la demande, lesdites avances étant répétées contre elles lors de la répartition générale.

En raison de nécessités réelles et pressantes, des autorisations exceptionnelles peuvent être accordées au commerce pour l'accomplissement dans les ports d'un travail extraordinaire en dehors des heures et des jours fixés par la loi. Ces autorisations sont accordées ou refusées par le chef local, sous sa responsabilité.

Elles doivent faire de la part des intéressés l'objet de demandes produites sur papier timbré et contenant l'engagement : 1° de se conformer aux mesures de surveillance jugées nécessaires par la douane ; 2° de verser dans les vingt-quatre heures au Trésor le montant des indemnités à allouer aux employés spécialement détachés, conformément aux tarifs en vigueur dans la métropole.

Lorsqu'à l'entrée le service des douanes juge que la valeur des marchandises taxées *ad valorem* n'a pas été exactement déclarée, il peut, s'il ne croit pas devoir recourir à l'expertise, retenir ces marchandises par droit de préemption, en payant au déclarant, dans les quinze jours qui suivent la notification du procès-verbal de retenue, une somme égale à la valeur déclarée et le dixième en sus, sans que le propriétaire puisse rien exiger de plus pour frais de transport et autres. La préemption doit être effectuée dans le délai de soixante-douze heures, à partir de la remise des déclarations ; elle n'a lieu que sur l'autorisation des chefs locaux.

La retenue des marchandises n'est soumise à aucune autre formalité que celle de l'offre de paiement souscrite au procès-verbal par le chef de bureau ou par son suppléant, et signifiée au déclarant ou à son fondé de pouvoirs.

Le procès-verbal de retenue doit être rédigé par deux employés au moins, et au moment où la valeur déclarée aura été reconnue insuffisante. Ce procès-verbal, revêtu de la signature du chef de bureau, est affirmé et enregistré comme ceux de saisies et dans les mêmes délais. Le droit d'enregistrement est le même que pour ces derniers actes. Les préposés des douanes ont qualité pour signifier le procès-verbal, ainsi que l'offre de paiement qu'il contient.

Les marchandises préemptées acquittent immédiatement les droits, qu'elles aient été déclarées pour la consommation ou l'entrepôt. La colonie, par un crédit spécial ouvert à son budget, fournit, à titre d'avances, les sommes nécessaires pour l'exercice de la préemption, laquelle s'effectue pour le compte de la colonie et des communes. Les sommes avancées font retour au Trésor colonial immédiatement après la vente des marchandises et leur réalisation en espèces.

Si la vente des marchandises offre un net produit quelconque, les employés préempteurs en reçoivent la moitié ; l'autre moitié est attribuée, à parts égales, au Trésor colonial et à la Caisse des communes.

Sont maintenues toutes les dispositions de détail réglées par l'arrêté du gouverneur de la Guadeloupe du 21 décembre 1876, pour l'application du droit de préemption en matière d'octroi de mer.

Les marchandises importées de France sans être accompagnées d'expéditions de douane, celles qui, régulièrement expédiées, ne sont pas réclamées lors de leur débarquement ou dont les valeurs ne sont pas fixées par leurs propriétaires, sont retenues et déposées dans les magasins des entrepôts réels de la colonie.

Un registre spécial, tenu à l'entrepôt des douanes, constate l'emmagasinage de ces marchandises qui, après soixante-douze heures de dépôt, sont considérées comme admises définitivement en entrepôt et doivent être frappées, lorsqu'elles en sortent, du droit de magasinage en vigueur.

Si lesdites marchandises ne sont pas réclamées à l'expiration du délai de l'entrepôt, il leur est fait application des dispositions de l'article 21 de l'ordonnance royale du 31 août 1838.

Sont exempts du droit de magasinage les effets et objets hors de commerce appartenant à des voyageurs.

Aucune demande en restitution de droits d'octroi n'est recevable deux ans après que le paiement a été effectué ; la douane est pareillement non recevable à former aucune demande en paiement de ces droits un an après que l'acquittement aurait dû en avoir lieu, à moins qu'il n'y ait eu, avant lesdits termes, soit pour des redevables, soit pour la douane, contrainte décernée et signifiée, demande formée en justice, condamnation, promesse, conventions ou obligations particulières et spéciales, relativement à la somme qui serait répétée.

Enfin la liste des objets exonérés des taxes d'octroi de mer est sensiblement plus longue que celle du décret du 7 décembre 1889. Elle comprend, en outre : 1° les chevaux et mulets importés sur commandes directes de la gendarmerie et de l'artillerie ; 2° le guano du Pérou ; 3° la glace naturelle et artificielle ; 4° les machines à décortiquer la ramie ; 5° les objets de collections hors de commerce ; 6° les livres de toutes sortes et cartes géographiques.

Il faut ajouter que le prélèvement sur les recettes de l'octroi de mer, au profit des agents des douanes, a été porté de un à un et demi pour cent par un décret du 24 août 1891.

Réunion. — Le décret du 17 février 1891, qui détermine le régime de l'octroi de mer à la Réunion, reproduit en grande partie les dispositions de celui du 7 décembre 1889 pour la Martinique. Toutefois, on n'a pas jugé à propos d'y insérer un certain nombre des clauses en vigueur aux Antilles ; c'est ainsi que le décret du 17 février 1891 ne fait pas mention des prescriptions édictées par les articles 5, 8, 10, 13 § 2, 15, 17, 19, 20 et 26 du décret de 1889.

D'autre part, la répartition du produit de l'octroi de mer se fait, entre les communes, moitié au prorata de leur population respective et moitié d'après le montant de leurs dépenses obligatoires. Cette innovation ne paraît pas heureuse, car elle ne constitue rien moins qu'un encouragement à la bonne gestion des ressources communales.

Le prélèvement effectué sur le produit brut des recettes est fixé à 1 1/2 p. 100 au profit des employés du service des douanes, et à 0.80, 0.48 ou 0.32 p. 100, au profit du trésorier-payeur et du trésorier particulier, suivant qu'elles sont inférieures à 600,000 fr. ou à 1,000,000 fr., ou supérieures à ce dernier chiffre.

Les droits d'octroi à percevoir sont ceux exigibles au moment du dépôt des déclarations par les redevables.

Dans tous les cas de modifications ou de changements au tarif, la quotité des droits à percevoir est déterminée par la date à la quelle les déclarations en détail sont inscrites au registre du bureau des douanes du port ou de la localité où les marchandises sont déjà arrivées et peuvent être présentées au service.

Les déclarations ne peuvent être faites par anticipation, c'est-à-dire avant que les marchandises qui en sont l'objet soient débarquées dans le port du bureau où la déclaration est présentée.

La valeur sur laquelle doivent être calculés les droits doit être la valeur au lieu d'origine ou de fabrication de l'objet importé, augmentée *des frais de dédouanement en France,* de transport, etc. Les voyageurs supportent la charge de la conduite de leurs bagages au lieu de la vérification, etc.

Aucune personne n'est recevable à former des demandes en restitution de droits d'octroi de mer deux ans après l'époque du paiement des droits.

L'administration est déchargée envers les redevables, trois ans après chaque année expirée, de la garde des registres de liquidation et autres de ladite année, sans pouvoir être tenue de les représenter s'il y avait des instances encore subsistantes pour les instructions et jugements desquels lesdits registres et pièces seraient nécessaires.

L'administration est non recevable à former en justice aucune demande en paiement de droits d'octroi de mer un an après que lesdits droits auraient dû être payés.

Lesdites prescriptions n'ont pas lieu quand il y a eu avant lesdits termes, soit pour l'administration, soit pour les parties, contrainte décernée et signifiée, demande formée en justice, condamnation, promesse, conventions ou obligations particulières et spéciales relativement à l'objet qui serait répété.

Enfin l'exonération du droit d'octroi de mer est attribuée aux outils, livres et instruments d'art ou de mécanique importés par ou pour des personnes venant s'établir dans la colonie, et aux effets à l'usage des voyageurs. Les autres exemptions sont celles que prévoit le décret de 1889 pour la Martinique.

Il faut ajouter qu'un décret du 12 juin 1889 a établi la responsabilité des propriétaires et détenteurs de marchandises, en cas de pénalités encourues par leurs agents pour contraventions en matière d'octroi de mer, comme en matière de douanes et de contributions indirectes.

Guyane. — L'octroi de mer est régi à la Guyane par le décret du 4 mars 1881, qui approuve la délibération du conseil général du 21 décembre 1880. Un droit de 5 p. 100 *ad valorem* est perçu sur les objets de toute nature ou de toute provenance, sauf sur les marchandises ci-après, qui sont seules exemptes du droit :

1° Les armes et munitions de guerre proprement dites ;

2° Les effets d'habillement et d'équipement pour les troupes ;

3° Les approvisionnements destinés aux bâtiments de l'État ;

4° Les objets de toute sorte introduits par l'administration locale pour le compte des services publics qui sont à la charge de la colonie ;

5° Les objets à usage ayant servi et les trousseaux des élèves envoyés dans la colonie ;

6° La glace et le matériel destiné à la fabriquer.

Il est prélevé sur le produit brut de l'octroi :

1° Un douzième au profit du service local pour frais de perception ;

2° Un demi pour cent pour les remises du trésorier et un demi pour cent pour être réparti entre le personnel de la douane.

Le droit d'octroi, perçu sur liquidation des douanes, est réparti entre les communes, à l'expiration de chaque trimestre, au moyen de mandats émis par le directeur de l'intérieur.

La perception de ces taxes est opérée, d'ailleurs, d'après les règles applicables aux droits de douane.

Saint-Pierre et Miquelon. — Le décret du 25 novembre 1890 réglemente l'octroi de mer aux îles Saint-Pierre et Miquelon.

La perception a lieu d'après les lois, décrets, décisions ministérielles et arrêtés locaux en vigueur dans la colonie en matière de douanes.

Les réexportateurs sont tenus, pour jouir du dégrèvement, de faire au préalable une déclaration d'exportation au bureau des douanes, qui doit aussitôt prendre les mesures nécessaires pour la vérification. Il est tenu un registre des déclarations qui doivent être signées par le déclarant. Les droits perçus à l'entrée ne sont restitués qu'autant que la réexportation sur un même navire donnerait lieu à un remboursement d'au moins dix francs.

Après prélèvement du dixième à attribuer au service local pour frais de perception, il est affecté à chacune des communes autres que la commune chef-lieu la somme nécessaire pour assurer, avec les ressources ordinaires de la commune, le paiement de ses dépenses obligatoires, calculées conformément aux chiffres arrêtés par le gouverneur en conseil privé. Le surplus du produit de l'octroi de mer est affecté à la commune chef-lieu.

Nouvelle-Calédonie. — L'octroi de mer à la Nouvelle-Calédonie est perçu conformément aux règles établies par l'arrêté local du 23 décembre 1879. Le produit en est réparti par moitié entre la commune de Nouméa et les autres municipalités. Le tarif, tel qu'il résultait des arrêtés du 23 décembre 1879 et du 8 janvier 1884, était tout d'abord de 2 p. 100 *ad valorem*.

Mais le décret du 1er août 1887 a autorisé la substitution, pour certains produits dans les tarifs de l'octroi de mer, d'un droit spécifique à la taxation antérieure. Le tarif a été modifié de nouveau par une délibération du conseil général du 17 septembre 1889.

Sénégal. — Les droits d'octroi de mer, qui sont perçus à Saint-Louis en vertu d'un arrêté local du 12 juillet 1877, sont tantôt spécifiques, tantôt *ad valorem*.

Sont admis en franchise : les armes et munitions de guerre proprement dites, les habillements et les effets militaires pour les troupes, les approvisionnements de matériel et de vivres destinés au service des bâtiments de l'État, les ornements d'église et objets destinés au culte importés pour le compte des fabriques, les livres de bibliothèques particulières et publiques, les effets à usage, les outils et instruments d'arts libéraux ou mécaniques, importés par des Français entrant dans la colonie ou par des étrangers qui viennent s'y établir.

A Dakar, un décret du 7 mars 1884 a institué un droit, calculé généralement sur la base de 5 p. 100, sur les bois et matériaux de construction, les goureaux, les vins en barrique, les gros fers et les fontes ouvrées ou non ouvrées. A la suite de la séparation des communes de Dakar et de Gorée, les ressources de la dernière furent réduites au point que l'équilibre de son budget était compromis. Le conseil général vota alors l'élévation du tarif des droits d'octroi perçus à Gorée, et un décret du 9 février 1889 ratifia cette délibération. Les droits sont spécifiques ou de 7 p. 100 *ad valorem*. Toutefois, les vivres, matières et objets appartenant à l'État sont exempts de tout droit d'octroi de mer.

Établissements de l'Océanie. — L'octroi de mer dans les établissements français de l'Océanie a été perçu à l'origine d'après les règles instituées par les arrêtés locaux des 26 décembre 1871, 22 janvier 1872 et 9 janvier 1873. Un arrêté du

18 janvier 1888 rendit exécutoire une délibération du conseil général qui frappait les produits importés d'un droit de 13 p. 100 et en plus, pour certains d'entre eux, d'une taxe spécifique. Le décret du 6 février 1888 se borna à déterminer la nomenclature des articles d'importation à exonérer du droit d'octroi de mer.

Ce tarif ayant été modifié par le conseil général lors de l'application à la colonie de la nouvelle loi douanière, le gouverneur a été invité, par dépêche du 25 novembre 1893, à soumettre à l'Assemblée locale un projet de décret fixant le mode d'assiette, les règles de perception et le mode de répartition de l'octroi de mer.

§ 6. — CHAMBRES DE COMMERCE DES COLONIES.

Dès le 17 mars 1777, le gouverneur de la Martinique recevait des instructions royales lui enjoignant de constituer une assemblée avec les notables négociants et capitaines de navires français, dans le but de fixer la nature et la quantité des marchandises d'importations étrangères qui seraient nécessaires à la colonie ; telle est l'origine de nos chambres de commerce coloniales. Les plus anciennes de ces chambres de commerce ont eu des organisations spéciales au début, leur réglementation étant purement locale, mais ces organisations se sont unifiées par la suite et elles fonctionnent actuellement comme celles des colonies nouvelles, d'après des arrêtés des gouverneurs inspirés par les décisions qui régissent les mêmes institutions en France.

Il existe dix-huit chambres de commerce aux colonies :

Deux à la Martinique, à Saint-Pierre et à Fort-de-France. (Arrêtés locaux des 17 juillet 1820 et 17 mars 1855.)

Deux à la Guadeloupe, à la Basse-Terre et à la Pointe-à-Pitre. (Arrêtés locaux des 31 juillet 1832 ; 8 novembre 1852 ; 29 octobre 1861 ; 29 décembre 1887.)

Une à la Réunion, à Saint-Denis. (Arrêtés locaux des 7 août 1830 ; 4 août 1849 ; 4 mai 1857 ; 28 mars 1871 ; 5 août 1879.)

Une à Saint-Pierre et Miquelon. (Arrêtés locaux des 25 avril

1872 ; 15 janvier et 23 septembre 1873 ; 1er août 1878 ; 16 juin 1892.)

Une à la Guyane, à Cayenne. (Arrêtés locaux des 9 mai et 9 juin 1881 ; 25 novembre 1882 ; 7 juillet 1893.)

Quatre au Sénégal, à Saint-Louis, Gorée, Dakar et Rufisque. (Arrêtés locaux des 29 décembre 1869 ; 30 avril 1877 ; 31 mai 1878 ; 9 janvier 1883 ; 14 décembre 1887.)

Une dans les établissements français de l'Inde, à Pondichéry. (Arrêtés locaux des 7 septembre 1852 ; 13 octobre 1854 ; 18 août 1855 ; 19 juin 1856 ; 1er septembre 1864 ; 5 juin 1868 ; 17 juin 1873 ; 13 août 1879 ; 31 juillet 1880.)

Une en Cochinchine, à Saïgon. (Arrêtés locaux des 30 septembre 1868 ; 4 juin 1877 ; 23 janvier 1878 ; 28 juillet et 30 août 1883 ; 31 mars 1885.)

Deux au Tonkin, à Hanoï et à Haïphong. (Arrêté locaux des 23 novembre 1884 ; 3 juin 1886 ; 21 juillet 1888 ; 11 février 1889.)

Un en Nouvelle-Calédonie, à Nouméa. (Arrêtés locaux des 29 octobre 1879 ; novembre 1892.)

Une à Tahiti, à Papeete. (Arrêtés locaux des 30 juin 1880 ; 23 mai 1884 ; 28 mars 1887.)

Une au Soudan français, à Kayes, datant de 1893.

Il existe, en outre, à Libreville (Congo français) un conseil de commerce et d'agriculture qui tient lieu de chambre de commerce et dont le fonctionnement a été réglé par des arrêtés locaux des 29 novembre 1884 et 10 février 1888. Nos autres possessions ne sont pas encore pourvues de chambres de commerce.

A Tamatave fonctionne une chambre de commerce qui relève de l'administration du protectorat de Madagascar encore confiée au département des affaires étrangères.

Sauf dans l'Inde et en Nouvelle-Calédonie où elles sont simplement des assemblées consultatives, les chambre de commerce coloniales exercent les mêmes attributions que celles de la métropole comme organes officiels du commerce local et représentant les négociants quant à la protection de leurs intérêts collectifs. Il leur appartient de donner leur opinion sur tous les moyens propres à développer le commerce et l'industrie du pays, et d'émettre des avis sur les modifications dont peut être susceptible la législation commerciale, sur la création et l'organisation de nouvelles chambres de commerce, sur la création des bourses, des charges d'agents de change et de courtiers, des banques, etc., sur les tarifs.

En tant qu'établissements publics, ces chambres ont la personnalité civile et une fortune propre dont les éléments sont tirés surtout des centimes additionnels aux patentes alloués par la représentation locale ou le conseil d'administration de la colonie à défaut de conseil général ou colonial. Les chambres de commerce établissent généralement leur budget qui est approuvé par le gouverneur dans chaque colonie.

Les chambres sont autorisées, par faveur spéciale, à correspondre directement avec le ministre des colonies, mais elles doivent communiquer à l'administration locale, avant de les expédier, les lettres qu'elles envoient ainsi à l'administration centrale de Paris.

Le nombre des membres de commerce aux colonies varie entre 6 et 14. Les électeurs doivent être citoyens français, commerçants payant patente ou licence, majeurs, inscrits au rôle des patentes depuis un an au moins. En Cochinchine et dans l'Inde, les négociants indigènes et étrangers prennent part au vote.

Sont éligibles aux chambres de commerce coloniales, les citoyens français majeurs (sauf au Sénégal, en Cochinchine, à Tahiti, dans l'Inde, à la Guadeloupe, et à Saint-Pierre et Miquelon où les conditions d'âge varient entre 25 et 30 ans), qui ont exercé le commerce, l'industrie ou la pêche pendant un temps qui varie suivant les colonies. En Cochinchine, au Tonkin, à Tahiti, les chambres de commerce peuvent, exceptionnellement, compter parmi leurs membres des indigènes ou des étrangers commerçants.

Les chambres de commerce aux colonies sont élues pour 3 ou 6 ans et renouvelables par tiers ou par moitié.

Outre les chambres de commerce de Saint-Pierre et de Fort-de-France, il existe à la Martinique (Saint-Pierre) une bourse de commerce créée par décret du 28 novembre 1851. Ce même décret a institué des charges d'agents de change et de courtiers à Saint-Pierre. Les règles du décret de 1851 quant aux agents de change sont appliquées à la Guadeloupe, à la Guyane et à la Réunion. Un arrêté du 15 mars 1867 a promulgué en Cochinchine, dans ses principales dispositions, la loi du 18 juillet 1866 concernant les courtiers de marchandises.

APPENDICE N° 1

Contenant les modifications survenues dans l'organisation coloniale depuis la publication du tome I de cet ouvrage, et pendant l'impression du tome II.

Nous suivrons, pour le classement des documents que comprend cet appendice, l'ordre adopté dans la présentation des matières des deux volumes de notre traité sur l'organisation des colonies françaises et des pays de protectorat.

TOME Ier

A. — GÉOGRAPHIE POLITIQUE

Délimitation des colonies du Congo français et du Cameroun. — Une loi du 25 juillet 1894, portant approbation de l'arrangement conclu à Berlin pour la délimitation des colonies du Congo français et du Cameroun et des sphères d'influence française et allemande dans la région du lac Tchad, a autorisé le Président de la République à ratifier et à faire exécuter l'arrangement en question qui a fait l'objet du protocole du 4 février 1894 et de l'acte confirmatif du 15 mars suivant.

Voici le texte des actes relatifs à ladite convention :

Le Président de la République française,
Sur la proposition du ministre des affaires étrangères et des colonies,
  Décrète :
Art. 1er. — Une convention ayant été conclue à Berlin, le 15 mars 1894, entre le gouvernement de la République française et le gouvernement de S. M. l'empereur d'Allemagne pour la délimitation des colonies du Congo français et du Cameroun et des sphères d'influence fran-

çaise et allemande dans la région du lac Tchad, et les ratifications de cet acte ayant été échangées à Berlin, le 10 août 1894, ladite convention dont la teneur suit recevra sa pleine et entière exécution :

Convention.

Le gouvernement de la République française et le gouvernement de S. M. l'empereur d'Allemagne, ayant résolu, dans un esprit de bonne entente mutuelle, de donner force et vigueur à l'accord préparé par leurs délégués respectifs pour la délimitation des colonies du Congo français et du Cameroun, et pour la détermination des sphères d'influence française et allemande dans la région du lac Tchad, les soussignés :

M. Jules Herbette, ambassadeur extraordinaire et plénipotentiaire de la République française auprès de S. M. l'empereur d'Allemagne, et

Le baron de Marschall, secrétaire d'État des affaires étrangères de l'empire d'Allemagne,

Dûment autorisés à cet effet, confirment le protocole (avec ses annexes) dressé à Berlin le 4 février dernier, et dont la teneur suit :

Protocole.

Les soussignés :

Jacques Haussmann, chef de division au sous-secrétariat d'État des colonies ;

Parfait-Louis Monteil, chef de bataillon d'infanterie de marine ;

Docteur Paul Kayser, conseiller privé actuel de légation dirigeant les affaires coloniales au département des affaires étrangères ;

Docteur Alexandre baron de Danckelman, professeur ;

Délégués par le gouvernement de la République française et par le gouvernement de l'empire allemand à l'effet de préparer un accord destiné à régler les questions pendantes entre la France et l'Allemagne dans la région comprise entre les colonies du Congo français et du Cameroun, et à établir la ligne de démarcation des zones d'influence respectives des deux pays dans la région du lac Tchad, sont convenus des dispositions suivantes :

Art. 1er. — La frontière entre la colonie du Congo français et la colonie du Cameroun suivra, à partir de l'intersection du parallèle formant la frontière avec le méridien 12°40' Paris (15° Greenwich), ledit méridien jusqu'à sa rencontre avec la rivière Ngoko, le Ngoko jusqu'à sa rencontre avec le parallèle 2°[1] ; de là, en se dirigeant vers l'est, ce pa-

---

1. Voir annexe, paragraphe 2.

rallèle jusqu'à sa rencontre avec la rivière Sangha. Elle suivra ensuite, en remontant vers le nord, sur une longueur de 30 kilomètres, la rivière Sangha ; du point qui sera ainsi déterminé sur la rive droite de la Sangha, une ligne droite aboutissant, sur le parallèle de Bania, à 62 minutes (62′) à l'ouest de Bania ; de ce point, une ligne droite aboutissant, sur le parallèle de Gaza, à 43 minutes (43′) à l'ouest de Gaza.

De là, la frontière se dirigera en ligne droite vers Koundé, laissant Koundé à l'est avec une banlieue déterminée à l'ouest par un arc de cercle d'un rayon de 5 kilomètres, partant, au sud, du point où il sera coupé par la ligne allant à Koundé et finissant, au nord, à son intersection avec le méridien de Koundé ; de là, la frontière suivra le parallèle de ce point jusqu'à sa rencontre avec le méridien 12°40′ Paris (15° Greenwich) [1].

Le tracé suivra ensuite le méridien 12°40′ Paris (15° Greenwich) jusqu'à sa rencontre avec le parallèle 8°30′, puis une ligne droite aboutissant à Lamé, en laissant une banlieue de 5 kilomètres à l'ouest de ce point.

De Lamé, une ligne droite aboutissant sur la rive gauche du Mayo-Kebbi, à hauteur de Bifara [2]. Du point d'accès à la rive gauche du Mayo-Kebbi, la frontière traversera la rivière et remontera en ligne droite vers le nord, laissant Bifara à l'est, jusqu'à la rencontre du 10ᵉ parallèle. Elle suivra ce parallèle jusqu'à sa rencontre avec le Chari [3], enfin le cours du Chari jusqu'au lac Tchad [4].

Art. 2. — Le gouvernement français et le gouvernement allemand prennent l'engagement réciproque de n'exercer aucune action politique dans les sphères d'influence qu'ils se reconnaissent par la ligne de démarcation déterminée à l'article précédent. Il est convenu par là que chacune des deux puissances s'interdit de faire des acquisitions territoriales, de conclure des traités, d'accepter des droits de souveraineté ou de protectorat, de gêner ou de contester l'influence de l'autre puissance dans la zone qui lui est réservée.

Art. 3. — L'Allemagne, en ce qui concerne la partie des eaux de la Benoué et de ses affluents comprise dans sa sphère d'influence ; la France, en ce qui concerne la partie du Mayo-Kebbi et des autres affluents de la Benoué comprise dans sa sphère d'influence, se reconnaissent respectivement tenues d'appliquer et de faire respecter les dispositions relatives à la liberté de navigation et de commerce énumérées dans les articles 26, 27, 28, 29, 31, 32, 33 de l'acte de Berlin du 26 février 1885, de

---

1. Voir annexe, paragraphe 3.
2. Voir annexe, paragraphe 4.
3. Voir annexe, paragraphe 3.
4. Voir annexe, paragraphe 5.

même que les clauses de l'acte de Bruxelles relatives à l'importation des armes et des spiritueux.

La France et l'Allemagne s'assurent respectivement le bénéfice de ces mêmes dispositions en ce qui concerne la navigation du Chari, du Logone et de leurs affluents et l'importation des armes et des spiritueux dans les bassins de ces rivières.

Art. 4. — Dans les territoires de leurs zones d'influence respectives, compris dans les bassins de la Benoué et de ses affluents, du Chari, du Logone et de leurs affluents, de même que dans les territoires situés au sud et au sud-est du lac Tchad, les commerçants ou les voyageurs des deux pays seront traités sur le pied d'une parfaite égalité en ce qui concerne l'usage des routes ou autres voies de communication terrestre. Dans ces mêmes territoires, les nationaux des deux pays seront soumis aux mêmes règles et jouiront des mêmes avantages au point de vue des acquisitions et installations nécessaires à l'exercice et au développement de leur commerce et de leur industrie.

Sont exclues de ces dispositions les routes et voies terrestres de communication des bassins côtiers de la colonie du Cameroun ou des bassins côtiers de la colonie du Congo français non compris dans le bassin conventionnel du Congo tel qu'il a été défini par l'acte de Berlin.

Ces dispositions, toutefois, s'appliquent à la route Yola, Ngaoudéré, Koundé, Gaza, Bania et *vice versa*, telle qu'elle est repérée sur la carte annexée au présent protocole, alors même qu'elle serait coupée par des affluents des bassins côtiers.

Les tarifs des taxes ou droits qui pourront être établis de part et d'autre ne comporteront, à l'égard des commerçants des deux pays, aucun traitement différentiel.

Art. 5. — En foi de quoi les délégués ont dressé le présent protocole et y ont apposé leurs signatures.

Fait à Berlin, en double expédition, le 4 février 1894.

Les Délégués français :　　　　*Les Délégués allemands :*
HAUSSMANN, MONTEIL.　　　　KAYSER, DANCKELMAN.

ANNEXE.

§ Ier. — La ligne de démarcation des sphères d'influence respectives des deux puissances contractantes, telle qu'elle est décrite à l'article 1er du protocole du même jour, sera conforme au tracé porté sur la carte annexée au présent protocole, qui a été établie d'après les données géographiques actuellement connues et admises de part et d'autre.

§ II. — Dans le cas où la rivière Ngoko, à partir de son intersection avec le méridien 12°40' Paris (15° Greenwich) ne couperait pas le 2° parallèle, la frontière suivrait le Ngoko sur une longueur de 35 kilomètres à l'est de son intersection avec le méridien 12°40' Paris (15° Greenwich) ; à partir du point ainsi déterminé à l'est, elle rejoindrait par une ligne droite l'intersection du 2° parallèle avec la Sangha.

§ III. — S'il venait à être démontré à la suite d'observations nouvelles dûment vérifiées que les positions de Bania, de Gaza ou de Koundé sont erronées et que, par suite, la frontière, telle qu'elle est définie par le présent protocole, se trouve reportée, au regard de l'un de ces trois points, d'une distance supérieure à dix minutes (10') de degré à l'ouest du méridien 12°40' Paris (15° Greenwich), les deux gouvernements se mettraient d'accord pour procéder à une rectification du tracé, de manière à établir une compensation équivalente au profit de l'Allemagne dans la région en question.

Une rectification du même genre interviendrait, en vue d'établir une compensation au profit de la France, s'il était démontré que l'intersection du parallèle 10° avec le Chari reporte la frontière à une distance de plus de dix minutes (10') à l'est du point indiqué sur la carte (longitude 14°50' Paris, 17°10' Greenwich).

§ IV. — En ce qui concerne le point d'accès au Mayo-Kebbi, il demeure entendu que, quelle que soit la position définitivement reconnue pour ce point, la frontière laissera dans la sphère d'influence française les villages de Bifara et de Lamé.

§ V. — Dans le cas où le Chari, depuis Goulfei jusqu'à son embouchure dans le Tchad, se diviserait en plusieurs bras, la frontière suivrait la principale branche navigable jusqu'à l'entrée dans le Tchad, avec cette réserve que, pour que ce tracé soit définitif, la différence de longitude entre le point ainsi atteint par la frontière sur la rive sud du Tchad et Kouka, capitale du Bornou, pris comme point fixe, sera un degré.

Dans le cas où des observations ultérieures, dûment vérifiées, démontreraient que l'écart en longitude entre Kouka et ladite embouchure diffère de cinq minutes de degré (5') en plus ou en moins de celui qui vient d'être indiqué, il y aurait lieu, par une entente amiable, de modifier le tracé de cette partie de la frontière de manière que les deux pays conservent, au point de vue de l'accès au Tchad et des territoires qui leur sont reconnus dans cette région, des avantages équivalents à ceux qui leur sont assurés par le tracé porté à la carte annexée au présent protocole.

§ VI. — Toutes les fois que le cours d'un fleuve ou d'une rivière est indiqué comme formant la ligne de démarcation, c'est le thalweg du fleuve ou de la rivière qui est considéré comme frontière.

§ VII. — Les deux gouvernements admettent qu'il y aura lieu, dans l'avenir, de substituer progressivement aux lignes idéales qui ont servi à déterminer la frontière telle qu'elle est définie par le présent protocole, un tracé déterminé par la configuration naturelle du terrain et jalonné par des points exactement reconnus, en ayant soin, dans les accords qui interviendront à cet effet, de ne pas avantager l'une des deux parties sans compensation équitable pour l'autre.

Vu pour être annexé au protocole du 4 février 1894.

Les Délégués français :
HAUSSMANN, MONTEIL.

Les Délégués allemands :
KAYSER, DANCKELMAN.

La présente convention sera ratifiée et les ratifications en seront échangées à Berlin dans le délai de six mois ou plus tôt si faire se peut.

Fait à Berlin, le 15 mars 1894, en double exemplaire.

Signé : Jules HERBETTE.
Signé : FREIHERR VON MARSCHALL.

Art. 2. — Les ministres des affaires étrangères et des colonies sont chargés, chacun en ce qui le concerne, de l'exécution du présent décret.

Fait à Pont-sur-Seine, le 13 août 1894.

CASIMIR-PERIER.

Par le Président de la République :
Le Ministre des affaires étrangères,
G. HANOTAUX.

Le Ministre des colonies,
DELCASSÉ.

Délimitation des possessions de la France et de la République de Libéria. — Une loi du 31 juillet 1894 portant approbation de l'arrangement conclu le 8 décembre 1892 entre le gouvernement de la République française et le gouvernement de la République de Libéria a autorisé le Président de la République à ratifier et à faire exécuter cet arrangement.

Voici les textes relatifs audit arrangement :

Le Président de la République française,

Sur la proposition du ministre des affaires étrangères,

Décrète :

Art. 1er. — Un arrangement relatif à la délimitation des possessions françaises et des territoires de la République de Libéria, ayant été conclu à Paris, le 8 décembre 1892, entre le gouvernement de la République française et le gouvernement de la République de Libéria, et les ratifications de cet acte ayant été échangées à Paris le 10 août 1894, ledit arrangement dont la teneur suit recevra sa pleine et entière exécution :

Arrangement

Relatif à la délimitation des possessions françaises et des territoires de la République de Libéria, signé à Paris, le 8 décembre 1892.

Les soussignés :

Hanotaux, ministre plénipotentiaire, directeur des consulats et des affaires commerciales au ministère des affaires étrangères de la République française, etc., etc. ;

Haussmann, chef de division au sous-secrétariat d'État des colonies de la République française, etc., etc. ;

Et le baron de Stein, ministre résident et consul général de la République de Libéria en Belgique, commissaire de la République de Libéria près le gouvernement de la République française, etc., etc.,

Délégués par le gouvernement de la République française et par le gouvernement de la République de Libéria, à l'effet de préparer un accord relatif à la délimitation des possessions françaises et des territoires de la République de Libéria,

Sont convenus des dispositions suivantes de part et d'autre, sauf ratification des gouvernements respectifs :

Art. 1er. — Sur la côte d'Ivoire et dans l'intérieur, la ligne frontière entre les possessions françaises et la République de Libéria sera constituée comme suit, conformément au tracé rouge porté sur la carte annexée au présent arrangement en double et paraphée, savoir :

1° Par le thalweg de la rivière Cavally jusqu'à un point situé à environ 20 milles au sud du confluent de la rivière Fodédougou-Ba à l'intersection du 6°30′ de latitude nord et du 9°12′ de longitude ouest ;

2° Par le parallèle passant par ledit point d'intersection jusqu'à la rencontre du 10° de longitude ouest de Paris, étant entendu, en tout cas, que le bassin du grand Scisters appartient au Libéria et que le bassin du Fodédougou-Ba appartient à la France ;

3° Par le méridien 10° jusqu'à sa rencontre avec le 7° de latitude nord ; à partir de ce point, la frontière se dirigera en ligne droite vers le point d'intersection du 11° avec le parallèle qui passe par Tembi-Counda, étant entendu que la ville de Barmaquirlla et la ville de Mahomadou appartiendront à la République de Libéria, les points de Naalah et de Mousardou restant par contre à la France ;

4° La frontière se dirigera ensuite vers l'ouest, en suivant ce même parallèle jusqu'à sa rencontre au 13° de longitude ouest de Paris, avec la frontière franco-anglaise de Sierra-Leone.

Ce tracé devra, en tous cas, assurer à la France le bassin entier du Niger et de ses affluents.

Art. 2. — La navigation sur la rivière Cavally, jusqu'au confluent du Fodédougou-Ba, sera libre et ouverte au trafic et aux habitants des deux pays.

La France aura le droit de faire, à ses frais, dans le cours ou sur l'une et l'autre rive du Cavally, les travaux qui pourraient être nécessaires pour le rendre navigable, restant toutefois entendu que, de ce fait, aucune atteinte ne sera portée aux droits de souveraineté qui, sur la rive droite, appartiennent à la République de Libéria. Dans le cas où les travaux exécutés donneraient lieu à l'établissement de taxes, celles-ci seraient déterminées par une nouvelle entente entre les deux gouvernements.

Art. 3. — La France renonce aux droits résultant pour elle des anciens traités conclus sur différents points de la côte des Graines, et reconnaît la souveraineté de la République de Libéria sur le littoral à l'ouest de la rivière Cavally.

La République de Libéria abandonne, de son côté, toutes les prétentions qu'elle pouvait faire valoir sur les territoires de la côte d'Ivoire situés à l'est de la rivière Cavally.

Art. 4. — La République de Libéria facilitera, comme par le passé, dans la mesure de ses moyens, le libre engagement des travailleurs sur la côte de Libéria par le gouvernement français ou par ses ressortissants. Les mêmes facilités seront accordées réciproquement à la République de Libéria et à ses ressortissants, sur la partie française de la côte d'Ivoire.

Art. 5. — En reconnaissant à la République de Libéria les limites qui viennent d'être déterminées, le gouvernement de la République française déclare qu'il n'entend s'engager que vis-à-vis de la République libérienne libre et indépendante, et fait toutes ses réserves, soit pour le cas où cette indépendance se trouverait atteinte, soit dans le cas où la République de Libéria ferait abandon d'une partie quelconque des territoires qui lui sont reconnus par la présente convention.

Fait à Paris, en double exemplaire, le 8 décembre 1892.

(*L. S.*) Signé : G. HANOTAUX.
(*L. S.*) Signé : J. HAUSSMANN.
(*L. S.*) Signé : BARON DE STEIN.

Art. 2. — Le ministre des affaires étrangères est chargé de l'exécution du présent décret.

Fait à Pont-sur-Seine, le 13 août 1894.

CASIMIR-PERIER.

Par le Président de la République :
Le Ministre des affaires étrangères,
G. HANOTAUX.

Traité entre la France et l'État du Congo. — Voici le texte de l'arrangement conclu le 14 août entre la France et l'État indépendant du Congo :

Les soussignés, Gabriel Hanotaux, ministre des affaires étrangères de la République française, officier de l'ordre de la Légion d'honneur, etc.;

Et Jacques Haussmann, directeur des affaires poliques et commerciales au ministère des colonies, officier de l'ordre de la Légion d'honneur, chevalier de l'ordre de Léopold de Belgique, etc. ;

Joseph Devolder, ancien ministre de la justice et ancien ministre de l'intérieur et de l'instruction publique de S. M. le Roi des Belges, vice-président du conseil supérieur de l'État indépendant du Congo, officier de l'ordre de Léopold de Belgique, grand-officier de l'ordre de la Légion d'honneur, etc.,

Et le baron Constant Goffinet, chevalier de l'ordre de Léopold de Belgique, chevalier de l'ordre de la Légion d'honneur, etc.,

Plénipotentiaires de la République française et de l'État indépendant du Congo délégués à l'effet de préparer un accord relatif à la délimitation des possessions respectives des deux États et de régler les autres questions pendantes entre eux, sont convenus des dispositions suivantes :

Art. 1er. — La frontière entre l'État indépendant du Congo et la colonie du Congo français, après avoir suivi le thalweg de l'Oubanghi jusqu'au confluent du M'Bomou[1] et du Ouellé, sera constituée ainsi qu'il suit :

1° Le thalweg du M'Bomou jusqu'à sa source ;

2° Une ligne droite rejoignant la crête de partage des eaux entre les bassins du Congo et du Nil.

A partir de ce point, la frontière de l'État indépendant est constituée par ladite crête de partage jusqu'à son intersection avec le 30° de longitude est Greenwich (27°40' Paris).

---

1. Les termes de « M'Bomou » et « Sources du M'Bomou » se rapportent aux indications contenues dans la carte de Junker (Gotha, Justus Perthes, 1888).

Art. 2. — Il est entendu que la France exercera, dans des conditions qui seront déterminées par un arrangement spécial, le droit de police sur le cours du M'Bomou, avec un droit de suite sur la rive gauche, mais exclusivement le long de la rivière, en cas de flagrant délit, et autant que la poursuite par les agents français serait indispensable pour amener l'arrestation des auteurs d'infractions commises sur le territoire français ou sur les eaux de la rivière.

Elle aura, au besoin, un droit de passage sur la rive gauche, pour assurer ses communications le long de la rivière.

Art. 3. — Les postes établis par l'État indépendant au nord de la frontière stipulée par le présent arrangement seront remis aux agents accrédités par l'autorité française au fur et à mesure que ceux-ci se présenteront sur les lieux.

Des instructions à cet effet seront concertées immédiatement entre les deux gouvernements et seront adressées à leurs agents respectifs.

Art. 4. — L'État indépendant s'engage à renoncer à toute occupation et à n'exercer, à l'avenir, aucune action politique d'aucune sorte à l'ouest et au nord d'une ligne ainsi déterminée :

Le 30° de longitude est de Greenwich (27°40' Paris) à partir de son intersection avec la crête de partage des eaux des bassins du Congo et du Nil, jusqu'au point où ce méridien rencontre le parallèle 5°30', puis ce parallèle jusqu'au Nil.

Art. 5. — Le présent arrangement sera ratifié et les ratifications en seront échangées à Paris dans le délai de trois mois ou plus tôt, si faire se peut.

Art. 6. — En foi de quoi les plénipotentiaires ont dressé le présent arrangement et y ont apposé leurs signatures.

Fait à Paris, en double exemplaire, le 14 août 1894.

G. Hanotaux.   J. Devolder.
J. Haussmann.   Baron Goffinet.

B. — ORGANISATION DE L'ADMINISTRATION DES COLONIES EN FRANCE

ORGANISATION DU MINISTÈRE DES COLONIES

Le ministère des colonies, créé par une loi du 20 mars 1894, a été organisé par les décrets des 5 mai et 28 juillet 1894 qui ont trait à l'administration centrale proprement dite, ainsi que par trois décrets du 17 août 1894 constituant, audit ministère, une direction du contrôle, une inspection générale du service de santé et une inspection générale des travaux publics des colonies. Un décret du 17 juillet 1894, conséquence de la formation du ministère des colonies, a institué un comité consultatif du contentieux des colonies.

Nous reproduisons ci-après le texte combiné des deux décrets des 5 mai et 28 juillet 1894, le second modifiant les articles 1, 3, 5 et 6 du premier et ajoutant un deuxième paragraphe à l'article 21, ainsi que le texte des autres actes précités ; nous y annexons l'arrêté ministériel du 10 août 1894 par lequel M. Delcassé, ministre des colonies, a fixé les attributions des bureaux dont se composent les différentes directions de l'administration centrale. Ces attributions ont déjà été étudiées dans le tome Ier de cet ouvrage (titre II, chapitre Ier), car l'ancien sous-secrétariat d'État des colonies contenait tous les éléments des nouveaux services du ministère ; nous n'avons donc pas à les analyser ici. Le lecteur n'aura notamment qu'à se reporter au premier volume de ce traité pour avoir le développement des attributions de la direction de la comptabilité et des services pénitentiaires ; l'ancien service des approvisionnements est devenu cependant un bureau d'approvisionnements généraux donnant suite aux demandes de vivres et de matériel formées par les colonies ; ces demandes sont d'abord examinées par les bureaux administratifs qui en proposent l'adoption au ministre, s'il y a lieu, et les soumettent à l'approbation du contrôle (service des *dépenses engagées*). Dans la direction des affaires commerciales et administratives, les attributions de l'ancien bureau des affaires politiques et du bureau du régime économique du sous-secrétariat d'État ont été simplement réparties en trois bureaux dans lesquels les colonies sont groupées suivant les analogies qu'elles présentent et le degré de leur développement, chacun de ces trois bureaux étudiant les affaires de toute nature intéressant le groupe de colonies qui lui est rattaché. Le bureau technique militaire et le bureau qui administrait, au sous-secrétariat d'État (2ᵉ division), les services militaires aux colonies, ont formé les éléments de la nouvelle direction de la défense des colonies. Outre ces trois directions, le décret du 28 juillet 1894, complétant le premier décret du 5 mai, a créé un service du personnel et du secrétariat comprenant un bureau du secrétariat, un bureau du personnel et un bureau de la magistrature, de l'instruction publique et des cultes qui est chargé, outre les affaires ressortissant à ces branches, des affaires générales non classées dans les autres services. Les attributions de ce dernier bureau sont, pour la plupart, celles de l'ancien bureau de la justice, de l'instruction publique et des cultes qui existait déjà au sous-secrétariat d'État ; celles des nouveaux bureaux du secrétariat et du personnel se trouvaient également prévues dans le service du cabinet du sous-secrétaire d'État. La description que nous avons donnée des rouages de l'administration centrale des colonies dans notre premier volume est donc encore vraie quant au fond ; ces rouages ont été perfectionnés, le travail a été très logiquement divisé, mais tous les éléments de l'organisation nouvelle existaient au sous-secrétariat d'État qui ne pouvait plus suffire à sa tâche tant elle était au-dessus de ses moyens d'action. Il ne restait plus à créer, pour parachever la constitution du ministère des colonies, qu'un service spécial de renseignements destiné à réunir tout un ensemble d'informations sur les questions commerciales et de colonisation. Le décret du 1ᵉʳ octobre 1894, dont nous donnerons plus loin la teneur, vient de combler cette lacune.

On trouvera ci-après, les textes combinés des deux décrets du 5 mai 1894 et du 28 juillet 1894, ainsi que ceux des actes qui les ont complétés depuis ; nous ferons précéder ces textes de quelques extraits du rapport présenté par M. Boulanger, sénateur, premier ministre des colonies, au Président de la République, en même temps que le projet même du décret du 5 mai organisant le nouveau ministère.

Extraits du rapport *présenté par M. Boulanger, sénateur, Ministre des colonies, au Président de la République, le 5 mai 1894.*

Monsieur le Président,

En votant la création d'un ministère des colonies, le Parlement a reconnu la nécessité d'apporter dans le fonctionnement de l'administration centrale des modifications profondes qui lui permettent de bien remplir la lourde tâche qui s'impose à elle par l'extension de notre domaine colonial.

Les importants services dont elle se compose doivent être spécialement constitués en vue d'obtenir les résultats suivants :

Il faut d'abord assurer à nos possessions une administration qui s'inspire des sentiments élevés d'ordre, de justice et de scrupuleuse équité, qui donne aux colons et aux indigènes la notion de leurs droits en même temps que le respect de leurs devoirs, qui fasse sentir à tous que la France, quelle que soit la distance, entend exercer sur ses colonies son influence morale et civilisatrice.

Il importe que l'administration soit assez décentralisée pour ne pas étouffer l'initiative des colonies et gêner leur libre développement ; mais il faut qu'elle conserve l'autorité souveraine nécessaire pour sauvegarder les intérêts généraux du pays, protéger quelquefois les possessions lointaines contre leur propre faiblesse et maintenir sur tous les points du globe où flotte le drapeau français, l'unité de vues indispensable à la prospérité des colonies.

En second lieu, l'administration doit tendre à procurer à nos différentes possessions la jouissance des institutions qui conviennent à chacune d'elles, à favoriser l'exploitation de leurs richesses, si nombreuses et si variées, et à rendre plus suivies leurs relations avec la métropole . . .

. . . .

Cette direction (*la première*) sera chargée des affaires administratives et commerciales. Ces affaires, au lieu d'être distribuées comme elles le sont actuellement, suivant leur nature, entre divers bureaux dont l'un traite les questions d'administration générale pour toutes les colonies, un autre les questions de législation et d'instruction publique, un troisième celles relatives aux douanes, aux travaux publics et à la colonisation, seront dorénavant examinées suivant une méthode nouvelle. Nos colonies seront groupées et réparties en cinq sections, suivant les analogies qu'elles présentent et le degré de leur développement. Chaque section étudiera les affaires de toute nature intéressant le groupe qui lui est rattaché. Cette innovation se justifie d'elle-même. On ne saurait, en effet, soumettre aux mêmes règles administratives et économiques des possessions dissemblables par leurs mœurs et par les conditions d'existence de leurs habitants. Le régime qui convient à des colonies anciennes et pourvues de conseils électifs comme les Antilles ou la Réunion, ne peut être appliqué à des établissements naissants, comme le Congo, ou à des territoires soumis d'hier, comme le Soudan, à la domination de la France.

Le groupement proposé par le projet de décret permettra de tenir compte de ces différences, sans toutefois compromettre l'unité de vues qui doit présider à la direction de la politique coloniale.

Une des principales fonctions du ministère des colonies doit être aujourd'hui d'étendre nos relations commerciales avec nos possessions lointaines, de faciliter la fondation de comptoirs ou d'exploitations agricoles et industrielles au profit de nos nationaux et d'assurer ainsi à la France, en compensation des sacrifices qu'elle a consentis pour la conquête de son empire colonial, un aliment nouveau pour son activité et un accroissement de sa richesse.

A cet effet, le projet de décret prévoit la création d'un service de renseignements destiné à réunir tout un ensemble d'informations sur les conditions du travail aux colonies, sur la nature des cultures qui peuvent y être introduites ou développées, et des produits à y échanger.

La troisième direction est consacrée à la défense des colonies.

Sa création n'implique aucun changement dans les attributions actuelles du département au point de vue militaire. Elle ne confère au ministre aucun droit nouveau sur les forces de terre ou de mer placées actuellement sous la main des ministres de la guerre et de la marine et dont le ministre des colonies ne peut se servir qu'après qu'elles ont été mises par eux à sa disposition. Elle laisse subsister la coopération actuelle de la marine dans les travaux de fortifications qui intéressent la défense générale.

Mais le ministre des colonies a une responsabilité personnelle en ce qui concerne l'action à exercer dans les colonies à l'aide des forces qui lui ont été accordées Ces forces lui sont nécessaires pour assurer la sécurité des territoires, réprimer les désordres, seconder l'influence pacifique de la France sur les régions soumises à son autorité. C'est le rôle qui lui a été attribué par le décret du 3 février 1890, dont les dispositions sont entièrement maintenues.

Cette mission impose au ministre des résolutions pour lesquelles il a besoin d'avoir auprès de lui des conseils dont la compétence s'affirme au dehors.

Elle entraîne une multiplicité de mesures concernant les effectifs, les mouvements de garnison, la solde, le casernement, les hôpitaux et autres bâtiments militaires, mesures dont la réalisation absorbe chaque année environ 50 millions.

Jusqu'à présent, la préparation de ces affaires était dispersée dans plusieurs bureaux. Dorénavant toutes ces attributions seront réunies dans une même direction. Il en ressortira, je l'espère, plus de compétence dans les études, plus de promptitude dans l'exécution et une meilleure administration des crédits budgétaires.

Telles sont, Monsieur le Président, les principales modifications que le projet de décret a pour but de consacrer. Conçues dans un esprit de stricte économie, elles n'entraîneront aucun supplément de dépense pour le budget colonial.

Elles devront être complétées par diverses prescriptions destinées à donner une meilleure organisation et une responsabilité propre aux services latéraux de l'administration centrale, tels que l'inspection des colonies, le service de santé, l'inspection générale des travaux publics.

Ces mesures feront l'objet d'arrêtés spéciaux et, s'il y a lieu, de projets de décret qui seront présentés à votre sanction.

DÉCRETS DES 5 MAI ET 28 JUILLET 1894

Titre Ier

Organisation générale.

Art. 1er. — L'administration centrale du ministère des colonies comprend, indépendamment du cabinet du ministre, trois directions et le service du personnel et du secrétariat.

Le nombre et les attributions des bureaux sont fixés conformément au tableau ci-après.

Tableau.

DÉSIGNATION DES SERVICES.	DIRECTEURS.	CHEFS de service.	SOUS-DIRECTEURS.	CHEFS de bureau.	SOUS-CHEFS de bureau.
Service du personnel et du secrétariat	»	1	»	»	»
1er bureau. — Secrétariat, enregistrement, chiffre	»	»	»	1	1
2e bureau. — Personnel de l'administration centrale et des services civils autres que la magistrature, l'instruction publique et les cultes	»	»	»	1	2
3e bureau. — Magistrature. — Instruction publique. — Cultes. — Personnel et affaires administratives ressortissant à ces services. — Affaires générales non classées dans les autres services	»	»	»	1	1
Direction des affaires politiques et commerciales	1	»	1	»	»
1er bureau. — Afrique	»	»	»		1
2e bureau. — Indo-Chine	»	»	»		1
3e bureau. — Antilles, Réunion, Guyane, Saint-Pierre et Miquelon, Inde, établissements de l'Océanie, Nouvelle-Calédonie	»	»	»	2	2
(Le 3e bureau est en outre chargé des Banques coloniales.)					
Direction de la comptabilité et des services pénitentiaires	1	»	1	»	»
1er bureau. — Budgets et comptes	»	»	»		2
2e bureau. — Approvisionnements généraux et transports, service intérieur	»	»	»	3	1
3e bureau. — Solde des services civils; pensions, archives	»	»	»		2
4e bureau. — Services pénitentiaires	»	»	»		1
Direction de la défense	1	»	»	»	»
1er bureau. — Service technique	»	»	»	1	2
2e bureau. — Services administratifs	»	»	»	1	1
Total	3	1	2	10	17

Les sous-directeurs sont chargés d'un bureau.

Le nombre total des commis rédacteurs principaux et commis rédacteurs ne peut dépasser 65, et celui des commis expéditionnaires principaux et commis expéditionnaires 54, y compris les rédacteurs et expéditionnaires stagiaires.

Le personnel comprend, en outre, un chef du matériel et un agent comptable.

La répartition du personnel dans les bureaux est faite par le ministre.

Le nombre des huissiers et gardiens de bureau est limité à 30, y compris le surveillant-chef.

Art. 2. — Le cabinet du ministre est organisé par arrêté ministériel.

Il est constitué d'une façon indépendante ou réuni à l'une des directions du ministère.

Il peut, ainsi que le secrétariat particulier du ministre, comprendre, en dehors des fonctionnaires et employés appartenant aux cadres de l'administration centrale, un personnel choisi par le ministre et rétribué dans les limites du crédit inscrit au chapitre 1er du budget.

Le personnel du cabinet et du secrétariat particulier du ministre, pris en dehors de l'administration centrale, ne peut y être admis que dans les conditions prévues au titre II du présent décret.

Les fonctionnaires et employés pris dans l'administration centrale continuent à compter dans l'effectif général et ne sont remplacés que par intérim dans leur emploi antérieur.

Art. 3. — Le traitement et les classes du personnel de l'administration centrale du ministère des colonies sont fixés ainsi qu'il suit :

Directeurs	14,000 à 16,000
Chef du service du personnel et du secrétariat	11,000 à 12,000^r
Sous-directeurs	10,000 à 11,000
Chefs de bureau :	
1re classe (trois au maximum)	9,000
2e classe	8,000
3e classe (quatre au minimum)	7,000
Sous-chefs de bureau :	
1re classe (quatre au maximum)	6,000
2e classe	5,500
3e classe (sept au minimum)	5,000
Commis rédacteurs principaux :	
1re classe	4,500
2e classe	4,000
Commis rédacteurs :	
1re classe	3,600
2e classe	3,300
3e classe	3,000
4e classe	2,700
5e classe et stagiaires	2,400
Commis expéditionnaires principaux :	
1re classe	3,600
2e classe	3,300
Commis expéditionnaires :	
1re classe	3,000
2e classe	2,700
3e classe	2,400
4e classe	2,200
5e classe et stagiaires	2,000

Agents spéciaux :
Chef du matériel. . . . . 3,000 à 5,000 ᶠ
Agent comptable. . . . . 3,000 à 5,000
(Par avancements de 500 fr.)
Gens de service :
Surveillant-chef . . . . 2,100 à 3,000
Huissiers. . . . . 1,800 à 2,000
Gardiens de bureau . . . . 1,300 à 1,700
(Par avancements de 100 fr.)

La répartition des employés par classe est faite par le ministre dans la limite du crédit inscrit au chapitre 1ᵉʳ du budget.

Art. 4. — Nul fonctionnaire ou employé de l'administration centrale ne peut être rétribué, en tout ou en partie, pour les fonctions qu'il y exerce, que sur le crédit porté au chapitre du personnel de l'administration centrale.

Art. 5. — Les directeurs et le chef du service du personnel et du secrétariat sont nommés par décret du Président de la République.

Le ministre pourvoit directement à tous les autres emplois, dans les conditions prévues au titre II du présent décret.

Art. 6. — Il est institué sous la présidence du ministre, ou, à son défaut, d'un directeur délégué, un conseil composé des directeurs, du chef du service du personnel et du secrétariat et du chef de cabinet.

Le chef du bureau du personnel peut être appelé à siéger dans ce conseil avec voix consultative.

Ce conseil délibère sur les affaires relatives au personnel et à la discipline dans les cas prévus par le présent règlement et sur celles qui sont soumises à son examen par le ministre.

Titre II.

Recrutement, avancement et discipline.

Art. 7. — Nul ne peut être admis dans le personnel de l'administration centrale s'il n'a été employé dans les bureaux en qualité de stagiaire pendant un an au moins.

Il n'est fait exception à cette règle qu'en ce qui concerne les sous-officiers et les officiers mariniers nommés par application de la loi et les fonctionnaires et employés des diverses administrations coloniales appelés à faire partie du personnel de l'administration centrale dans les conditions prévues à l'article 11 du présent décret.

Art. 8. — Les commis expéditionnaires stagiaires sont recrutés, en dehors des militaires gradés nommés par application des lois et règlements, parmi les commis du commissariat colonial, les commis des directions de l'intérieur, des résidences et du service pénitentiaire ayant accompli au moins trois années de service au département des colonies, dont dix-huit mois aux colonies ou dans les pays de protectorat, et n'ayant pas dépassé l'âge de 30 ans.

L'année de stage expirée, le chef du bureau auquel le stagiaire est attaché présente un rapport sur son aptitude, sa conduite et sa manière de servir. Le ministre, sur le vu de ce rapport, le nomme, s'il y a lieu, titulaire à la dernière classe de son emploi. Dans le cas contraire, l'expéditionnaire stagiaire est replacé dans le cadre de son corps, au fur et à mesure des vacances, ou licencié immédiatement, s'il n'appartenait plus au service au moment de son admission comme stagiaire.

Les sous-officiers et les officiers mariniers nommés commis expéditionnaires par application de la loi sont soumis, après une année de service, au même rapport d'appréciation que les stagiaires et quittent le service dans les conditions ci-dessus indiquées, si ce rapport n'est pas favorable.

Art. 9. — Les commis rédacteurs stagiaires sont recrutés, sous réserve des emplois attribués aux militaires gradés par la loi du 15 juillet 1889, et le règlement d'administration publique du 28 janvier 1892 :

1° Parmi les élèves brevetés de l'école coloniale réunissant les conditions stipulées par les décrets qui règlent le fonctionnement de ladite école ;

2° Parmi les commis expéditionnaires ayant deux années de présence à l'administration centrale des colonies, jouissant d'un traitement au moins égal à celui de la dernière classe des commis rédacteurs et ayant satisfait aux épreuves d'un examen dont le programme et les règles seront arrêtés par le ministre, ou justifiant de l'un des titres suivants :

Diplôme de licencié en droit, ès sciences ou ès lettres ;

Diplôme d'élève de l'école des langues orientales ;

Diplôme de l'école des chartes ;

3° Parmi les officiers des troupes ou du commissariat et les fonctionnaires des diverses administrations coloniales ayant un traitement d'Europe d'au moins 2,000 fr. et comptant au moins deux ans de services aux colonies ou dans les pays de protectorat.

Les nominations ont lieu successivement dans chacune des trois catégories ; à défaut de candidat dans l'une d'elles, le tour est réservé.

Les règles édictées par l'article 8 pour les conditions de stage et d'admission définitive à la dernière classe de l'emploi sont applicables aux commis rédacteurs.

Art. 10. — Toute nomination à un emploi a lieu à la dernière classe de cet emploi.

Toutefois, les commis expéditionnaires et les fonctionnaires et officiers nommés à l'emploi de commis rédacteur, en vertu des dispositions de l'article 9, entrent dans la classe correspondant au traitement dont ils sont titulaires.

Art. 11. — L'avancement dans le personnel de l'administration centrale a lieu au choix, le conseil des directeurs entendu.

L'avancement a lieu d'une classe à la classe immédiatement supérieure.

Nul ne peut être promu à une classe supérieure s'il n'a au moins un an d'exercice dans la classe qu'il occupe.

Le choix pour l'avancement à l'emploi de commis principal ne peut porter que sur des commis de 1re classe ayant accompli au moins une année de service dans ladite classe.

Les sous-chefs de bureau sont pris :

1° Parmi les commis rédacteurs principaux et les commis rédacteurs des deux premières classes ayant au moins trois ans de services en qualité de commis rédacteurs titulaires à l'administration centrale des colonies en justifiant, en outre, de deux ans de services aux colonies ou dans les pays de protectorat, à moins que le ministre ne les ait dispensés de cette dernière condition, sur l'avis du conseil des directeurs ;

2° Parmi les magistrats des colonies, les officiers du commissariat colonial, les fonctionnaires des administrations coloniales ayant un traitement d'Europe d'au moins 4,500 fr. et comptant au moins trois ans de services aux colonies ou dans les pays de protectorat.

La moitié au moins des places vacantes de sous-chef est réservée aux commis rédacteurs des deux premières classes de l'administration centrale.

Les chefs de bureau sont pris :

1° Parmi les sous-chefs de bureau de 1re ou de 2e classe ayant servi au moins deux ans dans cet emploi ;

2° Parmi les gouverneurs, les directeurs de l'intérieur, les commissaires des colonies, les inspecteurs des colonies.

Les sous-directeurs, quand ils sont pris dans l'administration centrale, sont choisis parmi les chefs de bureau de 1re ou de 2e classe.

Le ministre exerce ses choix dans les limites du crédit porté au chapitre du personnel de l'administration centrale.

Les nominations ou promotions de fonctionnaires ou employés de l'administration centrale sont rendues publiques dans le mois qui les suit, selon le mode prescrit par un arrêté ministériel.

Les huissiers et gardiens de bureau avancent par des augmentations successives de 100 fr. dans les conditions prévues par le règlement intérieur de l'administration centrale des colonies.

Art. 12. — Lorsque les besoins du service l'exigent, des emplois de chef ou de sous-chef de bureau à la direction de la défense des colonies peuvent être confiés, en dehors des conditions prévues à l'article précédent, à des officiers ou fonctionnaires militaires ayant le grade ou le rang d'officier supérieur. Des officiers, fonctionnaires ou employés militaires peuvent, en outre, être pourvus d'autres emplois à cette même direction.

Lorsque leurs allocations personnelles de grade à Paris sont supérieures à celles de l'emploi qu'ils occupent dans l'administration centrale des colonies, ils reçoivent le traitement de leur grade.

Ces officiers, fonctionnaires ou employés militaires ne peuvent être admis dans le personnel civil de l'administration centrale, sinon dans les conditions prévues aux articles 9 et suivants.

Art. 13. — Les officiers, fonctionnaires ou employés militaires admis dans le personnel civil de l'administration centrale doivent donner leur démission.

Art. 14. — Les mesures de discipline applicables aux fonctionnaires ou employés civils de l'administration centrale comportent les peines suivantes :

1° Réprimande ;

2° Retenue de traitement n'excédant pas la moitié de ce traitement ni la durée de deux mois ;

3° Rétrogradation ;

4° Révocation.

La première de ces peines est prononcée par le ministre, sur la proposition du directeur compétent, après avis du directeur du personnel.

Les trois autres sont prononcées par le ministre, après avis du conseil des directeurs et l'agent entendu dans ses moyens de défense ou dûment appelé. Le procès-verbal de la séance dans laquelle l'agent a comparu ou, s'il y a lieu, sa défense écrite accompagne nécessairement le rapport soumis au ministre par le conseil. Les arrêtés de révocation sont motivés et visent l'avis du conseil.

La révocation des directeurs ne peut être prononcée que par décret du Président de la République.

Titre III.

Dispositions diverses et transitoires.

Art. 15. — Les commis appelés sous les drapeaux sont remplacés dans l'effectif. Ils sont appelés à remplir les premières vacances qui se produisent après leur libération, s'ils en ont fait la demande dans les trois mois qui précèdent ou dans le mois qui suit ladite libération.

Le temps passé sous les drapeaux est compris dans l'année de service exigée pour l'avancement en classe, s'il est inférieur à cette durée. Il tient lieu de cette condition s'il lui est supérieur.

Le ministre peut refuser la réadmission dans l'administration centrale aux commis dont la feuille de punitions militaires constate l'inconduite ou l'indiscipline.

Art. 16. — Les permutations entre les commis de l'administration centrale des colonies et ceux des autres administrations centrales peuvent avoir lieu sur la proposition motivée des chefs des parties intéressées.

Le permutant à admettre dans cette administration ne peut y entrer que dans un emploi égal à celui de l'employé avec lequel il change de position et il prend rang dans son emploi et dans sa classe du jour de son admission.

Art. 17. — Les fonctionnaires et employés de l'administration centrale qui passent dans les services coloniaux aux colonies y entrent avec le traitement d'Europe immédiatement supérieur à celui dont ils jouissent.

Les décrets d'organisation des différentes administrations coloniales détermineront la proportion des vacances qui devront leur être réservées et les conditions spéciales auxquelles ils devront satisfaire.

Art. 18. — Les fonctionnaires et employés de l'administration centrale des colonies peuvent être, sur leur demande, détachés et mis hors cadres, dans les services coloniaux aux colonies. Ils peuvent l'être également, sur leur demande, dans les services coloniaux des ports de commerce de la métropole, aux inspections générales du service de santé et des travaux publics, à l'école coloniale ou au magasin central.

Ils conservent leurs droits à l'avancement.

Art. 19. — Les fonctionnaires dont les titres ne correspondent pas à ceux établis par le présent décret pourront être maintenus dans leurs titres actuels.

Art. 20. — Les employés actuels du service central de l'inspection seront, à mesure que les vacances le permettront, réintégrés dans les bureaux de l'administration centrale. Jusqu'à ce moment, ils seront traités et pourront obtenir de l'avancement suivant les règles fixées par le présent décret, mais leurs allocations seront payées sur les frais de service de l'inspection.

Art. 21. — Jusqu'à ce que la répartition par classe des chefs et sous-chefs de bureau soit conforme aux prescriptions du présent décret, il ne pourra être fait aucune promotion de classe en leur faveur que dans la proportion d'une vacance sur deux.

Par dérogation aux dispositions des articles 7, 8 et 9 des emplois de commis rédacteur et de commis expéditionnaire pourront être attribués jusqu'au 1er janvier 1895, dans les limites fixées par l'article 1er, aux officiers, fonctionnaires, employés et agents actuellement en service dans les bureaux de l'administration centrale des colonies et proposés par les chefs de service dont ils relèvent.

Ces officiers, fonctionnaires, employés et agents seront admis dans les conditions prévues à l'article 10.

Art. 22. — Sont et demeurent abrogées toutes dispositions antérieures contraires à celles *des présents décrets.*

. . . .

CONSTITUTION AU MINISTÈRE DES COLONIES : 1° D'UNE DIRECTION DU CONTROLE; 2° D'UNE INSPECTION GÉNÉRALE DU SERVICE DE SANTÉ, ET 3° D'UNE INSPECTION GÉNÉRALE DES TRAVAUX PUBLICS DES COLONIES

Rapport au Président de la République.

Paris, le 17 août 1894.

Monsieur le Président,

Le rapport qui précède le décret du 5 mai 1894 sur l'administration centrale des colonies prévoit comme complément des dispositions adoptées la réorganisation parallèle des divers services qui coopèrent au fonctionnement du ministère des colonies, tels que l'inspection des colonies, le service de santé, l'inspection des travaux publics.

Les projets de décrets que j'ai l'honneur de vous soumettre sont destinés à donner à ces services la constitution la mieux appropriée aux besoins de mon administration, à les centraliser, à les fortifier en leur attribuant un champ d'action défini.

En ce qui a trait à l'inspection des colonies, l'importance des fonctions qui sont dévolues au service central justifie le changement de titre proposé et la situation à donner au chef du contrôle vis-à-vis des directions du ministère.

Depuis 1887, divers actes ont développé les attributions de l'inspection qui se trouve actuellement chargée de trois services importants :

1° Contrôle des opérations de l'administration centrale. Examen et visa de tout projet d'acte ou décision entraînant engagement ou liquidation de dépenses ; de toutes affaires litigieuses ou contentieuses ;

2° Comptabilité des dépenses engagées ; contrôle préventif de tout engagement de dépenses ; conséquences financières ;

3° Contrôle sur place des divers services aux colonies. Vérification des services administratifs, militaires, coloniaux ou locaux ; contrôle des régies et services financiers ou comptables sans exception.

L'inspection doit aussi éclairer le ministre sur la situation économique de nos possessions, lui signaler les réformes utiles et le saisir de toutes questions d'intérêt colonial.

J'estime que ce rôle est assez considérable pour justifier la mesure proposée qui trouve ses précédents aux ministères des finances et de la guerre, et il est incontestable que l'autorité du contrôleur ne saurait être moindre que celle des contrôlés.

Au reste, il ne s'agit pas de créer de toutes pièces un service nouveau ; il s'agit de fortifier et de consacrer un état de choses existant et de centraliser un service essentiel pour le ministre. Cette direction restera indépendante, sous les ordres immédiats du ministre, et n'entraînera aucune augmentation de dépenses.

La nécessité de donner au service de santé une meilleure organisation et une responsabilité plus précise n'est pas moins démontrée. Le conseil supérieur de santé institué par le décret du 7 janvier 1890 n'est qu'un comité consultatif. Sans avoir à modifier ce rôle à l'égard des services administratifs, il m'a paru qu'il y avait lieu, dans l'ordre médical proprement dit, c'est-à-dire au point de vue de l'hygiène publique et de la marche du service technique, de préciser les attributions de ce comité en lui donnant l'initiative qui lui revient.

J'ai été amené, en conséquence, à reconnaître qu'il serait nécessaire pour atteindre ce but, d'instituer une inspection générale de ce service, qui exercera d'une manière plus efficace son action sur les affaires relatives à la salubrité des colonies. Il conviendra toutefois, en vue de réaliser cette amélioration, de modifier ultérieurement certains articles du décret du 7 janvier précité, pour mettre cet acte en harmonie avec le nouveau projet qui vous est présenté.

L'organisation de l'administration des colonies doit, en outre, comprendre, pour l'examen et le contrôle des travaux publics, l'institution d'un service spécial dont il y a lieu aussi de préciser les attributions et de régler la responsabilité.

Il est de toute utilité que les services administratifs du département puissent être renseignés sur la valeur technique des travaux à exécuter dans les colonies.

Sans apporter de modifications à l'organisation des services locaux de travaux publics coloniaux, je pense que mon administration a besoin d'être pourvue des moyens d'informations et de contrôle nécessaires en cette matière et que l'étude des questions techniques doit être confiée à un service compétent.

Les divers projets de décrets que j'ai l'honneur, Monsieur le Président, de soumettre à votre haute sanction, donneront au chef du département les moyens d'action indispensables pour assurer le fonctionnement des services importants qui relèvent de son autorité.

Si vous approuvez ces propositions, conformes aux nécessités d'une situation qu'il importe au bien du service de régler sans délai, je vous serai très obligé de vouloir bien revêtir de votre signature les projets de décrets qui consacrent cette organisation.

Je vous prie d'agréer, Monsieur le Président, l'hommage de mon profond respect.

Le Ministre des colonies,
Delcassé.

DÉCRETS DU 17 AOUT 1894

Le Président de la République française,
Sur le rapport du ministre des colonies,
Vu le décret du 25 novembre 1887, réglant l'organisation du corps de l'inspection des colonies ;
Vu les décrets du 3 février 1891, concernant la direction et le fonctionnement de l'inspection des colonies ;
Vu les arrêtés ministériels des 29 novembre 1887, 14 mars 1892, 6 avril 1893 et 15 juin 1894, relatifs à ce fonctionnement ;
Vu la loi du 20 mars 1894, portant création d'un ministère des colonies ;
Vu le décret du 5 mai 1894, portant règlement d'administration publique sur l'organisation de l'administration centrale du ministère des colonies, modifié par le décret du 28 juillet 1894,

Décrète :

Art. 1er. — Le service central de l'Inspection des colonies, au ministère des colonies, est constitué en une direction indépendante, placée sous les ordres immédiats du ministre ; elle prend la dénomination de direction du contrôle.

Art. 2. — La direction du contrôle est confiée à un inspecteur général, désigné par décret, qui a titre de directeur du contrôle ; il fait partie du conseil des directeurs du ministère des colonies.

Ce haut fonctionnaire est secondé par un inspecteur, qui le supplée en cas d'absence ou d'empêchement.

Art. 3. — La direction du contrôle comprend trois services :
1° Le service du contrôle de l'administration centrale ;
2° La comptabilité des dépenses engagées ;
3° Le service de l'inspection mobile.

Ces services sont assurés par des inspecteurs.

Art. 4. — Le service du contrôle est exercé, à l'égard de l'administration centrale, selon les attributions déterminées par les arrêtés ministériels du 29 novembre 1887 et du 14 mars 1892.

Le directeur du contrôle et les inspecteurs délégués peuvent demander communication de tous documents administratifs, financiers ou comptables. Aucun renseignement ne peut leur être refusé par les fonctionnaires, officiers, employés ou agents du ministère.

Art. 5. — La comptabilité des dépenses engagées est tenue selon les prescriptions du décret du 14 mars 1893 et de l'arrêté ministériel du 15 juin 1894.

Art. 6. — Les attributions du service de l'inspection mobile sont définies par l'arrêté ministériel du 6 avril 1893. Ce service est chargé de centraliser toutes les opérations de l'inspection aux colonies, dont le fonctionnement et les attributions sont fixés par les décrets du 3 février 1891, du 30 août 1893 et du 25 février 1889.

Art. 7. — Le contrôle des services dépendant, en France, du ministère des colonies est assuré par des inspecteurs en mission désignés par le ministre ; leurs rapports sont centralisés à la section mobile.

Art. 8. — Sont abrogées les dispositions des ordonnances, décrets et règlements antérieurs, en ce qu'elles ont de contraire au présent décret.

Fait à Pont-sur-Seine, le 17 août 1894.

CASIMIR-PERIER.

Le Président de la République française,

Vu le décret du 7 janvier 1890, portant constitution et organisation du corps de santé des colonies et pays de protectorat ;

Vu les décrets des 5 mai et 28 juillet 1894, organisant l'administration centrale du ministère des colonies,

Décrète :

Art. 1er. — Il est institué auprès du ministre des colonies une inspection générale du service de santé, chargée de la direction technique des affaires sanitaires et de l'hygiène.

Art. 2. — Le médecin inspecteur, président du conseil supérieur de santé, prend le titre d'inspecteur général. Il relève directement du ministre.

Art. 3. — Il a sous ses ordres le personnel attaché à l'inspection générale, qui comprend : 1° le conseil supérieur de santé ; 2° un bureau d'hygiène et de statistique médicale.

Art. 4. — L'inspecteur général du service de santé est consulté : sur l'organisation du corps de santé, les promotions et les mouvements du personnel attaché aux hôpitaux des colonies ; sur la construction et l'aménagement des casernements et hôpitaux ; sur les projets de travaux intéressant l'hygiène publique aux colonies.

Art. 5. — Il centralise les renseignements sanitaires et la statistique médicale des colonies. Il dirige le service technique des hôpitaux, lazarets, asiles ou autres établissements sanitaires des services généraux ou locaux. Il prépare les instructions relatives à la police sanitaire et propose au ministre les mesures qu'elle nécessite.

Art. 6. — Il n'est rien changé aux dispostions générales du titre IV du décret du 7 janvier 1890, concernant les attributions du conseil supérieur de santé des colonies et pays de protectorat.

Art. 7. — Toutes dispositions contraires au présent décret sont et demeurent abrogées.

Fait à Pont-sur-Seine, le 17 août 1894.

CASIMIR-PERIER.

Le Président de la République française,

Sur le rapport du ministre des colonies,

Vu la loi du 20 mars 1894, portant création d'un ministère des colonies ;

Vu le décret du 5 mai 1894, portant règlement d'administration publique sur l'organisation de l'administration centrale du ministère des colonies, modifié par le décret du 28 juillet 1894,

Décrète :

Art. 1ᵉʳ. — Il est créé au ministère des colonies une inspection générale des travaux publics aux colonies.

Un inspecteur général ou un ingénieur en chef du corps des ponts et chaussées, détaché du ministère des travaux publics, est chargé de la direction de ce service et prend le titre d'inspecteur général des travaux publics des colonies.

Il donne son avis sur toutes les questions de travaux publics, ainsi que sur l'organisation, les promotions et les mouvements du personnel attaché à ce service aux colonies.

Art. 2. — Il a autorité sur tout le personnel rattaché, dans la métropole, à l'inspection générale des travaux publics et remet directement au ministre ses propositions pour les nominations, l'avancement et les distinctions honorifiques en faveur de ce personnel.

Art. 3. — Il préside le comité des travaux publics, le convoque chaque fois qu'il le juge utile et fixe l'ordre du jour des séances d'après les instructions ministérielles.

Art. 4. — Il prépare, après entente avec la direction compétente, la correspondance du ministre et les instructions à donner aux chefs du service des travaux publics dans les colonies, en ce qui a trait seulement à l'exécution technique des travaux adoptés.

Fait à Pont-sur-Seine, le 17 août 1894.

CASIMIR-PERIER.

ARRÊTÉ DU MINISTRE DES COLONIES FIXANT LES ATTRIBUTIONS DES BUREAUX DU MINISTÈRE

Le Ministre des colonies,

Vu le décret du 5 mai 1894, portant règlement d'administration publique sur l'organisation de l'administration centrale au ministère des colonies, modifié par le décret du 28 juillet 1894,

Arrête :

Les attributions des bureaux dont se composent le « service du personnel et du secrétariat » et les directions de l'administration centrale du ministère des colonies sont fixées ainsi qu'il suit :

Service du personnel et du secrétariat.

1er Bureau

Secrétariat. — Enregistrement. — Chiffre.

Ouverture, enregistrement et distribution de dépêches à l'arrivée, renvois aux autres ministères, centralisation de la signature du Président de la République et du ministre, rapports avec le *Journal officiel*, demandes et annulations de passages par paquebots et bâtiments de l'État, expédition de la correspondance adressée aux pays étrangers faisant partie de l'Union générale des postes, préparation des ordres de services.

Chiffre, correspondance télégraphique, rapports avec la presse, analyse de la presse française, coloniale et étrangère, classement des journaux du cabinet, distribution dans les services des journaux, annuaires et documents des colonies, centralisation et enregistrement des demandes d'emploi et recommandations de toute nature. Relation avec les Chambres, documents parlementaires, affaires réservées, délivrance et contrôle des cartes d'identité militaires sur les chemins de fer.

Distinctions honorifiques, tenue des contrôles des propositions, réponses aux recommandations, préparation des promotions et propositions dans la Légion d'honneur, la Médaille militaire, les palmes académiques, le mérite agricole et les décorations étrangères.

Conseil supérieur des colonies. — École coloniale.

2e Bureau

Personnel de l'administration centrale et des services coloniaux autres que la magistrature, l'instruction publique et les cultes.

1re section. — Personnel de l'administration centrale, préparation des décrets et règlements relatifs à l'administration centrale, tenue de la matricule, travaux d'avancements et de gratification.

Personnel des gouverneurs, des trésoreries des colonies autres que l'Indo-Chine, des directions de l'intérieur, des secrétariats généraux, des administrateurs coloniaux, des administrateurs des affaires indigènes de Cochinchine, du secrétariat général de Cochinchine, des résidences en Indo-Chine, des affaires indigènes, des agents du Congo, des interprètes.

Organisation des différents services relevant de la section.

Administration des crédits des chapitres 1er et 5 du budget colonial.

Questions relatives aux emplois réservés aux anciens militaires par les lois et règlements.

Instruction des demandes d'admission dans le personnel administré par la section ainsi que de celles sans désignation spéciale.

2e section. — Personnel des douanes, de l'enregistrement, des contributions indirectes, des postes et télégraphes, des travaux publics, des mines, des ports et rades, des eaux et forêts, de l'immigration, du cadastre, des imprimeries, de la police, des gardes indigènes, des vétérinaires, des agents municipaux (toutes colonies).

Personnel des trésoreries de l'Indo-Chine.

Organisation des différents services relevant de la section.

Instruction des demandes d'admission dans le personnel administré par la section.

3ᵉ Bureau

Magistrature, instruction publique, cultes, personnel et affaires administratives ressortissant à ces services, affaires générales non classées dans les autres services.

Administration de la justice, organisation du service judiciaire des colonies, personnel des cours, tribunaux et justices de paix, notariat, officiers ministériels, pourvois en cassation, législation civile, application aux colonies des lois de la métropole, demandes de naturalisation, demandes de changement de nom, transmission des actes judiciaires, législation criminelle, grâces, commutations de peines, statistique judiciaire.

Instruction publique, inspection générale, vice-rectorats des colonies, enseignement supérieur, écoles de droit de Fort-de-France et de Pondichéry, enseignement secondaire, organisation des lycées et collèges des colonies, personnel de ces établissements. Enseignement primaire. Organisation de l'enseignement primaire et personnel des écoles communales. Écoles normales primaires, jardins botaniques, beaux-arts.

Cultes, évêchés coloniaux, préfectures apostoliques, personnel du culte catholique, séminaire colonial, ministres du culte protestant.

Comité du contentieux.

Questions générales et affaires ne ressortissant spécialement à aucun service.

Première direction. — Direction des affaires politiques et commerciales.

1ᵉʳ Bureau : Afrique.

Affaires politiques et diplomatiques, rapport avec le ministère des affaires étrangères, délimitations de territoires, approbation des traités, direction politique à donner aux autorités coloniales, administration des populations indigènes, concessions territoriales, administration générale, conseils généraux, conseils privés et du contentieux administratif, affaires municipales, élections et questions électorales, budgets locaux.

Police, assistance publique et administrations hospitalières, rapatriement des créoles indigents.

Législation commerciale, douanes, travaux publics, octroi de mer. Contributions indirectes, régies financières, postes et télégraphes, poids et mesures, régime monétaire.

Régime du travail, agriculture, régime domanial, mines, chemins de fer, ports et rades, marines locales.

Ce bureau est en outre spécialement chargé des missions coloniales et du service géographique.

2º BUREAU : Indo-Chine.

Mêmes attributions que le 1ᵉʳ bureau (*moins le dernier paragraphe*).

3ᵉ BUREAU : Antilles, Réunion, Guyane, Saint-Pierre et Miquelon, Inde, Établissements de l'Océanie, Nouvelle-Calédonie.

Mêmes attributions que le 1ᵉʳ bureau (*moins le dernier paragraphe*). Ce bureau est spécialement chargé des banques coloniales.

Deuxième direction. — Direction de la comptabilité et des services pénitentiaires.

1ᵉʳ BUREAU : Budgets et comptes.

1ʳᵉ section. — Centralisation du budget colonial, crédits supplémentaires et extraordinaires, compte financier, ordonnancement des dépenses du budget colonial et tenue des écritures centrales, mandatement des dépenses du service des colonies en France et établissement des ordres de recette, agence comptable de l'administration des colonies.

2ᵉ section. — Questions générales de comptabilité-matières, préparation des décrets, règlements, instructions et nomenclatures concernant cette comptabilité, vérification et centralisation de la comptabilité des mouvements de magasin, de la comptabilité des valeurs mobilières et permanentes ainsi que des comptes de l'emploi des matières et de la main-d'œuvre aux travaux exécutés dans tous les services coloniaux, examen des procès-verbaux de recensement, de perte, etc., comptabilité des objets en cours de transport, tenue de la comptabilité centrale, formation et publication des comptes généraux du service des colonies, contrôle de l'agent comptable chargé du magasin central en ce qui concerne la comptabilité des matières de tous les services coloniaux.

2ᵉ Bureau : Approvisionnements généraux, transports, service intérieur.

Marchés et approvisionnements généraux, affrétements et transports. Embarquement du matériel destiné aux colonies, exécution des marchés et liquidation de dépenses.

Loyers et ameublements des services civils. Commissions permanentes des marchés et des recettes. Magasin central des approvisionnements.

Services administratifs des ports.

Service intérieur du ministère, publications et impressions diverses pour le compte des colonies, abonnements aux journaux et recueils administratifs.

3ᵉ Bureau : Solde des services civils, pensions, archives.

1ʳᵉ section. — Soldes et indemnités, y compris celles du personnel de l'administration centrale. Délégations et frais de passages du personnel civil.

Pensions civiles et militaires, secours.

2ᵉ section. — Archives coloniales, bibliothèque, successions vacantes, recherches dans l'intérêt des familles, législation, Bulletin officiel et Annuaire du ministère.

4ᵉ Bureau : Services pénitentiaires.

Transportation, commandement et administration des pénitenciers, personnel administratif. Surveillants militaires, relégation des récidivistes. Geôles et prisons coloniales, colonisation pénale.

Publication de la notice annuelle sur la transportation.

Troisième direction. — Direction de la défense des colonies.

1ᵉʳ Bureau : Service technique.

1ʳᵉ section. — Fixation des effectifs et des remplacements des troupes européennes et indigènes, mouvements des officiers et des troupes, demande de personnel à la guerre et à la marine, organisation et instruction militaires des gardes indigènes, recrutement des cadres européens d'accord avec le service du personnel et du secrétariat.

Gendarmerie coloniale.

Administration des non-disponibles. (Personnel de l'administration centrale des colonies.)

Recrutement aux colonies.

Plans de mobilisation et de défense.

Examen de la correspondance des autorités militaires aux colonies avec les départements de la guerre et de la marine.

2º *section*. — Fortifications et bâtiments militaires, travaux militaires, Gardiens-concierges des bâtiments militaires.

Demande de cession de matériel de guerre à la guerre et à la marine, armes pour la troupe, bouches à feu, affûts et munitions.

Examen des comptes des directions d'artillerie coloniales. (Finances et matières.)

2ᵉ Bureau : Services administratifs.

Commissariat colonial.

Administration aux colonies de toutes les troupes de défense, y compris les états-majors généraux et des places, le personnel des directions d'artillerie et le service des travaux militaires et des officiers détachés auprès des gouverneurs.

Administration du personnel des médecins et pharmaciens, sœurs hospitalières, aumôniers des hôpitaux militaires, infirmiers.

Inscription maritime.

Corps des comptables coloniaux.

Administration des hôpitaux militaires, vivres, composition des rations. Solde et indemnités de toute nature du personnel militaire et des corps de troupe. Comptabilité intérieure. Centralisation et vérification des revues de liquidation. Délégation.

Préparation du budget pour tous les services du personnel relevant de la direction de la défense, d'accord avec le 1ᵉʳ bureau, et administration des crédits votés pour ces services.

Frais de passage et de rapatriement des officiers et corps de troupes. Frais de voyages à l'étranger. Vérification des comptes d'emploi. Remboursement des traites tirées par les consuls.

Habillement des troupes.

Bourses à accorder aux fils des officiers du commissariat ou du corps de santé en activité, en retraite ou décédés.

Fait à Paris, le 10 août 1894.

Signé : Delcassé.

CRÉATION D'UN COMITÉ CONSULTATIF DE CONTENTIEUX DES COLONIES

Rapport au Président de la République.

Paris, le 17 juillet 1894.

Monsieur le Président,

Tant que l'administration des colonies a été rattachée, soit au ministère de la marine, soit à celui du commerce et de l'industrie, le comité consultatif du contentieux de la marine a été chargé de l'examen des affaires intéressant nos possessions d'outre-mer.

L'administration des colonies ayant été érigée en ministère et étant devenue par suite autonome, il paraît nécessaire de constituer près d'elle un comité de contentieux qui lui soit spécial.

Le projet de décret ci-joint, que j'ai l'honneur de soumettre à votre haute sanction, a pour but de consacrer cette mesure.

Je vous prie d'agréer, Monsieur le Président, l'hommage de mon profond respect.

Le Ministre des colonies,
Delcassé.

Le Président de la République française,

Sur le rapport du ministre des colonies,

Décrète :

Art. 1er. — Il est formé au ministère des colonies un comité consultatif de contentieux.

Ce comité est appelé à donner son avis sur les questions de droit ainsi que sur les affaires contentieuses qui sont renvoyées à son examen par le ministre des colonies.

Art. 2. — Le comité consultatif du contentieux des colonies est composé :

1° D'un conseiller d'État, président ;

2° D'un inspecteur général des colonies, vice-président ;

3° D'un professeur à la Faculté de droit de Paris ;

4° De six membres choisis parmi les maîtres des requêtes au Conseil d'État, les conseillers référendaires à la Cour des comptes, les auditeurs au Conseil d'État ;

5° De l'avocat des colonies au Conseil d'État et à la Cour de cassation ;

6° Du chef de bureau de la justice de l'administration centrale des colonies, secrétaire avec voix délibérative ;

7° De deux secrétaires adjoints.

Les membres du comité sont nommés par arrêté du ministre des colonies.

Art. 3. — Le ministre des colonies est chargé de l'exécution du présent décret, qui sera inséré au *Journal officiel* de la République française et au *Bulletin officiel* de l'administration des colonies.

Fait à Paris, le 17 juillet 1894.

CASIMIR-PERIER.

CRÉATION AU MINISTÈRE DES COLONIES D'UN SERVICE DES RENSEIGNEMENTS COMMERCIAUX ET DE LA COLONISATION

Rapport au Président de la République.

Monsieur le Président,

Le service des renseignements commerciaux et de la colonisation, dont l'organisation fait l'objet du présent décret, est moins une création nouvelle que la réunion en un service autonome d'attributions qui existent déjà à l'administration centrale des colonies ou dans les services annexes.

L'intérêt toujours croissant qui s'attache à l'étude pratique des questions coloniales, l'affluence des demandes que reçoit le ministère des colonies, soit de personnes qui désirent s'établir dans nos possessions d'outre-mer, soit de négociants ou d'industriels qui réclament des renseignements sur les débouchés qu'offrent les colonies, sur les produits naturels qu'on peut y trouver, sur le prix et l'abondance de la main-d'œuvre, sur les moyens de transport, justifient cette organisation nouvelle qui n'entraînera, d'ailleurs, aucune augmentation de dépenses.

Jusqu'à ce jour, les demandes d'émigrants qui veulent s'installer aux colonies ont été instruites dans les bureaux de l'administration centrale ; mais il est facile de se rendre compte qu'absorbés par de multiples attributions, ils ne sauraient avoir les moyens de statuer en connaissance de cause sur ces affaires toutes spéciales et qui sortent du cadre normal de l'administration. Quant aux renseignements commerciaux sur les colonies, ils sont recueillis et fournis en même temps par les bureaux de l'administration centrale et par le service de l'exposition permanente, qui se préoccupe, à juste titre, de mettre à la disposition du public toutes les indications utiles sur la provenance, le prix de revient, l'utilisation industrielle et commerciale des produits qu'elle possède.

Une organisation centralisant entre les mains d'un chef de service spécial, qui consacrera toute son activité et tous ses soins à ces différents éléments d'information, dégagera les bureaux de l'administration centrale d'attributions qu'ils ne peuvent qu'imparfaitement remplir et permettra de fournir au public, avec rapidité et précision, les indications qu'il est en droit d'attendre.

Le fonctionnement du service de la colonisation mérite une sollicitude toute particulière.

Le nombre des personnes résolues à s'établir aux colonies augmente chaque année; mais les aspirants-colons, dont la masse appartient à la classe laborieuse, cèdent moins, en général, à l'esprit d'aventure qu'à la nécessité de chercher au loin des moyens d'existence qui, pour des causes diverses, leur font défaut en France.

Les pouvoirs publics ont le devoir de les guider, de les éclairer, de les prémunir dans une certaine mesure contre les entraînements irréfléchis; et aussi, et surtout, de les aider dans le choix judicieux de la colonie à laquelle ils peuvent apporter le concours de leur activité et de leur industrie.

Il ne suffit pas de jeter sur un point quelconque de notre territoire colonial un contingent d'émigrants avec l'unique désir de donner satisfaction à des demandes parfois insuffisamment raisonnées. On risquerait ainsi de rendre un mauvais service au colon qui part et à la colonie où il va s'installer. L'État assumerait une responsabilité grave aussi bien vis-à-vis des émigrants que des pays d'émigration. Ceux-là pourraient se plaindre de ne pas trouver les moyens de vivre, ceux-ci pourraient être gênés par un afflux imprévu de population dont l'entretien resterait à la charge des budgets locaux.

Il doit donc y avoir un équilibre à peu près constant entre les départs des colons et les besoins de main-d'œuvre industrielle ou agricole des colonies; c'est la loi de l'offre et de la demande. Le service de l'émigration est réglé dans les pays anglais d'après ce principe éminemment juste; c'est la base que devra avoir l'organisation du nouveau service que le présent décret a pour objet d'instituer.

On comprend, sans qu'il soit nécessaire d'y insister, le lien naturel qui existe entre le service de la colonisation et le service des renseignements commerciaux.

L'exposition permanente a pour but de mettre sous les yeux du public les échantillons soigneusement catalogués, de tous les produits naturels ou fabriqués que peuvent fournir les colonies et de tous les objets naturels ou manufacturés qui peuvent trouver aux colonies un débouché.

Des notices détaillées accompagnent les différents échantillons exposés : pour les rédiger, pour les mettre à la portée du public, il faut précisément réunir les éléments de ces renseignements commerciaux que l'on s'est plaint souvent de ne pas trouver avec assez de facilité et de rapidité dans les bureaux de l'administration centrale des colonies.

Une visite à l'exposition permanente, avec les explications verbales que fourniront les agents attachés à cet établissement, répondra mieux qu'une longue correspondance à la curiosité des nombreuses personnes qui s'adresseront au ministre pour avoir sur nos possessions d'outre-mer des indications d'un ordre parfois très élémentaire.

L'exposition coloniale du palais de l'Industrie sera en même temps plus connue du public, qui n'en a pas encore suffisamment appris le chemin.

Enfin par une association d'idées toute naturelle, le chef du service des renseignements commerciaux et de la colonisation aura dans ses attributions la préparation des statistiques annuelles sur la population, le commerce, la navigation et le développement agricoles de nos colonies.

Il devra s'attacher en même temps, dans la limite des ressources dont il disposera, à vulgariser par d'autres publications les informations pratiques qui pourront contribuer à faire mieux connaître les ressources et le développement possible de nos possessions d'outre-mer.

Si vous approuvez les dispositions de ce projet, je vous demanderai, Monsieur le Président, de revêtir de votre signature le présent décret.

Je vous prie d'agréer, Monsieur le Président, l'hommage de mon profond respect.

Le Ministre des colonies,
Delcassé.

DÉCRET

Le Président de la République française,

Sur le rapport du ministre des colonies,

Vu la loi du 20 mars 1894, portant création du ministère des colonies;

Vu le décret du 5 mai 1894, portant règlement d'administration publique sur l'organisation de l'administration centrale du ministère des colonies, modifié par le décret du 28 juillet 1894,

Décrète :

Art. 1er. — Il est institué auprès du ministère des colonies un service des renseignements commerciaux et de la colonisation.

Art. 2. — Le chef de ce service, relevant directement du ministre, aura dans ses attributions l'exposition permanente des colonies.

Il exercera les fonctions dévolues par les arrêtés en vigueur au conservateur de l'exposition permanente, dont l'emploi est supprimé.

Art. 3. — Il sera pourvu aux dépenses de l'organisation de ce service au moyen des crédits inscrits pour l'exposition permanente au budget du ministère des colonies et des ressources spéciales à cet établissement.

Art. 4. — Des arrêtés ministériels détermineront les attributions et le fonctionnement du service des renseignements commerciaux et des expositions.

Art. 5. — Le ministre des colonies est chargé de l'exécution du présent décret.

Fait à Pont-sur-Seine, le 1er octobre 1894.

CASIMIR-PERIER.

Circulaire *ministérielle adressée aux gouverneurs des diverses colonies relativement à la création du service des renseignements commerciaux.*

Paris, le 20 octobre 1894.

Monsieur le Gouverneur,

La création du service des renseignements commerciaux et de la colonisation a été accueillie avec faveur par l'opinion publique, et le commerce métropolitain attend beaucoup de cette innovation dont les colonies ne tireront pas un moindre avantage. Mais son succès dépend pour une large part de votre concours. C'est de vous presque exclusivement que le service des renseignements peut obtenir les informations multiples qu'il s'appliquera à réunir. C'est à vous qu'il s'adressera, soit pour compléter et tenir à jour les collections de produits indigènes et d'objets d'exportation européenne qui figurent à l'exposition permanente, soit pour connaître d'une façon générale la situation commerciale, industrielle et agricole de la colonie que vous administrez, ou bien pour se procurer telle information destinée à seconder une initiative particulière.

C'est par vos soins aussi qu'il sera mis en mesure de renseigner les personnes résolues à s'expatrier sur l'opportunité de l'émigration dans votre colonie, sur les conditions de l'établissement des Européens, sur l'appui que vous pourrez leur fournir. Vous serez également saisi des demandes d'emploi jugées dignes d'intérêt, et vous devrez, s'il y a lieu, les porter à la connaissance des employeurs. Vous pourrez, en retour, considérer le service des renseignements commerciaux et de la coloni-

APPENDICE N° 1.

sation comme l'instrument de publicité le plus propre à faire connaître dans la métropole les ressources et les besoins de la colonie que vous administrez.

L'arrêté portant organisation du service des renseignements commerciaux et de la colonisation, dont je vous envoie le texte, prévoit la création, dans chaque colonie, d'un bureau ou office de renseignements. Vous devrez m'envoyer, dans le plus bref délai possible, des propositions pour l'organisation de ce service. Il devra être constitué de la manière la plus simple et de façon à éviter, autant qu'il se pourra, toute nouvelle dépense. Un ou plusieurs fonctionnaires, appartenant soit au personnel des directions de l'intérieur ou des administrateurs coloniaux, soit à celui des douanes ou à tout autre corps, pourraient être spécialement chargés de réunir tous les documents statistiques ou autres et de répondre aux demandes d'informations ou de produits formées par le service des renseignements commerciaux. Je vous laisse du reste le soin de rechercher la combinaison qui vous paraîtra la plus satisfaisante à tous les points de vue. Si, contre mon attente, l'organisation du service devait entraîner des dépenses nouvelles, il semblerait naturel que la colonie les prît à sa charge, en raison des avantages qu'elle tirera de cette institution. Il vous appartiendrait d'appeler l'attention du conseil général sur ce point et de vous efforcer de lui faire partager vos vues.

A côté du bureau de renseignements placé sous votre autorité, les chambres de commerce et d'agriculture seront les auxiliaires naturels du service des renseignements commerciaux et de la colonisation. Vous voudrez bien me faire connaître comment et dans quelle mesure il vous paraîtrait utile de les associer aux travaux du bureau de renseignements, soit en améliorant le fonctionnement des comités locaux d'expositions créés par l'arrêté du 14 mai 1887 et qui pourraient jouer le rôle de comités consultatifs, soit de toute autre manière.

Je compte sur votre intervention pour intéresser le commerce local à une œuvre qui peut lui rendre de très grands services, pour peu qu'il s'y prête. Je tiendrai le plus grand compte du zèle dont feront preuve les personnes appelées, par leur situation ou par leurs fonctions, à seconder les efforts du service des renseignements commerciaux, et je les en récompenserai comme d'une contribution au progrès économique des possessions françaises, qui est et sera de plus en plus la préoccupation dominante du département.

Recevez, etc...

Le Ministre des colonies,
Delcassé.

ARRÊTÉ MINISTÉRIEL DU 5 NOVEMBRE 1894 RELATIF A L'ORGANISATION DU SERVICE DES RENSEIGNEMENTS COMMERCIAUX ET DE LA COLONISATION.

Le Ministre des colonies,

Vu les arrêtés des 14 mai 1887, 29 août 1887, 5 mai 1890, 14 juin 1890, 11 février 1892 et 14 juillet 1894, relatifs à l'organisation de l'exposition permanente des colonies;

Vu le décret du 1er octobre 1894 instituant un service des renseignements commerciaux et de la colonisation,

Arrête :

Art. 1er. — Le service des renseignements commerciaux comprend :
1° Un office des renseignements ;
2° Un office de la colonisation.

Titre Ier

Office des renseignements.

Art. 2. — L'office des renseignements, auquel sont adjointes l'exposition permanente et la bibliothèque, a pour fonctions de fournir aux négociants et industriels toutes les indications qui leur seront utiles sur les ressources des possessions françaises, les débouchés qu'elles peuvent offrir au commerce et à l'industrie de la métropole, les moyens de transport et les prix du fret et, d'une manière générale, sur toutes les questions qui intéressent les transactions entre la métropole et ses possessions coloniales.

Il se divise en quatre sections : 1° produits coloniaux ; 2° objets d'exportation européenne ; 3° transports, tarifs et statistique ; 4° bibliothèque et publications.

Art. 3. — L'office des renseignements est dirigé par le chef du service, assisté d'un chef adjoint, de deux attachés à titre de conseils techniques, de six à huit commis, selon les besoins du service, d'un comptable et de six huissiers, garçons de bureau ou gardiens.

Des fonctionnaires coloniaux présents à Paris peuvent être attachés, à titre temporaire, à l'office des renseignements.

Art. 4. — Le chef du service dirige le personnel et prend toutes les mesures nécessaires à la bonne exécution et au développement des différentes parties du service. Il est chargé de la comptabilité financière et effectue les recettes et dépenses. Il propose au ministre les cessions d'objets appartenant à l'exposition, les ventes des produits qui risquent de s'avarier, et les destructions des objets hors d'usage.

Art. 5. — Les attachés et commis sont répartis par le chef du service dans les sections. Les attachés à titre de conseils techniques sont principalement affectés au classement des produits coloniaux, à la préparation des demandes destinées à compléter les collections, et à toutes les recherches et études propres à en faciliter la connaissance.

Art. 6. — Le comptable est chargé de la comptabilité-matières et de la confection de l'inventaire. Il est responsable des collections et du mobilier, dont il surveille les entrées et les sorties.

Il effectue les cessions, ainsi que les destructions des objets avariés, d'après les ordres qu'il reçoit du chef de service.

Art. 7. — Les ventes des objets appartenant à l'exposition sont opérées après examen d'une commission de trois membres pris dans le service des renseignements ou les services de l'administration centrale des colonies.

Art. 8. — Dans chaque colonie, un bureau de renseignements sera chargé de fournir au service des renseignements commerciaux et de la colonisation, par l'intermédiaire du gouverneur, les informations et les objets dont il aura fait la demande.

Ce service sera établi par un arrêté du gouverneur approuvé par le ministre.

Titre II

Conseil consultatif.

Art. 9. — Il est institué, auprès du service des renseignements commerciaux et de la colonisation, un conseil consultatif.

Ce conseil se compose :

1° D'un président, d'un vice-président et de huit membres au moins et de douze membres au plus, désignés par le ministre parmi les personnes auxquelles leurs études ou leur profession ont permis d'acquérir une connaissance spéciale des questions qui intéressent l'agriculture, le commerce et l'industrie des colonies et des pays de protectorat.

Le mandat de ces membres est gratuit ; il a une durée de quatre ans et peut être renouvelé. Le renouvellement a lieu par moitié tous les deux ans. Pour le premier renouvellement le sort désignera les membres dont les pouvoirs arrivent à expiration ;

2° Des membres élus pour chaque colonie par les chambres de commerce et d'agriculture, selon les formes déterminées à l'article 13.

Leur mandat est également gratuit et a une durée de quatre ans. Il peut être renouvelé.

Le chef du service des renseignements commerciaux et de la colonisation prend part aux délibérations du conseil, auquel il fournit tous les renseignements nécessaires.

Art. 10. — Le conseil consultatif donne des avis sur les questions dont il est saisi par le ministre, concernant les mesures à prendre pour faciliter le développement du commerce entre la métropole et ses possessions coloniales.

Art. 11. — Le conseil consultatif se réunit une fois par mois. Il est dressé procès-verbal de ses délibérations. Le secrétaire du conseil est nommé par le ministre. Il a voix consultative. Il reçoit une indemnité.

Art. 12. — La présence de la moitié plus un des membres du conseil est nécessaire pour la validité des délibérations.

Disposition transitoire. — Le président, le vice-président, les membres et le secrétaire qui composaient le comité consultatif créé par l'arrêté du 14 mai 1887, font partie du nouveau conseil.

Titre III

Élection des représentants des chambres de commerce et d'agriculture au conseil consultatif.

Art. 13. — Les chambres de commerce et d'agriculture de chaque colonie forment, quel que soit leur nombre, un seul collège électoral nommant un délégué.

Les votes peuvent être émis par correspondance; ils sont recueillis par la chambre de commerce du chef-lieu de la colonie.

Les délégués sont choisis parmi les citoyens français jouissant de leurs droits civils et politiques et résidant autant que possible dans la métropole.

Dans les possessions françaises où il n'existe pas de chambre de commerce ou d'agriculture, le chef de la colonie peut désigner, en conseil d'administration, un délégué chargé de représenter les intérêts locaux au conseil consultatif.

Titre IV

Office de la colonisation.

Art. 14. — L'office de la colonisation a pour mission de renseigner les personnes disposées à s'expatrier sur l'opportunité de l'émigration dans les colonies ou les pays de protectorat. Il leur fournit des informations détaillées sur les facilités que les autorités locales des possessions françaises pourraient faire aux émigrants, telles que concessions de terres, subsides en argent ou en nature, etc... Il sert d'intermédiaire entre les émigrants et les gouverneurs pour la transmission des demandes de concessions. Il prête son concours aux personnes désireuses de trouver dans les possessions françaises l'emploi de leurs connaissances commerciales ou industrielles.

Cet office est placé sous la direction du chef de service. Un arrêté déterminera ultérieurement sa composition.

Art. 15. — Sont abrogés les titres I, II, IV et V de l'arrêté du 14 mai 1887, ainsi que toutes les dispositions contraires au présent arrêté.

Fait à Paris, le 5 novembre 1894.

Delcassé.

L'office de la colonisation, dont la composition est réservée dans l'arrêté précédent, ne pourra être utilement organisé que lorsque Madagascar sera bien à nous et, d'autre part, que les questions domaniales qui entravent l'essor de la colonisation libre en Nouvelle-Calédonie auront enfin reçu une solution satisfaisante. En attendant, l'office des renseignements commerciaux peut rendre, sous une direction habile, les plus grands services; des spécialistes, fonctionnaires coloniaux, explorateurs, botanistes, en congé ou revenant de mission, ont déjà été attachés à titre provisoire à cet office, et le public ne manque pas de recourir à leurs conseils essentiellement pratiques.

C. — ORGANISATION DE L'ADMINISTRATION DANS LES COLONIES

Deux décrets, l'un du 22 juin 1894, l'autre du 13 juillet 1894, ont réglé l'organisation du Dahomey et de l'Oubanghi. Cette dernière région a été séparée de la colonie du Congo, dont elle dépendait administrativement, pour être placée sous l'autorité d'un commandant supérieur. Voici le texte de ces deux décrets et des rapports qui les expliquent.

ORGANISATION DU DAHOMEY

Rapport adressé au Président de la République, suivi d'un décret réglant l'organisation et l'administration du Dahomey et dépendances.

Monsieur le Président,

Le décret organique du 10 mars 1893, qui a constitué en trois groupes distincts nos possessions de la Guinée, de la côte d'Ivoire et de la côte des Esclaves, a donné à chacun de ces établissements, sous l'administration supérieure d'un gouverneur, une existence propre destinée à favoriser leur développement commercial.

Cette autonomie, reconnue indispensable tant à cause de la distance séparant ces différents points de la côte occidentale d'Afrique que par suite de la diversité des intérêts spéciaux à chacun de ces territoires, s'imposait plus particulièrement en ce qui concerne les établissements français situés entre le Togo allemand et les territoires anglais de Lagos.

La colonie du Bénin a pris, en effet, un essor rapide, et, malgré les deux expéditions successives qui ont dû, au cours de ces dernières années, être entreprises contre le Dahomey, elle s'est développée d'une manière prompte et continue. Au point de vue politique, le capture du roi Behanzin et son exil ayant suivi l'entrée de nos troupes à Abomey, la situation est nette et le pays semble pouvoir être considéré comme entièrement pacifié. Au point de vue commercial, le mouvement des importations et des exportations n'a cessé de croître dans de très remarquables proportions.

Il importe donc d'affermir une situation qui se présente sous d'aussi favorables auspices.

D'autre part, l'expérience acquise pendant l'année qui vient de s'écouler, ainsi que les événements survenus au cours de cette période, et dont la conclusion naturelle est la substitution du gouvernement civil au régime militaire, ont permis de constater qu'il n'était peut-être pas inutile d'apporter quelques compléments au décret du 10 mars, et de le spécialiser en quelque sorte à la colonie du Bénin.

J'ai préparé à cet effet un projet de décret dont voici l'analyse.

J'ai cru tout d'abord devoir introduire dans ce projet une modification dans la dénomination même de la colonie. Des motifs d'ordre tout à fait politique et géographique m'ont amené à vous proposer de substituer à l'expression de « colonie du Bénin » celle de colonie « du Dahomey ». Le vocable « Bénin » s'applique plus justement aux vastes territoires anglais portant ce nom, qui sont situés à l'ouest des bouches du Niger.

L'expression actuellement employée ne me paraît donc plus en situation ; et il me semble, aussi bien pour éviter des erreurs géographiques que dans le désir très naturel de consacrer le souvenir de la conquête, que cette dénomination doive être adoptée.

Les articles 2 et 3 de ce projet déterminent les pouvoirs du gouverneur et les attributions du secrétaire général.

Il m'a paru indispensable de déterminer bien exactement la situation hiérarchique de ce dernier fonctionnaire, afin d'éviter toute difficulté et tout conflit.

L'article 4 fixe la composition du conseil d'administration.

Le décret du 10 mars n'était pas suffisamment explicite en la matière ; et, d'un autre côté, l'article 9 du décret du 17 décembre 1891, réglant l'organisation de la colonie de la Guinée française et dépendances, plus complet sur ce point, ne pouvait plus être appliqué au Bénin.

En résumé, le projet que j'ai l'honneur de soumettre à votre haute appréciation, Monsieur le Président, ne modifie pas dans son essence l'ordre de choses existant. Il ne crée pas de nouveaux rouages administratifs, et, par conséquent, n'augmente pas les dépenses. Ce n'est, en réalité, que le commentaire et le complément du décret du 10 mars 1893 d'après les besoins actuels de la colonie.

Je vous prie d'agréer, Monsieur le Président, l'hommage de mon profond respect.

Le Ministre des colonies,
Delcassé.

DÉCRET

Le Président de la République française,

Sur le rapport du ministre des colonies,

Vu les décrets du 1er août 1889, du 17 décembre 1891 et du 10 mars 1893, relatifs à l'organisation des possessions françaises de la Guinée, de la côte d'Ivoire et du golfe du Bénin ;

Vu l'article 18 du sénatus-consulte du 3 mai 1854,

Décrète :

Art. 1er. — L'ensemble des possessions françaises de la côte occidentale d'Afrique situées sur la côte des Esclaves, entre la colonie anglaise de Lagos à l'est et le Togo allemand à l'ouest, prend la dénomination de « Dahomey et dépendances ».

L'administration supérieure de cette colonie est confiée à un gouverneur, qui est chargé en outre de l'exercice du protectorat de la République sur les territoires de l'intérieur compris dans la zone d'influence française.

Art. 2. — Le gouverneur exerce dans toute l'étendue de la colonie les pouvoirs déterminés par les décrets et règlements en vigueur, et notamment par l'ordonnance organique du 7 septembre 1840.

Il est ordonnateur de toutes les dépenses, mais il peut déléguer ses pouvoirs en matière financière au secrétaire général.

Art. 3. — En cas de décès ou d'absence de la colonie, le gouverneur est remplacé par le secrétaire général, à moins d'une désignation spéciale faite par le ministre.

Art. 4. — Le conseil d'administration de la colonie du Dahomey et dépendances est composé ainsi qu'il suit :

Le gouverneur, président ;

Le secrétaire général ;

Le commandant des troupes ;

Le chef du service administratif ;

Un habitant notable français et un habitant notable indigène, désignés par le gouverneur.

Deux membres suppléants, ayant la même origine, sont désignés pour remplacer les deux habitants notables en cas d'absence.

Art. 5. — Le conseil d'administration du Dahomey et dépendances peut se constituer en conseil de contentieux administratif. Dans ce cas, il fonctionne conformément aux dispositions des décrets des 5 août et 7 septembre 1881, qui sont rendus applicables dans toute l'étendue de la colonie du Dahomey et dépendances.

Les deux membres qui seront adjoints au conseil d'administration siégeant au contentieux devront être choisis, à défaut des magistrats prévus par l'article 1er du décret du 5 août 1881, parmi les fonctionnaires de la colonie pourvus, autant que possible, du diplôme de licencié en droit.

Les fonctions du ministère public sont remplies par un fonctionnaire désigné par le gouverneur.

Art. 6. — Sont abrogées toutes les dispositions contraires au présent décret.

Fait à Paris, le 22 juin 1894.

CARNOT.

ORGANISATION DE L'OUBANGHI

Rapport au Président de la République française.

Monsieur le Président,

Les difficultés qui se sont produites dans la région de l'Oubanghi ont amené le Gouvernement à prendre les mesures nécessaires pour assurer le respect des droits de la France en Afrique. Le Parlement a donné son entière approbation aux déclarations qui ont été faites à ce sujet par M. le Ministre des affaires étrangères et a voté les crédits nécessaires pour que notre action puisse s'exercer dans les conditions que comporte la défense de nos intérêts.

La région de l'Oubanghi dépend actuellement, au point de vue administratif et politique, de notre colonie du Congo français. Mais l'absence de toute communication régulière et prompte entre Libreville et le poste des Abiras, qui sera le point de centralisation des services dont la direction sera confiée à l'officier supérieur commandant l'Oubanghi, la distance considérable (plus de 3,000 kilomètres) qui sépare ce poste du chef-lieu de la colonie, m'ont amené à penser qu'il était nécessaire, au moins à titre provisoire, de séparer, au point de vue politique et administratif, la colonie du Congo français de nos établissements de l'Oubanghi.

Tel est l'objet du projet de décret que j'ai l'honneur de soumettre à votre signature et qui tend, en outre, à organiser le fonctionnement administratif et financier des services dont la direction est confiée à M. le commandant Monteil.

Je vous prie d'agréer, Monsieur le Président, l'hommage de mon profond respect.

Le Ministre des colonies,
Delcassé.

DÉCRET

Le Président de la République française,
Sur le rapport du ministre des colonies,
Vu l'article 18 du sénatus-consulte du 3 mai 1854,
Décrète :

Art. 1er. — Les territoires français de l'Oubanghi, depuis et y compris le poste de Bangui, sont jusqu'à nouvel ordre séparés de la colonie du Congo français et placés sous l'autorité d'un commandant supérieur.

La zone d'action du commandant supérieur sera limitée à l'est par une ligne tirée de Bangui au point où le Logone coupe le 10° parallèle.

Art. 2. — Le commandant supérieur correspond directement avec le ministre des colonies pour les diverses parties du service. Toutefois, il doit adresser au commissaire général du Congo copie de ses rapports politiques et le tenir régulièrement au courant de tous les faits se rattachant à la situation générale des territoires de l'Oubanghi.

Art. 3. — Le commandant supérieur exerce dans les territoires de l'Oubanghi les pouvoirs politiques, administratifs et financiers dévolus au commissaire général du Congo par les décrets et règlements en vigueur.

Art. 4. — Tout le personnel civil et militaire en service dans les établissements de l'Oubanghi relève directement du commandant supérieur, qui en dispose suivant les besoins du service.

Art. 5. — Les dépenses à acquitter dans l'Oubanghi sur les crédits votés au titre *Subventions au service local* feront l'objet de délégations spéciales de crédits au nom du directeur de l'intérieur du Congo. Ce fonctionnaire déléguera ces crédits au chef du service administratif de l'Oubanghi, qui en disposera conformément aux instructions du commandant supérieur.

Le compte annuel des dépenses sera présenté dans la forme ordinaire.

Le service du Trésor sera assuré par le trésorier-payeur du Congo à Loango.

Art. 6. — Les tarifs de solde et rations dans l'Oubanghi, pour le personnel civil et militaire, seront ceux en vigueur au Soudan français.

Art. 7. — La nouvelle organisation sera mise à exécution à compter du 1er août 1894.

Art. 8. — Le ministre des colonies est chargé de l'exécution du présent décret.

Fait à Paris, le 13 juillet 1894.

CASIMIR-PERIER.

Par le Président de la République :
Le Ministre des colonies,
DELCASSÉ.

SUPPRESSION DE L'EMPLOI DE SECRÉTAIRE GÉNÉRAL EN COCHINCHINE

Rapport au Président de la République.

Paris, le 29 septembre 1894.

Aux termes du décret du 29 octobre 1889, qui a supprimé l'emploi de directeur de l'intérieur en Cochinchine, toutes les attributions précédemment exercées par ce haut fonctionnaire ont été dévolues au lieutenant-gouverneur.

Par suite de ces nouvelles dispositions, le secrétaire général de la Cochinchine, qui jusqu'à cette époque suppléait le directeur de l'intérieur en cas d'absence et d'empêchement, s'est trouvé sans rôle ni attributions bien définis, et l'expérience de ces dernières années a démontré la nécessité de placer les différents bureaux de l'administration locale sous l'autorité unique de leur chef direct.

La suppression de l'emploi de secrétaire général permettrait en même temps de simplifier les rouages administratifs de la Cochinchine et de réaliser une notable économie.

Cette modification à l'organisation administrative de l'Indo-Chine fait l'objet du projet de décret que j'ai l'honneur de vous soumettre ci-joint, en vous priant de vouloir bien le revêtir de votre signature.

DELCASSÉ.

DÉCRET

Le Président de la République française,

Sur le rapport du ministre des colonies,

Vu l'article 18 du sénatus-consulte du 3 mai 1854;

Vu le décret du 4 mai 1881, portant organisation de la direction de l'intérieur et des affaires indigènes de la Cochinchine;

Vu les décrets du 17 octobre 1887, relatifs à l'organisation de l'Indo-Chine;

Vu le décret du 29 octobre 1887, supprimant l'emploi de directeur de l'intérieur en Cochinchine et définissant les attributions du lieutenant-gouverneur de la Cochinchine;

Vu le décret du 21 avril 1891, réglant les pouvoirs du gouverneur général de l'Indo-Chine,

Décrète :

Art. 1er. — L'emploi de secrétaire général en Cochinchine est supprimé.

Art. 2. — En cas d'absence ou d'empêchement, le lieutenant-gouverneur de la Cochinchine sera remplacé par un administrateur de 1re classe des affaires indigènes qui sera désigné par le ministre des colonies, sur la proposition du gouverneur général de l'Indo-Chine.

Art. 3. — Les anciens bureaux du secrétariat général, placés désormais sous l'autorité directe du lieutenant-gouverneur, porteront le nom de : Bureaux du secrétariat du gouvernement.

Art. 4. — Sont abrogées les dispositions contraires au présent décret.

Fait à Pont-sur-Seine, le 29 septembre 1894.

CASIMIR-PERIER.

CRÉATION D'UN CONSEIL DU PROTECTORAT DE L'ANNAM ET DU TONKIN

DÉCRET

Le Président de la République française...,

    Décrète :

Art. 1er. — Un conseil du protectorat de l'Annam-Tonkin est institué près du gouverneur général de l'Indo-Chine française.

Art. 2. — Le conseil du protectorat de l'Annam-Tonkin se compose :

Du gouverneur général, président ;

Du commandant en chef des troupes de l'Indo-Chine ;

Du résident supérieur du Tonkin ;

Du commandant de la marine ;

Du chef des services administratifs ;

Du directeur du contrôle financier ;

Du chef du service judiciaire ;

De deux conseillers français, choisis parmi les notables habitants de la colonie et désignés au commencement de chaque année par arrêté du gouverneur général.

Deux suppléants, nommés également au début de chaque année par arrêté du gouverneur général, remplacent, en cas d'absence, les conseillers titulaires.

Les conseillers titulaires et suppléants peuvent être nommés de nouveau aux mêmes fonctions.

Le kinh-luoc du Tonkin peut être appelé à assister à la séance avec voix consultative.

Le résident supérieur en Annam n'assiste au conseil que lorsqu'il est traité de questions relatives à l'Annam central.

Dans ce cas, et lorsque le gouverneur général n'assiste pas à la séance, il délègue la présidence au plus ancien des deux résidents supérieurs.

Art. 3. — L'inspecteur général des colonies, en mission, a le droit d'assister, avec voix représentative, aux séances du conseil du protectorat et d'y émettre son avis sur toutes les questions en discussion.

En cas d'empêchement, il peut déléguer en son lieu et place un des inspecteurs qui l'accompagnent.

Le représentant de l'inspection des colonies siège en face du président.

Art. 4. — Les chefs des différents services, civils et militaires, peuvent être appelés au conseil, avec voix consultative, lorsqu'il s'y traite des affaires de leurs attributions.

Art. 5. — Le conseil du protectorat se réunit sur la convocation du gouverneur général, président, ou du résident supérieur délégué comme président par le gouverneur général.

Les membres du conseil prennent rang, en séance, dans l'ordre établi par l'article 1er.

Art. 6. — Le conseil du protectorat donne nécessairement son avis :

1° Sur le budget local et sur la répartition des crédits affectés aux services militaires et maritimes du protectorat.

Le budget local est arrêté par le gouverneur général en conseil du protectorat; il arrête aussi, en conseil, les crédits militaires, ainsi que les comptes provisoires et les comptes définitifs de chaque exercice;

2° Sur le mode d'assiette, les règles de perception et les tarifs des contributions et taxes du budget du protectorat;

3° Sur les concessions, à des particuliers ou à des associations et compagnies, de monopoles, de travaux publics, de subventions ou d'avantages de toute nature, engageant les finances du protectorat;

4° Sur les projets, plans et devis des travaux publics exécutés sur les fonds du protectorat;

5° Sur les modifications à apporter au régime douanier de l'Annam Tonkin;

6° Sur les mesures financières et d'administration générale.

Art. 7. — Le conseil du protectorat, réuni sous la présidence du résident supérieur du Tonkin, connaît des affaires du contentieux administratif.

Ainsi constitué en conseil du contentieux administratif, il se conforme aux règles de compétence et de procédure déjà déterminées par les règlements d'administration publique et par les décrets qui régissent le conseil privé de la Cochinchine.

Il s'adjoint, pour le jugement des affaires contentieuses, deux membres de l'ordre judiciaire désignés par le gouverneur général au commencement de chaque année.

Les fonctions de ministère public y sont remplies par un magistrat ou un fonctionnaire désigné par le gouverneur général au commencement de chaque année.

Art. 8. — Toutes les délibérations du conseil du protectorat seront adressées en entier au ministre des colonies, dans le mois de leur date.

Art. 9. — Le ministre des colonies est chargé de l'exécution du présent décret, qui sera inséré au *Journal officiel* de la République française, au *Bulletin des lois* et au *Bulletin officiel* de l'administration des colonies.

Fait à Paris, le 21 septembre 1894.

CASIMIR-PERIER.

DÉCRET DU 31 OCTOBRE 1894, FIXANT LA COMPOSITION DU CONSEIL CONSULTATIF DE DIÉGO-SUAREZ

Rapport au Président de la République.

Paris, le 31 octobre 1894.

Le décret du 1er juillet 1890, qui a réorganisé Diégo-Suarez, Nossi-Bé et Sainte-Marie-de-Madagascar, prévoit, en son article 3, que la composition d'un conseil consultatif, placé auprès du gouverneur de Diégo-Suarez, sera ultérieurement fixée.

Il m'a paru nécessaire de pourvoir enfin à l'organisation de ce conseil, qui fonctionnerait comme dans les autres colonies et prendrait le nom de « conseil d'administration ».

J'estime également qu'il est nécessaire de rendre applicable à Diégo-Suarez la législation concernant les conseils du contentieux administratif dans les autres colonies et réglant la procédure à suivre devant ces conseils.

Tel est l'objet du projet de décret que j'ai l'honneur de soumettre à votre signature.

Le Ministre des colonies,
DELCASSÉ.

Le Président de la République française,

Sur le rapport du ministre des colonies,

Vu l'ordonnance du 7 septembre 1840 sur le gouvernement du Sénégal et dépendances, rendue applicable à la colonie de Diégo-Suarez par le décret du 1er juillet 1890 ;

Vu l'article 18 du sénatus-consulte du 3 mai 1854 ;

Vu le décret du 5 août 1881 ;

Vu le décret du 1er juillet 1890 sur la réorganisation de Diégo-Suarez, Nossi-Bé et Sainte-Marie-de-Madagascar,

Décrète :

Art. 1er. — Le conseil consultatif placé auprès du gouverneur de Diégo-Suarez est composé comme il suit :

Le gouverneur titulaire ou intérimaire président ;

Le commandant supérieur des troupes ;

Le secrétaire général ;

Le chef du service administratif ;

Le juge de paix à compétence étendue ;

Un habitant notable, conseiller titulaire, désigné par le gouverneur ;

Un habitant notable, conseiller suppléant, également désigné par le gouverneur.

Un secrétaire-archiviste y tient la plume.

Art. 2. — En cas de décès ou d'absence, ou de tout autre empêchement, l'intérim du gouvernement appartient au secrétaire général.

A son défaut, l'intérimaire est désigné par le ministre des colonies.

Art. 3. — Sont rendus applicables à Diégo-Suarez les décrets susvisés du 5 août et du 7 septembre 1881.

Art. 4. — Le conseil d'administration se constitue en conseil du contentieux administratif par l'adjonction, à défaut de magistrats, de fonctionnaires en service dans la colonie, et, de préférence, titulaires du diplôme de licencié en droit. Chaque année, le gouverneur désigne un officier du commissariat chargé de remplir les fonctions de ministère public. Le secrétaire-archiviste du conseil d'administration remplit les fonctions de greffier.

Fait à Paris, le 31 octobre 1894.

CASIMIR-PERIER.

DÉCRET DU 31 OCTOBRE 1894, FIXANT LA COMPOSITION DU CONSEIL PRIVÉ DU CONGO FRANÇAIS

Rapport au Président de la République.

Paris, le 31 octobre 1894.

Le décret du 11 décembre 1888, qui a réglé la composition du conseil privé dans la colonie du Congo français et l'ordre dans lequel les membres qui le composent prennent séance, attribuait au représentant du département de la marine, commandant la station locale, le troisième rang, en le plaçant immédiatement après le lieutenant-gouverneur.

L'intérim du gouvernement lui était par suite dévolu. Cette dérogation à la règle habituellement observée dans les autres colonies s'expliquait par ce motif que l'administration civile, nouvellement instituée, n'avait pas encore pris l'importance qu'elle a aujourd'hui ; il était, dès lors, rationnel d'attribuer un rang élevé, dans le conseil de la colonie, au représentant de la marine, sous l'autorité directe duquel notre possession était restée longtemps placée.

La situation s'est totalement modifiée depuis cette époque. L'administration civile de la colonie a vu accroître son importance par l'organisation des différents services, tandis que la station locale, au contraire, a vu diminuer son effectif, réduit en dernier lieu à un seul aviso.

Il paraît dès lors rationnel de confier au directeur de l'intérieur au Congo, de même que cela se pratique dans les autres colonies, l'intérim du gouvernement. Cette mesure doit avoir pour conséquence de modifier l'ordre des préséances dans le conseil privé, aucun motif ne subsistant plus de maintenir à son ancien rang le lieutenant de vaisseau, chef de la station locale.

J'ai, en conséquence, préparé un projet de décret modifiant dans ce sens l'article 2 du décret du 11 décembre 1888.

Si vous voulez bien approuver cette manière de voir, je vous serai reconnaissant de revêtir le projet de décret ci-joint de votre signature.

Le Ministre des colonies,
Delcassé.

Le Président de la République française,
Sur le rapport du Ministre des colonies,
Vu le décret du 11 décembre 1888 ;
Vu l'article 18 du sénatus-consulte du 3 mai 1854 sur la constitution des colonies,

Décrète :

Art. 1er. — L'article 2 du décret susvisé du 11 décembre 1888 est ainsi modifié :

Le conseil privé du Congo français se compose :

Du commissaire général, président ;
Du lieutenant-gouverneur, vice-président ;
Du directeur de l'intérieur ;
Du commandant de la marine ;
Du chef du service administratif ;

Du chef du service judiciaire ;
De deux habitants notables désignés par le commissaire général.
Fait à Paris, le 31 octobre 1894

CASIMIR-PERIER

D. — RÉGIME POLITIQUE

Un décret du 13 juillet 1894 a modifié les conditions de l'élection au conseil supérieur des colonies, en établissant que *tous* les électeurs appelés à nommer des membres des conseils généraux ou d'administration (même dans l'Océanie française) seront admis à l'élection des délégués audit conseil supérieur.

Rapport au Président de la République française.

Paris, le 13 juillet 1894.

Monsieur le Président,

Aux termes du décret du 19 octobre 1883, constitutif du conseil supérieur des colonies, les délégués sont élus « par les citoyens français, âgés de vingt et un ans, jouissant de leurs droits civils et politiques et résidant dans la colonie depuis six mois au moins ».

L'administration des établissements français de l'Océanie se conformant au sens littéral de cette disposition a pensé jusqu'à ce jour que les indigènes des Marquises, des Gambier et de Rapa, dont les territoires ne dépendaient pas de la couronne de Taïti et qui, par suite, n'ont pu bénéficier de la naturalisation accordée aux anciens sujets du roi Pomaré par la loi du 30 décembre 1889, devaient être écartés du scrutin, bien que le décret du 28 décembre 1885 les ait appelés à nommer des représentants au conseil général de la colonie.

Cette application étroite de la lettre du décret ne paraît cependant pas répondre à la pensée du législateur. Il semble logique, en effet, que des électeurs appelés à nommer des conseillers généraux, en raison de la part qui leur incombe dans les charges de la colonie, puissent aussi participer à l'élection d'un délégué.

Dans cet ordre d'idées, j'ai pensé qu'il était nécessaire de modifier le texte de l'article du décret en vertu duquel les indigènes susvisés ont pu jusqu'ici être privés du droit de participer à l'élection du délégué de Taïti, et j'ai l'honneur de soumettre à votre haute sanction un projet de décret disposant que les électeurs inscrits sur les listes électorales dressées pour la nomination des membres des conseils généraux ou d'administration seront appelés à prendre part à l'élection des délégués au conseil supérieur des colonies.

Je vous prie de vouloir bien agréer, Monsieur le Président, l'hommage de mon profond respect.

Le Ministre des colonies,
Delcassé.

DÉCRET

Le Président de la République française,

Sur le rapport du ministre des colonies,

Vu le décret du 19 octobre 1883 instituant un conseil supérieur des colonies ;

Vu l'article 18 du sénatus-consulte du 3 mai 1854,

Décrète :

Art. 1er. — Le premier paragraphe de l'article 4 du décret du 19 octobre 1883 est modifié ainsi qu'il suit :

« Les délégués au conseil supérieur des colonies sont élus par les électeurs inscrits sur les listes électorales dressées pour la nomination des membres des conseils généraux ou d'administration.

« Dans les colonies où il n'existe pas d'assemblée de cette nature, ils sont nommés par les citoyens français, âgés de vingt et un ans, jouissant de leurs droits civils et politiques et résidant dans la colonie depuis six mois au moins. »

Art. 2. — Le ministre des colonies est chargé de l'exécution du présent décret, qui sera inséré aux *Journaux officiels* de la République française et des colonies et au *Bulletin officiel* du ministère des colonies.

Fait à Paris, le 13 juillet 1894.

CASIMIR-PERIER.

Par le Président de la République :
Le Ministre des colonies,
Delcassé.

E. — PERSONNEL COLONIAL

Un décret du 24 juillet 1894 sur le recrutement des *administrateurs coloniaux*, a modifié certains points (art. 3, 4 et 5) du décret du 16 décembre 1892. Voici le texte de ce décret du

24 juillet et du rapport qui le précède au *Journal officiel* en l'expliquant.

Rapport au Président de la République française.

Paris, le 24 juillet 1894.

Monsieur le Président,

L'article 3 du décret du 16 décembre 1892 réserve aux élèves brevetés de l'école coloniale la totalité des emplois d'administrateurs de 4ᵉ classe. L'article 4 du même décret décide, d'autre part, que les administrateurs coloniaux de 3ᵉ classe seront choisis, pour les deux tiers seulement parmi les administrateurs de 4ᵉ classe, pour le troisième tiers parmi les candidats justifiant de certaines conditions de grade ou de service.

L'expérience a démontré que ces deux dispositions sont difficiles à concilier. La première est incontestablement favorable aux élèves brevetés de l'école coloniale ; mais la seconde restreint notablement pour ces derniers les avantages que leur assure l'article 3, et elle peut avoir pour résultat de retarder assez longtemps la promotion à l'emploi supérieur d'un certain nombre d'entre eux.

J'estime que cet état de choses ne saurait être maintenu sans inconvénients. Il aurait bientôt pour conséquence, en effet, de détourner du corps des administrateurs les élèves de l'école coloniale pour les attirer de préférence vers les autres carrières qui leur sont ouvertes, soit vers les affaires indigènes de Cochinchine ou les résidences de l'Indo-Chine, soit vers la magistrature ou le commissariat. Or, avec l'extension de notre influence en Afrique, avec l'importance chaque jour plus considérable de nos possessions de la côte occidentale, il est aujourd'hui d'un grand intérêt que des fonctionnaires éclairés, justifiant de très sérieuses études, prennent place dans le personnel des administrateurs.

Tel était, d'ailleurs, le but imparfaitement atteint que visait le décret du 16 décembre 1892

Aussi j'ai fait préparer, et j'ai l'honneur, Monsieur le Président, de soumettre à votre haute sanction, le projet de décret ci-joint, qui détermine sur des bases nouvelles le recrutement des administrateurs de 4ᵉ et de 3ᵉ classe.

Enfin, il m'a paru nécessaire, pour éviter toute équivoque, de compléter l'article 5 du décret du 16 décembre 1892, en insérant dans le texte même de cet article, une disposition qui y était implicitement contenue ; je veux parler de la durée des services antérieurs exigibles des fonctionnaires des diversses administrations coloniales, pouvant être nommés d'emblée administrateurs de 2ᵉ et de 1ʳᵉ classe. Ce minimum de services m'a semblé devoir être fixé à cinq ans, par analogie avec les conditions exigées des candidats à l'emploi d'administrateur de 3ᵉ classe. (Art. 4 du projet ci-joint.)

Je vous prie d'agréer, Monsieur le Président, l'hommage de mon profond respect.

Le Ministre des colonies,
Delcassé.

DÉCRET

Le Président de la République française,

Vu le décret du 16 novembre 1892 portant réorganisation du corps des administrateurs coloniaux ;

Sur le rapport du ministre des colonies,

Décrète :

Art. 1ᵉʳ. — Les articles 3, 4 et 5 du décret du 16 décembre 1892 sont abrogés et remplacés par les dispositions suivantes :

« Art. 3. — Les emplois d'administrateurs de 4ᵉ classe sont conférés aux élèves brevetés de l'école coloniale.

« A défaut de candidats de l'école coloniale, ces emplois peuvent être attribués :

« A. — Aux fonctionnaires et agents des divers services de l'administration des colonies ayant au moins trois ans de services au département des colonies et 2,000 fr. de solde d'Europe.

« B. — Aux officiers des armées de terre et de mer (armées actives) du grade de lieutenant, sous-lieutenant ou assimilés, en activité ou démissionnaires.

« Les officiers en activité admis dans le personnel des administrateurs coloniaux doivent donner la démission de leur grade. Les officiers démissionnaires devront réunir, à cinquante-cinq ans d'âge, les conditions exigées pour prétendre à une pension de retraite.

« Art. 4. — Les emplois d'administrateur de 3ᵉ classe sont conférés, jusqu'à concurrence des trois quarts des vacances, aux administrateurs de 4ᵉ classe qui réunissent les conditions d'avancement énumérées à l'article 7.

« Le quatrième quart peut être attribué :

« A. — Aux fonctionnaires et agents des divers services de l'administration des colonies ayant au moins cinq ans de services au département des colonies et 2,500 fr. de solde d'Europe.

« B. — Aux officiers des armées de terre et de mer (armées actives) du grade de capitaine ou assimilés en activité ou démissionnaires.

« Les dispositions édictées au dernier paragraphe de l'article précédent sont applicables à ces officiers.

« Art. 5. — Les emplois d'administrateur de 2ᵉ et de 1ʳᵉ classe sont conférés, pour les trois quarts des vacances, aux administrateurs de la classe immédiatement inférieure qui réunissent les conditions d'avancement énumérées à l'article 7.

« Le quatrième quart peut être attribué aux fonctionnaires des diverses administrations coloniales comptant au moins cinq années de services au département des colonies, et dont la solde d'Europe est au moins égale à celle des administrateurs de la classe immédiatement inférieure. »

Fait à Paris, le 24 juillet 1894.

CASIMIR-PERIER.

F. — GARDE ET DÉFENSE DES COLONIES

Un décret du 4 août 1894, dont nous donnons ci-dessous le texte, a réglementé les engagements et rengagements dans l'armée coloniale. Ce décret est suivi d'un tableau se rapportant à l'article 4 et indiquant la taille à exiger pour les différents corps de troupes, soit, pour l'artillerie de marine, $1^m,66$ (régiment) ou $1^m,54$ (compagnie d'ouvriers) et $1^m,54$ pour l'infanterie de marine ; le même décret est également accompagné de modèles pour les actes d'engagement et de rengagement et pour divers certificats. (Voir le *Journal officiel* du 8 août 1894, pages 3892 et 3893.)

DÉCRET DU 4 AOUT 1894

Le Président de la République française,
Vu la loi du 15 juillet 1889 sur le recrutement de l'armée ;
Vu la loi du 18 mars 1889 sur le rengagement des sous-officiers ;
Vu le décret du 28 janvier 1890, relatif aux engagements et rengagements dans les troupes de la marine ;

Vu le décret du 7 février 1890, fixant les primes d'engagement et de rengagement, le taux des gratifications et le montant des hautes payes dans les troupes de la marine ;

Vu le décret du 21 juin 1890, relatif au mode de paiement des primes d'engagement et de rengagement ainsi que des gratifications annuelles dans les troupes coloniales ;

Vu la loi du 30 juillet 1893, portant organisation de l'armée coloniale ;

Sur le rapport du ministre de la marine,
   Décrète :

Art. 1ᵉʳ. — L'armée coloniale se recrute, en ce qui concerne l'élément français, exclusivement au moyen d'engagés volontaires et de rengagés.

Titre Iᵉʳ.

Des engagés volontaires.

Art. 2. — La durée de l'engagement volontaire est de trois, quatre ou cinq ans. Le temps de service de l'engagé compte du jour où il a signé son acte d'engagement.

Art. 3. — Sont admis à l'engagement volontaire au titre de l'armée coloniale :

1° Les jeunes gens âgés de dix-huit ans révolus, non encore inscrits par le conseil de révision sur la liste de recrutement cantonal ;

2° Les jeunes gens âgés de plus de vingt ans, inscrits par le conseil de révision sur la liste de recrutement cantonal, qui demandent à servir dans les troupes coloniales, sous la réserve qu'ils contracteront leur engagement avant le 1ᵉʳ novembre ;

3° Les hommes exemptés ou classés dans les services auxiliaires, âgés de moins de trente-deux ans, s'ils réunissent les conditions d'aptitude physique exigées.

Art. 4. — Tout homme qui demande à contracter un engagement volontaire dans l'armée coloniale doit réunir les conditions suivantes :

1° Être sain, robuste et bien constitué ;

2° Avoir atteint l'âge minimum de dix-huit ans et n'avoir pas dépassé l'âge maximum de trente-deux accomplis ;

3° Satisfaire, selon le corps où il veut servir, aux conditions de taille et d'aptitude fixées par le tableau joint au présent décret :

4° Ne pas appartenir à l'inscription maritime.

APPENDICE N° 1. 663

Art. 5. — L'engagé indique le corps dans lequel il désire servir.

Les corps de troupe de l'armée coloniale sont définis ainsi qu'il suit :
* régiment d'infanterie de la marine ;
* régiment d'artillerie de la marine ;
* compagnie d'ouvriers d'artillerie de la marine.

L'engagé volontaire peut toujours être changé de corps et d'arme lorsque l'intérêt ou les besoins du service l'exigent.

Art. 6. — Les engagements volontaires pour les différents corps de troupes de l'armée coloniale peuvent être suspendus partiellement, par une décision du ministre de la marine, suivant les besoins, en tenant compte du nombre d'hommes recrutés en vertu des paragraphes 3 et 4 de l'article 1er de la loi du 30 juillet 1893 et des ressources inscrites annuellement à ce titre au budget.

Art. 7. — Les engagements volontaires au titre de l'armée coloniale sont reçus :

En France, par le maire d'un chef-lieu de canton ;

En Algérie, par le maire de l'une des villes ci-après :

Alger, Aumale, Blidah, Bouffarick, Bordj-Menaïel, Cherchell, Dellys, Douéra, Coléah, Marengo, Médéah, Milianah, Orléansville, Ténez, Tizi-Ouzou ;

Aïn-Temouchent, Arzew, Saint-Cloud, Saint-Denis-du-Sig, Mascara, Nemours, Oran, Relizane, Sidi-bel-Abbès, Tlemcen ;

Aïn-Beida, Batna, Bône, Bougie, Constantine, Djidjelli, Guelma, Jemmapes, la Calle, Philippeville, Sétif, Souk-Ahrras.

Aux colonies, par le maire ou l'administrateur du chef-lieu de la colonie.

Art. 8. — Tout homme qui désire contracter un engagement volontaire au titre de l'armée coloniale doit produire les pièces ci-après, savoir :

1° Bulletin de naissance ;

2° Extrait du casier judiciaire ;

3° Certificat de bonne vie et mœurs ;

4° Consentement par écrit légalisé du père, si l'engagé a moins de vingt ans, ou, en cas de décès du père, un bulletin de décès et le consentement de la mère, ou, à défaut, du tuteur, ce dernier autorisé par une délibération du conseil de famille ;

5° Un certificat d'aptitude délivré par le commandant du bureau de recrutement ou par le chef de corps et constatant, d'après la déclaration d'un médecin militaire, ou, à défaut, d'un docteur en médecine désigné par l'autorité militaire, que le jeune homme n'a aucune infirmité ni maladie apparente ou cachée, qu'il est d'une constitution saine et robuste, qu'il a la taille et qu'il réunit les conditions exigées pour servir dans le corps où il désire entrer.

Si le casier judiciaire relate une condamnation à une peine quelconque, soit pour vol, escroquerie, abus de confiance ou attentat aux mœurs, soit une condamnation à l'une des peines prévues par l'article 5 de la loi du 15 juillet 1889, l'engagement ne peut être reçu pour l'armée coloniale.

Le maire constate l'identité du contractant et lui fait déclarer devant deux témoins remplissant les conditions prévues à l'article 37 du Code civil : 1° qu'il n'est ni marié ni veuf avec enfants ; 2° qu'il n'appartient pas à l'inscription maritime.

Art. 9. — L'acte d'engagement volontaire est conforme au modèle joint au présent décret.

Avant la signature de l'acte, le maire donne lecture :

1° Des paragraphes numérotés 1°, 2°, 3°, 4°, 5° et 6° du deuxième alinéa de l'article 59 de la loi du 15 juillet 1889 ;

2° Des articles 2, 5, 10, 11, 12, 23, 24 et 25 du présent décret ;

3° De l'acte d'engagement.

Les certificats et autres pièces produites par l'engagé restent annexés à la minute de l'acte.

Art. 10. — L'engagé volontaire reçoit, immédiatement après la signature de son acte d'engagement, une expédition de cet acte, et une feuille de route pour se rendre à son corps.

Il lui est payé, en outre, en même temps que ses frais de route, une prime fixée ainsi qu'il suit :

Pour un engagement de quatre ans, 100 fr. ;

Pour un engagement de cinq ans, 200 fr.

Art. 11. — L'engagé se rend directement à son corps. Il est tenu de s'y présenter dans les délais fixés par sa feuille de route.

Si, un mois en temps de paix, et deux jours en temps de guerre, après le jour où l'engagé volontaire devait arriver au corps, il n'y a point paru, il est, à moins de motifs légitimes, poursuivi comme insoumis, conformément aux dispositions de l'article 73 de la loi du 15 juillet 1889, et puni d'un emprisonnement d'un mois à un an en temps de paix, et de deux à cinq ans en temps de guerre ; dans ce dernier cas, à l'expiration de sa peine, il est dirigé sur la compagnie de discipline de la marine.

Art. 12. — En aucun cas, les engagés volontaires avec prime, au titre de l'armée coloniale, ne seront admis à bénéficier des cas de dispense prévus par les articles 21, 22 et 23 de la loi du 15 juillet 1889.

Art. 13. — Aux colonies, les jeunes gens qui demandent à contracter un engagement volontaire au titre de l'armée coloniale peuvent être reçus à s'engager pour l'un des corps de troupes européens stationnés dans la colonie où ils sont domiciliés ; à défaut, ou en cas de nécessité, dans le corps qui tient garnison dans la possession la plus proche du lieu de résidence de l'intéressé.

Titre II

Des rengagements.

Art. 14. — La durée du rengagement est de un, deux, trois et cinq ans.

Les rengagements sont renouvelables jusqu'à une durée totale de quinze ans de services.

Art. 15. — Sont admis au rengagement au titre des troupes coloniales :

1° Les hommes des troupes coloniales en activité de service qui auront au moins six mois de services effectifs ;

2° Les hommes de la réserve des troupes d'infanterie et d'artillerie de la marine âgés de moins de trente-deux ans accomplis ;

3° Les hommes de l'armée de terre ayant au moins un an de services.

Les gradés appartenant aux trois catégories ci-dessus pourront être acceptés avec leur grade, s'ils produisent le consentement du nouveau chef de corps ;

4° Les hommes de la réserve ou de la disponibilité de l'armée active, ainsi que les inscrits maritimes ayant accompli la période de service obligatoire, les uns et les autres âgés de moins de trente-deux ans révolus, comme simples soldats. Les inscrits admis à se rengager dans les troupes coloniales seront rayés des contrôles des gens de mer du jour de la signature de l'acte de rengagement.

Le deuxième rengagement et les rengagements ultérieurs ne peuvent être reçus que pendant la dernière année des rengagements en cours.

Art. 16. — Le temps de service d'un homme comme rengagé commence le jour où il aurait dû être renvoyé dans ses foyers, si l'homme est présent sous les drapeaux au moment de la signature de l'acte. Il compte du jour de la signature de l'acte, si le rengagé n'est pas sous les drapeaux au moment de son rengagement.

Art. 17. — Le militaire en activité de service doit, pour être admis à se rengager dans l'armée coloniale, justifier :

1° Qu'il a six mois au moins de services effectifs dans les troupes coloniales ;

2° Qu'il a un an de services effectifs, s'il sert dans l'armée de terre ;

3° Qu'il est dans sa dernière année de service, s'il est déjà rengagé ;

4° Qu'il est sain et qu'il réunit les autres qualités et aptitudes requises pour faire un bon service dans le corps où il veut servir ;

5° Que le chef du corps dans lequel il demande à se rengager donne son consentement.

Art. 18. — Tout militaire de la disponibilité ou de la réserve (armée coloniale ou armée de terre) ou l'inscrit maritime, désireux de contracter un rengagement au titre de l'armée coloniale, doit produire :

1° Un certificat d'aptitude délivré soit par le chef de corps, soit par le commandant du dépôt de recrutement ; ce certificat constate qu'il réunit les qualités et aptitudes requises pour faire un bon service dans le corps qu'il a choisi ;

2° Le certificat de bonne conduite qu'il aura reçu au moment de son passage dans la disponibilité ou la réserve ;

3° Un certificat de bonne vie et mœurs, s'il est absent de son corps depuis plus de six mois. Ce certificat ne sera délivré que sur le vu du casier judiciaire ;

4° Le consentement du chef de corps.

Il est tenu, en outre, de déclarer devant deux témoins remplissant les conditions prévues à l'article 37 du Code, qu'il n'est ni marié, ni veuf avec enfants.

Art. 19. — Les hommes de l'armée de terre et de l'armée coloniale libérés du service et domiciliés dans une de nos possessions d'outre-mer, qui demandent à contracter un rengagement au titre des troupes coloniales, ne peuvent être reçus que pour l'un des corps européens stationnés dans la colonie où ils résident, ou, à défaut, dans la colonie la plus voisine, comportant une garnison des troupes coloniales.

Art. 20. — Les rengagements sont reçus :

1° Dans les ports militaires, par l'officier du commissariat chargé du détail des revues ;

2° A Paris et dans les départements, par les fonctionnaires de l'intendance militaire ;

3° Dans les colonies, par l'officier du commissariat colonial chargé de la surveillance administrative du corps pour lequel l'intéressé est autorisé à se rengager.

L'acte de rengagement est conforme au modèle annexé au présent décret.

Art. 21. — Le militaire de l'activité de l'armée de terre, de la disponibilité ou de la réserve ou l'inscrit maritime qui a contracté un engagement dans les conditions des articles 15 et 16 du présent décret est immédiatement incorporé ou mis en route pour le corps dans lequel il a demandé à continuer son service. Les dispositions de l'article 11 lui sont applicables.

Art. 22. — Les sous-officiers qui ne sont pas liés au service en vertu de la loi du 18 mars 1889, les caporaux ou brigadiers et les soldats admis à contracter un rengagement ont droit aux primes ci-après :

    Pour un rengagement de 1 an . . . . 100 fr.
    Pour un rengagement de 2 ans 200
    Pour un rengagement de 3 ans 300
    Pour un rengagement de 5 ans 600

Cette prime est payable à l'intéressé le jour de la signature de l'acte.

Quelle qu'ait été la situation antérieure d'un rengagé provenant de l'armée de terre, il est toujours considéré comme contractant un premier rengagement quand il se rengage pour la première fois dans les troupes coloniales.

Il ne peut être payé au même homme, pour des rengagements successifs contractés dans les troupes coloniales, plus de 600 fr. de prime, non compris les primes d'engagement prévues à l'article 10 du présent décret. Lorsque cette limite est atteinte, les rengagements ont lieu sans prime.

Art. 23. — Les sous-officiers rengagés dans les conditions du présent décret, les caporaux ou brigadiers rengagés promus sous-officiers auxquels l'article 8 de la loi du 18 mars 1889 ne serait pas appliqué, perçoivent les gratifications annuelles et les hautes paies allouées aux sous-officiers rengagés dans les conditions de la loi du 18 mars 1889. Ils n'ont droit à la part de prime proportionnelle et à la première mise qu'à compter du jour où une vacance de sous-officier rengagé avec prime leur sera attribuée par le conseil de régiment.

Les engagés volontaires pour quatre et cinq ans devenus sous-officiers auront droit aux avantages ci-dessus après trois ans de services et, s'ils sont promus dans leur quatrième ou cinquième année de service, à compter du jour de leur nomination.

Les sous-officiers visés dans les deux paragraphes qui précèdent cessent, dès lors, de percevoir les hautes paies spéciales déterminées par l'article 24.

Titre III

Dispositions générales.

Art. 24. — Les caporaux ou brigadiers et les soldats ou canonniers de l'armée coloniale reçoivent des hautes paies spéciales allouées seulement dans les positions donnant droit à la solde de présence.

Toutefois, le droit aux hautes paies spéciales est conservé, dans la limite de six mois, aux militaires qui, à leur rentrée des colonies, obtiennent un congé de fin de campagne ou un congé de convalescence dans les deux mois qui suivent le débarquement.

La valeur de ces hautes paies spéciales est déterminée comme suit :

	FRANCE.	COLONIES.
De 3 à 6 ans	0,30	0,60
Au delà de 6 ans	0,50	1 »

Le temps passé dans l'armée de terre compte dans le calcul des services pour l'allocation de ces hautes paies.

Ces hautes paies spéciales remplacent les hautes paies et la gratification annuelle fixées par le décret du 7 février 1890 ; elles sont perçues en même temps que le prêt.

Art. 25. — Les soldats engagés ou rengagés qui, à la suite de condamnations ou par mesure disciplinaire, sont incorporés au corps des disciplinaires des colonies ou à la compagnie de discipline de la marine, cessent d'avoir droit aux hautes paies spéciales et sont traités, au point de vue de la solde, conformément aux tarifs spéciaux de ces corps.

Si ces hommes sont réintégrés dans un des autres corps de l'armée coloniale, ils recouvrent, à compter du jour de leur réintégration, leurs droits aux hautes paies spéciales.

Toutefois, il ne sera pas tenu compte du temps passé à la compagnie de discipline ou au corps des disciplinaires, au point de vue de l'ancienneté de services dans les troupes coloniales, pour le droit aux hautes paies.

Art. 26. — Après quinze années de services effectifs tant dans l'armée de terre que dans les troupes coloniales, les militaires de l'armée coloniale ont droit à une pension proportionnelle égale aux 15/25 du minimum de la pension de retraite du grade dont ils sont titulaires depuis deux ans au moins, augmenté de 1/25 pour chaque année de campagne.

Le taux des pensions proportionnelles et de retraite est décompté d'après les articles non abrogés de la loi du 11 avril 1831 et d'après les lois des 25 juin 1861, 18 août 1879 et le tarif joint à la loi du 18 mars 1889.

Art. 27. — Les sous-officiers rengagés et non rengagés, les caporaux et brigadiers et les soldats de l'armée de terre ayant encore deux ans de services à accomplir peuvent, après entente entre les ministres de la guerre et de la marine, être admis à passer avec leur grade dans les troupes coloniales pour achever le temps de service qu'ils doivent à l'État (art. 1er, § 4, de la loi du 30 juillet 1893). Ils bénéficieront, s'il y a lieu, des avantages stipulés à l'article 24.

Art. 28. — Les dispositions prévues au présent décret entreront en vigueur à compter du jour de la promulgation au *Journal officiel*.

Les militaires appartenant à l'armée coloniale antérieurement à la mise en vigueur du présent décret continuent à être régis par les actes en vertu desquels il sont liés au service, s'ils y ont avantage.

Ceux qui, à l'expiration de leur temps de service (qu'ils soient engagés, appelés ou rengagés), demanderont à continuer à servir dans les troupes coloniales auront droit à la prime, s'il y a lieu, et à la haute paie spéciale correspondant à leur ancienneté de service.

Art. 29. — Toutes dispositions antérieures au présent décret sont et demeurent abrogées.

Art. 30. — Les ministres de la marine, de la guerre, des colonies et des finances sont chargés de l'exécution du présent décret, qui sera inséré au *Bulletin des lois*, au *Bulletin officiel* de la marine, au *Bulletin officiel* du ministère de la guerre, au *Bulletin officiel* des colonies et au *Bulletin* du ministère de l'intérieur.

Fait à Paris, le 4 août 1894.

CASIMIR-PERIER.

Par le Président de la République :
Le Ministre de la marine,
Félix FAURE.

Le Ministre de la guerre,
A. MERCIER.

Le Ministre des Colonies,
DELCASSÉ.

Le Ministre des finances,
POINCARÉ.

Dans une circulaire du 27 août 1894 (voir le *Journal officiel* du 28 août 1894), le ministre de la marine a notifié, en l'expliquant, le décret du 19 juillet 1894 concernant les sous-officiers des troupes coloniales admis à la retraite dans les conditions de la loi du 18 mars 1889.

En vertu du décret du 19 juillet 1894, les sous-officiers des troupes coloniales qui jouiront des pensions de retraite prévues par la loi du 18 mars 1889, seront pendant cinq ans à la disposition du ministre de la marine, qui pourra leur donner des emplois dans la réserve de l'armée de mer ou les mettre à la disposition du ministre de la guerre pour être utilisés par lui dans les conditions prévues par la loi du 30 juillet 1894.

TOME II

A. — RÉGIME PÉNITENTIAIRE

Nous avons omis (voir Tome II, page 32), dans l'énumération des délits pouvant entraîner l'application de la peine de la relégation, ceux prévus par la loi du 28 juillet 1894 ayant pour objet la répression des menées anarchistes. Nous croyons utile de reproduire ici, pour combler cette lacune forcée (la mise en pages du présent volume étant achevée lors du vote de la loi), la plus grande partie de la circulaire adressée le 6 août 1894 par le garde des sceaux, ministre de la justice, aux procureurs généraux près des cours d'appel. Cette circulaire fixe très nettement la portée de la loi contre les menées anarchistes et définit les cas dans lesquels il y a lieu pour les tribunaux correctionnels d'appliquer la relégation [1].

Paris, le 6 août 1894.

Monsieur le Procureur général,

Au cours de la discussion qui a précédé le vote de la loi du 28 juillet 1894, le Gouvernement a eu à maintes reprises l'occasion de préciser

---

1. Voir le *Journal officiel* du 8 août 1894.

le caractère et la portée des dispositions législatives qu'il soumettait au Parlement. La loi qui vient d'être promulguée a pour objet la répression des menées anarchistes. Elle ne saurait dès lors, à un degré quelconque, constituer une menace pour ceux qui s'efforcent de faire triompher leurs doctrines par les moyens légaux. Votée par le Parlement pour défendre la sécurité publique menacée, elle ne doit et ne peut atteindre que les partisans de la propagande par le fait. La volonté très formelle du législateur trouve à cet égard, dans le texte même de la loi, le commentaire le plus explicite.

L'article 1er attribue aux tribunaux correctionnels la connaissance des délits de provocation au vol, aux crimes de meurtre, de pillage, d'incendie et de destruction par explosifs et d'apologie de ces mêmes crimes, ainsi que du délit de provocation à des militaires pour les détourner de leurs devoirs, dans le cas où ces délits ont pour but un acte de propagande anarchiste. Il en est de même des provocations à l'un des crimes et délits contre la sûreté extérieure de l'État, prévus par les articles 75 et suivants, jusques et y compris l'article 85 du Code pénal. Vous remarquerez qu'aucune modification n'a été apportée aux éléments constitutifs de ces diverses infractions. Pour être punissable en vertu de l'article 24 de la loi du 29 juillet 1881, la provocation au vol, aux crimes de meurtre, de pillage, d'incendie, etc., devra, même dans le cas où elle sera déférée aux tribunaux correctionnels, avoir été directe et faite publiquement. D'autre part, les individus qui seront convaincus de s'en être rendus coupables continueront à bénéficier du régime de faveur créé par la loi du 29 juillet 1881, tant au point de vue de la prescription, de la non-applicabilité des règles de la récidive, qu'au point de vue de l'influence de l'admission des circonstances atténuantes sur la durée de la peine. Le caractère anarchiste de la provocation ou de l'apologie n'aura d'autre conséquence que de justifier, le cas échéant, la compétence des tribunaux correctionnels. Les magistrats instructeurs devront dès lors, en tenant compte tant des antécédents du prévenu que des circonstances mêmes de l'affaire, s'efforcer de dégager nettement le but poursuivi par l'auteur de l'infraction, de manière à déterminer avec une certitude absolue la juridiction qui devra en connaître.

L'innovation la plus importante de la loi consiste dans la possibilité d'atteindre désormais la propagande anarchiste qui s'exerce en dehors des conditions de publicité exigées par l'article 23 de la loi du 29 juillet 1881. Non moins dangereuse ni moins coupable que la propagande publique, la propagande clandestine a été trop longtemps assurée de l'impunité. Il était indispensable de pouvoir mettre un terme à ces conciliabules secrets dans lesquels les partisans de l'anarchisme préparent leurs auditeurs à devenir les instruments de leurs desseins criminels. L'article 2 précise les conditions auxquelles est subordonnée l'existence du délit. La propagande anarchiste non publique ne sera punissable que si elle se caractérise ou par des provocations adressées à des militaires pour les détourner de leurs devoirs militaires ou par une incitation à commettre soit un vol, soit les crimes de meurtre, de pillage, d'incendie, soit les crimes prévus par l'article 435 du Code pénal. L'énumération intentionnellement limitative de l'article 2 exclut toute possibilité d'arbitraire dans l'application de la loi.

Il convient d'observer que ces infractions, qui seront toujours déférées aux tribunaux correctionnels, n'existeront que si elles ont été commises dans un but de propagande anarchiste. Une seule exception a été faite en ce qui concerne les provocations adressées à des militaires pour les détourner de leurs devoirs militaires et de l'obéissance qu'ils doivent à leurs chefs. La nécessité de mettre la discipline, c'est-à-dire l'existence même de l'armée, à l'abri de toute atteinte exige que toute provocation à la désobéissance puisse être réprimée, lors même qu'elle ne présenterait pas un caractère de propagande anarchiste. Il a paru toutefois qu'il y avait lieu d'atténuer dans cette hypothèse la rigueur de la répression.

Les conditions dans lesquelles se pratique la propagande clandestine rendront particulièrement délicate la tâche des magistrats instructeurs. S'ils peuvent avoir recours à tous les modes de preuve autorisés par le Code d'instruction criminelle, ils n'en devront pas moins se mettre en garde contre des dénonciations ou des dépositions qui seraient inspirées par un sentiment de haine ou de vengeance. Aussi bien la condamnation ne pourra être prononcée sur l'unique déclaration d'une personne affirmant avoir été l'objet de l'une des incitations énumérées dans l'article 2. En exigeant que cette dénonciation soit corroborée par un ensemble de charges établissant la culpabilité, le législateur a indiqué de quelles garanties il entendait entourer la constatation du délit.

Toutes les condamnations prononcées, soit en vertu de la présente loi, soit en vertu des lois du 18 décembre 1893 sur les associations de malfaiteurs et la détention illégitime d'explosifs, seront, quelle qu'en soit la durée, subies sous le régime de l'emprisonnement individuel. La peine de la relégation pourra être édictée contre tout individu qui, condamné à une peine supérieure à une année d'emprisonnement pour les faits spécifiés dans les articles 1 et 2 de la présente loi, aura encouru antérieurement, dans une période de moins de 10 ans, soit une condamnation à plus de trois mois d'emprisonnement en vertu desdits articles, soit une condamnation à la peine des travaux forcés, de la réclusion, ou de plus de trois mois d'emprisonnement pour crime ou délit de droit commun. Les tribunaux devront faire usage de la peine accessoire de la relégation toutes les fois qu'un intérêt de préservation sociale leur paraîtra l'exiger . . . .

B. — ORGANISATION DE LA JUSTICE

Erratum. — Le Tome Ier, page 394, contient une erreur due sans doute à des mots tombés pendant la mise en pages. Le 3e paragraphe de cette page 394 doit être ainsi libellé : « Les juges de paix à compétence ordinaire et leurs greffiers n'ont pas à justifier de conditions d'aptitude. Les juges de paix, *nommés par décret,* doivent être âgés de vingt-quatre à trente ans au moins, suivant les colonies, et les greffiers de vingt-cinq ans au moins. *Ces derniers* sont nommés par arrêté du ministre des colonies..... »

Organisation de la justice au Dahomey. — Un décret du 26 juillet 1894 a organisé le service de la justice au Dahomey : nous donnons ci-dessous le texte de cet acte non encore paru au moment du tirage du titre de la *Justice* dans le deuxième volume de cet ouvrage.

Rapport au Président de la République française.

Paris, le 26 juillet 1894.

Monsieur le Président,

La colonie du Bénin est actuellement régie, au point de vue judiciaire, par le décret du 11 mai 1892, qui règle le service de la justice dans la Guinée française et dépendances. D'un autre côté, la nécessité de la séparation de nos divers établissements de la côte occidentale d'Afrique a été successivement admise par les décrets des 1er août 1889, 17 décembre 1891, 10 mars 1893 et, en dernier lieu, par celui du 21 juin 1894, qui a organisé le Dahomey et dépendances.

L'application du principe d'autonomie ayant donné des résultats satisfaisants, le moment paraît venu de doter le Dahomey d'une organisation judiciaire spéciale. Cette mesure s'impose d'autant plus que l'organisation actuelle ne répond plus aux besoins de la colonie ainsi qu'aux intérêts bien compris des habitants.

En effet, la distance qui sépare le Dahomey de la Guinée est considérable, et il en résulte des retards prolongés dans la suite donnée aux affaires, dont le règlement a lieu le plus souvent en dehors de la présence des intéressés. Aussi, les justiciables se plaignent avec raison d'un système qui, ne facilitant pas la revendication de leurs droits, lèse leurs intérêts.

Le projet de décret qui vous est soumis aujourd'hui a pour but de remédier à ces inconvénients. Il donne au Dahomey son indépendance judiciaire et reproduit en somme, dans ses parties essentielles, le décret du 11 mai 1892. D'autre part, il ne crée pas de dépenses nouvelles, puisque le personnel chargé du service de la justice sera choisi parmi les fonctionnaires ou agents déjà en service dans la colonie.

Dans ces conditions, d'accord avec M. le garde des sceaux, ministre de la justice, j'ai l'honneur de vous prier de vouloir bien revêtir de votre signature le projet de décret ci-joint.

Je vous prie d'agréer, Monsieur le Président, l'hommage de mon profond respect.

Le Ministre des colonies,
DELCASSÉ.

DÉCRET

Le Président de la République française,

Sur le rapport du ministre des colonies et du garde des sceaux, ministre de la justice,

Vu l'article 18 du sénatus-consulte du 3 mai 1854 ;

Vu le décret du 15 mai 1889, portant réorganisation du service de la justice au Sénégal ;

Vu le décret du 1er août 1889, réglant l'organisation politique et administrative des Rivières du Sud, des établissements français de la côte d'Or et des établissements français du golfe du Bénin ;

Vu le décret du 17 décembre 1891, portant organisation de la colonie de la Guinée française et dépendances ;

Vu le décret du 10 mars 1893, constituant en trois colonies distinctes les possessions françaises de la Guinée, de la côte d'Ivoire et du Bénin ;

Vu le décret du 21 juin 1894, portant réorganisation de la colonie de Dahomey et dépendances,

Décrète :

Titre Ier

Dispositions préliminaires.

Art. 1er. — La colonie du Dahomey et dépendances cesse de relever, au point de vue judiciaire, du conseil d'appel de la Guinée française.

Titre II

Des juridictions de première instance.

Art. 2. — Il est institué dans la colonie du Dahomey et dépendances deux justices de paix à compétence étendue, dont les sièges sont fixés, savoir :
1° A Porto-Novo ;
2° A Ouidah.

Art. 3. — Les fonctions de juge de paix, de greffier et d'huissier sont remplies par des officiers, fonctionnaires ou agents désignés par le gouverneur.

Les fonctions du ministère public sont remplies par le commissaire de police ou, à défaut, par un fonctionnaire désigné par le gouverneur.

Les greffiers remplissent, en outre des attributs de leur charge, les fonctions de notaire.

Art. 4. — Les tribunaux de paix de Porto-Novo et de Ouidah connaissent :

1° En premier et dernier ressort de toutes les affaires attribuées aux juges de paix en France, de toutes les actions personnelles et mobilières jusqu'à 100 fr. de revenu déterminé soit en rente, soit par prix de bail ;

2° En premier ressort seulement, et à charge d'appel devant le conseil d'appel dont il sera parlé plus loin, de toutes les autres affaires.

En matière commerciale, leur compétence est celle des tribunaux de commerce de la métropole.

Art. 5. — La procédure dans les affaires énumérées à l'article précédent est, à moins d'impossibilité reconnue, celle déterminée pour les justices de paix en France.

Art. 6. — Les affaires civiles portées devant les tribunaux de paix du Dahomey et dépendances sont dispensées du préliminaire de conciliation.

Toutefois, dans toutes les causes, excepté dans celles qui requièrent célérité ou celles où le défenseur est domicilié hors du ressort des nouveaux tribunaux, aucune citation ne peut être donnée sans qu'au préalable les juges de paix aient appelé devant eux les parties par un avertissement, conformément aux dispositions de l'article 1er de la loi du 2 mai 1855.

Art. 7. — Indépendamment des fonctions départies aux juges de paix par le Code civil, le Code de procédure civile et le Code de commerce, les juges de paix de Porto-Novo et de Ouidah ont les attributions dévolues aux présidents des tribunaux de première instance.

Ils surveillent spécialement l'administration des successions vacantes.

Art. 8. — Les tribunaux de paix du Dahomey et dépendances connaissent, en matière de simple police et de police correctionnelle, lorsque le prévenu est d'origine européenne ou assimilée :

1° En premier et dernier ressort, de toutes les contraventions déférées par les lois et règlements aux tribunaux de simple police, lorsque la peine consistera seulement en une amende, ou, s'il y a condamnation à l'emprisonnement, lorsque le temps pour lequel cette peine est prononcée n'excédera pas deux mois ;

2° En premier ressort seulement, et à charge d'appel devant le conseil d'appel dont il sera parlé plus loin, des délits à l'occasion desquels aura été prononcée une peine supérieure à celles indiquées par le paragraphe précédent.

Art. 9. — En matière correctionnelle et de simple police, les juges de paix suivront la procédure des tribunaux de simple police en France.

Toutefois, ils seront investis, en tous cas, des pouvoirs conférés par les articles 268 et 269 du Code d'instruction criminelle, et les jugements pourront être exécutés sans signification préalable.

Art. 10. — En matière correctionnelle et de simple police, les fonctions du ministère public seront remplies par les titulaires de ces emplois prévus à l'article 3 ci-dessus.

Les juges de paix sont saisis par le ministère public ou directement à la requête de la partie civile.

Art. 11 — Des arrêtés du gouverneur fixeront la compétence territoriale des justices de paix du Dahomey et dépendances.

Art. 12. — Des arrêtés du gouverneur pourront autoriser ou ordonner la tenue d'audiences foraines.

Titre III

De la juridiction d'appel.

Art. 13. — L'appel des jugements rendus en premier ressort par les tribunaux de paix du Dahomey et dépendances est porté devant un conseil, siégeant au chef-lieu et composé du gouverneur ou de son délégué d'appel président, et de deux assesseurs choisis au commencement de chaque année, par le gouverneur, parmi les fonctionnaires ou officiers en service dans la colonie. Lorsqu'un des assesseurs sera absent ou empêché, il sera pourvu d'office, par le gouverneur, à son remplacement.

Les fonctions du ministère public seront remplies par les titulaires désignés à l'article 3 ci-dessus.

Art. 14. — Les jugements rendus en dernier ressort par les tribunaux de paix du Dahomey et dépendances pourront être attaqués par la voie de l'annulation devant le conseil d'appel pour excès de pouvoirs ou violation de la loi. Lorsque celui-ci annulera un jugement rendu par une des justices de paix, il prononcera le renvoi de l'affaire devant le même tribunal, qui devra se conformer, pour le point de droit, à la doctrine adoptée par le conseil d'appel.

Titre IV

De la juridiction criminelle.

Art. 15. — Le conseil d'appel, constitué en tribunal criminel, connaît des crimes commis sur les territoires dépendant du gouvernement du Dahomey et dépendances, et de toutes les affaires qui sont déférées en France aux cours d'assises.

Art. 16. — Lorsque le tribunal criminel devra procéder au jugement d'une affaire dans laquelle seront impliqués comme accusés des Européens ou assimilés, il s'adjoindra le concours de deux assesseurs supplémentaires.

Art. 17. — Ceux-ci ont voix délibérative sur la question de culpabilité seulement.

La condamnation est prononcée à la majorité de trois voix contre deux.

Art. 18. — Les deux assesseurs supplémentaires prévus à l'article 16 sont désignés par la voie du sort sur une liste de douze fonctionnaires ou notables de nationalité française, dressée chaque année, dans la seconde quinzaine de décembre, par le secrétaire général, et approuvée par le gouverneur.

Art. 19. — Les juges de paix rempliront les fonctions de magistrat instructeur. Les fonctions du ministère public et celles de greffier seront exercées par les titulaires de ces emplois prévus à l'article 3 du présent décret.

Le tribunal criminel est saisi par le ministère public.

Art. 20. — Les formes de la procédure, ainsi que celles de l'opposition devant le tribunal criminel, sont, à moins d'impossibilité constatée, celles qui sont suivies en matière correctionnelle en France.

Art. 21. — Les décisions du tribunal criminel ne sont pas sujettes à appel. Elles sont susceptibles du recours en cassation dans l'intérêt de la loi et conformément aux articles 441 et 442 du Code d'instruction criminelle.

Art. 22. — Les crimes et délits ayant un caractère politique ou qui seraient de nature à compromettre l'action de l'autorité française seront jugés par le tribunal criminel sans le concours des assesseurs supplémentaires.

Titre V

Législation.

Art. 23. — En toute matière, les tribunaux du Dahomey et dépendances se conforment à la législation civile, commerciale et criminelle du Sénégal, en tout ce qui n'est pas contraire au présent décret.

Art. 24. — Les administrateurs, résidents et chefs de poste sont officiers de police judiciaire.

Ils peuvent procéder à l'arrestation du délinquant en cas de crime ou de flagrant délit.

Art. 25. — Toutes les fois qu'un indigène de leur ressort se sera rendu coupable d'un crime ou d'un délit nécessitant une instruction, ils pourront, sans attendre un réquisitoire du magistrat compétent, se livrer à cette instruction et détenir les prévenus pendant tout le temps de sa durée.

Art. 26. — L'instruction terminée, ils dirigeront, s'il y a lieu, le prévenu sur le tribunal correctionnel du ressort, en le faisant accompagner des pièces de l'enquête.

S'ils jugent qu'il n'y a ni crime ni délit, ils mettront le prévenu en liberté sans pouvoir pour cela rendre une ordonnance de non-lieu.

Les pièces de l'instruction seront envoyées au magistrat du ressort qui, suivant les circonstances, classera l'affaire, demandera un supplément d'enquête, prononcera le renvoi du prévenu devant le tribunal correctionnel, ou en fera saisir le tribunal criminel.

Titre VI

Dispositions diverses.

Art. 27. — Sont maintenues les juridictions indigènes actuellement existantes, tant pour le jugement des affaires civiles entre indigènes que pour la poursuite des contraventions et délits commis par ceux-ci envers leurs congénères.

Art. 28. — Les indigènes pourront, en tout état de cause, saisir de leur procès les tribunaux français.

Art. 29. — Le secrétaire général au chef-lieu du gouvernement, ou, en cas d'absence, le fonctionnaire qui le remplace, ainsi que les administrateurs dans leurs cercles et les résidents ou chefs de poste rempliront les fonctions d'officier de l'état civil.

Ils tiendront en triple expédition les registres, dont un exemplaire restera déposé au greffe de la justice de paix du ressort, un autre au greffe du conseil d'appel, le troisième sera envoyé au ministère des colonies pour être classé aux archives coloniales, conformément à l'édit de juin 1776.

Art. 30. — Les juges de paix du Dahomey et dépendances prêtent serment verbalement ou par écrit devant le conseil d'appel.

Les juges de paix reçoivent le serment de leur greffier.

Le conseil d'appel reçoit le serment de ses membres.

Art. 31. — Avant d'entrer en fonctions, les administrateurs, résidents et chefs de poste, qui sont officiers de police judiciaire, prêtent verbalement ou par écrit, devant le tribunal de paix du ressort, le serment prescrit pour les magistrats de l'ordre judiciaire.

Art. 32. — Sont abrogées en ce qu'elles ont de contraire au présent décret les dispositions du décret du 15 mai 1889, portant organisation de la justice au Sénégal, et celles du décret du 11 mai 1892, organisant le service judiciaire dans la Guinée française et dépendances.

Art. 33. — Le ministre des colonies et le garde des sceaux, ministre de la justice, sont chargés, chacun en ce qui le concerne, de l'exécution du présent décret, qui sera inséré au *Journal officiel* de la République française, au *Bulletin des lois* et au *Bulletin officiel* des colonies.

Fait à Paris, le 26 juillet 1894.

CASIMIR-PERIER.

Organisation de la justice sur la côte des Somalis. — Un décret du 4 septembre 1894 a organisé le service de la justice dans le protectorat de la côte des Somalis (Djibouti). Nous n'avons pu indiquer, dans le titre consacré à la justice aux colonies (Tome II), que les principes de cette organisation encore à l'état de projet au moment du tirage de ce titre ; voici le texte même du décret qui l'a complètement fixée et du rapport explicatif.

Rapport au Président de la République.

Paris, le 4 septembre 1894.

Le développement de Djibouti, chef-lieu du protectorat de la République sur la côte des Somalis, rend nécessaire aujourd'hui d'y organiser régulièrement le service de la justice française.

Les engagements que nous avons pris vis-à-vis des indigènes, dont nous devons respecter les coutumes et les institutions, ne comportent pas le fonctionnement de tribunaux investis d'une compétence générale ; aussi les juridictions françaises ne seront-elles saisies que des affaires concernant les Français, Européens ou assimilés. Dans tous les cas, aucun indigène n'y sera intéressé.

Par application des mêmes principes et pour répondre aux mêmes exigences, les Français, Européens et assimilés, relevant directement de la justice française, seront seuls touchés par la promulgation des lois, décrets et règlements généraux émanant de la métropole.

La création d'un conseil d'appel assurera aux justiciables la garantie des deux degrés de juridiction.

Ce même conseil, constitué en tribunal criminel spécial, connaîtra des crimes commis sur les territoires du protectorat par des Français, Européens ou assimilés.

Quant à la procédure, qu'il serait impraticable d'assujettir à toutes les formalités prévues par nos codes, elle se rapprochera autant que possible de celle des justices de paix de France.

Le projet de décret inclus a donc pour objet de doter notre protectorat de la côte des Somalis d'un service judiciaire autonome, en harmonie avec sa situation actuelle, tout en respectant les juridictions spéciales, mixtes ou indigènes, conformes aux usages du pays.

Les fonctions judiciaires étant dévolues à des fonctionnaires en service dans le protectorat, l'organisation n'entraînera aucune dépense nouvelle de personnel aux frais du budget colonial ou du budget local du protectorat.

Dans ces conditions, et d'accord avec M. le garde des sceaux, ministre de la justice, j'ai l'honneur de soumettre à votre haute sanction le projet de décret ci-joint.

Le Ministre des colonies,
Delcassé.

DÉCRET

Le Président de la République française,

Vu l'article 18 du sénatus-consulte du 3 mai 1854 ;

Vu les décrets des 2 septembre 1887 et 22 juin 1889, concernant l'organisation judiciaire à Obock ;

Décrète :

Art. 1er. — Un fonctionnaire délégué par le chef du protectorat de la côte des Somalis remplira, à Djibouti, les fonctions de juge de paix à compétence étendue.

Il connaîtra uniquement des causes intéressant les Français, Européens ou assimilés.

Art. 2. — En matière civile et en premier ressort, le juge de paix du protectorat statue sur toutes les affaires soumises, en France, aux juges de paix et aux tribunaux civils.

En matière commerciale, sa compétence est celle des tribunaux de commerce de la métropole.

Art. 3. — Le juge de paix connaît, en matière de simple police et de police correctionnelle, en premier ressort, des contraventions et délits commis sur le territoire du protectorat par des Français, Européens ou assimilés.

Art. 4. — L'appel des jugements rendus par le juge de paix est porté devant un conseil d'appel siégeant à Djibouti et composé du chef du protectorat et de deux assesseurs.

Art. 5. — Le conseil d'appel, constitué en tribunal criminel spécial, connaît des crimes commis sur le territoire du protectorat par des Français, Européens ou assimilés.

Art. 6. — Les fonctions du ministère public et de greffier devant le conseil d'appel jugeant, soit en cette qualité, soit à titre de tribunal criminel spécial, sont exercées par des fonctionnaires ou agents désignés par le chef du protectorat.

Le juge de paix remplit les fonctions de magistrat instructeur.

Art. 7. — Les jugements prononcés par le conseil d'appel ou par le tribunal criminel spécial ne peuvent être attaqués que par la voie du recours en cassation, dans l'intérêt de la loi et conformément aux articles 441 et 442 du Code d'instruction criminelle.

Art. 8. — En toute matière, le juge de paix, le conseil d'appel et le tribunal criminel spécial se conformeront aux lois, décrets et règlements promulgués dans le protectorat, lesquels toucheront les seuls Français, Européens ou assimilés relevant directement de la justice française.

En toute matière également, la procédure à suivre devant ces mêmes juridictions est, autant que possible, celle des justices de paix. Toutefois, le président du tribunal criminel spécial est investi des pouvoirs qui sont conférés aux présidents des cours d'assises, en France, par les articles 268, 269 et 270 du Code d'instruction criminelle.

Art. 9. — Indépendamment des fonctions départies aux juges de paix par le Code civil, le Code de procédure civile et le Code de commerce, le juge de paix du protectorat exerce les attributions dont se trouvent investis les présidents des tribunaux de première instance. Il surveille spécialement l'administration des successions vacantes.

Art. 10. — Avant d'entrer en fonctions, le juge de paix prête serment verbalement ou par écrit, s'il y a lieu, devant le chef du protectorat.

Le conseil d'appel reçoit le serment de ses membres.

Art. 11. — Il n'est rien modifié au régime des juridictions mixtes ou indigènes, institué dans le protectorat pour le règlement ou le jugement des affaires administratives, civiles, commerciales ou pénales intéressant soit les indigènes entre eux, soit les indigènes conjointement avec des Français, Européens ou assimilés.

Art. 12. — Le ministre des colonies et le garde des sceaux, ministre de la justice, sont chargés, chacun en ce qui le concerne, de l'exécution du présent décret, qui sera inséré au *Journal officiel* de la République française, au *Bulletin des lois* et au *Bulletin officiel* du ministère des colonies.

Fait à Pont-sur-Seine, le 4 septembre 1894.

CASIMIR-PERIER.

DÉCRET MODIFIANT LA COMPÉTENCE DES TRIBUNAUX DE RÉSIDENCE AU TONKIN

Rapport au Président de la République française.

Monsieur le Président,

En vertu d'un décret du 13 janvier 1894, les tribunaux des résidences au Tonkin ont été assimilés, relativement à la compétence, aux justices de paix en France. Toutefois, une disposition du paragraphe 2 de l'article 3 du même décret, dérogeant gravement au droit commun, déclarait leurs décisions non susceptibles d'appel.

M. le gouverneur général de l'Indo-Chine fait observer que le principe posé par le paragraphe 2 de l'article 3 de ce décret est trop général. Les lois du 25 mai 1838 et du 2 mai 1855, qui ont réglé la situation des juges de paix en France, leur ont accordé, en effet, dans certains cas énumérés par la loi, une compétence illimitée en premier ressort. Ils connaissent, par exemple, des actions en paiement de loyers ou fermages, des congés, des demandes en résiliation de baux, des actions pour dommages faits aux champs, fruits et récoltes, des actions en bornage, etc., quelle que soit l'importance pécuniaire des intérêts engagés, mais sauf appel aux tribunaux de première instance.

La disposition du paragraphe 2 de l'article 3 du décret du 13 janvier 1894, rendant les décisions des tribunaux de résidence au Tonkin non susceptibles d'appel dans ces cas particuliers, aurait pour effet de leur accorder une compétence, en dernier ressort, supérieure souvent à celle des tribunaux de première instance.

Il est donc nécessaire, pour ces raisons, lorsque l'intérêt engagé dépassera 1,500 fr. en principal, de permettre aux plaideurs d'en appeler des décisions des tribunaux de résidence, quand ils statueront sur des actions pour lesquelles leur compétence est illimitée en France. Après entente avec M. le garde des sceaux, ministre de la justice, j'ai l'honneur, Monsieur le Président, de soumettre à votre haute sanction le projet de décret ci-joint concernant ces réformes.

Je vous prie d'agréer, Monsieur le Président, l'hommage de mon profond respect.

Le Ministre des colonies,
DELCASSÉ.

Le Président de la République française,

Sur le rapport du ministre des colonies et du garde des sceaux, ministre de la justice,

Vu l'article 18 du sénatus-consulte du 3 mai 1854 ;

Vu le décret du 17 août 1881, portant organisation de la juridiction française en Annam ;

Vu le décret du 8 février 1886, relatif aux attributions consulaires, et celui du 10 février 1886, relatif aux attributions judiciaires des résidents et vice-résidents, chefs de poste en Annam et au Tonkin ;

Vu les décrets des 8 et 18 septembre 1888 et du 12 novembre 1889, relatifs à l'organisation de la justice au Tonkin ;

Vu l'arrêté du gouverneur général de l'Indo-Chine, du 5 décembre 1888, déterminant les circonscriptions des tribunaux d'Hanoï et d'Haïphong ;

Vu le décret du 17 juin 1889, portant organisation de la justice en Cochinchine ;

Vu le décret du 28 février 1890, portant organisation de la justice au Tonkin ;

Vu le décret du 13 janvier 1894, portant création d'une cour d'appel au Tonkin ;

Vu le décret du 21 avril 1891 ;

Vu le décret du 13 janvier 1894, fixant la compétence des tribunaux du Tonkin,

   Décrète :

Art. 1er. — L'article 3 du décret du 13 janvier 1894, fixant la compétence des tribunaux du Tonkin, est modifié ainsi qu'il suit :

La compétence des tribunaux des résidences dans les provinces est la même que celles des justices de paix en France.

Les affaires qu'ils jugent ne sont pas susceptibles d'appel.

Néanmoins, dans les cas prévus par les articles 3, 4, 5 et 6 de la loi du 25 mai 1838, modifiée par la loi du 2 mai 1855, qui accordent aux juges de paix une compétence illimitée sur certaines matières spéciales, les tribunaux de résidence ne prononceront en dernier ressort que sur les affaires d'un intérêt ne dépassant pas 1,500 fr. en principal.

Exceptionnellement, toutes les fois que les parties y consentent, les résidents et vice-résidents, chefs de poste, peuvent connaître en premier ressort, et à charge d'appel devant la cour du Tonkin, des affaires qui relèvent en France de la compétence des tribunaux de première instance et qui intéressent des nationaux sujets et protégés français, des sujets ou protégés d'une puissance étrangère.

La procédure suivie sera celle des justices de paix.

Art. 2. — Le ministre des colonies et le garde des sceaux, ministre de la justice, sont chargés, chacun en ce qui le concerne, de l'exécution du présent décret, qui sera inséré au *Journal officiel* de la République française, au *Bulletin des lois* et au *Bulletin officiel* de l'administration des colonies.

Fait à Paris, le 12 novembre 1894.

            CASIMIR-PERIER.

   Par le Président de la République :

          Le Ministre des colonies,
           DELCASSÉ.

Le Garde des sceaux, ministre de la justice,
   E. GUÉRIN.

DÉCRET MODIFIANT L'ORGANISATION DU NOTARIAT AUX ILES SAINT-PIERRE ET MIQUELON

Rapport au Président de la République française.

Monsieur le Président,

Le décret du 30 juillet 1879, concernant l'organisation du notariat aux îles Saint-Pierre et Miquelon, avait énuméré les fonctions incompatibles avec celles de notaire dans son article ainsi conçu :

« Les fonctions de notaire sont incompatibles avec celles de juge titulaire, en première instance et en appel, d'officier du ministère public, de greffier et d'huissier. »

Cette rédaction ne prévoit pas l'incompatibilité des fonctions de notaire avec celles d'agréé ou de juge suppléant.

Il en est résulté qu'un notaire de Saint-Pierre a longtemps rempli les fonctions d'agréé devant le tribunal de première instance. Toutes les autorités locales sont unanimes à reconnaître les inconvénients de cet état de choses. Le notaire, en effet, qui est seul à Saint-Pierre, reçoit forcément les confidences de ses clients ; il connaît leurs secrets, sait exactement leur situation de fortune, et, sans suspecter l'honorabilité du titulaire, il peut, même involontairement, se servir de ces documents dans ses plaidoiries.

Les inconvénients seraient encore plus graves si l'on admettait le notaire de Saint-Pierre à remplir les fonctions de juge suppléant, puisqu'il aurait ainsi à statuer sur des différends où ses clients seraient parties et soulevés, le plus souvent, à l'occasion d'actes passés par-devant lui-même.

J'ai l'honneur, en conséquence, Monsieur le Président, après entente avec le garde des sceaux, ministre de la justice, de soumettre à votre haute appréciation le projet de décret ci-joint, établissant l'incompatibilité des fonctions de notaire aux îles Saint-Pierre et Miquelon avec celles de juge suppléant ou d'agréé devant le tribunal de cette colonie.

Je vous prie d'agréer, Monsieur le Président, l'hommage de mon profond respect.

Le Ministre des colonies,
Delcassé.

Le Président de la République française,

Sur le rapport du ministre des colonies et du garde des sceaux, ministre de la justice ;

Vu l'article 18 du sénatus-consulte du 3 mai 1854 ;

Vu la loi du 25 ventôse an XI, contenant organisation du notariat

Vu la loi du 21 juin 1843 sur la forme des actes notariés ;

Vu l'édit de juin 1776, portant établissement d'un dépôt sous le nom de dépôt des chartes des colonies ;

Vu les lois de finances des 28 avril 1806 et 4 août 1844 ;

Vu l'ordonnance royale du 26 juillet 1833, concernant l'organisation de l'ordre judiciaire et l'administration de la justice aux îles Saint-Pierre et Miquelon ;

Vu le décret du 16 juillet 1878 ;

Vu le décret du 30 juillet 1879, concernant l'organisation du notariat aux îles Saint-Pierre et Miquelon,

Décrète :

Art. 1er. — L'article 6 du décret du 30 juillet 1879, concernant l'organisation du notariat aux îles Saint-Pierre et Miquelon, est modifié comme suit :

« Les fonctions de notaire sont incompatibles avec celles de juge titulaire ou suppléant, en première instance et en appel, d'officier du ministère public, de greffier, d'agréé et d'huissier. »

Art. 2. — Le ministre des colonies et le garde des sceaux, ministre de la justice, sont chargés, chacun en ce qui le concerne, de l'exécution du présent décret, qui sera inséré au *Bulletin des lois*, au *Journal officiel* de la République française et au *Bulletin officiel* de l'administration des colonies.

Fait à Paris, le 9 novembre 1894.

CASIMIR-PERIER.

Par le Président de la République :

Le Ministre des colonies,

DELCASSÉ.

Le Garde des sceaux, ministre de la justice,

E. GUÉRIN.

APPENDICE N° 2

Renseignements bibliographiques[1].

TOME Ier

A. — GÉOGRAPHIE POLITIQUE

Colonies d'Amérique. — *Histoire de la Martinique jusqu'en 1815*, par Sidney Daney. Paris, 1846-1847, 6 vol. in-8°. — Pardon. *La Martinique depuis sa découverte jusqu'à nos jours*. Paris, Challamel, 1877, in-8° avec 2 cartes. — V. Schœlcher. *La Grande Conspiration du pillage à la Martinique*. Paris, Le Chevalier, 1875, in-8°. — *Événements des 18 et 19 juillet 1881 à Saint-Pierre (Martinique)*. Paris, Dentu, 1882, in-8°. — *La Martinique*, par l'amiral Aube. Paris, Berger-Levrault et Cie, 1882. — *Carte générale de la Martinique*. Paris, Challamel, n° 383.

La Guadeloupe, par le capitaine Bouinais. — Lacour. *Histoire de la Guadeloupe*. — Dessalles. *Histoire générale des Antilles*.

Notice sur Saint-Pierre et Miquelon, par Louis Henrique (Atlas colonial de Ch. Bayle. Paris, 1886). — *Les Colonies françaises*, par Paul Gaffarel. Paris, Alcan, 1885. — *La Pêche de la morue et du homard à Terre-Neuve*, par Le Beau (Revue française, 1888, n° 51).

La Guyane française, par Bouyer (Tour du Monde, 1er sem. 1866). — *La Guyane française et la province de Para*, par Chabaud-Arnault

---

1. Outre les ouvrages spéciaux dont nous conseillons la lecture dans cette bibliographie, les lecteurs auront à consulter *pour toutes nos colonies* les bulletins de la Société de géographie de Paris et ceux de la Société de géographie commerciale de Paris; la collection du journal *La Politique coloniale*; les *Statistiques coloniales* publiées par le ministère des colonies; *La France coloniale* d'Alfred Rambaud. Paris, Colin, 1893; les *Notices illustrées* sur les colonies françaises, publiées sous la direction de M. Louis Henrique à l'occasion de l'Exposition universelle de 1889; la *Nouvelle Géographie universelle* d'Élisée Reclus; l'*Atlas universel de géographie* de MM. Vivien de Saint-Martin et F. Schreder (Paris, Hachette); et les *Annuaires* des différentes colonies, déposés aux archives du Ministère des colonies.

(Revue maritime et coloniale, 1876). — *Voyage d'exploration à la Guyane*, par le docteur Crevaux (Tour du Monde, 1879). — *La Guyane française et le Brésil*, par Durand. Paris, 1877, chez Lanier. — *Histoire de la Guyane française*, par le docteur Maurel. Paris, 1889, Challamel. — *La Guyane française*, par Mourié. Paris, P. Dupont, 1874.

Colonies d'Afrique. — *Causeries historiques sur l'île de la Réunion*, par Crémazy Pascal. Paris, Challamel, 1881. — Guët. *Les Origines de l'île Bourbon*. Bayle, 1885. — *La Réunion et Madagascar*, par Fernand Hue. Paris, Lecène et Oudin, 1887. — *Madagascar en 1894*, par A. Martineau. Paris, Flammarion. — *Madagascar*, par A. d'Anthouard de Wasservas (Revue universelle, 1892-1893). — *Nossi-Bé et dépendances*, par H. Capitaine (L'Exploration, 1878). — Flacourt. *Histoire de la grande île de Madagascar*, 1866. — Jouan. *Notes sur les archipels des Comores*, 1870. — Louis Pauliat. *Madagascar*. Paris, Lévy, 1884.

Annales sénégalaises. Paris, 1885. — *Le Sénégal*, par le général Faidherbe. Paris, 1889. — *Les Possessions françaises dans l'Afrique occidentale*, par Lebrun-Renaud. Paris, 1885. — *Voyage du commandant Monteil au lac Tchad* (Nouvelle-Revue, 1894). — Galliéni. *Voyage à Ségou* (Tour du Monde, 1881) et *Deux campagnes au Soudan français* (Tour du Monde, 1889). — Ancelle. *Les Explorations au Sénégal*. Paris, 1885. — *Le Soudan français*, par le général Faidherbe. Lille, 1884-1886. — E. Péroz. *Au Soudan français*. Paris, 1889. — Binger. *Du Niger au golfe de Guinée par Kong*. — Bayol. *Voyage en Sénégambie*. Paris, 1888. — Sabatier. *Thouat, Sahara et Soudan*. Paris, 1891. — Barret. *La Région gabonaise*. Paris, 1887. — Guiral. *Le Congo français*. Paris, 1888. — Marche. *Trois Voyages dans l'Afrique occidentale*. Paris, 1881. — *Lettres de M. de Brazza*. Paris, 1885. — De Lanessan. *L'Expansion coloniale de la France*. Paris, 1886. — Librecht d'Albéca. *Les Établissements français du golfe de Bénin*. Paris, 1890. — Denys de Rivoire. *Les Français à Obock*. Paris, 1888. — Vicomte de Caix de Saint-Aymour. *Les Intérêts français dans le Soudan éthiopien*. Paris, 1887.

Inde française. — *Histoire de France* d'Henri Martin. — *Mœurs, institutions et cérémonies des peuples de l'Inde*, par l'abbé Dubois. 1825. — *Annuaire des Établissements français de l'Inde*, imprimé annuellement à Pondichéry (Imprimerie du Gouvernement).

Indo-Chine. — *Voyage au Binh-Thuân* (Saïgon, 1888), par AYMONIER. — *La Cochinchine contemporaine* (1884) et l'*Indo-Chine française* (1885), par BOUINAIS et PAULUS. Challamel. — FRANCIS GARNIER. *De la Colonisation de la Cochinchine.* 1865, Challamel. — LANESSAN. *L'Indo-Chine française.* Alcan, 1888. — LEMIRE. *L'Indo-Chine.* 1884, Challamel. — LURO. *Le Pays d'Annam.* — SILVESTRE. *L'Empire d'Annam et le peuple annamite* (1889). Alcan. — BARBIER DU BOCAGE. *Bibliographie annamite* (Paris, 1867). — LEMOSOFF. *Liste des travaux relatifs au Tonkin, de 1867 à 1873.* — BONNETAIN. *L'Extrême-Orient.* Paris, Quantin, 1887.

Colonies d'Océanie. — *La Colonisation française en Nouvelle-Calédonie*, par CH. LEMIRE. Challamel, 1878, Paris. — *Notices sur la Nouvelle-Calédonie*, par G. CALLET (Nouméa, 1884). — Travaux divers de L. MONCELON dans le *Bulletin de la Société de géographie commerciale de Paris.* — *Océan et terres océaniques*, par ÉLISÉE RECLUS (Hachette, 1889). — HIGGINSON. *Les Nouvelles-Hébrides* (Atlas colonial de Bayle). — AYLIC MARIN (Édouard Petit). *En Océanie.* Bayle, 1889, Paris. — AYLIC MARIN (Édouard Petit). *Au loin ; Souvenirs de l'Amérique du Sud et des îles Marquises.* Paris, 1891, chez Delhomme et Briguet. — Amiral AUBE. *Entre deux campagnes.* — Commandant MÉNARD. *Journal de campagne du croiseur le Hugon, 1881-1883.* — ÉDOUARD PETIT. *Notes sur les îles Wallis* (Revue française, décembre 1887) et notes sur *la politique française aux îles Sous-le-Vent* (Bulletin de la Société de géographie commerciale de Paris, 1887-1888). — EDMOND COTTEAU. *En Océanie.* Hachette, 1884. — PIERRE LOTI. *Le Mariage de Loti.* 1881, Calmann-Lévy. — MONCHOISY. *La Nouvelle-Cythère.* 1888, Charpentier.

B. — PRINCIPES D'ORGANISATION COLONIALE

DISLÈRE. *Traité de législation coloniale* (Paris, 1886, Paul Dupont) et *notes sur l'organisation des colonies.* 1888. — P. LEROY-BEAULIEU. *La Colonisation chez les peuples modernes.* Paris, 1891. — CAUWÈS. *Cours d'économie politique.* T. II, Paris, 1893. — ISAAC : 1° *Constitution et sénatus-consultes* ; — 2° Note déposée à l'appui d'une proposition de révision du régime des Colonies et rapport fait au nom de la Commission du Sénat (*Journal officiel*, documents parlementaires, Sénat, Session ordinaire de 1888, pages 40 à 88 et session ordinaire de 1890, pages 210 à 237) ; — 3° *L'orientation de la politique coloniale et le Ministère des colonies* (Revue politique et parlementaire. Octobre 1894.) —

Arthur Girault. *Le Problème colonial* (Autonomie ou assimilation). Marescq, 1894. — *Du Régime législatif des colonies*, Thèse pour le doctorat, par Albert Duchesne. Paris, Rousseau, 1893. — *Recueil des délibérations du Congrès colonial national de Paris*. 1889-1890, 3 vol. — *Congrès colonial international de Paris*. 1889. — Avalle. *Notices sur les colonies anglaises*. Paris, 1883. — Thorold Rogers. *Interprétation économique de l'Histoire*. Paris, 1892 (Traduction Castelot). — *Government of Dependencies* de S. Georges C. Lewis. — *Village-Communities* de Sr Henry, S. Maine. — *Asiatic studie* de S. Alfred C. Lyall. — (Pour l'ouvrage de Lewis, voir l'article de M. de Kerallain dans la *Revue historique* de septembre 1893. — Pour les ouvrages de Maine et de Lyall, voir les traductions parues dans la *Bibliothèque de l'histoire des Institutions et du Droit*. Thorin, éditeur.) — *Précis de Législation et d'économie coloniale* de Paul Rougier. Larose, éditeur, 1894.

C. — ORGANISATION DE L'ADMINISTRATION COLONIALE EN FRANCE ET AUX COLONIES

Dislère. *Traité de Législation coloniale*. — Delabbre. *Les Colonies françaises*. — *Notices coloniales de l'Exposition d'Anvers*. — *Notices coloniales illustrées* publiées chez Quantin à l'occasion de l'Exposition universelle de 1889. — Collection du Journal *La Politique coloniale*. — *Bulletin officiel* de l'Administration des Colonies. — *Journal officiel* et *documents parlementaires*.

D. — RÉGIME POLITIQUE

Dislère. *Traité de législation coloniale*. — H. Mager. *Cahiers coloniaux de 1889*. Paris, 1889. — Morgand. *La Loi municipale* (Berger-Levrault et Cie, 1892). — Luro. *Le Pays d'Annam*. — *Documents officiels* du Ministère des colonies.

E. — PERSONNEL COLONIAL

Nous ne pouvons que conseiller au lecteur de se référer, en ce qui concerne cette partie de notre ouvrage, aux décrets constitutifs des corps insérés au *Bulletin officiel* de l'Administration des colonies et au *Journal officiel*. — Pour les *pensions*, voir l'ouvrage de Bavelier (Rousseau, éditeur).

F. — RÉGIME FINANCIER

Nous avons fait notre étude du régime financier des colonies en commentant les règlements eux-mêmes, d'après la doctrine de notre administration. On consultera utilement, en ces matières, l'ouvrage de M. Dislère sur la législation coloniale ; — *le Ministère des Finances, son fonctionnement,* par J. Josat (Berger-Levrault et Cie, 1883) — et le *Dictionnaire des finances,* publié sous la direction de M. Léon Say, par Louis Foyot et A. Lanjalley (Berger-Levrault et Cie).

TOME II

A. — RÉGIME PÉNITENTIAIRE

Notices du bureau de l'administration pénitentiaire au Ministère des colonies sur la transportation en Nouvelle-Calédonie et à la Guyane (Imprimerie nationale, Paris). — *Notices* du même bureau sur la relégation (Imprimerie nationale, 1889, Paris). — *Étude sur la question des peines,* par E. H. Michaux (Challamel, Paris, 1872). — *La Colonie pénitentiaire de Saint-Laurent du Maroni,* par Moritz (Revue maritime et coloniale, mai 1880, t. LXVI). — Notice historique sur les établissements faits dans le Guyane, par A. Senez (Cayenne 1821, in-8°). — Ternaux-Compans. *Notice historique sur la Guyane française* (Paris 1843, Didot). — *Précis historique de l'expédition du Kourou* (Ministère de la marine, Paris, 1842, in-8°). — *La France coloniale* publiée sous la direction de M. Rambaud (article : *Guyane,* par M. Léveillé). — Garraud. *Traité théorique et pratique du droit pénal français.* — Moncelon. *Le Bagne et la Nouvelle-Calédonie* et ses nombreux articles dans le *Bulletin de la Société de Géographie commerciale de Paris.* — *Précis de Législation et d'économie coloniale,* par Paul Rougier. Paris, 1895.

B. — LÉGISLATION DOMANIALE

L'étude que nous avons faite de la législation domaniale aux colonies repose surtout sur les renseignements qui nous ont été fournis par toutes les administrations locales des diverses colonies. A l'appui de cette étude, essentiellement pratique, le lecteur pourra voir les travaux et documents suivants : Dislère. *Traité de législation coloniale.* — Paul Gide. Traduction et commentaire des 4 lois du 5 mai 1872 sur le régime de la propriété en Prusse. — La loi du 24 juillet 1889 pour la réglementation de la propriété en Alsace-Lorraine (Bulletin de la Société de législation comparée, 1890, p. 373). — Toutes ces lois sur la propriété qu'il est intéressant de comparer aux nôtres ont été traduites et réunies par Raoul de la Grasserie. Paris 1894. — Relativement à l'*Act Torrens*, voir la loi du 7 août 1861 actuellement en vigueur dans l'Australie du Sud et traduite par Yves Guyot dans le journal *le Globe* du 13 mars au 24 avril 1885. — Voir également les articles publiés par Yves Guyot sur le même sujet dans les numéros du *Globe* des 28 juillet, 11 août, 1ᵉʳ septembre 1882; 28 septembre et 5 octobre 1883; 25 avril 1884; 2 janvier et 6 février 1885. — *Le Système Torrens; son application en Tunisie et en Algérie,* par ALFRED DAIN. — *L'Act Torrens,* par CH. GIDE (Bulletin de la Société de législation comparée. Avril 1886, p. 288-330). — *Rapport* présenté à la *Commission du cadastre* en 1891, par M. NOËL PARDON, ancien gouverneur de la Nouvelle-Calédonie, sur la conservation et la transmission de la propriété foncière. — *La Question du domaine en Nouvelle-Calédonie et dans les autres colonies,* par GABRIEL CUDENET (*Bulletin de la Société des Études coloniales et maritimes,* 1894). Cette dernière étude, qui nous est parvenue trop tard pour que nous puissions en tenir compte dans notre ouvrage, nous paraît très nette et des plus exactes.

AUTRES CHAPITRES DU TOME II

Nous ne voyons pas, en dehors des quelques ouvrages que nous avons cités en note dans ces chapitres, d'autres renseignements bibliographiques à fournir sur des questions qui ont été étudiées dans ce tome II à l'aide des documents officiels, uniquement, en commentant les lois et décrets d'organisation d'après la doctrine de l'Administration des colonies, sans engager pourtant, en quoi que ce soit, ladite administration.

TABLE DES PRINCIPAUX ACTES

ORDONNANCES, LOIS, DÉCRETS, ARRÊTÉS, ETC.

CITÉS DANS CE VOLUME

		Pages.
Arrêtés locaux : Bénin, 18 février 1890		89
— — 23 décembre 1892		89
— Cambodge, 19 novembre 1884		136
— Cochinchine, 1ᵉʳ février 1862		53
— — 14 juillet 1869		53
— — 16 septembre 1875		109
— — 11 décembre 1878		148
— — 23 février 1880		53
— — 12 décembre 1881		109
— — 22 août 1882		109
— — 23 janvier 1888		136
— — 19 mars 1888		108
— — 15 octobre 1890		108
— — 15 octobre 1890		109
— — 10 janvier 1893		53
— Congo, 28 août 1863		90
— Diégo-Suarez, 27 août 1887		95
— — 16 novembre 1887		94
— — 4 juillet 1888		96
— Établissements français de l'Océanie, 18 nov. 1861		130
— — — 10 déc. 1861		130
— — — 29 déc. 1866		130
— — — 12 janv. 1867		131
— — — 31 déc. 1886		130
— — — 3 fév. 1887		131
— — — 29 nov. 1889		130
— — — 29 nov. 1890		131
— Gabon, 5 août 1880		133
— Guadeloupe, 10 novembre 1860		143
— — 26 décembre 1868		49

ORGANISATION DES COLONIES.

Pages.

Arrêtés locaux :	GUYANE,	22 juin 1850.	143
—	—	20 janvier 1890.	51
—	—	29 janvier 1890.	143
—	—	21 avril 1892.	143
—	INDE,	10 août 1852.	52
—	—	12 décembre 1865.	52
—	—	13 décembre 1865.	52
—	—	26 novembre 1866.	52
—	—	1er mars 1867	51
—	—	1er mars 1867	52
—	—	18 juin 1868	52
—	—	10 février 1869	52
—	—	1er octobre 1873	148
—	—	2 mai 1874	51
—	—	25 novembre 1878.	52
—	—	16 janvier 1879	52
—	—	31 janvier 1879	52
—	—	13 mars 1879.	51
—	—	4 juin 1879	51
—	—	30 juin 1879	51
—	—	13 août 1879	51
—	—	13 août 1879	51
—	—	8 janvier 1880.	51
—	—	8 janvier 1880.	52
—	—	2 septembre 1881.	52
—	—	21 janvier 1884.	132
—	—	9 février 1884.	132
—	—	19 mai 1884	132
—	—	1er février 1886.	132
—	—	4 août 1887	132
—	—	3 juillet 1888	132
—	—	1er mars 1889	132
—	—	20 mai 1890	161
—	MARTINIQUE,	27 mai 1856.	147
—	—	7 février 1865	127
—	—	17 juillet 1873.	39
—	—	23 juin 1876.	48
—	—	15 février 1877	49
—	—	10 mars 1877	127
—	—	18 avril 1877	61
—	—	26 octobre 1878	127
—	—	6 septembre 1881.	49
—	—	31 juillet 1887	141
—	NOUVELLE-CALÉDONIE,	1er mars 1869	53
—	—	11 septembre 1875.	58
—	—	11 septembre 1875.	76
—	—	12 juillet 1881	133
—	—	29 mai 1884.	81
—	—	27 octobre 1884.	77

TABLE DES PRINCIPAUX ACTES. 695

Pages.

Arrêtés locaux : Nouvelle-Calédonie, 11 avril 1888 134
— Nossi-Bé, 23 avril 1880 133
— — 24 septembre 1880. 133
— — 17 décembre 1883 133
— Obock, 1er décembre 1885 93
— Réunion, 5 mai 1807. 68
— — 8 novembre 1848 126
— — 25 février 1852. 141
— — 29 mars 1862 140
— — 22 janvier 1870. 161
— — 28 décembre 1871 127
— — 23 mars 1872 127
— — 30 juillet 1872 141
— — 30 décembre 1872 141
— — 31 décembre 1872 141
— — 18 avril 1874. 141
— — 16 février 1876. 141
— — 7 avril 1883. 140
— — 7 avril 1883. 141
— — 1er février 1887 141
— — 1er février 1887 141
— Saint-Pierre et Miquelon, 14 janvier 1862. 85
— — 17 avril 1862. 85
— — 18 août 1862. 85
— — 18 août 1862. 86
— — 21 décembre 1872. . . . 133
— — 13 juin 1876 85
— — 10 juillet 1888 133
— Sénégal, 25 octobre 1867 144
— — 2 avril 1873 144
— — 15 mai 1878. 133
— — 10 janvier 1883 144
— — 8 mars 1886 162
— — 14 mai 1887. 133
— Soudan, 30 janvier 1893. 88
— Tonkin, 10 octobre 1883 136
— — 31 janvier 1884 136
— — 5 septembre 1888. 110
— — 4 mai 1891 137
— — 11 mai 1891 110
— — 31 décembre 1891. 137
— — 5 décembre 1892 138
— — 28 décembre 1892 138
Arrêtés ministériels : 10 août 1894 630
— 5 novembre 1894 642
Circulaires : 8 août 1884. 165
— 6 août 1894. 670
— 20 octobre 1894 640
Convention : 8 décembre 1892. 609

		Pages.
Convention : 4 février 1894		604
Décisions présidentielles ou ministérielles : 26 avril 1876		145
— — 16 janvier 1882		28
— — 4 octobre 1889		27
Décrets : 2 mars 1791		507
— 15 mars 1791		507
— 3 août 1839		66
— 5 août 1839		68
— 3 février 1851		461
— 8 décembre 1851		5
— 27 mars 1852	5, 6	7
— 15 avril 1852		150
— 16 janvier 1854		225
— 16 août 1854		271
— 5 mars 1856		60
— 5 mars 1856		60
— 30 mai 1860		73
— 7 novembre 1861		86
— 7 novembre 1861		85
— 10 janvier 1863		107
— 14 juin 1864		263
— 25 juillet 1864		359
— 29 mars 1865		52
— 29 mars 1865		60
— 15 mars 1866		27
— 28 novembre 1866		338
— 7 décembre 1867		153
— 1er avril 1868		74
— 4 juillet 1872		142
— 25 février 1873		147
— 23 juin 1873		156
— 9 février 1874		155
— 12 décembre 1874		76
— 27 avril 1876		147
— 14 janvier 1878		159
— 16 février 1878		190
— 31 août 1878		28
— 15 octobre 1879		135
— 8 février 1880		108
— 15 février 1880		190
— 18 juin 1880		18
— 21 juin 1880		273
— 3 octobre 1880		274
— 14 décembre 1880		150
— 4 mars 1881		595
— 18 mars 1881		74
— 11 mai 1881		146
— 26 août 1881		147
— 26 août 1881		148

TABLE DES PRINCIPAUX ACTES. 697

Pages.
Décrets : 21 mars 1882 63
— 21 mars 1882 69
— 20 avril 1882 157
— 20 novembre 1882 60
— 5 décembre 1882 73
— 25 juin 1883 156
— 22 juillet 1883 82
— 16 août 1884 78
— 29 août 1884 163
— 7 novembre 1884 62
— 20 décembre 1884 157
— 30 juin 1885 83
— 31 octobre 1885 163
— 9 novembre 1885 150
— 26 novembre 1885 41
— 26 novembre 1885 36
— 26 novembre 1885 34
— 21 décembre 1885 156
— 20 février 1886 277
— 3 mars 1886 13
— 20 août 1886 36
— 9 novembre 1886 368
— 4 juin 1887 70
— 13 juin 1887 159
— 11 juillet 1887 39
— 11 juillet 1887 39
— 22 août 1887 37
— 24 août 1887 99
— 5 septembre 1887 37
— 5 septembre 1887 37
— 22 octobre 1887 13
— 11 novembre 1887 38
— 25 novembre 1887 39
— 1er décembre 1887 14
— 13 janvier 1888 30
— 13 octobre 1888 111
— 2 mai 1889 37
— 15 mai 1889 297
— 17 juin 1889 370
— 5 octobre 1889 24
— 15 février 1890 163
— 31 mai 1890 105
— 27 juin 1890 150
— 29 septembre 1890 30
— 25 novembre 1890 596
— 17 février 1891 593
— 24 février 1891 285
— 30 juin 1891 29
— 4 septembre 1891 . . . . 18, 19, 20, 21

ORGANISATION DES COLONIES.

	Pages.
Décrets : 15 septembre 1891	18
— 4 avril 1892	31
— 31 mai 1892	108
— 11 juin 1892	162
— 9 juillet 1892 . . . . 39, 40,	41
— 29 septembre 1892	99
— 2 octobre 1892	158
— 2 octobre 1892	153
— 15 octobre 1892	82
— 27 février 1893	31
— 30 mars 1893	105
— 12 avril 1893	94
— 25 avril 1893	29
— 14 juin 1893	190
— 24 juin 1893	82
— 22 septembre 1893	26
— 22 septembre 1893	145
— 18 janvier 1894	96
— 28 mars 1894	163
— 5 mai 1894	617
— 22 juin 1894	646
— 13 juillet 1894	649
— 13 juillet 1894	657
— 17 juillet 1894	636
— 24 juillet 1894	659
— 26 juillet 1894	673
— 28 juillet 1894	617
— 4 août 1894	661
— 17 août 1894	625
— 4 septembre 1894	680
— 21 septembre 1894	652
— 29 septembre 1894	651
— 1er octobre 1894	637
— 31 octobre 1894	654
— 31 octobre 1894	655
— 9 novembre 1894	685
— 12 novembre 1894	682
Dépêches : 22 novembre 1862	85
— 22 novembre 1862	87
— 26 avril 1881	48
— 8 février 1886	79
— 16 juillet 1887	79
— 25 octobre 1887	78
— 3 juillet 1888	135
— 17 novembre 1888	134
— 12 février 1889	96
— 13 octobre 1889	79
— 24 janvier 1891	93
Lettre ministérielle : 3 décembre 1757	68

TABLE DES PRINCIPAUX ACTES.

Pages.

Lois :	Loi	16 août 1790	129
—	—	23 août 1790	129
—	—	7 frimaire an V	147
—	—	3 mars 1822	163
—	—	5 juin 1835	150
—	—	18 juillet 1837	521
—	—	3 mai 1841	189
—	—	8 juin 1850	4
—	—	8 décembre 1851	5
—	—	30 mai 1854	13
—	—	30 mai 1854	26
—	—	23 mars 1855	115
—	—	23 mai 1860	527
—	—	23 mars 1872	4
—	—	5 mai 1872	116
—	—	8 janvier 1877	50
—	—	27 juillet 1880	257
—	—	9 avril 1881	149
—	—	5 avril 1884	127
—	—	27 mai 1885	9
—	—	27 mai 1885	34
—	—	27 mai 1885	39
—	—	1ᵉʳ juillet 1885	119
—	—	14 août 1885	25
—	—	15 avril 1890	232 et 240
—	—	11 janvier 1892	535
—	—	20 mars 1894	612
Ordonnances royales :		7 octobre 1764	67
	—	20 décembre 1781	67
	—	7 janvier 1822	290
	—	17 août 1825	58
	—	21 août 1825	68
	—	5 février 1826	517
	—	31 décembre 1828	269
	—	26 juillet 1833	85
	—	26 juillet 1833	281
	—	10 octobre 1835	519
	—	24 mai 1837	291
	—	27 mars 1844	292
	—	21 octobre 1845	60
	—	4 décembre 1847	293
Sénatus-consultes :		3 mai 1854	525
	—	3 mai 1856	189
Traité :		14 août 1894	611

TABLE ALPHABÉTIQUE DES MATIÈRES

A

Acte de la prise de possession de la Nouvelle-Calédonie, 75.
Article 97 de la loi du 5 avril 1884, 128.
Assistance publique : Établissements de bienfaisance, 139 ; Surveillance de ces établissements, 139.
Avocats : Avocats défenseurs en Cochinchine, 378 ; Avocats et conseils dans l'Inde, 335 ; Avocats en Nouvelle-Calédonie, 348 ; Avocats défenseurs à Saint-Pierre et Miquelon, 289 ; Avocats défenseurs à Tahiti, 358.

B

Baccalauréats aux colonies, 419.
Bureaux de bienfaisance, 147.
BOUCHON-BRANDELY (M.), 105.

C

Caisses d'épargne, 149 ; Statuts des caisses d'épargne de la Basse-Terre, 151 ; De Diégo-Suarez, 158 ; De la Guadeloupe, 150 ; De la Guyane, 153 ; De la Martinique, 156, 157 ; De la Nouvelle-Calédonie, 158 ; De la Réunion, 157.
Charvein (M.), 72.
Chautemps (M.), 29.
Chemins de fer : De Dakar à Saint-Louis, 206, 217 ; De Pondichéry, 218 ; De la Réunion, 200 ; Du Sénégal au Niger, 217.
Cinquante pas géométriques, 62, 72 ; Destination des 50 pas géométriques, 64 ; Les 50 pas géométriques à la Guadeloupe, 68 ; A la Martinique, 65 ; à la Réunion, 66.
Code tahitien de 1842, 102.
Code pénal de 1791, 32.
Colonie agricole de Pondichéry, 52.
Commissaires priseurs : Aux Antilles, 263 ; En Cochinchine, 381 ; En Nouvelle-Calédonie, 348 ; A Saint-Pierre et Miquelon, 289 ; A la Réunion, 263 ; A Tahiti, 359 ; Au Sénégal, 300.
Compagnies privilégiées, 487.
Concessions de terre : Au Cambodge, 109 ; Aux colons libres, 73 ; Aux colons libres en Nouvelle-Calédonie, 80 ; Aux transportés à la Guyane, 73.
Concessions minières à la Guyane, 74, 75.
Concessions minières en Nouvelle-Calédonie, 82.
Concession de salines à Obock, 93.
Cours d'appel des trois vieilles colonies, 240.
Cour d'appel du Sénégal, 298.
Conseils commissionnés du Sénégal, 300.
Conseils de guerre, 394.
Cultes : Cultes brahmanique et boudhiste, 476 ; catholique, 461 ; mu-

sulman aux colonies, 475 ; Fabrique des églises et cimetières, 482 ; Historique des cultes aux colonies, 455 ; Organisation des cultes aux colonies, 455 ; Recrutement du clergé colonial, 466.

D

Déportation, 4, 5.
Dessales, 63.
Dislère (M.), 112.
Domaine : En Annam, 110 ; Au Bénin, 89 ; En Cochinchine, 107 ; Au Congo français, 90 ; A la Guadeloupe, 58 ; A la Guyane, 58 ; Dans l'Inde, 62 ; A la Martinique, 61 ; A Mayotte, 61 ; En Nouvelle-Calédonie, 75 ; A Nossi-Bé, 61 ; A Obock, 93 ; En Océanie, 99 ; A la Réunion, 60 ; A Saint-Pierre et Miquelon, 85 ; Au Sénégal, 58 ; Au Soudan, 87 ; Au Tonkin, 110 ; Constitution du domaine aux colonies, 58 ; Législation domaniale, 57 ; Régime domanial en Tunisie, 121 ; Régime des terres à Madagascar, 96.

E

Eaux et forêts à Diégo-Suarez, 96.
Edit de Moulins, 65.
Expropriation : Pour travaux militaires urgents, 195 ; Pour cause d'utilité publique, 189 ; Jugement prononçant l'expropriation, 193 ; Jury d'expropriation, 193.

G

Gubbet Kharab, 93.

H

Hôpitaux : De la Guadeloupe, 142, 143 ; De la Guyane, 143 ; De l'Inde, 144 ; De l'Indo-Chine, 146, 147 ; De la Martinique, 141 ; De la Réunion, 140, 141 ; Du Sénégal, 144.
Huissiers : Aux Antilles, 262, 263 ; De Cochinchine, 381 ; Dans l'Inde, 336 ; En Nouvelle-Calédonie, 348 ; A Saint-Pierre et Miquelon, 289 ; A la Réunion, 262, 263 ; Au Sénégal, 300 ; A Tahiti, 359.

I

Ile Nou, 11.
Immigration annamite, 15.
Instruction publique : Comités centraux de l'instruction publique, 412 ; Conseils coloniaux de l'enseignement secondaire, 412 ; Comité supérieur de l'instruction publique, 406 ; Écoles de droit de Pondichéry et de Fort-de-France, 417 ; *Enseignement primaire* en Annam, 452 ; Au Cambodge, 452 ; En Cochinchine, 451 ; Aux colonies, 425 ; Dans les colonies régies par décret, 435 ; Au Congo, 441 ; A la côte d'Ivoire, 440 ; Au Dahomey, au Gabon, 440 ; A Diégo-Suarez, 442 ; A la Guadeloupe, 432 ; A la Guyane, 437 ; Dans l'Inde, 443 ; A la Martinique, 431 ; A Mayotte, 442 ; En Nouvelle-Calédonie, 446 ; A Obock, 443 ; En Océanie (établissements français), 448 ; A la Réunion, 433 ; Au Sénégal et au Soudan, 439 ; A Saint-Pierre et Miquelon, 436 ; Au Tonkin, 453 ; *Enseignement secondaire*, en Cochinchine, 425 ; Aux colonies, 419 ; A la Guadeloupe, 422 ; A la Guyane, 426 ; Dans l'Inde (établissements français), 426 ; A la Martinique, 421 ; En Nouvelle-Calédonie, 426 ; A Saint-Pierre et Miquelon, 425 ; A la Réunion, 424 ; Au Sénégal, 425 ; *Enseignement supérieur*, aux colonies, 416 ; Inspection générale de l'instruction publique aux colonies, 418 ; Organisation de l'instruction publique, 403 ; Régime législatif de l'instruction publique, 405 ; Réglementation de l'enseignement primaire dans les anciennes colonies, 428 ; Rôle du vice-recteur et directeur de l'in-

térieur, 409; Subventions et bourses, 415.
Interprètes de Cochinchine, 381.

J

Jamais (député), 15, 16, 17.
Justice : Assistance judiciaire, 225 ; Barreau aux Antilles et à la Réunion, 260, 262 ; Chefs du service judiciaire, 221, 222 ; Cours d'assises des vieilles colonies, 251, 260 ; Juridictions d'exception, 394 ; Justice en Annam et au Tonkin, 387 ; Au Cambodge, 383 ; En Cochinchine, 359 ; Au Congo français, 302 ; Dans le protectorat de la côte Somali, 324 ; Côte d'Ivoire, 304 ; Au Dahomey, 304, 307 ; A Diégo-Suarez, 311 ; En Guinée, 304 ; Dans l'Inde, 324 ; A Mayotte et aux Comores, 308 ; Musulmane, 296 ; En Nouvelle-Calédonie, 338 ; A Nossi-Bé, 320 ; A Obock, 323 ; A Sainte-Marie-de-Madagascar, 322 ; Au Sénégal (justice française), 297 ; Au Soudan, 301 ; A Tahiti, 349 ; A Tahiti (indigène), 356 ; Justice de paix à compétence étendue, 225, 234, 239 ; Juges de paix ordinaires aux Antilles et à la Réunion, 228 à 230 ; Kabar et conseil d'appel à Diégo-Suarez, 315 ; Organisation judiciaire (dispositions générales), 219 ; Organisation judiciaire (division des colonies quant à l'), 220 ; Organisation judiciaire des colonies régies par décret, 268 ; Organisation judiciaire à la Guyane, 268, 280 ; A Saint-Pierre et Miquelon, 290 ; Au Sénégal, 290, 301 ; Des trois vieilles colonies, 226, 228 ; Pouvoirs des gouverneurs en matière judiciaire, 223 ; Tribunaux de première instance aux Antilles et à la Réunion, 230, 234 ; Tribunaux à juge unique, 224 ; Tribunaux de Saint-Louis et de Dakar, 298.

L

Lac Assal, 93.
Libérés, 29 ; Libération conditionnelle, 25.

M

Martin-Feuillée (M.), 32.
Mines : Régime des mines au Tonkin, 111.

N

Notaires : Aux Antilles, 263, 267 ; En Cochinchine, 382 ; Dans l'Inde, 336 ; En Nouvelle-Calédonie, 348 ; A la Réunion, 263, 267 ; A Saint-Pierre et Miquelon, 290 ; Au Sénégal, 301 ; à Tahiti, 359.

O

Octroi de mer à la Guadeloupe, 591 ; A la Martinique, 586 ; Règles générales, 579.

P

Pacte colonial, 492.
Paquebots-poste, 180, 181 ; Compagnie Fraissinet, 181 ; Compagnie générale transatlantique, 181 ; Chargeurs-Réunis, 181 ; Messageries maritimes, 181.
Pêches des huîtres perlières à Tahiti, 105.
Permis de recherche, 74.
Police : Organisation de la police dans les vieilles colonies, 126, 130 ; Personnel de la police, 130 ; Police en Annam, 136 ; En Cochinchine, 136 ; Dans les colonies (service), 125 ; Dans les colonies pénitentiaires, 133 ; En Guyane, 135 ; Dans l'Inde, 131, 133 ; En Indo-Chine, 136, 138 ; Police municipale, 127 ; Police rurale, 129 ; Police à Tahiti, 130 ; Police de la voirie, 129.

Postes et télégraphes : Annexion des colonies à l'Union générale des postes, 172 ; Boîtes de valeurs déclarées, 177 ; Cartes postales, échantillons, 178 ; Colis postaux, 178 ; Correspondances des corps expéditionnaires, 176 ; Correspondances intérieures, 172 ; Correspondances militaires, 175 ; Franchises postales, 177 ; Indemnité pour perte de colis, 179 ; *Lettres* pour les Antilles, 181 ; pour la côte occidentale d'Afrique, 181 ; pour Diégo-Suarez, 181 ; pour la Guyane, 181 ; pour l'Inde, 181 ; pour l'Indo-Chine, 181 ; pour Madagascar, 181 ; pour Mayotte, 181 ; pour Nossi-Bé, 181 ; pour Obock. 181 ; pour Sainte-Marie-de-Madagascar, 181 ; pour Saint-Pierre et Miquelon, 181 ; pour la Réunion, 181 ; pour le Sénégal, 181 ; pour et de Tahiti, 181 ; de valeurs déclarées, 177 ; Mandats-poste coloniaux, 180 ; Recommandations, 177 ; Service des postes aux colonies, 171 ; Service postal à l'intérieur des colonies, 182 ; — *Télégraphes*, 183 ; Câbles coloniaux, 183, 186 ; Colonies non reliées télégraphiquement à la métropole, 186, 187 ; Services téléphoniques, 187 ; Tarifs télégraphiques, 187 ; *Timbres-postes* coloniaux (série), 173 ; Fabrication des timbres-poste coloniaux, 173 ; Vente des timbres coloniaux, 174, 175.

Prisons : Commissions de surveillance des prisons, 46 ; Personnel des prisons locales, 47 ; Prisonniers militaires, 48 ; *Régime des prisons* en Cochinchine (arr. du 10 janvier 1893), 53, 54 ; à la Guadeloupe, 49 ; à la Guyane, 50 et 51 ; dans l'Inde, 51 ; locales, 46 ; à la Martinique, 48 ; à la Nouvelle-Calédonie (arr. du 1er mars 1869), 53 ; dans les possessions d'Océanie, 53 ; à la Réunion (arr. du 7 août 1876), 47 ; au Sénégal, 53.

R

Régime pénitentiaire, 1 ; Abolition des salaires des condamnés, 21 ; Affectation des condamnés, 22 ; Dépenses du service pénitentiaire, 15 ; Désignation de la colonie pénale, 9 ; Commission disciplinaire, 21 à 23 ; Commission permanente du régime pénitentiaire, 16 ; Commutations de peine, 46 ; Condamnés d'origine chinoise, 14 ; Concessions aux condamnés, 27, 28, 29 ; Crédits des services pénitentiaires, 16 ; Écoles pénitentiaires, 12 ; Forçats d'origine africaine et indienne, 13 ; Grâces, 46 et 47 Incorrigibles (condamnés), 23 ; Main-d'œuvre pénale, 16, 17, 18 ; Mariage des condamnés, 11 et 27 ; Notice individuelle des condamnés, 21 ; Pénitentiaires de la Guyane, 10 ; Pénitentiaires de la Nouvelle-Calédonie, 12 ; Réclusionnaires coloniaux envoyés à la Guyane, 50 ; Régime pénal des condamnés aux travaux forcés, 24.

Régime commercial (douanes) : Aux colonies, 487 ; aux Antilles, 553 ; au Congo français, 560 ; au Dahomey, 565 ; à Diégo-Suarez, 569 ; à la Guinée française, 566 ; à la Guyane, 566 ; au Sénégal, 559 ; de l'Inde, 569 ; de l'Indo-Chine, 571 ; de Mayotte, 569 ; de Sainte-Marie-de-Madagascar, 569 ; de Nossi-Bé, 569 ; de la Nouvelle-Calédonie, 574 ; d'Océanie (établissements français), 575 ; à la Réunion, 553 ; à Saint-Pierre et Miquelon, 555 ; Liberté commerciale, 528.

Régime légal des terres, 114.

Relégation : Application de la loi sur la récidive, 34 ; Classement dans la relégation collective, 42, 43 ; Classement dans la relégation individuelle, 42 ; Commission de classement des récidivistes, 41, 42, 43, 44 ; Distinction entre les deux modes de relégation, 35 , Dispense définitive (relégation), 42 ; Dispense provisoire (relégation), 42 ; Livret du relégué individuel, 39 ; Notice individuelle des relégués collectifs, 38 ; Organisation de la relégation collective, 36, 37, 38 ; Organisation de la relégation individuelle (D. du 25 novembre 1887), 39 ; Origine de la loi sur la récidive, 32 ; Projet de loi sur la récidive du 16 février 1882, 32 ; Rapport de la commission de classement des récidivistes (27 juillet 1893), 43 ; Régime disciplinaire des relégués collectifs (D. du 22 août 1887), 37 ; Remise de la relégation (D. du 9 juillet 1892), 39.

Rougon, 64.

S

Service sanitaire, 162, 169 ; Commissions sanitaires, 167 ; Crimes et délits en matière sanitaire, 168 ; Lazaret, 167 ; Libre pratique, 166 ; Mesures sanitaires, 165 ; Patentes de santé, 168 ; Procès-verbaux en matière sanitaire, 169 ; Provenances sanitaires, 164 ; Quarantaine de rigueur, 167 ; Quarantaine d'observation, 166 ; Tarifs de lazaret, 168 ; Taxes sanitaires, 168 ; Vente des marchandises déposées au lazaret, 168.
Société de secours mutuels, 161 ; Société de secours mutuels de Saint-Louis, 162.
Sœurs de Saint-Joseph de Cluny, 11.

T

Transportation : Transportation anglaise, 2, 3, 4 ; *Transportés annamites,* 10, 14 ; au Gabon, 14 ; à la Guyane, 8, 9, 10 ; à la Nouvelle-Calédonie, 10 ; à Obock, 13 ; — But de la transportation, 1 ; Classement des transportés, 22 ; Condamnation à mort d'un transporté, 27 ; Éléments de la transportation, 18 ; Historique de la transportation, 2, 3, 4, 5, 6, 7, 8 ; Organisation de la transportation, 15 ; Prison cellulaire (transportation), 25 ; Produit du travail des transportés, 80 ; Régime alimentaire des transportés, 23 ; Régime des transportés, 18 ; Régime militaire des transportés et relégués, 44, 45.
Torrens act, 115 ; But de l'*act Torrens*, 116, 117 ; Formalités imposées par l'*act Torrens*, 117.
Travaux publics aux colonies, 189 ; Diverses catégories de travaux publics aux colonies, 196, 200 ; Travaux maritimes spéciaux, 26.
Tribunaux maritimes, 399 ; Tribunaux maritimes commerciaux, 401 ; Tribunaux maritimes spéciaux, 399.

V

Verninac (M. de), 34, 35.

W

Waldeck-Rousseau (M.), 32.

LIBRAIRIE ADMINISTRATIVE BERGER-LEVRAULT ET Cie
Paris, 5, rue des Beaux-Arts. — 18, rue des Glacis, Nancy.

Dictionnaire de l'Administration française, par M. Maurice BLOCK, membre de l'Institut, avec la collaboration de membres du Conseil d'État, de la Cour des comptes, de chefs de service des différents ministères, etc. 3ᵉ édition, entièrement refondue, augmentée et mise à jour. 1891. Un fort volume de 2,250 pages, grand in-8°, à deux colonnes.
Broché . . . . 35 fr.
Relié en demi-chagrin, plats en toile . . . . 40 fr.
Le Dictionnaire est tenu à jour par les *Suppléments annuels gratuits* 1892 à 1894.
Manuel électoral. Guide pratique de l'électeur et du maire, comprenant les élections municipales, départementales, législatives, les élections consulaires et les élections des conseils de prud'hommes, par GUERLIN DE GUER, chef de division à la préfecture du Calvados. 7ᵉ édition, mise en harmonie avec les lois les plus récentes (1889); mise à jour jusqu'en 1892 par une annexe. Un volume in-12, broché . . . . 3 fr. 50 c.
La Loi municipale. Commentaire de la loi du 5 avril 1884 sur l'organisation et les attributions des conseils municipaux, suivi du commentaire de la loi du 22 mars 1890 sur les syndicats des communes, par Léon MORGAND, ancien chef de bureau à la Direction de l'Administration départementale et communale au Ministère de l'Intérieur. 4ᵉ édition, revue, augmentée et mise au courant de la jurisprudence. 1892. Tome I: *Organisation.* Tome II: *Attributions et comptabilité.* Deux forts volumes in-8°, brochés . . . . 15 fr.
Reliés en percaline . . . . 18 fr.
Manuel de l'Organisation de l'armée et du fonctionnement des services militaires, à l'usage des états-majors, chefs de corps et officiers de toutes armes, par C. LASSALLE, archiviste de 1ʳᵉ classe à l'état-major de l'armée. 1892. Un beau volume in-8° de 1330 pages, broché. *Avec une notice indiquant les Modifications survenues jusqu'au 30 juin 1894.* 12 fr.
Code-Manuel des Obligations militaires. Manuel général du recrutement, des réservés, à l'usage des préfets et des maires, des commandants de recrutement, des officiers de réserve et de l'armée territoriale, de la gendarmerie, des jeunes gens, des réservistes et des territoriaux, par C. LASSALLE, archiviste d'état-major de 1ʳᵉ classe au ministère de la guerre. 1893. Un volume in-8° de 528 pages, broché . . . . 7 fr. 50 c.
La Loi sur le Recrutement. Commentaire de la loi du 15 juillet 1889, par Ch. RABANY, chef de bureau au ministère de l'intérieur. (Ouvrage honoré de souscriptions du ministère de la guerre, du ministère de l'Intérieur et de plusieurs autres administrations.) 2ᵉ édition, mise à jour jusqu'au 31 mars 1891. 2 volumes in-8° (1131 pages), brochés . . 12 fr.
Reliés en percaline . . . . 15 fr.
Traité de la Comptabilité publique étudiée au point de vue des dépenses et principalement des dépenses du département de la guerre, par V. REMY, adjoint à l'intendance militaire, licencié en droit. — Beau volume grand in-8° de 631 pages, broché . . . 12 fr.
Étude comparative sur les comptabilités-matières de la guerre et de la marine, par E. FABRE, chef de bureau au ministère de la marine et des colonies. 1882. Gr. in-8°. . 3 fr.
Principes généraux de Comptabilité, par E. LÉAUTEY, professeur de comptabilité, ancien chef de bureau au Comptoir national d'escompte, et A. GUILBAULT, ancien chef d'administration de la Société métallurgique de Vierzon. Un volume in-8°, broché. . . 3 fr. 50 c.
Relié en percaline gaufrée. . . . . 4 fr.
Les Transports maritimes. Éléments de droit maritime appliqué, par HAUMONT et LEVAREY, avocats, professeurs à l'École supérieure de commerce du Havre. Un volume in-8°, broché . . . . 3 fr. 50 c.
Relié en percaline gaufrée . . . . 4 fr.
Armements maritimes. Cours professé à l'École supérieure de commerce de Marseille, par CHAMPENOIS, capitaine au long cours, ancien commandant aux Messageries maritimes. Deux volumes in-8° avec figures et planches, brochés . . . . 7 fr.
Reliés en percaline gaufrée . . . . 8 fr.
Dictionnaire des finances. Publié sous la direction de M. Léon SAY, membre de l'Institut, député, ancien ministre des finances, etc., par MM. Louis FOYOT, chef de bureau, et A. LANJALLEY, ancien directeur général au ministère des finances. Avec la collaboration des écrivains les plus compétents et des principaux fonctionnaires des administrations publiques. 2 volumes grand in-8° jésus, chacun de 1575 pages à deux colonnes compactes. Prix de chaque volume, broché. . . . . 45 fr.
Relié en demi-chagrin, plats toile. 50 fr.
Revue générale d'administration, publiée par le Ministère de l'intérieur, paraissant tous les mois par livraisons de 8 feuilles grand in-8° (128 pages). — Chaque année forme 3 volumes avec tables et couvertures. — 18ᵉ année, 1895. Les abonnements partent du mois de janvier. Prix par an : Paris, 30 fr. — Départements et Union postale . . . . . 33 fr.
La Revue communale. Organe de droit pratique, à l'usage des municipalités et des préfectures. Publication recommandée par M. le Ministre de l'intérieur, paraissant le 1ᵉʳ et le 15 de chaque mois par livraisons de 2 feuilles grand in-8°. 3ᵉ année, 1895. Prix par an : France, 20 fr. — Union postale . . . . 22 fr.
Prix d'un numéro . . . . 1 fr.
Revue du Commerce et de l'Industrie. Législation commerciale. Renseignements commerciaux. Enseignement technique, publiée sous la direction de M. Georges PAULET, chef de bureau de l'enseignement commercial au ministère du commerce et de l'industrie, paraissant tous les mois, à partir d'avril 1894, par livraisons de 3 feuilles grand in-8°. Prix par an : France, 10 fr. — Colonies et Étranger . . . . 11 fr. 50 c.
Bulletin de l'Office du travail. Publication du Ministère du commerce et de l'industrie, paraissant tous les mois par fascicule d'environ 3 feuilles grand in-8°. — 2ᵉ année, 1895. Prix de l'abonnement d'un an (Paris et Départements) : **2 fr. 50 c.** — Union postale. 3 fr. 50 c.
Prix d'un numéro. . . . . 20 c.

LIBRAIRIE ADMINISTRATIVE BERGER-LEVRAULT ET Cie
Paris, 5, rue des Beaux-Arts. — 18, rue des Glacis, Nancy.

LE RÉGIME DU TRAVAIL
ET LA COLONISATION LIBRE
DANS NOS COLONIES ET PAYS DE PROTECTORAT
Par Henri BLONDEL
CHEF DU SECRÉTARIAT PARTICULIER DU MINISTRE DE LA MARINE
Volume grand in-8° de 170 pages, broché, 5 fr.

Traité d'administration de la marine, par P. FOURNIER et NEVEU, commissaires de la marine. 1885. Tome Ier : Constitution du département de la marine et organisation de son personnel. Volume grand in-8° de 646 pages à grandes marges, broché . . . **12 fr. 50 c.**
— Tome II : Administration de la fortune publique dans le département de la marine. Vol. grand in-8° de 714 pages à grandes marges, broché . . . . **12 fr. 50 c.**
— Tome III : 1re partie. 1887. Attributions de police générale du département de la marine. Volume grand in-8° de 401 pages à grandes marges, broché . . . . **10 fr.**
Service administratif à bord des navires de l'État. *Manuel du commandant comptable et de l'officier d'administration*, par C. NEVEU et A. JOUAN, commissaires de la marine. 2e édition, mise à jour jusqu'au n° 21 du *Bulletin officiel* de 1894. Un volume grand in-8° de 600 pages, **10 fr.** — Relié en percaline . . . . **11 fr. 50 c.**
Manuel de Comptabilité-matières, à l'usage des comptables du service colonial, par A. RAYNAL, commis-rédacteur à l'administration des colonies. 1889. Vol. in-8°, br. . **5 fr.**
Impressions coloniales (1868-1892). Étude comparative de colonisation, par Charles CERISIER, ancien officier du commissariat de la marine, directeur de l'intérieur au Congo français. 1893. Vol. in-8° de 367 pages, avec une carte, broché . . . . **5 fr.**
Marine et Colonies. Opinion d'un marin, ancien gouverneur de colonie. 1886. In-12, broché . . . . **1 fr. 50 c.**
Les Colonies françaises à l'Exposition universelle de 1878. Rapport de la commission coloniale. 1880. Grand in-8°, broché . . . . **1 fr.**
Les Cinquante Pas du roi dans les colonies françaises, par M. ROUGON, commissaire de la marine. 1876. Grand in-8°, broché . . . . **1 fr.**
La Liberté du commerce aux colonies, par M. J. DELARBRE, conseiller d'État honoraire, trésorier général des Invalides de la marine. 1879. Gr. in-8°, broché . . . . . . **1 fr.**
La Guerre au Dahomey (1888-1893). D'après les documents officiels, par Ed. AUBLET, capitaine d'infanterie de marine, officier d'ordonnance du ministre de la marine. Un vol. in-8° avec 21 croquis et 2 cartes, broché . . . . **7 fr. 50 c.**
La Conquête du Dahomey (1893-1894). 2e partie de la *Guerre au Dahomey*, par le même. Un volume avec 5 croquis et une carte . . . . **5 fr.**
Ancien mémoire sur le Dahomey. *Mémoire pour servir d'instruction au directeur qui me succédera au comptoir de Juda*, par M. GOURG (1791). Publication du *Mémorial de l'artillerie de marine*. 1892. Brochure in-8° avec 1 gravure . . . . **1 fr.**
La Question du Tonkin (l'Annam et les Annamites; histoire, institutions, mœurs, origine et développement de la question du Tonkin. Politique de la France, de l'Angleterre et de la Chine. Le protectorat), par Paul DESCHANEL, rédacteur au *Journal des Débats*. 1883. Volume in-12 de 513 pages, broché . . . . **5 fr.**
La Politique française en Océanie, à propos du canal de Panama, par Paul DESCHANEL, rédacteur au *Journal des Débats*, avec une lettre de M. Ferdinand DE LESSEPS.
— 1re série. **L'Archipel de la Société.** 1884. Volume in-12 de 664 pages, broché . . **6 fr.**
— 2e série. **Les Intérêts français dans l'Océan Pacifique. Les Gambier, Tuamotus, Marquises, Tubuaï, Cook, Wallis, Ile Rapa, etc. Les Nouvelles-Hébrides.** 1888. Volume in-12, broché . . . . **4 fr.**
Les Arsenaux de la marine. 1re partie. Organisation administrative, par M. GOUGEARD, ministre de la marine. 1882. Grand in-8°, broché . . . . **3 fr. 50 c.**
— 2e partie. Organisation économique, industrielle et militaire 1882. Gr. in-8°, br. **7 fr. 50 c.**
La Caisse des Invalides de la marine. Sa suppression, par M. GOUGEARD, ministre de la marine. 1882. Grand in-8°, broché . . . . **1 fr. 50 c.**
Guide-formulaire à l'usage des agents de l'inscription maritime, inspecteurs des pêches, syndics des gens de mer, gardes maritimes, gendarmes de la marine, etc., par A. JOUAN, sous-commissaire de la marine. 1890. In-12, broché . . . . **1 fr. 50 c.**
Code pénal de la Marine marchande. Manuel à l'usage de MM. les commandants des bâtiments de l'État, consuls et vice-consuls de France, commissaires de l'inscription maritime, capitaines, maîtres ou patrons des bâtiments du commerce, etc., par Paul VINSON, sous-commissaire de la marine. 2e édition. 1890. Volume in-12, broché . . . . . **2 fr.**
Notice sur l'organisation du corps du commissariat de la marine française, depuis l'origine jusqu'à nos jours, suivie d'une liste chronologique des anciens intendants de la marine et des colonies, par A. DESCHARD, sous-commissaire de la marine. 1877. Gr. in-8°, broché . . . . **4 fr.**
Monnaies, poids et mesures des principaux pays du monde. Traité pratique des différents systèmes monétaires et des poids et mesures, accompagné de renseignements sur les changes, les timbres d'effets de commerce, etc., par A. LEJEUNE, directeur de l'École supérieure de commerce de Marseille. 1894. Un vol. in-8° de 560 pages, broché. **3 fr. 50 c.**
Relié en percaline gaufrée . . . . **4 fr.**

www.ingramcontent.com/pod-product-compliance
Lightning Source LLC
Chambersburg PA
CBHW071710300426
44115CB00010B/1372